STUDIA OCCITANICA

Volume II

STUDIA OCCITANICA

in memoriam Paul Remy

in 2 volumes

Volume II
The Narrative - Philology

Edited by
Hans-Erich Keller

in collaboration with

Jean-Marie D'Heur   Guy R. Mermier   Marc Vuijlsteke

MEDIEVAL INSTITUTE PUBLICATIONS
Western Michigan University
Kalamazoo, Michigan - 1986

Library of Congress Cataloging in Publication Data

Studia occitanica in memoriam Paul Remy.

French, English, German, and Italian.
Half title: Studia occitanica.
Contents: v. 1. The troubadours — v. 2. Narrative, philology.
1. Provençal philology. 2. Troubadours. 3. Remy, Paul, 1919-1979. I. Title: Studia occitanica. II. Remy, Paul, 1919-1979. III. Keller, Hans-Erich.
PC3202.A2578 1986 449 86-5110
ISBN 0-918720-73-7 (set)
ISBN 0-918720-71-0 (v. 1)
ISBN 0-918720-72-9 (v. 2)
ISBN 0-918720-76-1 (pbk. : set)
ISBN 0-918720-74-5 (pbk. : v. 1)
ISBN 0-918720-75-3 (pbk. : v. 2)

Cover Design by Linda K. Judy
Printed in the United States of America

CONTENTS
VOLUME I

The Troubadours

VOLUME II
Part One: The Narrative

Part Two: Philology

Part One: The Narrative

"Moseiner Galvain l'astrucz" (*Jaufré*, v. 488): Le portrait de Gauvain d'après le roman de *Jaufré* et quelques troubadours de l'époque

Keith Busby

Dans l'histoire de la littérature arthurienne, le Midi, on le sait, occupe une place assez particulière. Exception faite du roman de *Jaufré* et du cas douteux de *Blandin de Cornouaille*, il ne nous reste que quelques allusions à des personnages arthuriens dans la poésie lyrique. Bien que la somme totale de l'évidence ne soit pas à première vue concluante, il semble toutefois que la matière de Bretagne ait pénétré très tôt dans les régions méridionales. Évidemment, il ne s'agit pas ici des origines de la légende mais plutôt des allusions dans la littérature occitane à des contes et à des personnages appartenant à un corpus de fiction. Rita Lejeune et François Pirot ont établi que plusieurs de ces références, et en particulier celles à Tristan, peuvent dater du milieu du XIIe siècle, et Pierre Gallais, se fondant sur un dépouille-ment de noms propres fait dans des cartulaires, a brillamment démontré comment la circulation des contes arthuriens peut seule expliquer la popula-rité des noms d'Arthur et de Gauvain vers la fin du XIe siècle déjà[1].

Tout porte à croire que c'est avec la cour de Poitiers comme point de départ que la matière arthurienne a pour la première fois fait incursion dans les pays de langue d'oc, et cela vraisemblablement via le mystérieux conteur Bleheri. Point n'est donc besoin de présupposer l'intermédiare de récits provenus du Nord de la France pour expliquer l'allusion à Arthur chez Marcabru en 1137 et à Tristan chez Cercamon vers 1150. D'autres passages de Guerau de Cabrera et de Rigaut de Barbézieux vers 1165 semblent

1

renforcer cette hypothèse, mais à partir de cette date une nouvelle possibilité s'ouvre - l'influence des romans arthuriens en langue d'oïl, notamment de ceux de Chrétien de Troyes et de ses successeurs (il va sans dire que Geoffrei de Monmouth et Wace ont pu également influencer les troubadours). Tout en admettant l'existence quasi certaine des contes arthuriens occitans au milieu du XIIe siècle, il nous paraît qu'on a trop insisté sur la contribution qu'ils ont faite à la formation des troubadours et de l'auteur de *Jaufré*. Notre propos ici est d'examiner à nouveau la question de la matière de Bretagne dans le Midi, ceci par une étude des allusions à Gauvain dans l'oeuvre de quelques troubadours et du rôle joué par lui dans *Jaufré*.

Pourquoi Gauvain? Dans un certain sens, le choix s'impose: de tous les chevaliers de la Table Ronde, c'est lui le plus populaire chez les auteurs des XIIe et XIIIe siècles. Une plus grande place dans la littérature française lui est accordée, comparée à celle de Tristan, de Lancelot ou de Perceval, et dans un livre récent nous avons essayé de montrer comment une étude de ce personnage peut être révélatrice vis-à-vis de l'évolution du roman arthurien en général[2]. Mais dans la poésie lyrique occitane, il y a d'abord bon nombre d'allusions au roi Arthur lui-même. Cela n'a rien de surprenant en vue de sa position comme roi de la cour la plus célèbre du monde, et l'insistance sur l'espoir qu'ont les Bretons de son retour rend très probable la conclusion que tire François Pirot dans son étude des connaissances littéraires des troubadours: "Le personnage d'Arthur paraît différent de celui présenté par la tradition en langue d'oïl dans la seconde moitié du XIIe siècle"[3]. Plus nombreuses encore sont les allusions à Tristan et Iseut. Ici de même, rien de surprenant: l'histoire des amants de Cornouailles se prêtait à merveille aux besoins des poètes de la *fin' amor*, et ils sont cités à mainte reprise comme amants exemplaires. Encore une fois, on peut se ranger à l'avis de Pirot, surtout en ce qui concerne les allusions chez Cercamon et chez Guerau de Cabrera: "La liaison entre Arthur et Marc nous a conduit à songer à une version de la légende non influencée par Thomas"[4]. Mais retenons aussi la phrase qui suit: "A une époque plus récente (1170 environ), Bernart de Ventadour et Raimbaut d'Orange présentent une version déjà influencée par la tendance 'courtoise'"[5]. C'est chez les troubadours que nous commencerons notre enquête.

Si Pirot semble du moins admettre la possibilité d'une influence du Nord de la France sur le Tristan des troubadours à la fin du XIIe siècle, il n'en est rien pour Gauvain, qui ressemble par sa vaillance au Gauvain de la "tradition galloise": "Gauvain n'est donc pas le personnage tel qu'il nous est présenté par Chrétien de Troyes"[6]. Passons en revue les allusions à Gauvain dans l'oeuvre des troubadours avant 1225 qui ont amené Pirot à formuler cette conclusion[7]. La première en date se trouve dans l'*Ensenhamen* de Guerau de Cabrera (avant 1165): "Ni de Gualvaing / qui, ses compaing, / fazia tanta venaizon" (vv. 187-89)[8]. La nature de cette allusion indique assez nettement qu'il s'agit d'un conte spécifique, mais d'un conte qui est, hélas, aujourd'hui perdu. Pour Mme Lejeune et pour Pirot, ce Gauvain "plutôt rustique"[9] serait celui des contes occitans de l'époque d'avant Chrétien de Troyes. Vu la date de l'*Ensenhamen*, cette conclusion semble pleinement justifiée, même si l'absence, au Nord, de Gauvain chasseur ne constitue aucune preuve[10]. Mais celle-ci est la seule allusion qui a vraiment besoin d'être expliquée à l'aide de la thèse "occitanisante".

Si le poème *Tot gen m'estava* est vraiment de Guiraut de Bornelh et qu'il a pu être écrit avant la composition de l'*Yvain* de Chrétien de Troyes, on pourrait, à la rigueur, insister une deuxième fois sur la possibilité d'un conte occitan perdu. Les problèmes textuels de la strophe où il est question de Gauvain sont tels qu'il a fallu les efforts successifs d'Adolf Kolsen, de Joseph Anglade et de Kurt Lewent pour les résoudre de façon satisfaisante. Nous citons le texte de Lewent suivi de la traduction de Pirot:

> C'a f[ol] m'espert, can vei vostras beltatz,
> con lo conhatz de Galvan per [*l*. pel] salvatge,
> can per guerra n'ac totz sos filhs menatz
> e sa filha queria per oltratge
> e l'endema rendia·lh ab se,
> entro qu'Ivans lo defendet. E me
> defend'ab vos merces e cortezia,
> e, si voletz, ja re[s] guirens no·m sia!
>
> (vv. 25-32)

("Je suis éperdu comme un fou quand je vois vos beautés comme le beau-frère de Gauvain quand, par guerre, le sauvage a capturé tous ses fils, et qu'il cherchait sa fille pour l'outrager; et le lendemain, il la livrait en même temps qu'il se rendait lui-même, jusqu'au moment où Yvain le défendit. Que miséricorde et courtoisie me protègent de vous, et, si vous le voulez, qu'aucun (autre) être (que vous) ne soit la cause de mon salut"[11].)

Or, ceci est évidemment une allusion aux événements racontés dans les vv. 3778-4306 de l'*Yvain* de Chrétien de Troyes (la numérotation est de l'édition Mario Roques), mais s'agit-il d'une allusion directe au roman du poète champenois ou bien à une version antérieure? Comme nous l'avons déjà dit, si le poème est vraiment de Guiraut, la deuxième possibilité ne peut pas être exclue, mais Kolsen semble être seul (avec Pirot?) à maintenir contre Lewent et Jeanroy que l'attribution à Guiraut est juste[12]. Ces derniers situent la composition du poème vers 1220, quand l'influence de Chrétien serait beaucoup plus probable. La question reste ouverte, et en tous cas, nous n'apprenons rien des vues du poète sur Gauvain dans ces vers: la comparaison est entre l'angoisse de l'amant et celle du beau-frère de Gauvain. Importante aussi est la vaillance d'Yvain, mais les autres implications de l'épisode chez Chrétien (absence de Gauvain, dilemme d'Yvain, etc.) ne surviennent pas.

Le désir de prouver que le renom de Gauvain chez les troubadours est surtout celui d'un chevalier vaillant, donc celui de la tradition galloise et dû aux contes occitans perdus, amène Pirot à dénaturer plusieurs de ces allusions en les discutant hors de contexte. Comme exemple de la vaillance de Gauvain le savant belge cite le poème *Ja non cujei vezer* de Raimbaut de Vaqueiras:

> E si·m des sos cors gens
> so c'ab son conseill qier,
> vencut agr' a sobrier
> d'aventura Galvaing.
>
> (vv. 40-43)[13]

A la différence de Joseph Anglade, Pirot reconnaît pourtant - dans une note - que le contexte de l'allusion est amoureux[14]. Le poème serait composé entre 1197 et 1202[15].

Plus sérieux nous semble le cas du poème *Neus ni gels ni plueja ni fanh* de Peire Vidal (1204?), où les vers sur les aventures de Gauvain ne sont cités qu'en partie. Si l'on suit le texte d'Avalle, la troisième strophe se présente ainsi:

> A l'uzatge·m tenh de Galvanh
> Que quan non son aventuratz,
> Ieu m'esfortz tan deves totz latz
> Qu'ieu prenc e conquier e gazanh.
> E si mos afars m'avengues
> D'aisso de que·m sui entremes,
> A mon emperi ses duptar
> Feira tot lo mon sopleyar.
>
> (vv. 17-24)[16]

Le ton du poème entier est légèrement ironique, et les vv. 21-24, omis par Pirot, ajoutent un élément critique au commentaire de Peire sur la soif d'aventures chez Gauvain. Il en va de même pour la septième strophe:

> Las aventuras de Galvanh
> Ai totas e d'autras assatz;
> E quan sui en caval armatz,
> Tot quan cossec, pesseg e franh,
> Cent cavaliers ai totz sols pres
> Et ai agut tot lur arnes;
> Cent domnas ai fachas plorar
> Et autras cent rir'e jogar.
>
> (vv. 49-56)

Même sans tenir compte du reste du poème, il nous semble impossible de ne pas voir dans les vv. 53-56, omis par Pirot, une allusion à la réputation de Gauvain comme étant l'amant léger de toute femme qui s'offre à lui. Or, le Gauvain que dépeignent Chrétien de Troyes et d'autres romanciers de la fin du XIIe siècle est en effet bien le même que l'on voit ici, c'est-à-dire le chevalier passionné de l'aventure et des conquêtes amoureuses, mais qui ne comprend pas très bien les relations entre les deux[17].

Avant d'en venir à *Jaufré*, il reste à discuter brièvement trois allusions dans le corpus des troubadours d'avant 1225. En 1205, Bertran de Born le Fils reproche à Jean sans Terre de ne pas ressembler en vaillance à Gauvain:

> Mais ama·l bordir e·l chassar
> E bracs e lebriers e austors
> E·l sojorn, per que·lh falh honors.
> E·s laissa vius deseretar:
> Mal sembla d'ardimen Galvanh.
> (vv. 17-21)[18]

Dans ce que René Lavaud appelle un "rêve de grandeur et de perfection", qui date de 1209, Peire Cardenal souhaite avoir entre autres qualités (comme la largesse d'Alexandre, la loyauté de Tristan, etc.) la courtoisie de Gauvain: *E plus cortes Gualvanz totes sazos*[19]. Une dizaine d'années plus tard, Aimeric de Peguilhan fait allusion à la vaillance de Gauvain dans un *planh* sur la mort de Guillaume de Malaspina: *Ni ges Galvains d'armas plus non valia*[20]. Nous avons réuni ces trois poèmes parce qu'ils nous semblent employer le personnage de Gauvain à titre exemplaire, soit pour sa vaillance soir pour sa courtoisie[21].

Pourquoi l'usage ambivalent de ce personnage dans la lyrique occitane? La réponse est à chercher dans les différentes sortes de poèmes où l'on trouve les allusions: le Gauvain qui ressemble le plus à celui de Chrétien de Troyes - le Gauvain de Guiraut de Bornelh (?), de Raimbaut de Vaqueiras et de Peire Vidal - est cité dans les chansons d'amour. Les pièces où Gauvain est mentionné comme parangon de vaillance ou de courtoisie sont des poèmes sérieux: un *planh*, un poème politique. La conclusion est conforme, en miniature, au portrait de Gauvain qui ressort d'une lecture de la littérature en langue d'oïl: chez Chrétien de Troyes et chez Raoul de Houdenc, par exemple, c'est l'amateur d'aventures et l'amant léger; dans le *Perlesvaus* et surtout dans l'*Yder*, il est remarquable pour sa vaillance et sa courtoisie. Nous reviendrons à cette notion dans notre conclusion.

Nous n'avons pas l'intention ici de rouvrir le débat sur la date de *Jaufré*. Paul Remy, qui connaissait à fond le roman, le situait dans les premières années du XIIIe siècle, pendant que Mme Lejeune plaidait pour une date vers 1170[22]. Nous inclinons à croire, avec Remy, que l'influence de Chrétien est trop forte pour qu'on puisse soutenir une date aussi avancée que celle proposée par Mme Lejeune et d'autres. Si l'auteur de *Jaufré* a connu toute l'oeuvre de Chrétien, ou seulement une partie, cela n'enlève rien au caractère unique de son texte. Il y a peu de romans où l'humour, l'ironie, le burlesque, voire la parodie, s'entremêlent avec une telle énergie créatrice. C'est surtout dans les scènes arthuriennes, les épisodes, pour ainsi dire, d'arrière-plan, où la comédie est la plus forte, et comme élément indispensable de la cour, le personnage de Gauvain est traité de façon qu'il contribue lui aussi à l'effet d'ensemble.

Cela dit, il nous semble néanmoins possible de reconnaître par endroits le Gauvain de la littérature en langue d'oïl, le neveu fidèle d'Arthur, le chevalier vaillant et courtois qui sert d'exemple à tout le monde, mais qui se prêtait sous la plume d'un romancier légèrement irrespectueux à un traitement ironique. C'est dans son association relative à Arthur que Gauvain trouve, en premier lieu, son identité. Il n'est pas seulement le neveu du roi, mais aussi son conseiller, et la combinaison des deux fonctions crée une liaison extrêmement intime. Quand Arthur lui commande de faire seller les chevaux pour qu'ils puissent partir en aventure, il obéit sans poser de question:

> E Galvain respon belamen:
> "Seiner, vostre comandamen
> Er fait", puis dits als escudiers
> Qe meton celas als destriers,
> Qe tragon lur garnimen fors
> Dun cascus puesca armar son cors,
> Si negus venia en besuin,
> El manda qe negus noi puin
> E sia fait demantenen.
>
> (v. 171-73)[23]

Mais quand il pense qu'Arthur se mettra en danger en voulant suivre seul une voix qu'il entend dans le lointain, Gauvain conteste les volontés de son oncle (vv. 200-02). Ce n'est que quand le roi lui dit assez sévèrement de se taire qu'il cède: *Seiner, dis Galvain, no farai, / Mais tot a vostra volontat!* (vv. 206-07). On se rappelle l'épisode du cerf blanc dans *Erec et Enide* (vv. 27-62 de l'édition Mario Roques). Là aussi, Gauvain avait raison en essayant de dissuader le roi de son dessein, et dans *Jaufré* Arthur devient en effet prisonnier d'une bête farouche qui le suspend entre ses cornes. La réaction de Gauvain à ces événements est immédiate: il est épouvanté, exhorte tous ses compagnons à libérer leur seigneur et est sur le point de frapper la bête quand Arthur le lui défend (vv. 277-320). Désespéré et en deuil, Gauvain déchire ses vêtements, s'arrache les cheveux, se maltraite... Mais son angoisse, que l'auteur se délecte à raconter, semble l'inspirer à tel point qu'il invente un "engin" pour protéger son oncle:

> E Galvain a lur o pregat:
> "Seinors, laisem lo dol istar,
> Aisi nos pot ren acabar,
> Mais prengam desliuramens
> Cadaüs nostres vestimens
> E metam los al rei desotz".
>
> (vv. 394-99)

Ainsi, quand le roi tombe, il ne se fera point de mal. Le spectacle qui s'ensuit, où tous les chevaliers de la Table Ronde sont nus - sans *causas*, sans *camisa* et sans *braga* - est irrésistible[24].

Le traitement burlesque de Gauvain dans ces épisodes ne change en rien sa position ailleurs dans le roman comme le meilleur chevalier de la cour. Il est nommé le premier dans une liste des chevaliers de la Table Ronde (vv. 101-10), ce qui rappelle aussi *Erec et Enide* (vv. 1671-706); il est *pros* (v. 277), *cortés* (v. 9797), etc.; et c'est en comparant les exploits de Jaufré avec ceux de Gauvain et d'Arthur qu'Augier pleure la "mort" du héros:

> Anc Galvain nil bon rei Artus
> Non feron en lur joven plus
> De proesa en tut un an
> Con vos aves fait en sol tant
> Con aves entre nos istat.
>
> (vv. 8617-21)

Évidemment, nous ne devons pas interpréter à la lettre les paroles d'Augier et comprendre que Jaufré a dépassé le roi et son neveu en vaillance, en prouesse, etc. Parfois, il est vrai, les romanciers montrent un jeune héros qui devient d'abord l'égal et puis le supérieur de Gauvain, mais cela ne semble pas appartenir à la manière du poète de *Jaufré*.

La dame dans l'épisode du chevalier torturé se montre aussi au courant de la réputation de Gauvain, puisqu'elle le croit seul capable de vaincre Taulat de Rougemont et de délivrer son seigneur:

> Ni eu no ai jamais fiansa
> En cavaler ni esperansa
> Qel desliure, mas en Galvain,
> Car tuit li trebail e l'afain
> En ge l'autre sun fadiat,
> Sun leu per aqel acabat,
> Qes el confun los ergollos
> E fa socors el besoinos.
>
> (vv. 5069-76)

Le motif de la renommée de Gauvain est employé ici pour mettre en relief encore une fois la prouesse de Jaufré (cf. aussi les vv. 6320-28 et 8046-57).

On pourrait dire que l'absence de Gauvain remplit une fonction narrative: s'il n'est pas là pour délivrer un chevalier prisonnier ou une damoiselle en détresse, le jeune héros n'est que trop heureux de le faire à sa place. Chrétien emploie le même expédient dans *Yvain* (l'épisode de Lunete au bûcher, les vv. 3692-765).

Comme parangon de chevalerie, Gauvain se trouve souvent l'ami du héros. Ceci est manifeste, d'une manière ou d'autre, dans tous les romans de Chrétien, et c'est bien le cas dans *Jaufré*. Après avoir désarçonné le sénéchal Keu (dont le rôle témoigne aussi de l'influence de la tradition en langue d'oïl), Jaufré envoie son cheval à Gauvain:

> "Galvan, a vos sera rendut
> Lo caval, que az autre non".
> Galvan connuc Jaufre al son,
> E mantenent val abrassar.
>   (vv. 9466-69)

Sans aller plus loin, nous croyons qu'il est évident que les traits de Gauvain et le rôle joué par lui dans *Jaufré* montrent que le poète avait une profonde connaissance de la tradition du roman arthurien en langue d'oïl. Non seulement les qualités de Gauvain chevalier, mais aussi les fonctions qu'il remplit dans le récit - modèle à imiter, ami du héros, conseiller d'Arthur, etc. - tout indique que l'auteur de *Jaufré* n'a pas créé ce personnage ex nihilo. Qui plus est - et cela n'attend qu'une démonstration détaillée -, cela vaut pour une bonne partie des éléments arthuriens dans le roman.

La première question qui se pose après cette enquête porte sur l'uniformité du portrait de Gauvain dans la littérature occitane avant 1225. L'uniformité, s'il y en a, réside dans la liberté avec laquelle les poètes emploient ce personnage. Ce que Pirot explique comme témoignage de la "tradition galloise" des contes occitans perdus, c'est-à-dire le Gauvain vaillant et preux, n'a nullement besoin d'être expliqué ainsi. Nous croyons avoir démontré en tout cas que le Gauvain de la lyrique occitane n'est pas uniquement renommé pour sa vaillance, comme le pense Pirot. Qu'il soit vaillant va sans dire, même dans les textes où les auteurs se moquent doucement de lui, et la vaillance et la prouesse proviennent sans doute de l'ancienne tradition de Gauvain. Mais il est douteux qu'il ait jamais existé un Gauvain qui n'avait autre trait que la vaillance. En faisant allusion à Gauvain dans leurs chansons, les poètes occitans ont choisi le trait de son caractère qui convenait le mieux au contexte, soit sa vaillance, soit son tempérament amoureux.

Dans un certain sens, le rôle joué par Gauvain dans *Jaufré* explique la variété des allusions dans la poésie lyrique. Si important qu'il soit, si souvent qu'il apparaisse, son rôle est accessoire au récit des aventures de Jaufré lui-même. En cela, *Jaufré* est complètement conforme à la plus grande partie des romans en langue d'oïl, où Gauvain ne peut pas être qualifié de héros. Et c'est justement du caractère accessoire du personnage que vient la liberté avec laquelle il est employé. Il faut que Gauvain reste admirable, sinon l'humour et l'ironie dont il est souvent l'objet manquent d'à propos. Mais dans certaines limites, un auteur comme celui de *Jaufré* peut se permettre de "jouer" un peu avec son personnage.

En guise de conclusion: L'existence de contes perdus qui auraient circulé en pays occitan au XIIᵉ siècle n'est pas en question ici. Nous le tenons pour prouvé. Mais dire que le Gauvain de la littérature occitane n'est pas le personnage que nous connaissons chez Chrétien de Troyes est dénaturer les faits pour soutenir une hypothèse aux dépens de la vérité. Il y a peu d'allusions à Gauvain dans la littérature occitane qui renvoient à des textes particuliers en langue d'oïl, mais le rôle qu'il joue dans *Jaufré* et le portrait qu'on peut rassembler à partir de la lyrique nous semblent suggérer avec quelque poids que les poètes de langue occitane ont connu - et compris - le Gauvain du Nord.

Notes

[1]Voir Rita Lejeune, "The Troubadours", dans *Arthurian Literature in the Middle Ages: A Collaborative History*, éd. Roger S. Loomis (Oxford, 1959), pp. 393-99, et la version française, "La Légende arthurienne et les troubadours", publiée pour la première fois dans Rita Lejeune, *Littérature et société occitanes au moyen âge* (Liège, 1979), pp. 225-36; François Pirot, *Recherches sur les connaissances littéraires des troubadours occitans et catalans des XIIᵉ et XIIIᵉ siècles*, Real Academia de Buenas Letras de Barcelona, 14 (Barcelone, 1972); Pierre Gallais, "Bleheri, la cour de Poitiers et la diffusion des récits arthuriens sur le continent", dans *Actes du VIIᵉ Congrès national de littérature comparée* (Paris, 1967), pp. 47-79.

[2]Keith Busby, *Gauvain in Old French Literture* (Amsterdam, 1980).

[3]Pirot, *Recherches*, pp. 448-49.

[4]Ibid., p. 468.

[5]Ibid. Les allusions se partagent ainsi: Arthur, 24; Tristan, 37; Gauvain, 15. Le relevé a été fait par Mᵐᵉ Lejeune et est fondé sur Camille Chabaneau, *Onomastique des troubadours*, éd. Joseph Anglade (Montpellier, 1915, extrait de la *Revue des Langues Romanes* 58), et Joseph Anglade, *Les troubadours et les Bretons* (1929; réimpr. Genève, 1973). Le nombre relativement élevé des allusions s'explique par la période étudiée, qui comprend le corpus entier des troubadours.

[6]Pirot, *Recherches*, p. 481. Par "tradition galloise" Pirot entend la tradition de Geoffrei de Monmouth et de Wace.

[7]Cette date est assez arbitraire, mais au Nord de la France, elle correspond à un changement radical dans le personnage de Gauvain dû à la *Queste del Saint Graal* et, peu après, au *Tristan en prose*.

[8]Cité d'après le texte de Pirot, *Recherches*, p. 353.

[9]La phrase est de Pirot, *Recherches*, p. 479.

[10]Comme l'admet Mme Lejeune, "The Troubadours", p. 398 (p. 235 de la version française).

[11]Pirot, *Recherches*, pp. 481-82. Voir aussi Giraut de Bornelh, *Sämtliche Lieder*, éd. Adolf Kolsen (Halle, 1910), 1, pp. 192-95, et 2 (1935), pp. 70-72; Anglade, *Les troubadours et les Bretons*, pp. 60-61; Kurt Lewent, *Zum Text der Lieder des Giraut de Bornelh* (Florence, 1938), pp. 44-46, cité par Pirot, *Recherches*, pp. 481-82.

[12]Voir Giraut de Bornelh, *Sämtliche Lieder*, éd. Kolsen, 2:70-72.

[13]N° XIV dans l'édition de Joseph Linskill, *The Poems of Raimbaut de Vaqueiras* (Paris et La Haye, 1964).

[14]Pirot, *Recherches*, p. 479; Anglade, *Les troubadours et les Bretons*, p. 62.

[15]Linskill, *Raimbaut de Vaqueiras*, p. 21.

[16]N° XXXIV dans Peire Vidal, *Le Poesie*, éd. D'Arco Silvio Avalle (Milan et Naples, 1960), 2:271-82. Le ms. C a *Estranh* au lieu de *Galvanh* au v. 17, mais Avalle a sûrement raison de suivre les autres manuscrits. Dans son édition de Peire, Joseph Anglade lit *Estranh*; voir *Les poésies de Peire Vidal*, éd. Joseph Anglade (Paris, 1923). Pour la date du poème, voir Avalle, *Le Poesie*, 2:204.

[17]Jean Frappier avait bien vu que Peire Vidal nous donne un Gauvain "un peu vain". Voir son *Chrétien de Troyes et le mythe du Graal* (Paris, 1972), p. 217 n. 4.

[18]*Bertran de Born*, éd. Albert Stimming (Halle, 1892), 3:141-44. Pour la date, voir p. 44.

[19]N° LXXXIII dans *Poésies complètes du troubadour Peire Cardenal (1180-1278)*, éd. René Lavaud (Toulouse, 1957), pp. 544-45. Voir aussi le poème anonyme *Lo sen volgra*, éd. Adolf Kolsen dans "25 bisher unedierte provenzalische Anonyma", *Zeitschrift für romanische Philologie* 38 (1917), 294, où le poète voudrait ressembler *Galvanh de cavaleria*. Le poème n'est pas daté.

[20]N° 10 dans *The Poems of Aimeric de Peguilhan*, éd. William P. Shepard et Frank M. Chambers (Evanston, 1950), pp. 81-84. Dans un second poème (n° 44 de l'édition citée, pp. 208-11), le ms. U a *Galvain ni Artus* au lieu de *Ectors ni Tideüs* dans les vv. 38-40: *Nom par qe Galvain ni Artus / Fezes doas jostas negus / Plus tost en un besong qu' eu fax*. Le poème est probablement obscène, et s'il date des années 1227-1229, le manque de respect du poète envers le roi Arthur et son neveu serait moins surprenant.

[21]Patricia Stäblein a attiré notre attention sur un poème qu'elle croit être de Bertran de Born le père, qui date vraisemblablement de 1186 et qui est un *planh* sur la mort de Geoffrei de Bretagne. Le poème (PC 80,6a) fait mention d'Arthur et de Gauvain dans les vv. 33-40:

> S'Artus, le senher de Cardolh,
> Cui Breton atendon en mai,
> Agues poder que tornes ssi,
> Breton i aurian perdut
> E nostre senher guazanhat. Si lor i tornava Galvanh,
> Non lor auria esmendat
> Que mais non lor agues tolgut.

Le texte est cité d'après Carl Appel, *Bertran von Born* (Halle, 1931), et semble renforcer notre conclusion que Gauvain est employé comme exemple de prouesse et de chevalerie dans les poèmes sérieux. Le poème est le n° 31 dans une nouvelle édition, *The Poems of the Troubadour Bertran de Born*, éd. William D. Paden, Jr., Tilde A. Sankovitch et Patricia Harris Stäblein (Berkeley, 1984).

[22]Paul Remy, ''A propos de la datation du roman de *Jaufré*'', *Revue belge de philologie et d'histoire* 28 (1950), 1349-77 (''après 1225 ou, mieux, après 1205'', p. 1361); Rita Lejeune, ''A propos de la datation du roman de *Jaufré*. Le roman de *Jaufré*, source de Chrétien de Troyes?'', *Revue belge de philologie et d'histoire* 31 (1953), 717-47.

[23]Nous citons *Jaufré* d'après l'édition de Clovis Brunel (Paris, 1943).

[24]Cette suite d'événements est répétée (sans le déshabillage communal) dans les vv. 9818-10248, où Arthur est emporté par un oiseau énorme.

Toward a New Reading of *Jaufre*:
A Dialogue with Marc-René Jung

William Calin

Like so many texts of the Middle Ages, *Jaufre*[1] has received greater
attention from philologists and literary historians than from literary critics.
A series of articles delved into every possible piece of evidence affecting the
poem's chronology and composition: distinguished scholars, including Paul
Remy, exploited erudition, logic, and polemical skill, to the utmost.[2]
Inevitably, less scrutiny has been devoted to the poem *qua* poem. However,
I do wish to cite two particularly brilliant critical essays: Hans Robert Jauß's
"Die Defigurierung des Wunderbaren und der Sinn der Aventüre im
Jaufre"[3] and Marc-René Jung's "Lecture de *Jaufre*."[4] I agree with both
Jauß and Jung, subscribing wholeheartedly to their findings. Following
upon them, in their footsteps, I wish to contribute another page to our
profession's *lecture plurielle*, a page which does not claim to negate or
correct theirs, but simply examines still other facets of the text. My first
point is based upon an observation by Jung; and this entire paper can be
considered, implicitly at least, a working dialogue with Jung (and Jauß) on
the "literary reality" of the *Jaufre*-romance and its place in the canon of
medieval narrative literature.

Jung points out the sexual implications in the leper scene (vv.
2180-3016), the fact that the leper's threat to a girl and a child whom he has
had kidnapped is erotic and that Jaufre's triumph over him is an erotic
victory. I entirely agree with Jung's reading, so much so that I wish to
extend a Freudian approach to the romance as a whole. For example, at the

13

very beginning King Arthur undergoes an adventure with a *bestia gran e fera* (v. 227). This creature, which closely resembles a bull, carries away the unfortunate monarch magically attached to its horns and holds him high over an abyss; then, in response to the bull's aggressivity, members of the court strip naked, offering their clothes to cushion Arthur's fall. In the end, Arthur is spared, and the *bestia* (a Merlin-figure, an *encantador* in disguise, v. 465) is rewarded with a cup, a horse, and the right to deliver a *fier baiser*-type kiss. Toward the end of the poem the *encantador* appears again in disguise, this time as a giant bird, and once more carries off the hapless Arthur, while the courtiers rip their clothes in dismay (vv. 9818-10110). We know that in primitive cultures the bull usually stands for male fertility and that its horns are a prominent phallic image. We also know that, according to depth psychology, both flying and the dread of falling are a common dream-motif of sexual desire and/or fear of castration. The close association of birds and Eros since Antiquity needs hardly be stressed. Is it then too farfetched to posit that these scenes, which serve as *mises en abyme* for the romance as a whole, depict a symbolic sexual initiation-ordeal, one in which the king and his court are threatened and in which Arthur indeed does not measure up to his full capacities and the public's expectations? The inner narrative, as distinguished from the frame, will then tell how young Jaufre, as Arthur's surrogate, brings about his own symbolic initiation, for the *juvenis* will succeed where the *senior* has failed and, in contrast to Arthur, by so doing will redeem the court and the Arthurian world.

These *mise en abyme* scenes and the rest of the romance form a unified, coherent pattern of themes and imagery. In the midst of his quest Jaufre enters Brunissen's grove, disturbing the birds lodged there and also disrupting the lady's sleep (vv. 3017-4167). Not only does his action threaten the night world of Monbrun, associated with a fay princess and the *hortus conclusus*, it also calls Jaufre to the lady's attention: they soon fall in love and eventually will marry. In his aggressivity Jaufre resembles the phallic Merlin rather than the passive, impotent Arthur. Similarly, on one of his later adventures Jaufre defeats Fellon d'Albarua (vv. 8743-9288), whose ferocious monster bird seizes the cranes belonging to the Fay of Gibel, another princess of the Other World. Fellon calls this *châtelaine* of Gibaldar a whore and proposes to hand her over to his kitchen-varlets:

> Vos que est lai sus,
> Deisendet tost annos sa jus,
> Ella putan esca sai fors,
> Que tant m'aura vedat son cors
> Qu'ades er als guarssonz liurada,
> Als plus sotils de ma mainada,
> C'a mus ops nun la voil ieu jes.
>   (vv. 8929-35)

Jaufre defends her against sexual aggression and receives as a prize the monster bird which he in turn bestows upon King Arthur.

As in Chrétien's *Lancelot*, action is expressed in terms of erotic aggressivity. The lepers abduct a maiden and a child: the leper master intends to rape the one and to have the other slain (along with dozens of additional kidnapped children), to shed their blood (as he would spill the maiden's virginal blood) in order to cure his leprosy, a disease which is both the cause and concrete physical manifestation of *luxuria*.[5] We have already seen that Fellon d'Albarua offers the Fay of Gibel to his varlets; earlier in the story the great villain Taulat de Rogimon threatens Augier d'Eissart's daughter (who had previously been kidnapped by a giant) with a similar fate.

These events often occur at night, traditionally associated with Eros and with woman, from a Jungian perspective the time of the Unconscious. Much of the first action at Monbrun (vv. 3017-4167) turns around the issue of who (Brunissen or Jaufre) shall have the right to sleep! Like Chrétien's Lunette, Brunissen, by her very name (derived from *brunezir*?)[6] evokes notions of darkness, the feminine, the irrational. In this respect she also resembles the Black Knight, a demon who struggles with Jaufre at dusk and becomes invisible each time he is unhorsed.

And these events often occur within enclosed space, whether it be Brunissen's orchard, the *hortus deliciarum* par excellence, a *locus amoenus* enclosed by marble walks and associated with birds, or the more frightful castle of the leper giant. In both decors the hero is held captive: he cannot escape! Furthermore, the Fay of Gibel, who inhabits a castle, brings Jaufre to her defense by enticing him into and beneath the waters of a fountain. Enclosed space, the garden or mixed grove, the fountain, and engulfing water are all images of the feminine: the mother's womb, the realm of the unconscious, to which the young male hero proceeds in order to cast off his old life and emerge as an adult, to die and be reborn.

The threat to Jaufre's manhood, the ordeals he has to undergo, are of course associated with women but nonetheless come specifically from ferocious male adversaries, who attack him with unalleviated ferociousness and brutality. One knight possesses a white lance, his totem and "incitement to violence," which the hero wrests from him as a prize (and sends to Arthur). Similarly, Taulat slays with his lance first, then speaks (vv. 577-91). The giant leper wields a mace, and his servant dispatches children with a knife while his brother, another ravisher of girls, wields a giant tree. A herdsman casts stones and a javelin at Jaufre, just as a *sirven* also casts three javelins then leaps onto the youth's horse and holds the rider in his grasp all night long. Most significantly of all, Melian de Monmelior, who had been wounded in the chest (he resembles the Fisher King in the Grail-romances), is tortured once a month: forced to climb a hill while whipped under Taulat's orders, his wounds reopen. Thus he remains an invalid; he cannot recover health.

In response to these assaults the hero not only defends himself, he counterattacks and defeats his adversaries with the same violence with which they treat him. Held in the *sirven*'s grasp, Jaufre nonetheless twists the latter's knife away, then yanks off at least one arm and later severs both legs before disposing of the trunk:

> E puis gitet sa lansa pore
> E val penre per lo bras dreit
> Ab qel tenia pus estreit,
> E alli tan tirat e tort
> Qel coutel de la ma l'a tout,
> E laisa l'a terra caser,
> Qe de ren no s'en pot valer,
> E puis pren ab amdoas mas
> Lo senestre bras q'era sas,
> E tiret lui de tal vertut
> Qe tot lui a del cor rumput,
> E al del caval derocat,
> Si c'a pauc nu l'a degolat,
> E puis es a pe deixendutz.
> El sirven jac totz estendutz
> El sol, qe sol nus mou nis mena,
> Mais qe qer merce a gran pena.
> Dis Jaufre: ''Per Deu cui azor,
> Ja nu aurai de raubador
> Merse, ni no la deu trobar.''
> E va l'amdos los pes trencar.
>   (vv. 1860-80)

He wounds the leper in a particularly sensitive area (''Li trenqet . . . el braguier, / E de las bragas un cartier,'' vv. 2366-68), then lops off his right hand and leg, severs the right hand of the leper's servant, cuts off the brother giant's legs, detaches Fellon's shield arm and his horse's head, and also wounds Taulat exactly as the latter had wounded Melian. And he consistently wins from his adversaries sword and lance as tokens of victory.

I submit that *Jaufre* exhibits to a rare degree what we can designate as medieval romance sadism: brutality and horror indulged in for their own sake and to fulfill the expectations of the public. In Chrétien's *Roman de la Charrette* (a poem of lances, flames, sword-bridges, and perilous beds), the weapons wielded against the hero are phallic images and the people who wield them are castrating monsters and ogres, *duri patres* who threaten Lancelot and his virility.[7] The same is true for the Occitan romance. Like Chrétien's protagonist, Jaufre responds to these attacks by symbolically castrating in turn; it is he, not the Shadow-figures, who severs hands, legs, torsos, and heads, and who wins lances and swords. Thus he liberates his id and reaffirms his ego, in the process restoring to health a ''good father,'' the sympathetic Melian, who had been mutilated by the evil Taulat. In the end, the former returns to his kingdom, and Jaufre weds one of the fay princesses, Brunissen, herself a daughter-surrogate to Melian. The bridal couple make love in Brunissen's own castle; thus a corrupt world is purified and fertility restored to a Waste Land.

Jung quite correctly states that in this text "tout est signe."[8] I propose to extend his observation in the following way: the various signs, symbols, and images evoke initiation and *rite de passage* in a very broad sense, and the author integrates and encompasses Eros within the more conventional frame of the Arthurian tradition. As in Chrétien's romances, we find the "personnage itinéraire" (Jaufre), "personnages références" (Arthur, Gawain, Kay, etc.) and "personnages signes" (such as Taulat, Brunissen, and Melian).[9] Jaufre the protagonist is ever on the move, obsessed with his "itinéraire": as we have seen, he quests and fights even at night! In a highly stylized, symbolic manifestation of time, it takes him six days to arrive at the hermit's chapel, where he struggles with the Black Knight; another six days to recover and defeat Taulat; six more days to return to Arthur's court (including his struggle with Fellon d'Albarua); two days of festivities followed by three last days that include his wedding and final consecration.[10] The farthest topographical extension in space is to the hermit's cell (day six), where Jaufre undergoes his most difficult ordeal, an all-day and all-night struggle with a demon from hell. He then turns around, so that various episodes in the second half of his career recall or serve as analogues to those of the first half. Indeed, even in the frame *mises en abyme* Arthur is twice kidnapped, once before Jaufre's adventures have begun, the second time after they have ended. This circular narrative structure is determined by the hero's movement in space, by his withdrawal, return, and second withdrawal from the Arthurian court.

As in Chrétien, the court remains a center of attraction, a courtly space, the image of *corteisie*, opposed to an external space, indeterminate and non-courtly, that embodies *vilenie*. However, in *Jaufre* the *Brautwer-bungsschema* predominates over the *Artusschema*: the protagonist does not return part way through the course of his adventures; the court's approbation plays a trivial role in his consecration; and following the example of Chrétien's Yvain, he terminates his career far from Carlisle at Brunissen's castle. Indeed, Monbrun, symbolic capital of the "Other World," as a center of courtly *joy*, rebirth, and *urbanitas*, shares preeminence with Arthur's home, far too subject to crude practical jokes perpetrated by an *encantador*. (Jung comments on the civilized eroticism of Monbrun, as opposed to Carlisle.)

It is in these cities of the Other World—Monbrun, Gibaldar, and Melian's castle—that justice is done, evil recent *costumes* abolished, and a corrupt world purified. From the very first adventure at court—Jaufre's demanding the rash boon and undertaking to follow Taulat—to his marriage and settlement, his career parallels that of the archetypal hero of romance. An outrage is perpetrated at court, a public insult that serves as a "herald of adventures," to force the young man to quit our everyday world and set out on a quest. In an Other World setting, a land of collective desolation and interdiction, he fights monster ogres, rescues *piucelas* and an invalid father-surrogate, weds a princess, and receives boons, tokens of victory. In the end, several feasts as well as a marriage consecrate his triumph, and the evil, blocking figures are integrated into society. Treated like a messiah by Auger and Brunissen, he liberates and mediates in a way Arthur never can; he restores health to a *gastada terra* and participates in sacral *tremendum*.

At least two critics believe that *Jaufre* is a kind of *Entwicklungsroman*,[11] that the protagonist grows in the course of the action, that, like Chrétien's knights-errant, he proceeds from physical prowess for its own sake to service in the community, learning social, moral, and finally spiritual commitment, and that, as a *redresseur de torts*, he eventually surpasses the limits of the human condition. Such issues are complex indeed and open to more than one interpretation. With all due respect to my colleagues' insights (Emmanuèle Baumgartner's studies are a model of the genre), I beg to differ. From my perspective, unlike Erec, Lancelot, Yvain and Perceval, the Occitan protagonist never does wrong, therefore has nothing to repent and no faults to overcome. Furthermore, although a master of *engin*, Jaufre does not, in my opinion, manifest the self-consciousness and self-awareness that Robert W. Hanning posits as a hallmark of twelfth-century romance.[12] The youth commits great deeds but in an external, off-handed manner. What inner growth he may experience, and to what extent it corresponds to his prowess, is left to our conjecture. Indeed, I submit that, in contrast to Perceval the Welshman, for instance, this kind of hero does not become great but is slowly and surely recognized to be so. His virtues are present from the beginning, are part of him, so to speak, because he is the hero. This conception of heroism is surely reinforced by the outlandish extremes of violence and sadism discussed earlier and by the paradoxical series of happy endings (rehabilitation and reintegration) imposed on the text with some degree of artifice and even paradox: that is, the most wicked of villains—Estout, Fellon, the leper's mother and his servant, even to some extent Taulat—all are spared, converted, and forgiven, to a chorus of rejoicing at court.

Subscribing wholeheartedly to the socio-historical analysis proposed by Erich Köhler, Georges Duby, and others,[13] I propose the following: that whereas Chrétien de Troyes arrives at a kind of synthesis wherein love and prowess reinforce each other, in which the private life (*fin'amor*) and the public life (chivalry) contribute to the establishment of an ideal *ordo*, a wish-fulfillment world in which the aspirations of the petty nobility are given free reign, in the period following Chrétien the synthesis breaks down and the old *ordo* loses its ideological hold on the public. Two new responses are offered: either a pattern of escape, this time elaborated in terms of religious abnegation and mysticism (the various Grail-romances) or a more optimistic fiction no less "fantaisiste" (the *roman d'aventures*), in which the public and private domains are largely separate and the various characters undergo no inner development. Given its artificially imposed series of happy endings, a flagrantly idealized oedipal pattern of displaced wish fulfillment, and a clear preference for marriage at court as opposed to adulterous trysts with a fay, in my opinion *Jaufre* embodies the *roman d'aventures* pattern.

Here my analysis converges with that of Hans Robert Jauß, who saw in the Occitan text a late romance, ridiculing, undermining, and ironically commenting on an earlier structure of Arthurian *merveilleux*. This "De-figurierung" would be the work of an unusually sophisticated writer, who consciously, willfully reworked older materials, shaping them for his own purposes. The soundest research has indeed demonstrated the extent to which *Jaufre* is a compendium of traditional Arthurian characters, episodes, symbols, and structural increments. The Occitan romance is indeed based upon Chrétien de Troyes' *Cligès*, *Lancelot*, *Yvain*, and above all *Perceval*.[14] We can therefore consider the *Jaufre*-poet a master of intertextuality, intentionally working on various "pre-texts." He comments on them, shapes them, integrates them, and strives to surpass them. The refinement, the sophistication, the ripeness, the brilliant esthetic "excess," the intertextual working of *Jaufre*—all point to a relatively late date of composition. For these reasons, I wholeheartedly support Paul Remy in the *Chronologiefrage*. Remy maintained to the end that *Jaufre* was not an early romance, dating from the 1170s or 1180s, but a late one written perhaps in the 1220s and certainly after 1205.

Thus my *notes pour une lecture plurielle* will perhaps serve to launch a symbolic historical dialogue with Paul Remy as well as a critical one with Marc-René Jung. Once again, literary history and criticism do converge, the methodology and findings of the one serve to reinforce those of the sister discipline.[15] The two approaches work together for the greater glory of our French and Occitan cultural heritage.

Notes

[1] *Jaufré, roman arthurien du XIIIe siècle en vers provençaux*, ed. Clovis Brunel, 2 vols., Société des Anciens Textes Français (Paris, 1943).

[2] Alfred Jeanroy, "Le roman de *Jaufré*," *Annales du Midi* 53 (1941), 363-90; Clovis Brunel, Introduction to his edition, pp. xxxiv-xlv; Rita Lejeune, "La date du roman de *Jaufré*: A propos d'une édition récente," *Le Moyen Age* 54 (1948), 257-95; Paul Remy, "A propos de la datation du roman de *Jaufré*," *Revue belge de philologie et d'histoire* 28 (1950), 1349-77; Rita Lejeune, "A propos de la datation du roman de *Jaufré*. Le roman de *Jaufré*, source de Chrétien de Troyes?," *Revue belge de philologie et d'histoire* 31 (1953), 717-47; Martín de Riquer, "Los Problemas del *roman* provenzal de Jaufré," in *Recueil de travaux offerts à M. Clovis*

Brunel, Mémoires et Documents de l'École des Chartes, 2 vols. (Paris, 1955), 2:435-61; Paul Remy, *"Jaufré,"* chap. 30 of *Arthurian Literature in the Middle Ages: A Collaborative History*, ed. Roger S. Loomis (Oxford, 1959), pp. 400-05; Giuseppe Guido Ferrero, "Appunti sul *Jaufre,"* *Cultura Neolatina* 22 (1962), 123-40; Gert Pinkernell, "Realismus (vv. 1-6234) und Märchenhaftigkeit (vv. 6235-10956) in der Zeitstruktur des provenzalischen Jaufré-Romans: Ein Beitrag zur Stützung der Zwei-Verfasser-Theorie," *Germanisch-Romanische Monatsschrift* 53 (1972), 357-76, and "Zur Datierung des provenzalischen Jaufré-Romans," *Zeitschrift für romanische Philologie* 88 (1972), 105-10; Emmanuèle Baumgartner, "Le défi du *chevalier rouge* dans *Perceval* et dans *Jaufré,"* *Le Moyen Age* 83 (1977), 239-54.

[3]*Romanistisches Jahrbuch* 6 (1953-54), 60-75.

[4]In *Mélanges de langues et de littératures romanes offerts à Carl Theodor Gossen*, ed. Germán Colón and Robert Kopp (Bern and Liège, 1976), pp. 427-51.

[5]On the theme of leprosy in medieval literature, see Paul Remy, "La lèpre, thème littéraire au moyen âge: commentaire d'un passage du roman provençal de *Jaufré,"* *Moyen Age* 52 (1946), 195-242; Pierre Jonin, *Les personnages féminins dans les romans français de Tristan au XIIe siècle: Étude des influences contemporaines* (Gap, 1958), pp. 109-38 and 359-65; William Calin, *The Epic Quest: Studies in Four Old French "Chansons de Geste"* (Baltimore, 1966), chap. 2; Saul Nathaniel Brody, *The Disease of the Soul: Leprosy in Medieval Literature* (Ithaca, 1974).

[6]Lejeune, "La date du roman de *Jaufré,"* p. 273 n. 45.

[7]I offer a Freudian reading of the *Lancelot* in "Parenté et sexualité dans la littérature française du XIIe siècle," *Lectures*, no. 7-8 (1981), pp. 35-55.

[8]Jung, "Lecture de *Jaufré,"* p. 429.

[9]For this concept, see Jacques Ribard, "Les romans de Chrétien de Troyes sont-ils allégoriques?," *Cahiers de l'Association Internationale des Études Françaises*, no. 28 (1976), pp. 7-20.

[10]Pinkernell, "Realismus and Märchenhaftigkeit," pp. 357-76; idem, "Zur Datierung," pp. 106-07.

[11]Marie-José Southworth, *Étude comparée de quatre romans médiévaux: Jaufre, Fergus, Durmart, Blancandin* (Paris, 1973), chap. 2; Emmanuèle Baumgartner, "Le roman aux XIIe et XIIIe siècles dans la littérature occitane," in *Grundriss der romanischen Sprachen des Mittelalters*, 4/1, *Le Roman jusqu'à la fin du XIIIe siècle*, ed. Jean Frappier and Reinhold R. Grimm (Heidelberg, 1978), pp. 627-44.

[12]Robert W. Hanning, *The Individual in Twelfth-Century Romance* (New Haven, 1977).

[13]Erich Köhler, *Ideal und Wirklichkeit in der höfischen Epik: Studien zur Form der frühen Artus- und Graldichtung* (Tübingen, 1956), *Trobadorlyrik und höfischer Roman: Aufsätze zur französischen und provenzalischen Literatur des Mittelalters* (Berlin, 1962), *Esprit und arkadische Freiheit: Aufsätze aus der Welt der Romania* (Frankfurt am Main, 1966), and "Il sistema sociologico del romanzo francese medievale," *Medioevo Romanzo* 3 (1976), 321-44; Georges Duby, "Dans la France du Nord-Ouest au XIIe siècle: Les *jeunes* dans la société aristocratique," *Annales; Économies, Sociétés, Civilisations* 19 (1964), 835-46; Marianne Steible,

Strukturuntersuchungen zum altfranzösischen Versroman des 12. und 13. Jahrhunderts (diss., Heidelberg, 1968); and Jean Charles Payen, "Lancelot contre Tristan: La conjuration d'un mythe subversif (Réflexions sur l'idéologie romanesque au moyen âge)," in *Mélanges de langue et de littérature médiévales offerts à Pierre Le Gentil* (Paris, 1973), pp. 617-32.

[14]Consult Jeanroy, "Le roman de *Jaufré*"; Remy, "A propos de la datation" and "*Jaufré*"; Alberto Limentani, "Due studî di narrativa provenzale. II: Il problema dell'umorismo nel *Jaufré* e una contraffazione del *Perceval*," *Istituto Veneto di Scienze, Lettere ed Arti, Classe di Scienze Morali e Lettere. Atti* 121 (1962-63), pp. 102-12; Baumgartner, "Le défi du *chevalier rouge*."

[15]I discuss this problem in "Defense and Illustration of *Fin'Amor*: Polemical Comments on the Robertsonian Approach," *Stanford French Review* 2 (1978), 247-57.

Le personnage d'Elissent
dans *Girart de Roussillon*

Micheline de Combarieu

La chanson de *Girart de Roussilon*[1] comporte, entre autres originalités, celle de présenter deux personnages féminins qui jouent un rôle important dans son organisation. Toutes les deux filles de l'empereur de Constantinople et mariées, l'aînée, Berthe, au héros-titre du poème, la cadette, Elissent, à Charles Martel, elles renouvellent, grâce au lien de parenté qui les unit l'une à l'autre et aux deux protagonistes masculins, l'issue du conflit traditionnel dans la geste des barons révoltés entre le vassal devenu rebelle à son seigneur/roi à la suite d'une injustice dont il est la victime et le souverain devenu si méfiant devant ce pouvoir autre que le sien qu'il cherche purement et simplement à éliminer celui qui en est le support.

Cependant, deux éléments limitent l'importance d'Elissent. *Girart de Roussillon* demeurant une chanson de geste, l'histoire est racontée du point de vue du personnage masculin et réserve une première place aux affrontements guerriers et aux délibérations qui les précèdent et les suivent. Les personnages féminins ne pourront devenir personnages épiques qu'autant qu'ils seront mis en rapport avec les héros, ici comme dans les autres poèmes, par l'intermédiaire du mariage: Elissent (et Berthe) n'existe(nt) qu'à partir de leur rencontre avec Charles et Girart, et elles n'interviendront dans le poème qu'autant que ceux-ci seront d'abord sujets du récit. De plus, comme elles n'ont accès ni aux combats ni aux conseils qui en discutent, elles seront absentes de la partie du texte qui narre l'antagonisme de violence et de démesure guerrières qui met aux prises les deux hommes. D'autre part, le récit étant fait du point de vue de Girart - et de Berthe -, non du point de vue de Charles - et d'Elissent -, celle-ci ne réapparaîtra que quand sa soeur lui demandera d'intervenir pour que la réconciliation des deux héros puisse avoir lieu. La présence d'Elissent dans la narration dépend donc à la fois de celle des personnages masculins - ce en quoi elle est semblable à toutes les héroïnes épiques - *et* de celle d'un autre personnage féminin, ce qui est un traitement particulier. Or, malgré ces deux facteurs de limitation, son rôle est important; peut-être est-ce précisément à cause d'eux qu'il est original.

Les deux pages de texte qui mettent en scène Elissent sont d'inégale longueur. Dans la première, la plus brève, située tout au début de la chanson, elle est une jeune fille. Dans la seconde, la plus longue, située à la fin de la chanson, trente ans ont passé et s'il n'y paraît guère, elle est cependant mère d'un prince héritier qui commence à faire pièce au pouvoir de son père toujours régnant cependant, et reine au pouvoir politique solidement affirmé. Nous essaierons de déterminer, pour ces deux figurations du même personnage, les points communs et les différences présentés avec les correspondants féminins généralement attestés dans les chansons de geste.

Les personnages de jeune fille y sont assez semblables pour qu'on puisse parler de "type". Chrétienne ou musulmane, elle s'éprend à vue ou par ouï-dire d'un chevalier, émue à la fois par sa beauté, sa valeur, sa réputation. Bien sûr, elle l'aime déjà qu'il l'ignore encore. Aussi le lui fait-elle savoir. Parfois réservé, parfois immédiatement touché, il est généralement ébranlé par l'empressement qu'elle met à l'aider lorsqu'il se trouve en difficulté. Le personnage introduit donc une note romanesque dans l'épopée, mais d'un roman qui finirait bien, puisque, rapprochés par les aventures vécues en commun, les jeunes gens s'épousent d'un amour devenu réciproque[2].

Il en va tout autrement dans *Girart*. C'est d'abord une union politique qui est projetée entre Charles et l'empereur de Constantinople: ce dernier soutient en Orient tout l'effort des Sarrasins mais il n'a pas de fils pour continuer d'assurer cette tâche. Le mariage entre le roi de France et la fille de l'empereur d'Orient a pour but d'intéresser directement le premier à la défense de *toute* la chrétienté en faisant de lui le futur héritier des terres de son beau-père. En principe, Elissent n'est pas visée dans ce plan puisque c'est sa soeur aînée Berthe qui doit épouser Charles. Mais le roi a un feudataire aussi puissant que lui, c'est le Bourguignon Girart; l'empereur lui promet donc en mariage sa seconde fille, Elissent. Sa merveilleuse beauté et la jalousie de Charles par rapport à Girart trouvant ce point d'application entraîneront un échange des fiancées exigé par le roi. Face à la sensualité, à la légèreté coupable du souverain (condamné par tous pour sa conduite irresponsable), la préférence avouée d'Elissent pour Girart (v. 464) n'entrera même pas en ligne de compte. Elle se retrouvera donc reine presque à son corps défendant, mais comprenant la générosité des motifs pacifiques de

Girart, qui veut éviter le risque d'une guerre avec l'empereur d'Orient encouru à renvoyer purement et simplement à son père la fiancée dédaignée, - et les approuvant; gardant aussi son amour à Girart et lui en remettant un anneau en gage (laisse XL). On voit ce qui sépare cette représentation de celle plus habituelle dans l'épopée. Dans tout ce début du poème, Elissent apparaît comme un personnage passif: ce n'est pas elle qui va au devant de Girart; même si elle se prend à l'aimer au cours du voyage de Constantinople à Reims où elle côtoie le Bourguignon, elle ne lui dédie pas de prime abord la rêverie désirante dont ses congénères gratifient le héros aimé; ce n'est pas l'aventure qui les réunit, et elle n'a aucune occasion de venir en aide à Girart par quelque action d'éclat ou de scandale[3]; elle accepte d'épouser Charles au lieu de Girart sans se débattre ni même protester. En un certain sens, un personnage donc plus effacé que d'autres.

Ce schéma n'est pas, toutefois, sans présenter quelque ressemblance avec celui du mariage projeté de Garin et de Bègue avec Blanchefleur et Béatrice dans *Garin le Lorrain*, - mais il est difficile de dire s'il y a eu influence . . . et dans quel sens. D'ailleurs, la similitude est loin d'être totale. Dans la geste des Lorrains, Blanchefleur et Béatrice sont les seules enfants du duc Thierri de Maurienne, qui a longtemps cherché des gendres à qui laisser ses terres mais sans pour autant vouloir marier ses filles contre leur gré. Or, elles ont refusé tous les prétendants jusqu'au jour où elles tombent amoureuses des deux frères venus au secours de leur père. Le mariage de Béatrice avec Bègue ne souffrira pas de difficulté. Mais celui de Garin avec Blanchefleur ne se fera pas: le lignage des Bordelais voit en effet d'un mauvais oeil l'accroissement de puissance qui en résulterait pour ceux qu'ils considèrent comme leurs ennemis et rivaux. Ils insinuent donc au roi de France que ce double mariage ferait des Lorrains des vassaux trop forts pour ne pas être tentés de devenir rebelles; flattant aussi sa sensualité par un portrait dithyrambique de Blanchefleur, et s'arrangeant pour lui fournir un motif canonique pour rompre l'engagement pris, ils le poussent à réclamer la jeune fille pour lui-même. Bien que révolté dans sa fierté et son amour, Garin, pour éviter un conflit armé avec le roi et le lignage adverse, acceptera. Blanchefleur cédera, non sans fureur, et, sans dissimuler qu'elle continue d'aimer Garin, se promet surtout de faire payer à Pépin et aux Bordelais ce mariage forcé. Dans l'amour initial qu'elle voue à Garin, puis dans l'énergie (même vaine) qu'elle déploie pour ne pas devenir la femme d'un autre, elle se montre beaucoup plus active qu'Elissent et donc en cela plus conforme au schéma habituel de la jeune fille épique.

L'auteur de *Girart* se heurte à une difficulté évidente: alors qu'il existe *un* type de la jeune fille épique, il a, lui, *deux* personnages féminins à mettre en oeuvre, - et qui ont, chacun, un rôle à jouer[4]. C'est cet embarras qui peut transparaître dans le portrait que trace d'elles le vieil ambassadeur Drogon[5]:

Anc ne vis om tant beles *ne si samblanz.*
(v. 104)

Dans les laisses suivantes, la différence se cherche: si on mentionne la beauté de Berthe, on insiste sur son savoir et sa sagesse qui feraient d'elle une reine de France idéale (laisse XIX); quant à Elissent, c'est son pouvoir de séduction qui est surtout souligné:

El a cors covinent e virgenil,
E facon e color tant seignoril,
Com un la veit tan saives que gair'es chil
E qui de sa beltat non merevil.
(vv. 258-61)

On notera cependent que l'attrait qu'elle exerce ne fait pas d'elle une séductrice maléfique: les "sages" ne perdent pas ici la raison; cette beauté renvoie aussi à des qualités de l'âme (v. 258); on devine donc qu'Elissent n'utilisera pas à mal son pouvoir, - rien à voir avec la courtisane réussissant à transformer Aristote en une monture ridicule. Faut-il voir là une première émergence des motifs courtois dans le poème? N'allons pas trop loin. Cette beauté, pour être en elle-même innocente, pourra nourrir le Mal:

Per aicheste tint Carles la soe vil,
Per qu'en mugrent tal guerre e tal peril
Dunt tornerent les regnes a mal escil.
(vv. 262-64)

Celui-ci résidera non dans la Beauté elle-même mais dans les yeux de qui la regardera. Elle qui fait rayonner son harmonie sur ceux qui l'entourent n'a pas un pouvoir universel. La lutte du Bien et du Mal, thème qui structure tous les poèmes épiques, trouve ici une mise en oeuvre originale, à la fois par le rôle gratifiant donné à la femme - à la fois pierre de touche et foyer de rayonnement - et parce qu'il est très intériorisé: il s'agit non pas d'un conflit entre Elissent et quelqu'un d'autre, mais entre le Bien et le Mal dans le coeur de cet autre.

Inopinément mise en présence de Charles, ainsi que sa soeur, Elissent, moins empruntée qu'elle, manifeste cependant son trouble; elle se contente d'accomplir les gestes de politesse attendus, - mais reste muette:

E l'autre [Elissent] drece en piez e rovezis,
E cluignet li pergunt. . .
(vv. 360-61)

Il en est de même dans le débat qui va suivre, le roi séduit par sa beauté, la réclamant pour femme et refusant Berthe à qui il était engagé. Débat entre hommes où Charles a d'ailleurs tout le monde contre lui, c'est-à-dire non seulement Girart mais aussi les barons et le pape, - et où les deux intéressées n'ont pas voix au chapitre. L'auteur qui évoque le chagrin de Berthe à se trouver délaissée (XXX) ne dit rien de la réaction d'Elissent à la perspective de se voir reine de France. Il faudra que Girart lui donne la parole pour que nous l'entendions. Décidé à accepter l'échange des fiancées, il l'interroge en effet:

> Cui volet melz, donzele, mei o cest rei?
> - Se Deux m'ajut, charz saigne, eu am plus tei.
> (vv. 463-64)

Il a donc la préférence amoureuse. Motif plusieurs fois attesté dans l'épopée, ce choix, présenté comme justifié (le feudataire vaut mieux que son royal rival dans la représentation que donne d'eux le poète) et qui exprime l'idéologie féodale qui est celle des chansons[6]. Il reçoit ici un éclairage particulier avec la réponse de Girart:

> Eu prendrai ta seror per amor tei.
> (v. 468)

L'arrangement féodo-épique se teinte de nuances courtoises. Nouvelle émergence, cette fois indéniable, au moins au niveau du vocabulaire, d'un comportement spécifique du Midi littéraire. Et l'esquisse langagière se précise dans la laisse XL où les motifs courtois se multiplient: rendez-vous sous un arbre, suffisante image du verger, du "jardin d'amour"; don de l'anneau par la dame (Elissent) à son ami (Girart) comme gage visible d'un amour qui s'affirme d'ailleurs explicitement; rappel que le mariage de Girart avec Berthe ne se fait que pour l'amour d'Elissent (v. 579); enfin "departie" de la dame et de l'ami. La relation courtoise est même vécue ici dans une logique et une transparence totales, puisque Berthe, qui est présente, est prise à témoin par sa soeur de l'amour qu'elle porte au héros; dans la suite de l'histoire, on apprendra que le comte confie à sa femme l'anneau donné par la reine et qu'elle le lui rendra pour qu'il puisse se faire reconnaître d'Elissent quand il ira, banni et incognito, la solliciter de faciliter sa réconciliation avec le roi. L'affirmation par anticipation de la durée de la relation établie ici entre Girart et Elissent peut aussi être appréhendée comme un trait caractéristique de la *fin' amor* qui ne se laisse entamer ni par le temps, ni par l'espace:

> Aisi duret tos tens l'amor des dous,
> Sanz nule malvaistat qui ainc i fous,
> Fors bone voluntat e sanç rescous.
> (vv. 588-90)

Enfin, le statut de reine d'Elissent la place socialement au-dessus même d'un feudataire aussi puissant que peut l'être Girart. Tout cela fait d'elle sa *dame*, *midonne*, terme par lequel il la désigne lui-même (v. 528). Quant à Charles, il assume le rôle peu flatteur et également traditionnel du jaloux (vv. 591-97).

Mais ces quelques traits ne suffisent pas à déterminer la relation amoureuse courtoise dans sa spécificité. Les divergences sont nombreuses. La plus importante est sans doute qu'il n'y a, de la part de Girart, ni poème en l'honneur d'Elissent, - si l'on pense au domaine proprement troubaresque de la poésie lyrique, ni prouesse de sa part dédiée à la même intention -, si l'on transpose, ce qui est nécessaire ici, en termes chevaleresques. Mais il y en a d'autres: le non-mariage de Girart et d'Elisent est perçu par eux comme un malheur et ne reflète nullement une aspiration à un amour qui ne pourrait précisément être vécu qu'hors mariage: lorsqu'elle lui déclare qu'elle le préfère à Charles (cf. v. 464 cité ci-dessus), comment ne pas entendre qu'elle le préférerait comme époux? D'autre part, si le mariage d'Elissent peut cependant être appréhendé comme la condition même pour qu'elle puisse devenir la *dame* d'un autre, il n'en est pas de même pour celui de Girart, - et cela d'autant plus que la relation qui l'unit à Berthe est désignée également par le terme d'*amour* (v. 537). La dernière entrevue de la reine avec le comte dénote également, de leur part à tous deux, un souci moral étranger à l'amour courtois, qui puise en lui-même sa propre moralité: à cette rencontre Girart amène, afin qu'elle n'ait pas lieu sans témoin, deux hommes de sa suite et sa femme. Cette attitude est antinomique du secret courtois et manifeste le souci d'affirmer son ''innocence'' aux yeux des autres, de Berthe et d'Elissent. Cette dernière se situe dans la même perspective en prenant les deux hommes et sa soeur à témoin de l'engagement qu'elle prend avec Girart et en faisant de plus appel à Dieu (vv. 580-86). Les critères auxquels elle se réfère sont donc ceux de l'éthique sociale et religieuse[7]. Enfin, si Elissent est reine, c'est à Girart qu'elle le doit. Dans l'ensemble du passage, elle dépend de lui; en ce sens, il est dans une position de supériorité par rapport à elle. Et s'il lui parle sur un ton respectueux, s'il craint d'être mal jugé par elle (laisse XL), il s'érige aussi en juge et lui montre bien que son avenir à elle dépend des décisions qu'il prend; satisfait de sa préférence avouée pour lui, il explique:

> Se m'agu(i)ssaz orguel dit ne desrei,
> Ja mais ne vos tangest dojoste sei.
> (vv. 465-66)

A aucun moment, elle n'est associée à ses délibérations: la décision est prise par lui seul. Le héros a ici le privilège, épique par excellence, de l'action.

Cependant dans l'entrevue de ''départie'', il n'y a plus de *donzele* (v. 463). Elissent est devenue une *muillier d'amperador* (v. 574). Elle répond encore aux questions de Girart mais avec un ton d'assurance qui n'est plus du tout celui d'avant. Et sa royauté même, elle la perçoit comme un fait positif dont elle est redevable au héros:

> Que m'en direz, muillier d'amperador,
> D'achest cange qu'ai fait de vos a lor?
> Bien sai que m'en tenez por sordeor.
> - Seiner, mais de grant preiz e de valor.
> Vos m'avez fait reine...
>
> (vv. 574-78)

Son serment d'amour est aussi engagement d'aide, donc de participation à l'action: peu après, elle n'hésite pas à faire part à Girart des intentions agressives de Charles à son égard (laisse XLVI). Ainsi se renverse la hiérarchie entre eux deux: il commence de lui être redevable[8].

Et après, du point de vue d'Elissent, la très longue coupure que représente tout le temps du conflit armé entre le roi et le vassal, puis de la pénitence du comte, c'est la reine que nous retrouvons.

Les reines épiques sont en général des personnages négatifs: que l'on pense à la duchesse de Bourgogne, devenue reine de France et responsable du conflit entre le roi et Girart (*Girart de Vienne*); à la soeur de Guillaume qui récompense son frère de lui avoir fait épouser le roi Louis en incitant ce dernier à refuser à son vassal le secours contre les Infidèles qu'il est pourtant de son devoir de lui accorder (*Aliscans*), à Blanchefleur (*Geste des Lorrains*) qui, pourtant au départ parée de son amour pour Garin qui la range dans le camp des héros positifs, pousse Pépin non tant à faire justice aux Lorrains qu'à anéantir le camp des Bordelais qui ont empêché son mariage (cf. ci-dessus) et devient à son tour fautrice de guerre. Leur action politique a en vue la satisfaction d'un intérêt personnel, et pas la considération de celui du royaume.

Elissent est aux antipodes de ces figures, assez caricaturales, on en conviendra. L'Histoire, en la personne d'Aliénor, a contribué à inspirer, on peut le penser, le personnage d'Elissent-reine[9]. S'il en est bien ainsi, réalisme (historique) et originalité (littéraire) seraient alors heureusement alliés.

Quand nous retrouvons Elissent (laisse DXLII), trente ans ont passé, mais, au mépris de tout réalisme, la reine a gardé sa beauté:

> Ele a blance la car e la color
> Tant bel'e covinent cum rause a flor.
>
> (vv. 8877-78; cf. aussi laisse DLXIII)

C'est que l'auteur va évoquer ici une *reverdie* de l'univers féodo-épique, tué par la guerre entre l'empereur et Girart et qui ressuscite en ce temps de Pâques. Symboliquement, tous les personnages rajeunissent en même temps que le vieux monde renaît en Jésus-Christ. Mais cette séduction qui continue d'être le fait d'Elissent n'est plus seulement le don dangereux qui lui faisait, éventuellement malgré elle, attirer les hommes. Elle en a fait un outil dont elle se sert pour parvenir à ses fins, en particulier quand elle veut obtenir quelque chose d'un mari demeuré aussi sensible à ses charmes. Et elle sait ajouter la parure des vêtements à la beauté naturelle de son corps (laisses DCVI-II). Mais, et c'est là l'essentiel, elle n'est pour autant ni frivole ni intéressée.

Le portrait qui nous est tracé d'elle est celui d'un roi idéal, face à Charles qui en est l'antithèse. On ne saurait dire qu'il y a, à la cour, un parti du roi et un parti de la reine, ce qui serait déjà inhabituel. Mais il y a, ce qui l'est plus, un parti du roi, celui des vieilles rancoeurs, des intérêts partisans, de la politique à courte vue, - et il y a un parti du royaume, avec la reine, le prince héritier et tous ceux qui, avec eux, pensent à l'avenir plus lointain et à l'intérêt général: ici, à vrai dire, le mot de "parti" ne convient plus, c'est de "gouvernement", voire d'"État" qu'il faut parler. La moindre originalité d'Elissent n'est pas qu'elle soit le porte-parole - elle, une femme - de la communauté politique, c'est-à-dire du royaume et de l'empire. Comme le pouvoir continue en titre, et aussi en droit, à être du seul domaine de Charles, la situation n'est pas facile pour la reine. Mais, comme elle est douée d'un constant bonheur d'action et de conviction, elle s'en tire au mieux. Le temps de la guerre, celui pendant lequel le seul Charles Martel a eu la responsabilité totale du gouvernement, s'est achevé sur l'élimination de Girart, victoire douteuse, acquise au prix d'une double diminution des forces du royaume: celles, propres, du roi, car le succès n'a pas été acquis sans pertes; celles aussi du feudataire maladroitement aliéné et anéanti. Alors la reine s'est mise à parler et à agir et a tenté de reconstruire le royaume.

Elle est d'abord l'incarnation même de la largesse. "De donar sunt ses tors e sui denteil" (v. 8197), écrit l'auteur. Il la montre la pratiquant généreusement: quand Girart découvre un trésor amassé par les Sarrasins, il lui en envoie une partie, et elle "en donet taus mil, cascuns l'encline" (v. 9048)[10]. Sa réputation à cet égard est si bien assise qu'on lui envoie immédiatement les pauvres qui se présentent, ne doutant pas qu'elle leur viendra en aide; tel l'hôtelier de Girart à Orléans lorsqu'il voit son dénuement:

> Quer annaz a cort, si serez mis
> E preiaz la reïne ke vos vestis.
> (vv. 7779-80)

Mais cette façon de faire est celle d'une reine, c'est-à-dire qu'elle revêt avant tout une dimension politique[11]. Elissent donne sans compter mais demande, et parfois beaucoup, en retour. Quand le roi songe à marcher contre Girart au lieu d'accepter sa soumission comme il s'y était engagé, la reine ouvre ses coffres:

> U que reïne sat vassal donzel,
> Tramet son don - argent e aur vermeil.
> (vv. 8195-96)

. . . et s'efforce après quoi de rassembler des hommes pour aider le comte:

> E preiat a cascun que s'apareil
> Si cum d'annar o lui igau soleil;
> E conmanda Bertran matin l'esveil:
> "Ore verens qual sunt nostre fezeil!"
> (vv. 8201-04)

Elle espère bien pouvoir éviter l'affrontement, mais il n'en reste pas moins que, la suivant, ces hommes s'exposent à porter les armes contre le roi; or, même si Charles est déconsidéré à titre personnel, il n'en demeure pas moins - tous en sont d'accord - le représentant légitime du pouvoir souverain. Et si c'est là une situation exceptionnelle, ce qui est courant de sa part, c'est l'utilisation de la largesse pour se constituer un réseau de fidèles; elle le dit elle-même:

> . . . que m'ai la flor
> Del consel de la cort de l'emperador.
> Tan bon aver de pres e movador
> Lor ai donat, ke m'aiment li meillor.
> (vv. 7863-66)

Gardons-nous évidemment de crier à la prévarication! Elissent se conduit ici de façon antinomique de son mari, qui est toujours prêt à prendre ce qu'on lui offre et à le garder pour lui. En regard, la reine (comme d'ailleurs tous les héros positifs de cette partie de la chanson: Fouque, Girart, Bertrand, etc.), loin de thésauriser et d'accaparer, n'acquiert que pour redistribuer; ce n'est pas là, chez un roi ou un seigneur, d'abord ni surtout, un geste pieux ou, au contraire, une tentative de corruption, mais un acte de bon gouvernement. Cela fait partie intégrante de la fonction seigneuriale et souveraine dans la société féodale comme dans toutes les sociétés primitives.

Cependant, un jugement positif sur cette conduite est lié aux fins que se propose celui qui l'emploie. Si l'avarice est à tous coups condamnée, le recours à la libéralité pour fausser la justice le serait également. Mais la fin que se propose Elissent, c'est la paix: son action ne peut donc qu'être approuvée. Là encore, elle s'oppose à Charles, toujours suspect d'esprit d'agressivité et de la volonté de jouer de mauvais tours à autrui. Quand elle envoie son mari à la reine, Berthe, qui représente par excellence la voix de la vérité dans cette fin de poème, explique:

> E si podez trobar l'enpereriz,
> A cui vos fustes ja amius pleviz,

> Ja non ert tan fel Carles sos mariz,
> Ne vos i quere plai dunt ers gariz.
> (vv. 7760-63)

Et c'est en effet à cette tâche de réconciliation qu'Elissent va s'employer, n'hésitant pas à montrer sa force, voire à s'en servir si besoin en est, mais cherchant systématiquement à éviter d'avoir à le faire et gardant toujours pour fin la paix. C'est en ce sens qu'Aupais[12] comprend la lettre adressée par la reine à Fouque, un de ses partisans et lui-même constant représentant de ceux qui recherchent la paix dans toute la chanson[13]:

> La reïne chevauce mentrens tu jais,
> Qui de Girart au rei cerche la pais.
> (vv. 8380-81)

Lorsque, malgré tout, une bataille a eu lieu entre partisans de Girart et ses ennemis qui ont l'aveu du roi, et que ces derniers ont eu le dessous, le problème se pose de la conduite à adopter pour la suite des événements. Girart, sur le point de céder à nouveau à ses démons de violence, laisse entendre que poursuivre le conflit ne lui déplairait pas: ce serait façon d'affirmer sa prouesse et de s'enrichir. Aussitôt, la reine met le holà:

> Por un pau la reïne que ne s'irais:
> "Core que sie gerre, ci covent pais,
> U ja mais ne verie Paris ne Ais".
> (vv. 8631-33)

L'unanimité se fait autour d'elle sur l'idée de rechercher la paix. En même temps, on notera un très net souci de réalisme chez la reine: elle approuve la déclaration de Bertrand qui souligne que l'accord doit être entouré de solides garanties (laisses DXCI-DXCII) et s'accommoderait d'une trêve:

> E s'il ne funt la paz, les treges granz.
> Granz amors pot nuirir dedinz set ans...
> (vv. 8650-51)

Au cours d'un autre épisode, où le conflit a repris, Girart veut anéantir ceux qui s'en sont pris à lui et qu'il vient déjà de défaire. Mais Fouque lui rappelle la reine:

> El reïne nos est en liu de maire;
> Et si de li te menbre, dreiz est que paire.
> (vv. 9311-12)

Le sens de la phrase est clair pour le comte: il déclare aussitôt accepter les conditions du roi pour mettre fin à la guerre.

C'est d'ailleurs la dernière fois que la reine est mentionnée dans la chanson. En ce qui concerne la parole pour la paix, elle sera relayée par le pape, dont l'autorité spirituelle permet de donner à son discours une portée religieuse qui en couronne la signification humaine. Surtout, à ce stade du poème, la volonté de paix, grâce à l'action d'Elissent, est devenue majoritaire: elle va régner sur le monde épique parce qu'elle remplit alors le coeur de ses héros. Le rôle de la femme ne s'étendra pas au delà de cette (re)mise en route: les héros retrouvent le monopole de la parole et de l'action, au moins sur le plan profane[14].

Mais avant d'en être là, le pouvoir d'Elissent n'est pas un leurre. Par la séduction personnelle, par la largesse, par la fidélité et la loyauté dont elle fait preuve vis-à-vis de ceux qui la suivent, elle est devenue un personnage avec qui il faut compter à la cour. Le roi a le titre et donne les ordres. Mais qui décide? Berthe ne doute pas de l'entregent de sa soeur: elle est convaincue que toute la mauvaise volonté de Charles ne prévaudra pas contre l'habileté de sa soeur (cf. vv. 7760-63 cités ci-dessus). Et c'est bien aussi l'avis d'Elissent elle-même:

> Don, ne vos esmaiaz, que m'ai la flor
> Del consel de la cort l'emperador.
> (vv. 7863-64)

Charles dit la même chose, parfois sur un ton d'excuse qui ne fait que souligner sa faiblesse devant elle:

> La reïne, segner, me fai aicon.
> Per oc non est mos om, ne pois ne fon
> Qu'el me fest de ma gent occis(i)on.
> (vv. 8026-28)

Et aussi ceux des barons qui apprécient mal son influence sur le roi:

> Reis, de parlar midone tant vos oing,
> Que tot vos a tornat en autre coing.
> (vv. 8262-63)

Si son mari reste réticent, la reine compte de nombreux partisans très décidés. Son fils d'abord, et c'est important car il est le futur roi, quelqu'un qu'il faut ménager et auquel sa fonction à venir donne un poids plus grand que s'il était un simple bachelier. Il y a donc autour d'elle tout un réseau de sympathies, de solidarités actives et dévouées. On ne la voit jamais manquer de gens prêts à lui obéir avec d'autant plus d'empressement que les liens statutaires qui les unissent parfois à elle, se doublent, toujours, d'une confiance personnelle, fondée à la fois sur les bienfaits dont ils ont été l'objet et sur l'assurance où ils sont qu'elle se bat toujours pour de bonnes causes:

> Ore verens qual sunt nostre fezeil!
> (v. 8204)

Quand elle veut faire héberger Girart incognito:

> Apelet Benassis, lo cantador
> Del moster de la Croiz au Sauvador:
> "Arberjaz is romeu, lui e ss'ossor...
> E faices le per mei tant calador
> Que nol sachent la fors cil gabador"...
> E cil dis: "Volentiers", de joi lai cor.
> (vv. 7870-76 et 7879)

Certes, cet empressement est compréhensible: la reine est fondée en autorité à donner des ordres à un chantre, et on imagine mal qu'il les discute, mais la "joi" indique mieux le caractère particulier de cette obéissance qui va jusqu'à établir une sorte de complicité entre eux; il s'agit en effet, avec la demande du secret (vv. 7876-77), d'un ordre dont l'accomplissement comporte des risques et qui suppose donc une prise de position personnelle de Benassis[15]. Montons d'ailleurs dans la hiérarchie sociale:

> La reïne apelet lo bibe Augis:
> "Seignor, preieaz lo rei e ses amis
> Per Deu, c'ai marcet d'equelz chaitis"...
> Et li bibes lo fait a son devis.
> (vv. 7886-92)

Assurance de l'une, obéissance de l'autre sont identiques. Bertrand, un cousin de Girart et homme de la reine, sera aussi pour elle un auxiliaire sans défaillance (voir laisses DLXIII et DLXV).

Comme nous venons de le voir, l'évêque d'Orléans fait partie de ceux qui sont "pour" la reine. Mais ce sont en fait tous les hommes d'Église qui approuvent son amour de la paix et comprennent que tel est le sens de son action. Marraine d'un enfant dont le grand-père a été injustement déshérité par le roi, elle le prie de rendre au petit le fief de son aïeul; il se fait prier et lui reproche une fois de plus de chercher à l'"engigner" (v. 8977), ce qui lui attire cette rectification:

> E respon(den)t le bibe li plus senat:
> "Abanz te quiert honor e fait buntat,
> Qui cerche paz cum sie en ton regnat;
> E quant as sainte glise tout ne robat,
> Ill'a quant pot rendut e restaurat".
> (vv. 8978-82)

Son fils l'appuie lorsqu'elle est prise à partie par Oudin, un ennemi de Girart, qui menace de se retourner contre elle si elle le protège:

> Cel qui vol auntar midan ma maire,
> Se gart de mei, sos cors e sis repaire!
> (vv. 8221-22)

et l'importance de cette prise de position est bien marquée non tant par une réaction d'Oudin - ce qu'on attendrait - que du roi lui-même:

> Por iquest mot se tarde l'emperaire.
> (v. 8223)

Pépin est en quelque sorte la force physique et bientôt guerrière (il a quinze ans) qui manque à sa mère, qu'il s'agisse de se battre ou de commander une armée; il est en même temps une force politique qui dépasse celle de la reine dans la mesure où il incarne le principe de légitimité. Elissent fait en somme appel de Charles à lui et se sert de lui en ce sens quand les hostilités menacent de reprendre entre Girart et le roi du fait de ce dernier. Affirmant sans ambages qu'elle va se ranger du côté du comte, elle ajoute:

> E menerai od mei mon fil major.
> (v. 8254)

Elle est encore personnellement une puissance seigneuriale, comme elle le rappelle à propos de Bertrand ''qui tent par ton [= du roi] conjat de moi s'onor'' (v. 8255): en effet, Charles, après la défaite de Girart, lui a confié les terres qui constituaient l'*oscle* 'le douaire' de Berthe, c'est-à-dire Dijon, Roussillon, Châtillon, Montargon, Vaucouleurs (laisse DLVI). ''Eu les ai si gardat, tot li pluisor / Sunt replet e garni de grant ricor'' (vv. 8081-82), précise-t-elle, et on ne s'étonne pas de cette prévoyante administration, où on retrouve son réalisme. Sur ces terres, elle se considère comme autonome, encore que leur mode de tenure ne soit pas précisé dans la chanson. D'où son affirmation à Girart:

> En aicest non avez contraditor.
> (v. 8083)

Non seulement elle donne asile à Girart sur ces terres, mais elle annonce qu'elle va l'y suivre (vv. 8089-91), déclaration réitérée (v. 8213) et mise aussitôt à l'exécution. La première partie de cette réplique souligne le sens politique de la reine. C'est d'abord ce par quoi elle l'emporte sur Charles, c'est-à-dire ce en quoi elle est chef d'État alors qu'il n'est guère que chef de clan. C'est au nom d'une conception semblable du pouvoir, anarchiquement féodale, qu'il a voulu éliminer Girart, dont il n'a pas compris que la puissance ne portait pas nécessairement ombrage à la sienne mais pouvait, au contraire, l'augmenter. C'est la même crainte qui le fait reculer devant une réconciliation avec le comte. Et c'est la même appréhension de ce qu'est le pouvoir spécifique du roi dont l'autorité s'accroît de la force de ceux qui dépendent de lui qui pousse, en revanche, Elissent à la rechercher. Certes, elle agit par amitié et par amour pour Girart: témoin son émotion quand elle le revoit et le reconnaît à l'anneau dont elle lui fit présent jadis:

> Onques lai(s) lo devenrens n'i fu gardaz;
> En is loc fu Girarz set veiz baisaz.
> (vv. 7843-44)

> Ele baiset Girart, pres lo per col,
> E fu li bon asaz, c'amar le sol.
> (vv. 7852-53)

Certes aussi, c'est à son intérêt et à son droit à lui qu'elle pense:

> Donaz i vougre aver trente citaz,
> Per quei lo cons fu(s) vis e eugest paz
> E tote la honor dun fu jetaz.
> (vv. 7836-38)

Mais elle ne songe jamais à dresser le pouvoir de Girart contre celui du roi, garantissant au contraire sa loyauté et celle des siens:

> Abanz, dist la reïne, vos di por ver
> Qu'en les f(e)rai venir a son [= du roi] plazer,
> E servir, se lui plaz, de lor poder.
> (vv. 8918-20)

Elle considère qu'il y a non pas contradiction mais au contraire convergence entre les intérêts du roi et ceux de ses feudataires. Ainsi, le mariage d'Aupais, nièce de Charles, avec Fouque, parent et allié de Girart, est appréhendé de façon opposée par le roi et la reine:

> Donne, tornat m'avez a ce soutror.
> - Si m'ajut Dex, segner, mais au sobror:
> E mariat la fille de ta seror.
> De Borgoigne sunt ton castel e tor.
> (vv. 8880-83)

De même, quand elle apprend que Girart vient d'avoir un fils: elle souhaite qu'il rentre en possession du fief dont son père a été écarté, car ainsi, dit-elle, ''De trente mil escuz e d'autretant / Creis ui la cort del rei mais por comant'' (vv. 8995-96).

La seconde partie de la réplique des évêques citée ci-dessus (p. 34) pose, par un biais, le problème de la finalité religieuse de l'action d'Elissent. Il y a une sainte dans cette fin de poème, c'est Berthe. Mais une "bonne" reine doit respecter biens et gens d'Église, ce qu'elle fait, disent-ils. Mais une "bonne" reine ne peut l'être si elle n'est pas une reine pieuse. Aussi le texte se fait-il l'écho de cette piété. Les retrouvailles d'Elissent et de Girart se font au moment de Pâques, et précisément en mettant à profit les pratiques religieuses de la reine: dans la nuit du Jeudi au Vendredi Saint, "La reïne au moster en vait pez nuz" (v. 7818). Ce geste renchérit sur ce qui est simplement de règle; au milieu d'une foule de gens d'Église (vv. 7816-17), la reine est la seule laïque mentionnée; en tout cas, le roi n'en fait pas autant. Piété personnelle donc, mais qui n'obnubile ni les sentiments humains (témoin la scène de la reconnaissance de Girart), ni les nécessités de l'action charitable et/ou politique: elle interrompt ses dévotions pour mettre sur pied son plan d'aide au comte (laisses DXLIV-DXLV).

Il faut évidemment ces assurances de vertu, cette recherche de la justice et cette piété - et la situation où elle se trouve, sans pouvoir comparable à celui du roi et donc obligée de biaiser avec lui - pour que nous admettions sans peine tous les moyens dont elle se sert: en particulier une tendance à l'action en secret et l'usage d'une parole dont l'adresse admet facilement l'omission et les affirmations ambiguës. Elle en use d'ailleurs par prudence, parfois y compris avec ses fidèles. Il n'y a rien à ôter aux termes par lesquels elle demande au chantre Benassis de s'occuper de l'hébergement de Girart et de Berthe, deux parents à elle, dit-elle (laisse DXLV), mais il y aurait à y ajouter leur identité précise. Quand elle s'adresse à son mari, elle va même jusqu'au mensonge, se référant à un songe inventé pour la cause, dans lequel elle a vu Girart faire hommage au roi et celui-ci le réintégrer dans sa fonction de sénéchal (laisse DXLVI). Mais ce "mensonge" est surtout un "songe" conscient. Anticipation et Projet. Là où il n'y a pas intention de tromper, n'est-il pas excessif de parler de mensonge? L'habileté de la reine éclate dans ce qu'elle obtient successivement de Charles (à qui elle a fait préalablement entendre, Vendredi Saint aidant, de la part de l'évêque, un sermon ad hoc sur le pardon des offenses): qu'on envoie enquêter sur la survie éventuelle de Girart et qu'il lui pardonne s'il est vivant (laisse DXLVIII); qu'il en prenne l'engagement solennel (laisse DL); puis, ne s'en tenant pas là, elle prie le roi de lui rendre une ville non fortifiée, ce qu'il accorde aussi (laisse DLI). Girart n'a plus qu'à réapparaître, l'enquête ayant consisté à le convoquer sur-le-champ. Certes, il ne redevient pas sénéchal comme dans le "rêve" de la reine, mais de proscrit qu'il était, le voilà à nouveau seigneur chasé. On comprend que Charles qualifie sa femme d'"enjenariz"! Mais l'auteur, lui, n'émet pas la moindre réserve.

Il n'en formule pas davantage lorsqu'à deux reprises Elissent se retrouve personnellement engagée dans un conflit qui, directement ou non, met aux prises Girart et le roi.

Dans le premier cas, après avoir pardonné à Girart qu'il croit mort et s'être vu forcer la main pour lui rendre un fief une fois qu'il s'est avéré qu'il était bien vivant, le roi donne son aval (laisse DLIV) à ceux qui le débarrasseraient de lui; ainsi que de Fouque, cousin et allié du premier, dont celui-ci a vainement demandé la remise en liberté. Un parent de Girart prévient le comte et la reine de ce qui se trame. Celle-ci envoie le comte se mettre à l'abri dans Roussillon, dont le roi lui avait confié la garde dans les conditions que nous avons vues; et elle avertit Aupais, la geolière de Fouque, devenue depuis longtemps son alliée; elle fait aussi par elle-même (laisse DLXIII) et par l'intermédiare de Bertrand (laisse DLXVI) rassembler des forces pour faire face à une éventuelle attaque contre le château d'Aupais et revendique la responsabilité de l'entreprise:

> La reïne vos mande (e eu dic, on)
> Qu'ele tient ist afaire tot por son.
> (vv. 8313-14)[16]

Aupais, sommée par le roi de se rendre à la cour pour y recevoir un tout autre mari que celui qu'elle souhaite - l'élu de son coeur est son ''prisonnier'', Fouque! - refuse. Fouque, Bertrand et ses hommes (qui sont aussi ceux de la reine) parlementent en vain avec ceux qu'il faut bien appeler les ''royaux'' puisqu'ils sont là pour faire exécuter un ordre du roi, avant de les affronter et d'avoir le dessus (laisses DLXXX-XXXV). Fouque va retrouver Girart dans Roussillon (laisse DLXXXVII). A l'instigation de la reine, des pourparlers s'engagent (laisses DXCII-III) et, après une ultime péripétie qui empêche la signature de la paix (où Elissent n'est pas impliquée), une trêve de sept ans est conclue entre Girart et le roi (laisse DCX)[17].

Dans le second cas, les sept ans écoulés, les ennemis de Girart reprennent les armes et, à nouveau, la reine avertit le comte (laisse DCXXVII). Cette fois, le roi est à la tête de l'armée. Le rôle d'Elissent, qui se borne à ce que nous venons de dire, est donc plus limité. Mais sa pensée pacifique inspirera encore les négociateurs[18].

Elissent ''roi idéal'', écrivions-nous. La formule peut surprendre dans la mesure où, on la voit, en tant que seigneur féodal, participer au moins à un conflit armé contre le roi en titre, dont au demeurant la légitimité n'est jamais mise en cause par elle. Elle le fait parce qu'elle estime qu'il ne se comporte pas alors en ''juste juge'', puisqu'il manque à la parole donnée. Est-ce à dire que le roi n'a droit à l'obéissance que lorsque sa conduite est ''juste''? On voit la difficulté: qui décidera, et selon quels critères, de cette justice? Après tout, les ennemis de Girart, eux aussi, reprochent au roi son injustice quand il grâcie le comte en oubliant les morts et les ravages que les Bourguignons ont jadis causés au camp français; et toute l'histoire de la révolte de Girart est un bon exemple de ces combats douteux dans lesquels il est difficile de dire où est le droit. La situation de la fin de la chanson est évidemment moins ambiguë: les torts objectifs du roi justifient, aux yeux de l'auteur, une intervention d'Elissent, limitée d'ailleurs à la défense de l'agressé et qui ne va pas jusqu'à s'en prendre, physiquement, à la personne de l'agresseur (voir laisses DXCCVII-XXX), ni, politiquement, à son pouvoir. Certes, tous ne partagent pas cette façon de voir, et beaucoup des hommes de Girart lui conseillent au contraire de "déshériter" (v. 9279) le roi. Sans aller jusque là, le comte ne serait pas hostile à l'idée de poursuivre la guerre et de donner une leçon sévère à Charles. Mais Fouque le lui déconseille, se référant à la reine:

> El reïne nos est en liu de maire:
> E si de li te menbre, dreiz est que paire.
> (vv. 9311-12)

Girart se soumettra donc au roi. Fidèle au principe de légimité, il a déjà (laisse DCXIX) fait couronner empereur à Rome le jeune Pépin.

La conduite de la reine reflète donc l'ambivalence de l'attitude épique à l'égard du pouvoir royal. Chez les plus conscients des héros, fidélité au principe de l'hérédité, mais difficulté à admettre ce pouvoir lorsque celui qui l'assume en apparaît personnellement peu digne. En fait, le comportement d'Elissent avec Girart, lorsqu'elle vise sa réintégration totale dans la société, est celui que devrait avoir Charles avec lui, et il préfigure celui de Pépin, - exceptionnelle figure épique positive de futur roi. Dans la plupart des épopées, cette image du roi positif est représentée, quand elle y est attestée, par un Charlemagne déjà plus ou moins mythique; ici, elle est assumée par une femme. Que la communauté politique puisse se reconnaître dans un personnage féminin est une nouveauté dans l'épopée. L'historique Aliénor y doit être pour quelque chose, et aussi l'ensemble de la civilisation méridionale, dont le phénomène troubadouresque et courtois n'est qu'un aspect particulier. Notons cependant que, quelques décennies plus tard, ce sera au tour de la communauté religieuse d'être représentée par une femme, et cela dans un texte de langue d'oïl, *Aye d'Avignon*[19], où le musulman Ganor se convertit par amour de l'héroïne-titre, renversant le vieux schéma de la jeune Sarrasine éprise du chevalier chrétien.

Mais notons aussi les limites de cette ouverture. D'abord les longues pages du récit d'où Elissent est absente: la plus massive est celle du premier et interminable conflit entre Girart et Charles. Il n'est jamais dit que la reine ait eu voix, alors, au conseil royal, - pas plus d'ailleurs que Berthe à celui du comte. La guerre reste, tout ce temps, affaire d'hommes. Toutefois, la plus significative est peut-être celle des dernières laisses de la chanson, parce qu'elle succède précisément au moment du récit où la reine a joué un rôle politique de premier plan. Lorsque le conflit est à nouveau engagé entre le roi et le feudataire, Elissent disparaît de la scène. La signature de la paix qui semble, cette fois, devoir réharmoniser l'univers épique pour longtemps, avec la retraite de Girart et la désignation de Fouque à la tête de ses anciens fiefs, sera acquise par des hommes. Les voix de la paix seront alors surtout celles de Fouque et du pape. La diplomatie également, et le gouvernement, demeurent, en dernière analyse, affaires d'hommes. Il reste impensable que la reine soit autre chose que la femme du roi, - ou la mère du futur roi. Elle ne pourra exercer un certain pouvoir que grâce à ses qualités personnelles et pour pallier les manques de son époux. La loi salique prévaut, avant même d'être officielle et même dans l'épopée méridionale.

Mais un autre éclairage peut être donné au rôle d'Elissent, et, de façon plus générale, aux personnages féminins dans *Girart*. On remarquera alors que l'univers politique et social en même temps que spirituel y est mis en pièces par Girart et Charles Martel. Quand le chaos l'emporte, et le désert, l'action revient aux femmes. La réharmonisation du monde humain sera le fait d'Elissent; celle du monde spirituel (salut et sainteté de Girart) reviendra plutôt à Berthe. Le rôle de la femme est différent sur les deux plans. Sur le plan spirituel, on peut dire que la femme précède l'homme et peut-être va plus loin que lui: la sainteté de Berthe s'affirmera dans les limites du poème, celle de Girart ne peut être qu'à venir et a, de toute façon, été suscitée par l'exemple de sa femme. Sur le plan politique et social, la femme doit se contenter d'un rôle de médiatrice: pallier les insuffisances et la tyrannie de Charles, en attendant que le jeune Pépin devienne roi, lui imposer des décisions qui ne lui plaisent pas mais qui, seules, donnent une chance à la paix parce qu'elles reposent sur une juste (en termes épico-féodaux) appréhension des rapports entre pouvoir seigneurial et royal, telle est la fonction d'Elissent.

Si on compare le personnage d'Elissent à celui de Guibourc, le premier peut apparaître comme beaucoup plus modeste, sinon par ses implications, du moins par la place occupée dans la geste. Mais pour être équitable avec l'auteur de *Girart*, c'est une comparaison du couple Elissent/Berthe qu'il faudrait faire. En effet, il n'a pas utilisé le lien de parenté qui les unit pour nous décrire réellement deux soeurs mais deux personnages complémentaires. On peut alors considérer qu'aucune autre épopée ne fait part si belle à la femme. Faut-il voir là un trait qui serait particulier à l'épopée et, de façon plus générale, à la littérature de langue d'oc? Il nous paraît plus intéressant - et moins aléatoire - de souligner combien le personnage d'Elissent - et celui de Berthe - est plus riche que celui de la dame de la poésie des troubadours, comme l'est d'ailleurs Guibourc par rapport à celle de la poésie des trouvères. Question de genre: la matière épico-romanesque a plus d'épaisseur que celle des chansons lyriques. Question de mentalité aussi, où le clivage n'est plus géographique ni même, toujours, chronologique: l'héroïne romanesque, comme l'héroïne lyrique l'a été avant elle dans le Midi, se voit, littérairement, cantonnée vers la même époque, dans un rôle d'amoureuse, quand ce n'est pas, plus étroitement encore, dans un rôle d'aimée. L'héroïne épique a encore en partie accès au gouvernement des hommes, et en totalité à l'amitié avec Dieu.

Notes

[1]Nous considérons évidemment le texte tel que nous le connaissons aujourd'hui, et tel qu'il a été édité par W. Mary Hackett, 3 vol. (Paris, 1953). Mais il peut être intéressant de rappeler que, comme l'ont montré dans leurs travaux Paul Meyer et René Louis, les deux moments du poème où les personnages féminins, et en particulier Elissent, jouent un rôle, c'est-à-dire le "prologue" (jusqu'à l'éclatement du conflit armé entre Charles Martel et Girart) et la dernière partie (la réconciliation de Girart avec Charles par l'entremise d'Elissent) sont le fait du "renouveleur" qui, à partir d'un état antérieur de la chanson, l'a récrite en lui ajoutant ces épisodes qui, nous espérons le montrer, contribuent fortement à son originalité. Voir Paul Meyer, *Girart de Roussillon, chanson de geste traduite pour la première fois* (1884; repr. Genève, 1970), Introduction, pp. XXXIX et XLIV; René Louis, *Girart, comte de Vienne, dans les chansons de geste*, 2 vol. (Auxerre, 1947), 1:240-44 et 253-55.

[2]Nous nous permettons de renvoyer, pour une présentation plus détaillée de ce personnage-type, à Micheline de Combarieu, *L'idéal humain et l'expérience morale chez les héros des chansons de geste* (Aix-en-Provence, 1980), pp. 352-77, ainsi qu'à notre article "Un personnage épique: la jeune musulmane", dans *Mélanges de langue et littérature françaises du moyen âge offerts à Pierre Jonin*, Senefiance, 7 (Aix-en-Provence, 1979), pp. 181-96.

[3]Contrairement, en particulier, aux jeunes Sarrasines qui renoncent leur univers de naissance pour entrer dans celui de l'aimé chrétien.

[4]Dans *Garin le Lorrain*, le personnage de Béatrice, à ce stade du récit, n'est qu'une utilité.

[5]Même si sa remarque a aussi une utilité dans l'économie de l'épisode: les deux jeunes filles ne sont précisément pas si semblables que cela; d'où le conflit qui va surgir. Sur leur identité, voir aussi les vv. 331-32.

[6]Cf. dans *Girart de Vienne*, la duchesse de Bourgogne préférant Girart à Charles; dans *Garin le Lorrain*, le cas de Blanchefleur.

[7]Hors la scène ci-dessus, le "secret" est gardé (v. 590), mais par prudence. Il n'a pas ici un rôle de valorisation du sentiment; et il n'est pas non plus absolu, comme nous venons de le voir.

[8]La relation de Girart et Elissent a été commentée en des termes différents par les critiques, même si tous s'accordent sur l'insistance de l'auteur à la présenter comme innocente; voir en particulier Pierre Le Gentil, "*Girard de Roussillon*: Sens et structure du poème", *Romania* 78 (1957), 340. Elle paraît très intentionnelle à René Louis: "Pour des gens qui, entre 1140 et 1150, avaient suivi le mouvement des idées, l'intimité d'Aliénor avec son oncle (Raimond de Poitiers) participait de la même innocence que les relations d'Elissent avec son beau-frère" (*Girart*, 1:362). Selon lui, d'autre part, la sainteté de Berthe, telle qu'elle sera présentée à la fin du poème aurait surtout pour raison d'être de "légitimer, par son consentement et sa complicité, l'amour extra-conjugal de Girart, son mari et d'Elissent sa soeur" (*Girart*, 1:367) et, par là, de plaire à Aliénor en incitant Louis VII à ne pas s'offusquer des sentiments de sa femme, par exemple pour le prince d'Antioche (ibid.).

Mais cette innocence (littéraire) dite, Achille Luchaire parle de "mariage mystique" à propos de la remise de l'anneau d'Elissent à Girart (*Histoire de France* dirigée par Émile Lavisse, tome 3, Ire partie, p. 379; cité par René Louis, *Girart*, 1:369). René Louis verrait dans les paroles de Girart "Se midonne fai tort, ne enneleit / Qu'eu li poisse ajuder de tot son dreit" (vv. 528-29), par lesquelles l'ami s'engage à protéger sa dame contre son mari, un cas "si paradoxal qu'il n'a peut-être pas son équivalent dans la littérature courtoise du Moyen Age" (*Girart*, 1:242). Quant à Pierre Le Gentil, il écrit: "Les liens qui se sont noués jadis [entre Girart et Elissent] n'étaient pas ceux de l'amour courtois" ("Girard de Roussillon", p. 478). Voir aussi Rita Lejeune, "Le rôle littéraire d'Aliénor d'Aquitaine", *Cultura Neolatina* 14 (1954), 5-53 (réédité dans *Littérature et société occitane au moyen âge* [Liège, 1979], pp. 403-72, notamment p. 407).

9"La reine Elissent apparaît comme une image idéalisée et poétiquement transposée d'Aliénor autour de sa vingtième année. Non pas que la chanson de geste doive être considérée en aucune façon comme une sorte de 'roman à clés' ni que le poète ait formé le propos délibéré de tracer sous le nom d'Elissent un portrait avantagé de la reine Aliénor; nous croyons simplement que le poète, ayant à peindre, de par les exigences mêmes du sujet choisi, une reine de France, s'est laissé aller tout naturellement à lui prêter les traits dominants de celle qu'il connaissait et à laquelle il ambitionnait de plaire" (René Louis, *Girart*, 1:356). On ne saurait plus justement dire, nous semble-t-il. C'est aussi le point de vue de Rita Lejeune, "Le rôle littéraire", pp. 407-08.

10Voir aussi les vv. 8190-91, et sur la largesse d'Aliénor, René Louis, *Girart*, 1:359.

11Ce qui différencie en partie Elissent de sa soeur qui est plus "aumônière" que "large".

12Troisième personnage féminin, plus marginal, mais qui serait aussi intéressant à étudier de près.

13Il en est l'incarnation pendant tout le temps du conflit en l'absence des personnages féminins; la reine le relaie en quelque sorte ici, et leurs actions se conjoignent; à l'extrême fin du poème, il la remplacera à nouveau.

14Sur le plan spirituel, Berthe continue de devancer Girart.

15Voir aussi les vv. 8091-92.

16Ces vers ne peuvent être dits que par le messager envoyé par la reine à Girart et non par celui-ci, contrairement à ce qu'implique la présentation typographique utilisée par W. Mary Hackett.

17Sur Elissent et l'amour de la paix, voir les pages précédentes.

18Voir les vv. 9311-12 cités ci-dessus.

19Voir Ellen Rose Woods, *Aye d'Avignon: A Study of Genre and Society* (Genève, 1978), p. 69.

Trobairitz et amorces romanesques dans les "Biographies" des troubadours

Fabienne Gégou

La lecture des "Biographies" des troubadours révèle un foisonnement de motifs, de situations, de rebondissements, susceptibles de donner naissance à de merveilleux romans, qu'envieraient bien des auteurs en quête de personnages et d'intrigues. Aussi ne partageons-nous pas le sévère jugement que Jean Boutière a porté sur "tant d'histoires", selon lui, dont la naïveté confine à l'absurde"[1]; il tempère, il est vrai, cette assertion par une note: "On a, en divers endroits, de véritables thèmes de fabliaux..."[2]. Au contraire, nous souscrivons entièrement au sentiment que Jean Rouquette exprime à propos des *Vies des troubadours*: "On y trouve les romans du jeune homme pauvre (B. de Ventadorn), du bourgeois perverti (G. Faidit), du poète et de la folie (P. Vidal), la partie-carrée (G. de Saint-Leidier), une pré-Manon Lescaut (J. de Puigcibot) et les liaisons dangereuses (R. de Miraval)"[3]. Ces allusions aux romans de Choderlos de Laclos, de l'abbé Prévost, ou même d'Octave Feuillet, frappent l'imagination et appellent la confrontation tout en excitant vivement la curiosité à l'égard des "Biographies". En outre, le terme *roman* nous semble en général plus juste que celui de *fabliau*, employé par Boutière, car le héros de ces esquisses est toujours un poète qui souffre et, par conséquent, même s'il s'agit d'"affaires d'alcôve"[4], le ton est plus élevé que celui du fabliau.

Attirée par ces amorces romanesques, nous avons désiré en examiner quelques-unes à la lumière des réflexions qui précèdent, mais comme il fallait procéder à un choix, nous avons songé à l'oubli injuste dont sont victimes les *trobairitz*. Par le passé, Paul Remy avait déjà remarqué le mystère qui entourait les aspirations littéraires des femmes de l'Occitanie médiévale[5]. Méconnues à travers les siècles au point que, même récemment, des médiévistes leur ont refusé l'originalité, la sincérité, les qualités de style, les *trobairitz* furent regardées comme à la remorque de leurs confrères, les troubadours, dans l'exploitation des thèmes[6], à l'exception peut-être de la comtesse de Die. Dans ces conditions, nous avons accordé la préférence aux amorces romanesques où les *trobairitz*, dont il nous reste si peu de poèmes et encore moins de noms, tiennent un rôle, même si leur production poétique est ignorée à l'heure actuelle.

Le rapprochement possible entre la trame des *Liaisons dangereuses* et les aventures prêtées à Raimon de Miraval par ses biographes médiévaux est à coup sûr des plus attrayants. On sait que l'oeuvre laissée par Raimon comporte une cinquantaine de pièces dont quarante chansons, ce qui est très représentatif, et qu'elle a fait l'objet, ces dernières années, d'une édition critique qui a placé ce troubadour au premier rang de l'actualité[7]. La biographie du poète est représentée par sa *vida*, accompagnée de quatre *razos* ou commentaires dont deux se rapportent à notre sujet: la première, et la troisième qui détaille les péripéties de la première. Ces deux textes contiennent effectivement, comme l'a senti Jean Rouquette, des motifs qui en font un récit précurseur de celui de Choderlos de Laclos. Il ne s'agit, comme notre titre l'annonce, que d'une amorce, car trois pages seulement, et encore, rappellent le roman par lettres que Laclos publia en 1782[8].

L'auteur de la *vida* nous apprend que Raimon de Miraval[9] était un chevalier très pauvre, mais un grand poète courtois, apprécié de tous les nobles de la contrée, en particulier de Raymond VI comte de Toulouse et du roi Pierre II d'Aragon. Miraval était aussi le favori des dames, auxquelles il dédiait ses chansons, "mais", ajoute l'auteur de la *vida*, "on n'a jamais cru qu'il ait obtenu d'aucune d'elles quelque bien en droit d'amour, et toutes le trompèrent"[10]. Or, les déboires supposés de Raimon s'organisent, dans les deux *razos* qui nous occupent, autour de l'épouse du troubadour nommée Gaudairenca et présentée explicitement comme une *trobairitz*: "Elle était belle et gracieuse, et savait bien *trouver* couplets et *danses*"[11]. Nous souhaitons ramener au jour le nom de cette poétesse dont aucune des oeuvres n'est parvenue jusqu'à nous; le *sirventes* d'Uc de Mataplane[12], introduit par la première *razo*, parle avec précision de Gaudairenca, ce qui autorise à penser qu'elle a réellement existé. Voici l'intrigue rapportée brièvement par cette *razo*:

Raimon de Miraval, poète en vogue, s'éprend d'une dame qui n'est sans doute qu'un personnage fictif, Ermengarde de Castres, "la Belle d'Albigeois"[13]. Cette Ermengarde représente, plus ou moins, la marquise de Merteuil des *Liaisons*, auprès de Miraval qu'il est plus difficile de comparer à Valmont, car il n'a guère de duplicité. Il se trouve pourtant dans une situation semblable, trompé qu'il sera par Ermengarde, comme Valmont par la marquise, et dans un style proche de celui de cette dernière:

"Sérieusement, Vicomte, vous avez quitté la Présidente ... vous avez surpassé mon attente! J'avoue de bonne foi que ce triomphe me flatte ... ce n'est pas sur elle que j'ai remporté cet avantage; *c'est sur vous*: voilà le plaisant..."[14]. Oui, bien plaisant, puisque la marquise trompera, avec le jeune chevalier Danceny, le vicomte de Valmont qui lui a sacrifié son amour - un amour presque sincère - pour Madame de Tourvel. Mais chacun connaît ces épisodes célèbres. N'arrive-t-il pas la même mésaventure à Raimon de Miraval? Engoué d'Ermengarde de Castres dont la *razo* nous dit qu'"elle était belle, courtoise, gracieuse et instruite, et parlait bien"[15], il entend cette noble dame lui déclarer "qu'elle ne lui ferait jamais plaisir d'amour à titre de maîtresse; mais, s'il voulait abandonner sa femme, elle le prendrait pour mari"[16]. Miraval, berné, décide sur-le-champ de renvoyer Gaudairenca, pour laquelle il est permis de croire, par la suite du texte, qu'il avait de la tendresse; il l'engage à partir, sous le très mauvais prétexte "qu'il ne fallait pas deux troubadours dans une même maison..."[17]. Les sentiments mêlés de Gaudairenca sont développés dans la troisième *razo*: colère assortie d'un désir de vengeance et d'une sorte de soulagement; si elle éprouva de la peine, ce qui n'est pas dit, elle n'en mourut pas, comme la pauvre Présidente de Tourvel, mais, au contraire, se consola en épousant un noble Catalan, chevalier bon et beau, qui lui faisait la cour, Guillem Bremon, avec le consentement de ce fou de Raimon, qui ne recueillit pas les fruits de sa vilenie: en effet, Ermengarde de Castres, nous allions écrire la marquise de Merteuil, tomba dans les bras d'un chevalier Danceny, c'est-à-dire d'Olivier de Saissac, un grand baron de cette contrée, et le prit pour époux! Que devint le malheureux Raimon? Il eut "grande douleur et grande tristesse, pour avoir perdu sa dame et sa femme"[18], et nous ne le plaignons pas!

Les détails apportés sur la même intrigue par la troisième *razo* sont susceptibles d'affiner le profil psychologique des personnages. Nous y vérifions la perversion d'Ermengarde, qui dupe Miraval gratuitement et pour le plaisir. Procédant par étapes, elle prétend d'abord vouloir se donner à lui, pour le consoler de la déception qu'il a éprouvée par la faute d'une autre dame, Azalaïs de Boissezon, qu'il avait chantée en ces termes:

> . . .la courtoisie et la joie
> de la belle Azalaïs,
> sa fraîche couleur et ses cheveux blonds
> rendent tout le siècle joyeux[19].

Azalaïs, légère, mais non calculatrice, n'a pas su résister aux avances du roi Pierre d'Aragon - un roi n'est pas n'importe qui! -, et l'attitude de la dame est explicable, sinon excusable. Il n'en va pas de même pour Ermengarde qui, présentée comme la femme d'un vavasseur fort riche et âgé, appâte Raimon en même temps qu'elle essaie d'amener au mariage Olivier de Saissac qui la courtise; ayant mis Raimon sous sa complète dépendance, elle fit semblant de vouloir épouser le poète, pour que "leur amour'', prétendit-elle, ''ne pût jamais être divisé ni rompu''[20]. Cette même *razo* nous apprend, d'autre part, que Gaudairenca appréciait vivement Guillem Bremon, sur lequel elle composait ses *dansas*, et nous ne nous étonnerons pas qu'elle ait vu d'un oeil favorable ce consolateur, étant donné les nombreuses frasques de Raimon rapportées dans les quatre *razos* qui le concernent. Gaudairenca, priée par son mari de retourner au logis de son père, feint d'être fort en colère et lui déclare que ses parents et amis viendront la chercher. Au moment du départ, tandis que Guillem Bremon l'attend hors du château avec ses chevaliers, elle annonce à Raimon qu'il doit la céder pour femme à Guillem; Raimon déclare qu'il le fera volontiers, et Guillem, s'avançant, prend l'anneau de mariage. C'est ainsi que Raimon de Miraval donna lui-même sa femme à un autre!

Ces dernières circonstances nous éloignent des *Liaisons*, nous montrant que Gaudairenca ne saurait être une sacrifiée comme Madame de Tourvel; dans les *Liaisons*, toutes les femmes sont victimes de celle qui mène le jeu, la marquise de Merteuil, et Valmont est finalement victime de la marquise. Dans le récit qui nous occupe, aucune femme n'est victime, et Raimon est finalement victime de toutes, mais surtout d'Ermengarde qui lui fait accroire, jusqu'à la dernière minute, qu'elle l'épousera: tandis qu'il prépare tout dans son château pour la recevoir et célébrer un mariage fastueux, elle part avec Olivier de Saissac pour le château de ce dernier et l'épouse dès le lendemain, en ''grandes noces'' et ''grandes cours''[21].

Une si cruelle machination, ignorée, semble-t-il, de Saissac, - au fait, qu'était devenu le vavasseur, mari d'Ermengarde? L'histoire ne le dit pas; il était peut-être, entre temps, mort de vieillesse! La marquise de Merteuil aussi est une veuve joyeuse! - elle fit perdre à Raimon de Miraval ''toute joie, toute allégresse, tout divertissement et désir de chanter et de *trouver*; il demeura bien pendant deux ans comme un homme éperdu''[22]. Deux ans pendant lesquels les ''chevaliers troubadours se riaient de lui et des mensonges que les dames avaient fait de lui''[23]. Or, l'important était, dans ce monde-là, que la trahison ne vous laisse pas ridicule...[24]. Si Valmont est tué en duel, Miraval est tué par le ridicule. Donc, rien de définitif ici, au contraire des *Liaisons*, mais cependant une grande souffrance pour le troubadour, qui paie durement ses inconséquences. La conclusion, qui suit la première *razo*, est bien digne des moeurs dissolues des milieux aristocratiques du XVIIIe siècle - songeons aux *Mémoires* du duc de Lauzun, Armand-Louis de Gontaut (guillotiné en 1793)[25], complaisant exposé de ses bonnes fortunes; il est par excellence le type de libertin que le siècle a laissé -: cette conclusion se lit dans le couplet V de la réponse que fit Miraval au *sirventes* d'Uc de Mataplane, où Raimon, disposé à reprendre la vie commune avec Gaudairenca, ouvrira sa maison à la fois à sa femme et à ceux qui voudront lui offrir leurs hommages *sans aller au-delà de ce que la courtoisie autorise*[26]. Qu'en termes galants...

Ces deux *razos* constituent une véritable amorce romanesque qui, par rencontre, se trouve en partie dans le récit de Laclos, mais ce dernier, moralisateur, inflige aux coupables des catastrophes irréparables: la marquise est défigurée et ruinée, Valmont, tué... Il n'est pas surprenant de pouvoir effectuer ces rapprochements, car les aristocrates du Siècle des Lumières rappellent souvent, par leur oisiveté, leur libertinage et leur sentiment esthétique, ceux du moyen âge occitan. En outre, ces "liaisons dangereuses" de la fin du XIIe siècle nous ont permis d'évoquer la figure d'une *trobairitz* authentique, créatrice de *coblas e dansas*[27], Gaudairenca, dont la postérité n'a pas pris soin de préserver les oeuvres.

Notre introduction, on l'a vu, fait allusion à une période de la vie de Gaucelm Faidit, troubadour aussi fameux que Raimon de Miraval, sous le titre du "bourgeois perverti"[28]. Cette amorce romanesque a retenu notre attention, parce qu'elle introduit une certaine Guillelma Monja, complètement inconnue, quoiqu'elle ait été la femme de Gaucelm, probablement calomniée et qui fut, n'en doutons pas, une *trobairitz* dont on ne possède plus aucun poème.

Dans la *vida* et dans la cinquième *razo* qui concernent Gaucelm Faidit, il est question de son épouse: elle est jugée par la traduction comme une femme de mauvaise vie[29]. Le terme occitan *soldadera* ne justifie pas obligatoirement cette interprétation, contre laquelle nous nous inscrivons en faux: la méprise est entraînée par le fait que la *soldadera* accepte une *solde*, un paiement; il s'agit en réalité d'un synonyme de *joglaressa*. En outre, Jean Boutière, dont le souvenir n'a pas été assez ferme, cite deux passages de *Jaufré* où la *soldadera* est une jongleresse[30], donc, tout comme le *joglar*, capable non seulement de réciter, mais aussi de créer de la poésie. La *vida* de Gaucelm nous conforte dans notre thèse, en présentant Guillelma Monja comme une femme "très belle et fort instruite"[31]. La fin du texte marque combien le marquis Boniface II de Montferrat appréciait Gaucelm, qui le suivit à la croisade en 1202, accompagné de Guillelma, précision fournie par la cinquième *razo*.

Les troubadours entre eux aimant à s'adresser des quolibets, il est certain que c'est de quolibets qu'il s'agit dans les vers d'Elias d'Ussel cités dans cette *razo*, à propos par exemple de l'obésité de Gaucelm "plus gros qu'un pilier"[32]; il est vraisemblable que Gaucelm n'était pas si peu séduisant si l'on en croit son succès auprès de Jourdaine d'Embrun[33]. Notons sur ce point que Guillelma n'a même pas quitté son infidèle mari, mais qu'elle semble avoir été heureuse de lui jouer un tour, à une autre occasion, en favorisant l'entrevue chez lui et à son insu de Marguerite d'Aubusson qu'il courtisait et de Hugues de Lusignan[34]. Les mérites de Guillelma sont confirmés par Elias d'Ussel, et il n'y a pas de raison d'en prendre le contre-pied; aussi comprenons-nous ainsi les deux derniers vers d'Elias, cités dans la cinquième *razo*:

> . . .Guillelma, femme accomplie et noble;
> il n'y a de ce côté-ci de la mer couple
> qui égale cette jongleresse et ce jongleur[35].

De ce qui précède, on peut conclure que le titre de *bourgeois perverti* s'applique mal à Gaucelm Faidit et qu'il serait plus exact de traiter le troubadour de *bourgeois parvenu* - encore que Jean Mouzat le suppose cadet de famille noble - car il semble que sa réussite auprès des grands ait été doublée grâce au charme et à l'habileté poétique de Guillelma. Cette *trobairitz* méritait d'être enfin réhabilitée, qu'un doute au moins soit jeté sur l'opprobre qui la couvre. Ses poèmes eussent-ils été conservés, il n'en serait pas ainsi!

La troisième ébauche choisie par nous concerne Clara d'Anduze et Uc de Saint-Circ, auteur de *Vies* de troubadours et troubadour lui-même[36]. L'état de *trobairitz* de Clara est confirmé grâce à un poème qui nous reste d'elle: la poétesse se plaint de l'abandon de son ami, qui l'a quittée pour avoir écouté *li lauzenzier*, et elle l'assure de sa fidélité à toute épreuve[37]. Or, la première *razo* de la "biographie" d'Uc de Saint-Circ semble bien avoir quelque rapport avec ce poème de Clara; de plus, elle mentionne explicitement une dame d'Anduze nommée Clara, très habile et instruite, avec un grand désir de célébrité - toutes qualités de femme-poète -, avenante et belle comme il se doit.

Cette *razo*, qui occupe un peu plus d'une page dans les *Vies* des troubadours, suggère, plutôt qu'une esquisse de roman, un scénario de théâtre, une pièce légère où tout finit bien, un marivaudage que l'on pourrait intituler *La fourberie déjouée*. En effet, les protagonistes, Uc et Clara, filent le parfait amour, c'est-à-dire coupé de querelles et de réconciliations "comme il advient, en matière d'amour, entre les amoureux"[38], entourés d'amis courtois, notamment de nobles dames qui choient Clara. C'est alors qu'intervient la jalousie d'une voisine de Clara, Ponsa: jalousie de femme à l'égard de la renommée de l'autre. Sans amour pour Uc, Ponsa échafaude un stratagème; elle n'hésite pas, tout en l'aguichant par ses coquetteries, à dire au trop crédule troubadour que Clara le trompe. Comme Ponsa était belle, Uc, "poussé par le grand mal qu'elle lui avait dit de Dame Clara et par le grand plaisir qu'elle lui promettait, se sépara vilainement de Dame Clara et se mit à dire du mal d'elle et à louer Dame Ponsa"[39].

Clara, pleine de dédain, demeure courageuse dans son malheur, tandis que Saint-Circ s'aperçoit peu à peu que Ponsa l'a joué. Enfin, accablé de regret, il se rend chez une amie sincère de Clara, qui s'entremet efficacement et obtient que cette dernière fasse la paix avec Uc. Convoqué auprès des deux dames, il regagne les bonnes grâces de Clara et déclare:

> . . .je suis revenu là où je devrais
> trouver loyauté et honneur
> et coeur fidèle et constant[40].

Ce dénouement, on le voit, est digne d'une pièce de Marivaux: ciel serein traversé d'un orage violent mais bref ... jusqu'à la prochaine occasion toutefois, car Uc ne saurait être ni très constant ni très fidèle, et l'autre *razo* qui se rapporte à lui parle d'une dame du pays de Trévise...[41]

Plus heureuse que Gaudairenca et Guillelma Monja, Clara d'Anduze a laissé un souvenir admiratif, au moins dans sa ville où elle a été comparée à Sapho, tout comme la comtesse de Die: "Il vous faudrait bien élever un buste à votre grand homme qui est une femme ... la troubadouresse Clara, Clara d'Anduze!"[42] Nous avons néanmoins choisi cette *trobairitz* connue, dans notre évocation, parce que nous voulions, après plusieurs médiévistes dont Jeanroy[43], affirmer notre certitude que l'amie d'Uc de Saint-Circ et la poétesse Clara d'Anduze étaient une seule et même femme. La personnalité originale de l'héroïne de ce marivaudage accroît notre conviction, d'autant que nous estimons que la *razo* en question sort des situations traditionnelles dans les "Biographies" des troubadours et, en particulier, qu'elle diffère absolument, quoi que l'on en ait dit[44], par l'intrigue et par le ton, de celles que nous avons examinées sous le titre des "liaisons dangereuses". Cette *razo* est marquée au coin de la vérité.

Ainsi, parmi les trois *trobairitz* que nous avons rencontrées, deux sont des femmes de troubadours, et ce n'est peut-être pas par hasard qu'elles sont tombées dans l'oubli: nous nous accordons avec René Nelli pour estimer qu'elles ont rencontré, en la personne de leurs époux, des rivaux dans le domaine artistique; Nelli pense, par exemple, que Gaudairenca faisait concurrence à Miraval[45]. Qui sait si certains poèmes de Gaucelm Faidit ou de Raimon de Miraval n'ont pas été composés par Guillelma Monja ou par Gaudairenca, seules ou en collaboration avec leurs maris? Quoi qu'il en soit, leur existence a besoin d'être rappelée, plus que celle de *trobairitz* indépendantes et nobles, telles Na Castelloza ou Marie de Ventadour; c'est le cas aussi des poétesses anonymes qui ne survivent que grâce à un seul poème. Il apparaît qu'à travers les âges, les *trobairitz* et leurs oeuvres ont subi un véritable ostracisme[46] contre lequel, heureusement, s'insurgent des médiévistes de plus en plus nombreux; nous croyons, pour notre part, que les *Vies* de troubadours sont aptes à mettre en lumière ces oubliées. Quant aux amorces romanesques qui ont servi de support à la présentation de chacune des trois poétesses que nous avons distinguées, on conviendra de leur haut intérêt, l'une d'entre elles nous ayant même amenée à une confrontation avec les *Liaisons dangereuses*, un chef-d'oeuvre de la littérature mondiale. Il ne fait pas de doute que d'autres "Biographies" de troubadours contiennent en germe des ouvrages tout aussi remarquables, déjà écrits ou qui restent à écrire.

Notes

[1]*Biographies des Troubadours. Textes provençaux des XIIIe et XIVe siècles*, éd. Jean Boutière et Alexander H. Schutz, avec la collaboration d'Irénée Marcel Cluzel, Les Classiques d'Oc, 1 (Paris, 1964), p. xii.

[2]Ibid., n. 16.

[3]Jean Rouquette, *La littérature d'oc* (Paris, 1968), p. 39 n. 2.

[4]*Biographies*, éd. Boutière et Schutz, p. xii n. 16.

[5]Paul Remy, ''Les *cours d'Amour*, légende et réalité'', *Revue de l'Université de Bruxelles* 2/3 (1955), 1-19.

[6]Consulter à ce sujet *Les critiques et philologues devant les trobairitz*, montage de Claire Blanche Benveniste, dans *Action poétique* (sept. 1978), pp. 7-9.

[7]*Les poésies du troubadour Raimon de Miraval*, éd. Leslie T. Topsfield (Paris, 1971).

[8]Paris, 1958, avec préface d'André Malraux; édition reproduite par Le Livre de Poche, Paris, 1968. Le sous-titre, qui n'est pas imprimé, est le suivant: *Lettres recueillies dans une société et publiées pour l'instruction de quelques autres*.

[9]De la région de Carcassonne.

[10]*Biographies*, éd. Boutière et Schutz, p. 377. Pour plus de clarté dans la continuité de notre exposé, nous donnons les traductions françaises d'Irénée Marcel Cluzel.

[11]*Raimon de Miraval*, éd. Topsfield, p. 382. Les *dansas* sont des poèmes.

[12]Troubadour et seigneur catalan, favori de Pierre II d'Aragon. Quelques lignes seulement lui sont consacrées dans les *Biographies*, voir éd. Boutière et Schutz, p. 556.

[13]Idem, p. 400.

[14]Choderlos de Laclos, *Les Liaisons dangereuses*, Lettre CXLV, p. 384 (Livre de Poche). C'est nous qui soulignons.

[15]*Biographies*, éd. Boutière et Schutz, trad. Cluzel, p. 382.

[16]Ibid.

[17]Ibid.

[18]Ibid.

[19]*Biographies*, éd. Boutière et Schutz, trad. Cluzel, p. 400.

[20]Ibid., p. 401.

[21]Ibid., p. 402.

[22]Ibid.

[23]Ibid.

[24]Lire *Entretiens avec René Nelli*, dans *Action poétique* (sept. 1978), p. 12.

[25]Armand-Louis de Gontaut, *Mémoires* (Paris, 1929), préface d'Albert Flament.

[26]*Biographies*, éd. Boutière et Schutz, p. 383 n. 8. C'est nous qui soulignons.

[27]Ibid., p. 380.

[28]L'oeuvre de Gaucelm Faidit a fait l'objet d'une édition critique, accompagnée d'une traduction, par Jean Mouzat (Paris, 1965).

[29]*Biographies*, éd. Boutière et Schutz, trad. Cluzel, p. 169.

[30]*Biographies*, éd. Boutière et Schutz, p. 169 n. 4.

[31]*Biographies*, éd. Boutière et Schutz, trad. Cluzel, p. 169.

[32]Ibid., p. 194. Sur Elias, voir *Biographies*, éd. Boutière et Schutz, pp. 202-04.

[33]Troisième *razo*, in *Biographies*, éd. Boutière et Schutz, pp. 185-86.

[34]Deuxième *razo*, in *Biographies*, éd. Boutière et Schutz, trad. Cluzel, p. 184. Il convient de rappeler que Marie de Ventadour figure également dans la "biographie" de Gaucelm (première *razo*); en outre, douze pièces du troubadour lui sont adressées, mais nous avons, dans notre exposé, préféré la poétesse inconnue, à la grande *trobairitz*.

[35]Voici la traduction d'Irénée Marcel Cluzel, in *Biographies*, éd. Boutière et Schutz, p. 194: "...il n'est pas de couple plus charmant de ce côté-ci de la mer, en tant que fille de joie et que jongleur!"

[36]*Poésies d'Uc de Saint-Circ*, éd. Alfred Jeanroy et Jean Jacques Salverda de Grave (Toulouse, 1913).

[37]On lira, à la suite du poème en occitan, une intéressante version française de Mitsou Ronat, dans *Action poétique* (sept. 1978), pp. 85-86.

[38]*Biographies*, éd. Boutière et Schutz, trad. Cluzel, p. 246.

[39]Ibid.

[40]Ibid., p. 247.

[41]Deuxième *razo*, in *Biographies*, éd. Boutière et Schutz, pp. 248-49.

[42]Citation choisie dans la correspondance de Paul Mariéton par Claire Blanche Benveniste, qui signale que ce buste fut effectivement inauguré, le 11 août 1896, dans le parc des Cordeliers à Anduze (*Action poétique* [sept. 1978], p. 9). La comtesse de Die, autre "Sapho provençale", possède en sa ville un buste, érigé également au XIXe siècle.

[43]*Poésies d'Uc de Saint-Circ*, éd. Jeanroy et Salverda de Grave, p. xxviii.

[44]*Biographies*, éd. Boutière et Schutz, p. 247 n. 1.

[45]*Entretiens avec René Nelli*, dans *Action poétique* (sept. 1978), p. 17.

[46]Environ 2700 pièces produites par des troubadours, contre une trentaine attribuées à des *trobairitz*, dont dix anonymes, voilà les chiffres éloquents fournis par Liliane Giraudon dans *Action poétique* (sept. 1978), p. 4.

Édition d'une romance parodique occitane: "L'altrier cuidai aber druda"

Marie-Claire Gérard-Zai

La pièce "L'altrier cuidai aber druda" présente une situation hors du commun à plus d'un titre. C'est une pièce "provençale" contenue dans un chansonnier français. Certes, depuis la parution récente de l'étude de Manfred et Margret Raupach, *Französierte Trobadorlyrik. Zur Überlieferung provenzalischer Lieder in französischen Handschriften*, Beihefte zur Zeitschrift für romanische Philologie, 171 (Tübingen, 1979), ce problème, loin d'être exceptionnel, est mieux connu et cerné. Il s'agit donc d'un *unicum*, d'une des 109 pièces recensées par M. et M. Raupach, "provençales" et conservées dans un manuscrit français, en l'occurrence, le "Manuscrit du Roi", Paris, B.N. f. fr. 844 (sigle *W* pour les manuscrits occitans, *M* pour les manuscrits français), fol. 191[r-v] (nouvelle foliotation), 199 C-D (ancienne foliotation), avec notation musicale. La pièce est inédite à ce jour, elle a été reproduite diplomatiquement par Louis Gauchat[1], on décèle toutefois quelques inexactitudes de lecture dans son texte. Quelques années auparavent, Edmund Stengel, dans une note complémentaire à l'ouvrage d'August Pleines[2], reproduit le texte diplomatique du manuscrit *M* en réponse à une polémique ouverte entre Ludwig Römer et Oskar Schultz-Gora. Les dix-huit premiers vers de la pièce seront repris en 1979 par M. et M. Raupach dans l'ouvrage cité (p. 125). Le premier philologue, à notre connaissance, qui cite la pièce est Ludwig Römer, *Die volkstümlichen Dichtungsarten der altprovenzalischen Lyrik*, Ausgaben und Abhandlungen aus dem Gebiete der romanischen Philologie, 26 (Marburg, 1884), p. 26; il

53

la classe dans le chapitre intitulé "*Die Pastorella*", p. 26: "*L'autrier cuidai aver druda*: Nur in *W* und mir nicht zugänglich, da das Gedicht noch ungedruckt ist". Cette allégation et cet aveu d'ignorance soulèvent la critique très sévère d'Oscar Schultz-Gora dans le compte rendu partial du livre de Römer, in *Zeitschrift für romanische Philologie* 9 (1885), 156-58. Römer répond: "Das Gedicht B.Gr.462.146 hielt ich für eine Pastorella, 1. weil mir kein provenzalisches Gedicht bekannt ist, das mit *L'autrier* beginnt und nicht wenigstens in formaler Beziehung zur Pastorella steht, 2. weil das Ms *W* eine altfranz. Liederhandshrift ist, die gerade einige volkstümliche provenzal. Lieder und Lais enthält, 3. weil die Anfangszeile auf ein Liebesabenteuer hindeutet, wie es die Pastorellen zu behandeln pflegen"[3]. Pour Edmund Stengel, "L'altrier cuidai aber druda" "bietet nichts als eine sirventésartige Parodie einer Canzone"[4]. István Frank[5] définit la pièce comme une "romance parodique", il relève, dans le volume, p. 42, le schéma strophique unique de la pièce:

a	b	a	b	a	b	a	b	a	c	c	c	a	c	a
7'	5	7'	5	7'	5	7'	5	7'	5	5	5	7'	5	7'
b	b	b	a	a	a	b	c	c	a	c	a	c	a	c
5	5	5	7'	7'	7'	5	5	5	7'	5	7'	5	7'	5

avec les rimes suivantes: a : *uda*
b : *or*
c : *at*.

Michel Zink, dans son petit livre sur *La Pastourelle* de 1972[6], parlant du choix de Jean Audiau pour son anthologie de la pastourelle occitane, remarque à ce propos que "sa conception puriste du 'genre littéraire' le conduit par exemple à éliminer une chanson comme 'L'autrier cuidai aver druda' qui, pour être 'grotesque' et 'parodique', n'en est pas moins une authentique pastourelle".

Cette pièce reste inédite et se voit attribuer trois étiquettes fort diverses: une sorte de *sirventes*, parodie d'une *canso*, une romance parodique, une authentique pastourelle. Qu'en est-il réellement? L'édition et la traduction de la pièce permettront de se faire une idée plus concrète.

Cette pièce a été étudiée pour sa notation musicale par Jean-Baptiste Beck[7]; en effet, le chansonnier parisien de la Bibliothèque Nationale, f. fr. 844, est l'un des plus précieux pour ses notations musicales; il est d'autre part richement orné de miniatures, mais, malheureusement, proies du vandalisme, plusieurs miniatures ont été découpées, ce qui a par conséquent aussi endommagé le texte et la mélodie de certaines chansons. Il est intéressant de remarquer que la mélodie de "L'altrier cuidai aber druda" se retrouve avec un texte latin: *Agmina militiae* "als Singstimme über dem Tenor *Agmina*, welcher seinerseits aus dem Jungfrauenalleluja *Corpus* stammt (dieselbe Melodie kommt auch vor zu dem Worte *Agmina* in dem

Responsorium *Virgo flagellatur*, für das Katharinenfest, nach dem Prozessionale monasticum S. 214), das in zweistimmiger Kompositon in der Handschrift Paris, Bibl. Nat. lat. 15 139 (St. Victor), fol. 186, überliefert ist''[8]. Cette même mélodie est conservée également dans les manuscrits suivants: Paris, B.N. lat.15 139 (St-Victor), fol. 292 v°, à deux voix, avec le mot du texte *agmina* pour la voix du ténor et la remarque en marge ''lautrier cuidai auoir''. Londres, Brit. Lib. Egerton 174, fol. 45, à deux voix, avec le texte, sur le même ténor *Agmina*. Florence, Laur. Plut. XXIX 1, fol. 396 v°, à trois voix, avec le texte, sur le même ténor *Agmina*. Wolfenbüttel, Helmst. 1099, fol. 123, à trois voix, avec le texte, sur le même ténor *Agmina*. Le texte français ''Quand frodure trait a fin'', dont la fin seulement est conservée, après une mutilation, dans le manuscrit Wolfenbüttel, fol. 134, est répertorié dans la *Bibliographie* de Friedrich Gennrich, sous le numéro d'ordre 535. A propos d'*Agmina* (Mot. 532) - ''Agmina milicie Celestis omnia Martyris victorie'' - rappelons que l'auteur du texte est Philippe de Grève. M. Jürg Stenzl publia la transcription musicale de notre texte dans le cadre de son excellente étude sur le manuscrit de Saint-Victor, parue en 1970[9]; la transcription musicale de la pièce ''L'altrier cuidai aber druda'' et les quelques notes de commentaire, publiées à la suite de notre édition critique, ont comme auteur le musicologue Jürg Stenzl.

''L'altrier cuidai aber druda''

I.	1	L'altrier cuidai aber druda
		Tota la meillor
		C'onques egusse veguda
		Et la belisor
	5	Velle antive, paupre et nuda,
		Ben parlant d'amor,
		Trames per oc que·l saluda
		Et fac plaz gensor.
		Mais la trace, malastruda!
	10	Qu'eu per liei oi dat
		- Vels vin e troblat,
		Peis et por salat,
		E l'oi calçada et vestuda -
		si m'en ab boisat
	15	Qu'en loc d'amiga es venguda
		En tens tenebror;
		Tint son pan ensor,
		Et eu sus li cor;
		Et trobai la piau caluda,
	20	Tor del col espaulle aguda,
		Memella pendant et viuda
		Con bors' a pastor,
		Pis ossut et plat
		E·l ventre ridat

25   Maigre rains et cuisse ruda,
      Dur genoill et flat.
      Et quant l'ai aperçu[bu]da,
      Es me vos irat;
      Ab itant vir a la fuda,
30   Non sui arrestat.

II.   31   Tan m'en esel cor creguda
            Rancune et gramor
            Que continence ai perduda
            D'amar per amor,
      35   Que pensava la canuda
            Que non ab calor
            E volie essre batuda
            Subra son tabor.
            Non ab tan langue esmoluda
      40   Qu'egusse acontat
            De mei la metat
            Del mal qu'ab pensat
            Dont deurie essre teguda
            Per son lait peccat:
      45   Tos et gutta et mal qui suda
            Sanz aber retor,
            Freit et seif et plor
            Od fresche dolor;
            Ni ja·l tendre, ni paruda
      50   Que non sie a mort feruda;
            Ainz tal mal qui non la tuda
            La teigne en langor;
            N'el non ait benfat
            For pan mesalat
      55   Et carne de vella truda
            Ou de porc sorsemat,
            Pis de mar qui de loig puda,
            Vin cras et boutat:
            Ja nn'en es tant irascuda
      60   Que·m quides vengat.

Traduction

I. L'autre jour, je crus avoir une amie, de toutes la meilleure et la plus belle que j'eusse jamais vue. J'envoyai une vieille, décrépite, misérable et démunie, parlant bien d'amour, la saluer et conclure avec elle un accord tout à fait équitable. Mais la contribution, oh! la malotrue, que j'ai sonnée pour elle - un vieux vin rouge, du poisson et du porc salé, et en plus, je l'ai chaussée et vêtue - elle [la vieille] me l'a volée, si bien que c'est elle qui est venue à la place de l'amie, de nuit; elle tenait sa robe relevée, et je lui saute dessus; et je lui trouvai la peau calleuse, l'épaule proéminente près du cou, les seins pendants et flasques comme une bourse-à-pasteur, la poitrine osseuse et creuse, le ventre plissé, les reins maigres et la cuisse rêche, les genoux durs et enflés; quand je la reconnus, oh! la rage que j'eus; alors je m'enfuis au galop sans plus m'arrêter.

II. Dans mon coeur ont grandi une telle rancoeur et une telle tristesse que j'ai perdu tout goût d'aimer par amour, à la pensée de la vieille femme aux cheveux blancs et sans chaleur qui voulait être battue sur son tambour. Je n'ai pas la langue assez affilée pour pouvoir faire le compte seulement de la moitié du mal que j'ai pensé, qu'elle devrait subir pour son odieux péché: toux et goutte et exsudation sans relâche, et froid et soif et lamentations et douleur sans cesse renouvelée; une douleur qui ne soit ni tendre envers elle, ni trop manifeste pour qu'elle ne soit pas blessée à mort, au contraire, que ce mal qui ne la frappe pas à mort la maintienne dans un état de langueur. Qu'elle n'ait d'autre [. . .], sauf du pain sans sel et de la viande de vieille truie ou de porc ladre, du poisson de mer qui pue de loin, du vin épais et nauséabond: jamais elle n'en sera si irritée que je puisse me considérer vengé.

Edition du texte: notes

Les notes seront réduites au minimum, la brièveté de cet article ne permet pas de s'étendre sur les problèmes linguistiques que posent cette pièce; peut-être aurons-nous l'occasion d'y revenir dans une étude ultérieure.

I	3.	*egusse* correspond à l'occitan *aguessa* (Joseph Anglade, *Grammaire de l'ancien provençal*, p. 321), croisement entre afr. *eusse* et apr. *agues*.
	7.	*per oc que* exigerait le subjonctif, ici, nous avons un indicatif.
	9.	*malastruda*, la forme féminine n'est pas attestée en occitan, l'on s'attendrait à une forme **malastruga*.
	11.	*troblat*: vin rouge (cf. *FEW* 13/2, 420b).
	27.	La métrique, par ailleurs très correcte, exige une correction, ce vers est hypométrique, d'où: *aperçu[bu]da*.
	29.	*a la fuda*: fuir en courant (cf. *FEW* 3, 838a, adauph. *fuida*; Frederic Mistral, *Lou Tresor dóu Felibrige*, p. 1190, donne *fudo, futo, huto*: au galop).
II	51.	Le manuscrit donne: *De tal m.*, anticipation de *ainz*, qui faciliterait la correction du vers suivant.
	52.	Le manuscrit donne: *Ainz* la t., le vers est hypermétrique, d'où la correction proposée.
	53.	*el*: ALI(U)D.
	55.	*truda*: truie (*TROIA); en occitan, on a la forme *truiassa, trujasa* (grosse truie).
	56.	*sorsemat*, judéo-français *sorsemé* ''ladre (de la viande de porc)'' (cf. *FEW* 11, 438a, afr. *soursemer* ''semer par-dessus qch'').
	60.	Le manuscrit donne: *que(n) quidai essre vengat*, ce dernier vers compte deux syllabes de trop, d'où la correction proposée.

M, 191

Paris
B.N. lat.
15139
292'-293

-Vels vin e tro- blat, Peis et por sa- lat, E l'oi cal- ça-

da et ves- tu- da- Si m'en ab boi- sat Qu'en loc d'a- mi-

-ge es ven-gu – da En tens te- ne- bror; Tint son pan en

sor, et eu sus li cor; Et tro-bai la piau ca- lu- da,

Tor del col es-paul-lea-gu- da, Me- mel-la pen-dant et viu-da

Con bor-s'a pas-tor,   Pis os-sut et plat

E'l ven-tre ri-dat,   Mai-gre rains et cuis-se ru-da,

Dur ge-noill et flat.   Et quant l'ai a-per-çu-bu-da,

Es me ves i-rat;   Ab i-tant vir a la fu-da,

Non sui ar-res-tat.

Les formes *malastruda*, *truda*, nous feraient penser que l'auteur n'est pas occitan, pourrait-il appartenir à une région voisine du francoprovençal? Il serait judicieux de rapprocher *trace*, v. 9, de l'apr. *tracha*, *boisat*, v. 14, de l'apr. *bauzat* et *boutat*, v. 58, de l'apr. *botat* (?).

La confusion entre *b*/*v* (*aber*, vv. 1, 46) nous oriente plutôt vers les parlers du Sud et de l'Ouest du domaine en ancien dauphinois.

Transcription musicale: notes de M. Jürg Stenzl

La transcription place les deux sources musicales de "L'altrier cuidai aber druda" simultanément: d'abord la transmission monodique de *M* (Manuscrit du Roi), notée sans indications ryhthmiques, elle est ici mesurée d'après la deuxième source: Paris, B.N. lat. 15 139, StV[10]. Dans celle-là, la dernière des 40 "clausules"[11] sur le ténor AGMINA porte en marge d'une main tardive l'incipit "L'autrier cuidai avoir" [*sic*]. Sa voix supérieure (le duplum) est la source musicale de la chanson. La même musique à deux voix a été munie d'un texte latin par Philippe de Grève: son motet "agmina milicie celestis omnia" compte parmi les motets les plus répandus du XIIIe siècle et parmi le petit nombre dont nous connaissons, grâce à Henri d'Andeli, l'auteur du texte[12]. Les ligatures sont marquées par des crochets. La durée des bémols est, vu l'absence de "contrôles" par l'écriture polyphonique, souvent incertaine. Mais cette durée se termine en tout cas par la fin de la ligne du manuscrit qui est indiquée par une flèche ↴ [13]. Les reprises mélodiques du ténor AGMINA se trouvent entre *. Les variantes par rapport à la transcription de Friedrich Gennrich sont dues au fait que la version de *M* n'est ici pas considérée comme un motet incomplet, mais comme une vraie monodie qui n'a pas besoin d'être corrigée pour coïncider avec un ténor. D'ailleurs, "L'altrier cuidai" ne se trouve pas parmi les motets de *M* ("Ci commencent li motet", fol. 205-10), mais au milieu de la collection de chansons occitanes (fol. 188-204). Aucun indice ne renvoie à une deuxième voix. Si l'on compare les deux versions musicales, leurs "variantes" ne dépassent nullement le cadre d'une transmission "orale" ou "variable"[14].

Commentaire

Le thème de la vieille femme, odieuse et répugnante, que l'auteur anonyme de notre pièce se complaît à développer n'est pas inconnu dans la littérature; nous nous contentons ici de renvoyer à J. Bailbé, *Le thème de la vieille femme dans la poésie satirique du XIVe et du début du XVIIe*, Bibliothèque d'Humanisme et Renaissance (Genève, 1964), Andrea Pizzorusso, "Per un commento a Sigogne", dans *Studi in onore di Italo Siciliano* 2 (Florence, 1966), pp. 1009-15, et pour la littérature médiévale, à la pièce d'Alphonse X *Tornel novo*, au sonnet de Guinizelli, *Diavol te levi, vecchia* rabbiosa, de Rustico di Filippo, *Dovunque vai, conteco porti il cesso*, de Cecco Angiolieri *Deh guata, Ciampol, ben questa vecchiuzza*, ou la chanson du troubadour Berenguier de Poizrenger *Mal' aventura do Deus a mas mas* (PC 48,1) ou encore Francisco da Sylveyra (contre une dame *velhh que myll anos ha*), et la liste pourrait s'alonger, notamment avec Raimon de Corent, *Iratz et felz soy d'una vielha negra* (cf. René Nelli, *Écrivains anticonformistes du moyen âge occitan*, 1 [Paris, 1977], p. 334).

Comment définir enfin le genre littéraire de notre pièce anonyme? Si l'on procède par élimination, on doit écarter la pastourelle, la *canso* et le *sirventes*. Même si ce genre lyrique est fort rare dans la littérature occitane, nous croyons qu'il faut définir notre pièce comme une *romance parodique*. Cette classification est d'ailleurs partagée par Erich Köhler: dans un article paru en 1978 ("Remarques sur la *romance* dans la poésie des troubadours", dans *Mélanges offerts à Charles Camproux*, 1 [Montpellier, 1978], p. 125), il constate: "C'est également comme une parodie, apparentée au modèle de la romance par son caractère narratif, qu'il faut considérer une chanson anonyme et vulgaire, impossible à dater, dont la référence est P.-C. 461,146".

Je profite pour exprimer ici ma vive gratitude au prof. Jürg Stenzl pour sa transcription musicale, au prof. Aldo Menichetti pour ses judicieuses suggestions et à M. François Zufferey.

Notes

[1] Louis Gauchat, "Les poésies provençales conservées par des chansonniers français", *Romania* 22 (1893), 401-02.

[2] August Pleines, *Hiat und Elision im Provenzalischen*, Ausgaben und Abhandlungen aus dem Gebiete der romanischen Philologie, 50 (Marburg, 1886), p. 82. Texte diplomatique, mais correction au vers 27: *aperc[ep]ude*.

[3] Pleines, *Hiat*, p. 81.

[4] Ibid., p. 82.

[5] István Frank, *Répertoire métrique de la poésie des troubadours*, 2 vol., Bibliothèque de l'École des Hautes Études, 302 et 308 (Paris, 1953 et 1957), 2:188.

[6] Michel Zink, *La Pastourelle. Poésie et folklore au moyen âge* (Paris et Montréal, 1972), p. 31.

[7] Jean-Baptiste Beck, *Die Melodien der Troubadours* (Strasbourg, 1908).

[8] Ibid., p. 65.

[9] Jürg Stenzl, *Die vierzig Clausulae der Handschrift Paris, Bibliothèque Nationale latin 15 139* (Berne, 1970).

[10] Fac-similé: Ethel Thurston, *The Music in the St. Victor Manuscript Paris lat. 15 139* (Toronto, 1959). Description: Friedrich Ludwig, *Repertorium organorum recentioris et motetorum vetustissimi stili* (1910; repr. éd. New York et Hildesheim, 1964), pp. 139-57.

[11]Jürg Stenzl, *Clausulae*, pp. 225-26, transcription.

[12]Cf. Friedrich Gennrich, "Internationale mittelalterliche Melodien", *Zeitschrift für Musikwissenschaft* 11 (1928-1929), 281.

[13]Jürg Stenzl suit Hendrik Van der Werf, "Trouvères-Melodien I/II", in *Monumenta Monodica Medii Aevi* 11 et 12 (Kassel, 1977 et 1979).

[14]Cf. Leo Treitler, dans *Bericht über den Internationalen musikwissenschaftlichen Kongress Berlin 1974* (Kassel, 1980), pp. 58-74, et Jürg Stenzl, "Bewahrende und verändernde musikalische Überlieferung", *Archiv für Musikwissenschaft* 32 (1975), 117-23.

Arthurian Women in *Jaufre*

Ann Tukey Harrison

As one of two surviving Arthurian romances in Provençal,[1] *Jaufre* has attracted critical attention for more than a century.[2] Paul Remy himself authored three significant studies about the southern epic[3] and commented on it in several other of his many publications.[4] Yet, as Tudor Perry Weaver has noted: "Most articles devoted to the *Jaufre* have dealt with external questions such as manuscript tradition, date, and unity of authorship."[5] Two critics, Paul Remy[6] and Giuseppe Guido Ferrero,[7] have urged that internal analysis would be useful, but to date only Remy,[8] Weaver, Hans Robert Jauß,[9] and Martha James Root[10] have actually focused on internal, literary matters.[11]

All scholars have been consistently silent about the women characters of the romance (again, with the exception of Remy's article on the name of the Queen), after expressions of agreement that they are well drawn and unusually interesting. René Lavaud and René Nelli paint a typically tantalizing portrait of Brunissen, one of French literature's great female characters, but their comments, though apt, are disappointingly brief:

> Y a-t-il dans toute la littérature du Moyen Age un personnage de jeune fille plus délicatement nuancé que cette charmante Brunissen? Cruelle par respect des convenances . . .; naïve et rusée tout à la fois; capable de toute les roueries, et incapable de dissimuler sa passion . . . il est probable que ce type de femme a existé au XIIIe siècle: la grande dame bien élevée, trop soucieuse des convenances . . . mais brûlante de passion et bien décidée à la satisfaire par ruse, finesse, et maîtrise de soi . . . Jaufre est sans doute moins complexe. . . .[12]

Because the poem's theme concerns women in distress, because there are three major female characters and many secondary characters as well, because women instigate, guide, interpret, and motivate actions by male protagonists in addition to acting and speaking for themselves, this romance is an ideal vehicle for the examination of the functions of women characters in an Arthurian milieu with a view to establishing a typology of feminine roles and actions in the Arthurian romance as a genre.

Jaufre's author emphasizes the special relationship of women to Arthur's court in the poem's prologue. After a few lines about petitioners who are always well received at this high court of justice (those who seek counsel, those with wrongs to be righted) and claimants who are always turned away (the warring and quarrelsome), the poet devotes nine full lines to feminine plaintiffs and the reception they should receive:

> Vesvas domnas, orfes enfans,
> Pucelas, donzels, paucs e grans,
> Can a tort eron guerrejat
> Ni per forsa deseretatz,
> Aqui trobavo mantenensa,
> Aitori, socors e valensa.
> Per qe devon esser grasidas
> Novas de tan bon loc issidas,
> E·n patz e sens gab escotadas.[13]
>
> (vv. 47-55)

These are the conventional damsels in distress that people every Arthurian romance and are ideally promised a courteous hearing as the initial step in their search for redress, under the protection of chevaliers who either wait for them at Camelot or depart to seek them afield. But these women are more than convention. The poem's central theme is an exhortation to knights that they should aid any woman in difficulty, without hesitation, and every major adventure or trial presented will illustrate this theme.

At times, because the adventure itself is exciting or bizarre, the reader may lose sight of the woman whose cries for help first attracted the knight's attention to some disruption or disorder needing remedy. An example occurs in the opening episode, before young Jaufre's arrival at court, when King Arthur takes on the fearsome Strange Beast (Merlin in disguise) in a scene designed to show king and court about its business: seeking adventure. Adventure, we shall see, is not mere combat for its own sake, but helping a woman in trouble. Just after the court party has entered the forest, the king hears cries for help, which he insists on investigating alone. He finds, at the door of a mill,

Une femma qe rom sa crin
E bat ses mas, e plain, e crida
Aitori, cum causa marida.
(vv. 216-18)

She directs King Arthur into the mill where the ugly, savage beast crouches.
The woman never returns, but her cries are answered, speedy help is given,
and every courtesy is offered her by the King himself. Is she also the
Enchanter, in another disguise? The reader never knows, but one of the
certitudes of the Arthurian world is that any woman's call for help shall elicit
polite, swift response.

The plot of *Jaufre* follows the usual pattern of individual combats and
victories, both in series and interlaced in ascending order. After his
knighting, Jaufre defeats three apparently random foes (Estout de Verfeuil,
the knight with the white lance, and the sergeant with twenty-five prisoners)
before advancing to a new order of challenge, the adventure of the leper-
giant. Although he is already enroute to combat Taulat, Brunissen's
oppressor, these four initiation battles are a prelude to his main love
adventure. I would argue that the presence of women only in the final,
fourth proving episode elevates that adventure to a new, higher plane: it is
the culmination of the testing achievements, and success, as recounted by
the women delivered at Arthur's court, qualifies Jaufre for his first meeting
with Brunissen, which follows immediately.

Female figures are sufficiently important in this romance that it is
possible to schematize the plot, using only Jaufre's encounters with the
major women of the story. Accordingly, after the four feats of initiation,
narrated in lineal sequence, there are three principal adventures, skillfully
interwoven, each centering on a feminine character. The Brunissen plot
involves combat to free Brunissen and her people from the spell of the evil
Taulat and love-marriage; it can be divided into five separate stages:
courtship (up to v. 4167), combat (ending in v. 6684), betrothal (up to v.
8321), nuptial ceremony (up to v. 10058), and consumation of the marriage
(to v. 10936). The plot of Auger's daughter describes Jaufre's rescue of this
attractive young noblewoman from a giant. It begins after Jaufre has fallen
in love with Brunissen and terminates before they are betrothed. The plot of
the Fairy of Gibel opens while Jaufre is still busy freeing Auger's daughter,
prior to his betrothal to Brunissen, and he must defeat Fellon d'Albarua for
the Fairy. The fight occurs after Jaufre's betrothal and before the nuptial
ceremony, and the final accommodation with the Fairy takes place after
Jaufre's marriage and before its consumation. Jaufre rescues each woman in
question and achieves some kind of individually differentiated relationship
with her. The following table illustrates this schema, based on the principal
female characters:

Table I

Prologue.
King Arthur vs. the Strange Beast.
Knighting of Jaufre, his departure on a quest.
Initiation feats: Estout de Vermeil
                knight with the white lance
                sergeant with 25 prisoners
                leper-giant (Jaufre frees a Norman princess
                and many children).
Brunissen, Plot I, Episode 1: meeting, courtship; explanation
    of Taulat's spell on Brunissen and her people.
Auger's daughter, Plot II, Episode 1: meeting, mutual pledge
    of friendship.
Continued pursuit of Taulat, defeat of the Demon Knight.
Auger's daughter, Plot II, Episode 2: abduction and rescue;
    mutual pledge of friendship.
Brunissen, Plot I, Episode 2: deliverance from Taulat's spell.
Fairy of Gibel, Plot III, Episode 1: petition for help.
Auger's daughter, Plot II, Episode 3: return home; her release
    of Jaufre from any love obligation.
Brunissen, Plot I, Episode 3: betrothal.
Fairy of Gibel, Plot III, Episode 2: her abduction of Jaufre
    and his rescue of her.
Brunissen, Plot I, Episode 4: nuptial ceremony at court.
King Arthur vs. the Huge Bird.
Fairy of Gibel, Plot III, Episode 3: her largesse to Jaufre and
    Brunissen.
Brunissen, Plot I, Episode 5: consumation of marriage.

This organization accounts for all the major events of the romance, adventures as well as love plots.

Minor skirmishes are often related to the more central action of the romance through a female character as well. The witch of the crossroads, a secondary figure, may serve as an example. She is the mother of the leper-giant killed in the fourth initiation feat and also the mother of the giant who abducts Auger's daughter. She blocks the roadway to and from Brunissen's lands, as she has done for thirty years, through the services of a Black Knight—actually, the Devil—with whom she became involved in order to provide for herself and her two children after the death of her evil giant husband. Jaufre fights the Demon Black Knight for an entire day without success (or failure); the following day the Devil Knight is exorcised by a hermit (v. 5543), and Jaufre proceeds to other adventures. Five thousand lines later the old witch reappears, again in the road to Brunissen's lands, to accost Jaufre and the bridal party as they are returning home from the wedding. The witch cries mercy, reminding Jaufre that she has lost both sons; she begs to be neither disinherited nor put to death. Jaufre reminds her of her association with the Devil Knight and then calmly asks her to do no more magic on the road, thereby allowing all citizens free passage, in exchange for which he will provide for her, making her a *dona* as long as she shall live. When she agrees, he invites her to a feast at Monbrun the next day. Connected with Jaufre's earliest feats of prowess, with the rescue of Auger's daughter, and with the road to and from Monbrun, the witch laces together a diverse plot into a more coherent whole. She also represents the plight of the widow and the responsibility of the nobility to provide for her and her children, lest in desperation they turn to evil means for survival. The ideal knight, recognizing the genuine physical needs of the woman, uses his largesse to transform her distress and potential corruption to positive social behavior, giving her a fitting status within society.

The Arthurian court, functioning as a legitimizing milieu, usually unifies romances, and in *Jaufre*, Arthur's two personal mock-combats against Merlin the Enchanter, disguised first as a Strange Beast and last as a Huge Bird, stand like bookends enclosing the personal conquests of Jaufre. As women are central to the theme of the work, they are prominent at court: Melian de Monmelior refuses to tell his story until the Queen and all women are present to hear it (vv. 6386-88).

The Queen is a further unifying character whose presence and actions also advance the plot, contribute to the courtly ambiance, and reinforce the Arthurian setting. She sits in a place of honor and prominence, between Arthur and Gauvain. Described as "mut cortesa, Franca, enseinada et apresa," she moves through the formal rituals of the wedding like a dancer, speaking with one character after another, in appropriate turn after turn, ever graceful, ever regal, and in full command of the protocol at each stage. After her entry into the great hall, she interviews Jaufre about his beloved while Arthur converses with Brunissen. It is to the Queen that Jaufre describes his fiancee (vv. 9582-90), asking the Queen's approval of the marriage. A brief four-way conversation follows, then the ceremony. The order of exit from the wedding follows a division by sex and rank: King Arthur and Jaufre lead the recessional, then come the barons, next the Queen and Brunissen, then the ladies of the court. Before dinner, they wash in order: King Arthur, the Queen, Brunissen. When ready to leave the court, Jaufre addresses King Arthur, Brunissen bids farewell to the Queen (vv. 10300-10), who replies to her alone (vv. 10312-16). Not only are women present at the court, not only is the Queen an important figure, there is a conscious effort on the part of the poet to portray a court which is heterosexually symmetrical in the stylized rituals of word and deed: King and Queen, Jaufre and Brunissen.

This depiction of Arthur's Queen contrasts vividly with Guenièvre in *Le Chevalier de la Charrette* and with *Yvain*. No silent figurehead, no adulterous lover, she acts in ways that reinforce her status positively and presents to the reader an ideal queenly model. She is as wise as the figure in

Cligès, with no lapses in her conduct, speaking, moving, participating fully and flawlessly in the court tableaux.

Prominent in *Jaufre* and aesthetically crucial to the structure of the work, women characters fit readily into seven categories of roles derived from this text but applicable to any Arthurian romance. In some poems one character may fill some or all of the seven roles, while in other writings characters may function as individual type representatives alone. The seven roles are as follow: 1) heroine; 2) supernatural creature, possibly though not necessarily good; 3) evil woman, possibly though not necessarily supernatural; 4) representative, of the author, of the church, of earthly order; 5) guide/interpreter/catalyst; 6) victim/witness; 7) decoration.

1) Identifiable by four standard criteria of female worth (beauty, good family courtesy, and youth), the heroine is also characterized by a privileged love relationship with the hero. Although every Arthurian romance contains at least one heroine, the candor, power, wealth, and assertiveness of Brunissen differentiate her from the creations of other writers. The poet here is quick to identify her with the canonical female virtues: owner of the extraordinary, Edenesque garden, she supports a vast castle and court peopled and staffed by the most talented, the most virtuous, the most beautiful, all of whom serve her devotedly because of her own resplendent beauty (described in detail in vv. 3130-50). An orphan, she is an heiress, fully competent to administer her complicated holdings. In nearly every situation, Brunissen speaks first, clearly and articulately. She graciously refuses King Arthur's offer of any gift within his power to bestow, and even the Queen comments on Brunissen's wealth. She is as close to self-sufficient as the author dares to portray; her only flaw is the unpleasant spell under which she must live, inconvenienced personally as the community she governs is disrupted by the spell's requirement that they keen, mourn, and grieve many times a day and night. Thus, she does need the rescue Jaufre offers her, but she is designed to be a peer-spouse to her heroic husband.

2) The Fairy of Gibel, the sweetheart of Lanval from Marie de France, and Morgane la Fee are all examples of this type of female character. These women are beyond the natural world, not only because of their powers but also because of their unpredictable moral nature. Jaufre is wisely suspicious of the intent of the Fairy of Gibel when they meet after Jaufre's marriage to Brunissen (vv. 10362-68); he has experienced her treachery when she spirited him into her fountain and will attempt to avoid enchantment a second time.

3) The witch of the crossroads may represent the evil woman, possibly though not necessarily supernatural. A hermit explains to Jaufre that she was driven to a pact with the Devil through need, and although the Devil has given her the ability to work black magic, when Jaufre removes the economic and social necessity for her, she is wholly rehabilitated, and there is every indication in the text that she will become a respected, respectable

noblewoman at the court of Jaufre and Brunissen from that time forward. The association of evil women with the devil, with magic, with sorcery is a frequent one; evil men are less often connected with the supernatural, as they usually behave in violent, unacceptable ways (raping, murdering, robbing), physically chaotic, within the natural world.

4) In *Jaufre* only one representative of earthly order occurs, in the figure of the Queen, whose model behavior represents the stability of the ideal earthly kingdom. Chrétien's Fénice is often assumed to be speaking for the author when she abjures adultery and behavior like that of Iseut. Because medieval authors are not reticent to speak for themselves, this *porte-parole* function, assigned to women, is rare.

5) One of the most frequent roles played by unidentified women in the Arthurian works, the function of guide/interpreter/catalyst carries neither age nor rank requirements. The woman may predict the future, interpret the past, impel the hero to a choice that irrevocably determines his success or failure; and although men also serve in these ways (i.e., the carter and the hermit in *Jaufre*), there are many more instances of women in this role in *Jaufre*, which is typical in this respect.

6) The Arthurian knight constantly seeks victims or potential victims, those whose situation demands redress and defense. Women are the most frequently unprotected type of character; furthermore, this is the most likely role for a female character at the point of entry into the romance, a role she may shed as the story develops. The witness function may be separate from that of victim: women often act solely as audience, at court, for tourneys, as well as in the outer world when they watch the chevalier defeat their oppressor. Melian will not report Jaufre's conquest of Taulat until all *women* are in the court, including even the Queen.

7) Occasionally, women are noted in crowd scenes, or a vavasour has a wife (or daughter) acting as hostess, or a princess is preceded by her beautiful handmaidens in a procession. In *Jaufre*, an undifferentiated woman cares for the hero's horse on one occasion (vv. 2845-48). Such women provide local color, supportive detail, or decoration without influencing either the action or other characters in any way.

I have noted that a character may fill more than one role, i.e., Lanval's sweetheart is both heroine (1) and supernatural (2). Lunette usually acts as a guide (5), only in her incomplete love sequence with Gauvain acting as a heroine (1) in a subplot; when she transmits the ring of invisibility, she assumes, very briefly, the supernatural (2) function. The mixing of roles can produce tension: Enide, clearly the heroine (1), is forced to substitute the role of witness (6) for that of guide (5), which she cannot sustain. Iseut, also the heroine (1), seems by her status to represent feudal order (4), whose explicit and implicit codes she skirts, violates, and upholds in turn.

The presence of women in Arthurian romance is canonical. *Jaufre* offers a striking example of the extent to which female characters may influence the theme and structure of an apparently typical *roman d'aventure*, seemingly recounting only the prowess and love-marriage of a young hero. The Arthurian world, especially as depicted in this southern work, relies heavily on women characters whose diversity of roles contributes greatly to a complexity that continues to be aesthetically satisfying.

Notes

[1]*Blandin de Cornouaille* is the other surviving Provençal Arthurian text.

[2]Raynouard, Fauriel, Mahn, Petry, Diez, and Bartsch all commented on *Jaufre* in studies principally about other works. The first major article devoted wholly to *Jaufre* is Albert Stimming's "Der Verfasser des *Roman de Jaufre*," *Zeitschrift für romanische Philologie* 12 (1888), 323-47.

[3]Paul Remy, "La lèpre, thème littéraire au moyen âge: commentaire d'un passage du roman provençal de *Jaufré*," *Le Moyen Age* 52 (1946), 195-242; idem, "Le nom de la reine dans *Jaufré*," in *Recueil de travaux offerts à M. Clovis Brunel*, Mémoires et Documents de l'École de Chartes (Paris, 1955), pp. 412-19; idem, "A propos de la datation du roman de *Jaufré*," *Revue belge de philologie et d'histoire* 28 (1950), 1349-77.

[4]In addition to brief comments in his longer, general studies in literary history, Remy published three very short notes on *Jaufre*: "Le sentiment amoureux dans *Jaufré*," in *Actes et Mémoires du Ier Congrès International de langue et littérature du Midi de la France*, Publications de l'Institut Méditerannéen du Palais du Roure, 3 (Avignon, 1957), pp. 28-33; "Congrès de Winchester: sources arthuriennes du roman provençal de *Jaufré*," *Bibliographie de la Société internationale Arthurienne* 3 (1951), 104-05; "Tradition arthurienne et *Jaufré*: Communication à la Société pour le progrès des études philologiques et historiques, 11 novembre 1951," *Revue belge de philologie et d'histoire* 29 (1951), 1356-57.

[5]Tudor Perry Weaver, "The Return of Arthur: A Study of the Provençal Arthurian Romance *Jaufre*" (diss., Yale, 1971), p. 4.

[6]Weaver cites an oral communication with Paul Remy reported by Rita Lejeune, ibid., p. 9 n. 14.

[7]Giuseppe Guido Ferrero, "Appunti sul *Jaufre*," *Cultura Neolatina* 22 (1962), 123.

[8]His study of the leper is truly superb.

[9]Hans Robert Jauß, "Die Defigurierung des Wunderbaren und der Sinn der Aventüre im *Jaufre*," *Romanistisches Jahrbuch* 6 (1953-1954), 60-75.

[10]Martha James Root, "Celtic Motives in the Provençal Arthurian Romance *Jaufre*: The Grail Legend before Perceval" (diss., Ohio State, 1971).

[11]Since this article was prepared, an excellent study has appeared by Suzanne Fleischman, "*Jaufre* or Chivalry Askew: Social Overtones of Parody in Arthurian Romance," *Viator* 12 (1981), 101-29. Although I do not share her reading of *Jaufre* as parody, her interpretation is a major contribution to Provençal studies.

[12]*Les Troubadours: Jaufre; Flamenca; Barlaam et Josaphat*, ed. and trans. René Lavaud and René Nelli (Bruges, 1960).

[13]All quotations from *Jaufre* are taken from the Lavaud-Nelli bilingual edition cited in n. 12 above.

Nouvelle rêverie sur l'épopée en langue d'oc:
A propos de *Roland à Saragosse*

†Jules Horrent

Quand on étudie le *Cabra juglar* de Guerau de Cabreira, il faut bien avoir en tête ce qu'a voulu le troubadour catalan. Son intention n'a pas été de relever les diverses oeuvres occitanes qui existaient à l'intention de son jongleur, de son public et pour le bonheur des érudits d'aujourd'hui. Il était poète et non recenseur. Il s'est amusé en s'amusant de Cabra, en déroutant sa mémoire. Il rappelle des oeuvres, tantôt en groupant leurs personnages, tantôt en les dispersant. Son poème est un divertissement poétique fondé sur le rappel de titres d'oeuvres (pourquoi pas?[1]), de résumés succincts, de fragments anthroponymiques ou toponymiques. Les oeuvres ainsi remémorisées par bribes et morceaux ne sont pas automatiquement composées toutes en langue d'oc: à l'époque, la langue d'oïl, vu son rapprochement avec celle d'oc, était également comprise des troubadours. Il en était de même du reste des langues romanes occidentales et des parlers italiens. D'autres arguments que la langue doivent être avancés pour spécifier la langue du texte auquel il est fait allusion.

Ce conte *Rollan a Saragossa* est épico-chevaleresque: le style des batailles épiques est spirituellement exagéré, le sujet est plus romanesque qu'épique (Roland pénètre seul dans Saragosse pour y voir la reine Bramimonde, femme de Marsile, qui avait voulu le rencontrer), les héros aggravent leurs caractères habituels. Roland s'entête, Charlemagne cède, Olivier jure, pris par surprise, de ne pas entrer avec Roland à Saragosse, se vexe et souhaite à Roland de ne pas réussir dans son entreprise. Il s'obstine dans son courroux. Roland et Bramimonde se voient. Elle conseille à Roland de s'en retourner et lui remet comme gage de son exploit auprès de Charlemagne son riche manteau. Roland combat d'innombrables païens dans la ville pour sortir et atteindre la porte. Il réussit d'un coup de Durendal à briser le verrou et la chaîne de la porte: il est hors de Saragosse. Altéré après tant de luttes, il étanche sa soif à une fontaine. Les Sarrasins, le voyant épuisé, tentent une attaque contre lui. Roland demande du secours à Olivier, qui était demeuré sur la colline en spectateur. Refus du rancunier Olivier. Un Sarrasin Amalrant, qui a entendu leur conversation, demande à Marcile l'autorisation de tuer Roland mais se fait tuer par lui. Roland s'adresse une deuxième fois à Olivier, mais en vain. Roland s'enfonce dans la presse, mais fatigué se fait désarçonner. Alors Olivier prend un moment le dessus sur sa colère et vient en aide à son compagnon; il abat un Sarrasin et remet son cheval à Roland, mais refuse tout remerciement. Il a la rancune tenace. Roland, fourbu, se repose auprès de la fontaine, et Olivier à son tour soutient le combat que Roland abondonne. C'est alors que Turpin et des colonnes des Français arrivent sur la colline. C'en est fini des Sarrasins qui rentrent dans Saragosse tandis que les Français retournent à Roncevaux. Olivier rapporte à Charlemagne l'affront que lui a fait Roland. Roland lui raconte son exploit et lui remet le précieux manteau de Braslimonda. Un messager annonce à Charles qu'Olivier a disparu du camp. Il s'est installé dans un château sarrasin qu'il a enlevé de haute lutte: Gorreya. Roland seul part à sa recherche. L'apprenant, Olivier se déguise en Sarrasin et va livrer combat à Roland. Il feint de fuir pendant que ses soldats sortent du château. Roland qui y reconnaît des Français se sent pris au piège, présente ses excuses à Olivier, qui les refuse encore. Seul Charlemagne apaisera leur querelle[2].

La vexation têtue d'Olivier est un prolongement mi-plaisant mi-sérieux de son grave entêtement de la *Chanson de Roland*. Sa colère prolongée est une amplification à épisodes de celle qu'il nourrit dans *Roland*, mais comme le Roland de la chanson, celui de *Rollan a Saragossa* essaie de se faire pardonner (deuxième scène du cor du Roland) et excuse le geste d'Olivier qui, aveugle, le frappe de son épée. On pourrait dire que, dans *Rollan a Saragossa*, Roland et Olivier sont preux, mais ne sont sages ni l'un ni l'autre. L'auteur a renforcé dans un but plaisant, mais sans trop perdre de son sérieux, deux traits psychologiques qui marquent si fort le *Roland*. Cet auteur ne manque ni d'esprit, ni de verve, ni d'originalité.

Pour Mario Roques[3], le poème est de la fin du XIVe siècle. Mais Aurelio Roncaglia[4] a signalé l'expression *Rotlans a Serragosa* dans un *sirventes* de Guilhem de Berguedan adressé à Pons de la Plana. Ce souvenir va comme un gant à notre poème. Or, la chronologie de Guilhem de Berguedan s'étend de ca. 1130 à ca. 1195[5]. Martín de Riquer précise qu'elle peut se réduire pour notre allusion à l'époque qui va de 1180 à 1185, celle de la mort de Pons de la Plana. La différence est grande entre la fin du XIVe siècle et la fin du XIIe siècle. Mario Roques va tonner. Il s'en prend, dans la note 1 de la page v de son édition, à la concordance établie par Roncaglia qui annule toute son évaluation chronologique. Il proclame: "Rien n'indique qu'il y ait là (dans l'allusion de Guilhem de Berguedan) une allusion au thème du roman provençal et non un simple rappel de la guerre d'Espagne"[6]. Mais nous ajouterons que rien n'indique pas non plus le contraire et même nous dirions que tout parle en faveur du rapprochement de Roncaglia, car seul dans *Rollan a Saragossa* Roland entre à Saragosse et y accomplit les exploits centraux de son rôle. L'allusion de Guilhem de Berguedan est pertinente[7], comme pertinent aussi le titre donné "arbitrairement" par Roques au poème qu'il édite.

Toujours est-il qu'à la fin du XIIe siècle existait un *Rotlans a Serragosa*, sans doute antécédent du poème provençal du XIVe siècle.

Riquer a remarqué que dans *Rollan a Saragossa*[8] il se manifeste une connaissance certaine de certains endroits de Saragosse:

> tro alla suza non pres deffinament
> (al rey Marcili vay la nova comptant. . .)
>   (vv. 503-504)

> per miech la suza davant   (v. 535)
> ve l vos lay alla suza davant   (v. 575)
> Oy yeu, dis el ha la suza davant   (v. 783)

Le mot est rare, et la première fois que le scribe a dû le recopier, il s'est trompé: "Yeu le layciey huey allas uzas layans" (v. 406). Conformément à son bédiérisme outré, Roques transcrit la faute[9], tout en sachant que c'était une erreur, car dans son lexique, à *uzas* il renvoie à *suza* (p. 58). Pour *suza* il donne comme sens "siège et place du palais" et renvoie à une note critique qui expose la raison pour laquelle il a conservé l'erreur du copiste dans son édition. Il a traité aussi de *suza* dans son article sur *Roland à Saragosse*[10]. Pour lui la *suza* n'est pas exactement le palais, car Bramimonde n'y habite pas et a même une certaine route à parcourir à cheval "per la carriera" (v. 571) pour aller au palais, où elle est avec ses demoiselles (v. 335) et les seigneurs sarrazins (vv. 410-19). "Quant à la *suza*, il s'agit plutôt du siège du souverain avec la place ou l'esplanada sur laquelle il donne". Pour Roques *suza* serait une variante de *seza*[11]. Explication phonétiquement douteuse, car dans l'entourage consonnantique de la première voyelle, rien ne pourrait justifier la labialisation de -*e*-. L'autre hypothèse de Roques, analogie du *sus*, rencontre l'opposition de la constante de -*z*- dans *suza*.

Cet -*z*- suppose un étymon -*d*-, *suza* un terme *suda*. Or, ce terme existe à Saragosse même, comme l'a découvert Riquer[12], avec la signification qui convient aux divers passages du poème, dans un document d'Alphonse Ier d'Aragon daté 1119: "in illa *açuda* civitatis Zaragoza"[13]. Cette *azuda*, "c'est l'édifice de la Zuda, toujours debout à Saragosse, comme dans d'autres villes espagnoles qui eurent une certaine importance à l'époque musulmane . . . il signifie le 'palais du gouvernement et les bureaux royaux qui sont adossés aux murailles'''[14]. La *suza* du poème est bien, comme l'affirme Martín de Riquer[15], "une évidente réalité topographique". C'est le palais qu'habite le roi Marsile avec la reine Braslimonda au milieu d'une cour orgueilleuse et puissamment armée (vv. 405-09)[16]. Roland défait de maîtresse façon les gardiens de la porte (vv. 469- 95). Il pénètre dans la ville, fait un grand massacre de païens (laisse IX). Un Sarrasin blessé à mort atteint la *suza* et raconte au roi ce qui se passe (vv. 502-22). Il rassemble ses barons (vv. 515-34). Roland s'est avancé vers la *suza* (v. 535) sur le portail de laquelle il tue un mécréant (vv. 536-38). Marsile s'enfuit, les Sarrasins courent aux armes (vv. 539-41), Bramimonde court vers ses beaux habits (vv. 541-49). Elle est informée des exploits de Roland *alla suza davant* (v. 575). Elle s'en va converser avec Roland (vv. 588-603) et le met en garde contre son mari qui est en train d'armer les siens. Bramimonde se défait de son manteau et le pose sur l'encolure du cheval de Roland et demande à celui-ci de le montrer à Charlemagne (vv. 613-15). Roland, tout heureux, fixe le vêtement à l'arçon (vv. 616-20). La troupe des Sarrasins emmenée par Marsile interrompt les tendres propos que tiennent Roland et Bramimonde (vv. 622-28, 631-34). Marsile perd presque le sens de voir sa femme en compagnie de Roland (vv. 635-37). Il se lance sur Roland (v. 638). Roland répond et ne le tue pas à la prière de Bramimonde (vv. 639-47). Roland résiste sur son cheval Malmatin à tous les assauts des nobles païens (vv. 650-63) et prend même l'initiative du combat (vv. 664-86). "Dieus! gran fon la batalha que lur ha dat Rollan" (v. 682). Marsile apostrophe Roland (vv. 687-92). Roland lui répond du tac au tac (vv. 693- 96). Marsile tourne bride et s'enfuit *sus al palays* (v. 700). Autre construction princière que Riquer[17] identifie avec la résidence des rois maures, la Aljafería. Identification possible, qui distingue le *palays* de la *zuda*, mais moins bien confirmée que cette dernière.

Dans un autre épisode, Olivier chevauche vers le château de *Gorreya*, avec ses quatre tours vaillantes, entouré de murs construits au plus "serré". Cette Gorreya (vv. 1272, 1398, 1403) où Charlemagne réconcilie Roland et Olivier (v. 1403), non identifiée par Roques, qui renvoie à Goré, est à n'en pas douter pour Martín de Riquer[18], Guerrea del Gallego, situé à quelque trente-cinq kilomètres au nord de Saragosse. On peut aussi se demander si Mont Negre (vv. 266, 340, 1213, 1229, 1328), hauteur et château dans les environs de Saragosse selon le texte, n'est pas une adaptation du topisme épique pour Monegres, los Monegros, qui avoisinent aussi Saragosse.

Quoi qu'il en soit, dans le *Rollan a Saragossa* la précision toponymique et topographique fait du poète comme de Guilhem de Berguedan non un Aragonais - il aurait dit *çuda* et non *suza* -, mais un Catalan, qui avait des connaissances de la capitale aragonaise et de ses environs. Rien n'est plus plausible puisque dès 1137 Aragon et le comté de Barcelone étaient unis, sous le gouvernement de Ramon-Berenguer IV, "príncipe y dominator de Aragón"[19].

L'aragonisme toponymique du poème est-il le fait du Provençal à qui nous devons le texte, d'un Occitan d'une autre région ou du Catalan dont se souvient le Catalan Guilhem de Berguedan? Poser la question, c'est y répondre, et y répondre dans le sens de Martín de Riquer. Le trait appartient au texte connu par Guilhem de Berguedan. Il a été composée en Catalogne et non ailleurs en pays d'oc[20]. Quel serait l'Occitanien qui serait aussi bien informé sur Saragosse!

Notes

[1]Il y en a eu: "qui des *Enfances Ogier* est apelés", éd. Albert Henry (Bruges, 1956), p. 332.

[2]*"Rollan a Saragossa"*, *poème épique méridional du XIVᵉ siècle*, éd. Mario Roques, Classiques Français du Moyen Age, 83 (Paris, 1956).

[3]*Romania* 67 (1942-1943), 289-330; 68 (1944), 18-42; 69 (1946-1947), 317-81; "Poèmes épiques provençaux du XIVᵉ siècle", dans *Histoire littéraire de la France*, 39 (1962), pp. 137-51.

[4]Aurelio Roncaglia, "Roland a Saragossa", *Cultura Neolatina* 10 (1950), 63-68.

[5]Martín de Riquer, "Las poesías de Guilhem de Berguedán contra Pons de Mataplana", *Zeitschrift für romanische Philologie* 71 (1955), 1; idem, éd. *Guillem de Bergued*, 2 vol. (Poblet, 1971), 1:167; 2:216.

[6]Roques cite à tort l'*Entrée d'Espagne*; on retrouve Roland à Saragosse dans la *Rotta di Roncisvalle*, mais ce n'est pas l'épisode-clé de l'oeuvre et la ressemblance n'est pas totale. La présence de Roland à Bordeaux et à Lucerne signifie que Roland a pénétré dans des villes ennemies autre que Saragosse.

[7]François Pirot, *Recherches sur les connaissances littéraires des troubadours occitans et catalans des XIIᵉ et XIIIᵉ siècles*, Real Academia de Buenas Letras de Barcelona, 14 (Barcelone, 1972), p. 367.

[8]Martín de Riquer, "Un aspecto zaragozano del *Rollan a Saragossa* provenzal", dans "Dos notas rolandianas", *Revista de Filología española* 42 (1958-1959), 266.

[9]Aisée à corriger cependant: *alla suza(s) layans* (voir Riquer, "Dos notas", p. 216).

[10]Mario Roques, "*Roland à Saragosse*, poème épique provençal (Troisième article)", *Romania* 69 (1946-1947), 346.

[11]Emil Levy, *Petit Dictionnaire provençal-français* (Heidelberg, 1909), p. 343b, donne à *seza, sea* les sens suivants: 'siège, trône; siège épiscopal, église, cathédrale; ville capitale'.

[12]Riquer, "Dos notas", p. 268.

[13]Voir José Maria Lacarra, "La conquista de Zaragoza por Alfonso 1º", *Al-Andaluz* 12 (1947), 93.

[14]Riquer, "Dos notas", p. 268.

[15]Ibid., p. 269.

[16]Nous y ajouterions même, en nous fondant sur le sens moderne de *azud*, *azuda*, qu'il devait contenir un puits d'eau fraîche qu'on remontait par des godets.

[17]Riquer, ''Dos notas'', p. 269.

[18]Ibid., p. 279.

[19]Le titre changera par la suite. Notamment il deviendra tout bonnement ''roi d'Aragon''.

[20]On pourrait néanmoins attribuer l'apparition du toponyme topique *Mont Negre* au remanieur provençal, qui l'accompagne d'une description adéquate. En effet, pour nous, remanieur n'est pas l'égal obligé de ''massacreur de textes''.

Lo Saber dans les quatre allégories occitanes du XIIIᵉ siècle

Lowanne E. Jones

L'allégorie occitane proprement dite est née au commencement du XIIIᵉ siècle, en 1202, avec le poème lyrique de Guiraut de Calanso: *A lieis cui am de cor e de saber*[1]. Ce poème énigmatique présente la *fin'amor* sous un double aspect: d'une part, comme la déesse latine Fortuna, et, d'autre part, comme un seigneur contemporain avec des attributs concrets d'un roi terrestre. La déesse latine représente le désir irrationnel, les traits du coeur humain invisibles, inconstants et inexplicables. Le seigneur représente le monde courtois des amants avec les rites, les cérémonies, les coutumes et les lois, en somme toutes les habitudes de la société polie qu'on peut apprendre par moyen d'études et observations diligentes.

L'*incipit* de ce poème nous signale cette double nature de l'Amour: le poète aime sa dame de coeur et de savoir, *de cor e de saber*, avec les facultés irrationnelles du coeur aussi bien qu'avec les facultés rationnelles et désintéressées du savoir. Quoiqu'il insiste sur le caractère irrationnel de l'amour:

> Non sec razo mas plana voluntatz,
> ni ja nuill temps noi aura dreitz jutjat
> (vv. 7-8)

et sur son inconstance et sa légèreté:

Los us fai ricx e·ls autres fai languir,
Los uns ten bas, e·ls autres fai valer,
Pois estrai leu so que gent a promes
(vv. 43-45)

le poète insiste aussi sur la possibilité de cultiver une connaissance, même une maîtrise des lois de *Fin'Amor* en passant par les quatre degrés de l'amour: "E pojai hom per quatre gras mout les" (v. 29)[2]. Guiraut insiste surtout sur la possibilité de rester en sécurité chez *fin'amor*:

En son palays, on ela vai jazer,
a cinc portals, e qui·ls dos pot obrir,
Leu passa·ls tres, mas non pot leu partir
Et ab gaug viu cel qui pot remaner.
(vv. 25-28)

Ce n'est que le coeur fidèle du fin amant, *lo cor* de l'*incipit*, qui lui permettra d'entrer dans le palais d'Amour et d'y rester. Nous croyons avoir montré ailleurs[3] que les *cinc portals* sont une allégorie des deux yeux, des deux oreilles et de la bouche. On passe par les yeux par moyen de ce coup de foudre fameux symbolisé par les flèches, lancées par les yeux, qui descendent ensuite au coeur de l'aimée y allumant le feu d'amour. Par contre, pour passer par les oreilles et la bouche, les flèches tirées sur le coeur ne suffisent pas. Ce sera le discours, l'enseignement, la sagesse, le savoir-faire, en effet *lo saber* de l'amant, qui le maintiendra en séjour perpétuel après que le palais a été gagné par les pouvoirs du coeur. Le poète nous dit:

Noi intra vilans ni mal apres
C'ab los fals son el barri albergat,
Que ten del mon plus de l'una meitat.
(vv. 33-39)

Ceux à qui le palais est interdit sont *los fals*, *li vilans* et *li mal apres*. Les premiers, *los fals*, manquent de coeur fidèle; les derniers, *li vilans* et *li mal apres*, manquent de savoir.

Cette insistance sur *lo saber* se trouve partout dans les arts d'aimer que sont un grand nombre des chansons des troubadours de l'Age d'Or du XIIe siècle. On y constate fréquemment que la dame est bien enseignée et l'amant gentil, discret et sage. Les récits allégoriques du XIIIe siècle[4] nous présentent un déplacement d'emphase: elles enseignent les qualités du savoir au dépens des sentiments du coeur. Le désir et la passion d'amour font place aux raisonnements, aux procès verbaux, enfin aux mensonges même des amants adroits comme Guillaume et la belle Flamenca. Dans le premier récit allégorique, *La Cort d'Amor*, on trouve des termes et des procès légaux et un didactisme sérieux. Dans les *novas* de Peire Guilhem, on constate une gentille satire de cette manie de connaître la nature exacte de l'amour. Dans le dernier conte, *Lo Chastel d'Amors*, on remarque de l'ironie et un cynisme ovidien, ce qui est un signe certain de la fin du règne du coeur.

Dans notre étude de *La Cort d'Amor*[5], un récit incomplet de 1721 vers, nous constatons une division en deux parties: la première de 834 vers comporte une description didactique du parlement d'Amour, une espèce de cour de justice; la deuxième partie, du vers 835 à la fin, illustre, au moyen d'exemples choisis, les festivités de la cour royale d'Amour. Dans le parlement contenu dans la première partie, on est frappé par le ton juridique et didactique des sermons et des jugements officiels adressés par *Fin'Amour* et *Cortezia* aux participants. Dès le commencement, c'est *Fin'Amor* qui prend la parole:

> Aqi s'asis a parlament
> Amors, e parlet bellament
> Enaissi con deu far lo seingner
> Qe tot lo mont ha a destreigner.
> Esgardet vas terra un petit,
> Con sabis om, e pueis ha dit:
> "Seinors, eu me lau be de vos,
> Mas vos sabetz qe totz om pros
> Deu gardar q'en sa senioria
> Fassa om sen e lais folia,
> Qe vos sabetz q'ad obs d'amar
> No val re que vol folleiar''.
> (vv. 95-106)

Elle raconte une fable de sens obscur et adresse quelques admonestations à chacun des douze barons de sa cour. Dans ses remarques préliminaires, que nous venons de citer, elle développe une analogie entre la seigneurie de tout homme preux (*la senioria de totz om pros*) et les besoins d'amour (*ad obs d'amar*): tous les deux demandent qu'on s'attache à *sens* en rejetant la *folia* (*fassa om sen e lais folia*). Elle propose cette analogie comme un fait universellement accepté en répétant la phrase *vos sabetz*. *Fin'Amor* elle-même est présentée ici par le poète sous la forme d'un seigneur féodal qui n'a aucun trait merveilleux; elle parle avec l'élégance qui convient à un seigneur aussi puissant qu'elle, un seigneur qui a pour royaume le monde entier. Ses manières la montrent sage: elle hésite un moment pour se concentrer avant de parler. L'idée centrale et dominante de ce passage est *lo saber*, la sagesse d'Amour, et pas du tout la passion ou le désir qui caractérisait la *fin' amor* auparavant, même dans la période de Guiraut de Calanso. Dans *La Cort d'Amor*, le personnage allégorique *Fin'Amor* représente donc la sagesse, et ce qu'elle demande en premier lieu à ses adhérents, à ses barons et à ses *donzellas*, ce n'est plus le coeur fidèle, *lo cor*, mais la connaissance, *lo saber*.

Après le sermon de *Fin'Amor* à ses barons, les dames de la cour lui demandent un jugement sur la nature précise de l'amour:

> Mais de leis volrion saber:
> Qal amor deu hom mais tener,
> E preigan lo com lor seignor
> Q'el las engart de desonor,
> Qe tant pros domnas com ellas son
> Non haion blasme per lo mon,
> Ni qe lor pretz ni lor valor
> Non lur destrua Fals'Amor,
> E qe lur diga soltiment [*sic*]
> Per razon e per iugament,
> So qe fai d'amor e gardar,
> E aco q'hom en dei ostar.
>
> (vv. 351-62)

Les dames veulent savoir le vrai caractère de l'amour, mais elles le veulent défini en détail avec logique et avec le cachet officiel: *sotilment, per razon e per iugament.* *Fin'Amor* leur présente son lieutenant, *Na Corteszia,* qui prononce le jugement suivant:

> [S]o dis Amors: "Bon conseil sai.
> Na Corteszia, q'eu vez lai,
> Voell q'en fassa aqest iutgament,
> Qe sab per on monta e disent
> Amors, e qar sab en q'il es
> Del mont la plus adreita res.
> Il lo fera be ses engan".
> Cortesia pleigua son gan
> E doba se de iugar,
> Q'om cortes se fan pauch pregar
> Qant vei q'es luecs es avinents.
> Molt es grantz e preon sos sens.
> Puis parlet com savis e pros,
> Gent fon auszida sa razos.
>
> (vv. 363-76)

Fin'Amor s'identifie encore une fois avec "sagesse" en nous assurant: "Bon conseil sai" (v. 363). Elle a choisi *Na Corteszia* pour prononcer ce jugement parce que cette dame sait bien deux choses: elle sait ce qui fait élever et descendre l'amour, et elle sait que l'amour est la chose la plus correcte et la plus juste du monde. *Fin'Amor* nous déclare qu'on peut se fier à ce jugement parce que *Corteszia* le fait sans aucune tromperie.

Le poète souligne le commentaire de *Fin'Amor* en décrivant le procès quasi-judiciaire qui suit: *Corteszia* offre son gant comme signe de sa bonne foi dans la façon d'un serment ou défi féodal. Comme tout homme courtois, elle se rend compte de la puissance de sa parole. Le poète la dépeint comme un juge sage et preux (*savis e pros*), avec une intelligence très grande et profonde (*molt es grantz e preon sos sens*). Ce qui mieux est, elle commande le respect de son auditoire (*gent fon auszida sa razos*).

Ce jugement de trente-huit vers commence par une expression légale qui sert à établir le droit de *Fin'Amor*:

> Seinors, per dreig e per usage
> Deu Amors gardar son parage.
> (vv. 377-78)

Corteszia continue en énumerant les quatre vertus de l'amour[6]: la première est bonne foi (*bona fes*), la deuxième est loyauté (*lialtatz*) qui comprend aussi la prudence (*cellatz*), et la troisième est *mesura*. La quatrième est la raison (*sens*) qu'elle présente comme une idée déjà connue et acceptée: ''E la qarta sapchas es sens'' (v. 391). *Na Corteszia* la qualifie davantage en nous disant que c'est avec cette dernière qu'Amour accomplit tout ce qu'il veut: ''Ab q'Amors fai tots sos talens'' (v. 392). Elle termine ce jugement avec un défi qui garantit la vérité de ses paroles et annonce un champion militaire prêt à la défendre en cas de récusation.

Ce jugement est bien écouté, recommandé à la mémoire des générations futures et inscrit dans une charte. *Fin'Amor* la signe de sa main droite et la scelle avec le cachet de son anneau d'or. *Corteszia* met la charte dans une cassette et la place dans une niche drapée de samit. On comprend que ce jugement ne sera ni oublié ni effacé au cours des siècles. La mémoire des dames, aidée par la charte, assurera la survie de cette définition, qui assume ainsi la forme et la force d'une loi officiellement promulguée.

Cette insistance sur les droits féodaux, juridiques et législatifs de l'amour, sur son caractère sage et bien avisé et sur la primauté de la sagesse et la raison dans la conduite d'Amour est bien connue des chansons du XIIe siècle. D'ailleurs, l'auteur de l'allégorie *La Cort d'Amor* se préoccupe de ces aspects et se sert d'un ton de jurisprudence, surtout dans la première partie qui dépeint une cour de justice, où l'on s'y attend davantage. Mais ce même ton se retrouve dans la deuxième partie, où l'auteur dépeint la cour royale. Par exemple, le poète nous présente *Plasers*, le sénéchal d'Amour, comme avocat:

> Plasers lo senescals d'Amor
> Parlet en luoc de son seinor.
> Molt fo pros e cortés e viastes
> E savis hom e bon legistes.
> (vv. 978-981)

Certainement celui qui cherche un avocat ne se tournerait pas vers un personnage qui personnifie le plaisir! On chercherait peut-être *Celars* ou

Ardiment ou bien *Bon' Esperansa*, qui assistent aussi à ce parlement. Mais le poète voulait évidemment répéter un thème majeur pour balancer le poème et le tenir en équilibre. On sait déjà que *Plasers* est chargé de la sénéchaussée d'Amour, mais cette seconde profession servait à donner du poids à ses paroles.

Il se peut aussi que la Croisade Albigeoise et l'Inquisition aient fait sinon respecter les avocats, au moins leur prêter l'oreille. Dans la suite anonyme de la *Chanson de la Croisade Albigeoise*[7], on trouve un avocat de Simon de Montfort qui parle pour le comte et qui adresse les quatre cents hôtages:

> E cant foro esemble, parlec primeirament
> Us dels milhors legistas, si que cascus l'entent[8].

Ce que l'avocat leur propose est l'occasion de se rendre *faidits*, et cette référence à l'histoire récente et horrible dans *La Cort d'Amor* rend sinistre et sardonique le sénéchal d'Amour qui, lui aussi, parle à la place de son seigneur et qui lui est aussi avocat, *bon legistes*.

Un coup d'oeil jeté sur la concordance de ce poème nous permet quelques observations: dans ce poème de 1721 vers octosyllabiques et 9970 mots se trouvent soixante-douze formes du verbe *saber*[9], qui n'est jamais employé comme substantif, quoiqu'on trouve quatre fois l'adjectif *savis*. On trouve les formes du verbe *pensar* dix fois, et les formes du verbe *conoisser* se trouvent huit fois. Les substantifs *raszo* et *sens* s'emploient dix fois chacun. En somme, on constate cent quatorze endroits où le poète se sert de mots qui expriment le savoir[10].

A cette liste on peut ajouter les mots de communication, les formes du verbe *dire* (121 exemples) et les formes du verbe *parlar* (38 exemples). Parmi les verbes moins fréquents, on trouve *ausir* (2 exemples), *comtar* (2 exemples), *demandar* (5 exemples), *demonstrar* (5 exemples), *mostrar* (5 exemples), *raszonar* (3 exemples) et *respondre* (10 exemples). Il y a donc cent quatre-vingt-onze endroits où le poète emploie des mots de communication.

Un troisième groupe comprend les mots juridiques. On trouve seize formes du verbe *jugar* et dix-huit formes du verbe *pregar*. Parmi les mots moins fréquents, on constate *blasmar* (6 exemples), *castiar* (4 exemples), *clamar* (7 exemples), *defendre* (4 exemples), *enganar* (2 exemples), *plaidar* (1 exemple), *planher* (3 exemples) et *reclamar* (1 exemple). Il faut noter aussi les substantifs suivants: *lo blasme* (6 exemples), *la cort* (7 exemples), *lo dreit* (10 exemples), *la dreitura* (3 exemples), *l'engan* (12 exemples), *lo legistes* (1 exemple), *la mensonga* (3 exemples), *lo parlament* (5 exemples), *lo tort* (6 exemples), *lo traïdor* (8 exemples), *la trairitz* (3 exemples) et *la tricaria* (2 exemples). En somme, 123 endroits où se trouvent des mots juridiques. Il y a donc 428 cas où le poète se sert de mots exprimant le savoir, la communication de ce savoir et le vocabulaire spécial de la judication.

Par contre, les formes du verbe *amar* ne se trouvent que trente et une fois, avec six exemples du verbe *desirar*. Il y a trente et un endroits où se trouvent le mot *cor*. Quoique les substantifs *amor*, *amans* et *amics* sont très fréquents, ce ne sont que les noms des personnages, des acteurs de ce récit dramatique, analogues aux *domnas* et *donzellas*. On peut donc en tirer la conclusion que dans la *Cort d'Amor* règne un personnage qui s'appelle *Fin'Amor*, mais qui personnifie non seulement l'amour, mais aussi la connaissance et la sagesse. Dans ce royaume, la sagesse et la connaissance prennent une forme toute particulière: celle de la subtilité cultivée, de l'habileté verbale et de la connaissance spécialisée qui appartiennent très particulièrement aux juges, aux avocats, et, dans le meilleur des mondes, à chaque participant dans une cour de justice. Cette définition nuancée de *Fin'Amor* la transporte du domaine tout à fait privé et personnel du XIIe siècle et la place dans une arène plus publique. Il ne s'agit plus de deux amoureux qui s'entendent ou ne s'entendent pas. Maintenant, il faut y mêler, pour régler les différences, tout l'appareil (et apparat) d'une cour de justice, même fantastique. *Fin'Amor* a ses droits, ses lois, ses avocats et sa propre cour qui, avec tous les aspects féodaux qui remontent à l'Age d'Or, la rendent moins personnelle, moins immédiate et moins ardente.

Au contraire, le Dieu d'Amour qui se présente à Peire Guilhem[11] sur la route de Murel est tout à fait accessible. Peire nous rapporte cette rencontre fortuite dans un texte de 400 vers environ, composé entre juin 1252 et juillet 1253[12]. Plus de 150 vers y sont dévoués à la description du dieu, de ses compagnons et de leur équipage. On y reconnaît des symboles du XIIe siècle associés à ce dieu depuis le traité d'André le Chapelain[13], surtout sa personnification dans une forme masculine, puisque les personnifications occitanes sont toujours féminines. En vérité, cette masculinité d'Amour remonte au-delà d'André le Chapelain jusqu'à Ovide et à sa description de Cupidon[14]. On peut distinguer en outre des traits du XIIIe siècle qui rappellent le poème lyrique de Guiraut de Calanso, comme, par exemple, les trois flèches d'amour qui ne sont que deux chez Ovide[15]. Dans ses *Études sur le poème allégorique en France au moyen âge*, Marc-René Jung a montré ce que cette description du dieu doit à la description de Jaufre[16]. Mais Peire nous rapporte quelques innovations dans sa description, à savoir les vêtements de fleurs allégoriques et le cheval à huit couleurs.

Après les saluts très polis, qui occupent une centaine de vers, le dieu révèle son identité: "Sapchatz qu'ieu soi lo Dio d'amor" (p. 246, v. 18). Peire lui répond directement qu'il veut en savoir plus:

> Senher, si vos o auzis dir,
> Enqueras volgra saber mai.
>
> (p. 246, v. 47 - p. 247, v. 1)

Le dieu y consent et lui demande ce qu'il désire savoir:

> Et ieu fetz cel vos o dirai;
> Demandatz totz cant vos plaira.
> (p. 247, vv. 2-3)

Peire pose ensuite vingt-sept questions auxquelles le dieu répond:

> Tot autre home tengra per fat,
> Peire W. de la demanda;
> Mas ieu, car Merces m'o commanda,
> Vos en dirai la veritat.
> (p. 248, vv. 43-46)

On constate ici le vif désir de *savoir* en quoi consiste l'amour, le même désir qui distingue *las donzellas* de la *Cort d'Amor*. Peire Guilhem, et comme poète et comme *persona* du poème, manifeste aussi cette préoccupation avec la nature, les symboles et les mythes d'amour. C'est la même répétition des expressions de savoir et de communication qui dominent la *Cort d'Amor*. Dans ce court passage, la phrase *volgra* ou *vuelh saber* se trouve quatre fois, la phrase *digatz me* se trouve quatre fois et *vuelh vos demandar* une fois.

Le poète s'insère dans le dialogue et se présente comme acteur et narrateur ignorant. Dans la *Cort d'Amor*, les seules personnes ignorantes sont *las donzellas* anonymes et par conséquent tous ceux qui peuvent s'identifier avec elles. Dans les *novas* dans lesquelles Peire se présente, l'ignorant est beaucoup plus proche du lecteur. Celui qui nous adresse est, lui aussi, ignorant, un naïf selon les paroles du dieu. On découvre ici de l'ironie. Le poète, qui connaît parfaitement la nature de l'amour, puisque c'est lui, après tout, qui a composé la réponse du dieu et qui explique les symboles d'amour, ce poète se moque et se dépeint comme naïf. Est-ce qu'il connaît les mythes mais ignore le sentiment, tout comme Marcabru une centaine d'années avant lui? Mais Peire se présente comme *amador*, et le dieu a souhaité une dame loyale:

> Dios vos benezia,
> Peire W., e us lais trobar
> Dona que us am de cor leial,
> Que tant lonc temps l'avetz sercada.
> (p. 244, v. 45 - p. 245, v. 1)

Peire lui répond qu'il l'a bien trouvée et qu'il lui appartient plus qu'il n'appartient à lui-même. La réponse du dieu n'est pas énigmatique:

> E vos podetz ben esser sieus,
> Peire W., qu'ela non es vostra.
> (p. 245, vv. 4-5)

Comme beaucoup d'amants du XIIe siècle, notre Peire est destiné à un amour non réciproque. Le poète reconnaît cette impasse et la dépeint avec bonne humeur, d'où ressort l'ironie. Mais de ce qui reste, le thème majeur de ces *novas*, comme de celui de *La Cort d'Amor*, c'est le besoin absolu de *savoir* ce que c'est que l'amour.

Il en est de même dans *Lo Chastel d'Amor*[17], qui est la dernière allégorie de cette période. Ce poème n'est pas datable. On le place "plutôt vers le milieu que vers la fin" du XIIIe siècle[18]. Les vers sont fragmentaires: le premier feuillet, qui comprend les huit strophes du début, est presque entièrement effacé, et la fin du poème est perdue. Ce qui nous reste, ce sont vingt-deux strophes de six vers de sept syllabes composés dans des rimes *capcaudadas*. On a constaté "l'abus des métaphores" et "le mélange des différents plans" et, par conséquent, on l'a classé parmi les poèmes allégoriques de "consommation courante"[19]. Mais cette conclusion est fondée sur un essai de restitution d'un vers incomplet de la cinquième strophe. Le vingt-septième vers se termina par "... las hautas tor[s]" et est suivi par les vers "So son las donnas meillor[s] / C'an dur cor vers amador[s]". Marc-René Jung traduit[20]: "...les tours du château sont *las domnas meillors*...". A cette phrase il oppose les vers qui suivent et observe que "l'accès en est réservé aux dames qui aiment les hommes dignes"[21]. De là, il conclut que "l'allégorie se meut donc sur plusieurs plans, puisque, d'un côté, certaines parties du bâtiment sont comparées aux dames, lesquelles, d'autre part, sont les habitants du même bâtiment"[22]. Mais ce n'est pas forcément le cas. Le début de ce vers 27, qui se termine par les mots "las bellas tor[s]", pourrait être reconstruit en s'aidant du vers 128: "contra celas dinsz lo torn"[23]. Nous proposons que les trois syllabes qui manquent au vers 27 sont *Cellas dinsz*. La strophe se lirait alors ainsi:

> Aqest Chastel es d'Amor[s]
> Seinher des [plus grans] seinhor[s]
> [Cellas dinsz] las hautas tor[s]
> So son las donnas meillor[s]
> C'an dur cor vers amador[s]
> Qe per lor amor van gai.
> (vv. 25-30)

Cette reconstruction (qui se sert d'une phrase composée par l'auteur anonyme) remet l'allégorie sur un seul plan: *lo chastel* est construit des symboles et des activités des amoureux qui l'habitent.

Dans la première strophe, le poète nous annonce que c'est lui qui le fait bâtir, et il le construit le plus sagement possible (*co iel puesca sajamen*). Des trois strophes suivantes, il ne reste que des fragments tantalisants qui ne permettent pas de conjectures. La cinquième strophe est celle déjà citée où l'auteur met les meilleures dames dans les plus hautes tours. Dans les quatre strophes qui suivent, le poète souligne l'importance de *saber et sen* et la nécessité de savoir parler gentiment. L'auteur a bâti ce château avec *sen* et avec *un tel enchantamen* que *lo chastel* reste invisible à tous ceux qui ne le possèdent pas *de ditz e de pessamen*. Il faut combattre avec *saber* ou *plaszer*. Les portes sont faites de paroles à l'entrée et à la sortie. Ceux qui ne savent pas raisonner avec gentillesse doivent rester dehors: les clés sont les prières avec lesquelles les courtois peuvent entrer. Tout l'extérieur de ce château (sauf les fossés faits de la vue) est construit de *sen*, *enchantamen*, *ditz*, *pessamen*, *parlar*, *raszonar* et *prejar*, tous des mots exprimant le savoir et la communication qui figurent aussi si nombreusement dans la *Cort d'Amor*.

Les habitants du château, les marchands bourgeois et les vavasseurs, sont présentés dans les deux strophes suivantes. Le poète décrit ensuite le portail fermé de baisers, les salles et les tours faites de caresses et de *jazer*, les fenêtres et les portes faites de beau semblant, les murs faits de travail et les chambres faites de saluts et supplications. Les sommeliers et les cuisiniers, qui sont des ris et des jeux, sont présentés dans la dix-neuvième strophe, et dans la vingtième on apprend que les marchands et les négociants n'arrivent pas à cet endroit à l'intérieur du château. L'intérieur est construit non seulement de locutions et d'argumentation, mais aussi d'action, des événements de l'amour.

Les dix strophes qui restent rapportent *la guerra mortal* que font les maris jaloux et les *lausengiers* déloyaux contre les dames dans les tours. Dans cette bataille, les armes des dames consistent en paroles: leurs arbalétriers lancent *proverbis e reprovers*, leurs boucliers sont des *esconditz*, leurs lances sont les *sacremens plevitz*, leurs hauberts sont le sang-froid en face des menaces, leurs heaumes consistent en *gent raszonar*, et leurs cottes et leurs insignes sont composées de *sen natural*. Le *plaidejar* est défendu à celui qui *non sa d'escrimir*. Quoique la lutte dure *d'an nuou [en]tro a nadal*, les dames gagnent toujours chaque bataille parce qu'elles rendent leurs mensonges vraisemblables, et elles savent si bien habiller leurs torts qu'on n'y voit plus rien du mal[24].

La description de cette bataille nous rappelle la cour de justice de *Fin'Amor*, et c'est certainement le motif de la défense de l'amour qui lie les deux récits l'un à l'autre. Mais l'auteur du *Chastel d'Amors* l'a rédigé dans un ton ironique qui ne se trouve pas dans la *Cort d'Amor*. Dans ce dernier poème, on n'admet jamais au palais des dames qui mentent ni celles qui ont tort envers leurs amants. Au contraire, l'auteur du *Chastel* paraît admirer l'habileté avec laquelle les dames des tours rendent leurs mensonges vraisemblables. Comme Peire Guilhem, l'auteur anonyme du *Chastel* reconnaît qu'une connaissance des lois et des coutumes de l'amour peut tromper. Dans les *novas* de Peire, c'est l'amant qui se trompe. Malgré tout ce qu'il peut apprendre du dieu en ce qui concerne la nature de l'amour, la dame qu'il aime n'est pas la sienne. Dans le *Chastel d'Amors*, ce sont les maris et peut-être aussi les amants qui seront trompés par les dames habiles qui savent si bien mentir.

Ce qui unit *Lo Chastel d'Amors* à *La Cort d'Amor*, c'est l'insistence sur le pouvoir de la parole et du savoir. La dernière strophe du *Chastel d'Amors* révèle une scène tranquille: le château est si sûr que *presz* et *joi* ne souffrent pas. Tout le plaisir des dames qui y résident consiste en "ditz e messatge stran / Qi da loing lur son trames" (vv. 179-80). La bataille est toujours gagnée par la raison, et le loisir est toujours animé par la conversation et les lettres, *ditz e messatge*. La phrase de Guiraut de Calanso "am de cor e de saber" ne tient plus pour les allégories occitanes suivantes. Dans la première moitié du XIIIᵉ siècle, les allégories nous enseignent qu'il vaut mieux aimer de *saber*.

On se demande enfin, pourquoi? Il n'existe pas de réponse simple, mais l'influence de la Croisade contre les Albigeois reste indéniable. Envahis par les Français, accusés d'hérésie, les Occitans se hâtent de se défendre, de défendre leur civilisation et leur langue et de défendre leur belle conception de la *fin'amor*, qui était, elle aussi, sous attaque. L'art d'aimer occitan risquait d'être perverti en art de séduire, et on constate qu'à cette époque des poètes aussi brillants que Peire Cardenal abandonnent la chanson d'amour[25]. Évidemment, les auteurs des allégories essaient de séparer la *fin'amor* de la lasciveté à laquelle un ignorant pourrait l'associer facilement. Voilà pourquoi *las donzellas* de la *Cort d'Amor* et de Peire dans ses *novas* sont représentées comme ignorantes et naïves. Le seul moyen pour combattre cette ignorance et les malentendus qui en résultent c'est *lo saber* qui anime *lo parlar* et *los ditz*.

Notes

[1] PC 243:2. Otto Dammann, *Die allegorische Canzone des Guiraut de Kalanso "A lieis cui am de cor e de saber" und ihre Deutung* (Breslau, 1891), pp. 1-3, et Willy Ernst, "Die Lieder des provenzalischen Trobadors Guiraut von Calanson", *Romanische Forschungen* 44 (1930), 255-406.

[2] Voir Lowanne E. Jones, "Guiraut de Calanso's Lyric Allegory of Lady Love", dans *Mélanges de philologie et littérature romanes offerts à Charles Camproux* (Montpellier, 1977), pp. 105-18. Nous y proposons que les quatre degrés représentent les différents rôles que joue l'amant: 1° *fenhedor* (soupirant); 2° *precador* (suppliant); 3° *entendedor* (compagnon); et 4° *drut* (amant). Les quatre étapes de l'amour sont décrites pour la première fois par René Nelli dans *L'érotique des troubadours* (Toulouse, 1963), p. 166.

[3] Jones, "Guiraut", p. 108.

[4] *La Cort d'Amor*, ms. Morgan Library, New York, M 819; "Lai on cobra sos dregz estatz", ms. Paris Bibl. Nat. fr. 22543; *Lo Chastel d'Amors*, Rome, ms. Vat. 3206.

92 *LO SABER* ET LES QUATRE ALLÉGORIES OCCITANES

⁵Lowanne E. Jones, *The "Cort d'Amor": A Thirteenth-Century Allegorical Art of Love*, North Carolina Studies in the Romance Languages and Literatures, 185 (Chapel Hill, 1977).

⁶Évidemment, les quatre vertus n'ont rien en commun avec les quatre degrés de Guiraut de Calanso.

⁷*La Chanson de la Croisade Albigeoise* éditée et traduite du provençal par Eugène Martin-Chabot, Les Classiques de l'Histoire de France au Moyen Age, 3 vol. (Paris, 1957-1961). L'éditeur date cette suite anonyme de 1228. Il pense (pp. xiv-xv) qu'elle était interrompue la même année. L'Inquisition était fondée à Toulouse avec la fondation de l'Université de Toulouse en novembre 1229, ce qui expliquerait peut-être cette espèce de tribunal qui est la *Cort d'Amor*. Il n'existe pas de cour d'amour occitan avant ce poème, excepté toujours les cours d'amour latines d'André le Chapelain.

⁸*La Chanson de la Croisade Albigeoise*, 2:177 v. 53.

⁹Il n'y a que seize instants où le verbe *saber* s'emploie comme auxiliare.

¹⁰Voir l'étude de Alexander H. Schutz, "Some Provençal Words Indicative of Knowledge", *Speculum* 33 (1956), 508-14.

¹¹"Lai on cobra sos dregz estatz", PC, p. 305. Carl August Friedrich Mahn, *Die Werke der Troubadours in provenzalische Sprache nach den Handschriften der Pariser Nationalbibliothek*, 1 (Paris, 1846), pp. 241-50, notamment p. 241.

¹²Thibault IV de Navarre (mort juillet 1253) et Alphonse X de Castile (roi, juin 1252-1284) y sont mentionnés comme vivants.

¹³Andreas Capellanus, *Regii Francorum De Amore libri tres*, éd. Emil Trojel (1892; rééd. Munich, 1964), p. 73.

¹⁴Ovid, *Metamorphoses*, 1.452-74.

¹⁵Ibid., vv. 470-71.

¹⁶Marc-René Jung, *Études sur le poème allégorique en France au moyen âge* (Berne, 1971), pp. 161-62.

¹⁷*Lo Chastel d'Amor*, éd. Antoine Thomas, dans *Annales du Midi* 7 (1889), 183-96.

¹⁸Ibid., p. 186.

¹⁹Jung, *Études*, p. 147.

²⁰Ibid.

²¹Ibid.

²²Ibid.

²³Quoique le ms. Vat. 3206 soit très mutilé et fragmentaire, cette ligne est très clairement lisible même sans l'aide d'une loupe. Évidemment, la graphie *lo torn* fait un non-sens, et la bonne leçon est *la torn*.

²⁴On constate ici un ton ovidien. C'est Ovide qui le premier recommande les mensonges aux amants, voir *Ars Amatoria*, 1.608-36 et *passim*.

²⁵Voir *Poésies complètes du troubadour Peire Cardenal (1180-1278)*, éd. René Lavaud (Toulouse, 1957), pp. 627-28.

Roland à Saragosse: Sa position dans la production rolandienne

Hans-Erich Keller

Depuis sa découverte en 1912, dans l'étude d'un notaire d'Apt (Vaucluse), le fragment épique de 1410 vers, que son éditeur Mario Roques a intitulé *Roland à Saragosse*, a reçu étonnamment peu d'attention de la part des savants. La raison en est probablement que Mario Roques s'en est occupé à plusieurs reprises, le plus récemment dans sa contribution "Poèmes épiques provençaux du XIVe siècle" pour l'*Histoire littéraire de la France*, tome XXXIX, publié en 1962[1].

Aurelio Roncaglia[2], et Jules Horrent après lui[3], pensent avoir trouvé un terminus a quo de ce poème dans le *sirventes Amics marqués enquera non a guaire* du troubadour catalan Guillem de Berguedà, qui mourut autour de 1203 et qui était déjà actif autour de 1140[4]; Roncaglia, suivi par Horrent, conclut même à une activité épique autour de Saragosse avant 1118, année de la prise de la ville par Alphonse Ier le Batailleur, roi d'Aragon. Horrent termine sa contribution dans ce volume-ci en écrivant: "Il [le poème *Roland à Saragosse*] a été composé en Catalogne et non ailleurs en pays d'oc"[5]; il arrive à sa conclusion en se basant sur les connaissances topographiques et toponymiques apparemment fort précises mises en lumière par Martín de Riquer dans une note en 1958-1959[6].

Nous-même nous avons soutenu le contraire dans un article publié en 1969[7]. Selon nous, le manuscrit d'Apt refléterait une épopée française adaptée au milieu littéraire du pape Clément VI (1342-1352), un Limousin du nom de Pierre Roger qui acheta Avignon en 1348 à Jeanne Ire d'Anjou-Provence; Clément VI dépensa somptueusement, tenait une cour élégante, protégeait les arts et favorisait en tout point le parti français. Examinant de près les indications scriptologiques, nous étions arrivé à la conclusion d'avoir affaire à une adaptation provençale d'une version qui circulait dans les cercles littéraires de la ville de Grenoble, notamment parmi les clercs, d'où sa survie dans une étude de notaire d'Apt. Mais la version grenobloise, disions-nous en 1969, ne serait que le déguisement d'une chanson de geste française - peut-être picarde ou même anglo-normande - dont nous croyions entrevoir des traces[8].

Martín de Riquer, d'autre part, pour qui *Roland à Saragosse* contient des allusions qui se réfèrent "a un antiguo poema próxima al *Rollan a Saragossa*, a mi entender a un antepasado de éste, que, como su gemelo *Ronsasvals*, parece una refundición tardía"[9], se réfère à *suza* (vv. 535, 575, 783), terme arabe rendu en aragonais et signifiant à l'origine 'palais du gouvernement et des bureaux royaux, adossé à la muraille de la ville', et au toponyme *Gorreya* (vv. 1271, 1398, 1403) dans lequel le savant espagnol reconnaît Gurrea de Gallego, ville située à quelques 35 km au nord de Saragosse[10], et auquel Horrent ajoute celui de *Mont Negre* (vv. 266, 340, 1213, 1239, 1328), les Monegres, rangée de montagnes au sud-est de Saragosse[11]. Mais la conclusion de Horrent à une origine catalane du poème - conclusion beaucoup plus catégorique que celle de Martín de Riquer - ne tient pas compte du fait que la conquête de Saragosse du 18 décembre 1118, et de la Zuda le jour suivant par Alphonse le Batailleur, a été obtenue à l'aide des nombreux alliés français qui ont soutenu en masse la lutte du roi d'Aragon contre les Maures et qui se souviendront surtout de la sanglante défaite du roi, devant Fraga, contre le chef arabe Yahya Ben Ali Ghânya (le Baligant de la *Chanson de Roland*)[12] en 1134: la géographie de Saragosse et de ses environs a dû s'empreindre profondément dans la mémoire de ces mercenaires au service du roi depuis au moins la chute de Fraga en 1110[13]. Rien de surprenant donc que les termes relevés par Martín de Riquer et soulignés par Jules Horrent se retrouvent dans la poésie épique française, dans laquelle ils vont se perpétuer, comme le prouve, entre autres, le nom du château de Goré dans la *Chanson de Fierabras*.

Comme tous ces savants ont principalement porté leur attention sur l'épisode de Roland qui, acceptant le défi de Bramimonde, réussit à la rencontrer au palais même de Marsile - rencontre d'ailleurs des plus courtoises au sens occitan du mot (autre indice d'une date relativement récente) -, nous tâcherons ici d'approcher les problèmes en question par une autre voie: nous nous livrerons à une analyse détaillée de la structure thématique de la première partie afin d'en dégager les différents motifs épiques et d'en tracer leur possible origine.

Pour bien situer la question, rappelons d'abord que le poème, dans l'état actuel du manuscrit d'Apt, se divise "en quatre parties qui ne distinguent pas exactement des changements de lieu et d'action: 1° Jusqu'au vers 261, au camp de Charlemagne: *l'entreprise*; 2° Du v. 262 au v. 699, devant Saragosse, puis dans la ville: *triomphe de Roland*; 3° Du v. 700 au v. 1151 à la sortie de Saragosse et hors de la ville: *Roland en danger*; 4° Du v. 1152 au v. 1410, à Roncesvals et Gorreya: *revanche d'Olivier*, jusqu'au moment où Roland, pris au piège et bon joueur, va lui-même chercher l'empereur pour faire sa paix avec son compagnon"[14]. Ce trop bref sommaire prouve à suffisance que le poème se compose d'élements épiques qui se rencontrent bien avant la version de Grenoble, divulgée au Dauphiné après son annexion à la France en 1349 et jusqu'en Provence. Nous nous contenterons ici d'une analyse de la première partie, mais l'examen minutieux des trois autres, qui sont assez indépendantes l'une de l'autre, nous amènerait très probablement au même résultat.

Pour l'étude détaillée de cette première partie, il est évidemment dommage que le début du poème manque dans le manuscrit d'Apt, celui-ci ayant perdu ses deux premiers feuillets (soit sans doute 380 vers). Nous ne savons donc pas si, dans les premières laisses, le poète avait présenté la conquête de l'Espagne comme achevée, à la seule exception de Saragosse, et les Français déjà campés à Roncevaux. C'est en tout cas la situation qui ressort des vers 271-72: "Espanha es conquesa e tot conquistiet / Mas Saragossa...", et du v. 1156: "A Ronsasvals fon ha l'alba pareyssant"[15].

L'épisode rappelle celui du début de la *Chanson de Roland*, à cette réserve que les feuillets manquants devaient nécessairement relater comment la reine Bramimonde avait aperçu Roland - comme autrefois Lavine Enée, ou, plus récemment, Floripas Gui de Bourgogne sous les murs de Rome - ou avait entendu rapporter ses exploits: il faut supposer qu'elle devait désirer le rencontrer et l'avait mandé vers elle à Saragosse, ou alors qu'elle l'avait défié de tenter cette aventure, de toute façon redoutable. C'est ainsi que Bramimonde peut dire aux vers 331-33:

> Be'm maravilh del palayn Rollan:
> Ben ha .x. jour qu'ieu l'enviyey mon gan.
> Anc pueys non vi .i. message dels Franx.
> (vv. 331-33)

Mais voilà que surgit déjà la première difficulté, car le fragment s'ouvre sur l'impatience d'Olivier désireux de partir pour l'aventure: "Dis Olivier: Trop o metem en tric: / Lo jorn s'en vay e·l vespre vech venir" (vv. 8-9); cette déclaration est répetée quelque soixante vers plus loin:

> Dis Olivier: Trop vos annas tarzant:
> Sempres es nuech que·l vespres vay baychant,
> Es am lo rey annas trop paraulant.
> (vv. 67-69)

Roland va alors envoyer Olivier dans ses quartiers pour s'armer en lui promettant de faire de même sous peu. La scène est suivie de la description de l'armement d'Olivier et se termine par "En auta vos cria: / On est sire Rollan?" (v. 140), ce qui est accompagné de la remarque de l'auteur: "Es el remas am son oncle parlant" (v. 141). Enfin, au moment du départ du camp de Charlemagne, il est encore question d'Olivier - non de Roland:

> Es Olivier de son caval deychant,
> Als pes de Carle si vay aginolhant:
> "Sire emperayre, congiet vos demant".
> Es el lo hi dona de gret e de talant.
> Pueys li ha dich l'emperayre bon franc:
> "Olivier sira, yeu vos prec de Rollan,
> Secorres li, car coyta ['besoin'] li es grans".
> Dis Olivier: "Per que m'annas pregant?
> Aytant quant puesca suffrir mos garnimans
> No·l falhiray ha trastot mon vivant".
> So dis lo rey: "Ben parles avinant".
> (vv. 219-29)

A ces rapports entre Olivier et Roland, qui font difficulté, s'ajoute l'insolite du comportement d'Olivier dans les trois parties que nous ne discuterons pas ici, après qu'il a été laissé par Roland. Olivier boude, il ne veut pas secourir Roland lorsque celui-ci est en péril de mort, et il va conquérir le château de Gorreya, où Roland doit venir pour le prier humblement de lui pardonner, ce qu'il ne fera qu'après être supplié également par Charlemagne.

S'agirait-il, dans cet épisode qui domine toute la chanson de *Roland à Saragosse*, d'un écho du début du *Roman de Fierabras* dans lequel seul Olivier, bien que gravement blessé, ose combattre le géant Fierabras? La mention de Gorreya y fait penser, car le chambellan de Floripas s'appelle Marmucet de Goré[16]; nous y reviendrons plus loin. Peut-être faut-il remonter plus haut encore dans le temps et penser - puisque nous sommes au Midi, fait souligné par Mario Roques aussi bien que par Roncaglia et Rita Lejeune - à la *Nota Emilianense* du XIe siècle? Cette oeuvre témoigne, en effet, de l'existence d'un récit épique relatif à l'expédition de Saragosse où, dans l'entourage de Charlemagne, apparaissent déjà Roland et Olivier. "Mais ces deux noms, observe Paul Aebischer, étaient séparés l'un de l'autre, d'où la présomption que le poème ne faisait pas encore état de la profonde affection du compagnonnage qui, dans le *Roland* d'Oxford, unit les deux héros"[17]. Dans l'état actuel de la tradition manuscrite de *Roland à Saragosse* - quoiqu'une réponse définitive ne soit plus possible - tous les indices tendent à définir une chanson de geste ayant Olivier comme protagoniste: Charlemagne entraîne le jeune Roland dans une aventure vers laquelle le poussait, à l'origine, son aîné, Olivier. Sur cet épisode original, inconnu à nous modernes, se serait greffé celui - plus récent - de Roland qui, provoqué par Bramimonde, pénètre seul dans la ville même de Saragosse. Que la visite de Roland à Bramimonde ait tout à fait le caractère d'une rencontre courtoise n'a pas besoin d'être démontré ici: c'est la scène la plus remarquable du poème, et elle a été discutée à maintes reprises[18]. On n'a cependant pas assez souligné, à notre avis, que cette attitude courtoise envers une femme païenne, surtout du rang de Bramimonde, n'était pas possible avant la fin du XIIe siècle au plus tôt, lorsque les chrétiens étaient habitués à traiter les païens d'homme à homme[19]. La relation Olivier - Roland à elle seule prouve donc que *Roland à Saragosse* représente sans doute une compilation tardive d'éléments épiques, comme elle est bien connue au XIIIe siècle dans la production littéraire du nord de la France, sans être attestée au Midi.

Mario Roques a l'impression d'avoir affaire à une oeuvre de jongleur, "en raison du rôle épisodique donné au *juglar* Portajoyas dans *Ronsasvals* et de la grande largesse faite par Charlemagne dans *Roland à Saragosse* (1285-1287) à un autre jongleur"[20]. Pourtant, le même savant mentionne lui-même[21] une raillerie peu plaisante pour les jongleurs (vv. 78-90), et nous-même nous avons signalé en 1969 bien des éléments qui indiqueraient que l'auteur a dû être un clerc lettré. Nous avions insisté alors, entre autres, sur le ton noble, la dignité, la courtoisie et l'émotion retenue qui imprègnent le récit de *Roland à Saragosse*, notamment dans la rencontre de Roland et de Bramimonde, mais aussi dans la présentation d'un Roland plus juvénile, qui rappelle un peu l'art et le ton du roman de *Flamenca*, également l'oeuvre d'un clerc lettré.

Cette fois-ci, nous aimerions montrer que l'auteur a certainement été un clerc, très familier avec la production épique du Nord de la France au XIIIe siècle. A cet effet, nous allons reprendre d'abord les trois motifs que Mario Roques discute dans son étude du poème[22].

Voici premièrement celui de la couronne refusée. Dans les toutes premières lignes du fragment, il est dit que Charlemagne offre l'empire à Roland pour le détourner de l'entreprise dangereuse de se rendre dans la capitale ennemie de Saragosse et d'y rencontrer Bramimonde:

> Neps, qu'ar non t'en layssas per amor Dieu merci;
> Pren la corona anuech o lo matin,
> Es yeu seray tos servens desotz ti
> E te meys serviray a ton pan es a ton vin.
>   (vv. 2-5)

Il va de soi que Roland refusera:

> So dis Rollan: "So non vos pot avenir,
> Que tant quant vivas no nuelh regnat tenir".
>   (vv. 6-7)

Mario Roques a retrouvé[23] ce motif dans deux textes de l'Italie septentrionale, à savoir dans la continuation de *L'Entrée d'Espagne* composée
en français par Nicolas de Vérone vers le milieu du XIVe siècle[24], ainsi que
dans une mise en prose italienne du second quart du XVe siècle du poème
épique *La Spagna* du XIVe siècle (qui, lui, ne contient pas cet épisode).
Mario Roques - à juste titre - n'attache pas d'importance à ce deuxième
témoignage en Italie, étant donné que l'auteur pouvait très bien avoir
emprunté ce motif à Nicolas de Vérone; par contre, il pense que Nicolas a
probablement puisé à la même source que l'auteur de *Roland à Saragosse*.
Nous reviendrons sur cette conclusion après avoir discuté les deux autres
motifs relevés par Mario Roques.

Le deuxième élément mentionné par Mario Roques est la prémonition
de Roland de sa mort:

> El dis a Karle: ''Ar auch planhc ben estant,
> car vos per sompni mi annas spantant,
> Que yeu say sertas, es aquo verayement,
> Que morir dech, non vieuray longuement''.
> (vv. 32-35)

De nouveau, Mario Roques retrouve ce même motif dans *L'Entrée d'Espagne* (cette fois dans le poème proprement dit, composé également en
français vers la fin du XIIIe siècle par l'auteur padouan Minocchio)[25], et
aussi dans *Li Fatti de Spagna* composé en franco-italien par un auteur
anonyme de Padoue au XIVe siècle[26].

Une fois de plus, nous réservons notre commentaire de cet épisode
jusqu'après avoir mentionné le dernier motif signalé par Mario Roques, à
savoir le ''follet''. D'après *Roland à Saragosse*, Charlemagne le savait
avant que Roland lui ait parlé de sa mort prochaine. Il en avait connaissance
''per lo follet e say mon ensiant'' (v. 12), en d'autres mots, il le savait par sa
prémonition et aussi par le ''follet''. Mario Roques interprète le mot *follet*
comme 'un esprit, diable, démon' et, se basant sur Gaston Paris[27], renvoie le
lecteur de nouveau aux textes italiens, à *La Spagna* en vers et à son
remaniement en prose, ainsi qu'à *Li Fatti de Spagna*. Dans cette dernière
oeuvre, le démon en question est appelé *fol(l)eto*[28]: c'est un diable qui est à
la disposition de Roland depuis que celui-ci a fait un long et aventureux
voyage à travers l'Orient. Avant d'en revenir, il avait reçu du sultan un livre
de science magique qui lui permettait d'invoquer des démons et s'en faire
obéir. Ici, il faut ouvrir une parenthèse: Dans *Roland à Saragosse*, il s'agit
tout d'abord d'un épisode totalement différent de celui des textes italiens qui
rappelle quelque peu l'histoire du *Pêcheur avec l'Efrit* du *Livre des mille et
une nuits*. De plus, la combinaison du nom concret *follet* et du nom abstrait
ensiant dans le même vers nous paraît fort étrange. A notre avis, Mario
Roques - ou le scribe du manuscript d'Apt - a mal lu le mot et confondu l'*s*

final avec un *t*, ce qui est facile du point de vue paléographique. Sans doute s'agit-il du mot *foles* m. 'folie'[29]. De la sorte, les vers 11-12

> Aras say yeu que perdut ay Rollant
> per lo *folles* e say mon ensiant

signifieraient 'Je sais maintenant que j'ai perdu Roland à cause de la folie et bien sciemment', allusion évidente au péché mortel de l'empereur, thème qui était fort développé dans la littérature du XIIIᵉ siècle.

Cela nous ramène aux deux autres motifs cités par Mario Roques: la couronne refusée et la prémonition de Roland de sa mort prochaine. Ces deux éléments ne sont pas assez importants pour soutenir la thèse d'une production rolandienne indépendante du Midi de la France et de l'Italie Septentrionale. De même, nous avons démontré dans une étude récente[30] que, dans *Ronsasvals*, l'épisode de la mort du fils d'Olivier, c'est-à-dire de Galien le Restauré, sous les murs de Saragosse fait lui aussi partie d'une couche de romans épiques rédigés au XIIIᵉ siècle au Nord de la France. C'est d'ailleurs une possibilité qu'avait déjà entrevue Mario Roques[31] en ce qui concerne *Roland à Saragosse*, mais il était néanmoins enclin à penser que le poème franco-italien *L'Entrée d'Espagne* avait fourni le modèle et la matière de notre oeuvre.

Mais plusieurs motifs, qui figurent tous dans la première partie de notre épopée, devraient souligner le fait que *Roland à Saragosse* appartient bien à la production française de la troisième époque, comme aurait dit Gaston Paris. Voici d'abord un passage fort curieux prononcé par Roland lorsqu'il arrive avec Olivier devant Saragosse:

> Olivier sira, mot nos es bien aliet:
> Espanha es conquesa e tot conquistiet,
> Mas Saragossa que podem bayllier:
> Conquerrem la am nostres talhans fers.
> Quant saint Jaume annavan conquistier,
> Or ha Marcili cobret la sua cioutet;
> Mor hi fun Gila, filh de Sampson prezet.
> (vv. 270-76)

Gila, filh de Sampson est sans aucun doute Gui de Bourgogne, qui, dans la chanson de geste de ce nom[32], est le fils du duc Samson, pair de France dans la chanson de geste *Fierabras*. La soeur de Fierabras, Floripas, la fille de l'amirant d'Espagne Balant, tombe précisément amoureuse de ce Gui de Bourgogne, qu'elle va épouser à la fin de la chanson. C'est aussi dans *Fierabras* que Floripas a un fidèle chambellan du nom de Marmucet de Goré, comme nous l'avons mentionné plus haut. Or, le nom de Goré revient dans *Roland à Saragosse* sous la forme *Gorreya* (''occitanisation'' évidente du nom français *Goré*), le château qu'Olivier va conquérir après avoir été refusé comme compagnon de Roland dans son entreprise hasardeuse d'une rencontre avec Bramimonde au palais de Marsile. Rappelons à ce sujet que, dans le *Fierabras* occitan, ce chambellan est appelé *Malmuzet de Gornat*[33], forme qui provient donc d'une toute autre tradition manuscrite. L'auteur de *Roland à Saragosse* a apparemment connu les chansons de *Gui de Bourgogne* et de *Fierabras* et aussi des épopées qui sont perdues aujourd'hui. En effet, aucune de celles que nous connaissions ne mentionne, par exemple, le fait que Saragosse avait déjà été conquise avant que Charlemagne ne se soit rendu à Saint-Jacques de Compostelle et que l'empereur avait confié la garde de la ville à Gui de Bourgogne, qui y trouva la mort lorsque Marsile la reconquit lors du séjour des Français à Santiago.

Bien d'autres éléments de la première partie du poème convergent dans la même direction, à savoir qu'ils représentent des motifs provenant de chansons de geste françaises, probablement tardives et qui ne nous sont pas parvenues. Citons quelques exemples. Les armes d'Olivier, à la description desquelles le poète consacre quarante-cinq vers (vv. 94-138), sont des plus précieuses. Olivier a donné un château situé sur la mer pour les acquérir, car c'étaient des fées de mer qui les avaient fabriquées. Il n'y a que Roland qui en a de pareilles: Charlemagne les avait rapportées de son voyage à Jerusalem et en avait fait cadeau aux deux chevaliers. Voici donc clairement une allusion à une version du *Pèlerinage*, que nous ne possédons pas, comme l'illustre aussi le nom de l'épée d'Olivier, Talhaprima, qui est inconnue des chansons épiques conservées. D'ailleurs, il y a un renvoi direct à de tels poèmes perdus dans *Roland à Saragosse* lorsque l'auteur rapporte:

> Ac .i. joglar que canta de Rollan,
> E dizon ho que lo plus dur cor ha verament,
> Fadas lo feron en una comba gran.
> (vv. 252-54)

Donc, même des histoires fabuleuses concernant l'origine de l'olifant ont dû circuler à l'époque de la composition de notre oeuvre.

Mentionnons encore le fait qu'Olivier monte un cheval arabe dont Charlemagne avait fait butin lui-même sous les murs de Pampelune, allusion très évidente à la *Prise de Pampelune*, bien que *L'Entrée d'Espagne* franco-italienne, qui renferme la *Prise* telle que nous la lisons aujourd'hui, ne contienne pas ce passage. D'ailleurs, le nom du cheval d'Olivier est Blaviet Affilet (v. 125) qui, sous cette forme, ne se retrouve pas non plus dans les chansons de geste conservées. L'étymologie du nom est pourtant claire: *blaviet* se rattache au radical de l'anc. fr. *blave* 'pâle'[34], et *affilé* est un nom donné fréquemment aux chevaux dans les chansons de geste, par exemple dans *Gaufrey*[35], épopée également très tardive, ainsi que dans la chanson fort tardive *Anseïs de Carthage*[36], dans laquelle Gui de Bourgogne joue également un rôle important.

Un autre cas fort curieux est représenté par le nom du cheval de Roland, que nous connaissons tous sous le nom de Veillantif[37], mais qui s'appelle Malmatin dans notre poème, comme dans la chanson *Ronsasvals* du même manuscrit. Cela indique certainement une forme corrompue d'une tradition épique dont est issu aussi le nom de Val(l)entino dans *Li Fatti de Spagna* franco-italien[38].

Pour terminer, signalons l'attitude extraordinaire du destrier de Roland lorsqu'il aperçoit son maître tout armé pour son aventure. Par deux fois, notre auteur nous dit:

> Aysi·l conoc com fay mayre son filh   (v. 195)
> Aysi·l conoc come mayre son enfant   (v. 200),

ce qui n'est pas sans rappeler le cheval Baiart de la chanson *Renaut de Montauban*[39], qui a les mêmes rapports humains avec ses maîtres.

La plus grande inspiration est cependant due à la *Chanson de Roland* elle-même, à laquelle l'auteur a emprunté bien des scènes et motifs. Plusieurs ont déjà été relevés par Mario Roques: Ainsi, dans la lacune du début, le poète avait vraisemblablement présenté la conquête d'Espagne comme achevée (à l'exception de Saragosse) et les Français campés à Roncevaux[40]. On peut y ajouter la "démesure" de Roland lorsque celui-ci, malgré les prières de Charlemagne, réaffirme son intention de se rendre à Saragosse en se vantant:

> Que Sarrazins m'anessan encaussant,
> Ni que s'anessan pres de mi aprochant,
> Tant hi ferria am Durendart la gran
> Quatre molins poyrian molre del sanc.
>   (vv. 61-64)

De même, le mot *gesta* dans la supplication de Charlemagne rappelle de près la *Chanson de Roland* quand l'empereur dit à son neveu:

> So dis la gesta e·ls breus o van contant:
> Lay seran mort Olivier e Rollan,
> Tals dos vassals mays tant bons non seran,
> Trastot lo segle s'en ira abayssant
> E paguanisme a grans pans eyschaussant.
>   (vv. 46-50)

Même la mention de la Belle Aude n'y manque pas, mais elle présente une particularité unique parmi les chansons de geste: l'auteur présente Roland comme étant déjà marié à la soeur d'Olivier quand Roland dit à celui-ci sur la colline en face de Saragosse:

Vostra seror hay presa per molher,
Auda la bella, cuy yeu puesc [*sic*] tant amer. . .
(vv. 279-80)

Malgré toutes ces affinités, l'auteur de *Roland à Saragosse* ne se montre pas un imitateur servile de la *Chanson de Roland*: l'humanité, le ton et l'esprit qui se dégagent de son oeuvre lui sont tout à fait personnels et le révèlent vrai poète. Signalons d'abord que la célèbre formule du *Roland* d'Oxford, "Rolland est proz e Olivier est sage", a été sensiblement modifiée. Olivier est le héros déterminé et a accepté la provocation de Bramimonde immédiatement. Il presse le départ et veut couper court aux longs discours de l'empereur et de Roland, qui s'attarde. "C'est qu'il y a, écrit Mario Roques, chez Olivier une grande simplicité d'âme: le devoir est un, la décision prise devient un devoir, le sacrifice est consenti avec la décision qui le comporte; dès lors, les explications sont inutiles et les réflexions sur des suites inéluctables parfaitement vaines"[41]. L'honneur blessé d'Olivier est le ressort de l'action au moment où, devant Saragosse, Roland demande à son compagnon de rester en arrière. L'importance d'Olivier par rapport à Roland est aussi souligné par la grande attention que l'auteur porte à l'armement du héros, fait déjà mentionné plus haut.

L'impression que Roland laisse après la lecture de cette première partie du poème est fort différente: sa "démesure" consiste évidemment dans le fait qu'il a accepté, lui aussi, le défi de Bramimonde, ce qui ne le distingue pas nécessairement de son ami Olivier, qui l'avait également accepté. Roland ne se montrera "démesuré" que lorsqu'il demandera à Olivier de rester en arrière pour qu'il puisse tenter seul l'aventure. Dans la partie qui nous intéresse, au contraire, c'est un homme très aimable, humain, juvénile, ce qui donne au poème une allure presque moderne. Le songe de Charlemagne, dont il sera question plus loin, le préoccupe tout autant que la personne de l'empereur, et il a peur, lui aussi, de ne plus vivre très longtemps (vv. 32-35). Il envoie Olivier s'armer, tandis qu'il reste encore auprès de son oncle (vv. 70-72, 141-42). Après être arraché à sa compagnie et s'être armé à son tour, il se jette à genoux et prononce une longue prière (vv. 161-76), récitant d'abord le Credo et puis priant Dieu de l'aider dans son entreprise, de le protéger contre les païens et de l'assister à ne pas être lâche, mais aussi de défendre son bien cher ami Olivier. Enfin, il se signe et se rend chez l'empereur pour prendre congé de lui.

A cet endroit du récit, le poème tel qu'il nous est parvenu se présente d'une façon assez étrange: Roland rencontre dans la tente de Charlemagne Olivier, qui est également venu demander congé à l'empereur. Celui-ci l'accorde à ce dernier en le priant de bien veiller sur Roland, ce qu'Olivier promet solennellement. Sur ce, les deux compagnons se mettent en route, apparemment sans qu'il y ait eu encore le moindre échange de paroles entre Charlemagne et son neveu. Serait-ce une maladresse de la part de notre auteur, ou l'a-t-il fait intentionellement pour illustrer une fois de plus le grand chagrin que Roland cause à son oncle par cette aventure "démesurée"? Chez un auteur aussi habile que celui de *Roland à Saragosse*, cette omission nous paraît plutôt réfléchie, afin de rendre l'état d'âme de l'empereur, état déjà exprimé dans le songe de Charlemagne (raconté en grand détail, vv. 16-31) où l'empereur conclut lui-même:

> Per aquest sompni me vauc yeu espantant,
> Non say que·n fassa: paor ay de Rollan.
> (vv. 30-31)

Ce songe n'est pas nécessairement inspiré par la *Chanson de Roland*, car la littérature médiévale en contient un très grand nombre[42], mais il est remarquable par le fait qu'il mélange des éléments de la vie réelle avec des symboles. Un cerf ayant quatre chandelles allumées à chacune de ses cornes pénètre dans le camp des chrétiens; il est suivi de vingt mille hommes qui transportent le corps d'un chevalier; des évêques les précèdent, portant une grande croix d'or et des encensoirs d'argent, célébrant des messes et chantant des psaumes. En ce moment, un faucon arrive, se pose sur la main gantée de l'empereur et lui enlève de son bec la moitié de la barbe; alors vient du ciel une grande flamme qui consume tout le camp militaire. Le cerf aux chandelles représente probablement la sainteté que Roland s'est acquise lors de sa lutte contre les païens; ce symbole se rencontre aussi dans la littérature hagiographique[43]. Le nombre quatre, en parlant des chandelles, signifie les quatre vertus cardinales; on le retrouve ailleurs lorsque Roland s'arme, car son écu est décrit comme étant muni de quatorze boucles d'or luisant (v. 211). Le nombre quatorze se compose de nouveau du nombre quatre, signifiant les quatre vertus, ainsi que du nombre dix, qui représente à la fois le décalogue et la rectitude de foi[44]. D'autre part, le faucon qui enlève à Charlemagne la moitié de la barbe est probablement le roi païen Marsile, qui arrache à l'empereur la moitié de sa puissance, prédisant ainsi la catastrophe de Roncevaux.

L'exemple du songe de Charlemagne à lui seul démontre l'originalité de l'auteur de *Roland à Saragosse*, qui avait de véritables dons de poète, comme il est prouvé par la prière émouvante de Roland avant son départ pour son rendez-vous avec la reine païenne; le rendez-vous lui-même a d'ailleurs été reconnu depuis longtemps comme un joyau de la littérature courtoise. D'autre part, il est indéniable - et la démonstration en était le but principal de cette étude - que l'auteur était très au courant de la littérature épique décadante du XIIIe siècle du Nord de la France.

Bref, il n'y a pas de doute pour nous: le manuscrit d'Apt de 1398 est une copie relativement fidèle, quoique "provençalisée", d'une chanson de geste française tardive perdue aujourd'hui.

Notes

[1]A côté de l'importante *Introduction* à la réédition de *"Rollan a Saragossa"*, *poème épique méridional du XIVe siècle*, dans Les Classiques Français du Moyen Age, 83 (Paris, 1956), pp. v-xxviii.

[2]Aurelio Roncaglia, "Roland a Saragossa", *Cultura Neolatina* 10 (1950), 63-68.

[3]Jules Horrent, "Nouvelle rêverie sur l'épopée en langue d'oc: A propos de *Roland à Saragosse*", dans ce volume-ci, pp. 75-80.

[4]Martín de Riquer, "Guillem de Berguedà, trovador y señor feudal del siglo XII. Síntesis de su fisionomía", *Príncipe de Viana* 31 (1970), 281-84.

[5]Horrent, "Nouvelle rêverie", p. 79.

[6]Martín de Riquer, "Un aspecto zaragozano del *Rollan a Saragossa* provenzal", dans "Dos notas rolandianas", *Revista de Filología espanola* 42 (1958-1959), 266-69.

[7]Hans-Erich Keller, "*Roland à Saragosse*: Rencontre de deux cultures", dans *Mélanges offerts à Rita Lejeune*, 1 (Gembloux, s.d. [1969]), pp. 137-58.

[8]Nous devons avouer que notre démonstration n'avait pas emporté la conviction du savant que nous honorions en 1969: Rita Lejeune nous a écrit une lettre fort aimable dans laquelle elle appuyait entièrement la vue d'Aurelio Roncaglia entretenue par Mario Roques, d'après qui il s'agirait d'une épopée née au Midi, qui aurait aussi laissé des traces dans la Chronique dite saintongeaise du XIIIe siècle, la *Spagna* en vers et les *Fatti de Spagna* en prose du XVe siècle.

[9]"Un aspecto zaragozano", p. 269.

[10]Ibid., p. 269.

[11]Horrent, "Nouvelle rêverie", p. 78.

[12]Jean Poncet, "*La Chanson de Roland* à la lumière de l'histoire: vérité de Baligant", extrait de la *Revue de l'Occident et de la Méditerrannée* (1970), 125-39.

[13]Voir Hans-Erich Keller, "Le nom de lieu *Pinel* dans les chansons de geste françaises", in *Miscel·lania Aramon i Serra: Estudis de llengua i literatura catalana oferts a R. Aramon i Serra en el seu setantè aniversari*, 1 (Barcelone, 1979), pp. 331-36.

[14]Cf. Roques, *Roland à Saragosse*, p. xii.

[15]Voir aussi Roques, "Poèmes épiques", dans *Histoire littéraire de la France*, 39 (1962), p. 137.

[16]*Roman de Fierabras*, éd. Auguste Kroeber et Gustave Servois, Les Anciens Poëtes de la France, 4 (Paris, 1860), pp. 65 et 67.

[17]Paul Aebischer, *Rolandiana et Oliveriana: Recueil d'études sur les chansons de geste* (Genève, 1967), p. 151.

[18]Surtout par Roques, "Poèmes épiques", dans *HLF*, 39, p. 149.

[19]Voir Hans-Erich Keller, "La Conversion de Bramimonde", dans *Société Rencesvals pour l'étude des épopées romanes, VIe Congrès International (Aix-en-Provence, 29 août - 4 septembre 1973), Actes* (Aix-en-Provence, 1974), pp. 183-85.

[20]"Poèmes épiques", dans *HLF*, 39, p. 168.

[21]Ibid.

[22]Ibid., pp. 145-47.

[23]Ibid, p. 146.

[24]*La Spagna: Poema cavalleresco del secolo XIV*, éd. Michele Catalano, 1 (Bologne, 1939), p. 5. Mentionnons aussi que, dans *L'Entrée d'Espagne* proprement dite (vv. 4440-64), on trouve un motif fort semblable: Charlemagne, après la victoire de Roland à Najera - capitale de Navarre au XIIIᵉ siècle - veut le couronner roi d'Espagne et lui offre toutes les terres de Marsile, mais Roland refuse, jugeant ce geste prématuré avant la conquête de toute l'Espagne; voir Nancy Bradley Cromey, "Roland as *Baron Révolté*: The Problem of Authority and Autonomy in *L'Entrée d'Espagne*", *Olifant* 5 (1977-1978), 285-97, en particulier p. 286.

[25]*L'Entrée d'Espagne: Chanson de geste franco-italienne, publiée d'après le manuscrit unique de Venise*, éd. Antoine Thomas, Société des Anciens Textes Français (Paris, 1913).

[26]*Li Fatti de Spagna: Testo settentrionale già detto "Viaggio di Carlo Magno in Ispagna"*, éd. Ruggero M. Ruggiero, 1, Istituto de Filologia romanza della Università di Roma, Studi e Testi (Modène, 1951).

[27]Gaston Paris, *Histoire poétique de Charlemagne*, 2ᵉ éd. publiée par Paul Meyer (Paris, 1905), p. 397.

[28]*Li Fatti de Spagna*, éd. Ruggiero, p. 87.

[29]Cf. François-Just-Marie Raynouard, *Lexique roman, ou Dictionnaire de la langue des troubadours*, 6 vol. (Paris, 1836-1844), 3:350b; Emil Levy, *Provenzalisches Supplement-Wörterbuch*, 8 vol. (Leipzig, 1894-1924), 3:521, où il faut aussi comparer la discussion s.v. *folet* concernant un vers de Peire d'Alvernhe, pour lequel Levy propose également de changer *folet* en *foles*.

[30]Hans-Erich Keller, "Les aventures du fils d'Olivier à Roncevaux", dans *VIIIᵉ Congreso de la Société Rencesvals, Pamplona - Santiago de Compostela, 15 a 25 agosto de 1978* (Pampelune, 1981), pp. 239-45.

[31]Roques, "Poèmes épiques", dans *HLF*, 39, p. 147.

[32]Composée après 1211 selon Antoine Thomas, *Romania* 27 (1888), 280-82.

[33]*Der Roman von Fierabras. Provenzalisch*, éd. Immanuel Bekker (Berlin, 1829), vv. 2109 et 2145. Signalons, pour être complet, que le chambellan de Floripas n'a de nom ni dans la mise en prose de Jehan Bagnyon imprimée par Adam Steinschaber à Genève en 1478 (et bien des fois ensuite, voir Hans-Erich Keller, "Une histoire de Charlemagne en Suisse Romande", *Travaux de Linguistique et de Littérature* 16/1 [1978], 259-69), ni dans les mss. Paris, Bibl. Nat., fr. 2172 et 4969 du XVᵉ siècle publiés par Maria Carla Marinoni, *Fierabras anonimo in prosa* (Milan, 1979).

[34]*FEW* 1:404b.

[35]*Gaufrey*, éd. François Guessard et Polycarpe Chabaille, Les Anciens Poëtes de la France, 3 (Paris, 1859), p. 245.

[36]Ernest Langlois, *Table des noms propres de toute nature compris dans les chansons de geste imprimées* (Paris, 1904), p. 7.

[37]Voir Langlois, *Table*, p. 666; *La Chanson de Roland*, éd. Cesare Segre, Documenti di Filologia, 16 (Milan et Naples, 1971), p. 691.

[38]*Li Fatti de Spagna*, éd. Ruggiero, p. 179.

[39]*Renaus de Montauban oder Die Haimonskinder, altfranzösisches Gedicht*, éd. Heinrich Michelant, Bibliothek des Litterarischen Vereins in Stuttgart, 67 (Stuttgart, 1862), pp. 205 et 277.

[40]Roques, "Poèmes épiques", dans *HLF*, 39, p. 137.

[41]Ibid., p. 148.

[42]Karl-Josef Steinmeyer, *Untersuchungen zur allegorischen Bedeutung der Träume im altfranzösischen Rolandslied*, Langue et Parole, sprach- und literaturstrukturelle Studien, 5 (Munich, 1963); voir aussi Herman Braet, *Le songe dans la chanson de geste au XIIe siècle*, Romanica Gandensia, 15 (Gand, 1975).

[43]Par exemple, dans la légende de sainte Idda (femme du comte Henri de Toggenburg - dans le canton actuel de Thurgovie en Suisse -, morte en 1197 après des tortures terribles infligées par son mari jaloux) cultivée dans le monastère de Fischingen en Thurgovie. La sainte expulsée, vivant dans une cellule au fond de la forêt, reçoit la visite d'un "cervus velox duodecim candelas in cornibus eius arboreis deferens, sanctimonialem exeuntem et regredientem humaniter comitando antecedebat". (*Acta Sanctorum*, Novembris, II/1 [Bruxelles, 1894], col. 123; voir aussi C. Grant Loomis, *White Magic: An Introduction to the Folklore of Christian Legend* [Cambridge, Mass.], 1948, p. 61). "Duodecim" se réfère ici, comme si souvent dans le symbolisme des nombres, à la foi en la Trinité diffusée dans les quatre parties de la Terre; voir Vincent Foster Hopper, *Medieval Number Symbolism: Its Sources, Meaning, and Influence on Thought and Expression* (New York, 1938), p. 102.

[44]Hopper, *Medieval Number Symbolism*, pp. 101 et 114; Christoph Butler, *Number Symbolism* (Londres, 1970), p. 27.

Exaggeration, Abrupt Conversion, and the Uses of Description in *Jaufre* and *Flamenca*

Douglas Kelly

Desacordan nos acordam
(*Flamenca*, v. 3352)

Romance descriptions are *merveilles*, that is, extraordinary persons and things. Indeed, medieval poetics encouraged and, at times, insisted on such descriptions, whether as laudation or as vituperation. The main figures appear to us as virtual personifications of ideal humanity or as grossly overwrought enormities. Hans Robert Jauß is surely right to see in the latter figures a medieval aesthetic emphasizing what is extraordinary, unique, extreme in the ugly, deformed, and degenerate.[1] In fact, objects of vituperation have today a distinct appeal: they are often deemed more interesting than their idealized opposites. The appreciation of such descriptions, whether they are idealized or vituperative, requires attention to the special, often unique circumstances of specific texts. It is, however, possible to define the problem more precisely and in that way suggest points of view and avenues of approach that may facilitate the interpretation of different texts and, especially, their descriptive amplifications. *Jaufre* and *Flamenca* will serve as specimen cases for the delineation of a theory of medieval description in romance.

The most disturbing descriptive devices are exaggeration, discrepancies between static description and narrative representation, and abrupt

107

conversion of character from one type to another. All three occur in *Jaufre* and *Flamenca*, and both works have elicited some consternation among critics at the overstatements and tergiversations of some of their characters. The problem is credibility, that acquiescence in what we are told that precludes humor or irony. For example, Guillem in *Flamenca*, by "the sheer a priori purity of his performance, while perfect enough, is also ludicrous, and rendered with a persistent ironic touch."[2] Archimbaut, on the other hand, perplexes, then amuses by the horrid features that mark his domination by jealousy; later he shocks us into incredulity by a sudden return to normalcy—as a cuckold! Can a missing leaf in the manuscript be enough to preclude such a jolt? But what of the old hag in *Jaufre*, described in one place as of consummate ugliness, in another as possessed of a certain nobility and even grace?[3]

I do not propose to deny such transformations, nor to show that they hide something more subtle than has been apparent heretofore, nor, finally, to argue that the author forgot while writing one leaf what he had set down only a few leaves before. Rather, I submit that overstatement in description as exaggeration and sudden conversion in character are precisely what the authors intended. Both techniques are fundamental to what Alberto Limentani has aptly termed "il processo d'allestimento dell'intelaiatura."[4] Exaggeration is the right word to designate such descriptions. But, in the twelfth and thirteenth centuries, when the two romances were written, exaggeration meant something quite different from what the word usually implies today. It was a term with a precise meaning in poetics and rhetoric.

French *exagérer*, *exagération* appears in the sixteenth century in the sense of "entasser, augmenter, amplifier, faire valoir... Le verbe signifie parfois au XVIe et au XVIIe s. simplement 'faire valoir'; le sens moderne a triomphé au XVIIe s."[5] The earlier meanings were current in medieval and classical Latin as far back as Cicero and Varro.[6] However, two distinctions are necessary. First, the modern sense of exaggeration, that is, of "inordinate overstatement," is scarcely present, if at all, before its emergence in post-medieval French.[7] Second, both the noun and the verb took on a specific technical sense in Roman rhetoric that was carried over into and dominated medieval usage in the schools: that of amplification as laudation or vituperation by means principally of a combination of *interpretatio* as restatement and hyperbole.[8] This is *descriptio* in the medieval arts of poetry. It fits the notion of composition taught in medieval schools where the romancers acquired their taste for and skill at *descriptio* as *exaggeratio*.

Priscian helped establish topical *exaggeratio* for the Middle Ages. His *Praeexercitamina* introduced it into classroom exercises in invention under the head *locus communis*. "Locus communis exaggerationem habet manifestae rei, quasi argumentationibus iam peractis. Non enim quaerimus in hoc, an iste sacrilegus vel vir fortis, sed rei convictae et manifestae exaggerationem facimus."[9] And, he continues, one displays something not to represent it accurately, but rather to "exaggerate" it, to decorate and amplify it by accumulating statements of its qualities or defects, in an essentially repetitive and single-minded emphasis on the principal trait represented by a person who has been transformed into a type. It therefore served to augment the emotional impact of the object of description, either by attacking its heinousness and inexcusability, or, conversely, by playing on feelings of outrage and pity in favor of victims. As a feature of topical invention, *exaggeratio* served to abstract from the individual to concentrate on the, as it were, archetypal good or evil informing the individual by the type he or she exemplifies. "Le héros devient l'instrument d'une idée," and, through narrative, of its realization.[10]

Isidore of Seville brings this intent out in his distinction between praise and blame of a person and the *locus communis*, which, as *descriptio*, aims at the virtue or vice itself, especially in demonstrative and epideictic discourse. "Communis vero locus generaliter in facti crimen praeponitur. Vnde et communis locus dicitur, quia absente persona non tam in hominem, quantum in ipsum crimen exponitur. Omne enim vitium non in uno tantum, sed etiam commune in plurimis invenitur."[11] *E pluribus unum: descriptio* combines the best or the worst as the exemplary and typical. Hence, the exaggeration of the central quality or defect by abstraction from the individual who exemplifies the quality or defect. Ultimately, exaggeration in this sense could transform the person into a personification. The transformations in Archimbaut are just that, as surely as, in another register, are the abrupt permutations characterized by the passage from Dangier to Bel Accueil in the *Roman de la Rose*.

This sense of *exaggeratio* is still very much present in Matthew of Vendôme's instruction on *descriptio*. For Matthew, *descriptio* is topical amplification and simplification.[12] It achieves both ends by *exaggeratio*, although Matthew does not use the word. He taught concentration on and restatement of the primary feature in the object of description. The truth of what was asserted used the "exaggerated" manner to sway the audience or reader, especially those prepared to note the moral or social worth of the quality or defect personified in this way, and to carry that identification over into understanding the diverse actions and subservient qualities that make up the principal one and into which it could, by narrative and descriptive restatement, be analyzed.[13] "Amplius auditoris intelligentia fideli memoriae studeat commendare, ut in praedictis descriptionibus [i.e., those Matthew gives as illustrations of the technique] per specialia nomina generalem intelligat disciplinam, ne diversum a mente scriptoris et sibi domesticum praesumat habere intellectum. Etenim contemplandus est non effectus sermonis, sed affectus sermocinantis."[14] Priscian had insisted that *exaggeratio* attack the crime, not the criminal; just so, Matthew stresses the fact that his *descriptiones* do not represent individuals but rather types whose role the individual assumes completely under the command of a specific *hoc agat*.

> E qui vis adonc sa color
> Ben semblet que fos d'aimador,
> Car palles fon e·ls oils ac blaus
> De tot entorn, e·ls polses caus
> Un pauc, tan fon esmaigriatz.
> *(Flamenca*, vv. 2991-95)[15]

Even idiosyncrasies are expressive of the type rather than one individual.

> Poissas s'en eis [Archimbaut] el escalier
> Et es cachutz trastotz evers
> Sus els escalos a travers,
> Et ap pauc non s'es degollatz.
> Le malastrucs malaüratz
> Grata lo suc, grata la cota,
> Leva·l braier, tira la bota;
> Poissas si dreissa, pois s'aseta,
> Pois s'esterilla, poissas geta
> Un gran badail e pois si seina:
> "Nomine Domi! qual enseina
> Es aiso de bon'aventura!"
> *(Flamenca*, vv. 1254-65)

Archimbaut has assumed the character of the jealous husband so artfully represented by Ami's description in the *Rose*. Both illustrate diverse and colorful features of the individual become jealous. The rapid shifts in perspective, in mode and manner of representation, enhance the fundamental idea—here, jealousy—that informs, in both senses of the word, the two figures. Such exaggeration allowed for sharp contrasts in representation, it fostered the virtually dream-like images and shapes that people many romances, like the golden dreams or nightmares of sleep.

The maiden the leper tries to rape in *Jaufre* is a brief, conventional stereotype of young beauty—and thus the realization of lust's dreams:

> E us mezels fers e estrains
> Jai en un leit, e tenc lunc se
> Una piusela, qe non cre
> Qe el mun n'aja belasor,
> Car pus ac fresca la color
> Qe rosa, cant es ades nada,
> E fu sa gonela esquintada
> Tro aval desos la tetina
> Qe ac pus blanca qe farina.
> *(Jaufre*, vv. 2298-306)[16]

Paul Remy has shown that the *mezel* combines the realistic features of leprosy, even including several varieties of the disease.[17] This fits the accumulation of attributes recommended in the arts of poetry for descriptive amplification: the object of representation becomes exemplary of the type chosen. But Paul Remy also noted the affective intent of the anonymous romancer. When Jaufre saw the leper for the first time, he "ac feresa" (v. 2312). He could have felt pity, as we do for Jehan Bodel in his *Congé*. Pity is reserved, however, for the maiden that the *mezel*'s master, himself a leper, was trying to rape, and for the children the former leper was slaughtering so that his master might bathe in their blood and be made whole again. Here we perceive Priscian's dichotomy of loathing and pity. "Cette crudité, ce naturalisme coïncident avec l'antique opposition du Bien et du Mal; c'est le thème universel de la Belle et de la Bête."[18] But because *feresa* replaces the *pitaz* that transforms the Beast in the fairy tale, the hyperbolic attributes of ugliness and beauty in, respectively, a leper and a maiden predominate and are decisive. We are as aghast at the sight as we are at the mistreatment of the blind which Remy recalls as characteristic of one side of the medieval mentality: the *estrain* repulses and amuses, or evokes pity. "Si l'auteur de *Jaufré* avait été mû par la pitié, il aurait écrit un miracle ou une vie de saint"[19]; by humor, he would have introduced farcical elements, as later in the lamentations at Monfort for Melian de Monmelior. But "il a préféré présenter des lépreux dans leur répugnant réalisme, entourés de craintes superstitieuses et de croyances primitives."[20] We are as far removed from the audience for Jehan Bodel's *Congé* as from that of *Le garçon et l'aveugle*. The violent combat and death of the leper—the total violence of the scene— implies the fitting destruction of all that evokes *feresa* in the leper's domicile.[21] This is the *affectus sermocinantis*.

If we pause at this point to glance again at *Flamenca*, the principal object of *feresa* is the jealous Archimbaut (vv. 1556-60). Despite the "inexpressibility topos" used to describe him, the *Flamenca* says enough to reduce Archimbaut to quintessential jealousy, which in turn evokes *feresa* as fierce, seemingly, as that aroused by the leper in *Jaufre*.

> Tut l'escriva que son a Mes
> Non escriurian los motz ni·ls ves
> Ni las captenensas que fes
> En Archimbautz cascuna ves,
> Ans dic ques eissa Gilosia
> Non sap aitan con el fasia
> D'esser gilosa, per c'uimais
> Lo sobreplus als gelos lais,
> Quar mout ne fan de feras merras,
> De tals n'i a, e follas erras.
>   (*Flamenca*, vv. 1333-42)[22]

The use of the problematic word *ves* in v. 1334[23] recalls the scholastic term *vices* used by Horace and medieval glosses in the sense of descriptive attributes. "Descriptas servare vices operumque colores" (*Ad Pisones* 86) is an operation which Horace deems fundamental to the art of poetry. *Operum colores* are the properties invented in *descriptio*. In conjunction with *vices [operum]*,[24] which refers to Horace's immediately preceding discussion of the correlation between subject matter and versification, the line became an admonition to represent the principal figures according to their type. All their various contortions, no matter how weird, were to be appropriate to the type. What the *Flamenca* author implies is the virtual impossibility of achieving total representation of Archimbaut's *ves*, that is, of the excesses to which his jealousy leads him.

Vices thus came to suggest the variety possible within topical description, a variety still controlled and finally explicable by the governing idea the description personifies as an *exaggeratio*. The Vienna scholiast glosses Horace's v. 86: "*servare vices*, id est, varietates praescriptas *et colores o.*, id est, proprietates unicuique rei attribuendas (quia, sicut colores variant et distinguunt picturam, ita proprie describere quamque rem distinguit et ornat rem descriptam)."[25] It is therefore a fundamental feature of the medieval author's genius to be able to choose the attributes appropriate to a given type of person and to emphasize them in suitable verse. The medieval arts of poetry applied this notion in a general way to description as topical invention. Thus Provençal *ves*, *vetz* acquired a sense found in Latin *vices*.

Ves, *vetz* itself derives originally from Latin *vitium*, although contamination with *vices* may have occurred early, for *vitium* took on the sense "habitude, coutume."[26] Levy derives *ves*, *vetz* from *vitium* because it is usually masculine in Provençal. Both *mal vetz* and *bo vetz* are attested.[27] These constructions reduce *ves*, *vetz* to the sense "habitude, manière, conduite / Gewohnheit, Art," thus synonymous with the more usual Provençal *aips*. In the plural it evokes the very attributes indicated by *vices* and *operum colores* in Horace and the Horatian commentaries. In the singular it is equivalent to Latin *maneries* (Prov. and Fr. *maneira, maniere*), that is, the characteristic property which should be singled out in description.[28] Stress on a sole and unique property, as well as its moral or social evaluation, is the object of both *maneries* and *exaggeratio*. Accordingly, in both *Flamenca* and *Jaufre*, *exaggeratio* of the good or bad *vetz* that make up the *maneries* of a given personage is a factor in description. It can even resume all the good qualities exemplified in a romance (*Jaufre*, vv. 1-10).[29]

Another illustration: To the god of love, Guillem is both "cavalliers e clercs" (*Flamenca*, v. 1799). Yet, as Kurt Lewent has demonstrated, it is the former that predominates in his description;[30] the latter merely personifies the *engien* et *saber* needed to overcome Archimbaut's defenses, just as these are the visible manifestations (*ves*) in a husband of *Avolesa* and *Cobezesa* as jealousy (*Flamenca*, vv. 750-77). Even the apparently sacrilegious or impious words and actions of Guillem and Flamenca emanate from their role as lovers rather than from any real impiety, or from the ironic correction of a seemingly idealized representation of love.[31] All derive from the situation brought about by Archimbaut's jealousy and Guillem's and Flamenca's response to it. If Archimbaut is a fool, he can be laughed at and made the butt of harsh jokes[32] that treat him as a devil and a freak.[33] The devil himself is a degenerate freak, the arch-fool of medieval comedy.

The *Schadenfreude* prominent in *Flamenca* is also evident in the Arthurian court festivities at the beginning and towards the end of *Jaufre*, in which the magician-knight plays with Arthur and his knights' fears for the King. The humor predominates, however, as the swift dissipation of the enchantments returns all to normalcy. What happens to Arthur is frightening, but harmless—there never was any real danger. Archimbaut's fate was to be the cause of his own sorry plight; hence, the pleasure felt in seeing how his foolishness works itself out.

However, consummate perfection or imperfection was not intended to be primarily humorous. Medieval history made widespread use of such *exaggeratio* to describe the great, even the living great.[34] In fact, with hyperbole it served to represent the *merveilleux*,[35] whether found expressly in the sources, as is the case for *Jaufre*, or in the type exemplified, as in *Flamenca*. Although the affective value of a *merveille* is inherent in the presumed source, the moral or social qualification is the expression of authorial intention. Therefore, the amplification will insist on both the extraordinary strangeness and the archetypal ideality or baseness of the representation. In both *Jaufre* and *Flamenca* this allows for sharp and clear distinctions, and for exemplarity, praise of society's consummate exemplars, blame for those who would deprive it of some or all of its perfection.

Abrupt conversions like Archimbaut's to and from jealousy fit into this manner of representation. They are in fact essential to the union of *sens* and *matiere* in romance. We can in general postulate the apparent *estrangeté* of the latter even for medieval audiences. Still, traditional source studies demonstrate that romance clearly sought to reduce that strangeness, or at least tone it down by various devices such as the replacement of an incomprehensible *geis* by a feudal *costume*. Euhemerization introduces a *sens*, a manner of comprehending the *matiere* that did not totally deny its exceptionality, or rather unique excellence. Hence, the sudden optical shifts that transform one vision into another, as the romancer eliminates either one or the other realm from the narrative.[36] In the passage from the world of Brunissen and Arthur to that of the fay of Gibel and Fellon d'Albarua, Jaufre is plunged into a fountain:

> Mut es l'aiga granz e preons,
> E Jaufren es casutz als fons,
> Aissi con era, tutz armatz.
>
> (vv. 8433-35)

Yet the armed knight does not drown, as one may expect and as his companions fear, nor does he fall into Alice's Wonderland. Rather, he somersaults through the *merveille* back into reality, a reality that mirrors the feudal world of beauty and *malvestatz* Jaufre had struggled against above ground:

> E Jaufre pensa d'autr'afar,
> Quellas donzellas senz mal far
> L'an jus passat par mei la fon
> E la gensor terra del mon.
>   (vv. 8743-46)

On the other side of the fountain, Jaufre recovers the world of feudal and courtly good and evil.[37] Visual correction and restatement effect the passage. There is little middle ground between good and bad in these romances. The cruel and felonious knights like Estout de Verfueil and Taulat de Rogimon, defeated by Jaufre, are transformed by defeat and *merci* into chivalric worthies;[38] the old hag, mother of the ugly *mezel*, becomes a *dona* at Jaufre's behest (vv. 10765-67). Archimbaut, at the instigation of Flamenca, recovers his former qualities and abandons jealousy.

No doubt such transformations contributed, like *exaggeratio*, to the dream-like quality of romance that Denis Piramus found in *Partonopeu de Blois*.[39] The superimposition of one kind of image on another noted for the *mezel*'s mother in *Jaufre* also occurs as laudation in *Flamenca* for the representation of Flamenca in Guillem's dreams and imagination and the Flamenca we perceive through the narrator's eyes in Archimbaut's tower. Such amplifications of different facets of the type represented by the individual suit the circumstances and authorial intention. But the representations, although incongruous as individual representation, are complementary and mutually enlightening by reference to their common type. And they are credible because they are potential in the idea or "truth" of each type exemplified. The different representations of Flamenca converge in the Flamenca Guillem finally encounters in the baths, just as Melior's roles as fay, magician, empress, and lady coalesce in the woman Partonopeu marries at the end of his romance. And by a *mutation brusque* like Archimbaut's, Flamenca transforms her relation to Guillem from a secret liaison to a source of courtly and chivalric prowess by sending Guillem off on tourneys, then bringing Archimbaut to sponsor just such a tournament wherein Guillem will excel and be reunited with Flamenca.

Certain ideas important to the understanding of what happens inform the transformations. The conflicts between vices and virtues are readily apparent, the victory of the one over the other more striking and demonstrable. When Cicero sought to convince his audience of Verres' moral turpitude, he painted Sicily by an *exaggeratio*, an intent noticed by Matthew of Vendôme when he studied it for the description he proposed of a *locus amoenus*.[40] According to Matthew, Cicero's description concentrates on the sensual beauty of the amplified setting "ut, audita loci venustate, conjecturale esset argumentum Verrem in loco tantae pulchritudinis deputato sibi a Cicerone licentius commisisse adulterium" (1.110 [pp. 147-48]). The obvious and topically cogent attributes are manifestly suitable to an *adulter* like Verres abandoning himself shamelessly to his role. The lesson was not lost on our romancers, just as the adherence to it was readily understood by their public. The baths, a common setting for assignations in the Middle Ages,[41] were "exaggerated" to serve a similar but more magnificent purpose for the *amant* Guillem.

But the rigor of the descriptive exaggerations as well as the abrupt transitions from one descriptive image to another preclude the individual. Priscian said that *exaggeratio* is placed in a *locus communis* "quia convenit *contra omnem* verbi causa sacrilegum vel etiam, ut quibusdam placet, pro omni viro forti."[42] Matthew of Vendôme taught the same kind of description. The exemplary figures were to be understood as illustrating the type, not the particular individual that may be peculiar to a given narrative. We are made to see them as virtual exemplars of that type; we are not asked to appreciate to what degree, individually, each may realize the type, and what other extraneous mitigating or imperfect elements might blend into the one personality or the other.

It follows that the characters in one romance, as descriptions, are commonplace and express their type by concentrating on features expressive of the type, or by bending features to fit the type, or, finally, by imposing a typical sense on the features through the context, as when Archimbaut fell down the stairs.

The Middle Ages seem to have had little interest in the particular individual except as an aberration. What interested most was the moral or social personage. And here the pride and glory of a civilization was its exemplars, who most clearly incorporated the ideal. Such figures set forth pristine qualities in opposition to abject degeneration.[43] The individual entered as audience, where each observer considered both the ways the given qualities worked themselves out actantially in narrative, as well as the relation between the observer's own moral or social quality and that of the exemplar. "Et expones rem, non quasi docens, sed quasi exaggerans, quod universae nocuit civitati,"[44] and vice versa. For abominations there is no mercy; for their ideal opposites, no defect or defeat: "li vertatz sobrava·l dih" (*Flamenca*, v. 1679). This is not instruction, but display of what should be loved or hated, as it should be loved or hated. Unless the one or the other changes into a new type.

Properly understood, we may view the products of *exaggeratio* not as monsters with whom we cannot sympathize, but as representative of a moral or social view against which we may appreciate and understand a given narrative. That view, which provides context, stamps *Jaufre* as "novas rials" (v. 21).[45] It is because "Amors dechai e te·l cap morn" (*Flamenca*, v. 249) that the *Flamenca* author returns to his *novas* (v. 250)—an escape into *novas amorosas*. In such works, descriptive semblance and narrative adventure often appear disjoined. A deliberate disjunction on the realistic level is perfectly comprehensible in context. The idea and its attributes, which the hero represents, require a manner of expression different from that hero's specific feats in particular adventures. Jaufre himself realizes the limits in gesture between perfect expression of self and human limitations. Although he swears not to eat until he avenges the shame Taulat de Rogimon caused Arthur's court by his villainous taunts (vv. 627-38), taunts which are an expression in this *novas rials* of a "rics om" (v. 629)—that is, of a certain kind of *riquesa*—time soon makes Jaufre's boast untenable, and, with no shame to himself, he consents to eat again after three days.[46] Just so, Flamenca realizes the need to change her relationship to Guillem once Archimbaut has recovered his *sen natural*. She does so by restoring Guillem to his role as a knight. All these instances correlate the *exaggeratio* with the context, and thus even out *descriptio* and *merveille* in a *bele conjointure*. These personages achieve self-realization "à travers la formule."[47] This is the psychology of medieval romance. *Exaggeratio* as description expresses that "formule"; the narrative adventures themselves are read in context, but without exclusion of material diversity appropriate to romance *merveilles*. Here, as in description itself—narrative is little more than a pleasing topical amplification of description—Matthew of Vendôme's principle of subordination of *matiere* to *sens* controls composition: "ut nomen speciale generalis nominis vicarium ad maneriem rei, non ad rem maneriei reducatur" (1.60 [p. 132]).

Notes

[1]Hans Robert Jauß, "Die klassische und die christliche Rechtfertigung des Hässlichen in mittelalterlicher Literatur," in *Die nicht mehr schönen Künste - Grenzphänomene des Ästhetischen*, ed. Hans Robert Jauß, Poetik und Hermeneutik, 3 (Munich), pp. 143-68 [repr. in Jauß's *Alterität und Modernität der mittelalterlichen Literatur: Gesammelte Aufsätze 1956-1976* (Munich, 1977), pp. 385-410].

[2]Phillip Damon, "Courtesy and Comedy in *Le Roman de Flamenca*," *Romance Philology* 17 (1963-64), 608. Cf. as well the "Robertsonian" reading of *Flamenca* as comedy in Paul A. Olson, "*Le Roman de Flamenca*: History and Literary Convention," *Studies in Philology* 55 (1958), 7-23. On parody in *Jaufre*, see Suzanne Fleischman, "*Jaufre* or Chivalry Askew: Social Overtones of Parody in Arthurian Romance," *Viator* 12 (1981), 101-29.

[3]*Les troubadours: Jaufre; Flamenca; Barlaam et Josaphat*, ed. and trans. René Lavaud and René Nelli (Bruges, 1960), p. 310 n. 3. Cf. also Guido Favati, "Studio su *Flamenca*," *Studi mediolatini e volgari* 8 (1960), 97-99; Emmanuèle

Baumgartner, "Le roman aux XIIe et XIIIe siècles dans la littérature occitane," in *Grundriss der romanischen Literaturen des Mittelalters*, ed. Hans Robert Jauß and Erich Köhler, 4/1, *Le roman jusqu'à la fin du XIIIe siècle* (Heidelberg, 1978), pp. 629-31 and 636.

⁴Alberto Limentani, *Las novas de Guillem de Nivers ("Flamenca")*, Vulgares eloquentes, 1 (Padua, 1965), p. xvi. See also Marie-José Southworth, *Étude comparée de quatre romans médiévaux: Jaufre, Fergus, Durmart, Blancandin* (Paris, 1973), pp. 68-69 and 166-67.

⁵Oscar Bloch and Walther von Wartburg, *Dictionnaire étymologique de la langue française*, 5th ed. rev. (Paris, 1968), s.v. *exagérer* (p. 244); see also von Wartburg, *FEW* 3:255 (s.v. *exaggerare*); Ernst Gamillscheg, *Etymologisches Wörterbuch der französischen Sprache*, 2d ed. (Heidelberg, 1969), p. 406 (s.v. *exagérer*).

⁶*ThLL* 5,2:1145-49 (s.v. *exaggeratio* and *exaggero*).

⁷*ThLL* 5,2:1148.32-3. The argument—"fortasse hic illic c. nimietatis notione" [cf. francog. 'exagérer']—is probably unfounded, given the late appearance of the word and the even later emergence of the modern sense, in French.

⁸*ThLL* 5,2:1146.30-47; Heinrich Lausberg, *Handbuch der literarischen Rhetorik. Eine Grundlegung der Literaturwissenschaft*, 2 vols. (Munich, 1960), esp. 1:239 (§ 438). The examples make *exaggeratio* a variety of *interpretatio* and hyperbole. Cf. also Albert Blaise, *Dictionnaire latin-français des auteurs chrétiens* (Strasbourg, 1954), pp. 320-21; Alexander Souter, *A Glossary of Later Latin to 600 A.D.* (Oxford, 1949), p. 132; Du Cange 3:336 (s.v. *exaggerator*). See also Leslie T. Topsfield, "Intention and Ideas in *Flamenca*," *Medium Aevum* 36 (1967), 128-29.

⁹*Praeexercitamina*, in *Grammatici Latini*, ed. Heinrich Keil, 3 (Leipzig, 1859) p. 434. Cf. Lausberg, *Handbuch*, 1, p. 227 (§ 409).

¹⁰Marc-René Jung, "Lecture de *Jaufre*," in *Mélanges de langues et de littératures romanes offerts à Carl Theodor Gossen*, ed. Germán Colón and Robert Kopp (Bern and Liège, 1976), p. 445; see in general Ilse Nolting-Hauff, *Die Stellung der Liebeskasuistik im höfischen Roman*, Heidelberger Studien, 6 (Heidelberg, 1959).

¹¹*Etymologiarum sive originum libri XX*, ed. W. M. Lindsay, 2 vols. (Oxford, 1911), 1:2.4.8.

¹²Lothar Bornscheuer, *Topik. Zur Struktur der gesellschaftlichen Einbildungskraft* (Frankfurt am Main, 1976), pp. 170-71 and 244 n. 184; Douglas Kelly, "Topical Invention in Medieval French Literature," in *Medieval Eloquence: Studies in the Theory and Practice of Medieval Rhetoric*, ed. James J. Murphy (Berkeley, Los Angeles and London, 1978), pp. 234-35; Douglas Kelly, "*Translatio Studii*: Translation, Adaptation, and Allegory in Medieval French Literature," *Philological Quarterly* 57 (1978), 287-91 and 301-04.

¹³Rupprecht Rohr, "Zur Skala der ritterlichen Tugenden in der altprovenzalischen und altfranzösischen höfischen Dichtung," *Zeitschrift für romanische Philologie* 78 (1962), 292-325. See also Rupprecht Rohr, *Matière, Sens, Conjointure: Methodologische Einführung in die französische und provenzalische Literatur des Mittelalters* (Darmstadt, 1978), pp. 18-29; Erich Köhler, "Zur Entstehung des altprovenzalischen Streitgedichts," *Zeitschrift für romanische Philologie* 75 (1959), 37-88, esp. 42-70; and, finally, the fine study of how the

Flamenca amplifies fundamental ideals as the narrative context to the romance, in Christoph Schwarze, "Pres, Amor, Gelosia. Zur Struktur des altprovenzalischen Flamenca-Romans," *Zeitschrift für romanische Philologie* 83 (1967), 280-305.

[14]Matthew of Vendôme, *Ars versificatoria*, in Edmond Faral, *Les arts poétiques du XIIe et du XIIIe siècle: Recherches et documents sur la technique littéraire du moyen âge* (Paris, 1924; repr. 1958), 1.60 (p. 132). Cf. Nolting-Hauff, *Die Stellung*, pp. 107-08.

[15]Ed. Ulrich Gschwind, Romanica Helvetica, 86, 2 vols. (Bern, 1976).

[16]*Jaufré, roman arthurien du XIIIe siècle en vers provençaux*, ed. Clovis Brunel, 2 vols., Société des Anciens Textes Français (Paris, 1943).

[17]Paul Remy, "La lèpre, thème littéraire au moyen âge: commentaire d'un passage du roman provençal de *Jaufré*," *Le Moyen Age* 52 (1946), 195-242; similarly, Guillem speaks "for a variety of ideas on love," according to Leslie T. Topsfield, "Intention and Ideas," p. 124.

[18]Remy, ibid., p. 208.

[19]Ibid., p. 242.

[20]Ibid., p. 242.

[21]Cf. the similar disgust for and instant destruction of lepers in Beroul's *Tristan*.

[22]Thoroughly discussed in Nolting-Hauff, *Die Stellung*, pp. 104-24. See also Topsfield, "Intention and Ideas," p. 121.

[23]See Gschwind, *Flamenca*, vv. 1333-34 note (2:106).

[24]See C. O. Brink, *Horace on Poetry*, 2 vols. (Cambridge, 1963-1971), 1:253; 2:162-63 et 172-73; Franz Quadlbauer, *Die antike Theorie der genera dicendi im lateinischen Mittelalter*, Österreichische Akademie der Wissenschaften, Philosophisch-historische Klasse, Sitzungsberichte, 241/2 (Graz, Vienna and Cologne, 1962), § 44g (pp. 96-97); Matthew of Vendôme, 1.46 (p. 120).

[25]*Scholia Vindobonensia ad Horatii Artem Poeticam*, ed. Joseph Zechmeister (Vienna, 1877), pp. 9-10.

[26]*FEW* 14:563 (s.v. *vitium*).

[27]Emil Levy, *Provenzalisches Supplement-Wörterbuch*, 8 vols. (Leipzig: 1894-1924), 8:718-19 (s.v. *vetz*).

[28]Matthew of Vendôme, 1.60 (p. 132); for examples of Prov. *maneira* in this sense, see *Jaufre*, vv. 157-58, 213, 1677, 2569, 3077, 3795, 6490; *Flamenca*, vv. 3194, 5405, and, perhaps, 7385. On *maniere, maneries*, and related words, see Douglas Kelly, "La spécialité dans l'invention des topiques," in *Archéologie du signe*, ed. Lucie Brind'Amour and Eugene Vance, Papers in Medieval Studies, 3 (Toronto, 1983), pp. 101-25.

[29]Cf. Jung, "Lecture de *Jaufre*," pp. 431-32.

[30]Kurt Lewent, "Zum Inhalt und Aufbau der *Flamenca*," *Zeitschrift für romanische Philologie* 53 (1933), 79-84; Limentani, *Las novas*, pp. xxv-xxvi.

[31]E.g., vv. 3811-24, 5845-79, 6004-06, 6088-102. See Lewent, "Zum Inhalt und Aufbau," pp. 9 n. 1, and 63-64; Nolting-Hauff, *Die Stellung*, pp. 127-29 and 167-68; Schwarze, "Pres, Amor, Gelosia," p. 292 and, in general, pp. 292-96; Topsfield, "Intention and Ideas," pp. 131-32.

[32]Limentani, *Las novas*, pp. xxvi-xxvii.

[33]Vv. 1421, 2440-46, 2464, 3894-95, 3899, 4581, 4926, 5289, 5780, 6158. See Lewent, "Zum Inhalt und Aufbau," pp. 2l (and n. 2) and 52-56; and Limentani, *Las novas*, p. xxvii. This is true for Taulat de Rogimon in *Jaufre*, vv. 5477-79; see Jung, "Lecture de *Jaufre*," p. 448.

[34]Erich Kleinschmidt, *Herrscherdarstellung: Zur Disposition mittelalterlichen Aussageverhaltens, untersucht an Texten über Rudolf I. von Habsburg*, Bibliotheca Germanica, 17 (Bern and Munich, 1974).

[35]Hans Robert Jauß, "Die Defigurierung des Wunderbaren und der Sinn der Aventüre im *Jaufre*," *Romanistisches Jahrbuch* 6 (1953-1954), 60-75 [repr. in his *Alterität*, pp. 368-83].

[36]Jean Fourquet, "Le rapport entre l'oeuvre et la source chez Chrétien de Troyes et le problème des sources bretonnes," *Romance Philology* 9 (1955-1956), 298-312; see also Nolting-Hauff, *Die Stellung*, pp. 15-29; Limentani, *Las novas*, pp. xx-xxii; Jung, "Lecture de *Jaufre*," pp. 434-41.

[37]Jauß, "Defigurierung," pp. 63-64 [371-72].

[38]Estout de Verfueil (vv. 1156-77) and Fellon d'Albarua (vv. 9151-81, 10153-63); the Knight of the White Lance's appeal for mercy is denied because of his villainous treatment of other knights (vv. 1494-1522). Villains themselves are granted either no mercy or harsh justice: the giant *mezel*'s servant (vv. 2697-2715), the leaping highwayman (vv. 1876-80); an exception: the Knight of the White Lance's dwarf (vv. 1532-66). The case of Taulat de Rogimon, although more complex, still fits the pattern of felonious knights transformed by defeat; see vv. 6064-150, 6483-684, 8143-64, and 10920-32.

[39]In his *Vie de Saint Edmund*, cited in Ulrich Mölk, *Französische Literarästhetik des 12. und 13. Jahrhunderts: Prologe - Exkurse - Epiloge*, Sammlung romanischer Übungstexte, 54 (Tübingen, 1969), p. 93 (vv. 25-31).

[40]For the complete text, see ed. Franco Munari, "Matteo di Vendôme, *Ars 1*, 111," *Studi medievali*, ser. 3, 17 (1976), 293-305.

[41]Damon, "Courtesy and Comedy," pp. 610-11.

[42]Ibid., p. 434 (emphasis mine).

[43]See Douglas Kelly, *Medieval Imagination: Rhetoric and the Poetry of Courtly Love* (Madison, Wis., 1978), pp. 38-45.

[44]Ibid., p. 435.

[45]As in *Durmart le Galois*, ed. Joseph Gildea, 2 vols. (Villanova, 1965-1966), 1:14.

[46]See vv. 637-38, 1228-31, 1306-13, 1343-48, 1660-61, 1669-71, 2185-2202, 3025-37, 3395-98, 4217-20.

[47]Jung, "Lecture de *Jaufre*," p. 446 n. 46; Jaufre takes literally (see n. 46 above) what appears in vv. 3296-98 to be a common exclamation. It is in turn founded on another recurrent formula: "res nol pot far estancar," used in connection with the vow not to eat in vv. 1306, 1343, 1573, 1660, 2163, 2202, 4149, 4207. Cf. as well on the "programmatic" character of Guillem's courtship of Flamenca and their liaison, Nolting-Hauff, *Die Stellung*, p. 101; Hermann J. Weigand, "*Flamenca*: A Post-Arthurian Romance of Courtly Love," *Euphorion* 58 (1964), 148-49; Sarah Kay, "The Contrasting Use of Time in the Romances of *Jaufre* and *Flamenca*," *Medioevo romanzo* 6 (1979), 48.

Les dits de Peire Cardenal
et le modèle structural des narrations classiques

Roger Lassalle

Actes et Substances: rôle sémiotique
comparé des uns et des autres

Une aventure, vécue par des personnages qui éventuellement l'ont menée: ainsi se définit globalement la narration classique.

Mais chaque aventure se déroule en un temps, en un lieu plus ou moins déterminés: très précis dans *l'Iliade* ou dans un roman de Balzac, mais mythique ou du moins flou dans les fables ou les contes, qui commencent ou pourraient commencer par la formule "Il était une fois, dans le royaume de (sur la terre de). . .". Des descriptions, réalistes ou plus ou moins fantaisistes, amples ou brèves, descriptions du milieu où se déroulent actes et événements, accompagnent la narration: faut-il dire "accompagnent" ou ne convient-il pas de penser qu'il n'est point de narration qui s'abstienne d'insertion dans un certain milieu, siège de certains décors, de même qu'on n'imagine pas, pour reprendre l'analogie judicieusement instituée entre modèle de récit et modèle de grammaire par le sémioticien François Rastier, de verbe sans nom?[1] Invoquerait-on à ce propos le cas des unipersonnels, que l'on ne tarderait pas à déceler un agent anthropomorphe derrière l'apparente abstraction du verbe: au Zeus des Grecs qui fait pipi répond par exemple, dans la fable de *La Cité des Fous* de Peire Cardenal, la Pluie qui s'abat sur les gens et se comporte en agresseur et prédateur . . . mais alors, c'est un Titan (ou Satan) qui fait pipi!

121

Le problème, et le seul, en matière de production du texte et du jugement sur cette production, est de savoir ce qui porte le plus efficacement sur le destinataire: les actes purs par quoi progresse l'aventure ou bien les actants liés au milieu, qui peuvent être des personnages, mais aussi des objets, plus particulièrement des substances comme la Pluie aliénante ou l'Onguent merveilleux faisant corps avec son urne et le couvercle de son urne? D'un côté l'essentiel - ou ce qui est apparemment tel - puisqu'il n'y aurait pas de récit sans événements, sans aventure; de l'autre l'arbitraire - ou ce qui est apparemment tel - puisque l'expansion de quelque décor que ce soit varie au gré de l'auteur ou mieux au jugé conjoint de l'auteur et du lecteur, du fabricateur et du consommateur[2]. Dans quelle mesure l'auditeur souhaite-t-il l'expansion descriptive, la requiert-il ou ... la tolère-t-il (pensons à l'allergie de certains, enfants ou autres, qui "sautent" les descriptions balzaciennes ou flaubertiennes, alors qu'elles sont considérées comme fonctionnelles par le balzacien ou simplement par le lecteur formé)? L'accessoire apparent ne serait-il pas apprécié par l'auditeur comme étant capital, comme étant constitutif de ce que l'on appelle l'art du récit, tandis que relèverait d'une simple technique, de l'agencement logique et chronologique, la judicieuse articulation des actes et événements?

Or, la conception même de la littérature et le discours critique qui en est solidaire, tels qu'ils se manifestent dans les exposés de sémiotique récemment formulés, ne recoupent pas notre propre analyse sur ce point essentiel. Car le modèle structural déterminé par les sémioticiens privilégie le mécanisme narratif des actes et de leurs actants par rapport aux variations, diverses à l'infini, des expansions descriptives.

Il se trouve que les deux seuls contes dits par le poète Peire Cardenal permettent de marquer les limites des valeurs reconnues comme majeures par les sémioticiens, de préciser quel rôle fonctionnel, et de quel poids, revient aux expansions par rapport aux actions. Reconnaissons volontiers que ces contes se prêtent d'abord à une analyse structurale propre à étendre au-delà de la personne humaine la notion d'actant: l'onguent agit, la pluie fait des ravages! Mais ces contes ne "fonctionnent" pas seulement par leurs actants, ils fonctionnent encore par leurs expansions, ou, pour parler plus simplement, par leur poésie. Si François Rastier peut, avec pertinence, substituer aux concepts traditionnels de la critique ceux de valeur sémique et de rôle formel[3], nous plaiderons ici, cas concrets à l'appui, pour la valeur sémique et fonctionnelle des expansions non seulement descriptives mais aussi rythmiques et phoniques. D'autres ont défini ou définiront en quoi, chez les romanciers des temps modernes, ces prosateurs, la rhétorique informe le message narratif dans sa globalité; inscrivant au sein de la structure fondamentale ce que Greimas dénomme les manifestations figuratives ou la grammaire narrative superficielle[4], nous plaiderons donc pour l'unité du projet narratif, pour sa valeur de synthèse, d'une synthèse délibérée et maîtrisée par l'écrivain, le poète, l'artiste.

Sources et production textuelle

La pièce LXXI, *crida o dig* de l'onguent merveilleux (ou ridicule), et la pièce LXXX, *faula* (v. 49) de la cité d'hommes privés, sauf un, du ''sen'', sont des contes si le propre du conte consiste dans la pratique du merveilleux, merveilleux mis en oeuvre par la voie du symbole (cas de l'onguent) ou de l'allégorie (parabole des fous et du sage). Sans doute le conteur a-t-il ses sources, anonymes ou non, individuelles ou collectives: on les a vainement recherchées, et d'ailleurs quelle importance autre que spéculative puisque les sources ne font pas le poète et qu'ici le message premier est de rythme et de phonie?

Nous voici en effet devant deux cas de ''narratif médiéval'' versifié, cas particuliers d'une pratique générale à l'époque mais qui pose le problème de contraintes formelles à priori incompatibles avec les exigences de la continuité narrative. Or, grâce au talent de synthèse que déploie le poète, l'esprit de ''compétence'' exigé par le récit en tant que tel non seulement tolère les charmes poétiques mais encore se les allie comme auxiliaires de *senefiance*. La situation concrète peut s'énoncer ainsi: ''La voix du récitant compte les syllabes du vers'' - précisons que c'est d'abord la voix du poète et que les deux ne se bornent pas à compter les syllabes mais instituent les groupes et les coupes, ménagent les rejets et enjambements, créent des phrases musicales de tonalité variant vers après vers ou plutôt d'ensemble grammatical à autre ensemble grammatical - ''autant qu'elle conte l'histoire''[5].

Admettons cette égalité de proportion entre les deux exigences du conte, son charme et sa marche, tout en nous demandant si cette dissociation est légitime, si l'histoire garderait encore son audience au cas où elle se présenterait sans son charme, si Ésope, Phèdre, Abstemius, etc., existeraient dans notre souvenir indépendamment de La Fontaine. Admettons cette égalité quoi qu'il en soit, puisque pour Peire Cardenal comme pour La Fontaine, l'intention didactique équilibre l'intention esthétique. Admettons cette égalité, ne serait-ce que pour reconnaître la validité des analyses menées par Rastier qui distinguent entre éléments essentiels, constants, permanents, du conte - les actions, et éléments adventices, éventuels, qualitatifs, seuls capables de donner au conte ''ses couleurs, sa beauté et son charme''.

Admettons . . . mais hésitons à suivre certains lorsque, systématisant leur sémiotique du discours narratif, ils réduisent leur présentation du conte à un pur schéma grammatical. Leur goût de l'abstraction les mène à distinguer dans le conte le discours de l'action - ordre du verbe et des syntagmes prédicatifs d'une part -, et le discours du décor - ordre du nom substantif et du nom qualificatif. Encore conviendrait-il de se demander s'il est possible d'inscrire le nom substantif dans la catégorie qualitative: il reste obscur de nommer syntagmes qualitatifs toute pièce d'un ensemble et tout ensemble qui ne soient pas de l'ordre du verbe, les qualités de la substance n'étant pas la substance, comme le prouve le "morceau de cire"!

Toutefois la détermination de nos auteurs se comprend mieux dès que l'on se rappelle leur méfiance à l'égard du "personnage"; Rastier approuve nettement Propp: ce que font les personnages (au terme de personnage il préfère celui d'actants, accepté d'ailleurs et usité par nous-même) est essentiel: qui agit et comment il agit c'est secondaire, ou, si l'on veut, qualitatif[6]. Quant à nous, nous récusons la subordination du décor des personnes et des choses à l'action, car l'action est impliquée et expliquée par la vallée de Saché adornée de ses noyers et de son Lys. De même l'aventure des bons et des méchants, qui écoutent pour les uns, pourraient écouter pour les autres, le bonimenteur d'onguent, n'a de sens, qui plus est n'existe, que par référence à la description luxuriante et vaine de l'onguent fait de vent, puis de l'urne aux motifs admirables. De même l'aventure des fous et du sage ne prend corps que grâce au délire gestuel des fous et à la fuite du sage poursuivi par les insensés, délire et fuite complaisamment décrits par Peire Cardenal. Mais il faut surtout dire que la solidarité des actes et du décor tient moins à la justification de ceux-ci par celui-là qu'au fait poétique en soi: quand une prosodie commande le message, tout le récit subit la loi unifiante des rythmes et des jeux phoniques; la forme, ici poésie, l'emporte sur le genre, ici conte. Narrateur, jongleur, lecteur, créent, chacun selon ses responsabilités propres, une forme, cohérente, liée, indissociable en éléments dont la nécessité pourrait se discuter.

Linguistique et Philologie

A cet instant, objection du sémioticien: "Bien sûr, vous n'avez pas tort, mais vous mêlez les catégories et vous orientez vers la littérature, peut-être la philologie; et l'attention que vous portez au 'qualitatif' vous éloigne d'une définition rigoureuse des conditions dans lesquelles se produit l'institution d'un récit. Littérature et philologie n'apportent rien au sémioticien!"

Réponse du . . . philologue: "Malgré que vous en ayez peut-être, vous m'apportez, vous, beaucoup! ne serait-ce que par votre distinction des éléments verbaux et des éléments nominaux du récit. Nous voulons, vous et moi, savoir le mécanisme selon lequel se produit, est produit un texte: un cas concret vous convaincra sans doute de l'importance que peut revêtir la philologie".

Exemple: Sur le couvercle du vase qui contient l'onguent merveilleux "sont les sept arts et les parfaits amants".

Ces sept arts d'amour doivent-ils se confondre, comme le suggère René Lavaud[7], avec les sept arts libéraux ou d'enseignement (trivium et quadrivium)? Ce serait étonnant: la Carte du Tendre n'aurait cure de se fonder sur une telle pédagogie! Quelque explication qu'on doive en retenir, cette

notation des sept arts d'amour apparaît comme étant un apport culturel à
décrypter nécessairement, et d'autant plus précieux que rares sont nos
connaissances sur le contexte culturel, contemporain ou hérité des contes.
Cette rareté doit stimuler l'énergie investigatrice, et, à force de découvertes,
le décor se pare de richesses telles qu'elles font figure d'éléments primor-
diaux contrebalançant les structures profondes et qu'elles les équilibrent
dans l'ordre de la production du texte.

Ainsi, comment ne pas être promptement convaincu de ce que les sept arts
d'amour recueillent l'éthique de la fidélité amoureuse telle qu'on la trouve déjà
exprimée à l'aube de la poésie lyrique d'oc? Rita Lejeune[8] a en effet prouvé que
la déclaration d'amour comporte des engagements comparables pour l'esprit et
pour le vocabulaire à ceux des contrats féodaux. Le lien de féodalité,
synallagmatique, comporte six aspects, plus un septième qui, comme il est bien
naturel en milieu d'amour, reste ineffable afin que l'amour soit fort . . . ou fou!
Un trivium, si l'on veut: que le lien soit "incolume, tutum, honestum"; un
quadrivium, si l'on veut: que le lien soit "utile, facile, possibile, plus omnia
quae. . .". L'hommage amoureux est conçu comme dévouement total: on
pense à celui du vassal à son suzerain, mais, dans le contrat d'amour, elle et lui
sont tout ensemble suzerain et vassal, vassal et suzerain.

La philologie, en ce cas précis, montre avec évidence sur quelles bases le
poète a produit son texte, par quelle réquisition de culture, par quel jeu de
tradition et de réalisme.

On peut trouver, sur le même point particulier, justification de cette
attitude intellectuelle, de cette méthode, dans la démarche d'un Charles
Camproux montrant comment la mentalité du Joy d'Amor pénétrait toutes les
relations humaines et jusqu'aux plus politiques, dans les cités d'oc[9]. Impossible de démêler, du moins dans une époque antérieure à celle où écrivit Peire
Cardenal mais qu'il a pu connaître fort jeune, juste avant que les moeurs ne se
soient dépravées, si ce sont les contrats du siècle qui inspirent le contrat
d'Amor, ou si l'inverse est vrai. Peut-être serait-ce à tort que l'historien ou le
moraliste jugeât séparément des uns et de l'autre; sans doute une civilisation de
courtoisie a-t-elle fleuri sur cette terre occitane voici quelques décennies, par la
grâce de Dieu *tan cortés*, une civilisation d'Amor supplantée par les moeurs
nouvelles . . . et celles-ci sont symbolisées par le règne destructeur de
Cobeitatz.

Qui (ou quoi) donc agit? Cobeitatz certes; "l'uns, l'autre", *tug*, saisis
de Cobeitatz. Mais *cobeitatz* aujourd'hui victorieuse suppose son contraire,
c'est-à-dire *cortesia*. Un homme "courtois" se peut-il rencontrer, un seul,
un juste (le dernier, qui sait?), et voilà qu'on écrit la fable, qu'il (?) l'écrit!
Disons dès lors que l'existence d'actants tels que Cobeitatz (et, virtuelle-
ment Cortesia) n'est fonctionnelle que par référence culturelle, par expansion de l'auteur et du destinataire dans l'univers des institutions et des
moeurs, dans l'histoire et dans le présent vécu.

Expansions culturelles

"Le bouclier d'Achille" de la littérature narrative d'oc, c'est le couvercle de l'urne où est recuelli l'onguent fugace dont nul n'aura jamais besoin ou usage. Y sont gravés dix couples de "fin amador", mais, économe de complaisance, Peire Cardenal n'en nomme que deux pour commencer et deux pour finir: ceux-ci, dans leur ordre croissant de notoriété ou plutôt de prestige, Blanchefleur et Floris, Tristan et Yseut; ceux-là Pyrame et Thisbé, Felis et Praries [*sic*]. Or, le lecteur est déçu de ne pouvoir identifier d'emblée ces derniers héros de *fin'amor*. Faut-il cependant désespérer? Sur ce point, le philologue joue encore sa partie, une basse fondamentale. En effet, à l'instant où s'épand le luxe imaginaire du poète, quoi de plus désolant que de ne pouvoir imaginer, que d'en rester à des noms sans contenu? Le "fonctionnement du texte", qu'est-ce à-dire sinon la pleine valorisation de ses appels, de ses allusions? Or, un manuscrit dit "piromus e tibers", puis "felis es plariers": noms écorchés, c'est humain (cf. plus loin les noms écorchés de personne, de lieu, de communauté: Maribonda, Archimalec, Capadosi, Malbec, Ermenia - et, à côté de Capadosi, la leçon: capodo fi![10])? Dans l'impossibilité de découvrir l'amant d'une Phyllis quant à elle vraisemblable, et puisqu'il s'agit de couples célèbres, la philologie pourra proposer Fenis . . . et Cligès, Phénice et Cligès jouissant alors d'une autorité tout à fait comparable à Pyrame et Thisbé. Ajoutons que l'équilibre entre Pyrame et Thisbé - Phénice et Cligès d'un côté - Blanche et Flore, Tristan et Yseut de l'autre - dans un poème très structuré, manifesterait explicitement l'unité de *fin'amors* et d'amour courtois dans la vie intellectuelle du poète ancien et de ses auditeurs et lecteurs. Hypothèses, mais le phénomène culturel de la lecture se compose pour une part d'hypothèses de signification, surtout lorsqu'il s'agit de ces textes-fragments que sont devenus pour nous modernes les récits médiévaux[11].

Fonctions et Indices[12]

Les indices nous apparaissent donc comme étant aussi importants que les fonctions telles qu'elles sont définies par l'analyste structural:

Actes = Fonctions   Expansions = Indices
Actes: a) La pluie, symbole de Cobeitatz, fait fonction
          d'agresseur;
       b) L'onguent, contenu d'un contenant dont il est
          solidaire, fait fonction de guérisseur.
Remarques: a) Le ressort de la fable *La Cité des Fous*, c'est
le jeu de l'humide et du sec;

b) Le ressort de la fable *L'onguent merveilleux*, c'est le jeu qu'instituent le vide du contenu et le plein du contenant.

Commentaire: a) Fable des Fous et du Sage: La pluie n'agit qu'où et contre qui elle en a le pouvoir; nulle pluie signifiante sans obstacle à la pluie, sans ce qui en est la parade: une simple demeure fonctionne comme antidote de la pluie.

b) Fable de l'Onguent: Pour ceux qui en auraient usage, l'onguent est sans consistance, fallacieux, fantaisiste et ridicule; pour qui n'en a nul besoin, il est prétexte à son urne et au couvercle de son urne, qui comblent l'appétit esthétique des hommes de culture et de sagesse. Agent de guérison miraculeuse, nullement; objet d'émerveillement spirituel, oui. Le vrai bénéficiaire, c'est l'homme "bien doué, franc et aimable"; quant à l'autre, le mauvais garçon, bafoué et honteux de s'avouer malade, c'est-à-dire coupable . . . qu'il remette l'onction burlesque à demain, aux calendes grecques! Bref:
- l'onguent n'en est pas un, n'est que vent, n'est que mots, belles images empruntées à tout le champ de l'expérience humaine;
- si l'on imagine absurdement qu'il en soit un, il ne servirait qu'à quiconque ne s'en servirait pas. . .

Les jeux de contraires chers aux adeptes de Claude Lévi-Strauss atteignent dans cette fable de l'onguent un comble de pertinence absurde qui subjugue le lecteur[13]: envoûté par les expansions culturelles et exotiques qui venaient de s'ajouter aux expansions réalistes, follement exubérantes, disant la vanité de l'onguent, le voilà ressaisi, en conclusion, par le sarcasme et le paradoxe d'un auteur qui fait de la désinvolture sagesse et vertu.

Schéma structural du Dit LXXI

Invocation à *Dieu* "sel que fes tot cant' es"
    pour qu'il sauve: les preux et les *courtois*
                la cour et les *bourgeois*
    (mais ont-ils à être sauvés?)
    Dieu qui inspire un sujet:
DIRE un roi (réel?)
    qui parle avec *courtoisie* et sens
    qui agit avec courtoisie et sens
ACTE non accompli du roi:
    oindre les malades, les mauvais garçons
ACTES imaginaires du roi (pour le plaisir)
    en deux expansions contrastées:
Expansions contrastées n° 1:
    Exclusion des mauvais, seuls intéressés;
    Appel aux paisibles et gentils, qui n'y ont nul

intérêt sauf celui du conte
(intérêt désintéressé)
Expansions contrastées nᵒ 2:
Ironie fustigeante et corrosive
pour les mauvais,
plaisante et capiteuse
pour les bons:
- L'onguent sans substance.
Enchantement culturel des courtois:
- L'urne d'art (matière, thème, origine).
Remarque: Cet enchantement s'accompagne de deux défis
1ᵒ à tout vilain au monde de dire la beauté de l'urne;
2ᵒ à tout homme au monde d'avoir vu un plus beau couvercle.
(Ce type de défi: notation courante du superlatif au moyen
âge).
Effet sur courtois et sensés:
a) Sentiment du merveilleux suscité par le comble d'absurde en
matière de composition d'onguent;
b) Sentiment du merveilleux suscité par la beauté de l'urne;
c) Sentiment du merveilleux suscité par l'aventure de l'urne.
Résultat pratique: Dieu, le roi, le poète ont fabriqué, les
destinataires et nous-même fabriquons contenu, contenant, histoire:
L'urne est prête!
Que viennent se faire appliquer l'onguent ceux qui n'en ont nul
besoin!
Que remettent au lendemain ceux qui auront eu honte de se faire
soigner le jour même!
Conclusion: Conte absurde! Inutiles cette paillasse, cette navet-
te, ce serpent asclépien, jugés si nécessaires pourtant!
SÉMIOTIQUE: *Actes* virtuels ou imaginaires
compensés par
Expansions satiriques ou lyriques.

Schéma structural du Dit LXXX

Un événement sans lieu ni date concernant:
TUG: Moi auteur
et Nous lecteurs
Toi lecteur
UN, que chacun peut avoir la chance d'être.
Mécanisme: *Actant* COBEITATZ, allégoriquement
PLUIE
contre

```
    Actants a, b, c, d, ...      commettant
            ACTES                ACTES
            LUDIQUES             DRAMATIQUES
    tous actes gratuits matière à expansions
                                 FARCE
```

d'où étonnement, émerveillement de UN
                                 TRAGÉDIE
        d'où fuite   de UN
qui passe de maison où il dort
        à maison où il se terre.

Effet: sombre plaisir du poète et du destinataire qui
          s'éprouvent comme TUG et comme UN touchés par
          PLUIE
          et, en *conclusion*, qui s'éprouvent comme cet UN
          capable, poète ou lecteur-diseur, de conter
          l'événement.
          SÉMIOTIQUE: *Actes* gratuits d'une entité
                      allégorique accompagnés d'
                      Expansions imagées.

Remarque: La *faula* de la Cité des Fous s'achève sur des
commentaires didactiques qui, telle une morale, viennent se
substituer au jugement des lecteurs: ils ne relèvent pas de la
syntaxe narrative; beaucoup moins sobres que les morales de La
Fontaine, ils marquent le didactisme d'un auteur et d'une
époque.

Force de percussion

Dans l'un et l'autre des Dits, la force de percussion que Rita Lejeune
attribue en une heureuse formule à Peire Cardenal[14] surgit des expansions et
des suggestions pittoresques ou ornementales: autant d'invites à se représenter les choses, à déchiffrer, à enrichir, à "authentifier la réalité du référent"
(Roland Barthes[15]).

Mais d'abord, ces expansions se développent dans une durée qui se
substitue au temps réel des actions, durée que requiert la composition
intellectuelle de l'onguent, durée hors du temps; durée que requièrent les
gesticulations et les agressions des forcenés dans l'imagination du destinataire, durée hors du temps. Les effets percutants des deux fables proviennent
d'abord non d'actions réelles mais d'actions mythiques où la fantaisie
s'épand hors de tout lieu indépendamment de toute temporalité.

En accord avec l'instauration d'une "durée" arbitraire, la pratique de
l'allégorie (la Pluie) ou du symbole (l'Onguent) situe les fables dans un ordre
qui excède le plan rationnel, un ordre anagogique. De portée anagogique, la

répétition à dix-huit reprises de l'antithèse du sensé et de l'insensé, sur racine *sen*; de portée anagogique la symphonie des vanités et la polyphonie des noms remarquables de personnes et de lieux dans le *Dit de l'Onguent*.

 Enfin, qui donc est ce Dieu qui incite directement ou indirectement l'auteur à prendre la parole et à conter? Un Dieu sans nul sérieux puisqu'il patronne certaine fable de pure ironie (suffit-il pour qu'on l'aime qu'il garantisse la santé morale d'une élite?) et certaine fable où, quelque bon qu'il soit par définition, il permet à Cobeitatz de s'instituer en triomphante rivale (suffit-il qu'il ait prévu que fût épargné le dernier des justes pour que sa bonté pût être reconnue?). On ne peut convoquer Dieu avec une telle désinvolture que si l'on est poète, parmi les bourgeois et des courtois capables de distinguer entre le jeu d'esprit et la morale pratique, entre le conte et le bréviaire, entre ce qui percute et ce qui rassure. Il n'est pas évident que, malgré telle formule de tel poème, problématique celle-là d'interprétation, problématique celui-ci d'appartenance à l'oeuvre même de Peire Cardenal, notre poète ait jamais chanté pour le commun des mortels.

Notes

[1]François Rastier, *Essais de sémantique discursive* (Tours, 1974), p. 215.

[2]Roland Barthes, "Introduction à l'analyse structurale des récits", *Communications*, 8 (Paris, 1966), pp. 23-24.

[3]Rastier, *Essais*, p. 216.

[4]"A. Julien Greimas et la théorie des niveaux (grammaire fondamentale; grammaire narrative superficielle; manifestations figuratives)", dans *Eléments d'une grammaire narrative*, dans *L'Homme* 9/3 (1971), 71-92, cité et interprété par Rastier, *Essais*, pp. 174-75.

[5]Marie-Louise Ollier, "Le présent du récit: Temporalité et roman en vers", *Langue française* 40 (1978), 100.

[6]Rastier, *Essais*, p. 209; Vladimir Propp, *Morphologie du Conte* (Paris, 1970), passim.

[7]René Lavaud, "Formules féodales et style amoureux chez Guillaume IX d'Aquitaine", *VIII Congresso internazionale di studi romanzi (Firenze, 3 - 8 aprile 1956), Atti*, 2/1 (Florence, 1959), pp. 227-48 (réédité dans *Littérature et société occitane au moyen âge*, [Liège, 1979], pp. 103-20).

[8]Rita Lejeune, *Littérature et société occitanes au moyen âge* (Liège, 1979), pp. 103-20.

[9]Charles Camproux, "Cardenal et Rutebeuf, poètes satiriques", *Revue des Langues Romanes* 80 (1971), 3-28, et aussi son compte rendu d'Aurelio Roncaglia, "*Trobar clus*: discussione aperta", dans *Revue des Langues Romanes* 79 (1970), 465-69.

[10]Roger Lassalle, "La référence géographique chez Peire Cardenal", dans *Actes du 5e Congrès International de Langue et de Littérature d'Oc et d'Études Franco-Provençales, Nice 6-12 septembre 1967* (Paris, 1974), pp. 198-207.

[11]Paul Zumthor, "Le texte-fragment", *Langue française* 40 (1978), 75-82.

[12]Barthes, "Introduction à l'analyse", pp. 9-11.

[13]Patricia Harris Stäblein, "The Rotten and the Burned: Normative and Nutritive Structures in the Poetry of Bertran de Born", *L'Esprit Créateur* 19 (1979), 107-19.

[14]Rita Lejeune, "Rapport sur la situation présente des études relatives aux lettres occitanes anciennes", *Colloque International sur la recherche en domaine occitan, 28, 29, 30 août 1974, Béziers* (Montpellier, 1975), p. 33.

[15]Barthes, "Introduction à l'analyse", p. 11.

La célébration d'*Arles lou Blanc*, ou la relation de la geste impériale par Bertran Boysset

Madeleine Le Merrer

Une tradition d'antiquité, non définie puisque légendaire, liait Arles à Venise, et saint Marc a pris rang de protecteur de la ville d'Arles, le lion figurant parmi les armes de la ville[1]. Il s'ensuivit une présence réciproque des responsables de la cité lors des processions en l'honneur du saint, en particulier lors des Rogations, où l'on appelle les bénédictions célestes sur la terre et les biens. La tradition, en terre provençale, remonte à saint Mamert qui l'établit en 469 à Vienne, usage qui se généralisa puisque Léon III l'adopta à Rome en 816.

A la saint Marc, le 25 avril, se chantent les litanies majeures des saints protecteurs, et à cette occasion se développe toute une littérature de panégyrique, exaltant les vertus morales des générations qui établirent la ville d'Arles dans ses fondations et dans son action. Ce *Discours des Antiquités* était délivré par un prédicateur à l'abbaye de Montmajour, qui fut précisément rétablie par Charlemagne après les destructions des Sarrasins[2]. Cette restauration se place déjà en modèle incitatif pour un peuple qui se manifeste par la procession, forme d'expression collective s'il en est, manifestation de la cité dans sa puissance, ou sa souffrance, exposant ses richesses ou ses nostalgies, voire ses projets d'action.

La tradition du *Discours des Antiquités* traversera les temps modernes et même la Révolution, puisqu'elle ne s'éteignit qu'en 1816. En 1467, une note indique qu'il s'agit d'un discours historique relatif à l'éloge de la ville d'Arles, en présence des autorités civiles et religieuses[3]. C'est que la démarche poursuivie est celle d'un retour aux sources par le récit des conquêtes de la christianisation, menées d'abord par les saints contre toutes les forces maléfiques, les dragons, les épidémies, la mort, puis par ces héros à fonction militaire qui luttent contre les infidèles, Juifs et Sarrasins; ainsi Trophime assainit le *gran gorc de Rose*, dit du *Mal Croset*; il chasse les diables, et désormais il y aura abondance de poissons[4].

On connaît le goût des peuples, des maisons et, de nos jours, des individus à se retrouver des racines par les recherches généalogiques; phénomène marquant, au temps où la petite patrie est menacée dans son individualité par une fusion dans la globalité d'une Europe en formation. Foisonnent alors les récits, chroniques et annales, rapportant les origines des villes méridionales[5]. La démarche vise à mettre en place les mérites de la ville au travers des faits glorieux de son passé.

Telle est bien l'intention de Bertran Boysset, qui a laissé, entre autres travaux[6], un recueil écrit en 1373 et groupant avec des ouvrages de *sapience* tels *Le livre de Sidrac*, *L'Enfant Sage*, des récits relatifs à l'évangélisation de la Provence - vie de sainte Madeleine et de saint Trophime - et l'établissement de la *christianitas*, depuis les temps les plus anciens. L'ensemble forme une chronique de la ville d'Arles et se rattache à la tradition des histoires universelles; il est dénommé le *Roman d'Arles*[7] et sera l'objet principal de notre étude. On interrogera sa structure, et à partir de ses composantes on tentera de préciser son sens et sa fonction.

Au préalable et à titre d'élément de la critique externe du texte, il importe d'indiquer les orientations de Bertran Boysset, telles qu'elles se laissent appréhender au travers de ses oeuvres[8]. Il s'agit d'un scripteur à vocation au moins érudite, qui transmet une certaine somme de savoir. Arpenteur de son métier, charge honorable et à responsabilités, il a laissé, écrit de sa main, un *Traité d'arpentage* de 316 feuillets, avec figures, placé sous le patronage d'Arnaud de Villeneuve et témoignant de l'intérêt porté à sa mission sociale.

Par ailleurs, son goût de la précision apparaît dans sa *Chronique*, qui tient plutôt du genre des *annales*, greffé sur un *Livre de raisons*[9]. Il est livre de raisons, car il y transcrit ses comptes, puis par extension les événements survenus dans sa famille, en rapport avec ses biens, ses terres, la ville d'Arles et la Provence. Enfin, dans le *Recueil* de pièces diverses dont il a été question ci-dessus, se fait jour sa curiosité qui, sans s'éloigner de ses préoccupations, requiert des moyens relevant non seulement de la mémoire ou de la création personnelle mais du recours aux documents. C'est dire que là, dans ce manuscrit autographe exécuté de 1372 à 1375, il fait oeuvre non seulement de compilateur, mais aussi d'organisateur du texte; peut-être même se propose-t-il d'orienter la vie de la collectivité par l'exemple proposé.

Le titre du *Roman d'Arles*[10] remonte au XVIIIᵉ siècle, où on le rencontre dans une copie de Daniel de Molin du recueil dit *Chaos d'Arles*[11]; c'est aussi celui que lui donne son dernier éditeur, Camille Chabaneau[12]. Les jugements sur l'oeuvre restent réservés. ''Singulière composition'', dit Camille Chabaneau, et encore: ''Ce n'est, d'ailleurs, comme le lecteur s'en apercevra bien vite, qu'un grossier assemblage de pièces d'origine différente et à supprimer dont les deux premières n'avaient avec la ville d'Arles aucun rapport''[13]. Dans son compte rendu, Paul Meyer opine: ''Curieuse compilation''. Mario Roques, dans sa longue étude, émet un jugement plus favorable, relevant l'enchaînement des épisodes; même si les ''liaisons peuvent paraître fragiles ou forcées'', l'unité du récit se fait par la christianisation de la ville d'Arles[14], en liaison avec les faits historiques liés à la ''faveur impériale''. Il fait confiance à la sagacité de l'auteur qui combine les documents en vue d'un effet unique: dire la gloire d'Arles. Mais il relève: ''Le caractère laïque du *Roman*, malgré ses débuts d'histoire sainte se marque aussi dans la part qui y est faite à la tradition épique''.

On montrera ici que la compilation présente une unité de toutes les parties, que les liaisons de composition sont sous-tendues par une structure d'ensemble, et aussi qu'elle a un ''autre but que d'intéresser les Arlésiens au passé et à la gloire de leur ville'', même si cette dominante est essentielle; que, le cas échéant, elle pourrait avoir une action politique au niveau local ou même national, si ce n'est international. C'est dire que l'oeuvre présente un intérêt intrinsèque, à quoi il faut ajouter ''le mérite d'une narration brève, directe, écrite sans prétention et qui se lit sans ennui''[15]. Il faut sans doute en créditer Bertran Boysset, dont on sait par ailleurs qu'il écrit pour exposer des faits et dont l'écriture va droit au but, sans les ornements d'autres scripteurs. Ainsi l'auteur de *La Vida de saint Honorat* est un lettré qui fait oeuvre de versificateur et de sermonnaire; celui du *Roman de saint Trophime* est un prédicateur qui exhorte les pélerins à la prière et à la dévotion au lieu saint d'Aliscans. Certes le *Roman d'Arles* comporte des adresses à un auditoire, ainsi les impératifs *sapias* des vers 3, 14 et 73, ce qui le marque d'un caractère d'*oralité*, en même temps qu'ils établissent un ordre hiérarchique entre l'enseignant et l'enseigné fondé sur la qualité du premier, détenteur du savoir. De même l'appel à la malédiction des Juifs, en fin de la partie relative à la *Destruction de Jérusalem*, suppose un auditoire participant au sermon qui se termine par *amen* (v. 500). On relève aussi un ton de sermonnaire, par une référence pour les auditeurs à leur état de pécheurs permanents (vv. 35-44). Il n'empêche que dans l'ensemble le texte marque une certaine distanciation avec son récepteur, lecteur ou auditeur.

La première partie du récit emprunte à l'Ancien Testament et remonte aux origines de l'humanité par le péché d'Ève et d'Adam. Il constitue la dynamique de l'action de la Rédemption: la chute entraîne le principe d'une restauration dont le récit va faire valoir les phases successives, mais dont le fil directeur repose sur des vertus qui s'appellent *permanence* et *constance*.

Le récit apparaît donc comme un raccourci d'histoire universelle, restreint aux éléments constitutifs de l'établissement d'Arles, mais il est orienté par ce principe de résurrection figuré dans les armes de la ville par l'*enseigne* qu'est le lion de saint Marc. La ville, la chrétienté peuvent être sauvées si elles suivent le modèle de l'Imitation de Jésus-Christ, miséricordieux à qui se repent. Le récit du *Bois de la Croix*, en rattachant l'arbre à celui du Paradis, conte les origines de la relique. Mais sa fonction principale est d'être, plus qu'une articulation entre Ciel et terre, un support mémoriel et donc inscrit dans le temps pour les hommes, signe de la miséricorde de Dieu pour ceux qui sont initiés par une vision divine: ainsi le cavalier Gentil[16] du royaume d'Escorie et la fille de l'homme de Jérusalem, qui s'attirent également la colère juive parce que déjà adorateurs de la Croix.

A ce niveau apparaît déjà la volonté d'atteindre à l'humilité qu'Adam demandait à Dieu par l'intermédiaire de Seth:

> Dieus lo mieu payre pregaras
> Qu'el mi trameta per sa bontat
> De son oli d'umilitat.
>
> (vv. 146-48)

Le bois de l'arbre est jeté ''on s'agotavan totas las aygas de Jherusalem la Sieutat'' (v. 282). Cette utilisation d'un canal conducteur des eaux de la ville reparaîtra dans l'économie du récit lors des sièges successifs de la ville d'Arles.

La première partie (vv. 1-294) s'achève sur la Résurrection de Jésus-Christ, qui accomplit l'oeuvre de miséricorde annoncée par Dieu le Père. Or, les Juifs qui, par leur roi Escorie puis par l'homme de Jérusalem, figure de la cité, n'avaient pas reconnu le Bois de la Croix mais persécuté les visionnaires, ces mêmes Juifs ont accru leur faute: ''car an lur senhor mort li trachos renegatz'' (v. 298), ce qui est encore précisé par ''car tan gran falhiment an fag ves Dieus li trachos mescreens'' (vv. 300-01).

L'idée dominante est, à la base, celle de la désobéissance au Seigneur: c'est le péché d'Adam (vv. 7 et 19). Les Juifs tuent leur Seigneur (v. 298) après que Pilate l'a vendu (vv. 420 et 446). La figure de Pilate se superpose à celle de Judas, constituant le type du traître qui reçoit les deniers et puis est pendu aux fourches après sa mort. Tels sont les ennemis de Dieu.

En face, la résistance va se précisant: Adam, son ami (v. 93), bénéficie de l'aide d'un ange pour s'établir sur Terre (vv. 119 et 132); puis une gent aristocratique se démarque de ceux qui détiennent le pouvoir, le ''cavalier que fort crezie en Dieu Jesu Christ'' et la fille de l'homme de Jérusalem; dans nombre de versions c'est de la reine de Saba qu'il s'agit ici.

L'articulation entre l'action de cette élite et les hommes au pouvoir se fait dans la partie issue de *La Destruction de Jérusalem* par le cavalier Gentil (v. 305) qui arrive au palais de Rome auprès de César: ''lo Senescal don Joan'' (v. 472). Désormais, ce sera l'empereur qui se fera justicier, contre

Pilate d'abord (v. 419) et par l'approbation aux projets de son fils Articlam-Vesperiam (vv. 451, 463 et 515), lorsque ce dernier s'engage dans la conquête de Jérusalem. L'empereur et son fils sont les restaurateurs de la relation vassalique, atteinte par l'action des Juifs:

> Sieu vostra mort non venge,
> ren non me sie perdonat.
>   (vv. 445-46)

Ainsi se met en place le modèle du croisé qui passe la mer (vv. 449, 462 et 482) pour détruire Jérusalem et les Juifs (v. 490).

S'ensuit la fondation d'Arles, la *segona Roma* par les "melhos de Roma", et l'empereur de s'exclamer: "Mot es plus fort que Roma aquest luoc, per ma fe" (v. 532). C'est la rencontre du pouvoir légitime, d'ailleurs plébiscité par les populations venues accueillir l'empereur, et d'un lieu d'antiquité. On est alors dans un temps mythologique de retour aux sources, malgré quelques incertitudes sur la chronologie de cet empereur bâtisseur et du futur Constantin (v. 535): d'où les investigations sur les origines des "plus viels homes d'Arle":

> Digas, vos autres, nenguns encartamens
> aves d'esta sieutat?
> Del premier bastiment quant a de temps de l'acomensament?
> Quals foron los premies que van acomensar de bastir
> aquest luoc ni l'an anonciat?
>   (vv. 535-39)

Ce questionnement marque les mêmes préoccupations que celles de Bertran Boysset instruisant son auditoire. Ainsi se construit la cité civile et religieuse, "Lo plus fort bastiment que sie sot lo sel es aqui" (v. 584).

L'articulation du récit va se faire sur la faille qui s'instaure entre la force de la ville et la faiblesse de la garnison, donc sur un argument d'ordre militaire. L'empereur est reparti pour Rome "am totz los melhos omes d'Arle / que l'an acompanhat" (vv. 385-86). La conséquence en est l'envahissement de toute la Provence, et d'Arles en particulier. Désormais la lutte s'établit entre les Francs, "noblas gens", défenseurs traditionnels de la chrétienté romaine et les assaillants "de malvestat, / qu'els non crezon en Dieu ni en la crestiandat" (vv. 605-06). Le texte est dès lors dérivé de poèmes issus du cycle de Guillaume d'Orange[17]. La dernière partie rapporte la conquête d'Arles sur les Sarrasins, la perte de la ville puis la renconquête suivie de la destruction, entraînant la fin de l'occupation sarrasine. Elle tient en une dizaine de feuillets (vv. 593-1095), contre onze feuillets consacrés aux faits relatifs au Bois de la Croix, à la Destruction de Jérusalem et à la construction d'Arles par l'empereur bâtisseur.

Aux *exempla* de la vieille histoire succèdent les *nova documenta* de l'histoire des ancêtres immédiats.

Ainsi, dans ce récit, les articulations sont loin d'être faibles, comme on l'a dit, grâce à un référent connu de tout l'auditoire, le respect de l'obédience vassalique. L'unité est donc assurée, et se laisse percevoir un vecteur d'orientation qui prend son origine aux débuts de l'humanité, avec la promesse de la Rédemption, et s'achemine par diverses étapes vers la fin des temps. L'analyse interne du texte permet de mettre en place la fin du judaïsme triomphant, par la destruction de Jérusalem et la Diaspora qui s'ensuit, puis la fin de l'islamisme conquérant par la destruction d'Arles.

Deux remarques s'imposent:

1° L'Église triomphante n'est pas de ce monde, à ce titre peu importe la chute ou la décadence d'une cité.

2° L'épreuve est un moment indispensable de la progression de l'humanité vers la Salvation, et les desseins de Dieu sont impénétrables. C'est le sens à donner à trois épisodes qui ont surpris les commentateurs.

a) Seth, de retour du Paradis, donne les trois grains du fruit de l'arbre à son père Adam. Dans les autres versions, ces graines seront mises dans sa bouche après sa mort. Ici, elles entraînent la mort:

> E tantost can el los ac en la boca,
> et el mori per mandament de Dieu.
>   (vv. 200-01)

b) Charlemagne tente de préserver des chevaliers que Dieu a désignés pour la mort en les tenant enfermés à l'arrière de la bataille; mais on les retrouve sans vie.

c) La faiblesse de la garnison d'Arles, malgré la bienveillance de l'empereur et la volonté des défenseurs de revenir de Rome à Arles, est inexplicable, à moins que de se pénétrer de l'idée que l'action des hommes est dans la main de Dieu, que *l'oli de mizericordia* demandée par Adam est d'abord *oli d'umilitat*, et que la mort rapide est miséricorde divine accordée aux élus, Adam, l'ami de Dieu, et les combattants de la milice chrétienne.

Cette linéarité vectorielle du récit engendre sa dynamique, mais c'est moins l'enchaînement causal, encore qu'il ne soit pas négligeable, comme on l'a vu, qui détermine son avancement, que la répétition du même fait à travers les âges: de même que l'empereur et son fils ont vengé Jésus des Juifs, de même Charlemagne et ses preux vengeront la chrétienté des Sarrasins. L'écriture est ici démonstration par l'exemple, qui demande l'adhésion. C'est dire qu'elle est prédicative dans sa fonction, même si elle n'emprunte pas les formes traditionnelles.

Le temps de l'histoire de la chrétienté se combine à un espace topographique et social où se meut le corps collectif privilégié des habitants d'Arles. La "Rome gauloise" est en effet la clé de voûte de l'Église franque; dès le VIe siècle, ses évêques ont le titre de vicaire apostolique des Gaules et peuvent présider les conciles nationaux[18]. Si elle subit une décadence, au VIIe siècle, la restauration carolingienne lui vaut la tenue du Concile de 813, et en 972, le pape Jean XIII regrette l'état d'une Église qui devrait être exemple: "car jouissant d'un droit de primauté sur les autres Églises, elle mérite à cause de cela d'être la seconde Rome"[19]. Son rôle est de tout premier plan donc, au niveau religieux, mais aussi au niveau politique et militaire par le choix qu'en fait Constantin pour sa résidence impériale. Après les destructions consécutives au siège de 260 par Chrocus, les ruines étaient demeurées en l'état. Les murailles sont alors relevées, le palais impérial, les temples et les aqueducs sont reconstruits. Même lorsque Constantinople l'aura supplantée, Arles demeurera un site important pour les empereurs régnants.

La tradition suppose, accumule les divers matériaux: saint Trophime fait bâtir un oratoire dédié à saint Étienne, son parent[20]; dès le premier siècle saint Lazare débarque à Marseille avec Marthe et Marie-Madeleine; après la destruction de Jérusalem, Vespasien charge de Juifs trois embarcations qui parviendront à Lyon, Bordeaux et Arles. Ainsi se tisse un fond de légendes dont on retrouve les éléments dans les diverses vies de saints qui font la gloire de la Provence et les récits fondant la première partie du *Roman d'Arles*.

Arles, par son histoire, porte témoignage des premiers temps de l'apostolat chrétien, histoire inscrite dans la mémoire collective mais aussi dans ses murs, ses édifices et ses tombeaux. Les lieux de la *memoria* sont *intramuros* par les églises mais aussi à l'extérieur dans les *martyria* qui ont une fonction indicielle. La relation permanente entre les vivants et les morts s'inscrit dans la topographie de l'espace sacralisé de la ville d'Arles, ses autels commémoratifs, ses tombeaux et ses *areae*[21] cimitériales.

On sait combien le grand nombre de tombeaux à l'entour d'Arles lui a donné une réputation de nécropole chrétienne, qui trouve son expression dans la légende des Aliscamps, *Elysoei campi*, séjour des Bienheureux, auprès de la voie Aurélienne.

Aux IVe et Ve siècles, les ateliers de monuments funéraires sont prospères dans la région[22], mais si l'on exporte des sarcophages, on vient aussi se faire inhumer dans les *champs vivans*, en attendant la résurrection dernière auprès de ce que les auteurs anciens appelaient indifféremment *confessio, martyrium, memoria*[23].

Il s'agit du lieu d'inhumation du martyr, simple tombeau puis, par extension et plus tardivement, l'autel qui reçoit ses reliques, enfin la basilique, édifiée par Constantin à Byzance et qu'Eusèbe dénomme *martyrium salvatoris*. La *memoria* suivant saint Augustin désigne le monument rappelant le martyr qui y est enseveli: le signe, visible, est porteur de la parole du passé. Par son support matériel quasi éternel, le marbre, la pierre, il sert de relais au message des témoins des premiers temps; placés en position de modèle ceux-ci prennent valeur d'exemple, et le signe acquiert un statut d'indice au sein d'un réseau de communications sémiologiques.

Le martyr, ou le confesseur, est à la fois héros et saint, il est le fer de lance de la collectivité, soit qu'il accomplisse un exploit militaire, soit qu'il fonde la cité, rôle bivalent qu'assume le César du *Roman d'Arles*. L'accumulation des tombeaux, des saints évangélisateurs, de Vivien, des barons de Charlemagne[24], est une marque de la sainteté d'un lieu que Jésus lui-même a béni, assisté de sept évêques dont saint Trophime[25]. La vie de ce dernier fait état de cet épisode avec une référence expresse à l'autorité de Turpin. Le poème visant à établir la prééminence du lieu de pélerinage, on va même jusqu'à y ensevelir Constantin en personne[26]. Le manuscrit latin Vat. 965 attribuable au dominicain Bernard Gui, groupant vers 1360 des faits relatifs à l'histoire d'Arles, rapporte la consécration du cimetière: "Tunc dominus Jhesus, elevatis manibus, benedixit eis"[27]. Tout le passage vise à établir la Communion à l'intérieur de l'Église, par la mise en place d'un lieu de sainteté d'où les esprits immondes sont chassés et où les défunts sont dans l'attente de la fin des temps. La mort est une *dormition* suivant la parole évangélique pour ceux qui sont dans la foi (Jean 11:11, résurrection de Lazare; 1 Cor. 15:18, sur la résurrection des morts). C'est aussi ce qu'exprime Jean Chrysostome: "Le lieu de la sépulture est appelé cimetière afin que tu saches que ceux qui y reposent ne sont pas morts mais endormis"[28]. Ainsi Vezian revient à la vie, et ailleurs les morts disent: "Amen, amen". Le cimetière, comme l'autel, comporte une partie en crypte et une partie en surface ou en élévation: c'est le lieu où s'effectue la communication entre les vivants et les morts, la terre et le ciel.

La chapelle Sainte-Croix, à l'abbaye de Montmajour, est bâtie sur un plan en forme de croix grecque. Viollet-le-Duc, qui la date de 1019, y voit une "chapelle de morts"[29]; elle possède une inscription, tardive, selon laquelle des guerriers de Charlemagne y seraient ensevelis[30]. C'est que les tombeaux des guerriers sont lieux d'édification et les dénominations toponymiques associent le monument à la légende épique. Ainsi, toute proche dans la montagne de Cordes se trouve une allée couverte, "l'épée de Roland"[31].

A l'opposé de ces champs de repos, marqués positivement, se trouvent les lieux du combat contre l'ennemi, le Sarrasin. Les batailles, les sièges se succèdent devant Arles, la ville étant tour à tour perdue et reconquise; "mot gran fon la batalha d'andos en Aliscans, davant Arle lo Blant" (v. 910). Le lieu mythique du mal est bien Ronsasvals, car l'espace se contracte pour permettre une mise en opposition. C'est la base de regroupement des forces ennemies: "en Ronsasvals fon gran lo camp des sararins [sic]" (v. 877 et en reprise v. 930). Plus loin, il est devenu le lieu de l'échec: "morts son los XII bars en Ronsasvals" (v. 960).

Les combats commencent aux portes de la ville mais s'achèvent aux Arènes placées en surélévation et constituant le réduit défensif. C'est une place forte, haute:

Thibaud, qu'ero dins Arles ambe Tressin,
montet sur las Arenas et espiet lou camp de Carlemayna[32].

Mais cet ensemble de bâtisses comporte des souterrains qui vont permettre aux assiégés de disparaître; les Sarrasins se retirent du castel Agarin dans la ville d'Arles: "trastotz s'en van ad Arle anar. Per desotz tera si van tug pasar" (v. 769). Un peu plus tard "Tibaut va far cavar; va trobar los alages ['galeries'] desot tera per on podian ad Arle intrar" (v. 839). Ce sera enfin la voie de leur retraite, lors de la victoire des chrétiens "per desot terra si van salvar"; seuls échappent "aquels que sot tera pogron fugir es anar" (v. 1090). Ainsi, là encore, Arles développe un réseau souterrain, marqué ici par les ennemis et servant leur cause, qu'il s'agisse de galeries de dégagement comme dans nombre de fortifications, ou d'un système de canalisation des eaux usées[33].

La connaissance de la substructure d'Arles est donc de première importance pour comprendre le fonctionnement et la finalité des lieux mythiques opposés marqués par le bien ou le mal. Mais cette tension est temporaire: après la fuite des Sarrasins, les chrétiens peuvent s'établir à partir des témoignages assurés par les tombeaux des martyrs. La ville toute entière est détruite:

Lo rey fes fondre totas las forsas
de las erenas e las tors derocar e cremar.
(vv. 1090-92)

Elle a perdu toute son activité antérieure et n'est plus qu'un immense tombeau-autel sur les cryptes des saints fondateurs et défenseurs de la foi. L'autel est dit *altare* ou *ara Dei* par Tertullien comme par saint Cyprien[34]: utilisé à des fins de communication avec la divinité par la voie de sacrifices depuis le fond des âges, il aurait donné son nom à la ville[35]. Un véritable investissement symbolique, à partir des lieux et des édifices, marque l'espace et focalise le sacré tel que le perçoit le corps collectif.

Ce dernier se démarque par son opposition à l'étranger au groupe tel qu'il s'est présenté au cours des âges: le Juif déicide, le Sarrasin mécréant, le Juif à nouveau, au temps où écrit Bertran Boysset. Les représentations s'inscrivent dans la topographie religieuse et les lieux du culte, mais aussi dans la succession des événements. Le temps de l'histoire judéo-chrétienne depuis la chute s'écoule linéairement, en suivant la lutte du peuple élu contre l'Ennemi. C'est bien le diable, "mal e trist" (v. 10) qui déçoit l'homme; il oeuvre auprès d'Ève mais également de ceux qui persécutent l'Arbre de la Croix et ses adorateurs. Le conseil des Juifs autour de Pilate après la résurrection de Jésus-Christ est à mettre en parallèle avec celui que tiennent les diables après la Descente aux Enfers, au début du *Merlin* en vers[36].

Le diable use de ruse pour perdre l'homme: il s'incarne dans les opposants à la vraie foi, Juifs et Sarrasins se confondent d'ailleurs dans l'iconographie du XVe siècle[37]. L'antijudaïsme du *Roman d'Arles* se situe dans la prolifération d'écrits de controverse, du XIVe siècle, mais dont la tradition en est lointaine, présente déjà dans les *Actes de saint Sylvestre*, le conseiller de Constantin. Elle repose sur l'accusation de perfidie, qui comporte deux acceptions. La première est idéologique: le Juif est hors de "l'économie de la grâce"; il est déicide et s'enferme dans son aveuglement. La seconde est sociologique: élément étranger, il est douteux; les mémoires gardent le souvenir de l'aide qu'en 467 les Juifs ont apportée aux Wisigoths ariens contre les Francs; des bruits courent sur leurs responsabilités dans les épidémies de peste noire, et puis le Juif est un polémiste redoutable avec lequel il ne faut pas entamer de joute oratoire: "Nulz, se il n'est tres bons clers, ne doit desputer aus juiz, mais li ome layz, quant il ot mesdire de la loy crestienne, ne doit desfendre la loy crestienne, ne mais de l'espee, de coi il doit donner parmi le ventre tant comme elle i put entrer"[38]. Le *Roman d'Arles*, relatant la destruction de Jérusalem, appelle à leur exclusion par l'excommunication et la malédiction (v. 500). La réaction contre les Juifs est le fait d'un corps social qui aspire à son unité spirituelle et dont le nationalisme se heurte à un groupe possédant son homogénéité et bien établi.

La population juive est importante, évaluée à 15.000 personnes au milieu du XIVe siècle dans le secteur de Marseille, Aix, Arles. Elle a son infrastructure, ses installations rituelles, synagogues, écoles, cimetières, boucheries, et toute une activité économique prospère tant dans le commerce alimentaire que le courtage. Son statut social est tel que des Juifs servent de témoins dans les actes notariaux, et leurs compétences scientifiques sont reconnues dans le domaine de la physique, de la chirurgie et de la médecine[39].

Cette situation est positive et peut même être attractive: dès 1299, Philippe le Bel édictait un mandement portant défense aux Juifs de faire des prosélytes; mais elle porte en soi sa contrepartie.

L'antijudaïsme fonctionne sur un réflexe de peur, d'où l'accusation de trahison: la superposition de la figure de Judas à celle de Pilate est particulièrement éclairante à cet égard puisqu'elle dévoile un fantasme lancinant du groupe, la trahison qui porte atteinte à la cohérence. Les données mêmes du texte évangélique sont dévoyées pour affirmer l'existence du traître, lui donner une dimension politique. Le Diable, Judas, Pilate, attentent à leur seigneur, par la parole faussée, comme plus tard le Sarrasin se dérobera à l'attaque de front par le subterfuge du souterrain. L'Ennemi se tient dans l'ombre; il faut fuir la controverse. Bertran Boysset commente peu et se contente de donner en exemple.

C'est pourquoi la voie de la conversion est, dans ce contexte, un échec. Autrefois, pourtant, ce fut une voie ouverte par Charlemagne[40], mais le

Roman d'Arles est sélectif, orienté et ne retient que ce qui confirme l'idéologie dominante de l'époque. La conversion, dans la seconde moitié du XIVe siècle, est une contrainte, d'où des retours à la foi première. En 1364, Urbain IV établit des Inquisiteurs en Provence contre Bégards, Bégium, Fraticelles "et quelques Juifs du même pays ayant été convertis comme par contrainte à la Foy chrétienne, à l'occasion de quelques séditions élevées contre eux, retournans au Judaïsme"[41]. Leur présence sera impérative à l'audition des sermons de saint Vincent Ferrier, dont Bertran Boysset indique la venue dans son *Livre de raison*: "Item, los juzieus a tots los sermons quel dig en Arle, foron presens, per ausir los, que eser y volc"[42]. La voie de la violence, la vengeance reste seule ouverte et le peuple chrétien doit lutter. C'est le sens de la *Chanson d'Antioche*. Jésus, en croix, indique à Dimas, le bon larron, qu'il sera vengé[43]:

> Amis, dist-il, encor n'est pas li poples nés
> Qui me venra vengier aus espiés acerés... (v. 126-27)
> Dui en mil ans sera baptisiés et levés. (v. 131)

Après la *Vengeance Nostre Seigneur* accomplie par Vespasien, la lutte contre les Sarrasins assaillant la ville d'Arles va permettre, par un processus de superposition des faits, de focaliser les désirs et les aspirations du groupe sur la figure de l'empereur. L'écoulement linéaire du temps de l'histoire mythique, le fondateur de la chrétienté et le bâtisseur est ici rendu périodique par une volonté de retour en arrière à l'empereur au visage occulté, mais qui reste un modèle permanent, Constantin.

Il paraît peu dans le *Roman d'Arles*; son nom est seulement évoqué à l'occasion de l'établissement à Arles de César, père d'Articlam-Vespasien: "Li fon bels lo luoc el palais Contastin" (v. 535). La figure de Constantin n'existe qu'en filigrane, alors que son nom est donné à la ville. Le *Roman de saint Trophime* l'atteste:

> E le bon Constantins, qu'era rey poderos,
> Totat la sieutat fes rebastir e las tors,
> E mes li fort bell nom: Urbs Costantiniana[44].

Le nom est porteur d'un tel prestige qu'un obscur sans-grade de l'armée devient Constantin III "à cause de l'espoir que donnait son nom, sans considération pour ses mérites"[45]. La dynastie constantinienne légitime se prolonge donc par le biais d'une greffe; à la descendance génétique, garante de la transmission de la qualité impériale, succède l'élection par identité du nom porteur de vertus. La figure de l'empereur domine, car elle est celle du vainqueur des forces du Mal. "Christus vincit, Christus regnat, Christus imperat", tel est le modèle des combattants chrétiens, mentalité de triomphe qui trouve son accomplissement chez les Carolingiens en la personne de Charlemagne.

Si Constantin est occulté, c'est peut-être à cause de son arianisme, mais si Charles Martel perd le bénéfice de sa victoire sur les Sarrasins en 737, ce pourrait être parce que les habitants d'Arles se sont alliés aux Musulmans contre les Francs avant d'être soumis par ces derniers[46]. Mais il est plus probable que le processus de schématisation a joué et que le nom de Charlemagne a acquis valeur générique[47].

Le mythe de Constantin est relayé par celui de Charlemagne qui tient son pouvoir de Dieu par le caractère sacralisant du couronnement. Charles est appelé "Novus Constantinus", élu de Dieu dans la correspondance papale[48], et c'est la couronne que Constantin aurait donnée au pape Sylvestre qui sert en 816 pour Louis le Pieux. Volonté, donc, de poursuivre la politique impériale, image de l'alliance entre Dieu et son représentant, chef spirituel autant que temporel, chargé de la mission de christianiser l'univers. Charlemagne devient donc logiquement un saint, et son culte s'officialise[49], il est nimbé. Archétype du défenseur de l'Église, une miniature du *Traité des passages d'Outremer* de Sébastien Mamerot présente sa rencontre avec Constantin alors qu'il va délivrer Jérusalem[50]. C'est dire qu'à la fin du moyen âge, il est devenu le modèle du prince chrétien et chevaleresque. Dans le *Roman d'Arles*, son fils, Louis le Pieux, achève la tâche de libération de la ville, en chasse les Sarrasins. Ainsi se termine le texte, suivi des suscriptions habituelles de Bertran Boysset.

Le manuscrit date de 1373. Or, en 1364 s'est produit un événement important, que la *Chronique* de Bertran Boysset enregistre dans le manuscrit de Paris:

> L'an M. e tres sens .lxv., a quatre de juni, fon monsen Karles segon emperador d'Alamanha en la sieutat d'Arle per eser coronat, e fon coronat dereire l'autar de san Trofeme, e coronet lo monss. mons. Guilhem de la Garda arcivesque d'Arle; e fon i present mons. R. d'Agout senesqual de Proensa, lo conte de Savoia, lo duc de Bourbon e motos quavalies e grans senhos. Item, deisendet a l'arsivesquat. Item, era granda roanada, quant intret en Arle. Intret per lo portal de la Quavalaria[51].

Charles IV de Luxembourg, de culture française, devient roi de Bohême (Charles Ier) en 1346. Élu roi des Romains, il prendra la couronne italienne en 1347; empereur germanique, la couronne impériale à Rome en 1355, et enfin en 1364, il recevra la couronne "impériale et royale" à Arles. Honoré Bouche précise les prétentions et les relations du récipiendaire avec les représentants de la puissance ecclésiastique:

> Dans le Temple de saint Trophime et le mercredy des Quatre-Temps de la Pentecôte, 4 juin, il reçut la Couronne Impériale et Royale des mains de Guilleaume de la Garde Archevêque d'Arles, y presens les Ducs de Savoye et de Bourbon, et Raimond d'Agoult grand Sénéchal de

Provence, plusieurs Evêques et Abbés, et autres Seigneurs des Provinces voisines; desquels comme prétendu Roy et Haut Souverain de ce
Royaume d'Arles, il receut les hommages et les serments de la fidélité,
confirmant encore derechef les biens et les privilèges accordez par ses
devanciers à l'Archevêque et à l'Église d'Arles[52].

Ailleurs, il précise la nature ce de titre:

> ...quelques princes ont voulu prendre le titre de Roy d'Arles, de
> Provence et de Bourgogne, sinon quant à l'utile et à la propriété, au
> moins quant au domaine direct et haute Souveraineté, et se sont fait
> qualifier de la sorte, les uns comme parens et héritiers testamentaires de
> ce dernier Rodolphe, les autres comme Empereurs, présupposant que
> ce Royaume estoit uny à l'Empire, puis qu'il avoit esté laissé par
> testament à un Empereur[53].

Le but poursuivi est bien de renouer avec la tradition du Saint Empire
Romain et Germanique. Charles IV, oeuvrant à l'extension du domaine
royal, fonde l'université de Prague; il écrit une autobiographie, la *Vita
Caroli*; on le représente à Karlstein, déposant des reliques dans la chapelle
de la Sainte Croix - inventée par Hélène, mère de Constantin[54]. Les insignes
du pouvoir spirituel s'ajoutent à la couronne fermée des empereurs, gage du
pouvoir temporel[55].

L'arrivée de Charles IV a été l'occasion du déploiement de fastes
habituels aux entrées royales. On connaît l'intérêt de Bertran Boysset pour
les fêtes et les cérémonies. Il indique qu'à cette occasion il y eut des
"roanadas" - peut-être des débordements festifs - qui amenèrent d'ailleurs à
évacuer l'église lors du sacre, puis la suppression des fêtes populaires
d'Arles[56].

L'entrée royale, d'abord simple cortège au XIVe siècle, s'enrichit de
tableaux vivants par lesquels la cité se représente; l'ensemble constitue une
cérémonie à la fois religieuse et laïque où le sentiment monarchique se
trouve exalté, en même temps que la collectivité urbaine marque son
identité. C'est donc une fête, une *monstre*, que l'entrée de Charles IV
venant se faire couronner en 1364 et, dans l'orientation politique et
religieuse de restauration de l'empire carolingien, elle apparaît en relation
directe avec la compilation de Bertran Boysset. Il faut prendre garde à
l'intérêt que ce dernier apportait à la destination de son *Traité d'arpentage*:
ses héritiers, la communauté d'Arles, ou *le roi* Louis de Provence.

Étant donné ces divers éléments, on peut formuler l'hypothèse que le
texte du *Roman d'Arles* a été composé à l'occasion de la venue de Charles
IV, que son entrée et son couronnement en constitueraient l'aboutissement,
le texte y trouvant son accomplissement sémiologique. Il aurait donc une
fonction politique et théâtrale: pièce de circonstance sans doute mais dont la
finalité exprime la mentalité d'une ville qui se donne en représentation.

Mais pourquoi le silence sur cette dernière partie, vécue, représentée, de la geste carolingienne enfin retrouvée, prolongée, sauvée? Parce que l'espace social où l'on se meut n'est plus authentique, parce qu'il est désormais en façade, en parade. Dès l'année suivante, en 1356, Charles IV cède ses droits pour un dîner que Louis de Provence lui offre à Villeneuve-lès-Avignon ''considérant le peu de solidité que ces prétensions des Empereurs avoient sur le Royaume d'Arles''. Les tractations politiques l'emportent sur les vraies valeurs:

> La Reyne Jeanne Comtesse de Provence, luy ayant fait porter ses plaintes, pour les excez de Souveraineté commis par luy en son Pays de Provence, il luy fit expédier une Bulle de la ville de Strasbourg du 4 juin de l'an 1365 par laquelle il luy déclare que ce qu'il avoit fait l'année précédente, en l'Église et au Palais d'Arles, avec ses habits et ornements Impériaux, n'estoit que pour fermer la bouche à ceux qui l'accusaient de negligence, à conserver la Majesté de l'Empire, et que n'ayant fait cela que par emprunt de territoire, son intention n'avoit esté de tirer en conséquence une telle action a son préjudice, et contre ses droits, la reconnaissant estre la vraye Comtesse et Souveraine de Provence[57].

C'est le temps de la démythification[58].

Face à un présent décevant, le texte se propose une image du passé pour exemple, en un miroir à vertu émendative, et se projette sur un futur d'attente. Le point de fuite de la perspective est bien hors du tableau, comme le perçoit Paul Zumthor[59].

L'historiographe, en un récit linéaire, relate la longue marche du peuple élu vers la christianisation de l'univers, par une lutte vengeresse contre les ennemis de toujours, le Juif et le Sarrasin. La croisade contre les musulmans, de locale devient universelle et thème permanent de la littérature populaire[60]. Les procédés d'écriture sont éprouvés: le narrème du siège de la ville est utilisé à maintes reprises; le didactisme de l'écriture se fait jour au travers de l'accumulation des signes et des indices.

Polémologie et théologie s'unissent dans l'occupation par les martyrs, saints des premiers temps et guerriers de Charlemagne, des lieux sacrés de la ville, le cimetière et l'église, édifiée dans le palais de l'empereur (*Vie de saint Trophime*) ou sur un terrain dû à sa libéralité: ''Li daray on puesca far gleira et la gent batejar'' (v. 565). Derrière Charles se groupe le ''peuple de Dieu'' dont l'*Admonitio generalis* ''prêche la concorde et l'*unanimité*, afin que tous, fraternellement unis entre eux et au roi, forment *un seul corps en Christ* et se ménagent outre-tombe la vie céleste''[61]. C'est bien là l'Église militante, en marche vers le salut.

Au discours narratif s'ajoute un schéma structural de type cyclique, qui met en évidence une intention *archéologique*: le retour aux origines. Le passé devient mythique et l'histoire une tentative perpétuelle de restauration. Charles IV tente de sauver le Saint Empire; Charlemagne retrouvait l'*imperium* de Constantin; ce dernier porte le titre de *restitutor*. Tous oeuvrent à ériger l'image de l'action du Christ qui, rédimant la faute d'Adam, lui rend son statut originel. On perçoit dans ce contexte la vertu majeure de la constance, garante de la poursuite de l'action de l'humanité et sa valeur de modèle.

Toutes les forces vives de la collectivité sont tendues vers la fin eschatologique. Le combat contre l'Infidèle est un prélude à la venue des temps derniers, comme aussi la conversion générale des Juifs à laquelle s'emploient les prédicateurs. La mort n'est qu'un moment; Arles vit en latence, endormie comme Aigues-Mortes, cité-relais de la Jérusalem céleste. Structuralement elle joue le même rôle qu'à l'intérieur du récit le val d'Hébron, où reposent les Pères de l'Ancien Testament et où l'on élève ''una sieutat mot grant'' (vv. 127 et 221).

Ainsi le texte acquiert par sa seule écriture une valeur thérapeutique. Déjà, Jean de Grouchy l'avait exposé:

> Cantus autem iste debet antiquis et civibus laborantibus et mediocribus ministrari, donec requiescunt ab opere consulto, ut auditis miseriis et calamitatibus aliorum suas facilius sustineant et quilibet opus suum alacrius aggrediatur. Et ideo iste cantus valet ad conservationem civitatis.[62]

Le récit donne un modèle aristocratique, non-réaliste mais par là même susceptible de recevoir la charge émotionnelle et le potentiel dynamique que le contexte quotidien ne peut canaliser. Le vécu social incline à la résignation, le héros de geste incite à l'action. En ce sens, les modèles de la littérature populaire telle qu'elle se laisse percevoir dans la Bibliothèque Bleue apportent une dérivation et une identification sécurisante. Au-delà du réconfort banal, ce qui est proposé c'est une signification à l'existence.

Pour sa part, Bertran Boysset oeuvre, en tant que scripteur, à gagner son ciel. Le manuscrit se clôt: ''Qui escripsit escribat semper cum domino vivat'', formule qu'il reprend et complète à la fin de la *Vie de saint Trophime*: ''Vivat in selis Bertrandus Boysseti que nomine felix. Amen''[63].

Sous sa plume, le texte acquiert, comme le tombeau, valeur de *memoria*, il devient véritablement *monument*; la *gesta*, ce peut être aussi désormais l'oeuvre manuscrite.

Illustrations du Roman d'Arles

extraites du manuscrit N° 63, Musée Arbaud, Aix-en-Provence

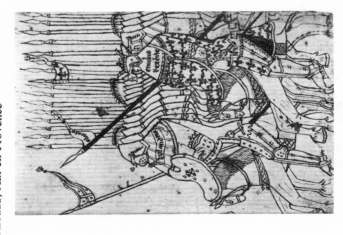

Folio 70r°: Charles et Roland

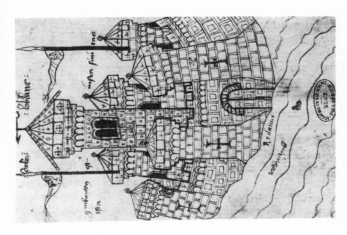

Folio 69v°: Arles lou Blanc

Notes

[1]*Lou rouman d'Arle*, éd. Victor Lieutaud, dans *Notes pour servir à l'histoire de Provence*, fasc. 4 (Marseille, 1873-1874), p. 3. Venise est sauvée de la famine par une cargaison de blé en provenance d'Arles. En reconnaissance, une relique, la mâchoire de saint Marc, est offerte à Arles.

[2]Paul Meyer, "Tersin, tradition arlésienne", *Romania* 1 (1872), 58; Eugène Emmanuel Viollet-le-Duc, *Dictionnaire raisonné de l'architecture française du XI*[e] *au XVI*[e] *siècle* (Paris, 1854-1868), s.v. *chapelle*.

[3]*Lou rouman d'Arle*, éd. Lieutaud, p. 4, cite De Noble Lalauzière, *Abrégé chronologique de l'histoire d'Arles* (Arles, 1808), p. 294.

[4]*Le roman de saint Trophime*, éd. Nicola Zingarelli, dans *Annales du Midi*, 13 (1901), 329-31, vv. 599-649.

[5]Joseph Anglade, *Histoire sommaire de la littérature méridionale au moyen âge* (Paris, 1921), p. 234.

[6]Paul Meyer, "Les manuscrits de Bertran Boysset", *Romania* 21 (1892), 557-80; 22 (1893), 87-127.

[7]Éd. Camille Chabaneau, dans *Revue des Langues Romanes* 32 (1888), 473-542.

[8]Sur la vie et la personnalité de Bertran Boysset, voir Alfred Coville, *La vie intellectuelle dans les domaines d'Anjou-Provence de 1380 à 1435* (Paris, 1941), pp. 493-505.

[9]Francesco Novati, "Le livre de raisons de B. Boysset d'après le ms. des Trinitaires d'Arles actuellement conservé à Gênes", *Romania* 21 (1892), 528-56.

[10]Mario Roques, "Le roman d'Arles", dans *Histoire littéraire de la France*, 38 (1949), pp. 606-41; voir aussi p. 606 n. 3.

[11]Clovis Brunel, *Bibliographie des manuscrits littéraires en ancien provençal* (Paris, 1935), n° 57.

[12]*Roman d'Arles*, éd. Chabaneau, p. 480. Ajouter l'édition du *Roman de Tersin*, arrangement du *Roman d'Arles* par Jean de Nostredame, éd. Paul Meyer, dans *Romania* 1 (1872), 51-58.

[13]*Roman d'Arles*, éd. Chabaneau, pp. 473 et 478.

[14]Ibid., pp. 617 et 629.

[15]Ibid., p. 639.

[16]Mario Roques, "Le Roman d'Arles", p. 61 n. 4. Les Gentils seraient Grecs.

[17]*Roman d'Arles*, éd. Chabaneau, p. 479.

[18]Edouard Baratier, *Histoire de la Provence* (Toulouse, 1969), pp. 70-74, 96-97 et 116-17.

[19]Ibid., p. 117.

[20]Henri Leclercq, *Dictionnaire d'archéologie chrétienne et de liturgie* (Paris, 1924), s.v. *Arles* (Archéologie), col. 2899.

[21]Le mot est utilisé par Tertullien *Ad Scapulam*, 3 (*PL* 1:701-02), mais son emploi n'est pas spécifique à l'Afrique. Le terme désigne un enclos à ciel ouvert, par

opposition aux sépultures souterraines, les hypogées, voir Leclercq, *Dictionnaire*, s.v. *areae*, col. 2787-802.

[22]Voir sur les ateliers et la plastique Fernand Benoit, *Sarcophages paléochrétiens d'Arles et de Marseille*, supplément à *Gallia* (Paris, 1954), pp. 5 et 6; idem, "Les cimetières suburbains d'Arles dans l'antiquité chrétienne et au moyen âge", *Studi di antichità christiana* 11 (1935), passim.

[23]Joseph-Alexandre Martigny, *Dictionnaire des antiquités chrétiennes* (Paris, 1877), pp. 178-79; André Grabar, *Martyrium: Recherches sur le culte des reliques et l'art chrétien antique* (Paris, 1943), passim.

[24]Nombreux textes répertoriés dans le tome IV des *Légendes épiques* de Joseph Bédier (Paris, 1914), pp. 394-416.

[25]Alfred Jeanroy, "Notes sur la légende de Vivien", *Romania* 26 (1897), 202. Même légende à Saint-Seurin de Bordeaux.

[26]*Roman de saint Trophime*, éd. Zingarelli, pp. 297-345; extraits dans *Roman d'Arles*, éd. Chabaneau, pp. 536-37 et n. 1.

[27]*Roman d'Arles*, éd. Chabaneau, p. 101, appendice.

[28]Cité par Fernand Cabrol et Henri Leclercq, *Dictionnaire d'archéologie*, 3 (Paris, 1924), s.v. *cimetière*.

[29]Viollet-le-Duc, *Dictionnaire raisonné* (Paris, 1854-1868), s.v. *chapelle*.

[30]Texte dans Bédier, *Légendes épiques* (Paris, 1913-1914), 4:180-81.

[31]Fernand Benoit, *La Provence et le Comtat Venaissin* (Paris, 1949), p. 134.

[32]Meyer, "Tersin", p. 66.

[33]Les cryptoportiques servant d'entrepôts de grains ont dû frapper les imaginations, mais leur liaison avec l'extérieur des cités est aléatoire. Sur les textes relatifs aux souterrains, voir *Roman d'Arles*, éd. Chabaneau, p. 526 n. 769; ils apparaissent déjà vers 1140 dans la *Kaiserchronik*, voir Bédier, *Légendes épiques*, 4:400.

[34]Martigny, *Dictionnaire* (Paris, 1877), p. 68, s.v. autel.

[35]Étienne Georges, *Les premiers apôtres des Gaules* (Tours, 1878), p. 86.

[36]*Le Roman de l'Estoire dou Graal* de Robert de Boron, éd. William A. Nitze, Classiques Français du Moyen Age, 57 (Paris, 1927), p. 126:

> Quant deable ce paerçurent
> Ausi cum tout enragié furent;
> Mout durement se merveillierent
> E pour ce tout s'atroplerent...
>   (vv. 9-12)

Et d'après le *Roman d'Arles*:

> Ar foron li jurieus trastotz desconsolatz,
> Car viron que Dieus fon de mort resusitat...
> A donc estet Pilat am gran conselhament,
> Am los malvais juzieus...
>   (vv. 295-300)

[37]Sur l'assimilation du Juif au diable, voir Léon Polikov, *Histoire de l'antisémitisme*, 1, *Du Christ aux Juifs de cour* (Paris, 1955), pp. 153-62.

[38]Natalis de Wailly, *Histoire de saint Louis* (Paris, 1868), p. 19.

[39]Bernard Blumenkranz, "Pour une géographie historique des Juifs en France méridionale", *Bulletin philologique et historique du comité des travaux historiques et scientifiques 1965* (Paris, 1968), 611-22, et "Arles", dans *Encyclopaedia Judaica*, 3 (Jérusalem, 1971), col. 468-69; Armand Lunel, *Juifs du Languedoc, de la Provence et des États français du Pape* (Paris, 1975); Émile Fassin, "Les Juifs d'Arles au moyen âge", *Bulletin de la Société des Amis du Vieil Arles* 6 (1909), 89-94.

[40]Henri Pirenne, *Mahomet et Charlemagne* (Paris, 1970), pp. 56-57; Richard E. Sullivan, "The Carolingian Missionary and the Pagan", *Speculum* 28 (1953), 707-40.

[41]Honoré Bouche, *La chorographie ou description de Provence et l'histoire chronologique du mesme pays*, 2 (Aix, 1674), livre IX, section III, p. 396.

[42]"Mémoires de Bertran de Boysset ... par moi, Laurent Bonnemant", *Le Musée: Revue arlésienne historique et littéraire*, 3e série, n° 1 (1876), p. 66.

[43]*La Chanson d'Antioche*, 1, éd. Paulin Paris (Paris, 1848), p. 10.

[44]Ibid., vv. 742-43. Autres références du nom, voir *Le Roman d'Arles*, éd. Chabaneau, p. 620 n. 3.

[45]Émilienne Demougeot, "Constantin III, l'empereur d'Arles", dans *Hommage à André Dupont* (Montpellier, 1974), pp. 84 et 86-87.

[46]Baratier, *Histoire de Provence*, p. 102.

[47]Même transformation de Charles Martel en Charlemagne dans le *Chronicon Novaliense*, écrit au XIe siècle, voir Bédier, *Légendes épiques* (Paris, 1912-1913), 3:165.

[48]Références citées dans Carol Heitz, *Architecture et liturgie* (Paris, 1963), p. 151.

[49]Gaston Paris, *Histoire poétique de Charlemagne*, 2e éd. publiée par Paul Meyer (Paris, 1905), pp. 64 et 279; Jules Coulet, *Étude sur l'office de Girone en l'honneur de Charlemagne* (Montpellier, 1907), p. 30.

[50]Cité par Charles Teisseyre, dans *Annales de Bretagne et des pays de l'Ouest* 2 (1980), 414.

[51]Meyer, "Les manuscrits de Bertran Boysset", p. 564.

[52]Bouche, *La chorographie*, 1, livre VII, p. 831.

[53]Ibid., 1, livre VII, p. 810. Rodolphe III, dit le Lâche et le Fainéant, dernier roi d'Arles et de Bourgogne, est mort en 1032.

[54]Georges Duby, *Fondements d'un nouvel humanisme, 1280-1440* (Genève, 1966), pp. 69-70 et 74.

[55]Bernard Guenée, *L'Occident au XIVe et XVe siècles* (Paris, 1971), pp. 145-46 (sur la représentation dans les *Grandes Chroniques de France*, de la rencontre en 1377 entre le roi Charles V de France et l'empereur Charles IV).

[56]Coville, *La vie intellectuelle*, p. 494.

[57]Bouche, *La chorographie*, 1, livre VII, p. 831.

[58]Jean Dufournet, *La destruction des mythes dans les Mémoires de Philippe de Commynes* (Genève, 1966), p. 659.

[59]Paul Zumthor, "Le discours de la gloire", dans *Le masque et la lumière* (Paris, 1978), p. 72.

[60]Robert Mandrou, *De la culture populaire au XVIIe et XVIIIe siècle: La Bibliothèque Bleue de Troyes* (Paris, 1964), pp. 157-63.

[61]Heitz, *Architecture*, p. 150 n. 2.

[62]Johannes Wolf, "Die Musiklehre des Johannes de Grocheo", *Sammelbände der internationalen Musikgesellschaft*, 1 (1899-1900), p. 85.

[63]Meyer, "Les manuscrits de Bertran Boysset *(suite)*", *Romania* 22 (1893), 94.

Roncevaux-*Ronsasvals*:
More About the Originality of
the Old Provençal Poem within
the Tradition of the *Song of Roland*

Guy R. Mermier

Discussing the importance of *La Chanson de Roland* in the Avant-Propos of *La Geste de Roland*, Marcel Thomas writes:

> Le succès de *La Chanson de Roland* a été considérable. Première rédaction assonancée, dont le célèbre manuscrit d'Oxford n'est pas l'archétype, mais seulement le plus ancien représentant conservé, rédactions rimées, traductions ou adaptations allemandes, norroises, galloises, anglaises, néerlandaises, castillanes, ont rendu célèbres dans toute l'Europe les personnages de Roland, d'Olivier, de Turpin, de Ganelon. Il n'est pas douteux que la plupart des textes épiques postérieurs ont connu, exploité *La Chanson de Roland*. Sans nous soucier ici de savoir quelles sources celle-ci avait elle-même utilisées, force nous est de constater que l'épopée carolingienne a trouvé dans *La Chanson de Roland* sinon un point de départ, du moins un extraordinaire tremplin.[1]

Although Thomas does not mention it, the Old Provençal text is a full-fledged heir of the Rolandian tradition. *Ronsasvals* (*Rpr*) was first named by its editor, Mario Roques, who had obtained a copy of the text from *Maître* Rostan Bonet, notary of the small southern French town of Apt where the manuscript register was and still remains.[2] Roques was able to see the

manuscript himself in September 1933 and subsequently furnished complementary details on the text in *Romania* 66 (1940-42), 433-35.

Rpr, dated from the fourteenth century by Roques, comprises 1802
lines divided into 51 stanzas corresponding to rhyme changes. An important
lacuna follows line 820.[3] Remarkably—not to say surprisingly—few
scholars have interested themselves in *Rpr*, whether they thought that
Roques' edition and study were definitive or through sheer lack of interest
for the Occitan language and literature. Whatever the reason, Joseph
Duggan was able to include only five major entries in his *Guide to the
Studies on the "Chanson de Roland."*[4] We may add to Duggan's list,
however, the important article of Elisabeth Schulze-Busacker, "Réminiscences lyriques dans l'épopée occitane de *Ronsasvals*" and the allusion to
the Old Provençal text by Hans-Erich Keller in his article "Roland à
Saragosse: Rencontre de deux cultures."[5] Naturally, no one can seriously
study *Rpr* without making reference to Joseph Bédier, Raoul Mortier,
Ramón Menéndez Pidal, Martín de Riquer, Cesare Segre and Gerard J.
Brault, to mention but a few.[6]

The Old Provençal *Ronsasvals* should interest Rolandian scholars, first
because it is a relatively little-known work, and second because it offers a
variety of interesting variations in the treatment of the story within the
tradition of the Roland legend. Our intention is therefore to confront the *Rpr*
with the traditional *Song of Roland* (*SR*) in the hope of eliciting as many
elements of the originality of *Rpr* as possible.[7]

The structure and contents of *SR*, constituting 4002 lines, have been
sufficiently discussed so that it will suffice at this point to remind ourselves
of the great divisions of the text:

    1) the betrayal by Ganelon;
    2) the death of Roland at Roncevaux;
    3) the punishment of the Saracens by Charles;
    4) the punishment of Ganelon.

Bearing in mind these divisions, we are better able to perceive the major
variants offered by the Old Provençal text. We will see that while numerous
elements of the basic story are common to both *SR* and *Rpr*, many others are
not, and are borrowed from other branches of the legend or simply absent.
For instance, with reference to the four divisions of *SR* above, we must
conclude that *Rpr* represents only the second division. Compared with the
other French and foreign texts, we find that *Rpr* is as late as *V4*, *L*, and
perhaps as late as *C* and the Latin *Carmen de prodicione Guenonis*. In terms
of length, *Rpr* has 2196 fewer lines than *O*, 4210 fewer than *V4*, 6528 fewer
than *C*, 7078 fewer than *V7*, 4623 fewer than *P*, 1131 fewer than *L*, 3903
fewer than *T*, and 7292 fewer than the *Ruolandes liet*. *Rpr* only exceeds the
Ruolandes liet by a small number of lines, and has 1320 lines more than the
Latin *Carmen*. According to its date, therefore, *Rpr* belongs to the bulk of
the tradition, but its length ranks it among the shortest texts.

An examination of the contents of *Rpr* will allow us to further assess its real place within the Rolandian tradition.

> So fon el mes de may quant la verdor resplant,
> En prima vera quant renovella l'an,
> Per miey la prieyssa venc .i. Sarrazin brocant, . . .
> (vv. 1-3)

The first two lines of *Rpr* remind us immediately of a spring introit in the troubadours' songs. Two similar cases will be found in vv. 177-82 and vv. 2700-02.[8] Without preliminaries, the narrator takes us directly to the theater of the action, *in medias res*, i.e., on the battlefield of Roncevaux.[9] The scene involves a great deal of movement, particularly with the arrival of Marsile's nephew *brocant* on his horse (v. 3).[10] As in stanza 69 of *SR*, the movement of the scene goes toward Marsile, with the difference that in *Rpr* Juzian is alone, while in *SR* the Saracen chief is approached by all his barons.[11] Though restricted to one individual, the *Rpr* scene is equally symbolical of the fierce determination of the Saracens to fight Roland. In fact, Juzian addresses his uncle quite in the same manner as Aelroth in *SR* (*Rpr*, vv. 8-12; *SR*, v. 866). However, there are small but important differences: instead of requesting as a boon "le colp de Rollant" (*SR*, v. 866), Juzian asks Marsile's permission to conquer Chartres, "la cieutat de Rollan" (*Rpr*, v. l0).[12] Marsile's reaction to his nephew's request is also slightly different: in *SR* (stanza 69), Marsile is quick to grant his nephew's request (v. 873); conversely, in *Rpr* Marsile attempts to temper Juzian's ardent desire, stressing the dangers of fighting against Roland. In fact, *Rpr* (v. 13) presents a Marsile heartbroken by his nephew's daring. Marsile tries in vain to prevail, and his last words bear a desperate tone: "E ay paor non vivas longament" (*Rpr*, v. 20). While in *SR* Marsile's nephew is as boisterous as the other Saracen knights (*SR*, v. 862), Juzian in *Rpr* is less noisy, less cheerful, but displays more determination in his will to act, even against his uncle's volition (*Rpr*, vv. 21-24). Such an insolent statement is absent from *SR*. It is only after Juzian's violent reply that Marsile grants him the boon by letting him have his glove, a ceremony also found in *SR* (v. 873). Thanking his uncle, Juzian swears on the name of Mahomet that he will bring Roland's head to Marsile (*Rpr*, vv. 27-29). This boast finds its counterpart in the vows and boasts ("ventance") of the infidels in *SR* (v. 911).[13] Like Aelroth in *SR* (vv. 863-65), Juzian promises to kill Roland, and both their boasts are a way of calling attention to the significance of their boon. In *Rpr* the juxtaposition of the imperative "prennes lo neps" (v. 27) and the present "jeu lo renc" (v. 27) reinforces the feeling of rush which the narrator of *Rpr* wants to convey to his listeners. The vivacious energy of Juzian is once more underscored as he leaves Marsile to fight: "E vay si armar tost e vivassament" (*Rpr*, v. 31). By using one single character, *Rpr* succeeds in communicating a feeling of number and movement equal to that of *SR*. The ability of the *SR* narrator to evoke epic scenes will be frequently matched by the narrator of *Rpr*, despite his remarkable sense of economy. In *Rpr* (vv. 32-38), we find Juzian putting on his armor; the six lines make effective use of adjectives and adverbs in depicting the might of the young Saracen knight. Verse 39, "contra s'espeya non ha nulh garimant," is powerful in evoking fear for Roland in the listener's minds. *Rpr* goes even farther than *SR* by equating Juzian's sword to Roland's, "a la fabrega de Galan" (v. 42).

But, as we shall repeatedly see, the narrator of *Rpr* does not linger on static images, reflexions, or descriptions; Juzian is brought right away onto the battlefield. However, he is shown for a moment riding almost in slow motion, as if the narrator wanted to allow the image of this young Saracen in bright shining armor to make an impression on the audience. In these verses might is mixed with an interesting note of pageantry: not only does Juzian hold "un bon espieu trenchant" (v. 49), he carries a "gonfaron," the heraldic sign of his rank, rides a horse "meravilhos e gran," and sits on a golden saddle ornamented with silver plates and lovely bells hanging on chains. The might of the rider is also paralleled with his horse: "filh d'una fera e del destrier corrant" (vv. 52-53). Both knight and horse are then greeted by the admiring cries of the Saracen soldiers (vv. 60-61), and the scene ends on the evocation of *Baffum*, i.e., Mahomet, supreme foe of the Christians.

As in *SR*, the narrator of *Rpr* is careful to present the viewpoint of both camps. Therefore, when the battle begins we are taken on the side of the Christians shouting the famous war cry "Monjoie."[14] Right away the battle is fierce: Juzian strikes Estout de Langres, then Estout immediately kills his attacker (vv. 68-74). While it took the *Rpr* narrator 60 lines to describe Juzian's might, he allows him to die in less than six lines! This is an excellent example of the concise strength of *Rpr*: the whole episode is hardly two lines long! Juzian's death summons a large number of fighters on the stage (*Rpr*, vv. 77-78). Once more, we admire the ease with which the narrator shifts from a singular combat to a battle of numbers. It is at this moment that, in a brief but opportune *aparte*, the *Rpr* narrator reminds his listeners of Ganelon's treason, an allusion that takes only two lines (vv. 82-83). In three verses, all the major names and words of the story are introduced: *Gayne, Rollan, vendet, erguelh*, and *engan* (*Rpr*, vv. 82-84); this is another striking example of the structural economy of our Old Provençal text.

In sharp and sudden contrast with the reflexive verses 79-84, with the repetition of the expression "aqui fon tracha..." in verses 85-95, the narrator realistically evokes the very action of the battle.[15] The fast, successive repetition allows the narrator to mime the action and name the different swords. The repetition also stresses the unity and unanimity of the

French in their determination to strike the infidels. Each sword named stands in counter-parallel to that of Juzian earlier; each one is also given a personality parallel to that of the knights (*Rpr*, vv. 85-95). The swords are drawn; the narrator allows us to feel the force of the battle, which ends in a real bloodbath (*Rpr*, vv. 96-106). Then, suddenly, the realistic description shifts to an expression of admiration for the bravery of the French knights; as the action is thus slowed down, the time of Vespers arrives and the fighters retire to their camps (*Rpr*, vv. 103-06). For the Christians, accustomed to respect the Christian divisions of the day, night is a time for pause, rest, and meditation. However, in a vignette original to *Rpr* (v. 107), the Old Provençal narrator reveals that the infidels do not have the same respect: "Cant li Frances si degran repausier" (v. 108) a fierce, proud black Saracen appears, as if from nowhere, charging with twenty thousand knights (vv. 110-21). This sudden, unexpected burst creates an element of surprise that considerably heightens the tension and increases the emotional epic suspense, another example of how *Rpr* conciliates economy and vigor. To motion, the narrator often associates cries or shouts, particularly taunts addressed by the Saracens to the French: "Fuges, Frances, Dieu vos don encombriers" (*Rpr*, v. 123). This is another way to raise the dramatic tension of the narrative and introduce further action. Bursting with anger upon hearing the insults, Roland charges the "orgulhos" and "fier" Saracen and with a mighty blow "Mort lo trabuca del corredor destrier" (*Rpr*, v. 142). Consistent with his method, the *Rpr* narrator shifts from a scene of singular combat to a much larger scene in which the twelve peers exchange violent blows and spill blood all over the field until the coming of Vespers (v. 158). The importance of time pauses in *Rpr* should be noted; in fact, they associate *Rpr* more to a drama form than to epic, which tends to be more continuous. Again, the narrator of *Rpr* shifts abruptly from the realistic scenes of the battlefield to a courtly-chivalric setting: the knights drink, eat, and gather around young boys and girls. Then it is time for the archbishop to speak and urge the French to take communion and confess their sins. More so than in the sermons of *SR*, in *Rpr* Turpin seems more insistent on the necessity of confession and, in general, on religious and moral values.[16] In *SR* the sermons insist more on warlike values: the knights must die for Charlemagne (*SR*, v. 1128), they must help sustain Christendom (*SR*, v. 1129), and, as a penance, they must strike hard at the enemy (*SR*, v. 1138).

After mass, we are once more transported into a lyrical spring-topos setting: it is May, early on a beautiful morning; the warmth of the shining sun evaporates the dew, and the birds are singing.[17] The barons, touched by Turpin's sermon, come forward offering marvelous gifts. Roland gives "set onsas d'aur" (v. 185) and "una copa daureya" (v. 187); the other barons follow suit. This episode lasts but ten lines (vv. 180-90), and the narrator never lingers on any of his vignettes. As soon as mass is over, Roland asks for his sword Durendart in the presence of the whole army, thereby stressing the symbolical value of both the man and his sword. The latter is brought all wrapped up "dins un pali"; Roland unwraps it and, presenting it to the light, notices that it is slightly tarnished (*Rpr*, vv. 195-98). In a tradition where emphasis is put on the brilliance of the sword, the tarnished Durendart presages something ominous.[18] The narrator of *Rpr* again masterfully handles this scene: it lasts but a few lines, but its symbolic significance will weigh heavily on the coming events. No such vignette is found in *SR*. In verse 199 Roland jumps on his horse Malmatin and rides up the *engarda*;[19] from there, he discovers the importance of the Saracens' strength. This indirect view, also familiar to *SR*, functions very much like a *mise en abyme*. It is a static point in the narrative, increasing fear and pathos and preparing for the words of reassurance spoken by Turpin to Roland (*Rpr*, vv. 214-19). The ensuing praise of Turpin by Roland is not found in *SR* (*Rpr*, vv. 228-42). The Archbishop's words—even if spoken softly—powerfully stress the sublime human pathos of the story. It is not in the length nor the strictly speaking "epic" nature of the narrative that we must seek the "souffle" of *Rpr*, but rather in the power of its vignettes.

Turpin then calls the barons to his side, urging them to sacrifice themselves to the one who sacrificed himself for mankind, reminding them that to die for Christ will secure them a place in Paradise (*Rpr*, vv. 242-64). The repetition of Turpin's desire to have his "gonffaron sagnent" (*Rpr*, vv. 263 and 301) functions almost like the *laisses similaires* in *SR*.[20] Verses 304-29 in *Rpr* present an interesting scene between knights that parallels the scenes involving Roland and Olivier. In this case the narrator stresses the latent jealousy of the French vis-a-vis Roland. Such scenes reveal that *Rpr* insists more than *SR* on human weaknesses. Again, the narrator does not exploit the incident at length, but uses its juxtaposition with Turpin's spiritual message to stress dramatically the tension in presence between human frailties and sublime values. Verse 330 in *Rpr* introduces Angelier: it is his turn to confess his sins to the Archbishop. True to his didactic character, Turpin confronts the baron with man's faculty to sin (vv. 334-39), then asks him to confess if he has an "amia" (v. 340). Angelier's reply, crafty and to the point, satisfies both courtly and religious values: Yes, he says, I have an *amia*, and her name is *Sancta Maria* (v. 343); it is to her that I dedicate my *cavallaria*.[21] Following this vignette emphasizing the interaction of feudal and courtly values, the knights ready themselves once more for battle. In keeping with his remarkable sense of concision, the *Rpr* narrator first lists a few names (vv. 355-65), then gives depth to his *tableau* by referring to the various countries of origin of the fighters. In a few words he has no trouble suggesting large numbers. Indeed, there are twenty thousand ready to fight and covered with armor "del cap entro als talons" (v. 385). Immediately, the battle is set into motion: first there are the usual taunts and threats; the Saracens repeat that Ganelon has sold the French and their emperor and, again, it is Roland who, unable to endure the insults, starts the battle by charging Naymon de Resia and killing him immediately.

The *Rpr* narrator's method is very similar to that of the stained glass window artists that decorated the cathedral of Chartres: the structure of *Rpr* allows the onlooker to focus on a single character or scene inscribed within a series of pictures composing the totality of the drama represented. In *Rpr* Roland gives the first blow, but instantly the narrator transports us on the battlefield among twenty thousand fighters. Meanwhile, the terse remark "Pos Dieu nasquet, tal batalha non fon" (v. 418) conveys with remarkable economy the momentous character of the action. In their bloody realism the images of war (vv. 420-26) are human counterparts to the previous terse, abstract, and moral statements about the battle.

The following action is represented in singular combat scenes: first Turpin dispatches "als princes infernals" (v. 454) the Amirat de Frontals; then Bossiran, the Amirat d'Africa, shouts insults at the French: they should flee, for they have been sold (*Rpr*, vv. 467-68). The *Rpr* narrator is careful to constantly remind his listeners who is the culprit of the pathetic battle. While not given a story, Ganelon's betrayal is constantly mentioned by the Saracens as a leitmotiv. The *Rpr* narrator not only assumes previous knowledge of the betrayal on the part of his listeners, he employs a concise leitmotiv instead of lengthy descriptions or comments. When the French Angelier kills the Saracen Bossiran (v. 472), another Saracen immediately arrives on the scene ready to strike. The *Rpr* narrator, to effect a pause in the battle—and for the sake of dramatic suspense—offers to his listeners a description of the Saracen knight's armament. We are conducted to the sidelines of the battlefield, where, from descriptive-dynamic, the scene becomes descriptive-static. The narrator addresses his listeners: "Plassa vos d'ausir comsi el fon armat?" (v. 478). This appeal to the listeners' pleasure is certainly that of the singer of an epic poem, but it also could be an aesthetic message common to Chrétien de Troyes or Marie de France.[22] The description itself is reminiscent of a miniature, strangely recalling some of the heraldic emblems of the courtly novels (*Flamenca* or *Jehan de Saintré*).

Once more the *Rpr* narrator juxtaposes a singular scene on a much larger one: Almaroc is now surrounded by forty thousand Argossins, while Roland is surrounded by his twenty thousand French. The narrator allows the awesomeness of these contrasting figures to weigh on the listeners' mind thanks to a pause provided by an inspiring moral speech by Turpin (vv. 500-04). Immediately after the pause, the fight resumes: Roland rushes toward Almaroc and strikes him dead; his thoughts immediately go to *Sancta Maria*, under whose sign the whole narrative is placed.[23] We recall that Turpin earlier (v. 458) addressed a similar prayer to Mary. This present prayer is also an admirable preparation for the news to be conveyed: ten thousand Saracens have been killed, plus eighteen thousand French.[24] It is at this point that, for the first time, Olivier draws near to Roland and asks him to blow his horn (vv. 526-30). Instantly, Roland refuses (vv. 531-37). Following this dramatic vignette, the fight resumes: Cauligon "l'ergulhos," who has already killed forty-two French, is himself brought down by Gandelbuon. The battle rages (vv. 549-55) until Vespers, another time/ space pause that functions like the end of an act in a drama. The use of these time pauses is part of the narrator's craft: they function to accelerate the action or slow it down with an unusual economy of words. As an example of this concision, in less than fifty verses the French army has shrunk from two thousand to three hundred men (v. 562)![25]

The sad, pathetic night spent by Roland and Olivier permits the listeners to measure the ominous meaning of these last figures. According to custom, the next morning the knights go to mass and confession and, immediately after eating, arm themselves for the unequal fight that is to commence. At this point we note that the *Rpr* narrator does not attribute to Roland the strength of steel he traditionally has in *SR*; in fact, Roland even foresees the possibility of failure: "Con ho poyrem durier?" (v. 591).[26] Following these pessimistic remarks absent in *SR*, Roland sends Gandel-buon up a hill to survey the enemy's force: sixty thousand Saracens are ready to fight (vv. 606-13). Earlier, when Roland mounted the "ensgarde" he discovered in awe twenty thousand Saracens. Now the dramatic impact is tripled: sixty thousand oppose three hundred! In any other circumstances, Gandelbuon's remark that the Saracen dead must be resurrecting might have sounded humorous; here, this would seem to be an apocalyptic remark as witnessed by the bitter tears of Gandelbuon and Roland. Although *Rpr*'s narrative rarely reaches true epic dimension, at this point it approaches it with Roland's tears and Marsile's fear of Roland (v. 686).[27] When Falsabron is ordered to take forty thousand additional men to Roncevaux to fight only a handful of French knights, suspense is raised to its highest pitch so far. The narrator immediately exploits this tension by returning us to the battlefield and introducing several sequences that demonstrate that the fight is taking a bad turn for the French: repeatedly, like an orchestrated leitmotiv, the pagan Falsabron not only kills one French knight after another but escapes Roland, who cannot catch up with him. Exactly at this point the manuscript has an important lacuna that Roques estimates to constitute roughly four hundred verses that would have related how all the French are killed except for three: Gandelbuon, Olivier, and Roland. When the text resumes (v. 821) it suggests the possible arrival of reinforcements for the French, but this is only passing information. *Rpr* v. 827 turns us away from the battlefield to recount what happened two days earlier in Charles' camp: the arrival of Olivier's son to receive knighthood and fight at his father's side (v. 874). Charles dubs him and sends him off to Roncevaux; in this fashion, the narrator brings us back to the battlefield without an apparent break in his narrative, at the moment when Olivier is asking Roland once more to blow his oliphant (v. 908). As expected, and by tradition, Roland refuses;

however, the *Rpr* narrator here introduces an original element in the story: as soon as Olivier mentions the name of Aude to Roland, Roland changes his mind and blows his horn—so hard, in fact, that it is heard seven leagues away and every bird hearing the sound falls dead.[28] As in *SR*, Charlemagne hears the sound, but Ganelon tries to suggest that it is thunder (v. 932). However, Roland blows his horn a second time—he will not blow a third blast in *Rpr*—so hard "que·l corn del ori fes davant esclatier" (v. 934). There is no longer any doubt in Charlemagne's mind that it is Roland's horn, so that when Ganelon says that it is probably someone hunting hare, Nayme orders him arrested and swears to punish him harshly if Olivier and Roland do not return alive (vv. 970-71).

Structurally, the horn episode has given time to Olivier's son Galian to arrive at Roncevaux (line 998).[29] At this moment, Olivier receives such a blow on the head that his eyes are almost thrown out of their sockets (v. 1009). Blinded, he strikes back at his enemy, but in fact strikes Roland as in *SR*.[30] Olivier hardly has time to excuse himself to Roland and learn that his son stands before him when the pagan Orgelin gives him a fatal blow; in turn, Galian strikes Orgelin so hard that he cuts him down to his *braies* "E pueys li vay totz lo nembres copier" (v. 1050). Galian then becomes so enraged that he works himself into a killing frenzy and dies exhausted (v. 1089). Meanwhile, Gandelbuon has taken the wounded Roland to a "peyron mermant" (v. 1110) and promises him to tell Charlemagne of his last wishes. Nevertheless, Gandelbuon cuts as pathetic a figure as the dying Roland: he is bleeding and his horse is half dead; he cannot move but a "petit pas" (v. 1145). This is a most effective slowing down of the action on the part of the *Rpr* narrator when contrasted with the dynamic fury of Galian in the preceding scene. What the narrative lacks in length, it gains in intensity, in preparation for the last breath of the French. While riding pathetically towards Charlemagne, Gandelbuon meets Garin de Sayna riding with three thousand Alamans.[31] He asks Garin for a fresh horse, but the latter is in too much of a hurry to reach Roncevaux; consequently, Gandelbuon moves on and finally reaches Charlemagne.[32] As soon as Gandelbuon has related Roland's state and Olivier's death, Ganelon attemps to flee (v. 1200), and this is the last mention of him in the *Rpr* narrative. Upon hearing the sad tidings Charlemagne laments, but Nayme urges him to move on instead to Roncevaux (vv. 1246-69). While they ride, the *Rpr* narrator puts in the mouth of Nayme a long sermon on the instability of life that emphasizes once more the didactic quality of *Rpr* in comparison with *SR*.

On the battlefield, Roland is close to death and confesses his sins to God. While this confession is a traditional feature of the legend, the *Rpr* narrator introduces an unusual and interesting comment about Roland: Roland "esta que ha paor de morir" (v. 1307). Thereupon arrives a fierce pagan, Alimon de Mares (v. 1377), who wants to strike Roland but is held back—surprisingly—by another pagan.[33] It is Falseron who pronounces the customary words of lament over Roland's body; but suddenly he flees, for he has heard "la ost de Karle venir" (v. 1422).[34] This small scene affords another example of the *Rpr* narrator's crafty transitions and concision. Charles mourns the dead and addresses a prayer, original to *Rpr*, to the Virgin Mary, asking that she delay the coming of night so he can find all the Christian bodies. The miracle happens: "Tres jors duret la clartat. . ." (v. 1487). When Charles discovers Roland's body, he pours out his lament in lyrical stanzas all beginning with the expression "bel neps" (stanzas 38-41). During this pathetic scene of grieving, he even admits that Roland is both his nephew and his child.[35] Finally, he takes Roland's sword and throws it into a lake (v. 1607).[36]

Portajoyas, a *juglar*, finds Turpin's body and pronounces words of regret over it (vv. 1645-65), but there are too many corpses; Charles then asks God for another miracle to help him identify the Christian bodies.[37] A lion appears on the scene who "fier de la planta justa·l Franc lay on es" (v. 1681). Another original vignette, this employs a cliché of the time. Charles finally orders that the bodies be transported back to France.

At this point in the narrative we definitely leave the battlefield and, in sudden contrast, are transported into a beautiful garden, a true spring setting in a troubadour song: Belaude is attended by her ladies; the birds sing.[38] Aude tells of a dream she has had: the earth opened and the sun stopped shining, while a ray of fire penetrated through her mouth to her heart. This is an original use of premonitory dreams by *Rpr*. In *SR*, it is Charles who conceives the dreams.[39] Also in *Rpr*, it is Aybelina, one of the ladies, who interprets the dream for Aude: today she will see Olivier and Roland, indeed a true if ambiguous prediction.

A passing pilgrim informs Belaude of the deaths of Roland and Olivier (v. 1737). Thus, the faking trumpets of joy blown by Charles' army have no effect on her: she knows the truth. Charles permits her to look at the bodies, first Olivier's, then Roland's. She lies next to Roland, hugging him so tightly that "·l cor del ventre si vay tot esclatier" (v. 1790). Upon this original version of Aude's death, Charles feels his sorrow doubled.[40] He orders the bodies embalmed and founds a chapel where eighty priests will forever pray for Roland's and Aude's souls.[41] Finally, he orders that the other French barons be taken to their respective lands for burial (v. 1801).

After this reading of the Old Provençal narrative, we are able to discern definite similarities as well as noticeable differences between *Rpr* and *SR*, and we can advance the following conclusions on the originality of *Rpr*:

I.   *Rpr* is shorter than *SR* but does not lose in poetic power, thanks to the narrator's ability to make full use of symbols and transitions while always remaining in full control of his words.

II.   *Rpr* focuses on the first battle of Roncevaux; there is no preparation for the battle. The beginning of *Rpr* corresponds to stanza 69 of *SR*. There is no Baligant episode, and therefore—strangely—no real punishment of the infidels.[42]

III. The story of *Rpr* ends on an enlarged and modified version of Aude's
      death and burial. There is no punishment of Ganelon.
IV.   Durendal's fate differs radically from that in *SR*.[43]
V.   Only Aude has premonitory dreams, and the miracles in *Rpr* are
      limited to stopping the course of the sun to find the French bodies and,
      unlike *SR*, not to allow for the killing of the Saracens. The miracle of
      the lion is also absent in *SR*.
VI.   In the horn episode Roland blows his horn only twice, and when he
      does it is primarily for Aude's sake. The death of the birds is missing
      in *SR*.
VII. In *Rpr*, there is a greater mixture of courtliness and didactic values
      than in *SR*. Aude and the Virgin Mary play a very large role in *Rpr*,
      unlike in *SR* and other versions of the legend.
VIII. Human qualities are more apparent in *Rpr* than in *SR*. In *Rpr*, Roland
      is definitively more human, in fact, a much less invincible hero than is
      SR.
IX.   While in *SR* Roland dies by his own hands, in *Rpr* he is killed by a
      pagan. It is a pagan who protects him and pronounces words of regret
      over his body—all elements lacking in *SR*.
X.   In *Rpr* there is considerable variation among the characters. Gener-
      ally speaking, secondary characters are given more important roles in
      Rpr than in *SR*. The names of these characters are also frequently
      quite different. Juzian in *Rpr* is the Aelroth of *SR*, for instance. Aside
      from the main characters present in most of the tradition (Olivier,
      Roland, Charlemagne, etc.), *Rpr* has a host of others from other texts,
      such as Frontals (of the *Roland rimé*), Garin de Sayna (in *Galien*),
      Galien (of the *Viaggio in Ispagna*), Gandelbuon (in many texts).
XI.   Of note also is the greater emphasis of *Rpr* on sermons and didactic
      passages; but perhaps the greatest originality of *Rpr* is to be found in
      its extraordinary concision, a concision not only achieved through the
      omission of major elements of *SR*, but through aesthetic restraint.[44]

In spite of the work of Roques and others, and of the eleven points outlined
above, all the problems of *Rpr* have not been solved. Many of the
complexities of the manuscript tradition remain to be investigated. With this
in mind, the writer proposes to work on a close translation of the text before
attempting another critical edition. Only a real knowledge of the Old
Provençal text can help us to establish with precision the exact filiation of
Rpr within the Rolandian legend.

In the meantime, we continue to marvel with Mario Roques at the
importance and "personality" of *Ronsavals*. Even if its originality is made
up in great part of composite borrowings, it remains truly original in its
conception of the characters and situation, in its structure, conciseness, and
dramatic vivacity. Thus, we are brought back to the astute remarks of the
text's first editor:

Ronsasvals n'est pas une réduction d'épopée, un extrait, un fragment dont la faible étendue se mesure au souffle trop court d'un poète sans vigueur ou à l'impatiente attention d'un public blasé et las de vieilleries. Ce n'est pas davantage le travail délicat et menu d'un ciseleur de lettres. C'est avec les longueurs et les effets massifs du genre épique, un poème dramatique beaucoup plus qu'une chanson de geste ou qu'une histoire; et l'on ne peut y méconnaître la main d'un écrivain qui présente une forme poétique nouvelle à un public sans doute moins facile que celui pour qui furent composés l'*Entreé d'Espagne* ou la *Spagna*.[45]

With respect to *SR*, D. W. Robertson wrote in his *Preface to Chaucer*:

To make *La Chanson de Roland* "dramatic," it would not only be necessary to omit the Baligant episode; it would be necessary to make human beings out of its characters and to substitute passions for the ideals which motivate them. The result might do well on television, but it would hardly be a medieval poem. We may as well accept the fact that the author of *Roland* was not writing "drama." The problem of the poem is not the career of Roland, but the problem of paganism and the posture of Christian society with reference to it. By "paganism," moreover, we must understand that the forces of evil in general are implied. The solution suggested stresses the necessity for pious leadership, suffering, self-sacrifice, and unwavering devotion to the cause. Above all, if the forces of justice are to survive, they must find their strength in love. These concepts are developed in feudal terms which demand kingship on the one hand and *vasselage* on the other. The Baligant episode, the conversion of Bramimonde, and the final suggestion that Charlemagne's vigilance must be perpetual are just as necessary to the poem as is the trial of Ganelon. Finally, a dramatic presentation requires that the audience enter into the personalities of the characters and move freely in their world. But the world of *Roland*, like the confined space of Romanesque sculpture or the flat surface of Romanesque illumination, is a world apart in which the personalities are ony shadows of abstractions. It is not intended that the audience identify itself with these shadows, which are means of vivifying an underlying conceptual reality. It is intended that the audience perceive that reality. And it is this abstract reality that is moving in *Roland* rather than the passions of the characters considered as such. If we can grasp the abstractions with sympathy and understanding, we shall have no need for the satisfactions of vicarious participation in the action. What has been called "destiny" in the poem is actually the hand of Providence maintaining that harmony, symmetry, and equality which lies behind the flux of the visible world.[46]

Clearly, *Rpr* does not quite correspond to Robertson's definition; it definitely stands different from *SR*. But is *Rpr* a dramatic poem, as Roques suggests? First of all, we must agree that it is *not* a drama for the reasons advanced by Robertson about *SR*. Perhaps Roques' naming of *Rpr* as a "poème dramatique" is only a brilliant compromise on the part of the scholar unable to place his text at an equal and comparable level with *SR*.

At this point we would like to suggest that Roques should perhaps have called the *Rpr* poem a "poème narratif," precisely because this genre does not exclude the epic and because the *Rpr* narrative (its narrator) never fades away to be replaced by a group of characters embodied by actors.[47] In a more limited form and with the differences outlined in this article, *Rpr* resembles a dramatic narrative. Like *SR*, it tells a story in which the writer speaks in his own person while setting the scene; it acquires different personalities and adopts different voices as the episodes require. The *dramatis personae* are never set free to act through different mouths, as in the drama. Thus *Ronsasvals*, with all its differences, remains closer to the genre of the *Song of Roland* than Mario Roques wanted to admit.

As for the main differences between *Rpr* and *SR*, we think they have been astutely accounted for by Hans-Erich Keller, who writes:

> Il est évident qu'après 1150, bien que la chanson de geste soit toujours vivante pour au moins un autre siècle - surtout à cause de la réaction que la *Chanson de Roland* provoqua parmi les hauts barons féodaux -, elle avait perdu sa fonction intrinsèque, à savoir l'appel à la *sainte mellee* et au pèlerinage militaire perpetuel pour la cause de la chrétienté. Le goût du public ne requérait plus que le poète exalte tellement des héros doués à une force remarquable au service de France et de la chrétienté, mais des héros sans lien aucun avec leur propre époque, qui représentent les vertus définies par un nouveau type de chevalier, celui de la société courtoise.[48]

Notes

[1]Marcel Thomas, *La Geste de Roland* (Paris, 1961), Avant-Propos, p. viii.

[2]*Ronsasvals*, hereafter quoted as *Rpr*, published by Mario Roques in *Romania* 58 (1932), 1-28 and 161-89. Roques' first mention of the text appeared in *Romania* 48 (1922), 311-14. In *Romania* 58 (1932), 2, he writes: "En l'absence de toute indication de l'auteur ou du copiste, je propose d'appeler ce second poème *Ronsasvals*." The reason for the "second poème" is that he had found in the same notary register of Apt a first text that he entitled *Roland à Saragosse*.

[3]See Roques, "*Ronsasvals*," *Romania* 58 (1932), 1-2 and n. 3. The text of *Ronsasvals* is listed as n. 24, p. 34 of the different versions of the *Song of Roland* in Kerstin Schlyter, *Les énumerations des personnages dans la Chanson de Roland* (Lund, 1974), hereafter quoted as Schlyter and the page. After v. 1802, Roques (*Romania* 58 [1932], p. 184) prints two Latin lines: "Finito libro, sit laus et gloria Xpo / Qui scripsit scribat, semper cum Domino vivat," a note by the copyist.

[4]Joseph J. Duggan, *A Guide to the Studies on the "Chanson de Roland"* (London, 1976), pp. 43-44, henceforth quoted as Duggan and the page.

[5]Elisabeth Schulze-Busacker, "Réminiscences lyriques dans l'épopée occitane de *Ronsasvals,*" in *Charlemagne et l'épopée romane, Actes du VIIe Congrès international de la Société Rencesvals, Liège, 28 août - 4 septembre 1976* (Liège, 1978), pp. 707-18, quoted henceforth as Schulze-Busacker; Hans-Erich Keller, "Roland à Saragosse: Rencontre de deux cultures," *Mélanges offerts à Rita Lejeune*, 1 (Gembloux, 1969), p. 142. Keller considers that the whole of stanza three of *Ronsasvals* is like a transposition of a French *laisse* in *-ée.*

[6]Joseph Bédier, *La Chanson de Roland* (Paris, 1921); idem, *La Chanson de Roland commentée*, 10 vols. (Paris, 1940-1944); Jules Horrent, *La Chanson de Roland dans les littératures française et espagnole au moyen âge* (Paris, 1951); Ramón Menéndez Pidal, *La Chanson de Roland et la tradition épique des Francs* (Paris, 1960). See also Martín de Riquer, *Les chansons de geste françaises* (Paris, 1957), pp. 118-19 and 206; Jules Horrent, "**Galans a Ronçasvals*: Nouvel examen de l'allusion à la geste sur la bataille de Roncevaux faite dans le fragment occitan de la *Canso d'Antiocha,*" *Romania* 102 (1981), 18-45.

[7]*The Song of Roland*, henceforth referred to as *SR* and represented by the texts established by Cesare Segre (*La Chanson de Roland* [Milan and Naples, 1971]); Gerard J. Brault (*The Song of Roland*, 2 vols. [University Park, 1978], quoted here as Br. I or Br. II and the page); and Gérard Moignet, ed. and trans. (*La Chanson de Roland* [Paris, 1969]).

[8]On the *locus amoenus* see Br. I, p. 67, paragraph D; also p. 70, paragraph E. See Schulze-Busacker, pp. 707-18.

[9]The *SR* also begins *in medias res*. See Br. I, p. 385 n. 5.

[10]The word *brocant* will be picked up again in v. 7 by the expression "al rey Marcili es vengut al devant," also stressing the movement of the scene.

[11]See Br. I, p. 172.

[12]In fact, very much as Guillaume in the *Chanson de Guillaume* requests the right to take Nîmes from Charles (*Charroi de Nîmes*).

[13]On boasts, see Br. I, pp. 171-75 and 176, paragraph 12.

[14]On *Monjoie*, see Julian E. Harris, "*Munjoie* and *Reconuisance* in *Chanson de Roland* v. 3620," *Romance Philology* 10 (1956-57), 168-73. See Br. I, pp. 189 and 427 n. 75.

[15]On gestures, see Br. I, p. 113. The brandishing of swords is an epic cliché which serves to heighten tension immediately before the battle begins.

[16]See Br. I, pp. 185-86.

[17]See Br. I, p. 67, paragraph D, and p. 70, paragraph E.

[18]On Durendal, see Br. I, p. 92, paragraph D. On the notion of brilliance, see Br. I, p. 442 nn. 6 and 17. See also Br. I, pp. 252-53.

[19]Malmatin in *Rpr* and Veillantif in *SR*.

[20]See Br. I, pp. 78 and 79, paragraph B.

[21]This scene is certainly original to *Rpr*, where there are obviously many possible connections with troubadour songs. See Schulze-Busacker, pp. 708-12.

[22]The expression *plassa vos* needs to be noted. There seems to be a definite implication of a public and—more importantly yet—an appeal to its pleasure.

[23]The feminine roles of the Virgin Mary and Aude are truly more important in *Rpr* than in *SR*.

[24]On the disproportion of the number of fighters in *SR*, see Br. I., pp. 184-85.

[25]See Br. I, p. 190.

[26]In *SR* even Olivier is *not* afraid of dying. See Br. I, p. 183.

[27]On the panic-stricken Saracens in *SR*, see Br. I, p. 236.

[28]There is not doubt—already stressed by the writer—that Aude plays a much larger role in *Rpr* than in *SR*. Martín de Riquer (*Les chansons de geste françaises*, p. 118) points out that the theme of Aude "prend un singulier relief dans la tradition castillane." On Roland blowing his oliphant, see Br. I, pp. 210 and 214, paragraph 19.

[29]On the notion of time and space, see Br. I, p. 86, paragraph H.

[30]See Br. I, pp. 228-29.

[31]This is probably the help to the French announced earlier after the text's lacuna.

[32]Curiously, in *Rpr*, Nayme first mistakes Gandelbuon for Ganelon's son (*Rpr*, v. 1172).

[33]On Roland's death in *SR*, see Br. I, pp. 378 n. 530 and 258-60.

[34]In *SR* the Saracens also want to flee in front of Charles. See Br. I, p. 236. It is interesting to note that once more the *Rpr* narrator has substituted one single individual for a large group in *SR*.

[35]See Br. I, pp. 251 and 442 n. 2.

[36]See Rita Lejeune, "Le péché de Charlemagne et la *Chanson de Roland*," *Studia Philologica: Homenaje ofrecido a Dámaso Alonso*, 2 (Madrid, 1961), pp. 339-71.

[37]See Br. I, pp. 448 n. 12 and 262.

[38]Let us hasten to say that such spring-like interruptions of the narrative movement are not infrequent in the old songs. Paul Zumthor, for instance, mentions such a spring digression in the beginning of stanza three of *La Prise d'Orange* (Paul Zumthor, *Essai de poétique médiévale* [Paris, 1972], p. 327). Yet, perhaps more important is the contrast between the last scene with Charlemagne on the battlefield and the sudden spring introit, for it is a traditional feature of the epic system of *écriture* discussed by Zumthor, *Essai*, p. 330, and by Eugene Vance in *Reading the "Song of Roland"* (Englewood Cliffs, N.J., 1970), pp. 44-45, where he describes the system as a simple opposition between the "dynanisme narratif" and the "retard lyrique." To this extent, *Rpr* still displays many of the features of the old epic system, see Zumthor, *Essai*, p. 330; Jean Rychner, *La chanson de geste: Étude sur l'art épique des jongleurs* (Geneva, 1955), pp. 74-107; W. Mary Hackett, "La technique littéraire de *Girard de Roussillon*," *Mélanges de linguistique romane et de philologie médiévale offerts à M. Maurice Delbouille* (Gembloux, 1964), pp. 259-73; Eugène Vinaver, *A la recherche d'une poétique médiévale* (Paris, 1970), pp. 62-67.

[39]See Herman Braet, *Le songe dans la chanson de geste au XIIe siècle*, Romanica Gandensia, 15 (Ghent, 1975). The fact that Aude's dream is interpreted

by one of her ladies may be important; it might be a sign of the evolution of medieval thinking on dreams. See Br. I, p. 405 n. 2 on commentary I.

[40]On Aude's death in *SR*, see Br. I, pp. 316-17.

[41]On embalming, see Br. I, p. 286.

[42]See Menéndez Pidal, *La Chanson de Roland*, p. 174; Martín de Riquer, *Les chansons de geste françaises*, pp. 171 and 174.

[43]See Menéndez Pidal, *La Chanson de Roland*, p. 274.

[44]On simplification and condensation, also a quality of the poet of *SR*, see Br. I, p. 195 n. 36.

[45]Mario Roques, "*Ronsasvals*, poème épique provençal (Troisième article)," *Romania* 66 (1940-1941), 480.

[46]D. W. Robertson, *A Preface to Chaucer* (Princeton, 1973), pp. 170-71.

[47]See Alex Preminger, *Encyclopedia of Poetry and Poetics* (Princeton, 1965), pp. 199-206.

[48]Hans-Erich Keller, "La chanson de geste et son public," *Mélanges de philologie et de littératures romanes offerts à Jeanne Wathelet-Willem* (Liège, 1978), pp. 257-85, esp. pp. 284-85. I would here like to express my gratitude to Professor Keller for his admirable editorial work and for the suggestions he made to me.

The Meaning of *Saber* in Raimon Vidal's *Abril issia*

Elizabeth Wilson Poe

> "Amicx, non es enquera
> a mon semblan tot ton saber..."

When the Dauphin at Montferrand in Auvergne tells the disgruntled jongleur in Raimon Vidal's *Abril issia*[1] that his *saber* is not complete (vv. 226-27), it is not only the jongleur who is perplexed. Several scholars, baffled by these enigmatic words, have even suggested that the text should be altered to read "mon" instead of "ton" *saber*.[2] Though ascribing the faulty *saber* to the Dauphin would help to explain why the powerful lord feels ill-equipped to answer the jongleur's query about the decline of merit among the barons, this emendation does not make the passage any less bothersome, for it seems unlikely that someone who is on the verge of recounting a set of anecdotes which have as their common theme the virtue of self-promotion should begin by belittling his own wisdom. Rather than to entertain the notion that the text might be erroneous, we prefer to accept the passage as it stands. Working from the assumption that the key to the understanding of the Dauphin's words to the jongleur lies in the meaning given to the term *saber*, we shall examine how each of the poem's three characters defines *saber* and how, in the light of this composite definition, the *saber* of the jongleur falls short.

Before seeking out the particular features of *saber* as it occurs in *Abril issia*, we might do well to review Alberto Limentani's remarks on Raimon's general use of the term.[3] The Italian scholar emphasizes the contrast

169

between the attitude toward knowledge displayed in the writings of Raimon Vidal and that which prevailed in the literature of northern France at roughly the same time. In the North, where the values of the *clergie* held sway, the possession of knowledge was thought to bring with it the moral necessity of imparting it to others. To hide one's light under a bushel was regarded as a sin. Not so in the South. If the jongleurs in the troubadour-dominated tradition of the South felt any compulsion to spread their knowledge, it was not out of respect for an ethical imperative but rather out of a desire for self-aggrandizement. Absent from this understanding of *saber* is any reference to Classical times or the Bible. The very antithesis of recondite erudition, *saber* in Raimon's vocabulary comprises the practical means whereby the ambitious man can substantially improve his lot in life.

Saber in *Abril issia* is defined gradually throughout the narrative. In the opening verses of the poem the jongleur makes a few suggestive remarks pertinent to the term. Then from the lips of the Dauphin or, more properly speaking from the jongleur's report of the Dauphin's speech to him, we learn more about the nature of *saber*. Finally the poet himself, in the guise of the longwinded narrator, completes the definition of this word, here modifying, there confirming what the other two characters have already said.

Early in his introduction of himself, the frustrated jongleur tells his new-found friend (the narrator) that no one these days listens to his *saber* (vv. 62-63). At this point *saber* seems to be synonymous with his repertoire.[4] As he continues to speak, however, he broadens the connotations of the word. For example, when he concedes that there are some men who become jongleurs with no other *saber* than their courtly manners (vv. 118-19), he implies that *saber* is not a single entity but a collection of related skills and moral qualities. Just a few verses later the jongleur declares that he has had to adapt his *saber* to accommodate the varied tastes of his audiences (vv. 126-27). The expression used here, *man divers saber*, makes it clearer than ever that *saber* in the vocabulary of the jongleur does not designate a unique, unattainable ideal. To the contrary: there are a number of different *sabers* of which the versatile jongleur may avail himself.[5] *Man divers saber* also suggests a close connection between *saber* and taste. The jongleur must choose, from among the different *sabers* at his disposal, the one most appropriate to the likes and dislikes of his listeners. At the heart of true *saber*, then, one finds extraordinary adaptability.

The only other statement in the poem giving us direct evidence of how the jongleur construes the term occurs in his complaint to the Dauphin about how the barons reward entertainers. Some few, he reports, give *ab bo saber*, while most give *nessiamen* or *privadamen* (vv. 208-11). When set thus in contrast, on the one hand to the barons who lavish gifts indiscriminately and on the other to those who reserve their generosity for their favorites, the baron possessed of *bo saber* is he who responds with intelligence and impartiality to any jongleur who might come to his court. The complex temporal framework of *Abril issia* makes it impossible for us to know whether any of what the jongleur says to the the narrator about *saber* represents his own thinking or whether he is merely restating what he has earlier learned from the Dauphin. In either case, what matters more than where the jongleur may have gotten his ideas about *saber* is the fact that quite early in the narrative, communicated by a man whom his superiors deem a fool, we find a fairly sophisticated understanding of the nature of *saber*. Indeed, our sympathies to this point being with the jongleur, we are surprised and perhaps a bit indignant when the Dauphin accuses him of incomplete *saber*.

After telling the jongleur that his *saber* is defective, the Dauphin proceeds to enlighten him in two ways, overtly by stating a definition of *saber* and covertly by recounting stories which, if one knows how to interpret them, show us *saber* in action. It is worth noting that the Dauphin does not define *saber* by itself; instead, he places it in the middle of a cluster of three terms—*noble cor*, *saber*, and *sen*—thus revealing to what extent *saber* depends on the contribution of other qualities for its effectiveness.[6] The distinctive virtue of *saber*, as outlined by the Dauphin, is twofold: not only does it enable its possessor to distinguish between good and evil even when they are on their best behavior, it also helps him to get along better with those people worthy of his company. This kind of *saber* is absolutely indispensable to anyone who wishes to be accomplished (vv. 252-59). Throughout the telling of his tales the Dauphin says little expressly about *saber*.

The partial suppression of the key word in this important section of the poem can perhaps be best explained on psychological grounds. Having just criticized the jongleur for his lack of *saber*, the Dauphin does not wish to deflate him further by subjecting him to a long diatribe about what *saber* in general is and how his in particular is imperfect. Besides, an extended discussion of *saber* might have appeared tangential to the central issue which the jongleur has asked him to address, i.e., the loss of worth among the barons. Nevertheless, there emerges from the Dauphin's anecdotes an elaboration on what he means by *saber* and how it operates, for, as he himself has carefully pointed out right before these stories, one cannot really separate *pretz*, *saber*, *noble cor*, and *sen*; therefore, to discuss any combination of these traits is, implicitly at least, to talk about them all. What the Dauphin leaves us with, then, is a set of exempla whose ostensible purpose is to castigate the barons and demonstrate how they have lost their merit, but which ultimately take the jongleur to task, too, albeit quietly, and hint at certain deficiencies in his *saber*.

The narrator, who speaks directly to the jongleur for over eleven hundred verses, adds much to the already rich definition of *saber*. He delivers his oration in an unadorned manner, leaving nothing to the imagination of the poor jongleur. Perhaps he believes that anyone who could fail to apprehend the applicability of the Dauphin's tales to himself needs to have the message stated more bluntly. From the narrator we learn that *saber* comes about as a result of long experience: one must see and hear much and persevere before one can acquire *saber* (vv. 717-22).[7] Though we assume that both the jongleur and the Dauphin prize *saber* highly, it is the narrator alone who declares it to be the best treasure in the world (vv. 968-69). Like the Dauphin, the narrator recognizes that *saber* for its completeness depends on the assistance of the moral virtues of boldness, which the Dauphin before him has referred to as the "noble heart" and which he now labels simply *ardimens* and common sense, known in the vocabulary of them both as *sen*.

To the trio of *saber*, *ardimens* and *sen* the narrator, whose remarks pertain more exclusively to *joglaria* than did the Dauphin's, adds a fourth ingredient, *maniera*, which we take to mean the manner of presentation adopted by the performer (vv. 968-73). One aspect of *saber* implicit in the stories told by the Dauphin and here rendered explicit by the outspoken narrator is its association with ambition. As the narrator puts it, deeds, ruses and *saber* lodge naturally in the ambitious man (vv. 1190-93). In the view of the narrator, *saber* fosters a kind of opportunism (vv. 1219-24).

One must, however, be careful, lest in one's zeal to ingratiate himself with the rich and powerful lords one becomes a sycophant. The narrator condemns excessive praise as one of the least valuable forms of *saber* and judges it to be just as malignant as too much slander (vv. 1722-25).[8] One must, further, guard against the tendency to praise one's own *saber* (vv. 1690-93). Self-adulation is not only unbecoming but also pointless, for true *saber* will draw admirers, even in times when the barons as a whole seem insensitive and unheeding (vv. 1700-03). Echoing an opinion earlier voiced by the jongleur, the narrator stresses the diversity of *saber*. He sets *joglaria* above all other *sabers* for its usefulness to the clever man (vv. 956-59) and exhorts the jongleur to be versatile within this privileged profession. The skillful performer must divide his *saber* according to whether he deems his listeners good or bad (vv. 1632-35). After all, one can change one's *saber* more readily than one can change the people whom one is trying to impress (vv. 1211-16).

Having considered what each of the three main characters tells us about *saber*, we still must ask what there is about the jongleur which makes both the Dauphin and the narrator know that his *saber* is imperfect. Let us, then, examine the jongleur's conduct and attitudes as they must have appeared to his two counselors and try to determine along the way what they thought of him.

The first gesture of the jongleur in both of his encounters is to sit down beside his superior as though he were his peer and had a right to his exclusive company (vv. 31-32; vv. 170-75).[9] The Dauphin, with his typical tact and goodwill, disapproves this audacity only in the most subtle way. Worthy men as he depicts them in his stories approach their king with the utmost respect. They do not sit at his side, nor do they presume to share a meal with him (vv. 304-11; vv. 422-33). The narrator is much more open in his censure of the way in which the jongleur imposes himself on those of higher station than he. He calls such conduct stupid and mocks that jongleur who would have no qualms about sitting down beside the king himself (vv. 1676-79).

The jongleur does nothing but complain. He tells the Dauphin that he is discouraged (vv. 178-79) and laments to the narrator that times are not as good as they once were (vv. 52-57).[10] While the Dauphin says nothing outright against complainers, his exempla reveal beyond any doubt that it is the doers and not the grumblers who come out ahead. Moreover, when in his stories a worthy man is unjustly accused by his envious moral inferiors, he does not become defensive and try to deprecate his detractors; rather, he simply calls attention to his own loyalty and service over the years (vv. 422-49). The narrator, in his turn, responds to the jongleur's complaints by telling him point-blank not to be ungrateful, even though he may be undergoing lean days right now. To this effect he cites Guiraut de Borneill as having said that even though love may be besieging him at the moment, he will not lose heart because he is sure that some day he will again experience its favors (vv. 1540-52).

Specifically, it is against the barons that the jongleur vents his spleen. He blames them for the fact that his verses are not well received. In his opinion they have lost their merit and with it their capacity to appreciate good poetry (vv. 218-21). Thus, in the jongleur's none too humble view of the matter, he personally suffers for someone else's shortcomings. In stark contrast with this, the Dauphin presents a very different situation. In the society which he portrays, individuals and whole peoples get just retribution. If they fail to gain public recognition or if they lose what reputation they may have earned in the past, it is because they are undeserving of glory (vv. 520-30). The narrator, approaching the matter from another angle, nevertheless lends support to the Dauphin's claim that people generally get exactly what they deserve. He implies that the jongleur is wrong to decry the barons whenever he finds himself needy. The narrator suggests that the jongleur should criticize himself before turning against the barons. Some men, he argues, are critical of other men's techniques without having mastered their own; such men in their stupidity blame connoisseurs for their own shortcomings (vv. 1563-67).

Again and again the jongleur's conduct reveals his lack of ambition. He does not actively seek good audiences; indeed, he retreats from the courts. He chooses to keep company with lonely and distracted men. Note that it is chance alone which brings him to the Dauphin's court (vv. 136-39). As usual, the Dauphin reproves the jongleur obliquely if at all. In the first of his anecdotes, the dignitary is enterprising and bold but seeks no reward until he believes that he has earned one. At the appropriate time, however, he presents himself to his

lord and names without hesitation the prize he would like to receive. The moral
of the story celebrates virtues lacking in the feckless jongleur: hard work,
ambition, a sense of purpose, self-sufficiency (vv. 282-341). The narrator, too,
detects the jongleur's aimlessness and criticizes him openly for it. He tells his
foolish listener that many men have *saber* like his and that they wander around,
much as he does, with no clearly defined idea of where a clever and courteous
man should go (vv. 1580-85). Both the Dauphin and the narrator imply that the
jongleur should not expect much in the way of recompense until he knows
precisely what he is seeking and where it is to be found.

Another remarkable feature of the jongleur's outlook is his assumption
that the fact that his father was a jongleur gives him special status in the trade
(vv. 182-87; vv. 200-01). The tales told by the Dauphin furnish repeated
evidence of how the noble heart triumphs over heredity in determining the fate
of individuals and nations. When noble heritage is not reinforced by the
accomplishment of worthy deeds, then the old nobility, epitomized by the
Almoravides, collapses and in its stead arises a fitter, more industrious class,
embodied by the Almohades (vv. 498-525). And the narrator shares the
Dauphin's conviction that who one's father is has very little to do with one's
own worthiness. He quotes Arnaut de Mareuil, who states that one can leave
property for one's son to inherit, but that the son will not have merit unless it
comes from his own heart (vv. 1020-25). Later in his speech the narrator makes
the pointed remark that even if the jongleur had been the son of an emperor, he
would still be a mere jongleur so long as he enjoyed traveling (vv. 1694-97).

Once having examined in some detail the jongleur's behavior, we
realize that his *saber*, at least as the Dauphin and the narrator understand it,
is indeed incomplete. Though the jongleur certainly ''knows'' a great deal
about his profession (*saber*) and undoubtedly has a considerable repertoire
(*saber*), he lacks not only the noble heart which would have emboldened him
but also the common sense which would have humbled him, each at the
proper time. Without the critical tension between *noble cor* and *sen*, the
jongleur's *saber* is frequently ineffectual and inappropriate, and he himself
appears ill-bred and obtrusive.

But to return to the statement which prompted this investigation of
saber, we need to consider whether by ascribing the incomplete *saber* to the
jongleur and not to the Dauphin we clarify or further obfuscate the remainder
of the passage. The verses which interest us are the following:

> e dis, ''Amicx, non es enquera
> a mon semblan tot ton saber,
> car demandat m'as a lezer;
> es mot a mi e pauc als pros
> per qi'ieu non cug aital respos
> a far, co·s cove ni·s taisses.''
>
> (vv. 226-31)

In suggesting that the proof of the jongleur's imperfect *saber* resides in his having asked his question *a lezer*, the Dauphin uses an expression which is, at the very least, ambiguous.[11] William Field translates *a lezer* as 'at length.' If we accept this definition of *lezer*, we take the Dauphin's words to mean, "If you have been miserable for so long and are just now speaking up about it, your *saber* is clearly not whole." This interpretation pins the defect in the jongleur's *saber* to his lack of a noble heart. Had his *saber* been complemented by *noble cor*, he would have come forward and declared courageously from the very outset what he wanted. A second, equally permissible translation of *a lezer*, 'at leisure,' throws a slightly different light on the precise nature of the jongleur's failure. According to this understanding of *lezer*, the jongleur's deficiency lies more properly in the domain of *sen*, for he has chosen a bad moment to broach this delicate subject. He has waited until the end of a long evening of frivolity which, though amusing, must also have been somewhat tiring, especially for the gracious host. For the imprudent jongleur to approach him now when everyone else is already in bed and when he is exhausted and solitary violates the dictates of *sen*, a necessary adjust of *saber*.

The Dauphin's words seem more impenetrable still when he remarks that an appropriate response, while easy for a worthy man, will be difficult for him.[12] Field, as noted earlier, links this statement with the Dauphin's presumed admission of incomplete *saber*, for if one concedes that the Dauphin looks upon his own *saber* as imperfect, one must then find it quite natural that just a few verses later, this same man might feel a bit hesitant at the prospect of dispensing advice.[13] However, in keeping *ton* and refusing to accept the emendation to *mon*, we are confronted with the task of explaining why the Dauphin should suddenly switch from criticizing the jongleur to criticizing himself. Our guess is that the Dauphin is being ironic when he suggests that his wisdom and powers of expression do not measure up to the jongleur's challenge. He recognizes the paradoxical character of the problem which the jongleur—oblivious—has set before him. The jongleur has made it plain that in his opinion all the barons, the Dauphin included, have lost their worth (vv. 200-21). The Dauphin, conscious of the bias of his interlocutor, quips that if he were worthy, he could answer readily, but, as the jongleur has just finished telling him that he is not, how can he be expected to settle the question? Moreover, he has observed enough of the jongleur's deportment to discern his lack of subtlety. He knows that even pointed exempla will most likely fall on uncomprehending ears. Thus, he finds himself in a dilemma: if his answer is tactful enough to be becoming, it will not be suitable because the jongleur will be too dull to understand it; but if, on the other hand, his answer is blunt enough to be suitable, it will not be becoming and will serve only to prove the jongleur's point that noblemen have lost their sense of decorum. The Dauphin obviously opts for the tactful approach; the narrator after him, seeing that the jongleur has profited little from the Dauphin's somewhat guarded words, chooses the opposite approach and holds forth without reserve.

To our frustration, perhaps, we never know whether the jongleur increases much in *saber* as a direct consequence of the advice afforded him by his two counselors. We observe no instantaneous improvement in him at the conclusion of either conversation. The uncomfortable tentativeness of the departure scene between the Dauphin and the jongleur reflects the Dauphin's feeling that his companion still has a long way to go before achieving *tot saber*. Thus, the Dauphin finds himself torn between suggesting that they go their separate ways and allowing the jongleur to linger if he should feel so inclined:

> aisi ns·partam; e si·n vols flocx,
> enqueras as per remaner.
> (vv. 613-14)

And again, at the end of the poem, we witness a faltering leavetaking, this time between the narrator and the jongleur. Both seem to want to postpone the moment of separation, possibly because they sense the inconclusiveness of their lengthy conversation:

> E ab aitan, cor no·ns fo bos
> lo partir, nos venguem
> a l'ostal, on mangem,
> tro lo mati qi s'en anet.
> (vv. 1770-73)

The poem's final three verses convey a touch of wistfulness as the narrator, alone for the first time since the opening twenty verses, wonders whatever became of his erstwhile companion and whether he ever came to see the world in a more favorable light. This query about the jongleur's attitude toward the world is tantamount to asking about his *saber*, because *saber*, as it appears from the composite definition developed in this text, includes an ability to evaluate society, to accept it for what it is, and to adapt oneself to it, without, however, compromising oneself.

The lack of definitiveness at the poem's conclusion (did the jongleur's *saber* improve or not?) recapitulates structurally and thematically all that has preceded it. The dialogic form of the work precludes any but a partial ending, for only one person can speak last, and, especially here, where the narrator concludes with an indirect question, one can but muse as to how the other party would have responded had he had the chance.

The particular dialogic structure of *Abril issia* is complicated by Raimon Vidal's extensive use of reported discourse. Indeed, to be perfectly accurate, the poem is not so much a dialogue as a long monologue wherein the poet recounts his conversation with a jongleur who for his part repeats words spoken to him by the Dauphin of Auvergne. At one point we find the narrator citing the jongleur citing the Dauphin citing the worthy baron engaged in dialogue with his king. Such intricacy naturally fosters ambiguity and thus prepares us not only to accept but even to expect an ending that raises questions.

In substance, too, the remaining doubt about whether the jongleur ever found the world improved conforms to the general theme of change which dominates the text. From the opening verse, *Abril issia* announces its preoccupation with the notion of change and transition. Instead of situating the poem squarely in one month of the springtime or another, Raimon sets it somewhere in between April and May. Through the use of the imperfect tense (*issia, entrava*) he indicates change in the process of happening. The society described in the text is likewise in flux. Individual men, as for instance the Almassor, raise their position in society through ambition and industry; meanwhile, whole classes (e.g., the barons) and peoples (e.g., the Almoravides) slip into decline when they do not have the noble heart to uphold their heritage.

Saber, too, of course, is connected with process. It does not come automatically to anyone but demands time, effort and flexibility on the part of that individual who would possess it. The narrator tells us that one must see and hear much and try hard before one will acquire *saber*. What this poem shows, then, is the jongleur hearing much and, we hope, moving in the direction of *saber*. Because the acquisition of *saber* is a long, slow process, we would be surprised at anything other than uncertainty from the narrator as to the jongleur's ultimate condition.[14]

Notes

[1]This poem is contained in a single manuscript, R (Bibl. Nat. fr. 22543, ff. 136v-138v). The three major editions of the complete text are as follows: Karl Bartsch, *Denkmäler der provenzalischen Litteratur* (Stuttgart, 1856), pp. 1244-92; Wilhelm Bohs, "'Abrils issi' e mays intrava*: Lehrgedicht von Raimon Vidal von Bezaudun," *Romanische Forschungen* 15 (1903), 204-316; *Raimon Vidal, Poetry and Prose*, ed. William H. W. Field, II, "Abril issia," University of North Carolina Studies in the Romance Languages and Literatures, 110 (Chapel Hill, 1971). All citations in this essay are taken from Field's edition of the work.

[2]"Abril," pp. 93-94 nn. 228-31.

[3]Alberto Limentani, "L'io, la memoria e il giullare nelle novas di Raimon Vidal," in *Mélanges offerts à Rita Lejeune* (Gembloux, 1969), pp. 197-212, esp. pp. 208-10.

[4]We restrict our inquiry to instances of *saber* used substantivally. Consult François-Just-Marie Raynouard, *Lexique roman, ou Dictionnaire de la langue des troubadours*, 6 vols. (Paris, 1836-1844), 5:123, and Emil Levy, *Provenzalisches Supplement-Wörterbuch*, 8 vols. (Leipzig, 1894-1924), 7:397 for standard definitions of the word.

[5]The multiplicity of *sabers* is implied elsewhere in the writings of Raimon Vidal by the use of such expressions as *mant saber*, *aquest saber*, *negun saber* and *nul gran saber*. *Las razos de trobar*, ed. J. H. Marshall (London, 1972), MSS B, 1. 7; B, 1. 32, B, 1. 50, H, 1. 296; B, 1. 16, H, 1. 19; B, 1. 434.

[6]Raimon expresses a similar idea in *Las razos de trobar* when he says that an individual will have *saber* in his heart in proportion to how *prims* and *entendenz* he is (MS B, ll. 51-52).

[7]Raimon insists on the tenacity required for the acquisition of *saber* in *Las razos de trobar* when he states: ". . .car nul gran saber non po hom aver menz de gran us. . . ." (MS B, ll. 433-34).

[8]We see this theme in *Las razos de trobar*, where, interestingly, it is not explicitly associated with *saber*: "car una de las maiors valors del mont es qui sap lauzar so qe fa a lauzar et blasmar so qe fai a blasmar" (MS B, ll. 41-42).

[9]Edmond Faral, *Les jongleurs en France au moyen âge* (Paris, 1910), p. 102, suggests that it was not the least bit rare for a jongleur to move from "l'humble état d'amuseur" to the "dignité de confident."

[10]The praise of the past, coupled with lament over the present, is of course a common topic of the *exordium* in various medieval literary genres. Here, however, the topic, without relinquishing its function as an introductory formula, serves also as the central subject of the jongleur's *narratio*.

[11]*Abril*, p. 93. Levy, *Supplement-Wörterbuch* 4:391 translates *lezer* by 'Musse,' 'leisure' but admits that the passage is unclear. Field prefers to translate *a lezer* as 'at length.' This interpretation leads Field to the emendation *mon* for *ton saber*.

[12]*Abril*, p. 94 nn. 229-31. Field admits that the meaning here is not clear and notes that vv. 229 and 230, if reversed, might make more sense. Such a reversal would enable one to interpret the verses in the following manner: "This is why I do not think that such a [very difficult] answer is very [appropriate] for me to make and [little] appropriate for the proficient to make, as is becoming."

[13]*Abril*, pp. 93-94 n. 228.

[14]*Las razos de trobar* ends in a similarly open-ended fashion and for the same reason. Because of the nature of *saber*, Raimon cannot impart instant knowledge to his reader. The only thing which he can affirm at the conclusion of *Las razos* is that the *prim hom* could (*porria*) improve. Whether he will or not remains to be seen (MS B, ll. 471-73).

Jaufre, lo fil Dozon, et Girflet, fils de Do

Antoinette Saly

On admet généralement, à l'heure actuelle, que "Jaufre, lo fil Dozon" (ou Dovon), n'est autre que Girflet, fils de Do; lequel s'identifie à son tour à Gilvaethwy, fils de Don[1]. A l'appui de ce rapprochement, on peut invoquer la constante mention du patronyme dans l'appellation du personnage. Les héros arthuriens, il est vrai, à moins d'être de beaux inconnus comme Guinglain ou des orphelins ignorants de leur lignage comme Perceval, voient signaler le nom de leur père. On sait, par exemple, qu'Erec est fils de Lac; Yvain, fils d'Urien; Lancelot du Lac, fils du roi Ban de Benoyc; il s'agit là d'une référence donnée au lecteur une fois pour toutes. Mais Jaufré, comme Girflet, partage avec Yder, fils de Nut et Tors, fils d'Arès, le singulier privilège de s'entendre sans cesse rappeler sa filiation[2]. Le nom du père se trouve associé à celui du fils dans des contextes où ce rappel s'avère la plupart du temps dénué de tout fondement. On s'attendrait à pouvoir expliquer cette association par la notoriété du père; or la surprise est totale: ni Nut ni Do ne sont des chevaliers particulièrement illustres du monde arthurien[3]. Le cas, précisons-le tout de suite, est différent dans *Jaufré* où l'auteur justifie habilement la mention du patronyme en faisant de Dozon un des meilleurs de la Table Ronde. Jaufré se présente en se référant à son père, et le nom de son père lui ouvre toutes les portes.

A la cour d'Arthur, quand, après l'avoir fait chevalier, le roi lui demande son nom, il s'entend répondre:

> Seiner, Jaufre, lo fil Dozon,
> Ai num en la terra don son.
> (vv. 679-80)[4]

A ce nom de Dozon, le roi Arthur, vivement ému, rappelle la valeur insurpassable de ce chevalier mort à son service en assiégeant un château ennemi (vv. 684-98).

Il en est de même lorsque Jaufré se présente à son hôte Augier d'Essart:

> De la cort del rei Artus sun,
> E mos pare ac nom Dozon,
> Es eu Jaufre.
> (vv. 4527-29)

Il n'en faut pas plus; Jaufré se voit aussitôt accueillir comme un fils et proposer une part d'héritage (vv. 4534-57).

Le romancier donne ainsi à Dozon une personnalité et une histoire qui justifient le rappel constant de son nom. Nous voilà loin du châtelain de Carduel, forestier d'Uterpendragon, qui n'est guère connu que pour s'être fait enlever sa fille, Lore, personnage si falot qu'il finira confondu avec son homonyme épique Doon de Mayence[5]. Le romancier occitan tire une amplification de l'association de noms que la tradition lui impose. Cette appellation était un lointain héritage, s'il est vrai que Don, dans le Mabinogi, ait été une divinité; la filiation divine expliquant peut-être la constance du rappel, le nom demeurait prestigieux, sans qu'on pût y rattacher d'exploits précis, et continuait à imposer et Girflet et Jaufré comme leur prototype Gilvaethwy.

Quoi qu'il en soit, l'identification de Girflet à Gilvaethwy, fils de Don et de Jaufré, fils de Dozon avec Girflet, ne repose, en fait, que sur l'onomastique. Comment ce Gilvaethwy, connu par la quatrième branche du Mabinogi, est-il devenu un des chevaliers de la Table Ronde? Comment est-il devenu lui-même le héros d'un roman? Comment est-il devenu Jaufré? C'est cette enquête que nous nous proposons d'entreprendre ici.

Examinons si, dans les romans arthuriens les plus anciens ou à peu près contemporains de celui de *Jaufré*[6], on pourrait relever des indices de la "préhistoire" de ce héros. Autrement dit, serait-il possible de déceler des traits communs aux aventures de Gilvaethwy, de Girflet et de Jaufré?

Le personnage de Girflet fait son apparition dans notre littérature chez Chrétien de Troyes avec *Erec et Enide*. Au vers 317, il figure avec Keu et Amauguin parmi les chevaliers appelés à conseiller le roi Arthur à propos du maintien de la coutume du Blanc Cerf[7]. Il est pour la première fois appelé *li filz Do* au vers 1697, où il est cité - fait remarquable - en compagnie d'un certain Taulas, dans la liste des chevaliers de la Table Ronde présents lors de l'accueil d'Enide à Caradigan:

> Gilflez, li filz Do, et Taulas
> Qui onques d'armes ne fu las.
> (vv. 1697-98)

Sa filiation est encore une fois rappelée lorsque l'auteur loue sa valeur au tournoi de Tenebroc, au même titre que celle de Gauvain, d'Yvain et de Sagremor:

> Bien le fist mes sire Gauvains,
> Girflez, li filz Do, et Yvains
> Et Sagremors li Desreez.
> (vv. 2173-75)

On le retrouvera dans le *Conte du Graal*. Lorsque la Demoiselle Hideuse, après avoir fait reproche à Perceval de son mutisme au château du Roi Pêcheur, propose à la cour d'héroïques aventures, Gauvain et Girflet sont les premiers à réagir. Gauvain choisit de courir celle du Pui de Montesclere, Girflet celle du Chastel Orgueillous:

> Et Gifflés li fiex Do redist
> Qu'il ira, se Diex li aït,
> Devant le Chastel Orgueillous.
> (vv. 4721-23)[8]

Chez Béroul, où exceptionnellement Girflet n'est pas appelé fils de Do, on le rencontre également en compagnie de Gauvain. Lorsque Tristan, noir chevalier, débouche avec Governal sur la Blanche Lande, Gauvain qui l'aperçoit le premier s'adresse à Girflet:

> Gauvains, li niés Artus, demande
> Gerflet: "Vez en lo deus venir,
> Qui mot vienent de grant aïr.
> Nes connois pas: ses tu qu'il sont?
> - Ges connois bien'', Girflet respont.
> "Noir cheval a et noire enseigne:
> Ce est li Noirs de la Montaigne.
> L'autre connois as armes vaires,
> Qar en ceste païs n'en a gaires.
> Il sont faé, gel sai sanz dote''.
> (vv. 4010-19)[9]

Et, plus loin, dans le groupe des Arthuriens qui assistent impuissants à la vengeance de Tristan, ils figurent tous deux en compagnie de Tolas:

> Gerflet et Cinglor et Ivain,
> Tolas et Coris et Vauvain.
> (vv. 4057-58)

Certes notre récolte est maigre, mais l'enquête ne se solde pas par un résultat tout à fait négatif.

Avançons vers le XIIIᵉ siècle. Nous laisserons de côté les cas où Girflet n'est pour ainsi dire qu'un figurant, chevalier de la Table Ronde cité parmi d'autres ou héros d'une aventure assez banale pour s'inscrire au palmarès de n'importe quel Arthurien. Dans la *Continuation* de Gerbert de Montreuil, par exemple, il est le premier que le roi envoie affronter Tristan, qui se présente au tournoi incognito; il sera aussi d'ailleurs le premier à se faire désarçonner[10].

Un rôle plus intéressant lui est heureusement dévolu ailleurs. Ainsi, dans la *Première Continuation*, s'affirme la solidarité de Girflet et de Gauvain: Girflet, conformément à la décision prise dans le *Perceval* de Chrétien, s'est rendu au Chastel Orgueillous; il y est fait prisonnier par le Riche Soudoier. Au bout de cinq ans, le roi Arthur vient assiéger le château, et Girflet sera délivré par Gauvain[11]. C'est dans cet épisode que se dessine l'association de Girflet et de Lucan le bouteiller qui, dans *La Mort Artu*, resteront seuls auprès du roi mourant à la fin de la bataille de Salesbières[12] où Girflet tiendra son rôle le plus prestigieux; c'est lui qui sera chargé de jeter Escalibor au lac. Comme le fait remarquer Joël H. Grisward, ce compagnon loyal du roi "jouit dans l'écroulement du monde arthurien d'une sorte d'élection": témoin des prodiges qui accompagnent la mort du roi, il a le privilège de voir "le rayon de soleil qui foudroie Mordret, la main enchantée qui saisit l'épée, la nef magique qui emmène Arthur et jusqu'à pluie *moult grant et moult merveilleuse*, elle-même signe d'élection"[13].

Cette promotion de Girflet lui vaudra sans doute de tenir un rôle de premier plan dans un texte de la fin du XIIIᵉ siècle: l'*Escanor* de Girart d'Amiens lui sera partiellement consacré. Ce roman, un des derniers romans arthuriens en vers, après avoir raconté les amours de Keu et d'Andrivette, fille du roi de Northumberland, met en scène Girflet amoureux de la reine des Traverses et rattache à leur histoire celle de la rivalité et de la réconciliation d'Escanor et de Gauvain[14].

Mais bien avant ces derniers romans, Renaut de Beaujeu lui avait attribué un rôle plus intéressant, semble-t-il, pour notre propos: Girflet apparaît dans le *Bel Inconnu* comme le possesseur d'un épervier merveilleux gardé sur une perche d'or et destiné à la plus belle; il le réserve à son amie, qu'il croit telle en dépit de sa laideur, et combat tout chevalier prêt à le lui disputer pour une autre[15].

Rappelons-nous quelle place occupent les oiseaux merveilleux dans le roman de *Jaufré*: c'est celui de Fellon d'Albarua, capable de rabattre un vol de grues fascinées par son cri (vv. 8877-920); il sera remis à Jaufré qui en fera don au roi Arthur (vv. 10175-95). C'est l'oiseau monstrueux qui enlève dans ses serres le roi sorti l'affronter, avant de reprendre forme humaine, la forme de l'enchanteur royal dont il est la métamorphose (vv. 9818-10044);

sans compter les chanteurs du verger de Monbrun que fait taire l'intrusion du héros (vv. 3050-58 et 3194-201).

Inutile de nous risquer plus loin, dans des romans trop tardifs par rapport à *Jaufré*; nous n'avons mentionné *Escanor* qu'en raison de ce roman de Girflet qui en constitue la seconde partie; il est évident qu'il ne peut guère nous en apprendre sur la préhistoire de Jaufré. Parmi les autres textes retenus, la *Première Continuation* ne fait que développer laborieusement l'aventure suggérée par le *Perceval* de Chrétien; par contre, le rôle dévolu à Girflet chez Renaut de Beaujeu ou dans la *Mort le Roi Artu* mérite peut-être examen.

Le moment est venu de faire, avec prudence, un premier bilan. Dans les romans du XIIe siècle où est mentionné Girflet, il l'est directement en compagnie de Taulas et surtout de Gauvain: chez Béroul, ils sont compagnons, c'est à Girflet que s'adresse Gauvain, et dans une circonstance précise, comme si seul Girflet était capable de satisfaire sa curiosité et de lui dévoiler l'identité du chevalier noir. La réponse de Girflet ne se fait pas attendre (vv. 4010-19). Est-ce pur hasard? Ne serait-ce pas qu'à l'époque où est rédigée cette partie du *Tristan* de Béroul on connaît déjà une aventure de Girflet avec un noir chevalier *faé*? Comment, en effet, ne pas penser à celle de Jaufré avec le gardien du passage, le noir démon au service de la vieille, que le héros combat en vain un jour et une nuit (vv. 5170-660)? Il nous est dépeint comme

> . . . un cavaler armat
> Aitan negre cun un carbon,
> E sun caval d'esa faizun
> E sa lansa e sun escut.
>
> (vv. 5274-77)

Girflet avait déjà dû courir des aventures avec Taulas, avec Gauvain, avec le Chevalier Noir, comme Jaufré dans son roman. Avant *Jaufré*, des contes d'aventure avaient-ils déjà mis ces personnages en rapport? Les aventures de Jaufré ne sortent vraisemblablement pas du néant, et il n'a peut-être pas hérité de Girflet que le nom de son père Dozon.

De même, dans le *Bel Inconnu*, ce lien entre Girflet et l'épervier merveilleux est-il purement fortuit? Est-ce pure fantaisie de l'auteur qui cueillerait arbitrairement le nom de Girflet dans la tradition arthurienne? ou réminiscence, dégradée sans doute et même banalisée, de quelque épisode du conte éclaté, dont nous serait ainsi gardée une nouvelle bribe[16]?

Mais Girflet est identique à Gilvaethwy. Aussi est-ce vers ce personnage qu'il importe aussi de se tourner.

Gilvaethwy, fils de Don, apparaît dans un récit à thème royal dont la magie et la métamorphose sont les données essentielles[17]. La quatrième branche du Mabinogi raconte comment pour permettre à Gilvaethwy de séduire Goewin, la vierge porte-pied de Math, fils de Mathonwy, roi de

Gwynedd, l'enchanteur Gwydyon, frère de Gilvaethwy, soulève une guerre entre son oncle, le roi Math, et Pryderi, prince de Dyvet, grâce à un stratagème magique: il propose à Pryderi l'échange des porcs merveilleux reçus en présent de l'Annwn contre douze étalons caparaçonnés d'or et douze chiens de chasse à colliers et laisses d'or. Le roi de Dyvet, émerveillé, accepte le troc. Le lendemain, étalons et chiens ont disparu, ils n'étaient qu'un effet de la magie de Gwydyon. Cette trahison provoque une guerre meurtrière entre les deux princes, et Pryderi est tué par Gwydyon en combat singulier. Mais profitant de l'absence de Math, Gilvaethwy a violé Goewin, indigne de remplir désormais son office auprès du roi. Alors, pour tirer vengeance de ses neveux, le roi Math, maître en matière de magie, d'un coup de sa baguette enchantée, transforme Gilvaethwy en biche et Gwydyon en cerf. Au bout d'un an, il transforme Gilvaethwy en sanglier et Gwydyon en laie; une année se passe encore, et il transforme le sanglier en louve et la laie en loup. Le premier couple a un faon, le second un marcassin, le troisième un louveteau; Math en a chaque fois fait un bel adolescent qu'il garde auprès de lui.

Le Mabinogi oublie alors Gilvaethwy pour raconter le destin de son neveu, né d'une vierge par la magie de Math, et cette longue histoire est tissée d'enchantements et de métamorphoses: Gwydyon transforme du varech en navire, change de physionomie et prend l'aspect d'un jeune homme, tandis qu'il fait de son tout jeune neveu un adolescent et suscite l'attaque d'une flotte fantôme; enfin la magie conjuguée de Math et de Gwydyon fait sortir des fleurs une femme qu'ils donnent en mariage au fils de la vierge Aranrot. Elle le trahit et le fait tuer, il se métamorphose en aigle; alors Gwydyon, d'un coup de sa baguette, lui redonne forme humaine et, pour punir Blodeuwedd, l'épouse née des fleurs, la transforme en hibou. Après toutes ces aventures le fils d'Aranrot, petit-neveu de Math, devient prince de Gwynedd.

Que retenir de cet étrange conte? Que le personnage de Gilvaethwy, fils de Don, fait son apparition dans un contexte magique. Le mabinogi, construit à partir de son aventure amoureuse avec Goewin, s'amplifie par récurrence du motif de l'enchantement, qu'il s'agisse de générations miraculeuses, de métamorphoses ou d'illusions. Cette atmosphère magique autour de Gilvaethwy se retrouve autour de Jaufré dans le roman occitan; c'est elle qui lui confère un caractère unique, qui le distingue de tous les romans d'oïl et lui donne une place à part dans la littérature arthurienne. Or cette magie semble en rapport avec la personne même du héros qui la traîne pour ainsi dire après lui; elle est son milieu naturel, et Gilvaethwy en devenant Jaufré l'introduit de la cour de Math à la cour d'Arthur.

On ne saurait certes faire directement sortir du mabinogi les épisodes magiques du roman de *Jaufré*; on y remarquera cependant la présence constante de l'enchanteur du roi, qui ici n'est pas Merlin. Ce personnage anonyme joue un rôle prépondérant, et sa fonction essentielle à la cour est de se métamorphoser:

> e a ab lo rei convinen
> Qe, can fa ajustar sa gen,
> Per so qe tenga cort ni festa
> Ni degra coronar sa testa,
> Qe, s'el se pot far desemblar,
> Una copa d'aur li deu dar
> E un caval tot lo melor
> De sa cort, e lla belazor
> Piusela q'el y triara,
> Davan totz el la baisara.
>   (vv. 449-59)

L'enchanteur en titre est un des plus prestigieux chevaliers de la cour, l'auteur ne tarit pas d'éloges sur ses éminentes qualités. Le roi reconnaît:

> Qe dels melors de sa cort es,
> Dels pros, dels savis, dels cortes,
> Dels adreitz e dels avinens.
>   (vv. 437-39)

L'aventure attendue à la cour arthurienne au moment du festin est chaque fois suscitée par l'enchanteur qui se métamorphose lui-même la première fois en taureau, la seconde fois en oiseau[18]. Ces aventures visent à mettre en scène la personne royale et n'interviennent qu'à un des grands moments de l'histoire de Jaufré: juste avant sa présentation à la cour, juste après la célébration de son mariage; elles encadrent la destinée arthurienne du héros.

Selon la tradition arthurienne, l'aventure proposée au festin part de la cour et revient s'y dénouer - telle sera bien celle de Jaufré - mais, ici, destinée en fait au roi, elle se noue et se dénoue dans une cour enchantée, soumise à l'action du magicien royal; action souveraine, destinée à exalter la valeur d'Arthur et le dévouement de ses chevaliers. Gilvaethwy aussi évoluait dans le cadre d'une royauté magique. Que le roman de *Jaufré* repose sur un rituel d'investiture royale, comme le suggère Marc-René Jung[19], constitue une hypothèse des plus intéressantes, dans la mesure où l'obscur mabinogi de *Math* recèle déjà vraisemblablement un tel mythe: Math, fils de Mathonwy, est un roi magicien, et il faut une mort, une métamorphose et une renaissance pour que son petit-neveu, le fils de la vierge Aranrot, l'époux de la femme-fleur Blodeuwedd, Lleu Llaw Gyffes, accède à la royauté de Gwynedd soumise aux enchantements de Math et de Gwydyon dont il est la créature et le jouet.

Certes il y a loin du séducteur de Goewin à l'amant comblé de Brunissen, et sans doute, avant de devenir Jaufré, Gilvaethwy, fils de Don - Girflet, fils de Do a-t-il couru des aventures que nous ne connaissons pas mais que laissent entrevoir çà et là quelques rares témoignages: Chrétien de

Troyes et Béroul, comme nous l'avons vu, l'évoquent auprès d'un certain Taulas, Béroul en fait un compagnon de Gauvain[20] et l'interroge sur un chevalier noir qu'il identifie sans peine; un peu plus tard, Renaut de Beaujeu en fait le possesseur d'un épervier merveilleux, la *Mort Artu* le témoin des prodiges qui confèrent au destin royal un caractère mythique. Ce sont là des éléments épars mais constitutifs des aventures de Jaufré dans son roman. Maint conte a dû circuler sur lui avant qu'il n'appartienne à la Table Ronde et ne devienne comme Erec, comme Yvain, comme Lancelot et Perceval, le héros d'un roman, où sa victoire sur Taulas et le Chevalier Noir allait prendre des dimensions et peut-être aussi des interprétations nouvelles.

Par quelles aventures était-il connu? Le roman de *Jaufré* nous le laisse déchiffrer en filigranes. Le schéma de son aventure ne la différencie guère, somme toute, de celle d'un Lancelot ou d'un Perceval, d'un Perceval surtout: héros défenseur et restaurateur du pouvoir royal devant un arrogant qui le brave et le conteste - Taulat étant comparable à Méléagant ou au Chevalier Vermeil[21] -, il court l'aventure de l'Autre Monde, le pays féerique situé sous la fontaine, qui l'a ravi pour l'appeler à l'aide, et en est surabondamment récompensé[22]. Comme pour Lancelot et Perceval, son passage rétablit l'ordre perturbé et fait partout succéder la joie ou l'abondance à la désolation. Sans doute était-il, lui aussi, un héros du grand mythe qui semble avoir lié l'équilibre de ce monde-ci à celui de l'Autre et la fertilité à la vigueur et au prestige du roi[23]. La victoire sur Taulat habilite en fait Jaufré à l'aventure merveilleuse de la fontaine et le désigne à la fée de Gibel comme seul capable de la soutenir contre le monstrueux Fellon d'Albarua[24]. Reste à admettre la bonne foi de l'auteur qui déclare tenir son histoire d'un chevalier étranger, un Breton peut-être, puisqu'il le dit *paren d'Artu e de Galvain* (vv. 86-90). Moins rationaliste que les poètes d'oïl, il a préservé autour de son héros l'atmosphère magique où évoluait son lointain ancêtre, le prince de Gwynedd, fils de Don.

Ce ne sont là, il est vrai, que des indices, dans le jeu desquels - ne soyons pas dupe à notre tour de quelque magie illusoire - le hasard ne saurait être absolument exclu; mais nos auteurs ne créaient pas à partir du néant, et il n'est pas déraisonnable de penser que le rôle dévolu, même momentanément, à certains de leurs personnages ainsi que le contexte dans lequel ils les faisaient entrer n'étaient pas tout à fait arbitraires.

Notes

[1]Roger S. Loomis, *Arthurian Tradition and Chrétien de Troyes* (New York, 1949), pp. 162 et 483. On remarquera que dans les listes d'Arthuriens du roman de *Jaufré* (vv. 101-10 et 8051-56) ne figure pas Girflet, omission qui ne s'expliquerait guère si Girflet n'était ici Jaufré. Sur les multiples variantes des noms de Girflet et de Do, voir Loomis, ibid., et Geoffrey D. West, *An Index of Proper Names in French Arthurian Verse Romances, 1150-1300* (Toronto, 1969), s.v. *Gif(f)let* et *Do*; sur la forme *Jaufre*, voir Rita Lejeune, ''A propos de la datation du roman de *Jaufré*. Le

roman de *Jaufré*, source de Chrétien de Troyes?'', *Revue belge de philologie et d'histoire* 31 (1953), 717-47, notamment p. 738.

[2]Sur Yder, fils de Nut, voir Loomis, *Arthurian Tradition*, p. 491. Procédé si mécanique qu'une interversion se glisse sous la plume du scribe Guiot:

et Guiflez, li filz Nut, redit
qu'il ira, se Dex li aït,
devant le Chastel Orguilleus.
(Le Conte du Graal, éd. Félix Lecoy, Classiques
Français du Moyen Age, 100 [Paris, 1973], vv. 4697-99).

[3]Sur Nut, Nudd et le dieu celte Nodens, voir Loomis, *Arthurian Tradition and Chrétien de Troyes*, p. 448. Sur Don, voir Julien Loth, *Les Mabinogion . . . traduits du gallois*, 1 (Paris, 1913), p. 176 n. 1.; selon Loth, le mabinogi de Math, fils de Mathonwy fait de Don la mère de Gilvaethwy, et pour Loomis il s'agirait d'une déesse-mère correspondant à la Dana irlandaise.

[4]Nous citons d'après l'édition de Clovis Brunel, *Jaufré: roman arthurien du XIIIᵉ siècle en vers provençaux*, Société des Anciens Textes Français, 2 vol. (Paris, 1943).

[5]Sur Do, châtelain de Carduel, voir *The Vulgate Version of the Arthurian Romances, ed. from Manuscripts in the British Museum*, éd. H. Oskar Sommer, 2 (Washington, 1908), p. 102, et 7 (Washington, 1913), pp. 206-10. Do sera identifié à Doon de Mayence par Claude Patin dans son *Hystorie de Giglan, filz de messire Gauvain, qui fut roy de Galles, et de Geoffroy de Maience son compagnon, tous deus chevaliers de la Table Ronde* (1530). Sur cette tardive mise en prose du *Bel Inconnu* de Renaut de Beaujeu, qui contamine ce roman avec celui de *Jaufré*, voir Paul Remy, ''*Jaufré*'' dans *Arthurian Literature in the Middle Ages: A Collaborative History*, éd. Roger S. Loomis (Oxford, 1959), pp. 400-05.

[6]Sur la date de *Jaufré*, voir notamment Rita Lejeune, ''La datation'', qui situe le roman vers 1180. Clovis Brunel (*Jaufre*, p. xxxviii), le fixait, à la suite de Gaston Paris, entre 1225 et 1228. Plus récemment Gert Pinkernell, ''Zur Datierung des provenzalischen Jaufre-Roman'', *Zeitschrift für romanische Philologie* 88 (1972), 110, le fait remonter à 1176-78; mais voir les réserves de Félix Lecoy, dans *Romania* 96 (1975), 128-29.

[7]Éd. Mario Roques, Classiques Français du Moyen Age, 80 (Paris, 1952).

[8]Textes Littéraires Français, éd. William Roach, 12 (Genève et Paris, 1959).

[9]Éd. Ernest Muret, Classiques Français du Moyen Age, 12, 4ᵉ éd. revue par L. M. Defourques (Paris, 1947).

[10]*Gerbert de Montreuil: La Continuation de ''Perceval''*, éd. Mary Williams, 1 (Paris, 1922), vv. 3401-35.

[11]*The First Continuation*, 1, éd. William Roach (Philadelphie, 1949); 2, éd. William Roach et Robert H. Ivy, 2 (Philadelphie, 1950); 3, éd. William Roach (Philadelphie, 1952), vv. 18235-9448.

[12]Voir Jean Frappier, *Étude sur ''La Mort le Roi Artu'', Roman du XIIIᵉ siècle en prose*, 3ᵉ éd. (Genève, 1972), p. 199.

[13]Sur le rôle de Girflet dans le dernier épisode de *La Mort Artu*, voir Joël H. Grisward, ''Le motif de l'épée jetée au lac'', *Romania* 90 (1969), 305.

[14]*Der Roman von Escanor von Gerard von Amiens*, éd. Heinrich Michelant, Bibliothek des litterarischen Vereins in Stuttgart, (Tübingen, 1886), p. 178.

[15]Renaut de Beaujeu, *Le Bel Inconnu*, éd. G. Perrie Williams, Classiques Français du Moyen Age, 38 (Paris, 1929), vv. 1497-818.

[16]Le roman de *Flamenca* ne nous montre-t-il pas un jongleur chantant de Girflet: "L'autre comtava de Guiflet" (v. 682)?

[17]*Math, fils de Mathonwy*, in Loth, *Mabinogion*, 1:173-209.

[18]Vv. 226-472 et 9818-10110.

[19]Marc-René Jung, "Lecture de *Jaufre*", dans *Mélanges de langues et de littératures romanes offerts à Carl Theodor Gossen*, éd. Germán Colón et Robert Kopp (Berne et Liège, 1976), pp. 427-51.

[20]L'amitié de Girflet-Jaufré et de Gauvain ne se démentira pas dans le roman occitan, mais, on le voit, elle n'en est pas une donnée exclusive comme le pense Rita Lejeune ("La datation", pp. 724-25), et dans le *Parzival* de Wolfram von Eschenbach, on ne saurait affirmer qu'elle ne provienne pas d'un roman d'oïl. Cette amitié entre deux des meilleurs chevaliers de la Table Ronde n'a rien qui puisse surprendre; cependant l'association fort ancienne des noms de Girflet et de Gauvain ne serait-elle pas un écho de celle des noms de Gilvaethwy et de Goewin? S'il est vrai que Dana-Don est devenue Do, Goewin n'aurait-elle pu être prise pour Gauvain? Simple question que nous posons par curiosité aux celtisants.

[21]Sur l'épisode de Taulat et celui du chevalier Vermeil dans *Perceval*, voir Emmanuèle Baumgartner, "Le défi du *chevalier rouge* dans *Perceval* et dans *Jaufré*", *Le Moyen Age* 83 (1977), 239-54. Le personnage de Taulas est dans les romans d'oïl un chevalier d'Arthur, sauf dans *Yder*, où il est son ennemi comme dans *Jaufré*.

[22]Episode de la fée de Gibel, vv. 10249-691.

[23]Voir Jules Vendryès, "Les éléments celtiques de la légende du Graal", *Études Celtiques* 5/1 (1940), 1-50, notamment pp. 20-21; Jean Frappier, *Chrétien de Troyes et le mythe du Graal* (Paris, 1972), p. 199.

[24]L'épisode de la fontaine n'est pas sans affinité avec le mythe que rapporte l'*Elucidation*, voir Arthur Wilder Thompson, *The Elucidation: A Prologue to the "Conte de Graal"*, Publications of the Institute of French Studies (New York, 1931).

"L'altrier cuidai aber druda" (PC 461,146): Edition and Study of a Hybrid-Language Parody Lyric

Robert A. Taylor

This curious poem has been imperfectly understood and little appreciated by scholars who have examined it until now. It has been called a *pastourelle* because of its opening lines,[1] a *motet* because of its famous melody,[2] obscene because of its content,[3] a *sirventes*, a *romance*, or a parody of a *canso* because of its ambiguous place in the poetic tradition of its time.[4] But none of these appellations does justice to the true nature of the poem when it is analysed within its proper context.

The text itself has not yet been satisfactorily edited; the only complete versions available are the diplomatic transcriptions printed by Edmund Stengel in 1886[5] and by Louis Gauchat in 1893,[6] and the modernized version established by Robert Lafont in 1979.[7] The first stanza was printed by Friedrich Gennrich along with his study of the melody in its various manifestations;[8] Manfred Raupach reproduced the first eighteen lines of the poem in his study of the hybrid-language troubadour lyrics,[9] but without analysing its strange linguistic features beyond the obvious remark that the poem contained some hybrid forms.

The poem is found only in the famous "Manuscrit du Roi" (Paris, Bibliothèque Nationale, fr. 844, f⁰ 199), a late thirteenth-century collection of lyric poetry.[10] The collection consists of some 460 Old French lyrics, most of them copied with their accompanying melody; this portion is classified as the Old French Chansonnier *M*. Two quires contain some sixty

189

Occitan poems, classified as the Old Occitan Chansonnier *W*. The Occitan section, folios 188-204, is of great interest in the history of troubadour lyrics, not only because it is one of the earliest of the Old Occitan chansonniers preserved, but also on account of the intriguing hybrid language in which many of the poems are transmitted. The poem which is here under study has always been considered to be part of the troubadour corpus,[11] but its content, history, and language have never been studied closely enough to verify the classification. It will be shown below that there is good reason to believe that the poem was composed in northern France rather than in the Occitan region, and that it is in fact the pastiche of a troubadour poem, a French work in Occitan disguise!

The content of the poem has been described in overly-hasty manner as obscene and shocking, although in fact it is nothing of the kind. A closer look at its content reveals a condensed, lively statement of an age-old literary commonplace going back to Greek and Roman traditions. Toward the end of the first century B.C., Propertius,[12] Tibullus,[13] and Ovid[14] all wrote elegiac poems dealing in part with the figure of the *lena*, the procuress or bawd; all three wrote in a tradition which was obviously well established before their time.

In the *Amores*, I.8, Ovid recounts a conversation overheard between his mistress and the bawd Dispas, in which the young lady is urged to sell her favours dearly rather than squander them on a penniless writer. The poet closes with an emotional evocation of the old hag (sparse white hair, eyes blurry with wine, wrinkled cheeks) and a vigorous curse in which the poet hopes that she will have a needy old age, with no home, long winters, and constant thirst (a pun on her name, 'thirsty' in Greek). The elegies of Tibullus and Propertius contain some details of description and curse which will be mentioned further in the detailed consideration of the poem's origin.

During the Middle Ages a dual tradition of misogyny and scorn for old age strengthened the traditional theme of the bawd and led to the literary cultivation of mocking portraits of old people, particularly of women, along with the traditional curse called upon the head of the procuress by the unsuccessful lover. In our poem, this complex tradition is further enhanced by a tone of coarseness and cheerful vulgarity associated with the *fabliau* tradition; this factor cannot be attributed altogether to the poet's own circumstances or inspiration, however, since there is an immediate model at hand in the form of the thirteenth-century pseudo-Ovidian Latin work *De Vetula*.[15] In this very popular text, the poet, claiming to be Ovid, retells the autobiography of the Roman poet in a particularly medieval way. The episode from Ovid's *Amores* already mentioned is transformed into a *fabliau*-like story in which the old procuress actually takes the place of her mistress in bed, an event which deceives and shocks the poet-lover rather severely, provoking a very detailed, very negative portrait of the old woman, followed by a lengthy, enthusiastic, and ultimately excremental curse upon her.

Our poet has used this material quite directly, sometimes word for word, as will be shown below; but on the whole, he manages to preserve a light-hearted tone by avoiding some of the gross excesses of the Latin author.[16] Since our poem has been examined until now only by itself, without reference to its direct source, without even being attached to the literary tradition in which it functions, it has been found, naturally enough, to be mysterious and ambiguous, causing a variety of reactions from embarrassment to condemnation among those scholars who have ventured to say anything about it at all. When it is re-placed into its literary tradition, it may be fully appreciated as a masterful re-telling of one of the set-pieces of medieval comic literature.

The Latin *De Vetula* was written in northern France and seems to have circulated mainly there and in England; it was translated into French by Jean Le Fèvre during the second half of the fourteenth century.[17] Northeastern France was also the centre of the *fabliau* literature which seems to have influenced directly the comic tradition represented in the poem. The manuscript containing the unique copy of the hybrid-language poem is from this same geographical area, as is immediately evident from the many dialectal forms in the texts, including some of the forms in our poem. All of these considerations make it seem more than a little strange that an Occitan poem should have been the only vehicle which preserved for us such typically "northern" material.

Language and Origin of Text

It has been supposed thus far by scholars who have dealt with the text that the hybrid language of the poem was essentially Medieval Occitan, distorted and corrupted by a combination of forces, including a possibly conscious effort to Frenchify some of the spellings (e.g., *belisor* 4 for Occitan *belazor*, *itant* 29 for *aitan*, *cras* 58 for *gras*, *boisat* 14 for *bauzat*, *oi* 10, 13 for *oic*), along with more straightforward corruptions due to unfamiliarity with Occitan forms on the part of the scribes (*caluda* 19 mistakenly for *calvuda*, *teguda* 43 for *tenguda*, *apercude* 27 for *aperceguda*). The occasional substitution of French final *-e* for Occitan final *-a* may be attributed either to Frenchification or to carelessness (*velle* 5, *amige* 15, *espaulle* 20, etc.), although it is important to note that this occurs only once in rhyme position in the twenty-six feminine lines ending in *-uda*, and then only in the already corrupted form *apercude*.

Of greater interest is the large number of words whose form and/or meaning cannot be fully explained by the hypothesis of an Occitan original and which are worth a closer examination. These will be presented in the order of their appearance in the poem, with pertinent information as supplied by the basic lexical reference works for Old French (O.F.) and Medieval Occitan (M.O.):[18]

aber 1 and 46; the normal forms are *aver* in M.O., *aveir/avoir* in O.F.; Gauchat (op. cit., 384) calls this a "barbarisme" caused by a careless analogy on the model of *saber = savoir*; however, *aber* is found in Catalan and in some Gascon texts and may have been felt to represent "typical" M.O. usage by a poet from northern France attempting to write in the troubadour language.[19]

egusse 3 and 40; Gauchat (op. cit., 376) calls this a "compromis" made up of a combination of M.O. *agues* and O.F. *usse*, attributed again by Gauchat to scribal ignorance. This appears to be an attempted Occitanization, since the three-syllable form *egusse* is required by the versification; if the original poem had used *agues*, the line would have been lacking one syllable.

paupre et nuda 5; these words are legitimately Occitan in form, but their particular use in the context of the poem seems to be French. TL 6:872 lists numerous examples of *pauvre et nu* as a cliché expression, "poor and shabby," applied in the popular lyrics and romances to peasants, as opposed to the courtly figures. There is no evidence of any similar cliché usage in M.O.; this points to the notion of original composition by a French author.

piau 19; this is a regional form of O.F., typical of northern and eastern dialects, in contrast to the M.O. forms *pel* or *pelh*. Since the manuscript itself has been shown to belong to the northeastern area, the form could be attributed either to the scribe or directly to the author.

cal[v]uda 19; the manuscript reading *caluda* is undoubtedly a scribal slip for *calvuda*, 'bald.' The traditional descriptions of the procuress, right back to Propertius and Ovid, make constant reference to the sparseness of her hair.

aperc[eg]ude 27; as it stands in the manuscript, the line is missing one syllable; it has therefore been assumed that the reading *apercude* is a scribal slip for *aperceguda*, rather than a Frenchified form of the past participle. Gennrich (*Musikalischer Nachlass*, 1:272) has left *apercude* untouched, with no comment, and has emended the line to read *Et quant [ieu] l'ai apercude*.

fuda 29; this form does not exist in M.O. nor in O. F., but TL 3:2335 lists *füe* as well as *fuie* 'flight'; *fuda* seems to be the artificially Occitanized form of *füe*.

acontat 40; the verb *acontar* is listed only once for M.O. (Raynouard II, 454), although the *FEW* lists the related words *acomtan* 'eloquent' and *acomtador* 'crieur public' (2/2:995). The verb is very common in O.F. (TL 1:103).

te[n]guda 43; the reading *teguda* is undoubtedly a scribal slip for *tenguda* (from *tener*).

enfat 53; the word is not listed for M.O.; in O.F., *enfait*, from the Latin *infectum*, is used, as in our poem, in connection with bread: *pain enfaiz de venin* (TL 3:314).

pan mesalat 54; in M.O. the form is unknown; *mezel, mezer* are used in M.O. to describe spoiled meat, but there is no past participle form similar to this one, nor any application to bread. In O.F., the expression *pain mesalez* is common (TL 5:1618; Gdf 5:279a).

sorsemat 56; the word is not found in M.O., but is listed for O.F. by TL 9:924 and in the *FEW* 11:438a, to describe tainted pork, as in our poem. It seems to have been most frequently used in the northeastern area of France.

vin cras et boutat 58; the Frenchified spellings *cras* and *boutat* (for Occitan *gras* and *botat*) may be noted; more important, the verb *botar* is not applied to wine in M.O., whereas it is listed in that connection in O. F. both by Gdf 1:712b: *vin cras ou bouté* and TL 1:1094: *vin bouté ou puant*.

A consideration of the lexical usage presented here leads, I believe, to the inescapable conclusion that the poem was composed in the northeastern area of France by a French-speaking poet who knew a good deal of Occitan and who chose, for some reason, to formulate the song in Occitan rather than in Old French. There is some evidence that macaronic or playful use of language was considered to be appropriate to those genres which were more or less satirical or humorous in content. A number of Latin-French macaronic poems are humorous, and one amusing poem in five languages (Medieval Occitan, Genoese, Old French, Gascon, and Galician) by the troubadour Raimbaut de Vaqueiras has been preserved.[20] If it is true that our poet was writing in Occitan for comic effect, then it is natural that the underlying "Frenchness" of the text can still be detected, and indeed that it must have been evident to the audience, in order to achieve the author's intent. Just as Molière had his peasants speak in an exaggerated, unauthentic "Norman" dialect for humorous purpose, so our poet was undoubtedly drawn to use the most striking of "typical" features of Medieval Occitan usage, in particular the important series of rhyme words in *-uda* and the unusual forms such as *aber, egusse* and *ab*.

As has already been the case for the *planh* of Richard Coeur de Lion and three other hybrid-language poems,[21] this poem should be removed from the repertory of troubadour poetry and added to the corpus of Old French lyrics. There remain three further hybrid-language poems as yet uncertainly classified, although they have traditionally been listed as Medieval Occitan works, among them the famous "A l'entrade del tens clar - eya" (PC 461,12), and the well-known "Tuit cil qui sunt enamourat."[22] If the preceding conclusions regarding the origin of our poem are correct, then the last of the four motets attributed by Friedrich Gennrich[23] to the Occitan domain will have to be restored to Old French, indicating that, as far as extant evidence can show, the vernacular motet belonged entirely to northern France and was not practised by the troubadours.

Rhythmic Structure of the Poem

In the edition which follows, the text of the poem has been divided into lines of seven or five syllables, according to the pattern of rhymes. In the manuscript itself, this traditional division is supported by the scribal punctuation within the text, in which a *punctum* is placed after each rhyme word. However, for the first fourteen lines at least, a different rhythmic structure is suggested by the disposition of bar-lines, which appear in the melodic notation only after the five-syllable lines (see transcription below). This has the effect of joining the lines two by two into lines of thirteen syllables, since the feminine rhyme *-uda* counts musically as two syllables. The resulting pattern is the same musical structure as that noted by Gennrich in his analysis of the source melody, used by Philippe de Grève in the composition of his Latin motet "Agmina milicie celestis omnia" in honour of St. Catherine, and by other poets, as well as by our own.[24] In the melodic notation which accompanies our poem, the rhythmic pattern is imperfectly recorded after line 14, since the expected bar-lines are missing at the end of lines 17, 19, 20, and 24.

In the traditional division of lines according to rhyme, the poem has a rhyme scheme of ABABABABACCCACABBBAAABCCACACAC, but if the rhythmic divisions indicated above are followed, then we have a very different structure, in which the A rhymes become interior, except for lines 19 and 20, and the rhyme scheme is simplified to BBBBCCCCB-BB(AA)BCCCCC. Alongside the regular thirteen-syllable pattern, lines 11 and 12, 17 and 18, 23 and 24 function musically as echoes of the second hemistich, while lines 19 and 20 function as echoes of the first. This tends to emphasize the insistent recurrence of the *-uda* interior rhymes, which are constant throughout the poem in each of the seven-syllable lines (or hemistichs). It has already been suggested that the *-uda* sound may have been felt to be "typically" Occitan by the poet, who may therefore be seen as consciously exploiting its possibilities in this important rhythmic position in the poem. The humorous intention which may have dictated the use of Occitan in the first place may be seen in the rhythmic structure as being consciously exploited. The very least that can be said is that the poem reveals much more carefully contrived interior structures than are evident at first glance, and that the poem is on the whole very carefully crafted.

The Edition

The poem has been transcribed as faithfully as possible from the man-uscript, with no change in spelling or presentation beyond the minimum necessary for coherency. Only six emendations are proposed, three involving the addition of missing letters (*cal[v]uda* 19, *aperc[eg]ude* 27, *te[n]guda* 43) and three involving the suggested deletion of a monosyllabic word in order to restore the necessary syllable count to lines 52, 56, and 60. Punctuation has been added in order to indicate the articulation of the text. Abbreviations, all of a standard nature, have been resolved. The traditional division into lines according to rhyme has been followed, although a more complex layout has been discussed above. The melody has been transcribed from the manuscript with no alteration beyond the transposition onto a standard C scale and the lowering of a succession of notes by one tone;[25] no rhythmic interpretation of the melody has been attempted.[26] The complex notes ♩ , ♩ , and ♫ are to be interpreted as ♩♩ , ♩♩ , and ♩♩♩ respectively, each combination being associated with a single syllable of text and having the same relative time value as a normal single note. The English translation is a literal one, intended as a practical aid to the understanding of the text rather than as an attempt to reproduce the aesthetic qualities of the original poem.

I.	L'altrier cuidai aber druda,
	tota la meillor
	c'onques egusse veguda,
	et la belisor:
5	velle antiue, paupre et nuda,
	ben parlant d'amor.
	Trames per oc que·l saluda,
	et fac plaz gensor.
	Mais la trace malastruda!
10	Qu·eu per liei oi dat
	vels vin e troblat,
	peis et por salat.
	E l'oi calçada et vestuda,
	si me·n ab boisat.
15	Qu'en loc d'amige es venguda,
	en tens tenebror.
	Tint son pan en sor,
	et eu sus li cor;
	et trobai la piau cal[v]uda,
20	corde el col, espaulle aguda,
	memella pendant et viuda
	com borsa pastor,
	pis ossut et plat,
	e·l ventre ridat,
25	maigre rains et cuisse ruda,
	dur genoill et flat;
	et quant l'ai aperc[eg]ude,
	es me vos irat!
	Ab itant vir a la fuda,
30	non sui arrestat.

II.   Tan m'en es el cor creguda
                     rancune et gramor,
                     que continence ai perduda
                     d'amar per amor.
        35   Que pensava la canuda,
                     que non ab calor?
                     Et volie essre batuda
                     subra son tabor!
                     Non ab tan langue esmoluda
        40   qu'egusse acontat
                     demei la metat
                     del mal qu'ab pensat
                     dont deurie essre te[n]guda
                     per son lait peccat:
        45   tos et gutta et mal qui suda
                     sanz aber retor;
                     freit et seif et plor
                     od fresche dolor,
                     ni ja·l tendre n'i paruda.
        50   Que non sie a mort feruda,
                     de tal mal qui non la tuda,
                     ainz (la) teigne en langor.
                     N'el non ait d'enfat
                     for pan mesalat,
        55   et carne de vella truda
                     ou (de) porc sorsemat,
                     pis de mar qui de loig puda,
                     vin cras et boutat.
                     Ja·n non es tant irascuda
        60   que·m quidai (essre) vengat.

Translation

I. The other day I thought I had a sweetheart, the very best that I had ever seen and the most beautiful (old, shameful,[27] poor, and shabby), well-spoken in matters of love.[28] Therefore I sent word to greet her and made a very attractive accord. But what a wretched deal! For I had given for her sake old and cloudy wine, fish, and salt pork. And I shod and clothed her, yet she deceived me in the affair. For she came in the place of my mistress, in the hours of darkness. She held her cloak up (over her face) and I went running to her. And I found her bald pate, a stringy neck,[29] sharp shoulders,[30] breasts limp and empty as a shepherd's bag,[31] a bosom bony and flat and a wrinkled belly,[32] scrawny hips and rough thighs, hard weak knees.[33] And when I saw her, was I upset! Straightway I turned and ran; I did not stay around.

II. So greatly has the rancour and bitterness from this experience developed in my heart, that I have lost the capacity to respond to love. What was the hoary woman thinking of, she who has no warmth? To think that she wanted to be beaten on her drum! There is not tongue so talkative that it could have recounted a quarter of the nasty things that I thought she should be afflicted with for her ugly sin: coughing and gout[34] and disease making her sweat without any respite; cold and thirst and tears with renewed grief; and let no tenderness ever show. Let her not be struck mortally, but with the kind of suffering that does not kill her, but rather keeps her languishing. And may she not have any poison except for mouldy bread[35] and meat from an old sow, or tainted pork,[36] seafish which stinks from afar[37] and coarse, spoiled wine.[38] Never will she be so afflicted that I will consider myself avenged.

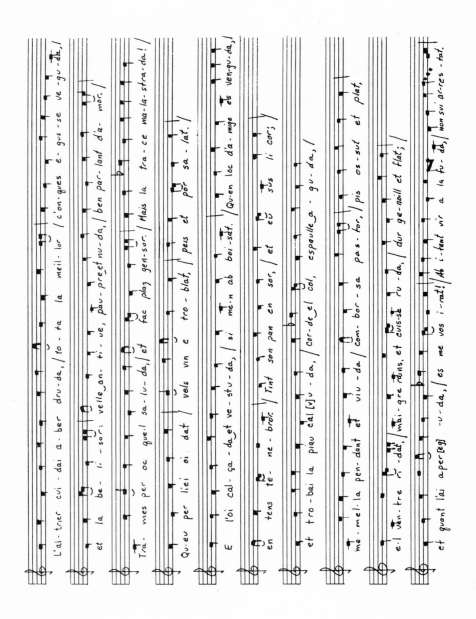

Notes

[1]Ludwig Römer, *Die volkstümlichen Dichtungsarten der altprovenzalischen Lyrik*, Ausgaben und Abhandlungen aus dem Gebiete der romanischen Philologie, 26 (Marburg, 1884), p. 26.

[2]Friedrich Gennrich, *Der musikalische Nachlass der Troubadours. Kritische Ausgabe der Melodien*, Summa musicae medii aevi, 3 (Darmstadt, 1958), pp. 269-72.

[3]Jean Beck and Louise Beck, *Le Manuscrit du Roi. Fonds français n° 844 de la Bibliothèque nationale*, vol. 2, *Analyse et description raisonnées du manuscrit restauré*, Corpus cantilenarum medii aevi, Première série, *Les Chansonniers des troubadours et des trouvères*, 2 (New York, 1938), p. 104.

[4]István Frank, *Répertoire métrique de la poésie des troubadours*, 2 vols., Bibliothèque de l'École des Hautes Études, 302 and 308 (Paris, 1953 and 1957). In vol. 1, no. 234:i, the poem is called a *cobla*; in vol. 2, p. 188, it is called a *romance parodique*. See also Manfred Raupach and Margaret Raupach, *Französierte Trobadorlyrik. Zur Überlieferung provenzalischer Lieder in französischen Handschriften*, Beihefte zur Zeitschrift für romanische Philologie, 171 (Tübingen, 1979), p. 46: "Sirventesartige Parodie einer Canzone."

[5]August Pleines, *Hiat und Elision im Provenzalischen*, Ausgaben und Abhandlungen aus dem Gebiete der romanischen Philologie, 50 (Marburg, 1886), p. 82. The text of the poem is given by Stengel as a footnote to a replique by Ludwig Römer concerning criticism of his earlier work (see note 1 above), the replique having been appended for convenience to the Pleines volume as pp. 79-82.

[6]Louis Gauchat, "Les poésies provençales conservées par des chansonniers français," *Romania* 22 (1893), 364-404. A diplomatic edition of all the texts from folios 188-204 is appended to the article; for our poem, see pp. 401-02.

[7]Ismaël Fernandez de la Cuesta and Robert Lafont, *Las cançons dels trobadors* (Toulouse, 1979), pp. 788-90. In this musical compendium, the melodies have been edited by I. F., the texts by Robert Lafont. In the case of our poem, the text has been severely altered and has been misunderstood in a number of passages.

[8]Friedrich Gennrich, "Internationale mittelalterliche Melodien", *Zeitschrift für Musikwissenschaft* 11 (1928-1929), 284-96. The melody and first stanza are to be found as well in Gennrich, *Der musikalische Nachlass* (see note 2).

[9]Raupach, *Französierte Trobadorlyrik*, p. 125.

[10]See facsimile edition by Jean Beck and Louise Beck, *Le Manuscrit du Roi*, vol. 1, *Reproduction phototypique publiée avec une introduction*, folio 191. A detailed description of the manuscript is given by Hans Spanke in *Romanische Forschungen* 57 (1943), 38-104.

[11]Alfred Pillet and Henry Carstens, *Bibliographie der Troubadours*, Schriften der Königsberger gelehrten Gesellschaft, Sonderreihe, 3 (Halle, 1933). The poem is listed as no. 461,146. Raupach, *Französierte Trobadorlyrik*, 46, lists it as no. 98 in the series of hybrid-language texts.

[12]*Sextus Aurelius Propertius: Elegies, with an English Translation*, ed. H. E. Butler, The Loeb Classical Library (London, 1962). Cf. Book IV, 5. Specific

elements of description and curse of interest to our poem, and not found in Ovid, are the wrinkled throat and heavy cough.

[13]Kirby F. Smith, *The Elegies of Albius Tibullus, the Corpus Tibullianum* (New York, 1913). Cf. Book I, 5. Specific elements of the curse not found in Ovid are the wish that she suffer from great hunger, that she have raw meat to eat and bitter gall to drink.

[14]John A. Barnsby, *Ovid's Amores, Book One. Edited with Translation and Running Commentary* (Oxford, 1973).

[15]*Pseudo-Ovidius De Vetula. Untersuchungen und Text*, ed. Paul Klopsch, Mittellateinische Studien und Texte, 2 (Leiden and Cologne, 1967).

[16]The curse in *De Vetula* rises in intensity through belching, running nose, slaver, and vomit to total incontinence, in which she will "continually flow from front and back" (*continuo fluat ante retroque*), after which the poet cries, as in our poem, that he will still not be sufficiently avenged. In Tibullus, the curse rises, according to the editor, to a level of "bitterness and awfulness rarely approached in Roman poetry." The details and the tone are quite different, but the intensity of the rage and scorn may have influenced the development of the medieval tradition, particularly that which is evident in the *De Vetula*.

[17]*Richard de Fournival: La Vieille, ou les Dernières amours d'Ovide . . . traduit du latin . . . par Jean Lefèvre*, ed. Hippolyte Cocheris (Paris, 1861). The attribution of the Latin *De Vetula* to Richard de Fournival is unlikely, though not impossible; cf. *De Vetula*, ed. Klopsch, 78-99.

[18]These are the dictionaries of Godefroy and Tobler-Lommatzsch for Old French, those of Raynouard and Levy for Medieval Occitan, and the *FEW (Französisches Etymologisches Wörterbuch)* of Walther von Wartburg.

[19]Similar forms are found in two other poems from the same manuscript W: *abes* 'avez' in poem PC 16,9, copied on f° 192, and *aber, abes* in poem PC 461,102, copied on f° 199v° directly after our poem.

[20]Joseph Linskill, *The Poems of the Troubadour Raimbaut de Vaqueiras* (Paris and The Hague, 1964), pp. 192-93.

[21]The poems formerly listed as part of the troubadour corpus (PC 420,2; 461,148; 461,148a and 461,170a) are now listed in the Old French repertory by Ulrich Mölk and Friedrich Wolfzettel, *Répertoire métrique de la poésie lyrique française des origines à 1350* (Munich, 1972). The determination of the true origin of the poems was accomplished by István Frank in "Tuit cil qui sunt enamourat," *Romania* 75 (1954), 98-108.

[22]The one-stanza poem "Tuit cil qui sunt enamourat" is now separated from PC 461,148a and is listed as PC 461,240a. The poem is also listed by Mölk-Wolfzettel as an Old French work.

[23]Friedrich Gennrich, *Der musikalische Nachlass der Troubadours. Kommentar*, Summa musicae medii aevi, 4 (Darmstadt, 1960), pp. 125-26. The motets are PC 461,148a and 461,170a, both listed now in the Mölk-Wolfzettel Old French repertory, one poem in the Wolfenbüttel manuscript, Helmst. 1099, f° 196v° which is too obscure to classify, and our poem.

[24]*Zeitschrift für Musikwissenschaft* 11 (1928-1929), 283.

[25]The passage in question is from *troblat* 11 to *calçada* 13; the correction is based on the source melody, which accompanies the Latin hymn "Agmina milicie," and which is preserved in many manuscripts.

[26]A rhythmically interpreted melody is offered by Gennrich (see notes 2 and 8), but this remains a subjective interpretation.

[27]*antiue*: Lafont reads this as *antica* 'décrépite'; cf. *FEW* 16:181.

[28]*ben parlant d'amor*: Lafont attaches this phrase to the poet rather than to the lady. TL 7:293 lists numerous examples indicating that this is a commonplace description applied to courtly ladies. Here it forms part of the satirical contrast between the poet's imagined ideal and the harsh reality of the old woman. Cf. *La Vieille*, ed. Cocheris: *bien parlant et de beau langaige*, speaking of the *lena* in sarcastic tone.

[29]*corde el col*: Lafont translates this as "la courroie autour du cou"; the reference is rather to the texture of the neck, which is knotted and sinewy rather than smooth. Cf. *De Vetula*, ed. Klopsch, line 502: *collum nervosum*.

[30]*espaulla aguta*: cf. *De Vetula*, ed. Klopsch, line 502: *scapularum cuspis acuta*.

[31]*memella pendant et viuda com borsa pastor*: cf. *De Vetula*, ed. Klopsch, lines 503-04: *laxatum pellibus uber ... tam vacuum quam molle, velut sunt burse pastorum*.

[32]*ventre ridat*: cf. *De Vetula*, ed. Klopsch, line 505: *venter sulcatus aratro*.

[33]*dur genoill et flat*: cf. *De Vetula*, ed. Klopsch, line 507: *inflatumque genu vincens adamanta rigore*; it is possible that *et flat* may have been miscopied by the scribe from *enflat* (*inflatum* 'swollen').

[34]*tos et gutta*: cf. *De Vetula*, ed. Klopsch, line 536: *Tussiat eternum; iuncturas gutta fatiget*.

[35]*pan mesalat*: cf. *De Vetula*, ed. Klopsch, line 532: *panem ... quem dederit putre granum*.

[36]*carne de vella truda ou de porc sorsemat*: cf. *De Vetula*, ed. Klopsch, line 533: *Carnes ... de vetula sue sive leprosas*.

[37]*pis de mar qui de loig puda*: cf. *De Vetula*, ed. Klopsch, line 534: *pisces quos non denuntiet undique fetor*.

[38]*vin cras et boutat*: cf. *De Vetula*, ed. Klopsch, line 535: *vinum ... pingue vel acre*.

El *Roman de Jaufré*
y la *Crónica de Tablante de Ricamonte*

Antony van Beysterveldt

El *Roman de Jaufré* es una de esas obras medievales que por une variedad de razones ha despertado el interés entre romanistas de los más diversos campos de investigación. Para los estudiosos de la literatura artúrica el *Jaufré* representa ante todo la única muestra de un poema artúrico en *langue d'oc*. Para el occitanista el *Roman de Jaufré* junto al de *Flamenca* es la expresión más completa de lo que René Nelli ha llamado "le romanesque occitan". Por último, la razón más obvia para el interés que el *Jaufré* puede suscitar entre los hispanistas es el hecho de que existe de este poema una adaptación castellana en prosa de autor anónimo la cual tiene como título: *Crónica de los muy notables caualleros Tablante de Ricamonte y de Jofre, hijo del conde don Asón*[1]. La primera edición que tenemos de esta *Crónica* es la de Toledo del año 1513. Sin embargo, es posible que en fecha anterior la novela ya anduviera por Castilla en forma de manuscritos hoy desaparecidos como es el caso con otros muchos textos artúricos cuya popularidad queda atestiguada desde el siglo XIV pero de que sólo tenemos ediciones impresas del siglo XVI[2].

La crónica castellana del *Tablante* no es una traducción sino una adaptación del *Roman de Jaufré*[3]. En términos cuantitativos la novela castellana representa una reducción de más del cuarenta por ciento con respecto al contenido narrativo del poema provenzal. J. B. Hall, en su artículo mencionado en la nota 2, ha dedicado un estudio bastante extenso a las modificaciones introducidas por el autor anónimo en su relato. Sin

204 JAUFRÉ Y LA CRÓNICA DE TABLANTE DE RICAMONTE

embargo, la más notable omisión en este estudio comparativo de Hall es que
ni siquiera se mencione el hecho de que el largo espacio reservado en el
Jaufré a los amores entre Jaufré y Brunissen quede reducido en el *Tablante* a
unas brevísimas referencias. Del primer encuentro entre Jofre y Bruniessen,
de aquel flechazo de amor que tan elocuente y largamente se describe en el
poema provenzal, sólo hay esta somera noticia en la versión castellana: ''y
en la hora se enamoro el della y elle del; y luego huuo nueuo cuydado entre
ellos'' (p. 481). Siguen unas líneas para referir los pensamientos amorosos
de los dos personajes. En contraste con la total entrega con que los dos
enamorados del *Jaufré* gozan y sufren los deleites y penas del amor, Jofre y
Bruniessen conciben ambos el amor como una fuerza dañosa que hace
perder la libertad y que distrae al héroe de sus obligaciones de caballero
andante. En cambio, de los 10,956 versos del *Roman de Jaufré* hay unos
1,300[4] dedicados a la narración de la historia de amor que forma la vertiente
sentimental del poema, sin duda la más apreciada por muchos oyentes y
lectores del *roman*, la otra vertiente, la de la acción heroica, siendo
representada por las diversas aventuras que Jaufré encuentra en su búsqueda
del malhechor Taulat a quien finalmente vence en combate singular. En el
Tablante castellano no han dejado rastro ni resonancia alguna aquellos
centenares de versos hermosos en que el poeta del *Jaufré* ha pintado los
refinados estados de ánimo de los dos enamorados, sus largos monólogos
interiores en que analizan alternativamente sus sentimientos, ensayando
durante sus insomnios amorosos, de noche, en su lecho, frases y palabras
con que, cuando venga el día, confesarse encubiertamente y sin comprome-
terse el amor que les atormenta. En esta vertiente sentimental del *Jaufré*
vemos desarrollados poéticamente los conceptos, imágenes y símbolos de la
doctrina del amor cortés. Las formas que toma esta doctrina en el poema
provenzal parecen compatibles con la concepción más estricta del ideal
cortés español, tal como éste se manifiesta por ejemplo en los primos tres
Libros del *Amadís* y en muchas poesías líricas del siglo XV. El amor del
Jaufré no es un amor adúltero como lo es el amor entre los protagonistas de la
Flamenca. Es un amor entre dos jóvenes que se termina en enlace
matrimonial. Además, hay en el *Jaufré* una desconfianza muy típica de la
dama hispánica ante la verbosidad excesiva del amador cortesano. Dice
Brunissen a Jaufré: ''Seiner, ben sabetz escarnir / E gent parlar e plazers dir''
(vv. 7855-56). Laméntase la doncella de que la insinceridad de los hombres
haya echado a perder el ideal del amor cortés:

> Mais ieu vauc d'una ren duptan,
> E ai eu pron bona rason,
> D'una mut laja meinspreson
> Que es en est segle venguda,
> Per que Cortesia es perduda
> E Amurs tornada en nient,
> Que tal ditz que ama, que ment,

E en fai senblant, que·l fait no·i es,
Qu'el mon non a .iiij. ni .iij.
Que amun aissi coralment
Con il dizon ni fan parvent.
(vv. 7868-78)[5]

En el presente ensayo nos proponemos dar una respuesta a la pregunta siguiente: ¿por qué sería que la historia de amor entre Jaufré y Brunissen, episodio central en el poema provenzal, haya quedado casi totalmente eliminada de la novela castellana? No se trata de una de esas modificaciones secundarias estudiadas por Hall, de pasajes suprimidos, transformados o añadidos por el adaptador castellano. En el fondo es irrelevante también la cuestión de si ha existido o no un texto intermedio entre el *Jaufré* y el *Tablante*. Nos enfrentamos aquí a un problema que no se deja elucidar desde el enfoque de una perspectiva puramente intratextual. Porque el gesto decidido con que el autor del *Tablante* le ha quitado al mundo del *Jaufré* una dimensión primordial, obliterando todo el relieve sentimental del poema, no corresponde, no puede corresponder a un designio puramente literario que hubiera resultado en una versión tan truncada como lo es el *Tablante* con respecto a su gran modelo occitánico. No, este gesto aparentemente tan lleno de desdén por los refinamientos del culto al ideal cortés no obedece a una inspiración artística, sino a un imperativo ideológico. Es como si la antes aludida obliteración de todo el relieve afectivo del *Jaufré* en el *Tablante* se hubiera efectuado por mano de un censor que hubiera borrado en el original toda una serie de pasajes inadmisibles, sin preocuparse por los efectos que tal mutilación pudiera tener en la estructura de la obra, en su equilibrio artístico ni en el alcance y sentido original que quiso darle su primer autor. En las páginas que siguen trataremos de explicar este extraño fenómeno.

Hay unas notables diferencias en la perspectiva desde la cual la crítica hispánica y la transpirenaica han considerado la literatura de Occitania con el propósito de determinar su impacto en el ulterior desarrollo de lo que iba a ser con el tiempo la literatura oficial de Francia y la de España. Esa cultura literaria, esencialmente lírica, se originó a fines del siglo XI en el mediodía francés y se extendió a una muy amplia zona geográfica que incluía los estados hispánicos al sur de los Pirineos hasta Barcelona. Aunque políticamente divididas y aún antagónicas a veces, todas estas regiones, Aquitania, Gascuña, Tolosa, Lemosín, Alvernia, Delfinado, Provenza y Cataluña, participaron en una comunidad lingüística que produjo la temprana y brillante literatura provenzal u occitana. Pese a ciertas variantes dialectales, la lengua de los poetas provenzales formó algo como una *lingua franca*, una especie de *koiné*, que era usada y entendida dentro de aquella vasta área geográfica[6]. Florece esta espléndida civilización meridional desde el siglo XI hasta mediados del siglo XIV. A partir de este último siglo el centro de graveded de las actividades literarias se desplaza definitivamente hacia el norte de Francia. En la historiografía de la literatura francesa no faltan voces que han proclamado la precedencia y preeminencia de la literatura provenzal sobre la del norte, destacando el carácter iniciador de aquélla en la evolución de la cultura literaria del país. No hay duda de que algunos provenzalistas del siglo pasado, como Eugène Baret, se han dejado seducir por el recuerdo nostálgico de un pasado esplendoroso a mezclar cierto nacionalismo de patria chica en sus juicios acerca de una literatura cuyas manifestaciones eran precisamente ajenas a toda idea de nacionalidad[7]. Pero lo cierto es que en la oficial historia literaria de Francia la literatura provenzal es tratada como parte integrante de esta historia, como una fase iniciadora en el proceso de creación cultural de nuevos temas, géneros y estilos literarios que luego se han continuado y desarrollado en la dinámica literatura del norte. De esta manera nuestro poema de *Jaufré* ha entrado de lleno en la órbita de la cultura literaria de Francia. René Nelli hace notar que los análisis psicológicos de los sentimientos en el *Jaufré* y la *Flamenca* forman el punto de partida de una tradición típicamente francesa que, pasando por la *Princesse de Clèves*, culminará en la obra de Marcel Proust[8]. En esta definición de la trayectoria literaria del *Jaufré* en las letras francesas queda borrada la antigua línea divisoria entre la cultura meridional y la del norte, dándose por consumada la completa fusión entre ambas culturas literarias.

Si en líneas generales el proceso de adaptación y asimilación de la literatura provenzal por la del norte de Francia ha podido realizarse sin encontrar en su curso obstáculos mayores, en cambio, la versión deformada que se ha dado al *Roman de Jaufré* en la adaptación castellana del *Tablante* nos ilustra que en el proceso de transmisión literaria entre Cataluña y Castilla han intervenido ciertos factores que han dificultado la fusión de la brillante cultura literaria occitánica con la incipiente literatura lírica y sentimental de Castilla. Entre estos factores hay que mencionar en primer lugar el carácter singular de la evolución historico-política misma de Cataluña.

Durante cuatrocientos años, desde el siglo VIII al XII, Cataluña virtualmente ha vivido aislada del resto de la Península. Libre de la dominación musulmana, esta región, dice Américo Castro, "tuvo como norte de su vida a la gentes ultrapirenaicas"[9]. El mismo autor señala el hecho significativo de que todavía en los siglos XII y XIII los moros y cristianos llamaban "francos" o "franceses" a los catalanes. Cataluña no era un estado sino un conglomerado de condados que en el siglo XII se extendieron al norte de los Pirineos desde Tolosa a Niza[10]. La derrota de Muret en 1213 pone fin al poderío catalán allende los Pirineos, haciendo posible la unificación de Francia. Pero el suceso histórico que marca el momento en que Cataluña comienza a gravitar hacia la zona leonés-castellana se produce en el año 1162 cuando Ramón Berenguer V a la muerte de su padre, el conde catalán Ramón Berenguer IV, que por su matrimonio con la hija de Ramiro II pasó a ser Príncipe de Aragón, se corona rey de Aragón, adoptando el nombre castellano de Alfonso II. Nace así la confederación catalano-aragonesa. Una fusión paralela en el centro y este de la Península se produce entre Castilla y León en el año 1230. Un aspecto común a estas dos alianzas políticas queda muy bien definido en las siguientes palabras del historiador Madariaga: "Fué León, la visigoda, la aristocrática, la rica y refinada León, la que se une a Castilla y no Castilla a León; de igual modo que fue la rica, la internacional, la marítima, comercial y civilizada Cataluña la que se une a Aragón y no Aragón a Cataluña"[11]. Grandes historiadores españoles, entre ellos, Ramón Menéndez Pidal, Claudio Sánchez Albornoz y el mismo Madariaga, han presentado de esta larga época un cuadro interpretativo en el que cobra especial relieve la idea de la fuerza magnética que Castilla, centro predestinado de la nación española, ha ejercido sobre los demás reinos de la Península. Por debajo de la vicisitudes históricas distintas atravesadas por los condados, principados y reinos de la Península desde comienzos del siglo VIII, el recuerdo de la antigua unión de España bajo los romanos y visigodos había permanecido vivo en la conciencia de los que, antes de llamarse españoles, se habían agrupado bajo el nombre de cristianos para reconquistar sobre los infieles el suelo perdido de la patria. Lo que hacía de los diferentes pueblos de la Península una colectividad histórica y humana era "su hispanismo racial y espiritual"[12]. Un mismo *homo hispanus*, afirma Sánchez Albornoz, alentaba por bajo de las distintas personalidades políticas y culturales que esos pueblos habían adquirido a lo largo de su específica evolución histórica. Castilla, heredera de la tradición aristocrático-visigoda de León, era - como ya queda dicho - el gran centro de atracción histórica de la futura unidad de España. Por otra parte, un oculto sentimiento de solidaridad, fundado en el común "hispanismo racial y espiritual" de los pueblos cristianos de la Península, los predisponía a ceder a esta "fuerza magnética" de Castilla. Por su asociación con Aragón, alianza política establecida precisamente con el objeto inmediato de resistir el predominio castellano, Cataluña se castellaniza, y la federación catalano-aragonesa es atraída inevitablemente hacia la esfera de influencia de Castilla. La lenta marcha de este proceso histórico se concluye con el matrimonio de Isabel de Castilla y Fernando de Aragón en 1469 y la unificación de España.

He resumido aquí lo más brevemente posible una visión histórica que eruditos generalmente considerados como los portavoces más autorizados de la historia oficial de España han propuesto de la evolución política de su patria. Sin embargo, hay que advertir que la cohesión aparente de esta visión histórica no se ha conseguido sino a precio de una idealización y simplificación de la auténtica realidad histórica del país. El concepto de Castilla como centro predestinado de la unidad de España no parece compatible con ese otro concepto también formulado por aquellos mismos historiadores, a saber, el concepto de Cataluña como "una especie de islote espiritual de Francia en España," como "el país puente entre Europa y el resto de España"[13]. Porque es precisamente esta potencialidad de Cataluña, la de ser - como lo fue la parte transpirenaica de Occitania para la cultura unitaria de Francia - la transmisora de las nuevas modas literarias occitánicas y los estilos de vida que ellas a la vez reflejaban y estimulaban, es esta posibilidad la que no se ha realizado en la formación de la vida literaria y cultural de España. Las fuerzas que se opusieron a que esta alternativa histórica se concretara en la realidad literaria del país son en el fondo idénticas a las que impulsaron la acción centralizadora de Castilla en la realidad política de la época. Sin embargo, hay que apuntar que el marcado carácter coercitivo de ese proceso de castellanización cultural parece desmentir la marcha espontánea que se suele atribuir al proceso político que ha atraído a los diversos pueblos de la Península a "su centro prodestinado", Castilla.

Ahora bien, la supresión en el *Tablante* de la historia de amor entre Jaufré y Brunissen, *pièce de résistance* en la composición del poema provenzal, obedece al sistema de normas y valores sociorreligiosos que orientaba este proceso de castellanización cultural. La *Crónica de Tablante de Ricamonte* viene a sumarse al cuerpo considerable de literatura lírica y sentimental en que se han castellanizado obras, géneros y modelos literarios traídos desde fuera. Todas estas adaptaciones respiran en mayor or menor grado el mismo espíritu anticortesano. Como he tratado de demostrar en otros trabajos míos[14], esta tendencia anticortesana tiene sus raíces muy hondas en una visión cristiano-ascética del mundo y del hombre. Del recrudecimiento de esta vieja *Weltanschauung* medieval que se produjo bajo el reinado de los Reyes Católicos, resultó la nueva ideología sociorreligiosa que se impuso en la sociedad española con toda la fuerza autoritaria que se había concentrado en las manos de aquellos monarcas. Es bajo el rigor de esta imposición ideológica como los trasplantes literarios en Castilla han sido moldeados con arreglo a una total conceptualizacion religiosa del mundo y del hombre. Recházase la imagen idealizada de la mujer de la literatura cortesana e impónese una concepción del amor y de la mujer rigurosamente conforme a los presupuestos psicológicos de la antropología ascético-cristiana. La implantación de esta nueva teoría del amor toma en la realidad literaria de la época las formas de una acérrima confrontación entre los sexos. Se le niega a la mujer la alta posición privilegiada que antes ocupaba en el centro del culto cortés. El amor se sexualiza, se hace puramente carnal, y la mujer es considerada como una tentación del diablo, como un instrumento de placer con el cual se animaliza el hombre. En esta visión radicalmente dicotómica de la persona humana el amor aparece como una fuerza enemiga, asociada directamente en la conciencia del amador con la idea del pecado. El verdadero y único amor es el amor de Dios, y todo lo demás es deseo o apetito carnal. Pero en contraste con el culto cortés que era inconciliable con el servicio de Dios, los pecados de la carne o - como se suelen llamar en la literatura de la época - "los yerros de amor" son perdonables a los ojos de Dios precisamente por ser considerados como flaquezas del cuerpo y no como pecados del espíritu. Lo que se revoca, pues, lo que en los umbrales mismos del Renacimiento se anula en la cultura literaria de Castilla es el avance del espíritu laico, el desarrollo de una literatura securalizada, ya floreciente en Cataluña desde el siglo XII como lo comprueba el *Roman de Jaufré*. Recordemos aquí esta frase de Paul Remy: "Written perhaps in northern Catalonia, addressed to a king of Aragon, *Jaufré* naturally found its most receptive audience in Spain"[15]. Al pensar en esta "audiencia receptiva" que tenía presente Paul Remy y en ese otro público al que el autor del *Tablante* dirigió su mal trabada crónica, nuestro espíritu, desconcertado por la enorme distancia de tres siglos que separa a los primeros oyentes y lectores de una y otra obra, comienza a entrever otra dimensión trágica de lo que Américo Castro ha llamado "el drama desgarrador" de Cataluña. "Cataluña ha podido ser, pero no ha sido", ha dicho el filósofo catalán José Ferrater Mora[16]. Pero esta fatalidad histórica ha afectado en igual medida la vida espiritual y literaria del país entero. Si el *Roman de Jaufré* ejemplariza lo que Cataluña pudiera haber sido en la formación de una grande y multifacética cultura hispánica, el *Tablante* nos confirma que no se ha realizado esta potencialidad histórica.

Notas

[1]Edición de Adolfo Bonilla y San Martín, *Libros de caballerías*, 1, *Ciclo Artúrico - Ciclo Carolingio*, Nueva Biblioteca de Autores Españoles, 6 (Tetuán de Chamartín, 1907), pp. 459-99. Citamos por esta edición.

[2]Cfr. J. B. Hall, "*Tablante de Ricamonte* and other Castilian Versions of Arthurian Romances", *Revue de littérature comparée* 48 (1974), 181-82.

[3]No sabemos en qué forma el poema provenzal se ha transmitido a Castilla. Marcelino Menéndez y Pelayo (*Orígenes de la novela*, 1, [Madrid, 1905], p. 289), Martín de Riquer ("Los problemas del *roman* provenzal de Jaufré", *Recueil de travaux offerts à M. Clovis Brunel*, Mémoires et Documents de l'École des Chartes, 2 vol. [Paris, 1955], 2:454) y M. Rosa Lida de Malkiel (en *Arthurian Literature in the Middle Ages: A Collaborative History*, ed. Roger S. Loomis [Oxford, 1959], p. 418) opinan que el modelo directo del *Tablante* no ha sido el *Roman de Jaufré* mismo, sino más bien una traducción francesa en prosa de este *roman* del siglo XIV.

[4]Son los versos 3567-664; 3733-815; 3867-915; 7021-978; 10775-887.

[5]Edición de René Lavaud y René Nelli, *Les troubadours: Jaufré; Flamenca; Barlaam et Josaphat* (Bruges, 1960).

[6]Seguimos aquí la exposición precisa aunque somera de Martín de Riquer, *Los trovadores: Historia literaria y textos*, 3 vol. (Barcelona, 1975), 1:9-11.

[7]Cfr. Riquer, *Los trovadores*, p. 10. No me atrevería a afirmar que el viejo debate acerca de la superioridad del mediodía francés sobre el norte o *vice versa* haya sido superado del todo en la historiografía literaria de Francia. Estoy inclinado a creer que no es de pura esencia histórico-literaria el alcance de la discrepancia de pareceres sobre la fecha de composición del *Roman de Jaufré* que constituye, como es sabido, uno de los problemas más debatidos en torno a este poema artúrico. Me parece que en el fondo de este debate hay residuos de aquella vieja y ya remota

polémica. En la tendencia de algunos críticos a hacer remontar la composición del *Jaufré* a una fecha que coincide con o antecede los años 1170-1190, período de la mayor actividad literaria de Chrétien de Troyes, quizás se exprese la convicción de que la lengua de oïl no fue el único vehículo por el que las ficciones de la *matière de Bretagne* se introdujeran en la cultura literaria de Francia, sino que ya desde la segunda mitad del siglo XII esta tradición tenía de algún modo vida independiente en la literatura occitana. Como se sabe, Paul Remy ocupa en esta controversia un lugar intermedio con su hipótesis de que no fuera bajo el reinado de Alfonso II de Aragón, sino de su hijo Pedro II cuando se escribiera la obra, concluyendo que el *Jaufré* se compuso en 1205 o poco tiempo más tarde. Véase Remy, "*Jaufré*", en *Arthurian Literature in the Middle Ages*, ed. Loomis, pp. 400-05.

[8]*Les troubadours*, p. 632.

[9]Américo Castro, *La realidad histórica de España* (México, 1954), p. 114.

[10]William C. Atkinson, *A History of Spain and Portugal* (Londra, 1960), p. 74.

[11]Salvador de Madariaga, *Ensayo de historia contemporánea* (México y Buenos Aires, 1955), p. 234.

[12]Claudio Sánchez Albornoz, *Del ayer de España* (Madrid, 1973), p. 262.

[13]Madariaga, *Ensayo*, pp. 211-12.

[14]Antony van Beysterveldt, *La poesía amatoria del siglo XV y el teatro profano de Juan del Encina* (Madrid, 1972), pp. 61-203; "Nueva interpretación de *La Celestina*", *Segismundo* 21/22 (1975), 87-116; "Estudio comparativo del teatro profano de Lucas Fernández y el de Juan del Encina", *Revista Canadiense de Estudios Hispánicos* 3 (1979), 161-81; "La nueva teoría del amor en las novelas de Diego de San Pedro", *Cuadernos Hispano-americanos* 349 (1979), 70-83; "Los debates feministas del siglo XV y las novelas de Juan de Flores", *Hispania* 64 (1981), 1-13; "La transformación de la misión del caballero andante en el *Esplandián* y sus repercusiones en la concepción del amor cortés", *Zeitschrift für romanische Philologie* 97 (1981), 352-69; "El amor caballeresco en el *Amadís* y el *Tirante*", *Hispanic Review* 49 (1981), 407-25.

[15]Remy, "Jaufre", p. 404.

[16]*La realidad histórica*, *El libre del sentit* (Santiago de Chile, 1948), p. 95, citado por Castro, *La realidad histórica de España*, p. 114.

Brunissen im *Jaufre*
und die Tradition Brünhild/Brunehout

Kurt Wais

Unversehens in Bewegung geraten sind Vorstellungen über das erzähle-
rische Repertoire, das beim Auftreten von Crestien de Troyes in Umlauf
gewesen war. Das kleine Erdbeben, das für die Datierung des *Roman de
Jaufre* die Untersuchungen von Rita Lejeune und Martín de Riquer ausgelöst
haben, ist deutlich in der zuletzt erschienener *Jaufre*-Monographie von
Tudor P. Weaver zu verspüren. Die "independence of the author in relation
to Chrétien"[1], des provenzalisch in Aragon schreibenden vermutlichen
Katalanen, tritt hervor. Seine Übereinstimmungen mit dem *Conte del
Graal*, vor allem seit Paul Remy feststehend, müssen mit dem Fehlen aller
Graalthematik im *Jaufre* zusammengesehen werden. Diese mit all ihren
Bindungen an außerfranzösische Anregungen[2] war 1180 oder kurz danach
durch das *Conte* des Crestien und etwas später durch weitere Perceval-
Erzähler eingebracht worden.

Statt die mit dem *Conte* gemeinsamen Stellen des *Jaufre* als "Quelle"
Crestiens zu kennzeichnen[3], denke ich eher an eine von beiden in Anspruch
genommene Vorlage. Wobei mit Martín de Riquer zu unterscheiden wäre
zwischen einem Kernteil des *Jaufre* - ich verweise auf seine Argumente für
das Datum 1169-1170[4] - und der erweiternden, dem Kern gegenüber
konservativen Bearbeitung in unserem Text von etwa 1200 mit Nennung
von *Erec* und *Cligès*. Von den *Perceval*-Texten scheint mir derjenige des
Crestien nicht allein zu genügen, um die Art der Neuverwendungen zu
klären; doch liegt hier nicht die im folgenden gestellte Aufgabe. Soweit

jedenfalls die Beziehungen zum *Conte del Graal* anklingen, wird nirgend-
wo, so ist mein Eindruck, unabweisbar, daß Lejeune und de Riquer unrecht
haben müßten.

Brunissen/Burnichulde

Frisch im lebhaften Dialog, treffsicher im Formulieren des Einzelnen
wirbt die *Jaufre*-Dichtung für sich. Vergessen kann man das letzte Drittel
mit der schleppenden Zurüstung der durch Boten vermittelten Hochzeit,
welche Gründe auch immer dieser Abstieg gehabt haben mag. Ein Liebesro-
man wäre es zu nennen, würde ein liebender Ansporn den Helden zu Taten
führen oder gäbe es ein Echo für die weiblichen Monologe, welche dem
Autor zweifellos am Herzen liegen[5]. Diese verdienen es, daß sie von den
Beurteilern bevorzugt wurden. Vielleicht kam darob das Labyrinth des
verworrenen Abenteuers zu kurz. Seit dem Surrealismus ist man eher
geneigt, auf spielfreudiges Verselbständigen des Details, auch auf hal-
luzinatorisches Deformieren genau einzugehen. Aus Übersättigung durch
die unausweichlichen Sippenkonflikte der Chansons und der Heldenepik
anderer Völker läßt sich der läßlichere Umgang mit Bindungen erklären, so
wenn Crestien mit flüchtigen Genealogien Oheime und Cousinen schat-
tenhaft heraufruft und verschwinden läßt. Im *Jaufre* hat der Hof Arthurs ein
Fehlen von Auskünften zu ersetzen, wieso der durch einen Pfeil ermordete
Vater des Jaufre dort bekannt gewesen war, wieso die Rache einem andern
Mörder gilt u.ä.

Das wiederholte Neuerzählen des gleichen Hergangs, bald als
"ripetizioni . . . oziose"[6], bald zerlegt und umverteilt erregt die
Aufmerksamkeit. Veranlaßt scheinen sie durch ein damals beliebtes Mittel
zu einer Multiplikation isolierter "Abenteuer", welches besonders
überzeugend von Luc Cornet an Galaads Burgbesuchen[7] aufgezeigt wurde.
Das Wiederaufgreifen gleicher Thematik wiese dabei auf ein un-
zerstückeltes Modell des Erzählers zurück, eine Vorlage, deren Einzelheiten
er zum Zweck des Variierens jedesmal aufgreift und umverteilt. Dreifach
erzählt wird der Triumph Jaufres am Ende des Besuches einer unheimlichen
Burg, in der ersten und dritten als Befreier gequälter, in Erniedrigung
leidender Frauen. In der dritten bei Taulat werden männliche Gefangene
gleichzeitig befreit; bei der ersten wird präludiert durch "kleinere" Be-
freiungen, so die der Witwe eines Ermordeten und der Mutter eines von
Abschlachtung bedrohten Knäbleins[8]. Sieht man, wie gesagt, vom
Schlußteil des Gedichtes ab, so gewahrt man auch das Schachtelsystem für
die drei Burgbesuche, welches der Autor sich hat einfallen lassen. Um den
Besuch in Monbrun (V. 3015sqq.) legt er als Klammer die befreite Rotbert-
tochter mit Abschluß (V. 5170sqq.) durch die *Domna* als die Mutter der
Gewalttäter. Diesen Ring umrundet, lustlos erzählt, die Vergeltung an
Taulat mit dem Introitus (V. 485sqq.) über dessen mörderischen Speerwurf[9]

und mit dem Exit des Tribunals (V. 5844; nach einem kurzen Zwischen-Erinnern an Taulat, V. 4879sqq.).

Deutlicher noch als die drei Bewährungen des vor seinen Erfolgen jeweils zagenden Helden machen Einzelheiten vermuten, daß es sich um Absprengsel eines und desselben Hergangs handle. Spitzfindig arrangiert, wird so alle drei Male das Thema eines Bettschragens angegangen.

> Jaufre hat den Anblick der auf dem Bett hingeworfenen leidvollen Rotberttochter, die von Vergewaltigung bedroht ist[10]. Bei Brunissen, die ihrem Seneschall Befehle erteilt, ist es ein "lieg en la sala" (V. 3709), auf welchem ein (vermeintlicher) Toter[11] ausgestreckt liegt (auch dies nur vermeintlich) und von dem eine weibliche Hand klagend die Decke wegzieht. Vor dem Eintreffen Taulats hat Jaufre sodann den Anblick einer jüngeren und einer älteren Frau, die an einem Bett sitzen. Ein Toter und ein nur Verwundeter sind die Opfer von Taulats Speer; und von einer Tragbahre aus wird, nachdem bei der Kapelle mit Sturm und Erdbeben die Hexerei zusammenbrach, das Opfer (Melian, verwundet) *venjança* an Taulat erlangen. Daß dieser "meinen Vater tötete", steht so isoliert wie die Identität des ermordeten Unbenannten, dessen Leiche Taulat doch wohl bewußt kränkend "der Königin zu Füssen"[12] wirft.

Eine Wiederholung ist auch die ungewöhnliche Sperre, die der Eindringling Jaufre zu durchqueren hat. Ein "grauenvoller grosser Zauber" schirmt das Haus ab, in welchem die Rotberttocher dem Sohn der *Domna* ausgeliefert ist: "Nicht einmal im Anlauf ist dort die Schwelle zu überspringen, und man fühlt sich verhext". Ohne Magie scheint zunächst die Schwierigkeit, aus dem Garten der Brunissen die von achttausend Wächtern gehütete Schwelle ins Haus zu überschreiten, da die Lähmung Jaufres, der sich "nicht auf den Beinen halten kann", rational durch eine Schlafsucht erklärt wird, welche ihn veranlaßt, die ihm Entgegengesandten wie schlafwandlerisch vom Pferde zu stoßen[13]. Mehr Zauberei und Schlafsucht in Crestiens *Erec* birgt da auf Weisung der Gartenherrin der unsichtbare Gartenzaun von Brandigan. Bald sind in Jaufres Augen die Häscher Brunissens[14] nur mehr Dämonen, *deables*[15], und die Beengung wird depressiv[16].

Nicht bloß Crestiens Gauvain geht überein mit dem nächtlich nur dank seinem Rüstzeug auf dem Bett überlebenden Jaufre. Durch eine weitere Variante, nämlich durch den dreifachen Besuch in der Graalsburg Corbenic mit dem dortigen "Gefährlichen Bett", "li Lis Aventuros"[17], bestätigt die *Lancelot*-Prosa einen einzigen Schauplatz für Jaufres Bewährungen. Abändern, Variieren ist Trumpf, nicht Erfinden. Da wird einer in siedendem Wasser bis zum Nabel drangsalierten Frau[18] Befreiung zuteil durch Lancelot, nach zwei vergeblichen Anläufen; kniefällig dankt sie ihm dafür, während er durch die *capele* zu der Ruhestätte eines Toten tritt, wo er einzig durch das Heben des Deckels als der einzig Berufene dem das Graalsland verödenden Fluch ein Ende macht. Oder als Mirakelvariante in umgekehrter Reihenfolge: die über einem gewappneten Toten (Sohn des Joseph von Arimathia) aufgehobene Grabplatte bleibt wundersam in der Schwebe, und daneben ist als zweite Aufgabe die eines Feuers (in noch einem Grab) zu bewältigen[19]. Jeweils mit Unwetter, wie als Antwort auf die Brechung eines Zaubers[20].

Mit dem Hingestreckten haben undeutlich die Wunden zu tun. Daß diejenigen des Melian[21] geöffnet werden, findet durch Jaufre ein Ende; eine dunkle Variante blieb im Meliot des *Perlesvaus*-Romans[22]. Eine abzustellende "male costume"[23] ist wohl auch ein "*dol* of a mysterious source" in Monbrun (Weaver, p. 66), unerklärt belassen durch Ausweichen auf das Rätsel eines an eine bestimmte Tageszeit gebundenen Brauchtums (auch bei der Essenzeit auf Crestiens Graalsburg). Welcher Hilfe bedarf Rotberts Tochter? Dazu die castilische *Jaufre*-Prosa *cJ*: "Schon seit zwei Tagen war sie da ohne zu essen, tat nichts als Weinen und tat Dinge großer Betrübnis". Wie ihr zu helfen wäre, wird aber durch eine Schablone abgegolten, die wohl nichts mit ihr zu tun hat; bei den drei Graalsbesuchern findet es sich wieder, wie zu ersehen ist an dem überraschenden Auftauchen (des Graal) durch die "verrière"[24]. Jaufre (V. 2759) hat an einer "fenestra" einen dort erscheinenden Kopf (eines jugendlichen Wesens: "tozet"?) zu zerhauen. Ich halte es für eine Reminiszenz an eine andere und anderorts erzählte Erlösung[25], die unabhängig gewesen war von dem Aufdecken des Aufgebahrten und der daraufhin drohend erzürnten Brunissen.

Auf den einschneidenden Abschluß weist überall ein Schrei. Eine Verlegenheit für die Erzähler?

> Gellend, begleitet vom ohnmächtigen Wurf einer Lanze mit brennender Spitze gegen den gepanzerten Graalsbettbesucher[26], ertönt er aus unbekanntem Munde. Im *Jaufre* soll er von dem Kopf herrühren "so laut, wundersam, daß das ganze Haus ertönte". Ebensowohl, nach Vorbereitung durch Wächterschrei draußen und weiblichem Leidruf drinnen, auch in Monbrun: "Es gab weder jemals noch künftig irgenwo auf der Erde von irgendwem ein solches Schreien und Toben, denn die Erde hallt davon wieder", wild, "fort et esqius, estrains e greus ... per la terra esqius e grans" (V. 4347, 4391). Daß dabei an etwas wie an einem Verstoß gegen Übernatürliches Jaufre beteiligt gewesen sei, schlägt durch in der Tabu-Schablone, daß ihm ein verbotenes Fragestellen verargt wird[27].

Freigehalten von Wiederholungen[28] ist die Kulmination des Geschehens: angesichts der Decke auf dem Schragen mit dem Hingestreckten erregt sich Brunissen, die das Scheitern ihrer Absicht erkennt. Sie "gerät in Wut, wenig fehlt und sie wäre irrsinig geworden; so stark erbleichte sie, daß Ihr hättet sagen mögen, sie wäre eine Leiche". Den Autor zwang dabei seine neue Wendung, sie sei plötzlich zur heimlich Liebenden geworden, zu einer Spitzfindigkeit: sie wähnt Jaufre unter der Decke tot (voreilig erschlagen durch ihr Gefolge)! Bleibt man aber bei der bis dahin geschilderten Brunissen, so liest es sich anders. Eben erst hatte sie ja noch als Todfeindin "mit schlimmer, zorniger Miene" dem eintretenden Jaufre eine Vorstellung von der Macht der "Hölle" zuteil werden lassen. Ehe sie ihn nicht am Galgen oder mit gebrochenen Knochen sehe, wolle sie nicht speisen, "haue ich ihm nicht das Haupt ab und lasse ihn nicht schmerzhaft sterben, so soll meine Ehre für nichts gelten", sein Entkommen wäre ihr schmachvoll. Als ihn ihre Schergen anfassen, sagt sie ihm, bei Tagesanbruch, "so glaube ich, werde ich an Euch gerächt sein". Nach ihrer Ankündigung wird er "Gehängter, Geblendeter oder Krückenmann" werden.

Trotz des Argwohns, den der Autor ihr beläßt, will er sie dann als Liebende sehen, vielleicht mit Zügen jener unheilvoll Liebenden, für die ihm, wie vermutet worden ist, Vergil und Ovid, vor allem die Dido-Gestalt vorgeschwebt haben werden. Weniger extrem geht vergleichsweise Crestien vor bei seiner zuerst bösartigen Orguelleuse. Für Brunissen war immerhin eine Art von Inkubationszeit eingelegt. "Und sie tut mächtig, als wäre sie bösartig", "e fes parvent que fos trop mala" (V. 4644). Nicht viel später handelt auch Jaufre noch in seinem Ausweichen vor ihr widersinnig, "wüßte er wahrlich die Liebe, die Brunissen für ihn hegte" (V. 3978). Dann allerdings: "Wenn ihm jedoch Anmut und Schönheit Brunissens einfällt, so ist er höchst verwundert, wie sie, die Liebenswerte, unter so bösartigen Leuten sich aufhalten kann" (V. 3874sqq.). Ein Brautpaar wird uns dann beider nächstes Treffen zeigen.

Zuvor war Jaufre, der eben noch der Ermattung nahe war, zur Burg des Taulat weitergesprengt und zur Begegnung mit einer zweiten Gegenspielerin. Diese, die *Domna* von der Kapelle, ist verbündet mit einer unholdischen Doppelgestalt. Ihr einer Sohn wird bei seinem Vorhaben der Vergewaltigung offenbar durch Jaufre gestört (vgl. Anm. 10); in Jaufres Zweikampfsieg gegen den zweiten, den "Schwarzen Ritter" wiederholt sich der Sieg über den zu bestrafenden Mörder Taulat. Zwiefach darf so die Gefährlichkeit ausschwingen, welche für Brunissen und deren Seneschall vorzeitig durch den Erzähler widerrufen worden war.

Der Widerruf seinerseits setzt voraus die nicht minder verzwickte Fiktion, es habe auf dem Schragen nicht ein Ermordeter gelegen, entgegen den zu Beginn geweckten Erwartungen. Vom Lager erhebt sich vielmehr der Befreier selbst, den der Seneschall erschlagen zu haben glaubt, und alles kommt in Ordnung. Das Unglaubwürdige wird nicht besser dadurch, daß eben dieses in Crestiens *Erec* gleichfalls, obwohl sorgfältiger, erzählt wird. Der Vergleich der beiden Fassungen, der uns für den *Jaufre* das Neuern durch Doublettenbildung bestätigt, schafft Klarheit darüber, daß *Erec* nicht auf dem *Jaufre*-Text fussen kann. Denn Seite an Seite (!) mit dem

Hingestreckten und scheinbar Getöteten trägt sich der unterbrochene Versuch der Vergewaltigung zu. Es würde die (vermeintliche) Witwe Enite durch Erecs (vermeintlichen) Mörder Graf Oringle überwältigt, brächte nicht der Schrei der Witwe die Wende. Crestien, der ein weiteres Mal die Verläßlichkeit von Enite zu rühmen vorhat - ihr Schrei beendet hier die Ohnmacht Erecs -, hat nicht Bedarf für die Rolle der Brunissen, nicht für das im *Jaufre* doch einschlägige Thema von deren Wut-Reaktion, als ihr beim Aufdecken des (vermeintlichen) Toten klar wird, daß ihr eine Niederlage bereitet wurde durch Versagen ihrer Machtmittel (''Wie eine Irre schrie sie: Barone, warum verrietet ihr mich!'').

Falls hier provenzalisch und bei Crestien eine gemeinsame Vorlage bearbeitet wurde - noch sehen wir darüber nicht klar -, so hatte Crestien nicht mehr weit bis zum Abschluß: mit Erecs vermeintlichem Mörder, mit der Schuld an der drangsalierten Witwe wird abgerechnet, als es mit dem Scheintod ein Ende hat. Wie umständlich *Jaufre*! Dessen vermeintlicher Mörder, der durch Brunissen beauftragte Anführer der Häscher, mußte überflüssig werden seit dem verstohlenen Verschwinden Jaufres von unter der Decke weg; und jenes Verschwinden war gefordert durch die Verlegenheit, erst einmal eine amouröse Verständigung des Eindringlings mit der bis dahin feindseligen Burgherrin zu bewerkstelligen. Gleichzeitig und an gleichem Ort verlief bei Crestien also, was im *Jaufre* auf einer zweiten Burg spielt, das Leid von Rotberts Tochter an dem (leeren?) Bett. Es ist ein Torso verglichen mit Enites voreiliger Witwentrauer, mit der Rolle einer neben der Leiche des erschlagenen Gemahls Leidverstörten. Vollends mißlungen ist das Übergreifen in die zweite Burg hinüber: angesichts der zugedeckten (vermeintlichen) Leiche des Jaufre muß Brunissen für ihre eigenen Beauftragten zu einem rechten Rätsel werden, da sie, plötzlich untröstlich, ob der Bluttat des Seneschalls ''fast den Verstand verloren hätte''. Zweierlei weibliche Rollen, Lösung dank einem für tot Hingestreckten; und Liebe als Erklärung für alles?

Das Lied vom Aufgebahrten

Der ''Poeta Saxo'' des 9. Jahrhunderts bestaunte die Franken, daß sie in Liedern über ihr Königsgeschlecht die Erinnerung bis zu Chlodwig zurück wach hielten. Niemand weiß, ob und wann in ihrem damals noch zweisprachigem Heerbann die erzählende Dichtung in germanischer Sprache eine Entsprechung bei romanischen Erzählern besessen hatte. Aber die späteren *Chansons de geste* schöpften ihre geschichtlichen Erzählstoffe nicht ausschließlich aus Phantasie und aus lateinischer Chronik. ''Die große Diskussion über die Entstehung der *Chansons de geste* wird heute mit neuen Argumenten weitergeführt''[29]. So findet die Skepsis von Philipp August Becker, Joseph Bédier und anderen gegen Gaston Paris, Godefroid Kurth, Pio Rajna, Menéndez Pidal entschieden ihre Grenzen dort, wo die Namen nicht eine latinisierte Form aufweisen, vielmehr abgebraucht durch den Lautwandel und also durch die mündliche Kontinuität über Jahrhunderte sich bewahrt haben. Das Paar Chilperik und Raginfred blieb dichterisch wie geschichtlich in Gegnerschaft zu Karl, und ihre Namen wurden unterdessen verbraucht zu Heudri (< *Childerik) und Rainfroi; Autcharius rettete noch immer, aber als der *Ogier* der Chanson, die zwei Karlsneffen nach Italien vor ihrem Oheim.

Ein Liederthema von 870-880 wie der Kampf zwischen Girart und dem Pariser König um die Stadt Vienne ging außerfranzösische Erzähler nichts an. Aber zur Zeit der Merowinger gaben die Wandersänger - nebst ikonographischem Nachhall wie auf dem *Weland*-Kästchen[30] - von einem Stamm zum andern ebensowohl Bescheid über fränkische Erzählgestalten als über gotische oder burgundische usw., wie etwa dem angelsächsischen *Widsidh* zu entnehmen ist. Sie konnten damals leicht mit einer frühfranzösischen Entsprechung oder Gegendarstellung konfrontiert worden sein. Ein solches zweisprachiges Nachleben ist besonders durch Hermann Schneider für den historischen Chlodwigsohn Theoderich erwiesen worden[31] an dem parallelen Handlungsumriß der Epenhelden Dietrich, Sohn des Hug (Huga Chlodwig), und Floovent, d.i. Chlodovenc, mit dem ergänzenden italienischen Fioravante. Durch die sich abzeichnenden westfränkischen Anstöße dürfen die "Ausstrahlungen germanischer Heldensage nach Westen" ergänzt werden, die "einer älteren Schicht angehören als die Übernahme von Chanson-Motiven in die deutsche Dichtung"[32].

Es ist zunächst nur die Äußerlichkeit der Namen, durch welche der *Roman de Jaufre* heraustritt aus der Reihe der arthurischen Romane, denen er jedoch dadurch zugehört, daß er mit Arthur und seinem Hof beginnt und ebenso endet. Durchbrochen wird die anderswo kaum je übertretene Bindung an keltische Rollenbenennung durch Namen wie Rotbert, Augier, Godomaur. "Le nom Jaufre continue le germanique Gautfrid qui a donné des dénominations fréquentes dans le Midi et dans le Nord"[33]. Der Name der Widersacherin des Jaufre, Bruneisent/ Brunis(s)en(t), germanisch *Brunisvinth, weist in die königliche Namenstradition von Spaniens Westgoten zurück (642-672: Chindasvinth, Reccesvinth), sehr selten geworden um 1180, als sich eine Brunissenda de Cartella mit einem Katalanen verheiratete. In den beiden späten Prosafassungen des *Jaufre* heißt sie Bruniesen (castilisch, *cJ*) und Burnichulde (französisch, *fJ*). Falls diese letztere Namensform nicht von jemandem gewählt wurde, dem mündlich der Name Brunihild ins Ohr geklungen hatte, dürfte er auf einer (mit der nicht ungewöhnlichen Metathese des *r*) entstellten lateinischen Form BRUNICHILDIS beruht haben.

Selbstverständlich haben eindringliche thematische Übereinstimmungen hinzuzutreten, bevor ein Zusammenhang zwischen dem Brunissen-Gedicht und der fränkischen (westfränkischen) Brünhild-Dichtung zur

Erwägung steht. Deren merowingische Existenz wird besonders seit der *Nibelungen*-Monographie von Andreas Heusler so gut wie einstimmig durch die Germanistik vorausgesetzt. Im Mittelpunkt dieser Erschließung steht der Mord an Sigfrid[34], durch Brünhild angeordnet, wie das kränkende Hinstrecken der Leiche zu Füßen von Sigfrids Witwe[35]. Und zwar mußte davon erzählt worden sein, noch bevor es, wie in den uns bewahrten Texten, überlagert worden war durch das Personal einer ganz anderen Dichtung, die zum Gegenstand hatte den historisch nach den Jahren 436-437 weitererzählten Widerstand von "Gibichs Nachkommen" (Bragi, vor 850: *Gjuka nidhiar*) und des von den Hunnen gefangenen Königs Gundiharius = Gunther. Die eine wie die andere dieser Mären mußte in eine Vergeltung ausgelaufen sein. Für den ermordeten Sigfrid - "Ihr viere" ist sterbend seine Anklage (*Thidreksaga*) - kann als Rache nicht diejenige durch die Schwester der Söhne Gibichs, Gudrun, sich angeschlossen haben: diese wurde nachträglich hergestellt durch die Fiktion, die Frau Attilas sei in erster Ehe Sigfrids Frau gewesen. Die Vorgängerin in dieser Rolle, die Witwe, mußte als eines Söhnchens Mutter bedroht gewesen sein, nur scheint zu Brynhilds Forderung "Töte den jungen Wolf" nunmehr ein weiterer Verlauf zu fehlen. Daß dann nach längeren (sieben) Jahren die Heimzahlung durch einen Mann, einen Heimkehrer, erfolgt war, läßt sich vermuten aus dem übereinstimmenden Ausgang in den rund vierunddreissig aus dem russischen Volksmund aufgeschriebenen Zeugnissen des sogenannten "russischen Brünhildliedes", wofern die 1873 durch Kirpicnikov geäußerte Erwartung zutrifft, daß diese Aufzeichnungen "zum Verständnis des früheren Zustandes der Sigfridlieder und ihres Bearbeiters (*Nibelungenlied*) beitragen können"[36].

Diese "plebejischen Travestien deutscher Heldendichtung", wie Heusler sie nannte[37], motivieren eingangs den blutigen Anschlag der Zarin, der einstigen Kampfmaid (*bogatyrka, polenica*), durch ihren Zorn über den "Spott der Leute" ("der vil grôzen schanden", *Nibelungen Lied*), als bekannt wird (Nr. 4, 12: durch eine dritte Person), daß sie in drei Freierwettkämpfen, dann in der Brautkammer, sich hatte täuschen lassen durch den starken Stellvertreter, der durch Tarnkappe (wie im *Nibelungenlied*) oder Kleidertausch (wie in der *Thidreksaga*) als der Freier der Zarin aufgetreten war. Ihren dafür mitverantwortlichen Ehemann läßt diese "Brünhild" nicht unbestraft; dem zum Viehhirten Erniedrigten läßt sie eine tägliche Rate von Hieben verabreichen; das wäre für den Gunther von 437 nicht aufrechtzuerhalten gewesen, als dieser in die Rolle des Schwächlichen eintrat. Um nicht dereinst vom Rächer heimgesucht zu werden, baut die Zarin auf Abhacken der Füsse und Ausstechen der Augen. Unter Anlehnung an das alte Exempel (*Pancatantra*) von dem einander Ergänzen eines Blinden und eines Lahmen (auch: eines Fuß- und eines Armlosen) lassen die russischen Märchen nach Jahren die Rache über sie hereinbrechen.

Der Leser des *Jaufre* und der zum Teil erforschten ihm benachbarten Romane kann veranlaßt sein, den Umriss einer solchen Erzählung auch für Frankreich anzunehmen. Im *Livre d'Artus*[38] bereitet die Herrin von Branlant, Lore - gleich Jaufres *Domna* im Bund mit einem "schwarzen" Ritter - bei einer Kapelle mit einem Sarkophag[39] vor dem gefürchteten Eintreffen des Gauvain eine Todesfalle[40] für den ihr Bedrohlichen; sie erlebt sein Entweichen, da sie seine Herkunft nicht durchschaut hatte (sie selbst plaudert ihre böse Absicht vor ihm aus). Im *Jaufre* erinnert daran die Unruhe Brunissens, die Herkunft des Ankömmlings nicht zu wissen, und ihre verbale Ankündigung dessen, was das Zarenmärchen buchstäblich[41] ausführen ließ: "Ihr würdet Euch sehr trefflich ausnehmen als Gehängter, Geblendeter ("crop") oder Krückenmann ("escasat")" (V. 3601-05). Gaheriet erhält eine tägliche Rate von Hieben, bevor ihn sein Gesell (Bruder) Gauvain befreit. Und ebenso der durch Jaufre befreite, zuvor täglich mit Peitschenhieben bergauf getriebene Melian. Ähnlich im *Perlesvaus* der durch Lancelot aus seiner täglichen Drangsal befreite[42] Meliot. Daß die Quälung auf weiblichen Befehl geschieht - der Zarin, der Lore -, ist beim *Jaufre*-Dichter allein dem Mörder Taulat überantwortet.

Nicht minder erhellend ist der Blick auf die älter fundierte Schicht der Chansons de geste. Wie im Zarinmärchen kommt als ursprüngliche Vergeltung des blutigen Anschlags nach Jahren ein herangereifter Rächer. Seit 1912 (Gustav Brockstedt) werden der Mord an Herzog Bove d'Antona auf der Eberjagd in "Brunas vals . . . en Ardena"[43] und derjenige an Sigfrid nach ihrer Priorität diskutiert; so wird etwa mit Dietrich von Kralik das wenig geschwisterliche Verhalten von Sigfrids Schwager als Voraussetzung der okzitanischen Chanson *Daurel et Beton* begriffen[44]; hier wie dort das Nacheinander der zwei ersten Fragen der Witwe angesichts der Leiche, ob es ihr Mann sei und wen die Schuld treffe[45]. *Daurel*, laut neuester Forschung zwischen 1130 und 1168[46] verfaßt, hat sein Namenpaar aus einer andern, einer ungeklärten deutschen Sage um Buovinus und Betto, auf welche um 850 Regino von Prüm anspielt[47]. Der *Daurel* ist als eine der Varianten über einen und denselben Hergang wie die Texte des *Beuve de Hantone*, sodann wie der *Jourdain de Blaivies* und der *Orson de Beauvais*, Gegenstand der Forschung seit Gaston Paris (Einleitung zu *Orson*). Klar zeigen sie ein in die Ferne gerettetes[48] Söhnchen; nur in der unblutigen Doublette bei *Beuve* wie im Russischen ist das beim Anschlag auf Jahre hinaus ausgeschaltete Opfer selber stark geworden und sieht als incognito Rückkehrender nach dem Rechten. Am Vergleich mit der analogen Sorge des sterbenden Sigfrid um das gefährdete Leben des Söhnchens[49] wird eine Schwundstelle deutlich, welche durch das Eindringen von Gunthers Schwester enstand, als diese aus der Warnerin der Gibichsöhne zur Rächerin des Ehemanns hatte werden sollen.

Für bestätigt sehen konnte sich Heuslers Abgrenzung[50] zwischen dem Blick von Sigfrids Witwe auf den nicht zerhauenen Schild des Toten und dem nach seiner Ansicht nicht benötigten, aus dem Französischen übernommenen Thema der fehlschlagenden Vertuschung durch den Täter. 1960 wurde im Unterschied zum ''Beuve''-Zweig streckenweise für den ''Bove'' (*Daurel*) eine Anlehnung wahrscheinlich gemacht an die Charite-Novelle des Apuleius[51]. Ich muß mir hier das Eingehen darauf versagen; ebenso auch für Friedrich Panzers Hypothese, über deren Datierung ihm selbst Zweifel kamen[52], die denn auch laut Kimmels erwähnter *Daurel*-Einleitung romanistisch dem Stand der Forschung stracks zuwiderläuft. Zu dem bei Apuleius nicht anzutreffenden Auftritt an der Bahre verweise ich auf meinen älteren Vergleich der Fassungen[53]. Daß es da beim Aufdecken der Wunde[54] ursprünglich nicht um das Feststellen des Täters gegangen sei, meine ich auch dem Wiederkehren des Motivs im *Jaufre* zu entnehmen: Taulat vor seiner Niederlage wird von einer anderen - und undurchsichtigen - Absicht als der Mörder des Bove geleitet, wenn er die Wunden des durch seinen Speer Niedergestreckten öffnet. Dieser auf seiner Bahre noch Lebende wurde in den Graalsdichtungen beliebt, etwa auf seiner Suche nach dem Befreier, der allein das Waffenstück aus der Wunde zu ziehen berufen sei[55].

Der Anschluß an die freilich nicht seltene Eifersuchtsmotivierung des Anschlags (Apuleius, *Crescentia*, usw.) bietet jetzt die natürliche Erklärung, weshalb bei Bove die Rolle der Mordstifterin in Wegfall gekommen ist, die bösartige Ducoise aus den *Beuve*-Texten. Sie ist es, welche eine drohende Kriegsgefahr vortäuscht, um die Tücke beim Veranstalten der Eberjagd zu verbergen; das *Nibelungenlied* nahm es für Hagen in Anspruch (plus nur-deutschem Zusatz, der Motivierung durch vereitelte Unverwundbarkeit). Als Brandoria (Blondoia) im *Buovo d'Antona* der Italiener klingt sie nur entfernt an den Namen Brunissen an; immerhin kommt ihre Begnadigung am Ende überraschend ähnlich wie im *Jaufre* bei der zauberstarken greisen *Domna* von der Kapelle. Bemerkenswert wird die Ducoise durch ihre Mittelstellung zwischen ihren Varianten. So kennt das *Livre d'Artus* den bösen Willen der durch Verschmähtsein gekränkten Lore de Branlant. Anders das sogennante *Erste Gudrunlied* der *Edda*. Hier begegnet man einer Byrnhild, die am Sarg des auf ihr Geheiß Ermordeten Sigurd eine Niederlage ihres Vernichtungswillens hinnehmen muß. Wie der Gauvain der Lore, wie Jaufre vermag der junge Vaterrächer Beuve sich entschloßen der mächtigen Frau zu entziehen. Und die Wut der Ducoise ist ganz ledig jeder liebenden Anwandlung (''Weshalb ließ ich ihn nicht in mein Verließ werfen! Wer wäre auf der Hut vor diesem Burschen!'').

Sollte in der Szene an Sigfrids Bahre mit der Witwe der deutsche Dichter seiner Lieblingsfigur Hagen, für den er in möglichst zahlreichen dramatischen Auftritten eine Rolle schuf, eine Konfrontation zugeteilt haben, welche ursprünglich durch die alte Rivalin Brünhild ausgefüllt gewesen war? Im jetzigen Lied der *Edda* jedenfalls, sprachlich mit vermuteter ''Herkunft aus dem dänisch-deutschen Liedkreis''[56] und schon mit Ausblicken auf Gunthers Ende durch Attila, geht es um die Wunde des

Toten zwischen den beiden Frauen.

Darf Sigurds Witwe Gudrun vor der Bahre die romanistische Forschung etwas angehen? Über ihr lastet von den Anfangsversen an etwas erregend Unheimliches: "Sie weinte nicht wie Weiber sonst"[57]. Im Deutschen ist "daz jâmerhafte wîp"[58] gleichfalls nicht ohne einen Zug ins Verwunderliche: "ez was ir ungemüete vil harte unmaezlîchen grôz. / Ez was ein michel wunder daz si ie genas"[59]. Die *Edda* läßt das Rätsel lasten, daß durch eine körperliche und seelische Erstarrung die Witwe mit ihrem Leben am Ende sei. Versuche tröstender Frauen bleiben wirkungslos. Es ist auch nicht an ein christliches Gebet gedacht, mit welchem die Leidvolle, wie es im *Jaufre* der Fall ist, den Erretter heranwünscht (*cJ*: Gott habe sie erhört, als Jaufre dem verblüfften Gewaltherrn das Ende des "Teufelswerks" entgegenruft). Im Deutschen gibt es Hilfeleistung, vergebliches Überschütten mit Wasser; aber kollektiv verwischt: "mit klage ir helfende dô manec vrouwe was", - auch gegen Nachstellungen?

Längere Zeit - im *Nibelungenlied* drei Tage und Nächte, wie im *Daurel* - verstreicht so, bis sie "Sigurds Wunde sehen mußte"[60], bis zu ihrem Küssen seines Mundes. Wie im *Jaufre* kann die Witwe sich nicht selbst helfen[61]. Nicht ihre Hand deckt den Getöteten auf. Daß als eine Art von Schocktherapie das Entsetzliche schaubar aufgedeckt wurde, löst ihr Weinenkönnen aus und ihren Schrei. Im Lied leistet diesen Dienst eine sonst nicht erwähnte Schwester Gudruns, die "goldene" Gullrönd. Diese erkennt das Verfehlte der bisherigen Hilfeleistung, vielleicht bösen Zauber: jedenfalls hilft sie dem Gefühl zum Durchbruch mittels des Freilegens der Wunde. Das Leben, Tränen, Klageruf, Rede, kehrt in die seelisch Verödete zurück. Alsbald schleudert die jetzt erst erwähnte Brynhild den Fluch von Kinderlosigkeit und Verwitwung auf Gullrönd, weil diese sich als die Person erwiesen habe, "die Gudrun Tränen gegeben hat / und heute morgen den Mund ihr löste", Str. 23. Den nächtigen Bann hatte Brynhild nicht gestört wissen wollen, so wie Brunissen den ihren durch Lähmung des Jaufre abschirmte. Sie sieht es durchkreuzt, - etwa wie einstmals Hera das von ihr verhängte Nicht-Entbinden-Können der Leto durchkreuzt sah.

Bloß zufällig ähnlich kann man es schwerlich nennen, daß nicht allein im *Daurel*, sondern auch im andern provenzalischen Epos der Schrei meilenweit dringe. Dort nun, im *Jaufre*, steht ganz unverwechselbar das Thema der stummgewordenen Vögel in bezug auf das Brechen eines Bannes. Von der dem Menschlichen zurückgewonnenen Witwe Sigurds wiederum hieß es:

Ein Regenschauer kam ihr aufs Knie.
Da weinte Gudrun Gjukis Tochter.
Ihre Klagen klagen durchs Haus,
und hell schrien im Hof die Gänse,
schmucke Vögel, die die Frau hatte.
(Str. 126)

Dieses Schreien der Gänse in Verbindung mit Gudruns einmaligem[62] Schrei
hat auch das sogennante *Kurze Sigurdlied* der *Edda* aufgegriffen, aber ohne
ein Begreifen von Brynhilds Niederlage.

Seinerseits ging der *Jaufre*-Autor eigene Wege mit der Verwendung
der sich meldenden Vogelstimmen. Mit Brynhild der "Hochfahrenden"
(*storradha* in der *Thidreksaga*) geht die Wut Brunissens überein und ihr
Zorn darüber, an die Grenzen der eigenen vernichtended Macht gelangt zu
sein, - aber diesmal: als auf die *ausels*, auf die Vogelstimmen draußen (!),
ein magischer Bann sich legte! So ist jetzt abweichend, daß sie daran Jaufre
als den eintreffenden Widersacher erkennt; die Gefahr für sie liegt nicht im
Lautwerden, sondern im Stummwerden der Stimmen. "E Brunissens irada
e mala" ergrimmt, denn er habe "die ausels espaventatz / per mun enuig e
per mon mal" (V. 3314-15). Zerschnitten ist provenzalisch der Zusammenhang mit den Schreien, die hier "nicht den Schatten einer Erklärung
empfangen"[63]. Deren Lautstärke ist "ta fermens" (V. 4670), daß - wieder
draußen - zwei ahnungslos unterwegs befindliche Jäger "aufschreien als
wären sie außer sich" (V. 4395-96) und ihnen Jagdfalke und Jagdhund
draufgehen und fast auch (durch die Jäger selbst) ein Pferd. Hier also nun
wieder Schrei und Tier in Kontakt.

Wenigstens stellt der Autor seinem um Begreifen ringenden Helden
eine dereinstige Sinndeutung in Aussicht. Es werde dem Jaufre eine Art
Doublette zu seiner Befreiung der Rotbarttochter bevorstehen: Bei einem
Verwundeten (Melian) werde an dessen Bett eine jüngere und eine ältere
Frau trauern, sieben Tage vor dem Eintreffen des Gegners zum
Schlußkampf[64]. Diese letztere werde Kenntnis haben über den Schrei (und
über den "belament" danach eingetretenen Frieden?). Sie werde "del crit
veritat" wissen (V. 4847). Aber jene "Wahrheit" wird dann nur einem
Begleiter Jaufres ins Ohr geraunt. Sie traut sich nicht bis zu der in anderen
Varianten weniger aufgestückelt vorgetragenen Kunde. Etwa vom
gesprengten Bannzauber ("caraude") der mit einem "Teufel in Menschen-
gestalt", dem "Schwarzen Ritter", verbündeten Nebenbuhlerin, welche
die Schöne so quält, "que j'en issi fors de mon sens". So heißt es in *L'âtre
périlleux*[65] auf sakralem Schauplatz mit einem Sarkophag, und es macht an
die Kapellenszene der *Domna* des "Schwarzen Reiters" im *Jaufre* denken;
deren Auftreten gegen Ende wiederum stimmt zu jener gleichfalls
unbenannten Schlimmen, welche die russische "Brünhild"dichtung als
"giftschlangengleiche alte Hexe" (Löwis Nr. 2ff., Übers. Curtin) schildert,
durch deren Böswillen eine abmagernde Unglückliche, eine Königsgattin
(Nr. 21), sich die Brust ausgesaugt fühlt, ... weil sie "immer an mir saugt,
deshalb bin ich so elend" (Nr. 34).

Wenn im *Jaufre* jene Wahrheitswissende an die Weisheit Gullrönds
heranreicht, im *Daurel* an den lenkenden Rat der Frauen (und nachher an
den Opfer-Entschluß der Aiceline) oder an die Nerejâ des *Wigalois*, so ist es

vielleicht nicht die einzige Absplitterung einer ursprünglich breiteren weiblichen Hilfeleistung.

Jaufre, von Frau "Guilalmier" ermutigt und ausgerüstet, hat bei der Rotbertstochter unerklärt eine Helferin. Sie hält ihm das Roß. Und beim Schrei während des Zugriffs auf das Haupt und nach überstandenem Sturmgewitter "warf sich die draußen befindliche Jungfrau ... auf die Knie und betete zur Jungfrau Maria, daß diese dem so kühnen Degen helfen möge, und dies tat auch die Frau, welche Jaufres Roß hütete". Sie fragt ihn heraneilend, wie er es überstanden habe, küßt ihn (*fJ*: seinen Kopf bettet sie in ihren Schoß, auf einer Wiese) und sie wird seine Botin zu Arthur. Es läßt sich ein Modell erwägen, welches Ergänzung fände in der Graalsbotin auf dem Maultier, welche dem bei Crestien auftretenden Giflet seine Befreiermission angibt.

Bis zu dieser Stelle führt die Verwandtschaft zwischen dem eddischen Lied und dem *Jaufre*. Die Bahrszene im Lied endet mit Brynhilds ohnmächtigem Zorn über ihre gescheiterte Vernichtungshoffnung.

> Sie stand am Pfeiler, straffte die Glieder;
> es brannte Brynhild, Budhlis Tochter,
> Glut im Auge und Gift schnob sie[66]
> als sie Sigurds Wunde sehen mußte.
> (Str. 26)

Das Schreckhafte seiner Begegnung haftet an Jaufre noch, als Brunissens freundliche Grußbotschaft an den künftigen Bräutigam eintrifft. Mit seinem Ja verlangt er künftige bessere Behandlung. "Denn ein zweites Mal will ich nicht sterben"[67].

Zwist der Energien, dann dessen Widerruf als ein angenehmes Mißverständnis, - mit diesem keineswegs reizlosen Hebel machten sich Anfänge der neuen Romankunst selbständig gegenüber Modellen älterer Heldenepik. Sie schufen Raum für Wildwuchs, wie er dem Leser der Torso-Varianten vom Anschlag des Oringle, vom Anschlag auf Rotberts Tochter begegnet. Dies bereits bevor der nächste Schritt erfolgte und ein Vorgänger des *Conte del Graal* die Umstände der Zaubersprengung umdeutete in eine vom Graalswunder bewirkte Erlösung.

Brunehout/Brunissen und Königin Brunichild

Novellistische Erzählstoffe überstehen Jahrhunderte mündlicher Weiterpflanzung oft ohne Sinnverlust. Breiter gedehnte sind dem Verwittern ausgesetzt; im Zerklüfteten nistend ergänzen die Nacherzähler aus eigener Phantasie. Den neuen Reiz des Verworrenen kennen auch die Aufzeichner der *Jaufre*-Hinterlassenschaft, mit der aufzudeckenden Totenbahre, der daneben sitzenden Bekümmerten, der Brechung eines unheimlichen Banns usw. Stellt sich der Ankömmling Jaufre der rächenden und rettenden Aufgabe des Helden von Hantone (*Beuve*) und Antona (Beton, im *Daurel*)? Ist im *Jaufre* die mit Vernichtung drohende *Domna*, machtvoll in Scharlach und Hermelin auftretend, die Variante der Brunissen des Anfangs, wo Melian ebenso gezüchtigt wird wie durch die Brünhild-Gestalt des Russischen der an deren Kränkung mitschuldige Gatte? Ungern freilich ist man bereit, sich zu lösen aus festgefahrenen Vorstellungen, als seien ''bretonische'' Romane thematisch säuberlich zu trennen von der Gattung der Chansons de geste und diese ihrerseits von Germanischem aus der Zeit sei es der Merowinger sei es der Anglonormannen (von denen etwa der *Roman de Waldef* noch unveröffetlicht ist und die Nennung des Paares Hildebrand und Heribrand noch unbeachtet zu sein scheint). Oder läge die Gewähr in nicht viel mehr als nur gerade im Brynhild-Anklang der Brunissen/Burnichilde, der Herrin von ''Monbrun''?

Eher scheint mir sagenswert, daß der Blick in die Romania Unstimmigkeiten innerhalb der Germanistik auszuräumen angetan sei. Dabei geht es nicht bloß um den - außer im Russischen - fehlenden Übergang von dem in den deutschen Texten abreißenden Brünhild-Bericht zur eddischen Vereitelung der Zauberquälung der Witwe. Es geht neben anderem auch um die Abkunft der Anstifterin des tödlichen Eberjagd-Speerwurfs von der 613 als vorgebliche Mörderin an dem ihr verbundenen König Sigebercht hingerichteten Brunichild[68], ein naheliegendes Diskussionsthema, schon wegen des Streits der historischen Ostfranken-Königin Brunhild - von Zeitgenossen auch Bruna genannt - mit ihrer königlichen Schwägerin (Gudmund Schütte u.a.).

In den vorstehenden Darlegungen habe ich über Brünhild als die Schuldige am Tod von Sigfrid/Sigurd, dem durch das angelsächische *Finnesburh*-Lied als Sigefer neben Guðhere = Gunther gestellten, so gesprochen, als sei ihre Gestalt rein auf die dichterischen Texte beschränkt. Damit folgte ich der von Andreas Heusler, Hermann Schneider und anderen geübten Askese, welche die Entstehung des Stoffes in der Merowingerzeit ohne das Identifizieren mit bestimmten Personen vertreten. Wenn der unvergessene Germanist Hugo Kuhn seinerzeit in einer gemeinsamen Publikation die historische Grundlage der Mordtat von 575 mit mir vertrat[69], so scheint mir nun der *Jaufre*-Befund nicht ohne Bekräftigung dafür. Der selten bezeugte germanische - oder spezifische gotische? - Namensbestandteil -*svinth*, selten auch in der Romania fortlebend, bezeugt für die Form **Brunessent* eine archaische Prägung. Niemand weiß, ob man im iberisch-südfranzösischen Westgotenreich des 6. Jahrhunderts vielleicht der Nachfolgerin und Tochter Amalasunta des Westgotenbeschirmers gegen die Franken, des großen ostgotischen Amalers Theoderich, zu huldigen gedachte, indem man die Schwester Brunhilds auf den Namen Galsvintha taufte. Diese Königstochter wurde gleichzeitig mit Brunhild in das nicht-arianische Frankenland verheiratet, ging gleich ihr dort einem gewaltsamen Tod entgegen und stand vielleicht schon von Beginn an wegen ihrer arianischen Konfession - wenn auch nicht, wie

Brunhild, wegen gepanzertem Auftreten in der Schlacht - in einem unheimlichen Licht. Vielleicht ging für die undeutliche Erinnerung eines
Sängers vor oder nach 613 das Gedenken der Galsvintha mit in den neuen
Namen Brunisvinth ein. Durch das Charakteristikum des seltenen Namens mit -*svinth* wird jetzt
übrigens zusätzlich der Blick auf eine Chansonfigur gelenkt, was 1945
Friedrich Panzer nicht erwägen konnte als er sich für deren Zusammenhang
mit Brünhild einsetzte. Dort in *Auberi le Bourgoing* ist anders als beim
tödlichen Speerwurf des Taulat der Schauplatz angegeben, die Eberjagd des
arglosen Auberi, dem der Vorwurf der Untreue (''puterie'') anhaftet und
den die schlimme Ermessent (*irmin* + *svinth*) überfallen läßt, ein
Schauplatz entsprechend dem Eberjagd-Verbrechen von ''Brunas vals''
(*Daurel*) oder ''Selva Bruna'' (italienische *Hantone*-Fassung). Und es
wurde da nicht bemerkt, daß der Name eines Vertrauten der historischen
Brünhild identisch ist mit dem Namen eines Mannes, dessen Ermessent sich
dabei als Helfer bedient. Als im Jahre 613 mit Heeresmacht Chlothar aus
Köln heranrückte, der Sohn von Brunichilds Todfeindin und Schwägerin,
sandte die bedrohte Königin aus Mainz dem Rächer als Unterhändler einen
gewissen Herpinus entgegen. Und Ermessent? ''Adonques fu l'engignières
mandés / Herpin ot nom, bien estoit escolés''[70]. Erinnert wurde sodann die
einer Hexe angemessene Prozedur jener Hinrichtung, zu welcher die
gefangene Brünhild in Chlothars Heerlager bei Dijon durch einen Herpinus,
vermutlich den gleichen, geleitet worden ist[71].

Der hier eingeräumte Rahmen erlaubt nicht ein Eingehen auf das vom
Languedoc bis Brabant ausgebreitete Netz von Ortsbezeichnungen ''Brunichildis reginae quondam Francorum'' (um 1000), Berichte über über-
natürliches Treiben der von *Austrie* bis *Borgugne* regierenden *Brucilde*[72],
das Einrücken der siebenjährigen Herzogin von *Osterice* durch eine Ver-
fluchung (in der Chanson *Auberon*) als ''Brunehout la Fee'' in den Kreis der
Unheimlichen; Brunehouts Nennung neben Tallas, der offenkundig dem
Taulat/Taulas bei Brunissen/Bruniesen entspricht (*Claris et Laris*); die
Gattenmörderin Brimesent, deren Name einem Schreiber in die Feder fließt,
welcher eigentlich über die Fee Morgain hatte berichten wollen. Überall
wird auf Bestätigungen für das im Vorstehenden Aufgewiesene wie auch für
geschichtlich Vorgebildetes abzuheben sein. Licht fällt nach dem über
Brunissen Erschlossenen schließlich auf jene Brysenne[73], ohne deren Ränke
Lancelot nicht seiner Königin abspenstig gemacht worden wäre und über
welche später Malory[74] schrieb: ''This dame Brusen was one of the grettyst
enchaunters that was that tyme in the world''.

Anmerkungen

[1]Tudor Perry Weaver, *The Return of Arthur: A Study of the Provençal Arthurian
Romance ''Jaufre''* (diss., Yale, 1971), besonders S. 231.

[2]Für neue Hinweise vgl. Kurt Wais, "Volkssprachliche Erzähler Alt-Irlands im Rahmen der europäischen Literaturgeschichte", in *Die Iren und Europa im früheren Mittelalter*, 2, hgg. Heinz Löwe (Stuttgart, 1982), S. 639-85, besonders S. 678sqq.

[3]Rita Lejeune, "La date du roman de *Jaufré*: A propos d'une édition récente", *Le Moyen Age* 54 (1948), 257-95; idem, "A propos de la datation de *Jaufré*. Le roman de *Jaufré*, source de Chrétien de Troyes?", *Revue belge de philologie et d'histoire* 31 (1953), 717-47. Die Datierung 1179 schon in Lehrbüchern: Robert Lafont und Christian Anatole, *Nouvelle histoire de la littérature occitane* (Paris, 1970), S. 107.

[4]Martín de Riquer, "Los problemas del *roman* provenzal de Jaufré", in *Recueil de travaux offerts à M. Clovis Brunel*, Mémoires et Documents de l'École de Chartes, 2 Bde. (Paris, 1955), 2:435-61.

[5]Das Ausbeuten lyrischer Neuheiten, der *saluz d'amor*, des *planh*, zeigte Giuseppe Guido Ferrero, "Appunti sul *Jaufre*", *Cultura Neolatina* 22 (1962), 123-40.

[6]Ferrero, "Appunti", p. 129. Zur Technik bewusster "Iteration" vgl. Karl-Heinz Hartmann, *Wiederholungen im Erzählen: Zur Literarität narrativer Texte*, Studien zur allgemeinen und vergleichenden Literaturwissenschaft, 17 (Stuttgart, 1979).

[7]Luc Cornet, "Trois épisodes de la *Queste del Graal*", in *Mélanges offerts à Rita Lejeune*, 2. Aufl. (Gembloux, 1969), 2:989-92.

[8]Eingemengt das Motiv des Opfers für einen Aussätzigen: Kinderblut - aber nicht freiwillig gespendet wie in *Amis et Amile* oder in Hartmann von Aues *Armem Heinrich* - soll, nicht zum erstenmal, dessen Aussatz heilen.

[9]Das verwunderlich Jähe auch anderorts, vgl. Eugene Vinaver, "The Dolorous Stroke", *Medium Aevum* 25 (1956), 175.

[10]V. 2978. Anders in der Bruniesen-Fassung (castilisch, im folgenden *cJ*): An dem - leeren - Bett sitzt die zur Witwe Gewordene, rauft sich die Haare, zerbeisst sich die Arme und zerreisst ihr schönes Kleid, in Anwesenheit des mit höhnischen Liebkosungen zudringlichen Mörders ihres Liebsten (*Crónica de los nobles caballeros Tablante de Ricamonte y Jofre* [Toledo, 1513]). Dagegen in *fJ*: "Et veit sur ung lict une ieune damoiselle qui estoit belle a grand merveilles, mais elle avoit les yeux moult gros a force de plorer", Claude Platin, *Histoire de Giglan . . . et de Geoffroy de Maience, son compaignon. Lequel a esté nouvellement translaté de langaige espagnol* (s. d. [um 1530]); vgl. Georges Doutrepont, *Les mises en prose des épopées et des romans chevaleresques du XIVᵉ au XVIᵉ siècle* (1939; Neudruck Genf, 1969), S. 288-89.

[11]Für Crestiens trotz Verwundung überlebenden Bettlägerigen vermutete Paul Remy die Priorität als "highly probable" (*Arthurian Literature in the Middle Ages: A Collaborative History*, hgg. Roger S. Loomis [Oxford, 1959], S. 403). Wäre der Tote eine Erfindung nur im *Jaufre*-Bereich?

[12]*Al pes de la reina*, V. 582. Guilalmier ist die gleiche Königin wie die bei Crestien - gleichfalls unmotiviert - durch den Roten Ritter gekränkte Guenievre, dort (nachträglich, wie zu vermuten) harmloser gekränkt.

[13]Für den Zugang von Crestiens Perceval zu den Zelten Arthurs amourös

entschärft durch Motivierung mit dem auch gälisch (*Derdriu*) verwendeten Liebesschwärmen für drei Farben.

[14]Vgl. die vierzig Ritter im *Lanzelet* des Ulrich von Zazikhoven, durch welche die Burgherrin von Pluris ihren Gemahl - ebenfalls vergeblich - beaufsichtigen läßt, "damit er ihnen nicht entreiten möge", V. 5545sqq. und 6229sqq.

[15]V. 3558; "ans sun diables . . . car de nuit menun aital guera", V. 3150-51. Crestiens spricht seinerseits von "deablie", *Yvain*, V. 5468.

[16]Crestiens läßt seinen Gauvain im *Conte del Graal* ungeschützter sein und läßt das Bett gar hin und her fahren. Vgl. den Hinweis auf dies *lit marveile* u.a. bei Hans Robert Jauß, "Die Defigurierung des Wunderbaren und der Sinn der Aventüre im Jaufre", *Romanistisches Jahrbuch* 6 (1953-1954), 69 n. Noch mehr als bei Jaufre tritt bei Gauvain das Rächerthema zurück. In *cJ* muß auf Bruniesens Befehl Jaufre sein Schwert hergeben.

[17]*"Lancelot"*. *Roman en prose du XIIIᵉ siècle*, hgg. Alexandre Micha, 2 (Genf und Paris, 1978), S. 376.

[18]Auch in der castilischen Romanze über den Befreier, Graf Claros von Montalbán. Bis zum Gürtel eingegraben und (wie Ermenjart im *Daurel*) geschlagen soll die Aceline des vermeintlich toten Orson de Beauvais zu neuer Eheschließung gezwungen werden.

[19]*"Lancelot"*, hgg. Micha, 3:290-91; mit Verschmelzung ibid., 5 (Genf und Paris, 1980), 117sqq.: vom siedenden Brunnen ist das Haupt des toten Ahnherren herauszuholen, hernach durch Heben der Grabplatte ist dessen sonstigen Resten eine endliche Ruhe in der Kapelle zu sichern. Im *Didot-Perceval* gibt eine Stimme bekannt, bevor die Seele des Aufgebahrten (in drei Tagen) weggeholt werde, seien dem Kämpen dessen "geheime Worte" anzuvertrauen. . . "Und es fielen die Hexereien und zerbrachen, *derompirent*, über die ganze Welt hin".

[20]Zur Ergänzung: Bei Weaver, *The Return of Arthur*, S. 180sqq., der Hinweis auf Gauvain im Chastel Orguelleus in der *Ersten Perceval-Fortsetzung*, wo überdies Taulat de Rogimont wiederum genannt wird.

[21]Milian *cJ* / Meliaus *fJ*. In *cJ* ist er ein Verwandter der Bruniesen.

[22]Dieser hat es mit einem wirklichen Toten zu tun, und die Aufgabe betrifft eine (Todes?-)Wunde.

[23]"La mythologie celtique", ohne näheren Hinweis, wird vermutet durch Erich Köhler, "Le rôle de la 'coutume' dans les romans de Chrétien de Troyes", *Romania* 81 (1960), 396; ibid. für die "coutumes de Gorre", *Joie de la Cort* usw.

[24]*"Lancelot"*, hgg. Micha, 2:376. Vgl. Anm. 26.

[25]Bekannt ist die Umkehrung des Topos *La Belle et la Bête* zum erlösenden Kuß für eine abstossende Weibsgestalt, vgl. G. L. Maynardier, *The Wife of Bath's Tale* (London, 1901); Amanda K. Coomarasway, "On the Loathly Bride", *Speculum* 20 (1945), 391-404. Dahin gehört der "fier baiser", der Schock, eine Schöne aus ihrer Schlangengestalt zu erlösen durch einen Kuß. Ich erinnere daran, daß Guinglain/ Wigalois/Giglan, der Sohn Gauvains, durch ein "window" die Schlange "with a womannes face" Feuer speien sieht (so in *Libeaus Desconus: Die mittelenglische Romanze vom Schönen Unbekannten*, hgg. Max Kaluza [Leipzig, 1890], Str. 175). Vgl. auch Emma Fink, *Der Schlangenkuß* (1928); Dimitri Scheludko, "Versuch neuer Interpretation des Wolfdietrich-Stoffes", *Zeitschrift für deutsche Philologie*

55 (1930), 23-24. Feindselig jedoch die Schlange, die beim dritten Graalsbesuch "fu ardant" speit (*The Vulgate Version of the Arthurian Romances, ed. from Manuscripts in the British Museum*, hgg. H. Oskar Sommer, 5 [Washington, 1910], S. 106) und auch beim früheren nicht fehlt (*"Lancelot"*, hgg. Micha, 2:379; für Crestiens Gauvain ersetzt durch einen Löwen). Der schlimmen Burgherrin im *Perlesvaus* - unten Anm. 39 - misslingt, durch Anforderung eines "serpent"-Kopfes Lancelot anzulocken; Malory: "Gäbe er dem Kußverlangen der Hellawes nach, wäre er des Todes".

[26] *"Lancelot"*, hgg. Micha, 2:376. Variante in der *Perceval*-Fortsetzung (Manessier): aufgebahrte Leiche eines Ritters in der Kapelle; den Ankömmling beschießt ein abstoßendes Gesicht am Glasfenster mit einem Feuerstrahl; eine Hülle "wollte er ergreifen, jedoch die Hand stieß ihn zurück"; die Stimme, die mit tödlicher Heimzahlung droht, bannt er durch das Kreuzeszeichen.

[27]Individuell und einmalig ist dagegen das Umstülpen des Geläufigen: Percevals Verstoß liegt im Nicht-Fragestellen.

[28]Wiederholter weiblicher Aufschrei als Ritual begegnet im Gälischen, vgl. Alexander H. Krappe, "Le cri meurtrier", *Studi Medievali*, n.s. 11 (1938), 173-79.

[29]Joachim Bumke, *Die romanisch-deutschen Literaturbeziehungen im Mittelalter: Ein Überblick* (Heidelberg, 1967), S. 28.

[30]*Frank's Casket*, um 700. Zum französischen Schmied Vualant/Galant vgl. Francisque Michel und Georg Bernhard Depping, *Véland le forgeron: Discussion sur une tradition du moyen âge, avec les textes islandais, anglo-saxons, anglais, allemands et français-romans qui la concernent* (Paris, 1833); Antoine Thomas, "La mention de Waland le Forgeron dans la chronique d'Adémar de Chabannes", *Romania* 29 (1900), 260; Kurt Wais, "Über themengeschichtliche Zusammenhänge des versenkten Schwertes von Roland, Arthur, Starkad und anderen", *Germanisch-romanische Monatsschrift* n.s. 28 (1976), 28 und 37; Ernst Tegethoff, "Spuren germanischer Heldensagen in südfranzösischen Märchen", *Zeitschrift für Deutschkunde* 38 (1924), 243-53.

[31]Hermann Schneider, *Die Gedichte und die Sage von Wolfdietrich* (Berlin, 1913); idem, *Germanische Heldendichtung*, 2. Aufl., 1 (Berlin, 1962), S. 358sqq.; Helmut de Boor, *Geschichte der deutschen Literatur*, 10. Aufl., 2 (München, 1979), S. 196. Vgl. Richard Heinzel, *Über die ostgothische Heldensage*, in *Sitzungsberichte der philosophisch-historischen Classe der kaiserlichen Akademie der Wissenschaften*, 119 (1889), S. 90sqq.

[32]So Bumke, *Die romanisch-deutschen Literaturbeziehungen*, S. 28. Entsprechendes zur Lyrik vgl. Kurt Wais, "Komparatistisches zum Liedgut Altfrankreichs", *Romania cantat*, 2, hgg. Francisco J. Oroz (Tübingen, 1980), S. 432sqq.

[33]*Jaufré, roman arthurien du XIIIe siècle en vers provençaux*, hgg. Clovis Brunel, 2 Bde., Société des Anciens Textes Français (Paris, 1943), 1:xxxix (südfranzösisch zu Joffroi und Godefroi). Auch im *Roland*, *Ogier* und *Girart*. An Vermengung mit Girflet und einem dazu vermuteten kymrischen Anklang dachte Roger S. Loomis.

[34]Überschau über die Texte zuletzt bei Theodore M. Andersson, *The Legend of Brynhild* (Ithaca, 1980). Wobei weder die Schlachtjungfrau noch die verliebte

Brünhild der frühesten Dichtung angehört haben, nach Hermann Schneider, *Germanische Heldensage*, S. 184-85.

[35]"Den Leichnam des Helden wirft man der Krimhild ins Bett" als vorhöfische Variante zur Leiche an ihrer Kammertür, vgl. Andreas Heusler, "Die Quelle der Brünhildsaga in Thidrekssaga und Nibelungenlied", in *Aufsätze zur Sprach- und Literaturgeschichte, Wilhelm Braune dargebracht* (Dortmund, 1920), S. 71. Vgl. auch hier Anm. 12.

[36]August von Löwis of Menar, *Die Brünhildsage in Russland* (Leipzig, 1923), S. 70; dort zum Streit der Meinungen (von Sydow; Panzer); Jeremiah Curtin, *Myths and Folk-Tales of the Russians* (London, 1890), S. 82-96.

[37]Heusler, "Die Quelle der Brünhildsaga", S. 64. Bestätigt durch Franz Rolf Schröder, "Gunthers Brautwerbung und die *Göngu-Hrólfs Saga*", *Festschrift Eugen Mogk zum 70. Geburtstag, 19. Juli 1924* (Halle, 1924), S. 593.

[38]*Livre d'Artus*, hgg. H. Oskar Sommer, *The Vulgate Version*, 7 (Washington, 1913), S. 142-43.

[39]Der Steinsarg ist derjenige, in dem die Verschmähte auf ewig neben dem eigentlich von ihr Geliebten (der ihrem Seneschall Brun de Branland und ihren Häschern dann aber entrinnt) zu ruhen vorhat: *Issi me feroit compaignie / mors quant il ne vuet faire en vie*; parallel beim Entkommen vor der Orguelleuse in *Perlesvaus*, hgg. William A. Nitze und T. Atkinson Jenkins, 1, (Chicago, s.d. [1932]), S. 82; dazu, als Variante - laut Robert H. Wilson, "Malory and the *Perlesvaus*", *Modern Philology* 30 (1932-1933), 19-20 - *Vengeance Raguidel*). Vgl. Brynhilds Anordnung des gemeinsamen (vorchristlichen) Holzstosses: "Sigurd brenne zur Seite mir!" im eddischen *Kurzen Sigurdlied*.

[40]Ein Fallmesser; ein anderes kunstreiches Werk läßt durch einen *engineor* die Herrin von Gaut destroit im *Roman de Hunbaut* heimlich neben einem Ruhebett zurüsten, so daß Giflet meint, Gauvain befinde sich darauf.

[41]Durch Assoziieren mit dem Ausgang einer Fassung des Märchens vom rückgängig gemachten Persönlichkeitsraub (*Loher und Maller / Robert le Diable*, vgl. Kurt Wais, "Märchen und *Chanson de Geste*: Themengeschichtliches zu *Robert le Diable, Berte aus grans piés, Loher und Maller*", *Zeitschrift für französische Sprache und Literatur* 87 [1977], 314-34), zuerst bewahrt in der *Göngu Hrólfs saga*: Der nach Abschneiden der Füsse als tot Gemeldete erlangt Hilfe durch einen ebenfalls Entmachteten. Die alte Geltung wird hier für den zeitweilig Beseitigten rückgewonnen durch Erpressen eines Dämons (des Zwerges Möndull: russisch der Mädchenquälerin), erkundet durch Hartmannus Willem Rutgers, *Bemerkungen über das Verhältnis von Märchen und Sage* (diss., Groningen, 1923), S. 34-35, und Schröder, "Gunthers Brautwerbung", S. 593. Zum siebenjährigen Ausgelöschtsein im Verließ vgl. auch das *Waldef*-Epos.

[42]Risse nicht Lancelot ein Stück von dem Leichentuch des in der Kapelle Bestatteten, dessen Sarg bewacht ist durch die riesenhaften Teufel einer drohenden Reiterin, so müßte die Wunde Meliots weiterbluten, so *Perlesvaus*, hgg. Nitze-Jenkins, 1:348sqq.; vgl. Anm. 22. Ebenso die Meliot-Variante (vgl. Wilson, "Malory", S. 13sqq.) bei Malory, *Works*, hgg. Eugène Vinaver (London, New York und Toronto, 1947), S. 275-81: Vorbei an drei Brüdern Gauter/Gaunter, Gylmere/Gyllymere (Giselher?) und einem dritten tritt Lancelot zu einer in der Halle

bei einem Erschlagenen leidtragenden Witwe, dann trotz dreissig drohender Schwer-
bewaffneten (hundert bei Brunissen, fünfzig bei Burnichulde) zu der seinen Tod
vergebens vorbereitenden Feindin; vgl. hier Anm. 14.

[43]*Daurel et Beton*, hgg. Paul Meyer (Paris, 1880), V. 361, 288. Auch in *Boeve
de Hantone*, hgg. Albert Stimming (Halle, 1899), V. 3035, liegt Brunevaus in den
Ardennen. Vgl. Valbrun in *Aïe d'Avignon*, hgg. François Guessard und Paul Meyer
(Paris, 1861), sowie Brunevaus in der *Renaut*-Chanson (dort sind die Ardennen in
die Gegend von Montauban verlegt).

[44]Dietrich von Kralik, *Die Sigfridtrilogie im Nibelungenlied und in der
Thidrekssaga* (Halle, 1941), S. 849. Zu *Amis et Amile* und zu *Doon de la Roche*, vgl.
Walter Benary, "Über die Verknüpfungen einiger französischen Epen und die
Stellung des Doon de Laroche", *Romanische Forschungen* 32 (1912), 337.

[45]Von Kralik, *Die Sigfridtrilogie*, S. 859. Die Entsprechung bei der Witwe
eines anderen ermordeten Beuve, in der *Renaut*-Chanson, folgt dem *Daurel et Beton*
(umgekehrt Friedrich Panzer, *Studien zum Nibelungenlied* [Frankfurt, 1945], S. 37).

[46]Arthur S. Kimmel, *A Critical Edition of the Old Provençal Epic "Daurel et
Beton"*, University of North Carolina Studies in the Romance Languages and
Literatures, 108 (Chapel Hill, 1971), S. 34sqq.

[47]Benary, "Über die Verknüpfungen", S. 341-42.

[48]Dem rettenden Spielmann Daurel entspricht bei dem Eberjagdmord im
Beuve, wo der Knabe, etwas älter, an den frühreifen *Mainet* angeglichen ist, der
treue Sembaut (im *Buovo* Sinibaldo); im *Jourdain* ist es der Taufpate des - durch ein
untergeschobenes Kind, wie Beton - geretteten Söhnchens der Hermenjart.

[49]Auch Sigurd: "Einen allzu jungen Sohn habe ich" usw. (*Völsunga saga*).
Vgl. hier Anm. 8.

[50]Heusler, "Die Quelle der Brünhildsaga", S. 80.

[51]Johannes Bumke, "Die Eberjagd im Daurel und in der Nibelungen-
dichtung", *Germanisch-romanische Monatsschrift*, n.s. 10 (1960), 105-11. Zur
Ergänzung vgl. hier Anm. 69.

[52]Panzer, *Studien*, S. 189. Im *Wigalois* gilt es, den Speer aus der Wunde zu
ziehen, der unter der Linde König Achire tödlich traf. Vgl. auch die Meliot-
Fassungen hier Anm. 42.

[53]Kurt Wais, *Frühe Epik Westeuropas und die Vorgeschichte des Nibelungen-
liedes*, Beihefte zur Zeitschrift für romanische Philologie, 95 (Tübingen, 1953), S.
45sqq.

[54]Im *Beuve* wird überhaupt nur der Kopf des ermordeten Eberjägers
zurückgebracht.

[55]Lancelot, in *"Lancelot"*, hgg. Micha, 5, S. 60-82.

[56]Jan de Vries, *Altnordische Literaturgeschichte*, 2 (Berlin, 1967), S. 136.

[57]*Edda*, hgg. Gustav Neckel und Hans Kuhn, 3. Aufl., 1 (Heidelberg, 1962), S.
202-03. Zitate nach *Edda*, hgg. Felix Genzmer, 1 (Jena, 1923), S. 89-92 (dort
"Gudruns Gattenklage" betitelt).

[58]Krimhilds Weinen um Sigfrid Tag um Tag dehnte das Nibelungenlied bis an
den Hunnenhof, Str. 1730; desgleichen die *Thidreksaga* cap. 375 (301,8), sowie
cap. 369.

[59]Die Situation der Lebensbedrohten ist vornordisch, vgl. im Volksbuch vom Gehürnten Siegfried: "Als nun Siegfriedens Gemahlin ihres Herrn des Königs beraubt ward, fiel sie vor grossem Leid und Kummer in eine grosse Kranckheit, daß auch die Aertzte an ihr verzagten".

[60]Noch am Hunnenhof dienen die Wunden Sigfrids für eine Zurechtweisung Hagens (*Nibelungenlied*, V. 1726). Oder Hagen zu Grimhild in *Thidreksaga*, cap. 273: "Jung Sigurd und seine Wunden wollen wir in Ruhe lassen".

[61]Bevor im *Beuve* der Befreier - der Totgesagte - einkehrt, erleidet die Ehefrau Josiane, welcher der König und dessen Brüder jede Hilfe abschlagen, eine räumliche Einschnürung (*enserée*), "le cuers li est serés", und erfährt körperliche Drangsalierung im Münster (bei einer Zwangsvermählung). "Enserrée" auch Lars' Tochter aus Roimunt, in Renaut de Beaujeu, *Li Biaus Desconeus*.

[62]Das Schreien in Monbrun läßt sich mit Weaver, *The Return of Arthur*, als eine Variante des *crit* verstehen. Zum Schrei von Sigfrids Witwe ("do erschre si, nach unkrefte, daz al diu kemenate erdôz"), vgl. Heusler, "Die Quelle der Brünhildsaga", S. 81.

[63]Alfred Jeanroy, "Le roman de *Jaufré*", *Annales du Midi* 53 (1941), 373. Der deutsche Übersetzer um 1220 des Lancelot (hgg. Rudolf Kluge [Berlin, 1948-1974]), nicht der französische Text, weiß von einem meilenweit dringenden übernatürlichen *geruf*; dann bei der Entzauberung der gelähmten Königin stimmt das Rufen überein mit dem über eine Tageweide dringenden "geschrei", das Vögel vom Teich aufscheucht.

[64]Im *Chevalier du papegau*, hgg. Ferdinand Heuckenkamp (Halle, 1896), S. 54-62, einer Variante zu *Wigalois*, V. 9771-882, duldet die Gemahlin des unter einer Linde treulos erstochenen Königs mit ihrer Mutter Haft "pour la desleauté de nostre mareschal" (S. 61-62). Den eintreffenden Rächer heißt die Alte seinen Kampf mit dem ungetreuen, begehrlichen Marschall, weil "es zu früh wäre", um sieben Tage verschieben; vgl. *Jaufre!*

[65]"*L'âtre périlleux*", *Études sur les manuscrits, la langue et l'importance littéraire du poème avec un spécimen du texte*, hgg. Brian Woledge (Paris, 1930), V. 1189sqq.; zur Variante in *Claris et Laris* u.a. Gaston Paris, in *Histoire littéraire de la France*, 30 (Paris, 1888), S. 128. Weitere Befreite, oft aus einer Hitze-Drangsal, siehe Christian Boje, *Über den altfranzösischen Roman von Beuve de Hamtone*, Beihefte zur Zeitschrift für romanische Philologie, 19 (Halle, 1909), S. 116sqq. Anderswo wird Agravain *maigres et empalès* in Unbeweglichkeit versenkt durch eine Gekränkte, bis ein zu seiner Lagerstatt in der Halle Hinzutretender erweckend zugreift, siehe *The Vulgate Version*, hgg. Sommer, 5:316.

[66]*Eitri fnaesti*. Schwerlich beweisbar wäre eine hier befragte Einwirkung nach einer aus abstossender Schlangengestalt (hier Anm. 25) zu Erlösenden. Etwa attrahiert durch die aus Eisenriegeln gesprengte Isenstein-Maid, die aus Panzerringen freigesägte *Sigrdrifa*, die durch Bersten eines Rings erlöste Leidende, im Keller, des *Carduino*-Gedichts?

[67]Trotziger in der Meliot-Variante (hier Anm. 42) die Rede Lancelots zu der Burgherrin, die seinen Kopf am Tor der Kapelle hatte aufhängen wollen: "Herrin, ich will mein Grab mitnichten so schnell sehen". Sie erkennt auch in Malorys Version den Anschlag samt ihren "subtle craftys" gescheitert "...and now, alas,

she seyde, I have loste all my laboure'' (*Works*, hgg. Vinaver, S. 281), und zwei Wochen später ist sie eine Leiche.

[68]Bibliographie bei Hans Hubert Anton, Art. *Brunichilde*, in *Reallexikon der germanischen Altertumskunde*, 2. Aufl., 3 (1978), S. 585-86.

[69]Kurt Wais, *Frühe Epik Westeuropas und die Vorgeschichte des Nibelungenlieder*, 1, *Die Lieder um Krimhild, Brünhild, Dietrich und ihre früher außerdeutschen Beziehungen*. Mit einem Beitrag von Hugo Kuhn, *Brunhild und das Krimhildlied*, S. 9-21. Beihefte zur Zeitschrift für romanische Philologie, 95 (Tübingen, 1953).

[70]Kurt Wais, *Ermessent, die vier Söhne des Gibouart und der Mord an Sigfrid*, in *Romanisches Mittelalter. Festschrift zum 60. Geburtstag von Rudolf Baehr*, hgg. Dietrich Messner (Göppingen, 1981), S. 368.

[71]Ibid., S. 352.

[72]''Brucildis en Latin, c'est Brunehote en franchois'', Jean d'Outremeuse, *Le Myreur des Histors*, hgg. Ad. Borgnet und Stanislas Bormans, 2 (Brüssel, 1869), S. 225.

[73]Malory, *Works*, hgg. Eugène Vinaver, S. 1666.

[74]Ibid., S. 794.

Part Two: Philology

The Computer Takes Up the Challenge: Thoughts on the *Joc-partit*

F. R. P. Akehurst

In a note to his article "De l'expression *partir un jeu* dans les textes épiques aux origines du jeu parti," Paul Remy suggests, with his customary modesty: "Il ne serait peut-être pas inutile de rassembler en un *corpus* tous les exemples [of the vocabulary of the jeu-parti] que j'ai relevés dans les textes du moyen âge et qui ne figurent pas dans les dictionnaires."[1] The fruit of many years of reading, this *corpus* has not been published. When a modern scholar feels the need to find as many examples as possible of a given word, the search is facilitated by the availability of computer-generated concordances for some works. The machine-readable texts of the complete works of some forty troubadours are available to me, and it was easy to instruct the computer to examine the poems and to provide an alphabetized list of all the occurrences of the words *joc, jogar*, etc.[2] The printout from the computer is reproduced at the end of this article. The number of poems searched was 1190, or nearly half the total troubadour *corpus*.[3]

Many of the occurrences of these words which were found by the computer refer to particular games: "*jocs* de datz" in Guiraut de Bornelh 76:42,[4] or to a more general amusement, coupled with such words as *ris*: "en mort non a *joc* ni ris" in Sordel 15:45.[5] Several times, however, the various forms of *joc, jogar*, etc. are used, especially with the verbs *partir* and *bastir*, to refer to chess, to some other game for two players, or to poetry, as Paul Remy noted in his article. It is these occurrences which will be discussed in the rest of this paper.

First, the expression *partir un joc* is used in several poems among those investigated, often at or near the beginning, to mark the genre of the poem and to announce the choice which is offered. A typical example is

> Gui, e·us part mon essienz
> un joc dun serez conquis.
> (Gui d'Ussel 20:1-2)[6]

Another example is in Gaucelm Faidit 18:11.[7] The choice may involve more than two persons, as in Gaucelm Faidit 51:1 and Paulet de Marseille 9:35 (although this last is not a true *joc partit*).[8] The essence of the genre is the offer of a choice, where one poet gives another the opportunity to defend whichever side he wishes in some argument or controversy, and where the first poet must then defend the side rejected by the second.

Second, then, the notion of a choice, or a wager or competition, may be used in an image to stand for any situation where two persons or sides are opposed, as in war or in love. Bertran de Born uses the image of a game of chess to describe the manoeuvers of a war, which he describes as "aquest *juec* que vey *entaulat*" in 14:4.[9] The protagonists are seen as players and their advisers:

> Tost l'agra·l reys joves *matat*
> si·l coms no·l n'agues essenhat.
> (vv. 7-8)[10]

The choice made by the poet/lover to woo a lady who is likely to reject or ignore him, but who can also highly reward him, is like a long-shot bet, or a difficult game for two players. The wager is placed, in most cases, with Amor. Such is the situation in Guiraut de Bornelh:

> Car no·m sembl'avinens
> aitals *jocs* ni sabens
> c'om totz sos ans
> do per dos o tres semblans!
> (7:10-13)

Raimbaut d'Orange also uses this image:

> . . .eu non puos contendre a lui [sc. ad Amor]
> mas greu m'es, car de mi no·s fui,
> c'amar vos mi fai de tal guisa
> on nostr'amor es mal devisa:
> fort mal *joc partit* a aici.
> (23:35-40)[11]

Bernart de Ventadour complains that his lady has placed him in a situation where he cannot win, and he uses the image of the board-game to express this:

> c'a tal *joc* m'a faih *assire*
> don ai lo peyor dos tans.
> (44:10-11)[12]

The equality of the game of love, or the chances of winning, may be destroyed by the lover's usual detractors, the *lauzengiers*. Such is the case in Raimbaut d'Orange (25:27) and in Peire Vidal's indictment of his enemies:

> Plus que non pot ses aigua viure l peis,
> Non pot esser ses lauzengiers domneis,
> Per qu'amador compron trop car lur *joc*.
> (24:54-56)[13]

Various expressions are used to denote the perceived equality or inequality of the two protagonists. The game may be described as equal: *ioc cominal* Peire Rogier 2:15,[14] *joc comunau* Marcabru 33:47,[15] or as unequal: *iocs desacordatz* Lanfranco Cigala 2:7,[16] *iuecs desegalatz* Lanfranco Cigala 23:8, and *joc marrit* Raimon de Miraval 51:41.[17]

None of the earlier troubadours seems to have used the expression *partir un joc* to refer to the poetic genre. The first use in the poets analysed here is in Gaucelm Faidit or Gui d'Ussel, almost certainly after 1170. However, the expression *partir un joc d'amor*, with the attendant notion of making a choice among several offered possibilities, is found already in the earliest troubadour, Guilhem de Peitieus 6:11.[18] In that same poem, Guilhem describes a game of dice; but the expression *partir un joc* and the dice game are not necessarily connected.

From this evidence, then, we might conclude that the expression *partir un joc* and the phenomena described as a *joc partit* form part of a semantic field which deals with making good and bad choices in situations where two or more possibilities exist or are offered. The expressions themselves seem to originate in the vocabulary of games, including dice and chess, involving two players, or from the vocabulary of the bet or wager. It was only late in the twelfth century that the expression was adopted for the poetical challenge or wager which involved the writing of a poem.

CONCORDANCE LISTING   SEARCH FOR SPECIAL WORDS LISTED

Page 1

KEY WORD

CONCORDANCE LISTING   SEARCH FOR SPECIAL WORDS LISTED

KEY   WORD

	KEY	WORD	REF
DE COMPAINGNIAT/ SO DEVEZ VOS BEN SABER,/ Q*EN MORT NON A	JOC	NI RIS/ E VIDA ATRAI ET AISIS/ MAINZ GENS, QI-LS SAB	SL15 045
E L*AS MI SON FELLON E TPAIDOR,/ QU-NO-M DIZON DE LIEIS NI	JOC	NI RIS/ NI NOVELLAS DON JA MOS CORS S*ESCLAIPE./	GR10 047
E VAS MI SON FELLON E TRAIDOR,/ QUE NOM DIZON DE LIEIS NI	JOC	NI RIS/ NI NOVELLAS, DON JA MOS CORS S*ESCLAIRE./	PI09 047
E C*AISSI CUM PELS ESCHACS LO ROCS/ VAI MAIS DE-ILL AUTRE	JOC	NO FAN/ E-L FINS MARACDES QUE RESPLAN/ MAIS QUE VEIRES	GR02 023
ANC DE	JOC	NO VI FAR SON PRO/ AU HOME QUI-L VAI TROP SEGUEN,/ QUE S	EC36 001
BEL/ AI A ME TROSGU*A L*ALBA./ E-L JORNZ VE E NON L*APELI/	JOC	NOVEL/ MI TOL L*ALBA/ L*ALBA, OI L*ALBA/ GAIT*, AMICS,	FV25 005
AMOR F0./ E POIS VEI QUE NO M*ES COBIT/ QUE SI* ASTROUS EN	JOC	PARTIT/ A AICI,/ AMOPS SE DEMOSTRA VILANA,/ QI VOS FAI	W023 040
CHAUZETZ QAL DEU MIELS RETENER,/ QEN APAIMBAUT, D*AQEST	JOC	PARTIT/ JOGARAI SOLS, PRIVADAMEN,/ AB AMOR E AB	DP05 022
CO IEU SOI, QEN APAULET, GREU ROL SIA,/ S*IEU L*AI PARTIT	JOC	PARTIT/ PREN LO MIELS, E-L SORDEI VOS LAISK/ Q*EU DIC PER	GF18 011
DE FIN PRETZ COMPLIT/ CIL QUE VAI EN TRIGA VOLVEN/ MON	JOC,	QUE, PEP, PAR, ME NOI PPEN,/ JA MAIS PER ME NON EP	FM09 041
VALEN REI A CUI S*APER ALECS,/ *ET AUTRA VETZ PARTETZ ME	JOC	QUE SIA/ DE FAG D*AMORS, NON JE-S DE JONGLARIA,/ *SENH*AEN	DP05 016
AZ UNA PART ES PARTIDA/ MA FIN* AMISTATZ PLEVIDA,/ SON	JOC	REVIT, SI-L M*ENVIDA,/ AUZELS, PER TA CONOISENSA./ SO-L	FM09 035
L*AURUI PROI/ E GES PER SO MOS CORS NO-S MUDA/ C*ADES NON	JOC	TANT MI PAR BOI/ CAR DE BEUTAT MI FAI ENVIT/ E MOSTRA DE	MU26 047
	JOC		DP05 012
QUE TANS EN AGUES OLIVERS,/ ER*ES MORTA BELA FOLDATZ/ E	JOCS	DE DATZ/ E DOS E DONNEIS OBLIDATZ,/ PER VOS SE PERT	GL76 042
JA,M UITZ HOM QE.H VANT BROILLAN/ CANEIAS, E NO.M SEMBLA	JOCS	E SI-M FAI JOVEN CANUZIR,/ TOT CANUT M*AURA OAN QUE	GR02 011
AMAR FAI VASSAL D*ESTRAN PAIS,/ CAR EN FLOR TORNAN E POS	JOCS	E SOS RIS,/ JA NUN CUDEY MON AMIC ME TRAYS,/ QU*EU LI	FV24 014
	JOCS	ENAMORATZ/ PARTISC A POC,/ C*AR E AN*AMIGON/ E CHASCUS	GF51 001
SOLS AB SEN/ CHAN NI M*ESBAUDEIT/ C*A PENAS VEI/ C*AB JES	JOCS	M*I SOSTENHA/ PER QUE,M M*ESTRANH/ E POS QUE.M PLANH/	GL47 008
E POIS TOT L*AN LANGUIR,/ CAP NO.M SEMBL AVINENS/ AITALS	JOCS	NI SABENS/ C*OM TOIT SOS ANS/ DO PER DOS O TRES SEMPLANS	GL07 011
ESTUICHI/ E-L COR NON CREZATZ QU*EN TRUILLA/ CAR ORARS NI	JOCS	NI VIULA/ NO.M POT DE LEIS UN TRAVERS JONC/ PAPIR.... C	AD11 045
S*AMOR NO M*ENVEIESS/ NO JA, SI TOIZTENS VISQUESL/ E FORA	JOCS.	S*ILM TEMSES/ QUE.M VOLGUES DE LEIS PARTIP/ FU NO VOLH	GL20 032
LO PERT SI-L MEN ESPER,/ CUM CEL Q*AL JOGAR SE CONF0N,/ JE	JOC*	E NON SENT FAM NI SET NI SON --/	GF65 025
E CAN ILH EN RE FEUNEYA,/ VAS ME VERSA TOT LO DAN,/ GEN	JOGA	DE ME E-S DESDUI,/ QUE DEUS LO SEU TOPT ME CONCLUI./	FV23 029
FAI GRAN FALHA/ S*A ADIEU SOS DANS NON GRAZIS,/ E SI NON	JOGA	E RIS/ CAR NO VIEU NULHS HOMS DOLENS/ ET AQUEL VIEU OU	DC40 008
SEIGNER, NUILLS HOM NON POT SABER,/ QUAN S*ASETON DOI	JOGADOR,/	A CAL SERAN LI PIS NI-L PLOR/ TRO-LS VEI*OM UEL	UC35 029
S REFRIPA/ MON COR QU*IEU JA-L VIR ALHOR,/ QU*A LEI DE BON	JOGADOR/	VUELH TOT EN UN LUEC DESPENDRE./ DE-L BON PEI FAUC	GC04 048
SO A MAL FAR NO S*EN PRENHA,/ QUE YEU O FAS ENAISI CO-L	JOGAIRE/	QUE ASSATZ MIELS QUE NON JUGA M*ENSENHA./ S*US FOLS	BC01 003
QUE ME,/ JA ALS NON L*IRAI DEMANDANI/ MAS BELLAMEN RIZEN	JOGAN/	L*O FARAI, PUOIS PLORARAI M*EN/ TRO QE-M PERDON LO	FU24 032
QE.US CONSEILLARIA/ DE L*AMASSETZ EISSAMEN/ CUM IL VOS,	JOGAN	RISEN/ E QE ACSETZ AUTR* AMIA/ DON CHANTRASSETZ	UF55 062
TOT SUAVET E DE PAS/ RIEN	JOGAN/	VAUC UN CHANTARET PLANAN/ DE DICHS ESCURS/ C*US NON I	GL28 002
ARNES/ CENT DONAS AI FACHAS PLORAR/ ET AUTRAS CENT RIP*E	JOGAR,/	AR AI CONQUIST SOJORN E RANH/ A M*AUTA, ON SUI	FV34 056
DE TOTZ MALS GUIRENS,/ BEL RIS E DOUS ESGAR/ HE E DOUS	JOGAR,/	CORTES SOLATZ NI POTEN H-M GAZANHA/ E GAUGZ ENTIEPS	PV31 018
AL DEPARTIR,/ Q*EN UN JORN VOS FARA PLORAR,/ ET AUTRE	JOGAR/	E BURDIR,/ Q*EU SAI D*AMOR ENSEIGNIADA,/ ON PLUS LA	CN02 039
DEL JOC D*AMOR AO.M HOCI/ ANZ SAI AB CAVALLIEP GEN	JOGAR/	E AR PIPE,/ E ANC NUILLS HOM SA DOMPNA GENSEIS GARDAR	PL04 024
COMPAIGNIER/ DE TAL GUISA QUE NO.M POSC*AJUDAR,/ S*IEU PER	JOGAR/	M*ASSET PPES DEL TAULIER/ JA NO.I PUOSCA BARATAP UN	P81A 015
I MIL POINZI MAS GART QUE NOI ADES/ OM MALRAVITZ, DE LAIT	JOGAR/	M*ESPRES,/ QUAR LI POINT SON DE VEIRE TRASGITAT,/ E QUI	BB06 019
VIOLAR,/ IEU AI EN COR/ QUE, PER DEMOR/ NI PER PIRE NI PER	JOGAR/	NO-US DIGA HUEI/ MAL NI ENUEI,/ DE GUIZA QUE-US DEIA	GC07 038
JOI PAGATZ,/ MAS IEU LO PERT SI-L BEN ESPER,/ CUM CEL P*AB	JOGAR	SE CONF0N,/ QE JOG* E NON POT JOC AVER,/ E NON SENT FAM	PC65 021
MOI D*ANTAN,/ D*AITAN M*EN PUOSC LAUZAR/ C*AB PI-S*ET SAI	JOGAR/	SES PLUS--C*ANC NO M*AIC JES--/ M*AVETZ FAICH OBLIDAR	GF65 024
MESTER M*ESCARI/ QUE ANC A MEGUN NO-N DEMANDA/ FRAIRE, RIP*E	JOGAR/	SOBRE COISI/ A TOTZ TOCATZI/ MAS NO SAI DE NUILL MON	G006 042
PEL BEL SOJORN QUE PREN LAI EN AESPANHA,/ FRAIRE, RIP*E	JOGAR	SUELH PER VOS E CHANTAR,/ MAS]R ES DPEGZ QUE SUSPIP E	CA06 025
	JOGAR		PV31 075
E-L TERIZ PLOMBAI,/ E FI-LS REN FERIR AL TAULER,/ E FON	JOGATZ/		GA06 062
M*AUZES TAN GAREK/ QU*IEU NO FOS KAHUJATZ L*AUTRCP,/ QUE	JOGAVA	A UN JOC GROSSEP/ QUE-H F0 TROP ROS AL CAP PRIMER/	CA06 045
	JOGAVA		
S VOL, AUCIR,/ E MES SI E MON COPATGE/ TAN FEPMAME/, RIZEN	JOGUAN/	QU*ALPE NO * L QUIEP, NI NO - L DEMANI/ QU*EN LIEYS	A907 024
	JOGUAN/		
QUAR D*AISSO-H FAI ARAS PLOPAP/ DE QUE SUELH PIPE E	JOGUAR,/	ANC NO CUGEY QUE PEP MAL UIP/ OF LAUZENCIEPS, GUY	DP07 032
QUE & QUAR FAR VUELH MON CAMPNATGE,/ AISSI CUM SELH QU*AL	JOGUAR	S*ES EMPPES,/ QUE PERT E PEPT PEP RESPIEG DE GUAZANH./	FL10 041

CONCORDANCE LISTING   SEARCH FOR SPECIAL WORDS LISTED

KEY WORD

JOGUAR

08741 2

Notes

[1]Paul Remy, "De l'expression *partir un jeu* dans les textes épiques aux origines du jeu partir," *Cahiers de Civilisation Médiévale* 17 (1974), 327-33.

[2]A complete list of the forms sought is as follows: *ioc, iocs, iog, ioga, iogador, iogaire, iogan, iogar, iogat, iogatz, iogav', iogava, iogua, ioguador, ioguaire, ioguan, ioguar, ioguat, ioguatz, ioguav', ioguava, ioguayre, iuec, iuecs, iuoc, iuocs, joc, jocs, jog, joga, jogador, jogaire, jogan, jogar, jogat, jogatz, jogav', jogava, jogayre, jogua, joguador, joguaire, joguan, joguar, joguat, joguatz, joguav', joguava, joguayre, juec, juecs, juoc, juocs.*

[3]István Frank, *Répertoire métrique de la poésie des troubadours*, 1 (Paris, 1953), p. xvi: "Les 2542 poésies des troubadours actuellement connues...".

[4]*Sämtliche Lieder des Trobadors Giraut de Bornelh*, ed. Adolf Kolsen, 2 vols. (Halle, 1910-1935).

[5]*Sordello: Le Poesie*, ed. Marco Boni (Bologna, 1954).

[6]*Les poésies des quatre troubadours d'Ussel*, ed. Jean Audiau (Paris, 1922).

[7]*Les poèmes de Gaucelm Faidit*, ed. Jean Mouzat (Paris, 1965).

[8]*Le troubadour Paulet de Marseille*, ed. Emil Levy, in *Revue des Langues Romanes* 21 (1882), 261-89.

[9]*The Poems of the Troubadour Bertran de Born*, ed. William D. Paden, Jr., Tilde Sankovitch and Patricia Harris Stäblein (Berkeley, 1984).

[10]See also Paulet de Marseille 8:109-12.

[11]*The Life and Works of the Troubadour Raimbaut d'Orange*, ed. Walter T. Pattison (Minneapolis, 1952).

[12]*Bernard de Ventadour, troubadour du XIIᵉ siècle: Chansons d'amour*, ed. Moshé Lazar (Paris, 1966).

[13]*Peire Vidal: Poesie*, ed. D'Arco Silvio Avalle (Milan, 1960).

[14]*Das Leben und die Lieder des Trobadors Peire Rogier*, ed. Carl Appel (Berlin, 1882).

[15]*Poésies complètes du troubadour Marcabru*, ed. Jean-Marie Dejeanne (Toulouse, 1909).

[16]*Il canzoniere di Lanfranco Cigala*, ed. Francesco Branciforti (Florence, 1954).

[17]*Les poésies du troubadour Raimon de Miraval*, ed. Leslie T. Topsfield (Paris, 1971).

[18]*Guglielmo IX d'Aquitania: Poesie*, ed. Nicolò Pasero (Modena, 1973).

Les Gloses sur le *Pater Noster* en provençal

Edina Bozóky

Le manuscrit

Les *Gloses* sur le *Pater Noster* en provençal constituent la deuxième partie du recueil "cathare", édité par Théo Venckeleer, du manuscrit A.6.10 de Dublin[1]. La première partie ("A") contient une *Apologie* cathare (fols. 2ʳ-23ʳ) en onze "chapitres" dont les deux premiers présentent l'essence et les pouvoirs de l'"Église de Dieu", c'est-à-dire de l'Église hérétique; les chapitres trois à neuf exposent la morale de la secte; le dixième traite le problème des persécutions; le dernier se rapporte à la conception du baptême spirituel, à savoir de l'imposition des mains[2]. Les idées morales de ce texte correspondent, en effet, au système moral des Cathares (interdiction de tuer, de commettre l'adultère, de voler, de mentir, de jurer et de blasphémer). Le chapitre sur l'imposition des mains confirme l'hypothèse de la provenance cathare de l'*Apologie*.

La deuxième partie du recueil ("B") (fols. 24ʳ-75ʳ), connue sous le titre *Gloses sur le Pater*, est, en réalité, un véritable traité théologique dont l'origine cathare est loin d'être évidente, malgré la présence de quelques notions d'allure cathare (par exemple, le pain "supersubstantiel"). Si ce texte provient d'un milieu cathare, comme l'éditeur et les commentateurs des *Gloses* l'affirment[3], son auteur semble avoir subi une influence très forte d'un courant mystique, "illuministe".

La partie "C" du recueil contient un court texte qui reprend quelques idées des *Gloses* (fols. 76ʳ-77ʳ)[4]. Il est suivi d'une table pascale pour les

243

années 1376 à 1400[5]. Ces parties ont été ajoutées postérieurement au recueil.

Il est difficile de dater la rédaction de ces textes. L'éditeur met comme date approximative: après le premier quart du XIIIe siècle pour les *Gloses*, et entre 1210 et 1240 pour l'*Apologie*[6].

L'oraison dominicale et les "Rituels" cathares

Le *Pater Noster* était la seule prière que les Cathares admettaient et récitaient. La "tradition" (transmission) de l'oraison dominicale constituait un rite d'initiation des futurs Parfaits[7].

Étant donnée l'importance primordiale de l'oraison dominicale dans la vie religieuse des Cathares, plus précisément des Parfaits, il n'est pas étonnant que, dans les deux *Rituels* cathares, l'un en latin[8], l'autre en roman[9], on trouve le commentaire du *Pater* ou la description de la "tradition" de cette oraison. D'après le *Rituel* latin, nous pouvons connaître l'interprétation cathare de chaque parole du *Pater*. L'auteur de ce *Rituel* insistait surtout sur la signification du "pain supersubstantiel", particularité du *Pater* hérétique, mais qui se trouve aussi dans certaines rédactions de la Vulgate[10]. Le *Pater* cathare, d'ailleurs, ne différait que sur deux points du *Pater* catholique: au lieu du "pain quotidien", les Cathares disaient "pain supersubstantiel", et, à la fin de l'oraison, ils y ajoutaient la doxologie d'origine orientale. Quant au *Rituel* roman, il décrit le rite de la transmission de l'oraison, mais il ne traite pas les problèmes théologiques posés par le *Pater*.

Les doctrines des *Gloses sur le Pater*

Les *Gloses* provençales sur le *Pater* dépassent la portée théologique du *Rituel* latin et par leur profondeur ésotérique et par l'originalité (et même l'étrangeté) de leurs doctrines. C'est tout un système du monde qui se dégage à travers l'interprétation du *Pater*: un système du monde spirituel et hétérodoxe, sans doute, mais où les preuves et les indices de la provenance cathare sont peu convaincantes.

Au lieu d'analyser le contenu des *Gloses* chapitre par chapitre (il y en a onze), nous nous attachons à reconstituer son système doctrinal, en regroupant les motifs autour des principaux thèmes dominants.

La divinité et la création

Le Dieu par excellence est Dieu le Père (*lo saint Paire*). Au premier chapitre, nous trouvons la description détaillée des fonctions et des qualités du Père. Il est le père des sept substances: père des lumières, ou charités (*paire dels lumes, . . . de las caritas*); père des miséricordes, ou visitations (*paire de las misericordias*, . . . *de la visitanças*); père des esprits (*paire dels sperit*) et des quatre substances inférieures: les vies, les âmes, les coeurs et les corps (*paire de totas las aotras sustancias: vitas, armes, cors, corses*). Lui-même, il habite dans les charités qui sont aussi appelées lumières: ce sont les substances supérieures qui se situent au sommet des cieux, au septième ciel. Mais il n'habite pas seulement dans les charités; il est identifié avec leur substance même - il est donc charité ou lumière. Bien que cette identification se trouve chez saint Jean (1 Jean 4:8, 16) que notre texte cite, elle nous rappelle aussi la doctrine d'identité du Principe du Bien (Père des Lumières) et de sa substance (lumières) chez les Manichéens[11]. Étant charité et lumière, le Père est également perfection: il est appelé *perfeit* au premier chapitre et *perfection* au chapitre quatre.

L'auteur des *Gloses* ne révèle pas grand'chose au sujet de la création. Il souligne, par deux citations du Nouveau Testament (Eph. 4:6; Rom. 11:36) que le Père est l'auteur de tout. Il évoque à plusieurs reprises la captivité du peuple de Dieu par les puissances du Mal, mais il ne laisse pas supposer l'existence de l'idée d'une double création ou celle d'un autre principe opposé au Père.

Les substances

Les passages les plus originaux des *Gloses* concernent les substances; il s'agit de méditations sur l'ordre hiérarchique des substances, sur leurs correspondances avec l'histoire du salut et avec le système du monde particulier qui apparaît dans les *Gloses*. Simone Hannedouche les a rapprochées à juste titre de la *Hiérarchie céleste* de Denys l'Aréopagite[12]. Il est en effet probable que l'hiérarchie des substances dans les *Gloses* a été influencée par les néoplatoniciens et notamment par Denys, bien que ce dernier ne soit pas la source directe de nos *Gloses*. Le texte trahit aussi l'influence plus ou moins nette d'un courant gnostique, mais cette influence était vraisemblablement indirecte, transmise peut-être par les Pères grecs. En revanche, chez les Cathares, une telle conception hiérarchique de l'univers n'existait pas.

Dans nos *Gloses*, il s'agit de sept substances dont le créateur est le Père. Elles sont subordonnées et réparties selon leur degré de perfection. Elles constituent une hiérarchie verticale, ascendante: au niveau le plus bas se trouvent les ''corps'', tandis qu'au niveau le plus élevé, habite la Divinité.

Les sept substances sont divisées, d'un côté, en deux grandes catégories (substances célestes ou cieux, et substances terrestres); d'autre part, en trois catégories plus nuancées. Bien que la subdivision en trois catégories (ou ordres) soit moins marquée dans notre texte, l'analyse approfondie au ''fonctionnement'' de ce système hiérarchique nous révèle que c'est cette dernière répartition qui est la plus importante.

Selon la division tripartite, on peut distinguer deux substances qui correspondent au domaine divin (charités et visitations), trois qui correspondent au domaine intermédiaire entre Dieu et le Cosmos terrestre (esprits, vies et âmes) et deux qui correspondent au domaine matériel, terrestre (coeurs et corps). Les deux substances supérieures appartiennent proprement à Dieu et à son Fils. Celles-ci constituent d'ailleurs les moyens de l'illumination divine: les lumières, qui se trouvent au sommet de la hiérarchie, répandent leur clarté au moyen - ou par l'intermédiaire - de la substance qui leur est subordonnée (visitations). Les charités (ou lumières) sont identifiées avec le Père, tandis que la substance subordonnée directement aux charités est celle où le Règne du Fils de Dieu se réalisera. Les lumières exercent leur illumination d'abord sur les visitations, puis, par l'intermédiaire de celles-ci, sur les trois substances "transitoires". Sur un autre plan, le Père fait accomplir sa volonté par l'envoi de son Fils (qui est la "congrégation des visitations") parmi les hommes (symbolisés par les trois substances du milieu: esprits, vies, âmes).

La deuxième catégorie de substances, formant une triade, est subordonnée directement aux visitations qui sont les "pères" de ces substances "humaines" (ch. 9) sur lesquelles s'étend l'action de Dieu; c'est ici que l'exécution de la volonté de Dieu a lieu (ch. 4).

Quant aux deux substances inférieures, elles appartiennent à la matière. Cependant l'action des charités a aussi une influence sur elles (ch. 4); c'est grâce à l'aide des premières qu'elles sont tirées vers le haut. Comme chez Denys, c'est l'amour, la charité qui embrasse tous les ordres pour les ramener à Dieu. La charité est la force active qui tire les substances pour assurer leur retour à Dieu[13]. La même idée apparaît aussi chez Jean Scot[14].

Regardons de plus près cette hiérarchie des substances.

La première substance (charité, lumière) est la sphère de la Divinité par excellence. Elle est associée à la perfection (ch. IV). Cette association (charité - perfection) se trouve chez saint Irénée, Cassien, saint Jean Climaque, Clément d'Alexandrie (d'après lui, c'est la charité qui donne à l'homme la perfection gnostique: *Stromates* IV, 7), saint Clément (c'est dans la charité que tous les élus de Dieu sont parfaits, *Ad Corinthios* 49:3-5), Origène ("summa perfectionis in caritate consistit", *In Canticum Canticorum*, J.-P. Migne, *Patrologia Graeca* 13, c. 101)[15]. L'identification de Dieu, des lumières et de l'amour apparaît dans la Première Epître de Jean. Mais la charité s'appelle aussi Adam, "lien de perfection" (*liam de perfecion*; ch. 2). Il est difficile d'interpréter cette idée. Si l'on lit très attentivement le texte, on aperçoit que cet Adam ne signifie pas ici la substance elle-même: il est plutôt une émanation de cette substance, ou un moyen d'illumination, qui pourrait être appelé l'Homme Primordial ou l'Archétype de l'Homme et qui joue dans ce système le même rôle que le fils de Dieu (ch. 5). Métaphoriquement parlant, l'auteur des *Gloses* nomme la charité "pain supersubstantiel" (*pan sobre sostancial*; ch. 5). C'est le don supérieur du Père pour lequel le peuple de Dieu prie son Seigneur. Et, sur le plan eschatologique, ce pain supersubstantiel signifie le deuxième avènement du Christ, la fondation du règne éternel de Dieu, le salut du peuple de Dieu, l'accomplissement entier de la volonté du Père.

La deuxième substance est la sphère du Fils de Dieu, qui sert d'intermédiaire entre Dieu et son peuple. L'auteur des *Gloses* utilise une métaphore pour éclairer le processus de l'illumination divine: les charités illuminent les visitations de même que la rosée céleste (*rosada celestial*) tombe sur les nuées (*nivolas*; ch. 1), ou de même que la semence (*semença*) tombe sur les montagnes (*montagnas*; ch. 2). Sur le plan sôtériologique, le Père envoie sa grâce ou sa parole à Jacob (ch. 2), ou bien il envoie son Fils, le Verbe incarné, nommé aussi "pain vivant". Les visitations, sur le plan eschatologique, apparaissent comme les siècles dans lesquels le Règne de Dieu sera fondé après le deuxième avènement du Fils de Dieu (ch. 3). Le règne de Dieu, la Cité de Dieu (*Cita de Dio*; ch. 2), sera installée au-dessus du royaume de David, royaume qui se situe au niveau des esprits et qui est soumis aux puissances du Mal jusqu'au Jugement Dernier.

Les visitations agissent surtout sur la troisième substance, sur les esprits, en leur transmettant l'illumination des charités. Les esprits signifient le peuple de Dieu (*poble de Dio*) ou Israël, ou bien, selon la métaphore du pain, un seul pain (*un pan*; ch. 5). L'illumination des esprits s'effectue de la façon suivante: les nuées (les visitations) répandent la pluie (la bénédiction) sur la terre (les esprits) (ch. 1), ou "les montagnes produisent des fruits" (ch. 2). La première descente du Christ sur la terre est associée à cette tombée de la pluie (le texte dit d'ailleurs que les nuées laissent tomber le "juste", donc le Sauveur). Le Christ est venu, une première fois, pour instruire le peuple de Dieu et pour racheter le royaume soumis au Mal (ch. 3, 9).

Les trois substances intermédiaires (esprits, vies, âmes) correspondent aux trois parties de l'Homme primordial (*primer format*; ch. 9-11) et sont associées aux trois éléments de la doxologie finale du *Pater* (*Regnum*, *Virtus*, *Gloria*). Ces substances appartiennet à Dieu, mais doivent être rachetées à cause du péché.

L'illumination divine, descendant d'en haut vers les substances inférieures, produit en retour un mouvement d'ascension vers le haut. Les substances servent de 'cordelettes' (*cordetas*; *cordas*; *liams*) l'une à l'autre, les supérieures tirant les inférieures vers le haut. Ainsi la charité lie et tire vers elle la visitation, la visitation tire l'esprit, l'esprit tire la vie, la vie tire l'âme (ch. 2). Mais c'est la charité qui tient le tout (ch. 5); c'est grâce à l'amour divin que les autres substances sont capables de tirer, de soutenir et de protéger les substances plus faibles. Les substances matérielles (coeurs et corps) entrent aussi dans le mouvement de montée vers le haut (ch. 5). Une telle conception de la charité n'est pas étrangère aux Cathares; d'après le *Traité* cathare, les choses mauvaises sont telles, parce qu'elles sont sans charité[16]. L'auteur de ce *Traité* cite saint Paul: "Tout ce qui est sans charité est néant" (1 Cor. 13:2). Selon le Cathare "absolu" Jean de Lugio, nous ne pouvons pas accomplir la volonté de Dieu sans le secours que nous recevons de lui[17]. Il ne précise pas s'il pense à la charité divine, mais peu importe: l'essentiel est qu'une sorte d'illumination ou de grâce agit sur les hommes (dans les *Gloses*, sur les substances) pour qu'ils puissent accomplir la volonté divine.

Nous avons déjà mentionné le rapprochement qu'on a fait entre le système des substances des *Gloses* et l'*Hiérarchie* de Denys l'Aréopagite. Mais chez Denys, il s'agit de neuf ordres célestes qui forment trois triades. Plus évidente est la ressemblance entre l'illumination divine dans les *Gloses* et chez Denys. Chez Denys comme dans notre texte, l'illumination divine se fait indirectement, par médiation[18]; les hiérarchies ont comme fonction de recevoir et de transmettre l'illumination divine[19]; et, enfin, c'est l'amour divin, la charité, qui soutient tout le système hiérarchique[20]. En tout cas, Denys n'était pas la source directe de nos *Gloses*; mais étant donné que la diffusion des écritures pseudo-dionysiennes était très importante au moyen âge et que ses idées exerçaient une influence considérable, il est probable que l'auteur des *Gloses* a pu connaître les doctrines néoplatoniciennes, proches de Denys.

On peut aussi faire des rapprochements avec l'apocryphe intitulé *Ascension d'Isae*, qui est d'ailleurs cité dans notre texte. Le nombre des cieux (sept) de l'*Ascension d'Isaïe* correspond au nombre des substances des *Gloses*. De plus, dans l'*Ascension d'Isaïe*, les deux cieux supérieurs sont aussi distingués des autres cieux. Ces deux cieux appartiennent proprement à Dieu[21].

Le salut et le Sauveur

La nécesité du salut se pose à cause de la captivité du peuple de Dieu, emprisonné par le Mal.

C'est le Christ, le Fils de Dieu et le Fils de l'Homme, envoyé par le Père, qui apparaît comme le Sauveur dans notre texte. Il est envoyé par le Seigneur pour conduire le peuple de Dieu hors de la terre de l'ennemi (Introduction). Dans le *Rituel* latin, le salut signifie la même chose: on prie Dieu pour qu'il mène son peuple hors de la terre de l'Ennemi[22]. D'après les citations de Jérémie insérées dans les *Gloses* (Jér. 31:8-9; 29:10, 12-14), le salut consiste en le retour à Dieu.

Le Fils de Dieu est le "moyen" du salut et, en même temps, celui de l'accomplissement de la volonté du Père. Sa nature est différente de celle du Père (ch. 1), il s'appelle la "congrégation des visitations" (*congregacion de las visitanças*; ch. 2), donc il est identifié avec la deuxième substance, tandis que le Père n'est autre que la charité elle-même, la substance supérieure. Il semble que le Christ soit une émanation du Père. Son rôle peut être défini par la parabole de Jacob qui est citée au chapitre deux: le Père envoie sa parole à Jacob (les visitations), puis, à la joie de Jacob, Israel se réjouit. Le Christ n'est-il-pas le Verbe incarné, envoyé pour faire se réjouir le peuple de Dieu?

L'accomplissement de la volonté du Père n'a pas encore eu lieu. De même, l'oeuvre salvatrice, la mission du Christ n'est pas encore accomplie. Chez Jean Lugio, on retrouve la même idée: la volonté de Dieu n'est pas encore accomplie[23]. C'est pour cela que le peuple de Dieu demande à son Seigneur que sa volonté s'accomplisse au ciel et sur la terre (ch. 4). Mais, par sa première descente sur la terre, le Christ a commencé à réaliser l'oeuvre salvatrice. Il est venu la première fois pour instruire le peuple de Dieu et "annoncer le nom du Père" (ch. 3). Le nom du Père - qui doit être sanctifié - est appelé visitation (ch. 2). Le Christ est venu également pour racheter le royaume de David (ch. 9), ou, en d'autres termes, pour se sanctifier et sanctifier le peuple de Dieu (ch. 2). La passion du Christ est considéré comme une victoire sur la mort associée avec le Mal (ch. 11).

D'après les *Gloses*, le Christ reviendra, et ce sera alors l'avènement du règne de Dieu qui se réalisera au niveau de la deuxième substance, dans les visitations ou dans les siècles. Lors de son deuxième avènement, le Christ récompensera chacun selon ses mérites. Ce sera le jour du Jugement Dernier, la fin du monde. L'idée de la Parousie est fondée sur les Epîtres de Paul (surtout 1 Thess. 1:10; 4:12-17; Hébr. 10:37). L'eschatologie des *Gloses* s'inspire également de l'*Apocalypse* selon saint Jean.

Est-ce que, pour l'auteur des *Gloses*, le salut sera universel ou les élus seront-ils les seuls à être sauvés? Notre texte parle toujours du "Peuple de Dieu", du "troupeau" de Dieu ou du "peuple d'Israel". Le "peuple de Dieu" et l'"Église de Dieu" sont certainement identiques. Toutes les allusions au salut permettent de supposer que, pour l'auteur des *Gloses*, le salut n'est pas possible hors de la secte, hors de l'assemblée du peuple de Dieu. C'est le peuple qui doit être délivré de la prison du "puissant", du Mal. Dans le *Rituel* latin, la conscience d'être privilégié pour l'obtention du salut apparaît également: on invoque le Père de ceux qui doivent être sauvés[24].

Le dualisme

Le dualisme, l'essence de la conception cathare du monde, n'est ni très marqué ni tranché dans les *Gloses*.

Une opposition dualiste se manifeste dans le système des substances: les charités ou lumières s'opposent aux charités étrangères (*stragnas caritas*; ch. 1), ou bien à la nuit ou aux laideurs (*noit; laideças*; ch. 1). Il semble évident que ces charités étrangères représentent une sorte d'antithèse des lumières: mais le texte ne précise ni leur nature ni leur origine. Au chapitre deux, il s'agit des visitations étrangères (*estragnas visitanças*) qui forment des cordelettes "de vanité et des pécheurs" (Ps. 118:61; Isa. 5:18) et qui jouent donc le rôle inverse des autres visitations. Ces visitations étrangères empêchent le mouvement de montée vers le haut: elles retiennent les substances, les retirant vers le bas.

L'auteur des *Gloses* insiste surtout sur le Mal dans le monde actuel. Le Mal a plusieurs dénominations: diable (*diavol*; ch. 7, 8), Sathanas (ch. 8), roi Assur (ch. 8), "puissant" (*poderos*; ch. 8), homme ennemi, méchant homme (*hom enemic, mal home*; ch. 8). L'image du monde actuel est assez pessimiste dans les *Gloses*. Son auteur désigne la terre où le peuple de Dieu vit comme "terre de l'ennemi" (Introduction) et prison (*carcer*; ch. 8). Le peuple de Dieu prie afin d'être délivré du Mal, car celui-ci le tient captif et règne sur lui à cause de ses péchés. Ainsi la terre où se trouve le peuple de Dieu, la terre du royaume de David, est soumise au pouvoir du diable, comme dans le *Traité* cathare où le prince du royaume d'ici-bas est inique[25].

Le diable, le Mal est associé avec la mort: le règne du Seigneur doit arriver "pour éclairer ceux qui se trouvent en ténèbres et en ombre de mort" (ch. 3). La passion du Christ signifie la victoire sur la mort: il est venu pour vaincre par son sacrifice "celui qui avait ordre de mort" (ch. 11).

A propos de la tentation, l'auteur des *Gloses* répète l'association du diable avec la mort (ch. 7). Il distingue deux sortes de tentations. La tentation qui vient du diable conduit à la mort, c'est une tentation pour la mort, tandis que la tentation qui vient de Dieu est une épreuve des justes: Dieu tente son peuple pour la vie, pour que les justes obtiennent la couronne de vie. Dans le *Rituel* latin, il s'agit aussi de deux tentations: celle du diable qui attaque le coeur, et celle qui vient du corps[26].

Le "puissant", le Mal, est arrivé au pouvoir par une révolte (ch. 8). Il a employé non seulement la force, mais aussi la séduction pour occuper le trône (ch. 8); la citation du prophète Ezéchiel (31:3-4, 8-90) fait allusion à cette séduction orgueilleuse par le roi Assur. C'est le péché qui a rendu possible la captivité du peuple de Dieu par le Mal.

D'où vient le péché selon les *Gloses*? Elles admettent la possibilité de choisir entre le Bien et le Mal, donc le principe du libre arbitre. Dieu permet que son peuple soit tenté par le diable (ch. 7). Cette conception rejoint l'idée de Denys l'Aréopagite sur l'origine du Mal: Dieu ne cause pas le Mal, mais il le tolère[27]. Le péché "en volonté" des visitations dont il s'agit au chapitre deux, est aussi une allusion au péché qu'a rendu possible l'existence du libre arbitre. Selon Origène, la cause initiale de la chute, l'occasion première du Mal est aussi le libre arbitre[28].

On peut distinguer des péchés commis à trois niveaux différents: au niveau des visitations (les visitations qui péchèrent en volonté; ch. 2); au niveau des esprits (le peuple de Dieu a profané ou blasphémé le nom du Père; ch. 2; le Mal règne sur le peuple de Dieu à cause des ses péchés; ch. 6-7); et, finalement, au chapitre six, nous trouvons la mention du péché commis par le Premier Père du peuple de Dieu. Le Christ a subi la passion pour la rémission des péchés (ch. 11) et il est aussi venu pour "donner pénitence" (ch. 1; le contexte n'est pas très clair) et pour ordonner aux gens du peuple de Dieu de se pardonner les uns aux autres (ch. 6).

Les *Gloses* et la Bible

Le commentaire du *Pater* est rempli de citations bibliques. Son auteur emploie aussi bien les témoignages de l'Ancien Testament que ceux du Nouveau pour éclairer ses doctrines. Mais la répartition des citations est nettement favorable aux Psaumes, aux livres prophétiques, aux Evangiles et aux Epîtres (voir l'Appendice).

L'hétérodoxie des *Gloses*

Ce texte semble plutôt une compilation hétérodoxe qu'une écriture cathare. Ses conceptions relatives à l'origine du Mal, son dualisme, sa notion de libre arbitre paraissent être même plus proches de la pensée évangélique. La spéculation sur le pain supersubstantiel et la doxologie constituent les arguments les plus forts pour l'origine cathare. Mais le système des sept substances est étrange pour un texte cathare, et les analogies qu'on a pu trouver dans le mysticisme néoplatonicien et chrétien sont assez lointaines. Les recherches futures devraient avoir pour objectif de retrouver les sources directes des *Gloses* et d'identifier le courant hétérodoxe auquel leur auteur se rattache.

Appendice

Table des citations bibliques dans les *Gloses*

Deut. 32:5, 9.
Esd. 27:8; 43:27; 49:24.
Tob. 2:12.
Job 10:12; 16:12; 34:29-30.
Ps. 11:6-7; 13:7; 15:6; 18:3,7; 21:5-6, 23; 25:2; 29:12; 30:11; 37:11; 38:8; 40:5;
    42:4-5; 43:2,26; 50:6; 55:2; 56:9; 65:9; 67:33,35; 68:2-3; 71:3; 72:22; 79:2-3;
    86:1; 97:3; 102:1-4; 106 pm.,5; 107:2; 114:7; 115:16-17; 117:24;
    118:61,94,125; 119:2; 120:1; 122:1; 138:15-16; 139:2,6; 140:2; 142:1,3;
    144:10-13; 145:12-2.
Prov. 18:14.
Eccl. 4:12,16,18-21; 16:18-19.
Cant. 5:2.
Sag. 3:1,5-6; 14:23-26; 15:1-2.
Isa. 5:18; 9:6-8; 10:12-14; 19:25; 27:8; 29:22-23; 43:27; 45:8; 49:24; 65:24.
Jér. 9:4-5; 13:17; 29:10,12-14; 31:8-9,10-12,14; 59:17,33-34.
Lam. 1:10,14,16; 2:7,22; 4:4,12.
Bar. 4:9-10,21,25; 6:1.
Ez. 28:4; 22:6-7,11; 31:3-4,8-9; 32:22-23; 36:8-10,22-24.
Dan. 2:44; 7:13,17-18; 9:4-5,16.
Hos. 11:4-5; 19:25.
Mic. 5:6.
Mal. 3:1-2.
Matt. 4:1,3; 5:48; 6:13,15; 11:25; 13:19,27,39; 18:55; 24:3,29-31,37; 25:31-32;
    26:21,39,41.
Mc 4:15; 11:9-10; 13:26-27.
Lc. 1:53; 4:13; 6:37; 8:12; 11:4; 12:32; 15:18,21; 18:1; 19:10,12; 22:28-32,42.
Jn 3:13; 6:38-40,44,51; 10:38; 12:49-50; 14:10; 15:17; 16:20,27-28; 17:19-21.
Actes 4:24-25; 17:28; 20:22.
Rom. 2:6-10,24; 4:6; 8:12,26; 11:29,36; 12:2; 13:8,12; 14:7-8; 16:20.
1 Cor. 10:1,9,12-13,17; 13:1-2,4-7,10.
2 Cor. 1:3.
Eph. 1:11,20-21; 3:15; 4:6,9-10,32; 5:17.
Col. 1:16; 2:15; 3:13-14.
1 Thess. 1:10; 3:5; 4:3-6,12-17; 5:2,5,8,14-18.
1 Tim. 6:9.
2 Tim. 2:26.
Tite 3:3.
Hébr. 2:15,18; 3:9; 4:6-7,15; 10:37; 11:17; 12:9; 13:12,21.
Jac. 1:2,12,14,17; 5:8,10.
1 Pierre 4:12-13; 5:10.
2 Pierre 3:4,10.
1 Jn 3:23; 4:8,11,16.
2 Jn 5.
Apoc. 1:4-8; 2:10; 3:10-11; 5:8-10,12-13; 16:15; 21:6; 22:12,17,20-21.

Notes

[1]Théo Venckeleer, "Un recueil cathare: le manuscrit A.6.10. de la 'Collection vaudoise' de Dublin'', 2ᵉ partie, "Une glose sur le 'Pater'", *Revue belge de philologie et d'histoire* 39 (1961), 759-93.

[2]Idem, "Un recueil cathare", 1ʳᵉ partie, "Une Apologie", *Revue belge de philologie et d'histoire* 38 (1960), 815-34.

[3]Idem, "Un recueil cathare", 2ᵉ partie, pp. 789-92; Jean Gonnet, "Les 'Glosa Pater' cathares et vaudoises", dans *Cathares en Languedoc*, Cahiers de Fanjeaux, 3 (Toulouse, 1968), pp. 59-67; Déodat Roché, "Un recueil cathare: le manuscrit A.6.10. de la 'Collection vaudoise' de Dublin", *Cahiers d'Études cathares* 21, n° 46 (1968), 3-70; Simone Hannedouche, "A propos de la glose cathare sur le *Pater*", *Cahiers d'Études cathares* 21, n° 48 (1970), 3-11, et n° 49 (1971), 3-11.

[4]Venckeleer, "Un recueil cathare", 1ʳᵉ partie, p. 818.

[5]Ibid.

[6]Ibid.

[7]Voir Edina Bozóky, *Le livre secret des Cathares: "Interrogatio Iohannis", apocryphe d'origine bogomile* (Paris, 1980), pp. 164-65.

[8]*Un traité néo-manichéen du XIIIᵉ siècle*, éd. Antoine Dondaine (Rome, 1939), pp. 151-65; Christine Thouzellier, *Rituel cathare*, Sources chrétiennes, 236 (Paris, 1977).

[9]*Le Nouveau Testament traduit au XIIIᵉ siècle en langue provençale, suivi d'un Rituel cathare*, éd. Léon Clédat (Paris, 1887), pp. ix-xxvi.

[10]Thouzellier, *Rituel cathare*, pp. 220-21.

[11]Henri-Charles Puech, *Le manichéisme: Son fondateur, sa doctrine* (Paris, 1967), pp. 74-75.

[12]Hannedouche, "A propos de la glose cathare", p. 4.

[13]Denys l'Aréopagite, *La hiérarchie céleste*, éd. Günther Heil et trad. Maurice de Gandillac, avec préface de René Roques, Sources chrétiennes, 58 (Paris, 1958), p. xliii.

[14]Emile Brehier, *La philosophie du moyen âge*, L'évolution de l'humanité, 28 (Paris, 1971), p. 57.

[15]Voir Jacques Farger et Marcel Viller, "Charité et vie spirituelle", dans *Dictionnaire de Spiritualité*, 2 (Paris, 1953), pp. 543-44.

[16]Christine Thouzellier, *Un traité cathare inédit du début du XIIIᵉ siècle, d'après le "Liber contra Manicheos" de Durand de Huesca* (Louvain, 1961), p. 103.

[17]Idem, *Livre des deux principes*, Sources chrétiennes, 198 (Paris, 1973), p. 194.

[18]Denys l'Aréopagite, *La hiérarchie céleste*, pp. 153-54: "Le Principe ordonnateur de toute harmonie visible et invisible manifeste l'éclat de son propre don de lumière par une apparition primordiale, dans des effusions bienheureuses, aux essences de l'ordre le plus haut, et, par leur entremise, les essences qui viennent ensuite ont part au rayonnement divin. Elles-mêmes, en effet, qui sont les premières

à connaître Dieu et qui désirent au suprême degré la vertu divine, ont mérité aussi de devenir les premiers instruments de la puissance et de l'opération par quoi se réalise, autant que faire se peut, l'imitation de Dieu''.

[19]Ibid., p. 109: "Toute la fonction hiérarchique se divise en deux saintes tâches, celles de recevoir et de transmettre la purification sans mélange, la lumière divine et la science qui rend parfait''.

[20]Ibid., p. xliii.

[21]Eugène Tisserant, *Ascension d'Isaïe* (Paris, 1909), pp. 163-64 (ch. 8:7): "Depuis le sixième ciel et au-dessus, il n'y a pas [d'anges] de gauche, dès maintenant, ni de trône établi au milieu, mais ils reçoivent leur direction de la puissance du septième ciel, où demeure celui qui n'est pas nommé...''; p. 169 (ch. 8:21): "Et alors, quand je fus dans le sixième ciel, j'estimai ténèbres la lumière que j'avais vue dans les cinq cieux''.

[22]Thouzellier, *Rituel cathare*, p. 200: "Educ domine populum tuum *de terra inimici*''.

[23]Idem, *Livre des deux principes*, p. 186: "Voluntas dei et filii eius Ihesu Christi non erat tunc penitus adimpleta''.

[24]Idem, *Rituel cathare*, p. 198: "Pater salvandorum tantum''.

[25]Idem, *Un traité cathare*, p. 93.

[26]Idem, *Rituel cathare*, p. 214.

[27]Étienne Gilson, *La philosophie au moyen âge* (Paris, 1947), p. 83.

[28]Hans von Campenhausen, *Les Pères grecs*, Livre de vie, 95 (Paris, 1963), p. 64.

L'expression de la générosité chez les troubadours

Glynnis M. Cropp

En étudiant l'expression de la générosité chez les troubadours, nous n'avons pas l'intention de reprendre le travail de Erich Köhler, qui a examiné cette notion par rapport à l'évolution de la chevalerie et de la noblesse aux XIIe et XIIIe siècles[1]. Notre but est pourtant plus ambitieux que celui de Eduard Wechssler[2] ou de Suzanne Thiolier-Méjean[3]. Nous basant sur un relevé d'exemples qui, sans être exhaustif, est aussi complet que possible, nous étudierons l'origine et la fonction de la notion, les termes et leur emploi; nous découvrirons que le principe de la générosité gouverne à la fois le comportement seigneurial et l'amour chanté par les troubadours.

L'analyse la plus ancienne de la *largueza* se trouve dans le *Breviari d'amor*[4]. Matfre Ermengaud établit les principes suivants: l'amour rend l'homme libéral; il faut donner sans se faire prier et, visiblement, de bon gré; il faut respecter *sen* et *mezura*: en ne pas donnant ce qu'il faut garder à soi, en ne pas retenant ce qu'il faut donner, en donnant au bon moment; en agissant ainsi avec prudence et avec mesure, on s'attire de l'honneur (*honor e pretz*). Celui qui donne pensera à la fois à sa propre condition (pouvoir, devoir, personne) et à la condition de celui à qui il donne. Si on ne peut donner, il ne faut ni prendre à autrui ni empêcher autrui de donner, mais il faut aimablement indiquer que, si on avait les moyens, on ferait volontiers des largesses (vv. 31966-2125). Les strophes qui illustrent cette analyse sont tirées de deux anonymes et de sept troubadours nommés, qui appartiennent tous plutôt au XIIIe qu'au XIIe siècle.

On relève ici plus d'un parallèle à la *liberalitas* de Sénèque qui insista sur la bonne volonté et la disposition de celui qui donne spontanément, librement (*De Beneficiis* I, vi, 1)[5] et sans hésitation (II, i, 2; II, v, 3-4), se faisant de la joie et réjouissant celui à qui il donne. Ainsi on fait un acte vertueux, durable, inaltérable et qui provient de "ipsa tribuentis voluntas" (I, v, 2). La modération et la raison déterminent le bienfait (I, xv, 3; II, xviii, 2); enfin, il faut que les actes de donner et de recevoir s'accordent: "Tumidissimum animal! Si illum accipere hoc non decet, nec te dare; habetur personarum ac dignitatium portio et, cum sit ubique virtus modus, aeque peccat, quod excedit, quam quod deficit" (II, xvi, 2).

La générosité est intégrée aussi à la tradition chrétienne: dans l'Ancien Testament, on lit: "L'homme libéral fait du bien à soi-même..." (Prov. 11:17); et, sous sa forme la plus élevée, la générosité est devenue une des vertus théologiques: la charité. Dans la poésie latine du moyen âge, antérieure à 1150, la vertu essentielle du prince dispensateur de biens a déjà été réunie à l'aspect correspondant de la morale chrétienne[6]. La noblesse de l'individu s'exprime donc dans sa largesse: il fait ainsi du bien à autrui et à lui-même. Source d'honneur, la libéralité appartient à l'idéal actif, servant à réunir les individus l'un à l'autre, à créer des liens d'amitié entre eux. C'est ainsi une vertu sociale qui se pratique ouvertement.

Sur le plan économique, les hommes d'Église et la noblesse guerrière ont la fonction de prendre et de recevoir les richesses et, à leur tour, de les dépenser ou de les donner pour récompenser leurs fidèles, c'est-à-dire de les redistribuer[7]. De plus en plus, à partir de la deuxième moitié du XIe siècle, la circulation monétaire va en s'accroissant, car on paie les services en argent. En outre, aux XIe et XIIe siècles, les frais du chevalier augmentent sensiblement (meilleur équipement, chevaux supérieurs); il cherche donc auprès d'un seigneur les moyens de vivre et de pratiquer son métier. Créant autour d'eux du faste et du luxe, les seigneurs rivalisaient dans l'accueil qu'ils faisaient à leurs amis[8]. La largesse était donc, d'après la définition de Georges Duby, "le plaisir de gaspiller"[9]. Guerres, construction de châteaux, vie de cour incitaient le noble à dépenser davantage. Pourtant, l'Église qui, à cette époque partageait avec la noblesse la suprématie économique, enseigne d'une part l'importance des aumônes et, de l'autre, condamne le lucre et l'argent.

Cependant, une partie de la noblesse héréditaire n'était plus capable de largesses: certains grands seigneurs se sont trop endettés ou ruinés. En même temps, la petite noblesse faisait des efforts pour s'intégrer dans les hauts rangs de la société. En prônant la libéralité, en regrettant l'absence de la largesse, les troubadours font entendre l'écho de la complexe transformation socio-économique constatée par les historiens: "Prise et Largesse vont reculer devant la règle et l'accumulation"[10]. "Après 1180, l'esprit de profit fera sans cesse reculer l'esprit de largesse"[11]. Bien que les troubadours s'intéressent à la largesse matérielle, étoffant l'expression de ce thème d'allusions aux richesses et au luxe dont jouissent les nobles seigneurs puissants, la générosité signifie aussi pour eux une attitude d'esprit qui traduit le respect et la bienveillance que l'on a pour autrui, surtout dans l'amour.

Deux séries de termes désignent la libéralité: *dar, don, donador, donar* (antonymes: *penre, tolre, non donar*) et *larc, larguetat, largueza* (antonymes: les dérivés de *avar, cobes,* et *escars*). La première série a une fréquence d'emploi plus élevée[12]. Quoique le mot *largetat* apparaisse opposé à *auaricia* dans le *Boeci* (v. 220), Marcabru, le premier troubadour à faire de la générosité un principe important de la morale courtoise, a employé les termes de la première série, préférant l'infinitif substantivé *donar*. Ses successeurs - Bertran de Born, Guiraut de Bornelh, etc. - ont employé volontiers les termes de la deuxième série. A l'origine, les deux séries indiquent deux aspects différents: d'une part, le don, au sens concret, et le geste de donner, et de l'autre, l'état d'âme qui dicte ce geste, le sens du don. Suzanne Thiolier-Méjean a jugé que, dans le *sirventes*, il est possible de distinguer les deux séries de termes l'une de l'autre d'après ces nuances de signification[13]. Nous sommes pour notre part moins convaincue, car souvent le don sert par métonymie à rappeler la disposition de l'âme du bienfaiteur.

Le terme *don* 'présent, don', porte le sens le plus nettement concret, mais qui s'efface souvent devant le sens abstrait, le poète voulant louer de la part du seigneur l'inclination à la largesse:

> Gran jornada volh far per bon ostal
> E lonc servir per recebre gent *do*
> (PdV XLV, 27-28)

> E de ric cor, e de totz bes lo paire
> Qu'er es dolens, de proeza et de *dos*
> (GdC VIII, 29-30)[14]

> Pretz es estortz,...
> E *Dons* gueritz del mal qu'avia pres.
> (AdP XXVI, 9-10)

Dans le dernier exemple, le mot *Dons* est personnifié, comme il arrive souvent aux termes abstraits du vocabulaire courtois. Néanmoins, le mot *don* rappelle toujours le transfert d'un bien à autrui, l'acte de donner et, donc, celui de recevoir.

Le mot *donar* 'donner' s'emploie surtout comme infinitif substantivé: "Despos Pretz e *Donars* soffraing" (Cerc VI, 15)[15], ou sans déterminant, surtout à l'infinitif et coordonné à un autre verbe (*despendre, metre, servir*): "Al pro Marques, qu'a pretz e valor gran / Manten e sap gen *donar* e despendre'' (PdV XIX, 41-42)[16]. Dans tous les genres poétiques, *donar* indique la libéralité que les troubadours déclarent indispensable:

> E pero, si *donars* no fos,
> Ja no saubr' om qui·s fora pros,
> > (GuirdB LXVI, 15-16)

et dont ils regrettent l'absence; ils la rendent ainsi partiellement responsable de la décadence du monde:

> Jovens feuney' e trefana
> E *Donars* becilha.
> > (Marc XXI, 25-26)[17]

Le mot *donar* accompagne régulièrement d'autres termes abstraits: *joven*, *onor*, *pretz*, *proeza* et *valor*[18].

Notre troisième terme, *dar* 'donner', s'emploie sans déterminant:

> Mas no ges cel que sapch' amar
> Cort tener, domneiar ni *dar*,
> > (BdB XXXIV, 31-32)

et comme infinitif substantivé:

> Si tortz fos dretz ni enjans lealesa,
> Ni tolres *dars* ni largz peccatz merces,
> Ni amta honors ni cobeitatz largesa.
> > (PC XIII, 33-35)[19]

Ce monosyllabe forme souvent avec un autre verbe une structure binaire plus ou moins figée: *dar* (ou *donar*) *e prometre* (GdSD XIII, 6; GuildB V, 12), *dar e vendre* (GdC X, 75; RamB VII, 31), qui appartiennent à la langue juridique; *prendre* (GuirdB LXIX, 23-24), *metre* (BZ II, 29; GAN II, 3; PLM *Ensen* v. 263), *servir* (GdM V, 32; RdM IV, 15). Les troubadours ont employé volontiers en alternance *dar*, *don* et *donar*, pour renforcer à l'aide du jeu sonore des mots l'expression de ce thème (p. ex. AdP XXX, 28-33).

La deuxième série de termes se constitue de l'adjectif *larc* 'généreux, libéral' et des substantifs *larguetat*, *largueza* 'largesse, libéralité' et d'autres dérivés de *larc*:

> Que plus es francs, *larcs* e privatz,...
> Rics om ab guerra que ab patz.
> > (BdB X, 26, 28)

Rics ja vitz dechazegutz,
Pos foron *larc* donador.
(GuirdB LXII, 36-37)[20]

Dos e servirs e garnirs e *larguesa*
Noiris amors, com fai l'aiga los peis,
Ensenhamens e valors e proesa,
Armas e cortz e guerras e torneis.
(BdB II, 8-11)

Conoissens' e *largueza*
Son las claus de proeza.
(AdM *Ensen* v, 179-80)[21]

Les deux derniers exemples expriment deux thèmes qui reviennent souvent: largesse et amour, largesse et *proeza*, auxquels il faut associer un troisième: largesse et *pretz* (AdM *Ensen* vv. 173-76). *Largueza* signifie aussi 'don, acte de largesse': "Si·l reis engles li fetz do ni *larguesa*..." (BdB XXVII, 22), "...e reis de gauz e reis de *largetatz*" (Pist I, 34). Ailleurs, l'abstrait est personnifié: dans un *planh* anonyme, *Largueza* s'adresse aux chevaliers pauvres leur proposant de nouveaux bienfaiteurs pour remplacer le roi Manfred[22].

Tandis que les antonymes de *dar*, *donar* sont *penre*, *tolre* et *non donar*[23], les antonymes de *larc*, etc. sont plus variés: *avar*, *avareza* - avarice, *escars*, *escarsetat* - avarice, mesquinerie, et *cobes*, *cobeitos*, *cobeitat* - cupidité. Moins fréquemment employés que les termes désignant la libéralité, ils sont appelés parfois à renforcer cette notion en créant une antithèse:

qe·il mal seignor *avar*
fant lor vassals baissar,
e·l *larcs* enanss' ab dos
si e sos compaignos.
(RdV XIV, 77-80)

Enaissi es valors del tot en lui perduda
que de pretz si depart e *largueza* refuda
e pren *escarsetat* per amiga e per druda.
(GdlaT X, 25-27)[24]

Il dépasse les limites de ce travail d'étudier les vices hostiles à la libéralité et condamnés tout au long de la poésie des troubadours (Cerc V, 28; Marc XXXV, 19-20). Le mauvais riche ou l'avare est ennemi de la libéralité et donc de l'épanouissement de la vie courtoise, refusant, contrairement à la coutume aristocratique, de donner festins et argent (Marc XXXI, 51-52) ou de *aur et argen despendre* (BdB XXXVI, 5).

Qui est le parangon de la libéralité? Alexandre le Grand, héros à la fois épique et courtois, dont la générosité a frappé surtout les auteurs du XIIᵉ siècle[25]. Le terme désignant la générosité du héros varie d'un exemple à l'autre. Ici la comparaison est étendue, là elle est brève:

> Mortz es lo reis...
> ni mais non er nulls hom del sieu semblan,
> tant *larcs*, tant rics, tant arditz, tals *donaire*,
> q'Alixandres, lo reis qui venquet Daire,
> non cre que tant *dones* ni tant meses;
> (GF L, 10, 12-15)

> Aleyxandres vos laisset son *donar*
> (RdV *Lettre épique* III, 100)

> ab *dar* fo Alixandres ricx
> (GAN II, 8)

> Alexandris fon le plus conquerens
> E le plus *larcs* de nostres ansesors.
> (PC LXXXIII, 1-2)[26]

Mais à qui les troubadours attribuent-ils la libéralité? à Dieu (GuirdB LXI, 88-89), au roi (BdB XVI, 4-6; Pist I, 33-34), à l'empereur (GuilF VII, 48), aux comtes, aux barons et aux seigneurs (AdP X, 3, XLVIII, 32; Perd XII, 4-8), au clergé (PC XVII, 57), aux chevaliers (BdB VI, 79, 84), aux amants (PdC XIV, 3), à tout homme (Pist IX, 13). Il est pourtant rare que la libéralité soit attribuée à une dame:

> Comtessa francha e corteza
> *largua* e pros
> (FdR I, 49-50)

> Qu'en lieis es la senhoria
> De pretz e de cortesia,
> De gens *dos*...
> (BdB VIII, 45-47)[27]

Mais si les troubadours faisaient directement appel à la largesse seigneuriale, n'attendrait-on pas dans l'envoi de leurs poèmes une allusion inéluctable à la récompense attendue ou des louanges de la générosité? C'est parfois le cas[28], mais en général, plus éloquents, moins égoïstes, ils prônent la libéralité en tant que qualité indispensable à la vie de cour. Il est tentant, dans certains cas, d'établir un rapport entre l'expérience d'un troubadour et son expression de la libéralité. Des trois troubadours qui emploient très volontiers ce thème, Bertran de Born, châtelain des plus belliqueux, jugea que la guerre rapporte de l'argent et rend les seigneurs plus généreux[29]; Aimeric de Peguilhan reçut la largesse de plusieurs grands seigneurs[30]; et Peire Cardenal, qui écrivit contre la société et l'absence de largesse, mena une vie pauvre[31]. Ailleurs, on cherche en vain une telle correspondance. L'attitude générale des troubadours est pourtant nette: tous les hommes partagent le devoir de pratiquer un altruisme désintéressé, surtout à l'égard de ceux qui, sur le plan social, leur sont inférieurs et qui méritent par leur service une récompense (PC XII, 23-24). Mais si l'acte de donner est dicté par le coeur - c'est l'argument de Symon Doria dans le *partimen* ''Amics Symon, si·us platz, vostra semblanza'' (PC 282:lb/436:la) -, certains principes guident néanmoins celui qui donne: il est pire de trop donner que d'amasser avarement (BZ II, 34); il faut tenir compte de sa propre condition et de la qualité de celui qui reçoit et notamment de la reconnaissance de ce dernier (BC X, 32-36; GdM XIII, 25-26, 31-32; Sordel *Ensen* vv. 507-15). Il faut respecter *sen* et *mezura* pour atteindre une *larguesa amesurada* (Sordel *Ensen* vv. 709-13). L'acte de donner crée un lien entre les deux partis: plaisir, reconnaissance et, par conséquent, loyauté et attachement à long terme. Il faut que la générosité s'exprime ouvertement (FdR VI, 32; GuildB XII, 39), celui qui donne se faisant ainsi plus estimer grâce à l'impression faite par sa générosité sur les autres (BC X, 36-40). En gros, ces principes s'accordent avec ceux de Matfre Ermengaud et de Sénèque. Il n'est guère surprenant non plus que la générosité s'exprime surtout dans les genres poétiques à tendances morales et didactiques: le *sirventes*, l'*ensenhamen*, le *partimen* et surtout le *planh*[32].

Sur le plan de l'amour, la générosité, que signifie-t-elle? La disposition de la part de la dame et du poète-amoureux à se donner l'un à l'autre, à créer entre eux des liens d'amitié. Presque tous les mêmes termes que nous venons d'étudier réapparaissent dans la *canso* accompagnés de certains autres. Pris au figuré, un terme désignant l'acte de donner appelle facilement un autre terme désignant les richesses, le paiement, un don, une récompense et donc la joie d'amour.

Le poète-amoureux se donne à sa dame: ''m'autrey e·m *suy donatz*'' (GdSD I,3), ''per qu'eu me soi, del tot a vos *donaz*'' (AdM IX,12)[33]; il compte ensuite sur la dame pour lui donner son amour: ''Si·m vol midons *s'amor donar*'' (Guill IX IX,37), ''E vol mi fort *donar s'amor*'' (BM IX,33), ''Si·m *fazia d'amor prezen*'' (JR I,11)[34]. Le syntagme ·m *vol . . . donar* se répète assez fréquemment. La dame donne des faveurs ou des signes de son amour:

> e que·m *donet un don* tan gran:
> sa drudari' e son anel.
>   (Guill IX-X,21-22)

Le poète rappelle ainsi les rites de la féodalité et la création de liens personnels au moyen d'un transfert de biens ou d'objets signifiants. Nous avons étudié ailleurs les termes désignant les récompenses d'amour: *ben, don, gazardo, plazer*, qui rappellent tous l'idée d'un don matériel[35]. Insistons ici plutôt sur l'amplification du thème à l'aide d'autres moyens lexicaux sémantiquement proches. L'association des idées n'a rien d'original, mais les troubadours en ont tiré des effets utiles, surtout en ayant recours aux termes polyvalents *ric* 'puissant, noble, riche, précieux, heureux' et *enrequir* 'enrichir, rendre joyeux'. Les troubadours rejoignent ici Sénèque, qui a insisté qu'en donnant, on se fait de la joie[36]. Dans l'exemple suivant, Bernart de Ventadour a assimilé la bienveillance de sa dame à la largesse seigneuriale:

> Ma domna prec que m'acolha,
> e pois tan m'a *enriquit*,
> no sia qui *dona*, qui tol.
>
> (BdV XIX, 61-63)

Toujours à propos de l'amour, Gaucelm Faidit et Raimon de Miraval raisonnent ainsi:

> car qui vol q'om mal traia
> lonc temps en perdo
> non a *larc* cor ni pro;
> mas qui leu *don'* e paia,
> ses trop dir de no,
> leu n'a ric guizardo
> ab plazer bel e bo.
>
> (GF LXII, 66-72)

> Pero, si·m vol gazardonar,
> Mentre sos pretz es dels aussors,
> Par me que m'er majers honors
> Per penre qu'a lieys per *donar*.
>
> (RdM XXX, 41-44)

Un terme de joie apparaît dans l'exemple suivant:

> Ma dompn' es manenta
> de so qu'ieu plus dezire;
> del *donar* m'es lenta,
> qu'anc no·n fuy may jauzire.
>
> (PR II, 10-13)

Arnaut Daniel a réuni ainsi les deux notions:

> Si·m fos Amors *de ioi donar tant larga*
> cum ieu vas lieis d'aver fin cor e franc...
> c'ab sos bels digz mi tengra *de ioi larc*.
>
> (XVII, 1-2, 11)

D'après quelques passages plus étendus (GdC II, 15-28; JdP III, 31-50), il est clair que les troubadours ont établi un parallèle entre la libéralité seigneuriale et la preuve de l'amitié de la dame pour le poète-amoureux jusqu'au point où ces deux altruismes se confondent en un, le sens littéral ne se distinguant plus nettement du figuré.

Il s'ensuit que la dame doit donner spontanément, sans se faire trop prier[37] et que, si elle n'est pas prête à décerner ses faveurs d'amour, elle est avare:

> Domna ab cor *avar*
> De prometre e de dar,
> Puois no·m voletz coljar,
> Donassetz m'un baisar!
>
> (BdB XVIII, 76-79)[38]

et que les avares sont peu enclins à donner ou à aimer:

> Per pecx *avars* amadors,
> Als quals no plai lonj' atenda,
> Es noyrida la errors,
> Q'us no·m par, qu'en pretz entenda.
>
> (GR II, 17-20)

Pour maintenir l'équilibre des rapports, la générosité est cherchée aussi chez l'amant:

> Q'ieu n'ai chausit un pro e gen
> per cui pretz meillur' e genssa,
> *larc* et adreig e conoissen,
> on es sens e conoissenssa.
>
> (Dia I, 25-28)[39]

Le poète-amoureux prie plus souvent sa dame de lui montrer sa bonté qu'il ne la remercie d'une faveur reçue. Encore un signe que la générosité de la part de la dame était rare? Peut-être plutôt un effet rhétorique. La *canso* est essentiellement une poésie de requête à une rhétorique particulière basée sur un rythme de répétition et d'opposition, d'alternance et d'échange. Sur le plan de l'amour, les actes de donner et de recevoir y ont une part importante.

A travers cette brève étude de la terminologie, nous avons constaté que la générosité constitue un véritable dynamisme courtois qui anime à la fois la vie de cour et l'amour. D'une part, haute qualité noble et courtoise, la libéralité détermine la vie en société, le comportement des nobles et le destin des dépendants pauvres; élevée au stade de la charité, la générosité assure son salut au chrétien. D'autre part, la générosité propice à l'amour est calquée sur la libéralité du seigneur à l'égard de son vassal, mais elle insiste plus sur l'enrichissement personnel et sur la joie qui en émanent pour l'amant recevant la bienveillance de sa dame. C'est en fait comme thème amoureux que la générosité s'est exprimée d'abord dans la poésie des troubadours, chez Guillaume IX.

Les termes principaux employés ne sont pas nombreux[40]. Évoquant à l'origine l'acte de donner, les mots *dar*, *donar* etc. se prêtent à des combinaisons variées entre eux et, en plus, *don* et *donar* créent avec le terme *domna*, *dona*, souvent employé dans la *canso* en apostrophe, un écho verbal et sonore. *Larc* et ses dérivés, plus aptes à l'origine à exprimer la notion abstraite, ne répugnent pas à porter un sens concret. *Larc*, la seule épithète, est liée aux termes des deux séries (*"A dreg pot hom doncs apelar / larc* qui dona sso que deu dar,. . ." *Breviari*, vv. 32082-83). A part le syntagme ·*m vol . . . donar* et quelques structures binaires, nous n'avons pas relevé de séquences lexicalisées. Les infinitifs substantivés et les substantifs abstraits font partie d'énumérations de qualités, mais leur emploi n'a rien de figé.

On ne niera pas l'importance d'une générosité qui, à une époque où la société médiévale subit certaines transformations d'ordre économique, se concrétise en actes visibles de largesse. Néanmoins, l'aspect "mécénat" de la lyrique courtoise est, sur le plan littéral, relativement discret. Contrairement à l'avis de Erich Köhler, les troubadours ne quémandent pas ouvertement, ne réclament pas tout simplement leur dû[41]; au contraire, ils louent et flattent, ils déclarent leur soumission, ils conseillent la libéralité offrant comme modèle le héros d'antiquité, Alexandre, ou certains rois, princes et nobles dont ils pleurent la mort récente. Là où ils font ouvertement leur requête, c'est pour demander une récompense d'amour[42]. Y a-t-il, en outre, une base assez solide pour faire de la *largueza*, à l'instar de Köhler, la vertu primordiale d'un système courtois? Il faut admettre que Köhler s'est appuyé principalement sur le jugement passé à la fin d'un *torneiamen* tardif (PC 248:75) et sur une *cobla* anonyme (PC 461:76)[43]. Mais les grands défenseurs de *largueza* - Bertran de Born, Guiraut de Bornelh, Aimeric de Peguilhan et Peire Cardenal - n'élèvent pas la générosité au-dessus de toutes les autres vertus. L'idéal courtois est, en fin de compte, assez souple, se prêtant, à l'avis de Ernst Robert Curtius, à de multiples exploitations poétiques[44], parmi lesquelles il faut compter le débat.

Donner pour recevoir, recevoir pour donner, tel est un des gestes essentiels de la société médiévale. La générosité appartient donc à l'idéal actif de la noblesse méridionale aux XIIe et XIIIe siècles, tel qu'il s'exprime dans la vie courtoise et dans l'amour poétique des troubadours.

Notes

[1]Erich Köhler, "Reichtum und Freigebigkeit in der Trobadordichtung", dans *Trobadorlyrik und höfischer Roman* (Berlin, 1962), pp. 45-72; "Über das Verhältnis von Liebe, Tapferkeit, Wissen und Reichtum bei den Trobadors", dans ibid., pp. 73-87; "Observations historiques et sociologiques sur la poésie des troubadours", *Cahiers de Civilisation Médiévale* (1964), 27-51, en particulier pp. 29-31.

[2]Eduard Wechssler, *Das Kulturproblem des Minnesangs. I. Minnesang und*

Christentum (1909; réimpr. Osnabrück, 1966), pp. 42-43 et 155.

[3]Suzanne Thiolier-Méjean, *Les poésies satiriques et morales des troubadours du XIIᵉ siècle à la fin du XIIIᵉ siècle* (Paris, 1978), pp. 68-70, 213-14, 538, 542, 547-48 et 561-62.

[4]*Le Breviari d'amor de Matfre Ermengaud*, éd. Peter T. Ricketts (Leiden, 1976).

[5]*Moral Essays* III, Loeb Classical Library (Londres et Cambridge, Mass., 1935); voir aussi *Ad Lucilium epistulae morales* II, Loeb Classical Library (Londres et Cambridge, Mass., 1920), p. LXXXI; cf. Cicéron, *De Officiis* II, xv-xviii, Loeb Classical Library (Londres et Cambridge, Mass.), 1961; Boèce, *Consolatio philosophiae* II, 5, Loeb Classical Library (Londres et Cambridge, Mass., 1973).

[6]Ernst Robert Curtius, *La littérature européenne et le moyen âge latin* (1948; trad. fr. Paris, 1956), p. 649.

[7]Georges Duby, *Guerriers et paysans* (Paris, 1973), pp. 189-90; idem, *Le temps des cathédrales* (Paris, 1976), pp. 35 et 53.

[8]Duby, *Guerriers et paysans*, pp. 261-62; *Le temps des cathédrales*, pp. 59 et 301.

[9]Duby, *Guerriers et paysans*, p. 190.

[10]Jean-Pierre Poly, *La Provence et la société féodale, 879-1166* (Paris, 1976), p. 362.

[11]Duby, *Guerriers et paysans*, p. 300. Voir aussi Dominique Boutet, ''Sur l'origine et le sens de la largesse arthurienne'', *Le Moyen Age* 89 (1983), 397-411.

[12]Voici un résumé de la fréquence d'emplois des termes, d'après les exemples que nous avons relevés: *dar* - 30 ex. (inf. subst.: 19, inf. sans déterminant: 11); *don* - 94 ex.; *donar* - 85 ex. (inf. subst.: 50; sans déterminant: 35); *donador* - 17 ex.; *larc* - 78 ex.; *largua* - 4 ex.; *larguetat* - 6 ex.; *largueza* - 41 ex. A titre comparitif, nous donnons le nombre d'exemples de chaque terme relevés chez les trois troubadours qui expriment le plus volontiers le thème de la générosité: Bertran de Born, Aimeric de Peguilhan et Peire Cardenal.

	BdB	AdP	PC	TOTAL	%
Pièces:	39	49	96		
dar (inf. subst)	-	2	2	4	
(sans dét.)	2	-	3	5	
				9	8,49
don	10	11	16	37	
					34,9
donador	1	1	1	3	
donan	-	2	1	3	
donar (inf. subst.)	4	-	7	11	
(sans dét.)	3	4	5	12	
				29	27,36
larc	5	5	10	20	
larguetat	1	-	-	1	
largueza	2	4	4	10	
				31	29,25
Total	28	29	49	106	
%	26,4	27,4	46,2		

Nous avons relevé nos exemples chez les troubadours suivants (l'édition est indiquée sommairement entre parenthèses; pour avoir de plus amples détails, voir Robert A. Taylor, *La littérature occitane du moyen âge: Bibliographie sélective et critique* [Toronto, 1977]. Les abréviations employées dans nos références se constituent des initiales ou de la première syllabe du prénom, s'il risque d'y avoir de la confusion): Aimeric de Peguilhan (Shepard et Chambers), Albertet (Boutière), Alegret (Jeanroy, *Jongleurs et troubadours gascons*), Amanieu de Sescas (Sansone, *Testi didattico-cortesi di Provenza* [Bari, 1977]), Arnaut Catalan (Blasi), Arnaut Daniel (Toja), Arnaut de Mareuil (lyriques: Johnston, *Ensen*: Eusebi), Arnaut Guilhem de Marsan (*Ensen*: Sansone), N'At de Mons (Bernhardt), Bernart Marti (Hoepffner), Bernart de Ventadour (Lazar), Bertolome Zorzi (Levy), Bertran d'Alamanon (Salverda de Grave), Bertran de Born (Appel), Blacasset (Klein), Bonifazio Calvo (Pelaez), Cadenet (Zemp), Cercamon (Jeanroy), Daude de Pradas (Schutz), Comtesse de Dia (Kussler-Ratyé), Elias de Barjols (Stroński), Falquet de Romans (Zenker), Folquet de Lunel (Eichelkraut), Folquet de Marseille (Stroński), Garin le Brun (*Ensen*: Sansone), Gaucelm Faidit (Mouzat), Gausbert Amiel (Jeanroy, *Gascons*), Gavaudan (Jeanroy), Granet (Parducci), Gui d'Ussel (Audiau), Guilhem Ademar (Almqvist), Guilhem Augier Novela (Muller), Guilhem de Berguedan (de Riquer), Guilhem Figueira (Levy), Guilhem de Montanhagol (Ricketts), Guilhem de Saint-Didier (Sakari), Guilhem de la Tor (Blasi), Guillaume IX (Pasero), Guiraut de Bornelh (Kolsen), Guiraut de Calanson (Jeanroy, *Gascons*), Guiraut Riquier (Mölk), Guiraut de Salignac (Strempel), Jaufre Rudel (Jeanroy), Jausbert de Puycibot (Shepard), Lanfranc Cigala (Bertoni, *I Trovatori d'Italia* [Modena, 1915]), Marcabru (Dejeanne), Peire d'Auvergne (del Monte), Peire Bremon (Boutière), Peire Cardenal (Lavaud), Peire de la Cavarana (Bertoni, *Italia*), Peire Lunel de Monteg (*Ensen*: Sansone), Peire Raimon de Toulouse (Cavaliere), Peire Rogier (Nicholson), Peire Vidal (Avalle), Perdigon (Chaytor), Pistoleta (Niestroy), Pons de Capdueil (Napolski), Raimbaut d'Orange (Pattison), Raimbaut de Vaqueiras (Linskill), Raimon de Miraval (Topsfield), Raimon de Tors (Parducci), Rambertino Buvalelli (Bertoni, *Italia*), Rigaut de Barbezieux (Braccini), Sordel (Boni), Uc de Saint-Circ (Jeanroy et Salverda de Grave). Chez certains autres troubadours, nous n'avons pas relevé un seul exemple.

[13]Thiolier-Méjean, *Les poésies satiriques*, p. 68.

[14]AdP XXVI,6, XXX,38, XLI,42; Alb XI,17, XX,54; BdA XIIb,25; BdB VIII,47,51, XXXIX,28; FdM XV,38,42; GuirdB XLII,50, XLVII,76, LII,20, LXI,54, LXX,68, LXXI,48, LXXV,63, LXXVI,43; Marc XXII,11; PC LXI,18, LI,16.

[15]Cf. Alb II,41; BdB VI,45, XX,40; Cad XII,28; EdB I,20; GF XIX,93; GdM XI,59; GuirdB LXIV,10, LXIX,15; Marc IV,42, XI,44, XX,21, XXIII,21 XXXII,61; PB XX,32; RdV V,26; RdT VI,19; Sordel XXXI,11, XXXV,7, *Ensen* 1008.

[16]Cf. AdP XXVII,40, XXX,28; BM VI,24; BdB XXXVII,7; GF XI,54; GleB *Ensen* 62; GAN VIII,21; GuildB XXIX,19; PC XIX,18; Pist VIII,21; Sordel XIII,18, *Ensen* 575; *donan e meten* EdB VIII,45; PB X,23; PC LXVIII,21; *donador* Alb XX,20; FdL II,14; GF L,13; Marc XXXVI,34; Sordel *Ensen* 526. Nous n'avons pu assurément tenir compte de tous les usages de *donar*; notons deux autres, assez fréquents: *donar un don* BC III,1-2; *donar (mai, pauc, tan) a alcun* BdB XXIII,29; GuirdB LXVII,22, LXXV,74; Sordel *Ensen* 519.

[18]A ce propos voir Siegfried Heinimann, *Das Abstraktum in der französischen Literatursprache des Mittelalters* (Berne, 1963), p. 54.

[19]Cf. sans déterminant: BC X,29; GdM V,22; PdA XIV,16; PC LXX,34; RdV *Lettre épique* III,109; infinitif substantivé: AD IX,94; BC X,40; GleB *Ensen* 547; GuilA XVI,15; GAN III,44; PC LXX,36; RdV *Lettre épique* III,104.

[20]Cf. AdP XI,37, XV,19, XXX,14; N'AdM II,1532; BdB III,39, XVI,5, XXVIII,3, XLIII,14; Gav IV,28; Granet III,12; GuirdB LXI,89, LXIV,6; PC XIII,29, XXII,6, XXXIV,16, LIV,10, LVIII,47, LXX,7; PRdT XVII,28; PV XII,35; Perd XI,6; PdC XIV,3; RdM X,19 etc. L'expression *larc donador* sert souvent de titre de louanges: BdB VI,84; GuildB XXIII,1; Marc IX,32; PC XVII,57; Pist XI,50. *Larc* s'emploie coordonné aux épithètes suivantes, en ordre descendant de fréquence: *franc, cortes, ardit, leial, pro, adrech, humil, conoissen, plazen*.

[21]Cf. AdP X,3, XVII,38, XLVIII,32; N'AdM I,478, II,1199, 1446, 1456-83; BdB XXVII,22; Blac IV,1,11; FdM XVII,21; FdR III,42, VI,11; GF LIII,2, LXIV,3; GuilF VII,48; GdU VIII,29; PC XII,9, LV,309; RdB IX,9; Sordel *Ensen* 8, 713, 716; *larguetat* Aleg II,15; AdM *Ensen* 270; BdB XV,71; GuirdB XLIV,121.

[22]"Totas honors e tuig faig benestan" (PC 461:234), éd. G. Bertoni, *I trovatori d'Italia*, LXXVI.

[23]P. ex. BdB I,34; PV XV,42.

[24]Cf. *avar/larc* Gav IV,28; PC LIV,10-11; *cobe/larc* RdV XI,2,13-14; *cobeitos/larc* BdB XLIII,14; PC LIV,12; *cobeitat/larc* PB XX,39-40; *cobeitat/largueza* PC XIII,35; *escars/larc* AdP XV,19; BdB XXVIII,3; LC LVI,4-6; PC XXXIV,16; *dar, donar/tolre* PC LXX,34; PR VIII,27; *dar/prendre* PC XIII,34.

A propos des notions d'avarice et de cupidité, voir *Le Breviari d'amor* (éd. citée) vv. 33529-85 et Thiolier-Méjean, *Les poésies satiriques*, pp. 258-63.

[25]Jean Frappier, "La peinture de la vie et des héros antiques dans la littérature française du XIIe et du XIIIe siècle", dans *L'humanisme médiéval dans les littératures romanes du XIIe au XIVe siècle*, éd. Antoine Fourrier (Paris, 1964), pp. 30-33.

[26]Cf. AdP X,11-12, XXVI,29-32; Guilhem Fabre de Narbonne, "Ou mal vel plus trop sordejor", éd. Carl Appel, *Provenzalische Inedita aus Pariser Handschriften* (1892; réimpr. Wiesbaden, 1967), pp. 134-35, vv. 31-35; Peire de la Mula, "Ia de razon no·m cal mentr' en pantais", éd. Giulio Bertoni, *I trovatori d'Italia*, XIII, vv. 17-24. Le deuxième et le troisième de ces derniers exemples sont inconnus à Bertoni (ibid., pp. 510-11) et à François Pirot (*Recherches sur les connaissances littéraires des troubadours occitans et catalans des XIIe et XIIIe siècles* dans les Memorias de la Real Academia de Buenas Letras de Barcelona, 14 [Barcelone, 1972], p. 532). Pas d'allusion à la générosité du héros dans le fragment de l'*Alexandre* provençal publié par Carl Appel (2,9, *Provenzalische Chrestomathie*, 6e éd. [1930; réimpr. Leipzig, 1974]). Sénèque n'a pas eu d'influence non plus: il a jugé que la générosité d'Alexandre était exagérée et déraisonnable (*De Beneficiis* II, xvi, 1-2); il a condamné sa cupidité (VII,ii,5-6). Cf. Cicéron, *De Officiis*, II, xv, 53. A propos des allusions à Alexandre relevées dans la littérature romanesque du Nord de la France, voir Tony Hunt, "The Prologue to Chrestien's *Li Contes del Graal*", *Romania* 92 (1971), 359-79.

[27]Cf. *largua* FdR I,49-50; *larga d'aver* RdV X,16, XIV,81-82; *dos* FdM XV,38. Même dans son *planh* sur la mort de Beatritz (XXII), Aimeric de Peguilhan

268   L'EXPRESSION DE LA GÉNÉROSITÉ

n'a pas fait d'allusion à la générosité de la dame.

[28]P. ex. AdP XV,45-46; Alb II,39-42; EdB VIII,45-46; GuirdB LXXV, 73-76.

[29]*Biographies des troubadours. Textes provençaux des XIIIᵉ et XIVᵉ siècles*, éd. Jean Boutière et Alexander H. Schutz, avec la collaboration d'Irenée Marcel Cluzel, éd. refondue, Les Classiques d'Oc, 1 (Paris, 1964), pp. 65-67. Voir X, 26-28.

[30]Ibid., pp. 425-28; *The Poems of Aimeric de Peguilhan*, éd. William P. Shepard et Frank M. Chambers (Evanston, Ill., 1950), pp. 5, 9 et 20-21.

[31]*Poésies complètes du troubadour Peire Cardenal (1180-1278)*, éd. René Lavaud (Toulouse, 1957), p. 625. Et que conclure du fait que Arnaut de Tintinhac, Berenguier de Palazol, Guilhem de Cabestaing, Peirol et Pons de la Gardia n'évoquent pas la générosité? Et pourtant Berenguier et Peirol avaient la réputation d'être "paubres cavalliers" (*Biographies*, éd. Boutière et Schutz, trad. Cluzel, pp. 303 et 523).

[32]Stanley C. Aston, "The Provençal planh: I. The lament for a prince", dans *Mélanges de philologie romane dédiés à la mémoire de Jean Boutière* (Liège, 1971), pp. 23-30, en particulier pp. 26 et 29. Dans nos exemples nous avons relevé les termes suivants: *dar* AdP XXX,29; GAN III,44; *don* AdP XXX,31,33,38; BdB XVI,32; GF L,30; GuirdB LXXVI,41; GdC VIII,30,44; *donar* BdB XVI,29; Cerc VI,15; FdM XVII,40; *larc* AdP XXX,14; BdB XVI,5; GF L,13; GdC VIII,24; *largueza* AdP X,4, XLVIII,32; FdM XVII,21; anon., "Totas honors e tuig faig benestan", v. 19. Introduit par un de ces mots, le thème a tendance à revenir exprimé par un terme différent.

[33]Cf. JdP IX,6,14; PC I,26, II,31-40.

[34]Le jeu de l'allitération et de la répétition risque parfois d'être abusif, p. ex. "qu'a lieys mi des, car anc tant no·m plac dos, / quar qui·m dones tot lo mon per jasse, / no·m plagra tant cum quan li donei me" (Perd II,16-18).

[35]Glynnis M. Cropp, *Le vocabulaire courtois des troubadours de l'époque classique* (Genève, 1975), pp. 358-69.

[36]*De Beneficiis* I,vi,1; *Epistulae* LXXXI,24.

[37]P. ex. GF LXII,66-72; PB VI,19-24; PR II,10-13.

[38]Cf. BdV XII,45-46.

[39]Cf. Cerc VIII,43-46; GdlaT XII,27-28; *Breviari* vv. 30915-32, 31912-25.

[40]Il faut tenir compte aussi des termes voisins: *acolhir* Sordel *Ensen* 576; *conduch* GuirdB LXXI, 48; PR VIII,21; *almorna* AdP XII,38; Marc VI,27; *caritat* GR XXV,9,10; PC XXI,10, XLVI,1; et, pour compléter le champ, des termes de reconnaissance, p. ex. *grazir* (RdT VI,19).

[41]"Observations historiques", p. 30.

[42]P. ex. AdP XXXIV,49-56; RdM VII,37-43, XXVIII,33-38.

[43]"Observations historiques", p. 29; idem, "Reichtum und Freigebigkeit", p. 67; idem, "Über das Verhältnis", pp. 73-74.

[44]"Ce qui fait justement le charme de la morale chevaleresque, c'est son hésitation entre de nombreux idéaux, parfois proches l'un de l'autre, parfois opposés. La possibilité de passer librement de l'un à l'autre, la liberté des mouvements au sein d'un monde riche en liens de toutes sortes, tout cela constituait sans doute un stimulant pour les poètes courtois" (Curtius, *La littérature européenne*, p. 649).

Mesura dans la poésie lyrique de l'ancien provençal

Peter F. Dembowski

Il n'y a pas de doute que les spécialistes de la poésie lyrique de l'ancien provençal se sont toujours vivement intéressés aux aspects idéologiques et philosophiques de cette poésie. L'idéal de l'amour "courtois" devient sous nos yeux, pour ainsi dire, l'idéal de la courtoisie, laquelle à son tour s'avère capable d'incarner l'idéal de la sagesse humaine. Il est donc peu surprenant que la vertu de *mesura*, c'est-à-dire, *grosso modo*, de modération, de contrôle de soi-même et de tempérance se trouve intimement liée à la force du sentiment amoureux, car l'amour n'est que l'expression de tout un complexe de vertus.

La *mesura* en tant qu'un des aspects de l'idéal courtois dans la poésie provençale a été étudiée, il y presque quarante ans, par Jacques Wettstein de l'Université de Berne. Le but de son travail était de présenter "l'idée de la mesure et sa terminologie dans l'ancienne littérature provençale"[1]. Le point de départ n'était pas le mot mais le concept. Wettstein étudie donc tout un champ sémantique extrêmement riche auquel appartiennent des termes tels que *sen(s)*, *saber*, *razo(n)*, *ensenhamen*, *conoissensa*, *merce*, *drechura*, *atempranza*, *lialeza*, bref, tous les corollaires de l'*amor* et du *belh capte-men*. Cet important travail analyse les très nombreux aspects d'un concept très vaste, plutôt qu'il ne définit ce concept. Wettstein conclut par un chapitre sur "l'originalité des troubadours" (pp. 99-114) dans lequel il essaie de décrire de façon succincte les traits les plus saillants de l'idéologie de la poésie de l'amour et du comportement courtois. Il n'y a pas de doute que l'érudit suisse ait accompli tout ce que lui permettaient les limites matérielles de son livre (qui n'a que 124 pages) et la méthode adoptée. Cette méthode suscite certains problèmes. Elle aggrave même les difficultés inhérentes à la poésie lyrique médiévale.

La notion de *mesura*, *stricto sensu*, tend à se perdre dans toute une constellation de termes de plus en plus généraux qui expriment une gamme de concepts touchant à tour de rôle à la vertu individuelle et sociale, à la psychologie, à l'économie (la sage générosité des princes), à l'esthétique, à la sagesse, etc. Le concept *mesura* ainsi présenté ne se prête pas facilement à une définition au sens étymologique du mot, c'est-à-dire à la délimitation de son acception sémantique. Ainsi étudié, le concept tend à envahir les champs sémantiques des autres termes, bref, à devenir de plus en plus vaste, de signifier de plus en plus. Ce problème est grave, car la difficulté de délimiter le sens des mots-clés de la poésie lyrique des troubadours (et des trouvères) est en effet inhérente à ce genre. Les mots toujours répétés et constamment nuancés par les contextes, acquièrent de nouvelles notions, subissent différentes ''contaminations'' sémantiques et tendent toujours, comme nous l'avons dit, à signifier plus[2].

Il n'est pas facile d'éviter les difficultés que cause la polysémie poétique. La méthode pratiquée par Wettstein ne le fait point. Une des façons d'obvier partiellement à certaines de ces difficultés, c'est de renverser le sens général de l'analyse et de commencer non par le concept, mais par le mot, ou, pour employer une terminologie plus linguistique, non par la fonction mais par la forme.

Cette voie d'approche n'écarte pas complètement le problème de polysémie, car le mot *mesura*, comme nous le verrons, est très souvent accompagné, ''doublé'', pour ainsi dire, d'autres termes tels que *sen(s)*, *saber*, *drechura*, *franquesa*, etc. Notre méthode établit certaines classes allant du complètement concret au foncièrement indéfinissable, en passant par le fortement abstrait. Notre but principal est donc de classifier afin de délimiter cette partie du corpus de *mesura* dans la poésie lyrique des troubadours où devraient se concentrer les recherches de la sémantique et de l'idéologie de cette poésie. Ce corpus s'avérera assez restreint, donc maniable. Nous sommes sûr qu'il faut continuer les travaux du type de celui de Jacques Wettstein. Il nous reste beaucoup à faire pour comprendre le caractère à la fois paradoxal et diffus du vocabulaire fondamental des troubadours. Nous nous réjouissons d'ailleurs que notre collègue Paolo Cherchi continue à étudier les concepts et la terminologie de *honestum* et de *mensura*, tout en persistant à penser qu'il ne faut pas négliger les aspects formels des recherches sémantiques. Pour cette raison, nous proposons, tout modestement (*ab mesura!*) d'examiner le terme *mesura* et de tâcher de délimiter, autant que possible, les différentes catégories de ses emplois spécifiquement poétiques.

Les moyens techniques modernes nous facilitent un examen allant du mot au concept plutôt que l'inverse. Nous avons maintenant à notre disposition une banque des données de la poésie lyrique provençale. Le Centre d'Informatique de l'Université du Minnesota à Minneapolis a créé, sous la direction du professeur F. R. P. Akehurst, une collection de rubans magnétiques qui contiennent, au moment où nous écrivons, quelque 1600 poèmes lyriques provençaux. Ce chiffre représente à peu près 65% du corpus lyrique de l'ancien provençal qui nous soit connu[3]. Tous les troubadours ''importants'' ainsi qui tous les poèmes anonymes ''importants'' sont déjà entrés dans la collection de Minnesota. Par ''importants'' nous entendons les poèmes les mieux connus qui aient été publiés dans de bonnes, ou du moins dans de convenables éditions critiques. Le grand nombre et le caractère des poèmes enregistrés par l'ordinateur du Minnesota permet, du moins à titre d'essai, de tirer certaines conclusions touchant l'ensemble du corpus de la poésie lyrique de l'ancien provençal. Comprenons-nous bien. Il ne s'agit ici ni de la totalité du corpus lyrique, ni, nous le verrons, de la totalité des occurrences du mot *mesura* dans ce corpus. Il s'agit d'un échantillon, mais d'un échantillon qui est sans aucun doute suffisamment représentatif.

Nous avons eu le plaisir de recevoir du Centre d'Informatique du Minnesota le listing de toutes les occurrences de *mesura* et de sa variante *mezura*, aussi bien que les formes tronquées *mesur'* et *mezur'*. La première et la plus importante conclusion que le listing offert par le Centre du Minnesota nous permet de faire est la suivante: Les occurrences du mot *mesura* sont relativement rares dans la poésie lyrique de l'ancien provençal. Dans les 1600, ou à peu près, poèmes enregistrés, on retrouve 45 occurrences de *mesura* (*mesur'*) et 54 de *mezura* (*mezur'*), 99 en tout. Les formes tronquées sont particulièrement rares: 6 *mesur'*, 5 *mezur'*.

Le chiffre de 99 cas constitue donc l'échantillon de base. De ce chiffre, il faut soustraire d'abord deux exemples de répétition purement mécanique. Le poème de Guilhem Ademar ''Pois vei qu'el temps s'aserena''[4] est donné une seconde fois dans notre listing car il a été aussi attribué à Rambertino Buvalelli. Il faut donc compter la *mesura* de Guilhem (11, éd. Almqvist, v. 22), mais non celle de Rambertino (8, éd. Bertoni, v. 22)[5]. De même, la *mesura* de Peire Cardenal (31, éd. Lavaud, v. 4) est répété dans le même poème attribué cette fois à l'anonyme (PC 251a,22). Il faut écarter aussi de notre échantillon trois cas où *mesura* est le verbe: 3e personne du singulier, présent de l'indicatif de *mesurar* 'mesurer', 'considérer', 'comparer'. Ces trois verbes se retrouvent chez Aimeric de Belenoi (7, éd. Dumitrescu, v. 44), chez Guilhem de l'Olivier (57, éd. Schultz-Gora, v. 4) et dans un poème anonyme (PC 70,64).

On ne peut non plus compter deux autres cas où *mesura* a une signification ou bien commerciale ou musicale. Il s'agit de la phrase de Peire Cardenal *qui franh la leial mesura*, ce qui veut dire 'qui fausse la mesure légale' (55, éd. Lavaud, v. 227) et de *Per qu'ieu de ma long razo / mourai a mezura del so* (Guilhem Ademar, 6, éd. Almqvist, v. 8). Notre listing est réduit ainsi aux 92 exemples de *mesura/mezura*. C'est là notre échantillon représentatif.

Ce chiffre de 92 cas n'est pas vraiment élevé si l'on considère la fréquence et le rôle du vocabulaire abstrait de la poésie des troubadours, ou encore l'importance du concept *mesura*, comme l'a si bien démontré Jacques Wettstein. De nombreux troubadours ne semblent jamais avoir employé ce mot. Des 68 troubadours inclus dans le guide bibliographique de Robert A. Taylor[6], notre listing n'en donne que 29. Des 120 poètes inclus par Martín de Riquer dans son *Trovadores: Historia literaria y textos*[7], notre listing n'en rencontre que 28. Mais tous nos poètes, sauf Guilhem de l'Olivier, auteur des *coblas* morales éditées par Oskar Schultz-Gora[8], figurent dans la bibliographie de Taylor ou dans l'anthologie de Riquer. Notre listing est composé de poètes ''importants''.

Cette fréquence relativement basse de *mesura* devient même plus significative si on se rend compte que sur 92 cas, plus d'un quart (25) présente une signification sensiblement affaiblie. Il s'agit d'abord de la formule *s(en)es mesura* qui n'est vraiment qu'une locution adverbiale, dont le sens est quelque chose comme 'démesurément' ou simplement 'beaucoup'. Ainsi, par exemple, Peire Vidal dans son *sirventes* contre les faux clercs (31, éd. Lavaud, v. 4) dit qu'ils *menten laidament sens mesura*. On rencontre plus au moins le même sens quand Guilhem Ademar déclare *q'ie·us am plus senes mesura / que no fetz Paris Elena* (11, éd. Almqvist, v. 95). Le fait que *senes mesura* est modifié ici par *plus* témoigne amplement du caractère adverbial de cette locution. Notre listing donne trois autres exemples de *s(en)es mesura* adverbial[9], ainsi que deux de *fora mesura*: chez Gaucelm Faidit *fora mesura* renforce simplement *ses faillir* 'sans erreur': *D'amor fora mesura, ses faillir, / que no·i reignes malesa ni engans, ans...* (46, éd. Mouzat, v. 21); *...sapchatz que no fora mezura, / Pus er l'am tan...* (Guilhem de Saint-Didier, 7, éd. Sakari, v. 9). *Outra mesura* est plus au moins synonyme de *fora mesura*. Nous en avons deux exemples. Ainsi, la dame chantée par Guilhem Ademar (11, éd. Almqvist, v. 51) *es bell' outra mesura / Genta, fresca, blanc' e lena*, tandis que Gaucelm Faidit definit sa *fin' amor* ainsi:

> De fin'amor sai segr·l dreich viatge,
> si que tant am mi donz outra mesura
> qe far en pot tot qant l'es d'agradatge.
> (41, éd. Mouzat, v. 12)

Si *s(en)es, fora, outra mesura* signifient 'démesurément', 'beaucoup', les locutions *a(b)*, *am* et *per mesura* veulent dire 'mesurément', 'pas trop', 'peu'. Nous avons recueilli dix exemples de cet usage. Ainsi: *Qu'elh fon savis, conoyssens, e sap far / A mezura* (Aimeric de Peguilhan, 30, éd.

Shepard et Chambers, v. 11); *En Raimbaut, aisel dic qu'es plus pros / c'ab mezura fai toz sos fatz entiers* (Raimbaut de Vaqueiras, 9, éd. Linskill, v. 10); Peirol (26, éd. Aston, v. 25) assigne la "modération" aux vents: *Et autres venz, can si fan per mezura*, tandis que Bernart de Ventadorn emploie la négation suivie de *per mezura: Car non am per mezura* (22, éd. Lazar, v. 16) 'non pas selon la mesure(?)'. Peire d'Alvernha renforce cette locution adverbiale assez affaiblie en ajoutant *trop* et *gran*, néanmoins son expression *Trop per gran mezura / Doctrinatz* (1, éd. Del Monte, v. 117) ne signifie que 'très (bien) enseigné'. *Parlar am mezura* chez Guilhem de l'Olivier (77, éd. Schultz- Gora, v. 4) semble vouloir dire 'parler peu franchement'[10].

Cette catégorie contient aussi quelques exemples de *mesura*, qui, bien qu'ils ne puissent plus être classés comme de locutions adverbiales (préposition + substantif), ne comportent qu'une signification peu abstraite de *mesura*. Nous pensons d'abord aux formules construites avec les verbes *eser, parer* ou *aver* suivis de *mesura*. Nous en avons neuf. Dans *Amar dei, / Que ben es mesura* (Bernart Marti, 1, éd. Hoepffner, v. 21), cette formule signifie 'il est juste'. De même, *eser d'una mesura* se traduit par 'être égal' dans *E fassa caut o freidura, / Trastot m'es d'una mesura* de Marcabru (28, éd. Dejeanne, v. 13)[11]. La signification de *si mesura·us par* (Arnaut de Maruelh, 15, éd. Johnston, v. 34) est simplement 's'il vous paraît juste'. Peu abstraites sont aussi les locutions *aver mesura*. Dans *mos dols non ac anc mesura* de Raimbaut d'Aurenga (11, éd. Pattison, v. 12), elle signifie 'ma douleur n'avait jamais de bornes', 'était très grande'. De même, la valeur de 'modération', de 'mesure' est très peu sensible dans la phrase suivante tirée du poème 22 (éd. Johnston, v. 13) d'Arnaut de Maruelh: *Non puosc aver mesura / no·us am*. Il faut comprendre: 'Je ne peux m'empêcher de vous aimer'.

Mais les deux tiers de notre listing de *mesura*, c'est-à-dire 67 cas, présentent une signification nettement plus abstraite. On entre ici dans le domaine moral ou psychologique proprement dit du vocabulaire des troubadours. Toujours en suivant une voie d'approche formelle, nous pensons qu'il faut distinguer les cas où *mesura* est employé seul et les cas où ce terme forme un binôme ou une "chaîne" à l'aide de substantifs abstraits.

La première catégorie (*mesura* non accompagné) compte 31 exemples parmi lesquels il faut distinguer différents degrés d'abstraction. On y trouve quelques cas-limites de signification concrète: 'borne', 'mesure', mais ils sont peu nombreux (pas plus de quatre). En voici un exemple tiré de Raimon de Miraval (4, éd. Topsfield, v. 3): *Que non vol autra mesura / Mas c'om sega totz sos talens*, *mesura* veut dire ici 'borne', 'règle'[12].

On trouve une vingtaine d'exemples de *mesura* dans le sens abstrait de 'modération', 'action d'éviter des excès'. Voici d'abord les occurrences de *mesura* accompagné des verbes *metre, (es)gardar, segre*. Ces formules signifient à peu près 'être modéré'. *Qu'auquel sec via segura / Qu'en totz sos fatz met mesura* (Peire Cardenal, 55, éd. Lavaud, v. 122); *Preiars s'ataing e·s cove, / qui mesura metia* (Peirol, 23, éd. Aston, v. 33); *En tal loc fai sens fraiture / On hom non garda mezura* (Marcabru, 30, éd. Dejeanne, v. 83); *Si·m fos de mon chantar parven / C'a ma dona·n prezes cura / Ja no·i gardera mezura* (Raimon de Miraval, 2, éd. Topsfield, v. 3); *De Cortesia·is pot vanar / Qui ben sap Mesur' esgardar* (Marcabru, 15, éd. Dejeanne, v. 14); *De mal partir / Non ai cossir / Tant sabetz Mesur' esgardar* (Marcabru, 20, éd. Dejeanne, v. 6)[13]; *Per c'Amors fai marrir / los fols e·ls pecx can non segon mezura* (Bertran Carbonel, 110, éd. Appel, v. 32); *Ges no·m duoill d'amor don badaill / ni non sec mesura ni taill*[14] (Arnaut Daniel, 2, éd. Toja, v. 47).

Assez facile est le sens de *mezura* employé cinq fois par Guilhem de Montanhagol dans deux de ses poèmes, car le sujet principal de ce *castimen* (11, éd. Ricketts) et de ce *sirventes* (13, de la même édition) est précisément la modération. Dans la tautologie poétique, le contexte aide à définir *mesura* et *vice versa*.

> Mas amans dreitz non es desmezuratz,
> enens ama amezuradamen;
> car entre·l trop e·l pauc mezura jatz:
> estiers non es mezura.
>
> (11, v. 30, v. 31)

Le thème du *sirventes* est la mesure-discrétion et la mesure-sagesse dans le comportement humain:

> Res non es tan grazit entre las gens
> cum mezura, quar als non es valors
> mas qu'om valha segon qu'es sa ricors:
> quar mezura non es mas solamens
> so que de pauc e de trop tol falhensa.
>
> (vv. 18 et 20; voir la même idée au v. 32)

Guilhem de l'Olivier exprime des sentiments semblables dans une de ses très nombreuses *coblas* moralisatrices: *Pero cascus deu esgardar mezura, / car entre pauc e trop*... (37, éd. Schultz-Gora, v. 5). Plusieurs autres troubadours parlent de la nécessité de maintenir la *mesura en tot* (Bertran Carbonel, 20, éd. Jeanroy, v. 3); *en son parlar* (le même troubadour, 18, v. 2); *en solatz* (ici: 'conversation amoureuse', Aimeric de Peguilhan, 44, éd. Shepard et Chambers, v. 24).

Les autres cas de *mesura* non accompagné (une douzaine d'exemples) présentent déjà un emploi franchement plus abstrait et difficile à saisir de ce terme. Il exprime alors une qualité positive, désirable et diffuse: *C'aisi es de vostra mezura / Que no·y falh res / E conoys totz los autres bes* (attribué à Raimon de Miraval, 49, éd. Topsfield, v. 70). Dans le poème 14 d'Arnaut de Maruelh, *mesura* devient le ressort principal du comportement de l'amant causant toutes sortes d'angoisses: *Mesura·m mou maint encombrier / e·m dona trop enseignamen* (v. 15). Très peu saisissable est aussi la *mesura* de Sordel (3, éd. Boni, v. 11): *Qar mesura semon / c'om aia cor segon los faitz c'on pren*[15]. Dans un de ses *sirventes* moraux (21 de la même édition), le même Sordel essaie, un peu comme Montanhagol ci-dessus, de ''définir'' la vertu de mesure. Il commence par *Tuc trop son mal...* (v. 34) *e mal tut pauc* (v. 35) et conclut par: *Doncs fora ops q'entr·l pauc e·l trop fos / una vertutç c'om apela mesura* (v. 40). Ce qui est intéressant ici, c'est ce désir conscient de Sordel d'exprimer la difficulté que lui donne le concept. Ce n'est plus l'abstraction *mesura* tout court, comme dans de si nombreux cas de la poésie provençale, mais c'est une *vertutç* qui a un nom, qu'on appelle *mesura*. Sordel ''intellectualise'' déjà le problème.

Tout le reste du corpus de *mesura* (30 cas) offre un type d'''intellectualisation'' différent de celui que la définition d'un concept abstrait présentait aux poètes du moyen âge. Il ne s'agit pas de la définition *sensu stricto*, c'est-à-dire de la délimitation, mais d'une ''définition'' *sensu poetico*: le poète espérait serrer la signification d'un terme abstrait en l'associant syntaxiquement à un ou à plusieurs autres termes abstraits. Un tel procédé de ''définition'' est beaucoup plus caractéristique de la poésie lyrique médiévale[16] que tout autre essai de définition partielle ou même implicite. Cet accolement syntaxique de deux ou de plusieurs noms abstraits est un processus fondamentalement polysémique: les abstractions ainsi associées se ''colorent'' sémantiquement l'une l'autre. Ce processus se trouve au coeur même de la poésie médiévale, et il détermine notre capacité de comprendre les abstractions qu'elle comporte.

Heureusement pour nous, plus que la moitié de nos cas de ''*mesura* associé'', c'est-à-dire, 16 sur 30, comporte des expressions binômes, pour la plupart relativement simples. Ce procédé poétique qui consiste à accoupler deux formes de la même classe morphologique et de les traiter comme des synonymes plus au moins proches est bien connu de tous les spécialistes de l'ancienne littérature[17]. L'aspect sémantique de ce processus, la ''synonymisation'' mutuelle(?) des deux termes du binôme, n'a pas toujours été bien compris. Notre *mesura* forme le plus souvent un binôme avec *sen* ou *razo(n)*. On trouve ainsi chez Aimeric de Peguilhan *mezur' e sen, qu'es rasitz de totz bes* (33, éd. Shepard et Chambers, v. 9). Pareillement, Bernart de Ventadorn déclare que *pois qu'eu l'agui veguda / non agui sen ni mezura* (16, éd. Lazar, v. 24). Le même troubadour emploie la même formule deux autres fois: *Qu'eu degr' aver sen e mesura* (13, v. 24) et *...qui en amor quer sen, / cel non a sen ni mezura* (15, v. 32). Voir aussi *sens m'aond·e mesura* de Guilhem de Berguadan (1B, éd. Riquer, v. 9). Dans tous ces exemples, la signification dominante du binôme, nous semble-t-il, réside dans le *sen*. La *mesura* renforce le *sen* plutôt que le contraire.

Peire Bramon de Ricas Novas crée un binôme un peu plus complexe: *Vostra valors . . . / qar la gardatz ab mezur' e ab sen* (10, éd. Boutière, v. 37), car il a combiné deux locutions plus au moins adverbiales. Le binôme *mesur' e sens* est opposé à *amors e jovens* chez Raimon de Miraval: *Per so chant car amors e jovens / Restaura tot quant tol mesur' e sens* (26, éd. Topsfield, v. 8). Voir aussi *mezur' et abstinensa* et *mezur' e conyssensa* de Guilhem de Montanhagol (13, éd. Ricketts, vv. 5 et 45); dans le premier binôme prédomine l'idée de la discrétion, dans le second celle de la sagesse.

Nous croyons que la même chose arrive dans le cas des binômes composés de *mesura* plus *razo(n)* ou *merce*. *Mesura* perd un peu de sa valeur sémantique au détriment de *razo(n)* ou de *merce*. Encore une fois, c'est Bernart de Ventadorn qui use de ce binôme: *Per leis es razos e mesura / qu'eu serva tota creatura* (13, éd. Lazar, v. 41); de même, Peire Cardenal dit que *sai e lai / Sec razon e mesura* (68, éd. Lavaud, v. 44). Ces deux dernières phrases représentent le développement naturel des locutions *eser mesura* et *segre mesura* discutées ci-dessus, ou plutôt le développement naturel des locutions *eser razos* et *segre razo(n)*[18]. Arnaut de Maruelh croit *que ren no·i pert mesura ni razos* (8, éd. Johnston, v. 8), mais nous n'avons pas rencontré l'expression *perdre mesura* dans notre sondage; or, c'est *perdre razo(n)* qui est à l'origine de ce binôme.

Nous n'avons recueilli que deux exemples de *merces* associé à *mesura*. L'un provient de Bonifaci Calvo, *merces e mesura / Faill' en sidonz* (18, éd. Horan, v. 21), l'autre d'un *descort* anonyme (PC 70,62): *M'esgart merce o mezura*. La conjonction *o* préserve ici la valeur sémantique de *mezura*. Guilhem Ademar associe *mezura* à *drech*, tout en développant la locution *garder mesura* (ou *dreich*?): *No·i garda dreich ni mesura, / Per qu'ieu sui en gran rancura* (11, éd. Almqvist, v. 22), tandis que Marcabru l'associe à *vergonha*: *Qui per aver pert vergonh' e mezura / E giet' honor e valor a non cura* (9, éd. Dejeanne, v. 17); ici aussi *mezura* se fond dans la locution *perdre vergonha* par intermédiaire du procédé binôme. Les deux cas suivants, les derniers de la catégorie de binômes, quoique binaires, ne sont pas vraiment binômes, car *mesura* retient, croyons-nous, toute sa valeur chez Sordel: *Per qu·s deu metr' el dreg sentier / de mezura ap pretz . . .* (40, éd. Boni, v. 15) et chez Bernart Marti qui, parlant de sa dame, nous informe qu'elle *ric' es de mezura / E d'onor mondana* (1, éd. Hoepffner, v. 58).

Ces deux cas nous introduisent tout naturellement à la dernière catégorie, la plus complexe, de l'emploi de *mesura* dans la poésie lyrique de l'ancien provençal. Cette catégorie (14 cas recueillis) place *mesura* dans toute une ''guirlande'' d'abstractions. Elles représentent les qualités fondamentales, mais pas nécessairement bien définies, soit d'une personne, soit de la personne aimée, soit de l'amour, soit de la société courtoise. Ainsi dans un *sirventes* anonyme (PC 186,1), nous lisons que *parages es cortesi' e mezura, / Avinentez' e largez' a bontat. . .*; pour Folquet de Marselha aussi: *Cortesia non es als mas mesura* (12, éd. Stroński, v. 41). Arnaut de

Maruelh dit que *mesur' es e sabers et honors* (7, éd. Johnston, v. 6), tandis qu'en la dame de Peire Bremon de Ricas Novas résident de nombreuses vertus: *Mot es ricx pretz, sens et honors, / mezura e ensenhamens / ab vos, dona; e sui jauzens* (7, éd. Boutière, v. 42). Semblablement, Aimeric de Belenoi (12, éd. Dumitrescu, v. 25) dit en pleurant la mort de Nuno Sanchez, comte de Roussillon: *Ab vos es mortz Sens, Franquez' e Mezura*[19]. Arnaut de Maruelh tout en voulant décrire un amant courtois dresse la liste de ses qualités:

> A gran honor viu cui jois es cobitz,
> que d'aqui mou cortesi' e solatz,
> enseignemenz e franques' e mesura,
> e cors d'amar et esfortz de servir,
> e chausimenz, sabers e conoisensa,
> e gens parlars et avinens respos,
> e tuich bon aip, per qu'on es gais e pros.
> (21, éd. Johnston, v. 3)

Gaucelm Faidit est paradoxal quand il place *mesura* entre *sobre-saber* 'sagesse pausée à l'extrême' et *conoixensa: Mas eu diray qui m'en fai abstener: / sobre-saber mesura e conoixensa* (3, éd. Mouzat, v. 30). La liste est aussi employée par Aimeric de Peguilhan:

> Quar selh que plus volia mantener
> Solatz, Domney, Larguez' ab cor veray
> Mezur' e Sen, Conoissens' e Paria,
> Humilitat, Orguelh ses vilania. . .
> (10, éd. Shepard et Chambers, v. 5)

et par le grand Arnaut Daniel:

> Ben ai estat a maintas bonas cortz,
> mas sai ab lieis trob pro mais que lauzar:
> mesur' e sen et autres bos mestiers,
> beutat, ioven, bos faitz e bels demors. . .
> (15, éd. Toja, v. 17)

Dans ces "guirlandes" de qualités abstraites, les troubadours insistaient-ils sur la diversité ou sur l'homogénéité de ces qualités? Il n'y a pas de réponse simple à cette question, mais nous sommes sûr que dans les "guirlandes", comme dans les binômes, une certaine contamination sémantique est inévitable entre les différentes parties de la série. Tous ces termes tendent à se confondre avec *tuich bon aip, per qu'om es gais e pros*. Mais est-ce que *mesura* se définit facilement dans une telle suite de qualités? Est-ce que ce terme a la même relation avec *franquesa* qu'avec *joven, cors d'amar, beutat* et *bels demors*? C'est là la véritable difficulté. C'est là où devrait se tourner l'attention des chercheurs qui veulent définir de plus près le vocabulaire abstrait et poétique du lyrisme provençal.

Les troubadours eux-mêmes étaient, sans doute, conscients de la difficulté qui provient de la contamination contextuelle. Ils semblaient aussi croire qu'en effet, les qualités abstraites les plus diverses ont une sorte de relation poétique entre elles. On le voit dans les poèmes où les troubadours tâchaient d'établir une relation "généalogique" entre ces qualités:

> . . . amors ab ira no·s fa ges,
> Que mesura d'amor fruitz es,
> E drutz que a bon cor d'amar,
> Deu's ab gaug d'ira refrenar,

déclare Peire Vidal (34, éd. Avalle, v. 46). La plus complète de ces relations est établie non par le meilleur troubadour, mais probablement par un des usagers les plus typiques de la polysémie et de l'homogénisation poétique. Nous pensons à Guilhem de l'Olivier et à une de ses *coblas* moralisatrices:

> Gauch e solatz e cortesia
> e suaveza e bontatz
> fan home estar en agratz
> en son alberc et on que sia.
> Car bontat es ab suaveza
> menistairitz de lialeza,
> e lialtatz ez razitz de mezura,
> e mezura es soror de drechura:
> el drechura mair' e don' esta cauza
> per que las gens s'en regisson en pauza.
> Per que totz homs c'aia sen e saber
> si deu penar d'aitals vertutz aver.
>   (62, éd. Schultz-Gora, vv. 1 et 12)

Que peut-on conclure de ce sondage provisoire? D'abord, c'est que l'examen d'un listing (qui est aussi un échantillon représentatif) est tout à fait faisable. Examiner 99 cas d'emploi de *mesura* et de ses variantes graphiques n'est pas du tout onéreux. De plus, le véritable intérêt à exploiter et la véritable difficulté à vaincre résident dans un nombre beaucoup plus restreint d'exemples: à peu près dix cas de *mesura* non accompagné, deux ou trois cas d'expressions binaires sinon binômes et quelque quatorze cas de *mesura* "enguirlandé" forment à eux seuls le corpus vraiment pertinent à l'examen sémantique, idéologique et littéraire. Ce n'est certainement pas un corpus trop grand pour que l'on puisse l'analyser de façon très détaillée.

Notre sondage provisoire nous permet aussi des conclusions d'ordre méthodologique. L'accès à la banque des données de la poésie provençale offre des possibilités d'études textuelles jusqu'ici insoupçonnées. Il nous permet d'abord de constater que tel ou tel troubadour (ou tel ou tel genre, etc.) n'emploie aucunement un certain terme ou une certaine construction lexicale, morphologique, syntaxique ou stylistique. Cette constation serait, pour les textes plus extensifs, beaucoup plus difficile. Si nous effectuons un scrutin par lecture, nous ne pouvons jamais être sûrs si la non-occurrence constatée résulte de la vraie absence du terme ou de la forme scrutés ou de notre incapacité de la trouver, à cause de l'inattention, de la fatigue, etc. De manière plus importante, l'accès à la banque des données nous permet de constater l'existence et le caractère de toute sorte de formes étudiées, de la façon à la fois très rapide, très exacte et facilement vérifiable. Libérés des longues heures du scrutin visuel, nous sommes en mesure de nous concentrer sur le véritable problème de notre métier, à savoir sur l'intelligence du texte.

Car, en effet, les chercheurs littéraires sont entrés dans l'ère de l'informatique. Pour ne parler ici que du domaine roman, nous disposons non seulement de la banque provençale de l'Université du Minnesota, mais aussi - et grâce aux accords avec le Centre National de la Recherche Scientifique - l'Université de Chicago possède actuellement une importante banque des données françaises, qui consiste en quelque 1600 textes (surtout en prose et pour la plupart considérablement longs) du XVIe, XVIIe, XVIIIe, XIXe et XXe siècles. En tout, l'ARTFL[20] contient quelque 150 millions de mots. De plus, la banque des données de Chicago a déjà élaboré un programme permettant l'interrogation analytique de ces textes. Nous espérons que cette banque sera augmentée et que les spécialistes de la poésie des trouvères seront un jour munis du même précieux instrument de travail que leurs collègues provençalisants.

Notes

[1]Jacques Wettstein, *"Mezura"*, *l'idéal des troubadours: Son essence et ses aspects* (Zurich, 1945), p. 8.

[2]Nous avons touché au problème de la polysémie essentielle dans "Vocabulary of Old French Courtly Lyrics: Difficulties and Hidden Difficulties", *Critical Inquiry* 2 (1976), 763-79, et dans "Lexicology and Stylistics: Vocabulary of Provençal Courtly Lyrics - Introductory Remarks", *Proceedings of the Eighth Annual Meeting of the Berkeley Linguistic Society* (Berkeley, 1982), pp. 18-27.

[3]István Frank, *Répertoire métrique de la poésie des troubadours*, 1 (Paris, 1953), p. xvi, estime qu'il y a "2542 poésies des troubadours actuellement connues".

[4]Nous identifions les poèmes par le numéro donné à chaque morceau par l'éditeur, par le nom de l'éditeur et par le numéro du vers où figure le terme *mesura*; les poèmes anonymes (il y en a six dans notre listing) sont identifiés par le numéro qu'ils portent dans la *Bibliographie* d'Alfred Pillet et Henry Carstens.

[5]Puisque notre listing n'offre pas de variantes, il faut interpréter les chiffres exacts avec une certaine "générosité", cf. Rambertino, 8, vv. 51 et 65 (éd. Bertoni).

[6]Robert A. Taylor, *La littérature occitane du moyen âge: Bibliographie sélective et critique* (Toronto, 1977).

[7]Martín de Riquer, *Los trovadores: Historia literaria y textos*, 3 vol. (Barcelone, 1975).

[8]Oskar Schultz-Gora, *Provenzalische Studien*, 1 (Strasbourg, 1919).

[9]*Ses mesura* peut, néanmoins, être plus abstrait et significatif: "Mas ses mesura non es res" (Bertran de Born, 22, éd. Stimming, v. 14) signifie 'mais sans modération il n'est rien'.

[10]Voir aussi Aimeric de Peguilhan, 21, éd. Shepard et Chambers, v. 14; Bernart Marti, 6, éd. Hoepffner, v. 44; Guiraut de Bornelh, 29, éd. Kolsen, v. 9.

[11]Probablement tout à fait concrète aussi est la valeur d'*es mesura* dans les vers suivants de Peire Cardenal: *Ainsso es mesura granda / Qui non fai so que Dieus manda, / Que cant el a Dieu demanda* (55, éd. Lavaud, v. 41). Nous comprenons 'il est tout à fait équitable'. Plus abstraits et contaminés par l'association avec *eser cortesia*, etc. sont *Mesura es de gen parlar, / E cortesia es d'amar* (Marcabru, 15, éd. Dejeanne, v. 19) et *quar mesur' es e sabers et honors* (Arnaut de Maruelh, 7, éd. Johnston, v. 6).

[12]Voir aussi Folquet de Marselha, 12, éd. Stroński, v. 5; anonyme, PC 239,6; Lanfranc Cigala, 14, éd. Branciforti, v. 43.

[13]Voir aussi Aimeric de Belenoi, 7, éd. Dumitrescu, vv. 18 et 20.

[14]Bien qu'Arnaut Daniel "double" *mesura* d'un autre nom, il le fait en recourant à un nom plutôt concret: *taill* 'taille', 'compte'. Sa phrase signifie quelque chose comme 'je ne suis pas modéré'.

[15]Voir aussi Folquet de Marselha, 11, éd. Stroński, v. 19: *Ja·l diga ren qu no semble mesura*, aussi bien que Guiraut de Bornelh, 44, éd. Kolsen, vv. 36 et 109, et Raimon de Miraval, 31, éd. Topsfield, v. 24.

[16]Et non seulement médiévale, comme le démontre la célèbre "définition" romantique de Keats: "Beauty is truth, truth beauty".

[17]Pour l'essentiel du problème, ainsi que la bibliographie, voir Peter F. Dembowski, "Les binômes synonymiques en ancien français", *Kwartalnik Neofilologiczny (Hommages Halina Lewicka)* 23 (1976), 81-90.

[18]Mais ce binôme de Peire Cardenal est placé dans une chaîne d'abstractions. *Valensa, valor, vertatz, merces* et *drechura* se trouvent dans la même strophe que *razon* et *mesura*.

[19]L'hypocrisie ou l'absence de vertus sont évoquées par les troubadours: *Quez ieu vey en aquest mon / Sen e saber e mezura / E tota bon' aventura / Qui pot pro aver deniers*, Bertran Carbonel (19, éd. Jeanroy, v. 7). Le même poète (16, v. 4) déclare *omes vil de natura* ne *segon drech ni razon ni mezura*, tandis que Marcabru (37, éd. Dejeanne, v. 24) conclut que *la gen frairina . . . / Menton, que lor benananssa / Es Jois, Sofrirs* ['patience'] *e Mesura*.

[20]American and French Research on the Treasury of the French Language, Department of Romance Languages and Literatures, University of Chicago, 1050 E. 59th Street, Chicago, Illinois, 60637.

Difficulties in the Botanical Lexis of the Old Provençal Falconry Treatise: Daude de Pradas and Adelard of Bath

Dafydd Evans

The sole falconry treatise in Old Provençal, *Dels auzels cassadors*, is the work of the thirteenth-century troubadour Daude de Pradas who cast his compilation into verse form, the octosyllabic rhymed couplet of the romance. Edited by Alexander H. Schutz in 1945 from the three manuscripts and one fragment,[1] it is a mine of information on medieval falconry, ornithology, medicine, and botany. Lexicologists from Raynouard onwards have been aware of its importance. Schutz's invaluable edition could not, in view of the specialized nature of the subject, be expected to be free of imperfections of various sorts, textual, syntactical, lexical; a number of valuable amendments have been suggested by specialists like Kurt Lewent and Gunnar Tilander. I propose to examine a few lines of the poem from a lexical viewpoint, by comparing them with the Latin of a neglected source.

Ever since Werth's pioneering study of falconry treatises in the Romance languages,[2] it has been recognized that Daude drew material from a number of different sources, most presumably in Latin, which he marshalled into a new order, dividing his poem into three parts, the last of which being a medicinal, or book of remedies for the various ailments and mishaps that can befall a bird of prey. Tilander in his editions of Latin treatises was able to show that Daude utilized the short works ascribed to *Alexander medicus* and *Grisofus medicus*,[3] as well as one that he gave to a *Gerardus falconarius*.[4] Werth had already noted parallels between Daude's poem and

281

the apocryphal *Letter to Ptolemy, king of Egypt*. A fifth source, ignored by Tilander, was Adelard of Bath's treatise *De cura accipitrum*,[5] as I have shown elsewhere.[6] These five works are still to be found together in Clare College MS 15, and it is very likely that it was an earlier, fuller, and more correct version of this compilation that Daude used; we may indeed identify it with the *libre del rei Enric d'Anclaterra* that Daude indicated as his source in vv. 1930-31. Adelard probably wrote this treatise late in his life (ca. 1150) for the young prince Henry Plantagenet, the future Henry II.

It is one of these Adelard sources that I wish to examine in order to establish Daude's dependence on the English scholar, to illustrate his methods as translator, to check, and if necessary, amend Schutz's edition, and to estimate the value of Daude's work for Old Provençal lexicology. I take my example from chapter XCI, *Cant auzel a felige*, i.e., 'when a hunting bird has jaundice,' since Schutz provides no notes for it at all, thereby implying that he was unaware of its sources. The chapter may be divided into four sections: 1) the description of the ailment (vv. 2669-90); 2) the first remedy (vv. 2691-710); 3) a further remedy (vv. 2711-18); 4) a third, and final, remedy (vv. 2719-22). Items 1, 2, and 4 derive from Adelard, and item 2 from the apocryphal Ptolemy letter. I propose to concentrate on the first, and longest, remedy:

Socorretz li doncas aisi	
com ieu dirai eras aisi:	2692
en luec aigos, de josta riu,	
- car aqui nais e creis e viu -	
un' erba queretz bon' e bella,	
c'om elecrum per nom apella;	2696
eboric clamar lo podetz,	
o erba negra, si·us voletz.	
En aut creis, et a rams cairatz,	
et aital fueilla li queratz	2700
com sera d'una gran ortiga.	
Per som del ram met tal espiga,	
que resembla un razimet	
cant hom lo troba petitet.	2704
Sesta bon' erba que·us ai dicha	
per nom, e per faiso descricha	
trusatz tan fort que suc n'aiatz	
et el suc sa carn li moillatz;	2708
e promet vos no m'en blasmetz	
de re, can proat o auretz.	

This remedy is clearly taken from the version of Adelard's treatise in the Vienna MS lat. 2504, folios 49-51:

Sic autem mederi potest. Herbam quandam que iuxta rivulos et in aquosis locis nascitur, hanc poete electrim vocant, phisici boricam, Angli sua lingua nigram herbam dicunt, cuius ramus quadrangulus est ad modum eliceferis; folia vero foliis magne urtice similia. In summitate vero ramorum quasi racemi quidam nascuntur. Hanc, inquit, herbam cape et in iure eius carnem intingue et sic accipitri porrige et forsitan non vituperabis me.[7]

Schutz's English résumé runs as follows:

Remedy: from a moist river bank take *elecrum* or figwort. It grows tall with rectangular branches. Take those leaves that are like a thorn. It puts forth an ear that resembles a raisin when found small. Grind up to extract juice and moisten the meat with it.[8]

Daude's close dependence on the Latin text may be immediately ascertained by his preservation of the three names Adelard gives to this plant. Each of these names presents its own problems.

The first, *electrum*, was a Graeco-Latin borrowing, a not uncommon feature of Old English plant-names, which "are often of recognisably Greek form though these have filtered through Latin."[9] A dozen or so examples of the OE form *elehtre*, pl. *elehtran*, may be found in the *leechdoms*, the OE books of cures, which may antedate the earliest Romance herbals by one or two centuries. According to the dictionaries, the word does not appear to have persisted long into Middle English. The Latin word had two main senses: one designating, as does its modern borrowing, a yellow-coloured alloy, and a second the fossil amber. Its later semantic extension as a plant-name seems to be due to the post-Classical herbalists, though it must have been of restricted currency in this sense, for there is no trace of it in Gallo-Romance. One might have expected it to have been used to name an herb with yellow flowers (cf. the dialectal English *amber* for the yellow-flowering tutsan and St. John's wort). Its prescription for jaundice would be appropriate, for it accords with the 'doctrine of signatures,' belief that some feature of a plant indicated the ailment it was capable of curing. Cockayne, the editor of the *Leechdoms*, consistently translated *elehtre* by 'lupin' (e.g., vol. II, pp. 134-35). This sense appears to derive from the Glossary in the Bodleian MS Laud Misc. 567 which contains an item *electrum i. lupinus*.[10] *The Anglo-Saxon Dictionary* follows Cockayne in giving *elehtre* the meaning 'the plant lupine, *lupinus albus*, Lin.' Acceptance of this sense is however open to question for a number of reasons.

First, if the gloss *lupinus* is correct, then presumably it refers to the plant grown as fodder in Classical times, probably the modern *Lupinus albus*, i.e., with *white* flowers. The tree lupin has, indeed, yellow flowers, but this species, like the commoner blue-flowering one, is an introduction from North America. Further, even the *Lupinus albus* does not appear to be native to Britain; the earliest recorded uses of the name *lupin* barely antedate the fifteenth century, and the form betrays a learned origin or a borrowing from French where the word is a Latinism attested in the thirteenth century. It must not be forgotten that the original Greek name designated a plant of the Eastern Mediterranean; identifying such a name in a Graeco-Latin form from a herbal (Dioscorides, Apuleius, etc.) with a herb of North-West Europe, even where the process of transmission had been assisted (rather than distorted) by passage through Late Latin posed a real problem for the medieval herbalists. Additional testimony that the Graeco-Latin name *electrum* was borrowed by Old English is afforded by the glossaries, but these are often inconsistent and unhelpful, as may be illustrated from the Durham Glossary in which the OE *elehtre* occurs three times. On the first occasion it simply glosses the Latin *electrum*; on the second, it appears with *galluc* glossing *malum terre*, while on the third, it glosses an unknown, and probably corrupt, *walupia*.[11] The second gloss, which appears to hold out some possibilities of identification, is deceptive: *malum terrae* designated a number of plants, including the comfrey, and the OE *galluc* cannot be assigned with any certainty to any one herb, though it too seems to have been a name for the comfrey, glossing the Latin *confirma*, as in Durham no. 129. The glossaries show that the OE borrowing, *elehtre*, was given to more than one medicinal herb, a not unusual occurrence, as Swaen is forced to admit in his note on this remedy: "We must bear in mind that plant-names had, and popularly still have, no absolute meaning." The *Middle English Dictionary* gives only three examples of *elehtre* and is content to define it loosely as a name of "a plant of some kind."

One may perhaps now assume that Adelard, attempting to identify one particular plant, followed the procedure of the glossators by providing an alternative learned name (the early glosses show signs of a Greek-Latin-Old English trilingualism), together with the Old English one familiar to him, as the leechdoms were wont to do. Nevertheless, Adelard's association of the word *electrum* with the *poetae* is especially puzzling, as there appears to be no example of it in extant medieval Latin verse, its use being confined to the writings of the *physici*, the students of natural history.

Swaen regarded Adelard's *borica* as a corrupt form and made a number of suggestions as to what the original name might have been. The new *Dictionary of Medieval Latin from British Sources* (Fasc. 1, 1975) puts the passage from Adelard under the headword *borith*, a rare word of Hebrew origin, which is found in an eleventh-century glossary interpreted as *erba fullonum* or 'leatherwort'; on the basis of this and a few later references, Latham prudently gives the word the sense 'soapwort (*Saponaria*) or other herb.' It is worth noting that a later gloss exposes the confusion that this rare word must have caused by associating it with the salt, *borax*. Daude's text, as edited by Schutz, has the reading *eboric*, which we now see has to be amended by detaching the initial *e* to serve as the conjunctive particle; the resulting name, *boric*, is closer to the Hebrew borrowing *borith* than the Vienna MS's *borica*, and may again reveal the inaccuracy of that version of Adelard's text, which is, in Swaen's judgment, "so full of fantastic errors."

Whilst it would seem that the original Latin text contained the word *boric*, Swaen's suggestions of textual corruption should not be entirely disregarded. The medieval Latin plant-name *borago* (Old French and Modern English *borage*) springs to mind. Swaen suggested *betonica*, OFr. *betoine*, OProv. *betonica* (e.g., Daude vv. 1397 and 2250), English *betony*, often regarded by the herbalists as "la dame de toutes herbes" (*Le Grand Herbier*). In one of the *Leechdoms*, betony is prescribed "for the yellow disease, which cometh of effusion of bile" (Cockayne, II, 314-5). Unfortunately, once again the identification of *betonica* with one particular plant species recognized by modern botanists is most hazardous. (The Latin name has been retained to designate the borage proper, *Borago officinalis*, and utilized in the name given to the whole family, the *Boraginaceae*.) Even in the more exact modern vernacular terminology, the name *betony* may be given to quite different plants. The betony proper is *Betonica officinalis* (*Stachys officinalis* L.), which is however sometimes known as the Wood Betony to distinguish it from the Water Betony (*Scrophularia aquatica* L.). Geoffrey Grigson comments thus on these names:

> Similarity of names was often due to the similarity of the parts rather than the whole of different species— of the parts used in pharmacy, which were always being handled by the herb-woman, apothecary, or patient, always crossing the counter. Thus, leaves of *Scrophularia aquatica* resemble leaves of Betony, *Stachys officinalis*, so it was sensible—more sensible than it seems to us—to group the two species and also to distinguish them as Water Betony and Wood Betony.[12]

The Water Betony, a Scrophularia, is thus a member of the Figwort family and is sometimes today called the Water Figwort, to distinguish it, in turn, from the Figwort proper, now often called the *Common Figwort* (*Scrophularia nodosa*). Complicated as all this may seem, it exposes the problems facing the modern lexicologist who must take into account the principles that govern medieval plant-naming.

Adelard's third name for his plant, *nigra herba*, must be a translation of the well-attested OE compound *brun-wyrt*, which the *Anglo-Saxon Dictionary*, again relying on Cockayne, regards as indicating either the Wood Betony or the Water Betony. One of the Old English leechdoms quoted in the dictionary entry clearly distinguishes a "broad-leafed brownwort," thus showing that the Old English name could be applied to more than one plant. The *Middle English Dictionary* is once again more prudent with its "any of several plants," of which it suggests a few. More modern dialectal usage confirms that the name *brown-wort* (with variants *brown-net*, *brunnet*, etc.) is given to the Water Betony, as also to the Common Figwort.[13]

The study of the three names provided by Adelard is inconclusive, as Swaen already pointed out: the Graeco-Latin *electrum*, which presumably designated originally some yellow-flowering plant of the Mediterranean region, scarcely squares with the English *brown-wort*. There is however some evidence directing toward the figworts and betonies. Swaen perceived the parallel between this remedy of Adelard's and that given by Daude, and in his note on this item suggested yet another plant, the *Helleborus niger*, the Christmas rose, in reference to verses 2694-98. This investigation of Adelard's names has been undertaken independently of Schutz's attempts at translation of Daude. He would have received little help from dictionaries of Old Provençal in elucidating the problem of the three names. Levy[14] registers *elecrum* from our text, but omits providing any sense. Raynouard[15] had included *eboric*, which he derived from Latin *ebolus*, translated as 'hièble, espèce de sureau,' and compared with other Romance forms such as the Catalan *ebol*. Levy[16] has no entry under *(e)boric*, but quotes Daude's remedy under *erba 2 (erba negra)*, notes that Raynouard suggested 'hièble' for *eboric*, and adds the query "Passt das?" Schutz, who provides no notes to chapter XCI, identifies *elecrum* in his *Résumé*, already quoted, with the figwort, and gives this same sense to the entries *eboric* and *elecrum* in his Vocabulary. The source of this identification remains unclear; perhaps it was the description of the plant that clinched the matter for him, as it seems to have done for Swaen.

Adelard gives a brief description of the plant, as did some of the leechdoms in their remedies, and presumably for the same reason: to make identification of the right herb absolutely sure. Adelard's description is limited to four significant features, the first of which is ecological; the plant grows near streams and in damp places. It is square-stemmed, like the *eliceferis*. The comparison is unfortunately of little assistance as this name, too, is corrupt; Swaen suggested that the original might have been the *helix hedera*, the ivy. The feature indicated is nevertheless of considerable help, since the figworts are characterized by their square stems. In the case of the Water Figwort (Water Betony), this feature is emphasized by the stem being winged. As for the third point, the leaves of this plant do bear some resemblance to those of the stinging nettle. The flowers of the figworts take the shape of branched terminal clusters or racemes, a feature that fits Adelard's description with its use of the word *racemi* which could refer to bunches or clusters of berries (such as grapes), as also to stalks bearing such clusters. In combination with the ecological feature, these three descriptive items appear to favour identification with the Water Betony (Water Figwort), *Scrophularia aquatica*.

Swaen, summing up his survey of the various pieces of evidence in his notes to lines 180-91 of the Vienna manuscript, declared "all point to a Scrophularia"; with the additional material here presented, it is perhaps permissible to be a little more precise and suggest that it is the *Scrophularia aquatica* that Adelard meant. That such a plant with no recognized Old Provençal name was used in medieval medicine is confirmed by item no. 205 of the *Recettes médicales d'Avignon en ancien provençal*, edited by Brunel: "Contra ruptura es alcuna herba que las fuelhas son senblan ad ortica mortua, las brancas cairadas."[17]

A comparison of the Old Provençal text with the Latin of the Vienna manuscript, corrupt though it may be, gives an opportunity to assess Daude's ability and technique as a translator. Adelard's "sic autem mederi potest" is expanded into the introductory couplet 2691-92. The description of the elusive plant begins with the ecological item, which again is fitted into a full couplet. Daude's *elecrum* (or that of the three manuscripts) does not exactly reproduce the correct Late Latin form, *electrum*. Adelard's "herbam quandam" is expanded into a full line: "un' erba queretz bon' e bella" (v. 2695), where the adjectives are a mere padding; cf., for this same technique, the couplet "prendetz un' erba bon' e bella / c' aristologia s'apela" (vv. 1999-2000).

Daude ignores in all three cases of the plant-name the precise linguistic indications Adelard provided, even suppressing the fact that *nigra herba* translates an English name. Similarly, in the next descriptive item, the precise comparison with the dubious *eliceferis* is eliminated, though an extraneous detail "en aut creis" perhaps takes its place. The leaf-description is accurately rendered. Adelard's description of the curious type of inflorescence receives some amplification in v. 2704. Adelard's *inquit*, an apparent allusion to some source he is following, is ignored by Daude. The couplet 2705-06 is mainly padding. The medical instructions in the following couplet follow the Latin quite closely and even Adelard's odd final remark "et forsitan non vituperabis me" is rendered by a couplet that effectively rounds off this remedial item.

Allowing for the transition to another language and to a verse form, it is clear that Daude renders Adelard's text with fair accuracy, though with a distinct tendency to eliminate the occasional linguistic difficulty. He preserves a Latin term that may well have appeared strange to him, though not perhaps always quite correctly, as in the case of *electrum*, whereas his *boric* is perhaps preferable to the reading of the Vienna manuscript. The only "transparent" Latin name is translated, despite its English origin. A further puzzling Latin name, *eliceferis* in the manuscript, is omitted, presumably because of its difficulty, unless Daude interpreted it as "en aut creis" (v. 2696). Daude follows strictly the order in which the details are presented in this item of his Latin original. On the whole, he must be adjudged a faithful translator, respecting the matter and order within the passages selected, though he has re-assembled these to suit his own plan from the various sources he has utilized, as in chapter XCI, where a Ptolemy item is inserted between two Adelard remedies. Daude's translation is worthy of respect and is therefore a most precious document, being not only the sole falconry treatise in Old Provençal but a rare medicinal and herbal, a compilation containing much of the scientific material available to the Plantagenet cultural circle. As for his manipulation of the verse form, it reveals a marked tendency to work with the couplet as a unit of composition, in which occasional padding may be perceived. As with the item we have studied, beginnings and endings of items within chapters are indicated with commendable clarity; after all, this is a work of practical instruction.

Some comments on Schutz's edition are called for. It has been shown that one important textual amendment is required: in v. 2697, *eboric* should be amended to read *e boric* and the ghostword *eboric* consequently eliminated from the Vocabulary, to be replaced by *boric* for which it would be prudent, in the present state of our knowledge, to assign no meaning. Schutz's translation of *elec(t)rum* as 'figwort' may perhaps stand, although a more precise 'Water Figwort (Water Betony), *Scrophularia aquatica*' might be proposed. A few amendments to the *Résumé* (p. 43) are required. The translation of the phrase *a rams cairatz* by "with rectangular branches" is a little loose, the reference being to the square stems characteristic of the figworts. The description of the leaves being "like a thorn" should be improved: "like those of the nettle" would be more exact. The portrayal of the inflorescence (vv. 2702-04) is also misleading: the comparison with "a raisin" should be replaced by "a small cluster of berries" or even by the modern technical term "a raceme."

This comparison of Daude's text with a brief section of one of his Latin sources (and one habitually ignored) permits some evaluation of Daude's poem as a scientific document. What is its value as an example of genuine Old Provençal botanical vocabulary? Daude tends to preserve the technical Graeco-Latin terminology of the herbalists which was employed in his sources, even to the extent of including the term *elec(t)rum* unknown in Gallo-Romance. Of the mysterious name *boric* we can, at present, say nothing; it too is not found elsewhere in Old Provençal, and it is most doubtful that it ever gained currency. His calque of Adelard's *nigra herba* as *erba negra* calls for comment, since Adelard clearly says that this is the name used by the "Angli sua lingua," and it corresponds to the well-attested OE *brun-wyrt*. Yet Daude presents his own calque merely as a possible alternative name, as he had done with *boric*. Here he is not observing strict accuracy. It is unlikely that his *erba negra* was ever an accepted Old Provençal plant-name, though his treatise might perhaps have launched it.

In conclusion, while respecting Daude's treatise *Dels auzels cassadors* as an invaluable document, some prudence needs to be observed in establishing the precise lexical status of some of the technical terms he employs.

Notes

[1]Daude de Pradas, *Dels auzels cassadors*, ed. Alexander H. Schutz (Columbus, Ohio, 1945).

[2]Hermann Werth, "'Altfranzösische Jagdbücher nebst Handschriften-bibliographie der abendländischen Jagdliteratur überhaupt, III, Daude de Pradas, dels auzels cassadors," *Zeitschrift für romanische Philologie* 12 (1888), 165-71.

[3]Gunnar Tilander, *Cynegetica*, 10 (Lund, 1965), pp. 5 and 33-37.

[4]Tilander, *Cynegetica*, 9 (Lund, 1963), p. 179.

[5]*De cura accipitrum*, ed. A. E. H. Swaen (Amsterdam, 1937).

[6]See Davydd Evans, "'The Falconry Treatise *Dels auzels cassadors* by Daude de Pradas: cultural and linguistic problems" in the *Proceedings of the First Conference on Medieval Occitan Language and Literature*, 2 (Birmingham, 1979), pp. 1-12, and further in idem, "Le Traité de Fauconnerie en vers provençaux: *Dels Auzels Cassadors*, son intérêt culturel" in *La chasse au moyen âge* [= proceedings of the Nice 1979 symposium] (Paris, 1980), pp. 9-17.

[7]Adelard of Bath, *De cura accipitrum*, ed. Swaen, lines 186-93.

[8]Daude de Pradas, p. 43.

[9]Charles Singer's Introduction to the re-edition of T. O. Cockayne's *Leechdoms*, 1 (London, 1961), p. xxxi.

[10]Ed. Bogislav von Lindheim (Bochum, 1941), nos. 179, 229 and 328.

[11]Joseph Donovan Pheifer, *Old English Glosses in the Epinal-Erfurt Glossary* (Oxford, 1974), note to no. 386 *electirum: elothr*.

[12]Geoffrey Grigson, *The Englishman's Flora* (London, 1975), p. 322.

[13]Ibid., pp. 320 and 322.

[14]Emil Levy, *Provenzalisches Supplement-Wörterbuch*, 8 vols. (Leipzig, 1894-1924), 2:347.

[15]François-Just-Marie Raynouard, *Lexique roman, ou Dictionnaire de la langue des troubadours*, 6 vols. (Paris: 1836-1844), 3:93.

[16]Levy, *Supplement-Wörterbuch* 3:115.

[17]Clovis Brunel, "'Recettes médicales d'Avignon en ancien provençal," *Romania* 80 (1959), 175.

A propos de quelques micro-hydronymes: Hydronymie du canton de Roujan (Hérault)

Paul Fabre

Le canton de Roujan, situé presque au centre du département de l'Hérault dans l'arrondissement de Béziers, comprend onze communes qui ont nom Fos (*Foz* 1048), Fouzilhon (*Castrum de Fouzillone* 1127), Gabian (*Villa Gabiana* 954), Magalas (*Magalatie* 1029), Margon (*Margarania* 804), Montesquieu (*Monteschium* 1162), Neffiès (*Villa de Nefianis* XIᵉ s.), Pouzolles (*Pociolis* 984), Roquessels (*Rochacedera* 1076), Roujan (*Castrum locum Rogani* 893), Vailhan (*de Vallano* 1178)[1]. Il nous a semblé intéressant d'étudier les micro-hydronymes (et les quelques hydronymes) de cette division administrative pour plusieurs raisons qui, ensemble, donnent apparemment à penser qu'une recherche de ce genre a quelques chances d'être utile. Placé dans une région d'habitat ancien, varié dans sa géographie, suffisamment connu dans son histoire, le canton de Roujan laisse, entre autres choses, entrevoir la présence de thèmes anciens, si l'on s'en rapporte à des hydronymes comme *Peyne* par exemple. En outre, des travaux régionaux et locaux fournissent un ensemble de renseignements disponibles et d'un intérêt évident, encouragement certain à la constitution d'une information plus complète et à des recherches plus précises.

Présentation du domaine

Au point de vue géologique, le canton de Roujan présente une grande variété de terrains: les communes de Fos et de Vailhan connaissent les calcaires et les schistes; Gabian et Neffiès connaissent au contraire le Trias et le Permien, tandis que les marnes de Fouzilhon sont riches en ammonites. Les communes de la plaine (Roujan, Magalas, Margon, Pouzolles) ont des sols tertiaires de type helvétien qui contiennent des dépôts de marnes riches en huîtres aux dimensions souvent imposantes. En outre, Fos et Montesquieu possèdent des porphyrites et des basaltes, produits d'éruptions volcaniques.

Pour ce qui concerne le relief, le canton de Roujan présente des caractères qui sont ceux, généraux, du département de l'Hérault dans son ensemble: des plaines et des coteaux au sud, des montagnes au nord[2]. Le bassin de la Peyne qui, hormis la commune de Magalas, occupe les autres communes du canton, est parallèle au bassin de la Boyne, autre affluent de l'Hérault, qui coule plus au nord[3]. On sait que les bords de la Boyne ont été habités au Paléolithique et au Néolithique[4], et il est vraisemblable qu'il en a été de même pour ce qui concerne les rives de la Peyne. L'époque préhistorique a laissé des vestiges, pour le canton de Roujan, dans la grotte de Caramaou ou Garaniau[5], commune de Montesquieu, et dans les deux grottes des Pasquales[6], commune de Gabian. Dans la première, appelée aussi Bauma de las Fadas, on a mis à jour un foyer préhistorique, des silex, des fragments de poteries, une flèche de lance, une hache en pierre polie, des pendeloques, des ossements d'hommes et d'animaux; dans les deux autres, appelées Trauc de la Fadas, on a découvert des silex taillés, des débris de poteries, des ossements de bisons et de chevaux. Tout cela atteste la présence de l'homme à l'époque préhistorique, ce qui est en accord avec ce que l'on sait de l'ensemble du département.

Par ailleurs, les vestiges de l'époque romaine sont relativement nombreux. Il faut citer en premier chef l'aqueduc qui conduisait les eaux de la source de la Rasclauze jusqu'à Béziers, en un parcours de trente kilomètres environ et dont on voit les restes sur le territoire des communes de Fouzilhon, Gabian et Magalas[7], des amphores, une inscription, une urne en poterie contenant des monnaies en cuivre et en argent et une pièce en or, attestant, dans le domaine de Sainte-Marthe (comm. de Roujan), l'importance du *Castrum Roianum*. A Fouzilhon, des fragments de poteries et de tuiles à rebord mettent en relief le nombre important de constructions de l'époque romaine; le tènement de Trouillay (comm. de Neffiès) a révélé en 1879 les restes d'une villa gallo-romaine par la mise à jour de médailles, de fragments de vases et de moulins en pierre volcanique; et les bords de la Thongue (comm. de Roquessels), où l'on a trouvé des restes d'amphores et de tuiles à rebord, ont révélé la même chose. Tout ceci est encore en accord avec ce que l'on sait de la présence romaine dans le département de l'Hérault.

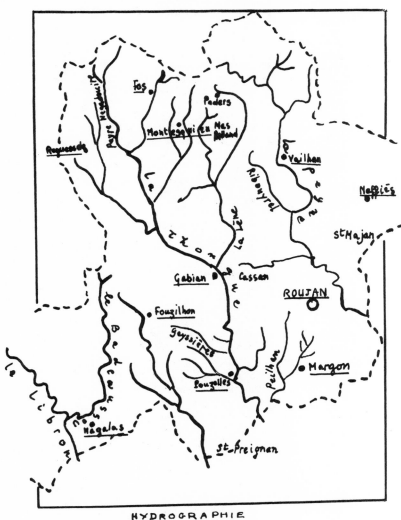

HYDROGRAPHIE
du Canton de Roujan

Hydrographie du domaine[8]

Dans son *Histoire des communes du canton de Roujan*, Augustin Fabre présente ainsi les cours d'eau de ce territoire:

> La Peyne prend sa source au-dessus de Pézènes, non loin de Notre-Dame-d'Ourgas, passe dans les communes de Montesquieu, Vailhan, Roujan, se dirige vers Pézenas et se jette dans l'Hérault.
>
> La Tongue ou Thongue naît à la limite des territoires de Pézènes et de Fos, sert de limite entre cette commune et celle de Montesquieu, traverse le territoire de Roquessels, passe près de Pouzolles et de Gabian, et va terminer son cours dans l'Hérault, non loin de Saint-Thibéry.
>
> Le Libron arrose le territoire de Magalas et se jette dans la Méditerranée, au sud de Vias.
>
> Deux ruisseaux, la Lenne qui passe dans la commune de Fouzilhon et de Magalas, et la Lène dans celles de Montesquieu et de Gabian, sont deux affluents de la Tongue. L'orthographe de leur nom est à peu près semblable et occasionne parfois des erreurs.

Fabre cite là les cours d'eau les plus importants. Nous essaierons, pour notre part, de procéder à un inventaire plus complet. Nous donnons donc ci-dessous, classés par ordre alphabétique, les noms de cours d'eau et de sources que nous avons pu relever.

Rivières et ruisseaux

1) *Ruisseau de l'Arriole*: ce ruisseau forme à Pouzolles le Ruisseau de Merdauls. *Ariole* (Carte *HCCR*); *l'Arriolle* (*HCCR*, p. 272).

2) *le Badeaussou*: ruisseau qui prend sa source à Sauveplane, comm. de Fouzilhon; affluent du Libron en aval de l'ancien moulin de Rinhac.

3) *Ruisseau de la Baisse*: ruisseau qui prend sa source comm. de Vailhan; affluent de la Peyne, comm. de Montesquieu.

4) *Ruisseau de Bayelle*: ce ruisseau prend sa source au Caylus, comm. de Neffiès; il est alimenté par les eaux de la Rasclauze; il traverse le territoire de la commune de Caux et se jette dans la Peyne. *HCCR* donne les formes *Bayelle* et *Vaillele*: "*Bayelle* ou *Vaillele*" (p. 247). Thomas (*DTH*): "*Begola* 922, 1123 (*Cart. Gell.* 56 v° et 184 v°)". L'article précédent du *DTH* est: "*Bayelle*: f. cne de Caux. *Begoloe ad fluv. Ruveia* (Rouvièges), 922, 1123 (*Cart. Gell.* 56 v° et 184 v°); *Balrialos, Baturellas villa* 987 (*Cart. Lod.*; *G. Christ.* VI, *inst.* C. 269); *Begola* 1184, 1185 (*Livre noir*, 85 et 216)".

5) *Ruisseau des Bruyères*: affluent du ruisseau de la Marelle, comm. de Neffiès.

6) *Ruisseau de la Bulfède*: affluent du Ruisseau de la Marelle, comm. de Neffiès.

7) *Ruisseau de la Carnalesso*: affluent de la Thongue, comm. de Neffiès.

8) *Ruisseau du Champ de Monsieur*: ruisseau qui forme avec le Ruisseau des Horts la Lène, comm. de Fouzilhon.

9) *Ruisseau de la Combe del Veyre*: affluent du Badeaussou, comm. de Fouzilhon; "le ruisseau de la Combe del Veyre (vallée du plâtre)" (*HCCR*, p. 127).

10) *Ruisseau de courbes*: affluent du Ruisseau de la Marelle, comm. de Neffiès.

11) *Ruisseau de Dourques*: affluent du Ruisseau de la Joncasse, à Pouzolles.

12) *Ruisseau des Embals*: affluent de la Thongue à Pouzolles.

13) *Ruisseau de l'Etang*: affluent de la Peyne, comm. de Roujan.

14) *Ruisseau de l'Estang de Saint-Prignan*: écoulement naturel des terres du domaine de Saint-Prignan (comm. de Pouzolles).

15) *Ruisseau de Falgairos*: affluent du Ruisseau de la Marelle, comm. de Neffiès.

16) *Ruisseau de Fialas*: ruisseau qui forme, avec le Redondel, le Ruisseau de la Peyre Negadouyre, comm. de Fos.

17) *Ruisseau de Fontaube*: affluent de la Thongue, à Montesquieu.

18) *Ruisseau des Geyssières*: ruisseau qui forme, avec le Ruisseau de l'Ariolle, le Ruisseau de Merdauls à Pouzolles; *Geissières* (Carte *HCCR*); *les Geyssières* (*HCCR*, p. 272).

19) *Ruisseau de l'Hopital*: affluent du Libron, comm. de Magalas.

20) *Ruisseau des Horts*: ruisseau qui forme avec le Ruisseau du Champ de Monsieur, la Lène, comm. de Fouzilhon.

21) *Ruisseau des Joncasses*: affluent du Badeaussou, comm. de Fouzilhon.

22) *Ruisseau de la Joncasse*: ruisseau, comm. de Pouzolles.

23) *Ruisseau de la Lande*: affluent de la Peyne, comm. de Roujan.

24) *la Lène*: cette petite rivière prend sa source à Montesquieu, près de Valeuzières, non loin de la grotte de Caramau; affluent de la Thongue à Gabian. Les confusions entre ce nom et celui du ruisseau qui suit sont nombreuses, et Fabre[9], qui les signale pour mettre en garde contre elles, y tombe p. 140 où il écrit *Lenne* pour *Lène* (source à Montesquieu) et p. 174 où il écrit *Lène* pour *Lenne* (source à Fouzilhon). Cette distinction graphique qui visait à distinguer deux ruisseaux homophones (et que rien d'autre ne paraît justifier) a surtout contribué à accentuer la confusion.

25) *la Lenne*: petite rivière[10] formée, comm. de Fouzilhon, par les Ruisseaux du Champ de Monsieur et des Horts; affluent de la Thongue. Thomas (*DTH*): "Ruisseau qui prend sa source à Fouzilhon, passe sur le territoire de Pouzolles, de Magalas, de Coulobres et de Servian, court pendant sept kilomètres, fait aller un moulin à blé et se jette dans la Thongue, affluent de l'Hérault, par la rive droite. *Flumen Lene* 1197 (*Livre noir*, 183)". *DTH* cite encore (*ibid.*) la *Lène* ou *Lenne* "ferme et moulin sur le ruisseau du même nom, commune de Magalas. *Laniata vel Lainata* 1182 (*Cart. Aniana*

52 v°); 1210 (*Cart. Magalas* C 28). *Mol. de Lenis* 1341 (ibid., B. 223)''.
26) *le Libron*: petit fleuve côtier[11]. *DTH*: ''Rivière dont les sources, à Faugères et aux Aires, se réunissent au-dessous de Laurens. Après avoir parcouru du nord au sud 41500 mètres sur les territoires des communes de Laurens, Magalas, Puissalicon, Puimisson, Lieuran-les-Béziers, Bassan, Boujan, Montblanc, Béziers, Vias, et fait mouvoir quatre usines, elle se jette dans la Méditerranée au-dessous de cette dernière commune. *Juxta rio Lebrontis* 972 (*Livre noir*, 307); *Flumen Librontis* 1151 (*Cart. Agath.* 150); *Libron* 1166 (ibid., 140; *Carte de Cassini*)''.
27) *Ruisseau de la Marelle*: affluent du Ruisseau de Bayelle. *DTH*: ''Ruisseau, commune de Neffiès, qui se jette dans celui de Bayelle, affluent de la Peyne. *Marella* 990 (*Abb. de St Tibéry*, *HL* II, pr. c. 144)''.
28) *Ruisseau de Margon*: ruisseau qui prend sa source au Puech Rouge, affluent de la Thongue (à sec la plus grande partie de l'année).
29) *Ruisseau de Merdauls*: ruisseau qui traverse Pouzolles, affluent de la Thongue, même commune.
30) *Ruisseau de Moulinié*: affluent du Ruisseau de la Marelle, comm. de Neffiès.
31) *Ruisseau de la Mouline*: ruisseau qui prend sa source à Margon et se jette dans la Thongue, comm. de Pouzolles.
32) *Ruisseau de Nayrousse*: affluent du Libron, comm. de Magalas.
33) *Ruisseau de l'Oum*: affluent de la Peyne, comm. de Roujan. *HCCR* (p. 36): ''. . . le ruisseau de l'Oum (de l'Orme) qui passe dans Roujan, sous un aqueduc, et prend à sa sortie le nom de *Balat dé Ligno*''.
34) *Ruisseau de Paders*: ruisseau qui prend sa source dans la comm. de Montesquieu, arrose cette commune et celle de Vailhan, parcourt trois kilomètres et se jette dans la Thongue.
35) *Ruisseau du Pas de Lièvre*: affluent de la Thongue à Roquessels.
36) *Ruisseau de Peilhan*: affluent de la Peyne, comm. de Roujan.
37) *la Peyne*: ''La rivière de Peyne prend sa source au-dessus de Pézènes, non loin de Carlencas, passe sur les territoires de Montesquieu, Vailhan, Roujan, Caux, Alignan-du-Vent, Pézenas, fait aller trois moulins à blé, parcourt 30500 mètres et se jette dans l'Hérault'' (*DTH*). Les formes anciennes données par le même *DTH* sont: ''*Penne-Varia* 1230 (*G. Christ. inst.* c. 102); *Peine* et *Pein* 1768 (Expily, *Dict. des Gaules*, V, 610 et 667); *Pein*, riv. (*Carte de Cassini*)''[12].
38) *Ruisseau de Peyre Negadouyre*: ruisseau formé par la réunion des Ruisseaux de Redondel et de Fialas; limite les communes de Fos et de Roquessels; affluent de la Thongue, comm. de Fos. *HCCR* (p. 114): *ruisseau de Peyra nega douyre*; *HCCR* (p. 293): *ruisseau de Peyre-Negadouyre*.
39) *Ruisseau de Redondel*: ruisseau qui prend sa source au Bois de Lauret et forme, avec le Ruisseau de Fialas, le Ruisseau de Peyre Negadouyre.
40) *Ruisseau de Rieufrech*: affluent de la Thongue à Roquessels.

41) *Ruisseau du Ribouyrel*: affluent de la Peyne à Vailhan.
42) *Ruisseau de Roque Maltre*: ruisseau qui forme avec les Ruisseaux de l'Ariolle et des Glyssières, le Ruisseau de Merdauls à Pouzolles.
43) *Ruisseau de Roquessels*: affluent de la Thongue à Roquessels.
44) *Ruisseau de Rounel*: affluent de la Peyne, comm. de Roujan.
45) *Ruisseau de Sainte-Nathalie*: affluent de la Thongue, comm. de Fos.
46) *la Thongue* (ou la *Tongue*): rivière, affluent de l'Hérault. *DTH*: "Les nombreux ruisseaux qui donnent naissance à cette rivière viennent de Faugères, de Roquessels, de Pézènes, de Gabian, de Fos et de Montesquieu. Ainsi formée, elle passe sur les territoires de Pouzolles, Alignan-du-Vent, Abeillan, Servian, Montblanc et Saint-Thibéry; là elle se jette dans l'Hérault après avoir fait marcher six usines et parcouru 29500 mètres. La vallée de la Thongue a une étendue d'un myriamètre, cinq kilomètres. *Tonga flumen* 1116 (*Arch.* de St-Thibéry; *G. Christ.* VI, *inst.* C. 316); 1153 (*Livre noir*, 153 v°); 1107 (*Cart. Agath.* 200). Les cartes des diocèses d'Agde et de Béziers, ainsi que celle de Cassini, écrivent *Tongue R.*"[13].
47) *Ruisseau de la Tour*: affluent de la Peyne à Vailhan. *HCCR* (p. 304); "Formé par les ravins du bois de Moulesses et les sources qui en découlent. Ce nom lui a été donné à cause d'une tour qui se trouvait sur le point culminant du bois".
48) *Ruisseau de la Tuilerie*: affluent de la Peyne, comm. de Roujan. *HCCR* (p. 36): "Le ruisseau de la Tuilerie, continuation de celui de l'Estang". *DTH* cite un écart de la comm. de Pouzolles qui porte ce nom.
49) *Ruisseau de Verlouy*: affluent de la Thongue à Pouzolles; *HCCR* (p. 27) cite: *Verlouy*.

Sources

1) *l'Abelanié*: source très abondante qui sert pour l'arrosage des jardins, comm. de Vailhan.
2) *la Beaume de Renard*: comm. de Magalas, à 500 mètres environ au-dessus du domaine de ce nom.
3) *Cambo-Torto*: source située dans la plaine de Magalas, elle allait se réunir à la Fontaine de la Madeleine. *HCCR* (p. 174) traduit: "jambe boiteuse".
4) *Canto-Merle*: source comm. de Vailhan; *HCCR*: "Canto-Merle (chante-merle) où ces oiseaux vont boire" (p. 304).
5) *Fontaine de Badeaussou*: source au nord de Magalas.
6) *Fontaine de la Madeleine*: située comm. de Magalas, elle contribuait à alimenter l'aqueduc romain de Gabian à Béziers.
7) *Font des Cos*: comm. de Vailhan, "où les chasseurs font généralement leur sieste" (*HCCR*, p. 304).
8) *Fontenilhes*: source, comm. de Vailhan.
9) *Font-Grillade*: comm. de Vailhan également.
10) *Font-Jeannette*: comm. de Magalas, près de la Beaume de Renard.

11) *Font Mouiné* ou *Mounio*: source, comm. de Vailhan.

12) *Fond Perdu*: près de Vailhan.

13) *Font Rarens*: comm. de Vailhan.

14) *la Resclauze*: près de Gabian; écrite aussi *Rasclause*. Sources dont les eaux captées par les Romains étaient conduites à Béziers par un aqueduc. *HCCR*: ''la Rasclauze, qui prend son nom de la source et dont la significa-tion en langage du pays veut dire, source captée, barrée'' (p. 143)[14].

15) *la Resclauze*: comm. de Neffièes, source tarie par les travaux de mine.

16) *la Santat*: source d'eau minérale dont la composition est la même que celle de Saint-Majan, située comm. de Gabian, tènement d'Oneno.

17) *Source de Ganot*: source peu importante, comm. de Neffiès.

18) *Source de Fontarèche*: comm. de Neffiès.

19) *Source de las Margaritas*: comm. de Neffiès.

20) *Source de la Peyrade*: comm. de Magalas; elle contribuait à alimenter l'aqueduc romain de Gabian à Béziers.

21) *Source de Saint-Majan*: source ferrugineuse, légèrement purgative et très diurétique, commune de Roujan[15].

22) *Source del Teule*: source de la Tuilerie, comm. de Roujan; ''désignée autrefois sous le nom del Teule (du tuile), à cause d'une ancienne fabrique de tuiles située sur ce tènement'' (*HCCR*, p. 36).

23) *Source des Thérons*: comm. de Neffiès, source peu importante.

24) *Source de Thou*: comm. de Magalas; source intarissable qui contribuait à alimenter aussi l'aqueduc de Gabian à Béziers.

Classement hydronymique

Origine des désignations

(a) *Formations anciennes*: Quelques hydronymes représentent, selon toute vraisemblance, des types anciens:

1) La *Lande* [I, 23] est aussi le nom d'une rivière de l'Ardèche (affluent de la Ligne) et d'un ruisseau de l'Ardèche également (*CN* de Laviolle, 1844). Faut-il voir dans cet hydronyme l'occ. *landa* 'friche' (*Alib*.) qui représente le gaul. *LANDA? ou bien une racine hydronymique *LAND- que propose *DERM* sans autre précision? A rapprocher de *LON-D-, à l'origine de *Londres* (Angleterre) et des *Londres* de l'Hérault, d'une base *LONA 'boue, fange'? Nous ne saurions le dire[16].

2) *Lène* [I, 24] et *Lenne* [I, 25] sont sans doute le même nom; l'orthographe, avec deux *n*, du second nom paraît être une distinction arbitraire d'ordre graphique, car les formes anciennes sont *Lene* 1197 et *Lenis* 1341. L'éty-mologie de ce nom est bien délicate. *DERM* propose pour la *Lenne* (qu'il donne sous la forme *Lène*) le lat. LENIS 'lisse' ou une racine hydronymique, var. de *LIN-, à l'origine de *LINIA, thème hydronymique qui donne son nom à la *Ligne*, affluent de l'Ardèche; mais ce type pourrait aussi représenter

le lat. LĪNĔA 'ligne, limite'[17]. En tout cas, *Lène* / *Lenne* ne peut représenter LĪNĔA (légitime pour *Ligne*), et on ne voit pas très bien ce qui pourrait justifier le lat. LĒNĬS. Il faudrait poser un pré-lat. ou pré-celt. *LEN-, dont nous ne savons rien, car rien n'autorise à poser *EN(N)A (cf. *ON(N)A, - et aussi la cristallisation en suffixes parallèles de *ON(N)U, -A et *EN(N)A: *Auzon* et *Auzenne*).

3) *Libron* [I, 26] est connu anciennement sous la forme *Lebrontis* 972 et *Librontis* 1151. *DERM* dit: "racine obscure, peut-être oronyme" et renvoie à *Lubéron* pour lequel il propose une racine oronymique *LOP-. Nous ne voyons pas à quoi rattacher ce type.

4) *Peyne* [I, 37]. Louis Michel[18] a bien montré que *Peyne*, *Pézenas* et *Pézènes*(-les-Mines) étaient dérivés du même radical *PEDENU qui, proparoxytonique, a donné l'hydronyme *Peyne*; au bout de cette excellente petite étude, il concluait en ces termes: "Ainsi la petite rivière de Peyne a donné son nom à la fois à la commune qui l'a fait naître et à celle qui la voit se noyer dans l'Hérault. Pareille influence dénote certainement une cause religieuse: le dieu de la source a fourni l'hydronyme, qui s'est étendu à deux localités riveraines". Mais quelle divinité? Nous pencherions plutôt vers une autre solution (et Louis Michel, à qui nous l'avions proposée au cours d'une conversation, ne s'y opposait pas): *PEDENU pourrait être le thème formé sur une racine *PET-/*PED- 'pierre' (cf. Charles Rostaing, *ETP*, p. 230); ce thème pourrait être à l'origine du *Pézenas* de l'Ardèche et des *Pézoul* de notre toponymie, lesquels représenteraient *PEDUC(U)LU (voir *AHR*, IV, 1, p. 251-2).

5) *Thongue* [I, 46], cité à propos de *Lène*, n'est pas donné par *DERM*. Les formes anciennes ne nous sont pas d'un grand secours: *Tonga*, relevé trois fois par *DTH*, ne renvoie à aucun thème connu.

(b) *Formations latines et romanes*: Il est évidemment bien difficile de distinguer ici les unes des autres. On les distinguera néanmoins ensemble des formations que nous appelons occitanes et qui contiennent des termes qui sont passés en ancien occitan et en occitan moderne.

1) *Fontarèche* [11, 18]: cf. *Fontarèche* (Gard): *Fonte Erecta* 1211, lat. ERECTA 'jaillissante', dit *DNLF* avec un point d'interrogation.

2) *Margon* [I, 28]: *Villa Margarania* 804-806, *De Margone* 1080, *De Margono* 1174, *Margonc* 1123, *Loc de Margunc* 1510; du nom d'homme gaulois MARGUS et suffixe -ONE.

3) *Merdauls* [I, 29]: *DTH* ne signale que *Merdols*, comm. de Fontès; ce nom doit représenter *MER-D-ŎLU, d'une base *MER-D- oronymique? En tout cas, nous ne croyons guère à lat. MERDA comme origine (voir *AHR*, III, 1, pp. 146-47); on ajoutera, à ce propos, que le suffixe -ANTIONE se rencontre dans des noms comme *Briançon*, *Ribanson* (forme probable de 1285 pour *Merdanson*, à Montpellier), et que les ruisseaux qui portent des noms qui feraient penser d'abord à MERDA sont, dans *DTH*, d'anciens

Merdanson: *Merdols* ou *Merderie* à Nizas (où l'on dit *Merderic*) est *Merdanzio* 1208; *Merdoux* à Villemagne: *Reg de Merdanzione* 1208.
4) *Paders* [I, 34]: *Ecclesia S. Michaelis de Padernis* 1156 (*DTH*), *Pader* (*Cassini*). A rapprocher de *Padern* (Aude; *Paternum* 805, *DNLF*): nom d'homme lat. PATERNUS [*fundus*]. Cf. PATERNAS [*villa*], à l'origine de *Pernes* (Vaucl.): *in Paternis* 994.
5) *Peilhan* [I, 36]: *DTH* donne *Pelhan* comme l'une des quatre chapelles de Margon, toutes disparues aujourd'hui; dans l'Hérault, deux autres noms de lieu: *Peilhan*, hameau comm. de Roquebrun et *Peilhan*, hameau comm. de Vieussan (*Peyanum villa* 899, *Pilianum villa* 896, *Pelianum* 971). Formé du nom d'homme lat. PILIUS et du suffixe gallo-romain -ANUM[19].
6) *Rounel* [I, 44]: *DTH* qui ne cite pas cet hydronyme, donne néanmoins *Rhonel*, affluent de l'Orb à Thézan; *Rhonel*, affluent de la Lergue à Brignac; *Rounel*, ruisseau, comm. d'Autignac; *Rounel*, affluent de l'Orb à Cessenon; *Rounel*, écart, comm. de Cazouls-lès-Béziers. Nous pensons qu'il s'agit là d'un appellatif roman qui n'est pas passé en occitan[20].
7) *Roquessels* [I, 43]. *DTH*: *Rochacedera* 1076, *Roca-cederia* 1112, *Rocosellum* 1185, *Roquesels* 1625; il ajoute: "Les auteurs de l'Histoire du Languedoc paraissent confondre *Rocozels* et *Roquessels*". Peut-être y a-t-il aussi confusion pour les deux premières formes qui font penser plutôt à *Roquecézière* (Aveyron); mais peut-être sont-elles les formes anciennes authentiques de *Roquessels* avant une latinisation fautive; il faudrait alors renvoyer ces formes, qu'elles concernent ou non notre *Roquessels*, à la descendance de *SED- racine oronymique (sémantisme qui conviendrait) et à une parenté possible avec *Cèze*, *Cesse*, etc. Quoi qu'il en soit, la forme *Rocosellum* de 1185, tout comme le *Rochosellum* 1031 pour (Ceilhes-et-)*Rocozels*, renvoie à bas lat. ROCCA et double suffixe -OS(UM) -ELLU(M).
8) Il est probable qu'il faut encore rattacher à ces formations les noms de *Saint-Majan* [II, 21], *Sainte Nathalie* [I, 45] et *Saint-Prignan* [I, 14]: *Saint Majan* ou *Majas* est, selon *TDF*, un "pèlerin honoré à Villemagne, en Languedoc", dont le nom doit remonter à un nom d'homme lat. MAIUS; *Sainte-Nathalie* est attesté comme église en 1156: *S. Natalia de Fano*; cf. *Fos*, *Fanum mansus* (lat. FANUM 'temple'); *Prignan* doit renvoyer à PRINEUS et suffixe -ANUM (cf. *Prignac*, Gironde; *Preignan*, Gers; *Pregno*: *Preignes*, Hérault).

(c) *Formations occitanes*:
1) *Arriole* [I, 1]: occ. *riòla* devenu *ariòla* par mécoupure; *riòla* est une variante de *riala*; cf. *Alib.*: *rial*, *riala* 'grand ruisseau, torrent'; cf. *AHR*, IV, 5, p. 504 § 65, et aussi ibid., § 63 et 66.
2) *Baisse* [I, 2]: occ. *baissa*, très usité dans la toponymie; cf. Mourral, *GNT*, p. 18: "lieu bas; bas fond; dépression en général peu profonde"; voir aussi *Alib.* et *TDF*.

3) *Bruyères* [I, 5]: traduction de l'occ. *bruguièra* 'champ couvert de bruyères' (bas-lat. BRŪCARIA).

4) *Champ de Monsieur* [I, 8]: *camp de Mossur* (occ. *Mossur*, fr. *Monsieur* désignent le propriétaire d'un domaine viticole).

5) *Combe del Veyre* [I, 9]: occ. *comba* 'combe, vallon, ravin' (gaul. CŬMBA); *Veyre* est sans doute un nom propre mais le mot est aussi nom de lieu (*Veyre*, Puy-de-Dôme); *TDF* donne à *vèire* le sens de 'terre inculte qu'on a laissée en friche', dans le Var. On exclura ici *Veyre*, nom de rivière, de pré-lat. *VARA.

6) *Courbes* [I, 10]: nom propre ou nom de lieu, mais *DNLF* et *DNPF* donnent le mot comme fr.; néanmoins, *Corbe* (lat. CURVUS) est aussi donné comme nom de famille languedocien par *TDF*.

7) *Dourques* [I, 11]: *Levy*: *orca* 'cruche; jarre'; *TDF*: *ourco* 'id.'; *Alib.*: *dorga* 'cruche, jarre; rangée de tas de gerbes; fig. grosse femme'. *DNPF* ne donne pas ce nom, mais il peut néanmoins s'agir d'un sobriquet. Représente le lat. ORCA, -AE 'jarre, tonne'; a pu désigner un récipient ou un conduit.

8) *Embals* [I, 12]: occ. *embalç, embauç*: *Alib.*: 'escarpement de rocher, falaise, précipice; excavation circulaire sur les plateaux calcaires'; étym.: lat. BALTĔUS, d'où prov. *bauç* 'rocher escarpé; terrasse' (*Alib.*); cf. *TDF* et *Levy* à *baus*; cf. Ronjat, *GIPP*, 2, p. 252, § 364; *REW*, 919. Bas-lat. BALTĔUS pourrait représenter pré-celt. *BAL- 'escarpement' et suffixe inaccentué -ĪTIUS (*DNLF*), d'une racine *b...l-; cf. *Les Baux*.

9) *Etang* [I, 13]: francisation d'occ. *estanc* 'arrêt; barrage'.

10) *Estang* [I, 14]: occ. *estanc* (lat. vulg. STANCUS) 'idem n° 9'; plutôt qu'*estanc*, var. d'*estanh*. Mais *estanco* signifie aussi 'mare, vivier, écluse' (*TDF*).

11) *Falgairos* [I, 15]: occ. *falguièra / falgaira* 'champ couvert de bruyères'; lat. FĬLĬCARIA (FĬLIX, -ĬCIS).

12) *Fontaube* [I, 17]: occ. *font* 'source, fontaine' (très largement représenté dans la micro-toponymie; cf. *AHR*, V, 5, pp. 484-88) et occ. *auba* 'blanche'. Cf. *Font-Aube* et *Fontaube*, nom de lieu du Gard et du Puy-de-Dôme.

13) *Geyssières* [I, 18]: occ. *geissière* 'champ de gesses', de *gèissa* 'gesse (Lathyrus sativus)' (*Alib.*); *gèis* est aussi la forme languedocienne d'occ. *gip* (lat. GYPSUM): *geissièra* 'carrière de plâtre' (*Alib.*).

14) *Hopital* (I, 19]: représente le lat. HOSPĬTĀLE; cf. *DNLF*.

15) *Horts* [I, 20]: occ. *òrt* (lat. HORTUS) 'jardin; jardin potager' (*Alib.*).

16) *Joncasse(s)* [I, 21] et [I, 22]: occ. *joncassa* 'endroit marécageux où pousse le jonc' (*Alib.*); de l'occ. *jonc* (lat. JUNCUS).

17) *Moulinié* [I, 30]; nom de personne *Moulinier, -ié* [= 'meunier'], refait d'après l'occ. *molin*.

18) *Mouline* [I, 31]: occ. *molina* 'moulin à eau' (*Alib.*); de l'occ. *molin* (bas-lat. MŎLĪNUM).

19) *Oum* [I, 33]: occ. *olm* 'orme, ormeau' (lat. ULMUS).

20) *Pas de Lièvre* [I, 35]: sans doute occ. *pas* 'passage' et nom de personne.
21) *Peyre Negadouyre* [I, 38]: occ. *pèira* 'pierre' et *negadoira*; le masc. *negador* est donné par *Alib.*: ''endroit où l'on se noie, celui qui se noie; qui pourrait se noyer, qui devrait se noyer''; *negadoira* est ici adjectif avec le sens de *negadissa* 'sujette à être submergée'; la *pèira negadoira* est la pierre noyée.
22) *Redondel* [I, 39]: diminutif de *Redon* (= 'rond', lat. RŎTUNDUS), comme *Redondin* et *Redondet* cités par *DNPF*.
23) *Rieufrech* [I, 40]: occ. *riu* (lat. RĪVUS) et occ. *freg* 'froid' (lat. FRĪGIDUS).
24) *Ribouyrel* [I, 41]: paraît être un nom propre, bien que *DNPF* ne le cite pas.
25) *Roque Maltre* [I, 42]: *Maltre* peut être nom propre: *TDF* donne la forme *maltre*, mais comme nom de famille ne cite cependant que *Martre* et *Mattre*: toutefois, si *martre* a donné *Martre*, *maltre* a pu donner *Maltre*. Par ailleurs *maltre*, au lieu de représenter le lat. MARTES, peut représenter MARTŸRĪUM.
26) *Tour* [I, 47] représente l'occ. *tor*, *torre* (lat. TŬRRIS).
27) *Tuilerie* [I, 48]: fr. *tuilerie* 'fabrique de tuiles'.
28) *Abelanié* [II, 1]: occ. *avelanièr* 'noisetier', d'*avelana* 'noisette' (lat. NUX ABELLANA).
29) *Beaume de Renard* [II, 2]: occ. *balma*, *bauma* 'sol pierreux' ou 'grotte' (pré-lat. *BALMA) et *Renard* nom propre (anc. nom d'homme germ. RAGINHARD-: RAGIN- 'conseil' et HARD- 'dur, fort').
30) *Cambo-Torto* [II, 3]: peut-être sobriquet et nom de personne (cf. *Cambefort*, *DNPF*); peut-être aussi: *cambitòrt* donné par *Alib.* comme synonyme de *captòrta* 'violette; coronille à queue de scorpion'.
31) *Canto-Merle* [I, 4]: quelle que soit son étymologie (composé verbal ou doublé tautologique issu de deux thèmes anciens), *canto-merle* est un toponyme occ.; le mot appartient au lexique[21].
32) *Madeleine* [II, 6]: s'inscrit parmi les nombreux lieux-dits qui rappellent le culte de sainte Marie-Madeleine, culte qui s'est largement développé à partir du XIIe siècle (voir *DNLF*).
33) *Font des Cos* [II, 7]: occ. *còs* 'hauteur, monticule' (*Alib.*).
34) *Fontenilhes* [II, 8]: occ. *fontanilha* 'petite fontaine' (*Alib.*).
35) *Font-Grillade* [II, 9]: occ. *fònt* 'source, fontaine' et *grilhada* (de *grilhar* 'germer') 'germination; . . .; bouquet de fleurs' (*Alib.*) ou *grellada*, de *grellar* 'cribler, vanner' (ibid.).
36) *Font-Jeannette* [II, 10]: occ. *fònt* et nom propre *Joaneta* / *Jeannette*.
37) *Font Mouiné* ou *Mounio* [II, 11][22]: *Mounier* [= 'meunier'].
38) *Fond Perdu* [II, 13]: occ. *font* ou occ. *fons* 'bas fond; dépression de terrain' (*Alib.*) et *perdut* 'perdu, éloigné'.
39) *Font Rarens* [II, 13]: nom d'homme germ. RAD-HARI- et suffixe -ING (cf. *Ratayrens*, Tarn).

40) *Resclauze* [II, 14] et [II, 15]: occ. *resclausa* 'écluse, chaussée, bâtar-
deau' (de *resclaure*, lat. RE-EXCLAUDĔRE).
41) *Santat* [II, 16]: occ. *santat* 'santé' pour *salut*, forme classique.
42) *Source de Ganot* [II, 17]: *Ganot* nom propre, dér. roman du nom propre
germ. *Wano* [= 'espérance'], à l'origine de *Gane, Ganne* (cf. *Wanilone*:
Ganelon).
43) *Margaritas* [II, 19]: occ. *margarida* 'grosse marguerite (Chry-
santhemum leucanthemum); leucanthème vulgaire (Leucanthemum vul-
gare); reine-marguerite (Aster sinensis)' (*Alib.*).
44) *Peyrade* [II, 20]; occ. *peirada* 'digue; chaussée; chemin pierreux'
(*Alib.*).
45) *Teule* [II, 22]: occ. *teule* 'tuile, brique' (lat. TĒGŬLUM).
46) *Thérons* [II, 23]: occ. *teron* 'fontaine, source' (*Alib.*), mais aussi 'tertre,
monticule' (cf. *AHR*, IV, 5, pp. 510-14); le mot est aussi nom féminin.
47) *Thou* [II, 24]: *DNLF* renvoie à des noms de lieu, d'un pré-lat. probable
*TOL- 'pierre, éminence'; ici, peut-être nom propre.

(d) *Formations incertaines*:
1) *Badeaussou* [I, 2] et [II, 5], pour lequel nous n'avons pas de formes
anciennes, est-il un nom propre (mais nous n'en connaissons pas d'attestation) ou un descendant d'un thème gallo-latin *BEDUS 'fossé' (de gaul.
*BĔDO-)?
2) *Bayelle* [I, 4], malgré les formes anciennes, fait difficulté.
3) Font difficulté encore: *Bulfède* [I, 6], *Carnalesso* [I, 7] et *Fialas* [I, 16]
qui sont difficiles à identifier, tout comme *Verlouy* [I, 49], qui pourrait
néanmoins être un nom de famille.
4) Pour *Marelle* [I, 27], la difficulté consiste à choisir entre *marèla* 'jeu de la
marelle' (d'où un possible roman *MARÈL, *MARÈLA 'pierre?'), *marello*
'petite marguerite sauvage' (*TDF*), *amarèla* 'prunier mahleb; ornithrope,
queue de scorpion, ibéride amère, thlaspi' (*Alib.*), *amarèl* / *amanèl* 'bouquet
d'arbres, touffe de plantes' (ibid.).
5) *Nayrousse* [I, 32] doit-il être compris *nais rossa* (1° 'routoir; bassin;
abreuvoir' et *rosar* 'rouir le chanvre ou le lin'; 2° 'végétation' et adj. *rossa*)?

Sémantique des désignations

(a) *Les appellatifs génériques*: Les mots *rèc* et *valat* sont exclus des
désignations fournies par les documents; ils n'apparaissent qu'en deux
occasions, l'une extérieure au domaine (*reg de Merdanzione*, qui désigne un
ruisseau à Villemagne), l'autre dans un commentaire de *HCCR* à propos du
ruisseau de l'Oum, appelé aussi *Balat dé Ligno* [I, 33]. Les formes données
par *DTH* et *HCCR* excluent donc les appellatifs génériques occitans et les
remplacent par le fr. *ruisseau* qui unifie les désignations et par le fr. *source*.
On notera que les appellatifs hydronymiques qui résistent à la transmission

écrite n'y résistent pas en tant que tels, mais en tant que noms propres: *ariòla, riu* sont donnés comme *la Peyne* ou *la Libron*: *l'Arriolle, le Rieufrech*; **ronèl*, absent en occitan, est bien entendu donné: *le Rounel*. On notera encore l'introduction de l'article *La Peyne*, alors que l'occitan dit *Peine*: "Peine es sortit", "Vau a Peine". En fait, à part les noms de rivière d'une certaine importance (*Peyne, Libron, Thongue...*), et les noms génériques donnés comme noms propres (*Arriole, Rieufrech, Rounel*), les autres hydronymes se présentent comme des micro-toponymes introduits par un terme générique que les documents écrits récents donnent en français. Pour les sources, l'opposition zéro/*source* paraît tout à fait arbitraire; seul *fònt* est un véritable générique; *HCCR* nous transmet donc trois types: 1) micro-toponymie (*Beaume de Renard*); 2) occ. *fònt* (ou fr. *fontaine*) qui résiste parce qu'il est passé en fr. régional; 3) fr. *source*. Ceci montre la superposition de deux langues (le fr. et l'occ.) et de deux usages (écrit et oral) que l'informateur, en l'occurrence *HCCR*, ne maîtrise pas: pourquoi *Source del Teule* face à *Font des Cos*? La micro-toponymie se caractérise par son appel à la toponymie et, dans sa transmission écrite, par deux hésitations mal résolues dont l'une est due à l'usage et l'autre à la situation diglossique.

(b) *Les catégories sémantiques*: Une fois encore on remarque le peu de place tenue (une fois compté le retour systématique du générique) par les signifiés réellement hydronymiques (*Arriole, Rieu*[frech], *Rounel*); nous ne pouvons attribuer à *Lande, Lène, Lenne, Libron, Peyne* et *Thongue* qu'une *fonction* hydronymique; leur *sens* nous échappe et rien ne nous dit que ce sens *est* hydronymique. A voir l'appel fait par la micro-hydronymie à des sémantismes divers, on restera, pour ces mots, sur une réserve prudente. Les micro-hydronymes font appel effectivement aux catégories rencontrées habituellement dans la toponymie: noms topographiques (*baisse, combe...*), de végétaux (*joncasse...*), de cultures (*hort...*), de constructions (*tour, tuilerie...*), de personnes (*Courbes, Moulinié...*), de lieux habités (*Margon, Paders, Peilhan...*), etc. Le processus de désignation est simple: un nom de lieu (quelle qui soit sa nature) complète un nom générique (appartenance ou proximité). Mais l'usage parlé fait l'économie du premier (*lo règ*) ou du second (*les Joncasses*). Pour les sources, c'est à peu près la même chose; on notera néanmoins que le nom générique disparaît plus facilement, même dans la transmission écrite: *la Rasclauze* (connue comme source et comme tènement), et qu'il fait double emploi dans certains cas quand on l'emploie: *Source de Fontarèche* (*Fontarèche* étant mal identifié, contrairement à *Fontenilhes*). Enfin, on remarquera l'appel très réduit à la désignation métaphorique représentée ici seulement par *Santat*. Là encore, l'hydronymie du canton de Roujan rencontre les conclusions que nous avons pu faire ailleurs[23].

Abréviations

AHR: Paul Fabre, *L'affluence hydronymique de la rive droite du Rhône* (Montpellier, 1980).

Alib.: Louis Alibert, *Dictionnaire occitan français* (Toulouse, 1965).

Cassini: carte de (Paris, 1793).

DERM: *Dictionnaire étymologique des noms de rivières et de montagnes en France* (Paris, 1978).

DNLF: *Dictionnaire étymologique des noms de lieux de France* (Paris, 1965).

DNPF: *Dictionnaire étymologique des noms de famille et prénoms en France* (Paris, 1951).

DTH: Eugène Thomas, *Dictionnaire topographique du département de l'Hérault* (Paris, 1865).

ETP: Charles Rostaing, *Essai sur la toponymie de la Provence* (Paris, 1950).

GIPP: Jules Ronjat, *Grammaire istorique des parlers provençaux modernes*, 4 vol. (Montpellier, 1930-1941).

GNT: Daniel Mourral, *Glossaire des noms topographiques les plus usités dans le Sud-Est de la France* (Grenoble, 1896).

HCCR: Augustin Fabre, *Histoire des communes du canton de Roujan* (Mâcon, 1894).

Levy: Emil Levy, *Petit dictionnaire provençal-français* (1909; rééd. Heidelberg, 1961).

REW: Wilhelm Meyer-Lübke, *Romanisches etymologisches Wörterbuch*, 3e éd. (Heidelberg, 1933).

RIO: *Revue internationale d'onomastique*.

RLR: *Revue des langues romanes*.

TCR: Ernst Nègre, *Toponymie du canton de Rabastens* (Paris, 1959).

TDF: Frédéric Mistral, *Lou Tresor dóu Felibrige*, 3e éd. (Avignon, 1968).

N.B.: Nous ne donnons pas les abréviations des noms communs qui se comprennent aisément. Néanmoins, nous signalons les principales abréviations utilisées par *DTH*: *Abb.*: Abbaye; *Agath.*; Agathensis; *Cart.*: Cartulaire; *f.*: ferme; *G. Christ*: Gallia Christiana; *Gell.*: Gellone; *HL*: Histoire générale du Languedoc; *Lod.*: Lodovensis; *pr.*: preuves.

Notes

[1]Ces formes anciennes ne sont données que pour information; nous rappelons simplement ici celles que donne *DNLF*.

[2]Voici les hauteurs de quelques points des communes de ce canton: Mairie de Roujan, 95 m; Neffiès (village), 132 m; Roquessels (château), 202 m; Bois du Devès (Gabian), 236 m; Fos (village), 319 m; Peuch Maury (Montesquieu), 395 m; Serre de Douille (Neffiès), 396 m; Pech Girardet (Fos), 454 m.

[3]Voir Paul Fabre, ''A propos de Boyne'', *RLR* 79 (1970), 79-88.

[4]Voir G. Combarnous, ''Un pays de dolmens au coeur du Bas Languedoc'', *Cahiers ligures de Préhistoire et d'Archéologie* 9 (1960), 86-87.

[5]"...cette grotte qui a incontestablement été habitée par l'homme néolithique, a servi de sépulture après avoir été abondonnée, comme en témoignent les ossements humains qui y ont été rencontrés", Cazalis de Fondouce, *L'Hérault aux temps préhistoriques*, 1 (Montpellier, 1900), p. 872.

[6]Voir Fondouce, *L'Hérault aux temps préhistoriques*, 1:161-62.

[7]Voir ibid., 1:151-58.

[8]Voir la carte hydrographique du canton de Roujan.

[9]Augustin Fabre, *HCCR*.

[10]Les plus importantes inondations de cette rivière à Servian ont eu lieu en 1862, 1907 et 1920.

[11]Inondations catastrophiques en 1856 (Lieuran), 1907 (Laurens, Boujan), 1913 (Boujan). Pour une description du régime de ce petit fleuve côtier (et du régime de ses voisins), voir M. J. Coulouma, *Trois oueds languedociens* (Paris, 1938).

[12]Voir la description donnée par Louis Michel, "Toponymie languedocienne: *Peyne, Pézènes, Pézenas*", *RLR* 74 (1960), 55. Inondations à Pézenas: 1868, 1872, 1875, 1907.

[13]Inondations à Montblanc: 1862, 1907, 1920.

[14]Pour la description et l'historique, voir *HCCR*, pp. 141- 42.

[15]Le platane qui abrite cette source fut planté par le grand-père d'Augustin Fabre, auteur de *HCCR*, en 1800, pour commémorer la bataille de Marengo.

[16]Voir néanmoins Giovanni Alessio, "L'origine du nom de *Londres*", dans *Actes et Mémoires du Troisième Congrès International de Toponymie et d'Anthroponymie*, 2 (Louvain, 1951), pp. 223-24.

[17]Cf. Albert Carnoy, "L'hydronymie ancienne de la Belgique", *RIO* 8 (1956), 100, qui néanmoins propose un indo-européen *LEUDH- 'source', d'où *LIND-JA (devenu *llyn* en cymrique avec le sens d''étang').

[18]Michel, "Toponymie languedocienne", pp. 55-56.

[19]Cf. Frank R. Hamlin, "Les noms des domaines en -*anum* dans le département de l'Hérault", *RIO* 24/2 (1972), 85 § 2.107, qui cite *Peillan* 'tènement, commune de Corneilhan'.

[20]Cf. Ernest Nègre, *TCF*, § 369-70; Johannes Hubschmid, *Praeromanica*, Romanica Helvetica, 30 (1949), 108-09; Paul Fabre, *AHR*, 3/2, pp. 188-89.

[21]Voir *AHR*, 4/1, p. 150.

[22]On notera ici le dualisme des formes [yé] et [yo]; il est probable que la seconde descendait autrefois plus bas qu'il ne paraît aujourd'hui.

[23]Voir *AHR* 1/1 et 1/5. Depuis la rédaction de cet article, est paru l'excellent dictionnaire topographique et étymologique de l'Hérault de Frank R. Hamlin, *Les noms de lieux du département de l'Hérault* (Montpellier, 1983). Ce dictionnaire corrige bien des erreurs de l'ouvrage d'Eugène Thomas, qu'il complète très largement par ailleurs. Pour certains des noms que nous avons cités, Monsieur Hamlin apporte des précisions supplémentaires ou des hypothèses différentes: *Bayèle*: 'nom de famille' (p. 35); *Badeaussou*: "occ. *badau* 'badaud', par allusion aux méandres de ce cours d'eau + suffixe -*osson*" (p. 25) - solution à laquelle nous ne croyons guère -; *Libron*: "probablement dérivé d'un radical préceltique *lip*- (Nouvel, *NRM*, pp. 322-24)" (p. 210); *Thongue*: "étymologie obscure (Holder II,

cc. 1885-87, enregistre des noms probablement préceltiques en *Tong-*)'' (p. 387); pour *Marelle*, Monsieur Hamlin postule un thème **masa*, ''d'origine prélatine, avec évolution en **mar-*, par rhotacisme'' (p. 224), hypothèse que nous accueillons avec beaucoup de prudence. . . . - on voit que ces précisions intéressantes ne changent rien à nos conclusions d'ensemble.

The Author of *Jaufre*: A Biographical Note on an Anonymous Poet

David A. Griffin

The literary history of the Middle Ages is often obscured by the anonymity of its major works. Not only the identity but also the provenience of an author may be difficult if not impossible to establish with any certainty. Occasionally, however, various linguistic features of a text may reveal some biographical information, provided, of course, that it can be demonstrated that they are not attributable to scribal interference. As for the date of composition, only the fortuitous occurrence of reasonably clear allusions to persons or events will permit chronological conclusions to be drawn.

Now the Old Occitan romance of chivalry *Jaufre* contains several linguistic traits which suggest that its author was from the eastern part of Occitan-speaking territory and that he must have spent some time in the Iberian Peninsula. Moreover, there are reasons to suppose that the romance was not composed until somewhere around 1225 at the earliest, possibly considerably later.

Brunel, in his edition of manuscript A,[1] has shown, both on linguistic and other grounds, that it was probably written in Catalonia or Aragon, and he attempted to prove that the author was a Catalan. We may doubt that the linguistic evidence is sufficient to prove this latter contention, for though the author was plainly familiar with the Aragonese court, there is no solid evidence that he was a native of this region. That he was acquainted with the king, whoever he was, emerges from the fact that he may be said to dedicate the work to him, for when Jaufre has been imprisoned by the leper and the author despairs of his hero's release, he declares that he will, nevertheless, manage to set him free for the sake of the king, "qe am e vuil daitan servir" (v. 2617). He tells us that he has heard his tale

> En la cort del plus onrat rei
> Qe anc fo de neguna lei,
> (vv. 59-60)

words nearly identical to lines three and four of the *Castia gilos* of Ramon Vidal.[2] He then goes on to say:

> Aco es lo rei d'Aragon,
> Paire de Pretz e fil de Don
> E seiner de Bonaventura.
> (vv. 62-63)

While the general sense of the last two lines is clear enough, such a use of *paire*, *fils*, and *seiner* is rather unusual. The meaning, of course, is plainly that the king was famous for his chivalry, generous and fortunate, not that he was the master and bestower of chivalric honor, the recipient of largesse or one who controls good fortune, whether of himself or of others. Rather, he is characterized by these laudable qualities. What is striking here is the semantic relationship between the nouns in each pair, a relationship hardly to be taken literally. Later in the poem, when Melian is lamenting the apparent death of Jaufre, the same type of expression occurs again:

> Non puecs tutz vostres benz retraire,
> Car vos eravatz fillz e paire
> De tutz bons aipz e de tos benz.
> (vv. 8477-79)

Expressions of this kind with *filius* are frequent in ecclesiastical Latin, in saints' lives and the like. So, for instance, we find "antequam filium benedictionis pareret," or "demum peperit promissionis filium,"[3] or again, on the tomb of the hermit Gundisalvo in Leon, "conmiscuit se cum filia perditionis."[4] Naturally, there are endless parallels in Romance: "filha de ira e de mort,"[5] "a Mulher . . . Serpente, Dardo, Filha da Mentira"[6] and so on. Thus, in Old Spanish, a phrase like *hijo de la pobreza* merely meant a poor man. Now it might be thought that this use of *filius* was simply extended analogically to *pater*, but in fact it was not, except in Iberian Romance.[7] Even here such a use of *pater* seems to be less frequent, though examples may be found in the Valencian novel of chivalry *Tirant lo Blanc*, in which we read such expressions as "pare de misericordia" and "senyor e pare de cavalleria."[8] As for *senior*, examples abound. Thus, we find in the *Poema de Fernán González*:

El conde don Fernando, coraçon sin flaqueza,
señor d'enseñamiento, çimiento de nobleza . . .
(str. 519a-b)

and again:

El conde don Fernando, de ardides çimiento,
señor de buenas mañas, de buen enseñamiento . . .
(str. 738a-b)[9]

In the *Caballero Çifar*, one finds, for instance, "señora de la traición" applied to a traitorous woman,[10] and Don Quijote says of the famous barber's bassin, which he took for Mambrino's helmet, that "me hice señor dél." Cervantes adds that the bassin was brand-new and "señora de un escudo," apparently alluding to its value. This typically Hispanic use is also found in *Jaufre*, not only in the lines quoted but also in several other passages, as when God is said to be "de tut can es seiner" (v. 8701) or when Jaufre's horse sees "son seiner" fall into a pool (v. 8737).

We are left with the question, however, of why these expressions should have developed so widely in Ibero-Romance. Could there have been a factor lacking outside of the Peninsula?

It is surely more than a coincidence that in Arabic the words *'abū* 'father,' *ibn* 'son' and *dū* 'possessor of' are used in a very similar fashion. It is not easy to render the precise meaning of the phrases in which these words are found with a following genitive, but it may be said that *'abū* means something like 'he who exercises authority (over something),' that *ibn* implies that the person referred to is somehow associated with or the product of the following noun, and that *dū* expresses possession or characteristic. Thus, a poppy may be spoken of as *'abū al-nawm* 'the father of sleep,' a warlike person is *ibn al-harb* 'the son of war,' insects and worms are *bināt al-ᶜard* 'daughters of the earth' and an intelligent man is *dū al-ᶜaql* 'the possessor of intelligence.' These expressions were, to some extent, imitated in the various Romance languages of the Peninsula, and it would seem reasonable to suppose that the author of *Jaufre* became familiar with them during a stay, perhaps fairly long, at the Aragonese court. There is nothing inherently improbable in this, for *Jaufre* is a work which, despite its Arthurian fantasies, is full of humor and gentle satire, good characterizations and psychological perceptivity, all signs of an open and receptive mind, in short, of a good observer, both of people and, presumably, of modes of expression. It would hardly be surprising if the author had noticed and used these novel applications of *paire*, *fils* and *seiner* as he heard them across the Pyrenees.

But however well acquainted with the court of Aragon our anonymous author may have been, he can hardly have been from Catalonia or Gascony or even from the western part of Occitan speaking territory, for though his language is in general of a fairly standard type, he uses another construction which is completely atypical of these regions. Though he regularly employs the auxiliary *esser* with the past participle *estat* to form the perfect of the verb 'to be,' he makes use five times in the poem of the so-called SUM HABUTUS construction instead, that is, the perfect of *esser* is composed of the auxiliary *esser* followed by the past participle of *aver*, a curious morphological inversion. The examples of SUM HABUTUS which are found in *Jaufre* are as follows:

> El baro e li cavaller
> Qe deforas no *son aut*,
> Can auson con es avengut.
> (vv. 500-03)

> Qe cant auria om sercat
> Tot est mun e puis mentagudas
> Totas celas qe *son audas*.
> (vv. 3132-34)

> Qe tan *es autz* paoros.
> (v. 4170)

> *E es* lur *autz* tan leals.
> (v. 5142)

> Ara·m digas, si ben vos venga,
> Dis Jaufre, si non *est auda*
> Al re qe las donas ajuda.
> (vv. 8042-44)

The only other known manuscript of *Jaufre*, MS B,[11] contains all of these instances of SUM HABUTUS except the second, in which *audas* has been replaced by *nascudas*, presumably because the copyist found it strange. We assume that the *lectio difficilior* is to be restored.

It should be noted that three of these occurrences of SUM HABUTUS are in rhyme and, furthermore, that they fall into three types. The third and fourth are simply normal perfects followed by predicate adjectives, the second is existential with the meaning 'there have been,' whereas the first and fifth show the confusion, well known in French, of the meanings 'be' and 'go' in perfective tenses.[12] All of these uses of SUM HABUTUS are to be found in other occurrences of the construction in Old Occitan, although they are certainly far from common. The only use of SUM HABUTUS which does not occur in *Jaufre* is its extension to the passive, a use which may, however, be found in the *Life of Saint Douceline*: ''con si de fresc i fos aguda messa.''[13]

Now not only the fact that SUM HABUTUS occurs in rhyme but also the fact that it has a certain range of meanings would seem to imply that it was native to the author and that it occasionally crept into his poem in spite of the relatively standard character of his language. We are, therefore, entitled to believe that the author of *Jaufre* was from an area where this was current, for it is most improbable that a construction which was certainly not in general literary usage could occur other than as a result of an author's native habits.

What indications can be gleaned with reference to the geographical distribution of SUM HABUTUS in the Middle Ages? In spite of the difficulty of ascertaining the origins of many Old Occitan texts and their authors, some indications are to be had. It is found in the works of Giraut Riquier of Narbonne, and it is said to be in the *Breviari* of Matfre Ermangau of Béziers.[14] It also occurs in such works as the *Douceline, Las novas del heretic*, and the life of Saint Honorat, all works which appear to have been produced in the general region of the Rhône valley, the author of the last, Raimon Feraut, being from this area. Furthermore, it occurs in the *Planctus* published by István Frank,[15] the dialect of which clearly shows the same provenience. Interestingly enough, I find not one single example of SUM HABUTUS in the collection of ancient documents published by Brunel,[16] possibly because the eastern area is poorly represented. Nor does it occur in *Flamenca*, perhaps because it may have been produced around Rodez. On the other hand, it is very frequent in the *Documents linguistiques* published by Paul Meyer,[17] materials which come exclusively from east of the Rhône. At the present time, SUM HABUTUS is considered to be a characteristic of Franco-Provençal.[18]

It must be mentioned, however, that SUM HABUTUS is found in the writings of the great Majorcan Ramon Llull, a fact which is, at least at first sight, disconcerting. This apparent difficulty may, however, be discounted, since the construction does not appear in his prose works but only in his poetry, into which Llull is known to have introduced occasional Occitanisms, often to the detriment of his rhymes. There seems to be no further evidence of SUM HABUTUS in Catalan, despite Gauchat's remark to the effect that it was to be found "anche negli altri esempi provenzali o catalani che ho sott'occhio,"[19] for his Catalan examples seem to have come from Adalbert von Keller, who, in his *Romvart*, published some verses by Llull discovered on a trip to Italy.[20] Beyond this, I know of no other Catalan examples of SUM HABUTUS nor of any which can be located west of Béziers or Narbonne, including Gascony.

While neither the origin nor the spread of the SUM HABUTUS construction concern us here,[21] its repeated occurrence in *Jaufre*—three times in rhyme—is a clear indication of the eastern provenience of its author, a view which may well receive further support from other linguistic features of the text, such as the occurrence of the imperfect indicative forms *eravam*

(v. 9333) and *eravatz* (vv. 9010, 9013, 9334, 10435), conserved today around Nice.[22]

Of course, neither of the two topics discussed serve in any way to provide information with respect to the date of composition of *Jaufre*, a matter in itself of the greatest interest. Rita Lejeune has proposed that the poem was written as early as 1180, her positive reasons being that she sees a certain influence of our romance on Chrétien de Troyes, that there are allusions to Jaufre as early as 1193, and that all the references to the king are appropriate only to Alfons II.[23] Moreover, she claims, the treatment of Arthurian material in *Jaufre* is quite different from that accorded to it by Chrétien, the impression being one of considerable archaism. As for the supposed influence on Chrétien, it is at least highly debatable, and with regard to the appearance of archaism, we may wonder whether this is not offset by the playful, even satirical tone of the work. Arthur himself is presented in anything but a dignified light, and, to mention only one of many amusing details, our hero promises a bereaved mother whose child has been carried off by a fearsome dwarf that he will return the child to her "viu o mort" (v. 2269), a rather dubious consolation. Moreover, the candor is often surprising, as when Melian declares that he will forgive anything, even his father's murder, but not injury to himself (vv. 6611-18). This mocking of the *matière de Bretagne* scarcely suggests early composition.

With respect to the supposed allusions to Jaufre between 1193 and 1210, we have a more serious problem. But it may well be that these references are to the topic of Jaufre rather than to the work we know and, if so, we are not faced with a *terminus ante quem*. There remains, however, the matter of the lines purportedly from the *Castia gilos* of Ramon Vidal de Besalú. If this was composed as late as Jeanroy thought, after 1214,[24] then either *Jaufre* was a thirteenth-century work or Ramon Vidal took his lines from *Jaufre*, a not inconceivable idea, though rather doubtful.[25]

Finally, we may return to Lejeune's contention that the references to the king of Aragon ony apply in their entirety to Alfons II. The author says of the king that he was the "novels cavalies" of his people against their enemies (v. 69) and speaks of the splendid qualities never before found in "tan joven coronat" (v. 79). But the fact is that it was Jaume I who was especially notable for his youth when he became king. Indeed, he was only five years old at the time of his father's unexpected defeat by Simon de Monfort at Muret in 1213—after a night of debauchery—as we learn from his son's chronicle.[26] His principal early struggles had been against the nobility of his own realm, but he was still only twenty-two upon the completion of the conquest of Majorca in 1230, his first battle against the infidel, since he can hardly have had anything to do with the Catalan-Pisan raids against that island, successful as they were. The renown which accrued to Jaume as a result of this venture may well be what our poet is referring to when he says of the king:

Anc Dieus no trobat en el faila,
Ans a la primera bataila
Faita per el, el a vencutz
Cel qe per Deu es descresutz, ...
(vv. 71-74)

Given, then, these historical considerations, the tone of the work, and the relationship to the *Castia gilos*, it would seem likely that *Jaufre* was composed not before the second quarter of the thirteenth century, presumably some time after 1230.[27]. And whoever the anonymous poet may have been, his use of SUM HABUTUS shows clearly that he was from eastern Occitania, while his adoption of the otherwise peculiar phrases with *paire*, *fils*, and *seiner* reveals that he had become familiar with such expressions through presumably extensive contact with Iberian Romance.

Notes

[1]*Jaufré, roman arthurien du XIIIe siècle en vers provençaux*, ed. Clovis Brunel, 2 vols., Société des Anciens Textes Français (Paris, 1943).

[2]In Ramon Vidal, the king is said to be *savi* instead of *onrat*. He is referring, of course, to Alfonso VIII of Castile, who died in 1214, and since, as has often been pointed out, he subsequently uses the verb *era* in reference to Alfonso, the *Castia gilos* must have been written after the monarch's death.

[3]Charles Plummer, *Vitae Sanctorum Hiberniae* (Oxford, 1910). For the examples, see I, 98.

[4]Antonio Ballesteros y Berreta, *Historia de España*, 2, 2d ed. (Barcelona, 1944), p. 728.

[5]Cf. François-Just-Marie Raynouard, *Lexique roman, ou Dictionnaire de la langue des troubadours*, 6 vols. (Paris: 1836-1844), 3:327a: V[ices] et Vert[ues] (from Foix), fol. 39.

[6]J. M. Eça de Queiroz, *O crime do Padre Amaro* (Oporto, n. d.), p. 44.

[7]On the use of *dueño* in Spanish in the sense of 'possessor,' see J. Corominas, *Diccionario crítico etimológico de la lengua castellana*, 2 (Bern, 1955), p. 202b.

[8]See the edition of *Tirant* by Martín de Riquer (Barcelona, 1947), pp. 3, 48, 74, 81, 92, 696, etc. For an instance of *filius*, note *fill de iniquidat*, p. 330.

[9]*Reliquias de la poesía épica española*, ed. Ramón Menéndez Pidal (Madrid, 1951).

[10]Charles Wagner, *El Libro del Caballero Çifar* (Ann Arbor, 1929). For this and other examples, see Rafael Lapesa, *Historia de la lengua española*, 8th ed. (Madrid, 1980), p. 156.

[11]Variants from MS B are given by Brunel. Brunel, incidentally, is mistaken when he says that "le passé composé de *aver* peut se conjuger avec *esser*" (*Jaufre*, 1:lxiii), for when *aver* is the main verb, it is always its own auxiliary (vv. 1501, 1612, 5392, 6203, 10742).

[12]As when Alfred Jeanroy (*Poésie lyrique des troubadours* [Toulouse and Paris, 1934], 1:225) writes: "Mme Michaëlis admet donc ... que les seigneurs castillans auraient été en puiser la connaissance [du galicien] à sa source même."

[13]*Les Troubadours: Le trésor poétique de l'Occitanie*, ed. and trans. René Lavaud and René Nelli (Bruges, 1966), p. 980.

[14]Quoted in Jules Ronjat, *Grammaire istorique des parlers provençaux modernes*, 4 vols. (Montpellier, 1930-1941), 3:203.

[15]István Frank, "Un opuscule de piété provençal du XIIIe siècle," in *Estudios dedicados a Menéndez Pidal*, 6 (Madrid, 1956), pp. 31-64.

[16]*Les plus anciennes chartes en langue provençale: Recueil des pièces originales antérieures au XIIIe siècle*, ed. Clovis Brunel (Paris, 1926); *Supplément* (Paris, 1952).

[17]Paul Meyer, *Documents linguistiques du Midi de la France*, 1 (Paris, 1909).

[18]See Günther Holtus, "Approches méthodiques d'une description linguistique du franco-italien," in *Festschrift Kurt Baldinger zum 60. Geburtstag* (Tübingen, 1979), p. 859.

[19]Louis Gauchat, "Sono Avuto," in *Scritti vari di filologia: A Ernesto Monaci* (Rome, 1901), p. 63. The SUM HABUTUS construction is widely represented in Italy; see Gerhard Rohlfs, *Grammatica storica della lingua italiana e dei suoi dialetti*, 3 (Turin, 1969), § 727 and 730.

[20]Adalbert von Keller, *Romvart* (Mannheim, 1844), pp. 694-701.

[21]A study of the origin of SUM HABUTUS is soon to appear elsewhere.

[22]Ronjat, *Grammaire*, 3:283. Brunel also gives v. 9032 for *eravatz*, but this is an error. There is another case, however, in v. 8478.

[23]Rita Lejeune, "La date du roman de *Jaufré*: A propos d'une édition récente," *Le Moyen Age* 54 (1948), 257-95; "A propos de la datation du roman de *Jaufré*. Le roman de *Jaufré*, source de Chrétien de Troyes?," *Revue belge de philologie et d'histoire* 31 (1953), 717-47.

[24]Alfonso VIII of Castile died in that year; see note 2.

[25]As Brunel, *Jaufré*, 2:193, has pointed out, there is another line in *Jaufre* similar to one in the *Castia gilos*. In fact, the similarity extends back into the previous line, which, in each poem, involves a verb of motion and the same rhyme word. In *Jaufre* we read:

> E venc vas Jaufre mantenent,
> Iratz e plenz de mal talent,
> (vv. 9113-14)

and in Ramon Vidal:

> Et eys del castel mantenen,
> Iratz e ples de mal talen.
> (vv. 186-87)

If indeed we have to do with a reminiscence, it is difficult to determine who was the imitator. But the fact that this passage is so far separated in *Jaufre* from the passage in praise of the king of Aragon (over nine thousand lines), while in the *Castia gilos* they are quite close (some one hundred and eighty lines), renders it less likely that Ramon Vidal was the borrower.

[26]"E aquel dia que feu la batayla avia jagut ab una dona, si que nos hoim dir depuys a son reboster . . . que anc al evangeli no poc estar en peus, ans s·asech en son seti mentre·s deya." See *Jaume I, Crònica*, ed. Josep Maria de Casacuberta, 1 (Barcelona, 1926), p. 26.

[27]In any event, Paul Remy must have been close to the truth with his suggestion that *Jaufre* was composed after 1225; see his "A propos de la datation du roman de *Jaufré*," *Revue belge de philologie et d'histoire* 28 (1950), 1349-77.

Le vocabulaire de la féodalité
dans *Girart de Roussillon*

W. Mary Hackett

Un des traits les plus frappants de *Girart de Roussillon* est son caractère réaliste. Les historiens - les plus récents, au moins - ont raison de se méfier du tableau de la féodalité que nous présentent les textes littéraires, y compris la *Chanson de Roland*, mais comme nous avons essayé de démontrer dans un article récent, *Girart* nous présente pour la plupart une peinture de la pratique, plutôt que de l'idéal, de la société du XIIᵉ siècle[1]. Cette impression de réalisme est due en grande partie au vocabulaire et surtout à l'abondance et la précision des termes techniques désignant les rangs, les types de tenure féodale, les rapports de dépendance et les obligations mutuelles. Il est vrai que les données du poème sur la situation de Girart lui-même sont confuses et parfois contradictoires (voir plus loin la question de l'alleu), mais cette confusion ne réside pas dans le vocabulaire; elle doit avoir une explication historique ou littéraire, soit dans l'évolution des institutions, soit dans des rédactions successives du texte, et ce n'est pas ici la place d'une tentative d'explication de ce genre[2]. Nous nous bornerons donc à l'examen des termes féodaux qu'emploie le poète, y compris quelques-uns qui nous paraissent susceptibles d'avoir un sens féodal mais que nous n'avons pas rencontrés ailleurs dans ce contexte. Étant donné l'abondance du matériel, une analyse exhaustive serait impossible. Nous avons choisi les exemples qui nous paraissent les plus importants et les plus significatifs, avec, au besoin, des citations à l'appui: pour un relevé complet, le lecteur doit se rapporter au glossaire et aussi à l'étude lexicologique de Max Pfister[3]. Examinons d'abord les titres.

Lorsque le poète nous présente la cour de Charles, il se contente rarement d'un terme global comme *prince* (v. 3562) ou *baron* (passim); il nous donne une liste de titres, le plus souvent par ordre hiérarchique: *Conte e visconte e bibe e riu catau* (v. 3554), et chez Girart nous trouvons *Visconte e contor e riu catal* (v. 1594). Il ne distingue pas entre *comte* et *marquis*; il appplique tous deux à Girart (vv. 3331, 3338, etc.) ainsi que *duc*, son titre habituel. Un cas curieux est celui de Thierry d'Ascane, appelé *marquis* et plus souvent *duc*, mais aussi *uns dux marcis* (v. 2805) et *uns dus reiaus* (v. 2693). Le titre de *comte palaïn* s'applique généralement à Girart, mais une fois à Bertran (v. 8835). Une liste plus étendue comprend en plus les grands ecclésiastiques, également vassaux du roi:

> Mei conte e mei demeine e mei contor,
> Li bibe e li abat e li doutor,
> Qui m'aves a gardar, mei e m'onor.
> (vv. 3137-39)

Le titre de *contor*, que nous avons rencontré plus haut, n'est pas particulier à notre texte, mais nous paraît plus fréquent que dans les chansons de geste françaises. Le seul endroit où ce titre s'applique à un personnage nommé est au vers 580, où Berte s'adresse à *Bertolais et Gervais, qu'es riu contor*. Tout ce que nous savons de ces personnages est que Gervais était gonfanonier de France (v. 7809). Malgré la présence du mot dans les chansons de geste françaises, y compris le *Roland*, les historiens s'accordent à y voir un titre d'origine méridionale ou plutôt catalane, désignant un rang inférieur à celui de comte ou marquis et s'appliquant aux membres des lignées des comtes[4]. Il est curieux que ce titre méridional paraisse si tôt dans l'épopée française et y soit si répandu; on est tenté de soupçonner les poètes de profiter de la commodité de cette forme pour la rime en -*or*. Nous avons remarqué dans les listes de titres déjà données le terme *catal* ou *catau*, qui correspond à l'ancien provençal *cabdal* et qui désigne un chef militaire, ou tout simplement un homme puissant (Girart, Odilon, Fouque). Le sens de 'chef' ressort clairement des passages suivants:

> Cent mil ome en eisserent de lor contrades,
> E mort de purs cataus cinc cenz carrades.
> (vv. 3433-34)

> Contre cascun catal ac un barun.
> Vex vos lo duc Teiri contre Widelon.
> (vv. 2844-45)

Ces divers titres, cependant, bien que portés par les grands vassaux, eux-mêmes seigneurs de leur propre chef, n'expriment aucun rapport féodal. Nous allons donc passer en revue les termes qui désignent le seigneur proprement dit. Le plus fréquent est *segnor* (*sire*, *seindre*, etc.) et au sens strict de suzerain, *lige segnor* (vv. 4424, 4446), *segnor natural* (v. 5885) et *segner soberanz* (v. 2057). *Don* est moins fréquent, mais à la différence des textes français, il n'est pas limité à des emplois religieux et proclitiques. Les deux mots ont le même sens et peuvent paraître dans le même passage. Il nous semble, cependant, qu'il y a une distinction dans leur emploi. *Don* contient une nuance affective et revient dans des expressions de loyauté traditionnelle, voire idéale. Fouque, à la nouvelle d'une réconciliation entre Charles et Girart: *Enquer tendrai rei Carle, mon don, l'estreu* (v. 6475; cf. vv. 4136, 4146). Le passage suivant nous paraît intéressant à cet égard; il fait penser aux paroles célèbres de Roland[5] et en même temps il indique, par un changement de terme, un changement dans les rapports entre Girart et Charles. Girart rappelle à Pierre de Mon Rabei ses services passés:

> Nafrat n'a ista car e iste pel
> De lance o d'espade o de carel.
> E si eu m'i ai dan, mon don es bel.
> Car me mande mon sei[n]dre un plai novel:
> Lo feu qui fut mon paire non contrapel.
> (vv. 4293-97)

Girart, en effet, parle rarement de son *don*; il dit presque exclusivement *segnor*. Un autre personnage, cependant, parle de Girart et de *son don Carlon* (v. 4155).

Le mot abstrait correspondant est *segnorage*, accompagné au vers 3054 de *amor*, et qui signifie la protection que devait un seigneur à son vassal.

> Mon porperdes del conte vostre omenage,
> N'el ne perde de vos son sennorage.
> (vv. 3775-76)

Feeltat, qui s'applique aussi au vassal, prend parfois un sens quasiment juridique, analogue mais non pas identique à celui de *segnorage*, dans l'expression *jetar de feeltat*, qui signifie non seulement un manquement de la part du seigneur à ce devoir de protection, mais un acte d'agression:

> "De feeltat me jete", con dist, "li reis,
> Cant sene desfiance m'a agait meis".
> (vv. 3519-20)

Cette action justifierait un *défi* de la part du vassal:

> De feeltat nos jete, mei e Bosun,
> E porprent nostre ennor per aqueison.
> S'el non me fai tal plai quin sie bon,
> De nostra part li porte defiazon.
>
> (vv. 4311-14)

Tobler-Lommatzsch connaît l'expression 'se mettre dans le fidélité d'un seigneur' (Gaimar 6028), mais nous n'avons trouvé nulle part d'exemple de 'jeter de fidélité'.

Nous avons relevé dans le texte quelques autres termes, appliqués aux grands seigneurs et qui pourraient avoir un sens technique dans le vocabulaire de la féodalité. Comme, à l'exception du premier, nous ne les avons pas trouvés ailleurs avec ce sens, c'est avec quelque hésitation que nous les citons ici. *Poestat*, appliqué une fois à Charles (*rice postaz*, v. 5328), se trouve au vers 7067, où il désigne, semble-t-il, le seigneur d'un domaine rural[6]. Berte conseille à Girart, lorsqu'ils prennent la fuite:

> Eschiven les castels e les citaz,
> E toz les chevalers el(e)s poestaz.
>
> (vv. 7606-07)

Il est possible que ce second exemple signifie le domaine même.

Le mot *jujador*, en plus du sens habituel de 'juge', s'emploie une fois dans un sens assez péjoratif. Lorsque Fouque et Amadieu viennent de conseiller à Charles de se réconcilier avec Girart, Boson s'écrie:

> Segner, laissaz estar ces jujadors,
> Qui unt les terres quites e les onors
> E tornent les avers granz a rescous.
>
> (vv. 1505-07)

Paul Meyer traduit le mot comme 'donneurs d'avis', sens qui convient au ton du discours, mais les vers suivants suggèrent la possibilité d'y voir de grands seigneurs exerçant la justice dans leurs domaines et profitant des bénefices que leur apportait ce privilège pour amasser des richesses, et ce qui était encore plus condamnable aux yeux des jeunes, les thésauriser au lieu de les dépenser. Marc Bloch observe que le droit de juger était essentiellement lucratif et "comportait la perception d'amendes et de frais de justice, ainsi que les fructueux revenus des confiscations"[7].

L'interprétation de *plaides* (v. 4768) est plus sûre. Charles part s'emparer de Mont Amele avec une hâte inaccoutumée:

> Mon s'en conreet leu Carles lo res.
> Non at a sei sos omes ne sos marques,
> Ne non a de barons fors ses plaides.
>
> (vv. 4766-68)

Nous n'avons pas trouvé d'exemple de *plaides* en provençal. D'après Tobler-Lommatzsch, *plaidif* pouvait signifier soit 'querelleur' soit 'défenseur'; Pfister l'omet. Il s'agit ici, nous semble-t-il, comme l'a suggéré Paul Meyer il y a longtemps[8], des grands vassaux de l'entourage du roi qui l'aidaient à rendre justice et qui étaient présents à la cour soit en permanence soit pour la durée d'un *plait*. Dans son livre sur le gouvernement capétien, Eric Bournazel parle d'un diplôme octroyé à Saint-Benoît-sur-Loire entre 1108 et 1118 par Louis VI et où, à la fin du texte, on lit: "Huic etiam placito interfuerunt". Il ajoute: "Tout laisse ici supposer que les personnages annoncés n'ont pas seulement été des témoins passifs mais qu'ils sont intervenus dans le procès pour aider le roi à rendre sa sentence"[9].

Avant de passer aux vassaux, il faut citer deux titres qui désignent des *ministeriales*, représentés ici par les sénéchaux et les maréchaux. Les premiers portent à deux endroits du texte une forme abrégée du titre: *seschal* (v. 6785) et *seschais* v. 9139)[10]: ailleurs la forme est *senescal* ou *senescau*. Les uns sont chargés du service de table (vv. 2726-27, 4624, 6785), et les autres de la garde d'un château, comme Richer de Sordane qui livra Roussillon au roi (v. 942, etc.), ou même de plusieurs, comme Gui de Risnel qui tua le fils de Girart (vv. 9137-39).

Le titre de maréchal est porté uniquement par Foucher, cousin de Fouque. Il s'appelle le plus souvent *marecaucon* ou *marescaucon*, avec un *e* qui fausse la mesure et que nous avons supprimé dans le texte (mais *marcauconz*, v. 2032, et trois fois *marescau*). Ce curieux personnage, dont nous avons parlé ailleurs[11], ne semble pas avoir de fonctions particulières; la seule occasion où il ait affaire à des chevaux est aux vers 930-31, où il saisit pendant la nuit cent mulets et cent chevaux appartenant au roi.

Passons maintenant aux mots qui désignent les vassaux et les rapports vassaliques. L'emploi du mot *vassal* au sens strict d'homme soumis à un seigneur est rare dans notre texte, comme partout à cette époque. Il nous semble, cependant, que nous en avons deux ou trois exemples: surtout dans le premier, le sens de 'guerrier' ne convient pas aux *bibe* (évêques) du vers suivant:

> La n'es intrat li reis e seu vassau,
> Conte e visconte e bibe e riu catau.
> (vv. 3553-54)

On pourrait y ajouter les vers 6110 et un troisième exemple, où le vicomte de Saint-Martial plaide pour Girart devant Charles:

> Melz vaudra li servizes de ton vassau
> Ne funt d'aur cuit cargat trente chevau.
> (vv. 3661-62)

Il est intéressant de comparer cette plaidoirie avec celle des barons de Charles pour Ganelon (*Roland*, vv. 3809-13), où ils n'emploient que les termes *gentilz hoem* et *barun*.

En parlant des vassaux, le poète distingue entre les divers liens de dépendance. Le terme général est *om*, et lorsqu'il s'agit d'un lien direct, on trouve souvent *om lige*. Odilon (v. 3025) et Gace de Dreux (v. 3669), entre autres, appellent Girart le *lige ome* de Charles, malgré la question de l'alleu. Nous trouvons *lige* seul au vers 1840, lorsque Fouque prend à son service les quatre fils de Na Biatriz en promettant de les armer chevaliers plus tard:

> Li enfant sos plegerent toz lor cerviz:
> "Segner, serem li vostre lige et quiz".
> (vv. 1839-40)

Au cours de cette même visite à Orléans, Fouque promet d'ajouter au territoire de l'abbé de Sainte-Lei le bourg de Saint-Feliz: *Mil ome l'en ferunt lige serviz* (v. 1848). *Natural*, bien qu'il puisse avoir un sens plus général ('noble', etc.) semble parfois l'équivalent de *lige*. Dans la même scène où nous avons vu le vicomte de Saint-Martial appeler Girart le *vassau* et *lige ome* de Charles, il dit aussi: *Retien ton baron ome, ton naturau* (v. 3657). Folcon, s'adressant aux Bourguignons après que les Gascons et les Provençaux sont passés du côté du roi, lui dit:

> Vos non es gienz Gascoin ne Provencal.
> Mais baron borgenon, sui natural.
> (vv. 5775-76)

Parmi les vassaux, les *demeine*, ou vassaux-en-chef, sont distingués des *vavassors*: *Li demeine lo baisent el vavasor* (v. 8157) et

> La sunt mandat li conte e li contor,
> Li prince e li domeine el plus loinnor;
> Ne sunt gins oblidat bon vavasor.
> (vv. 9374-76)

Le mot *casat*, adjectif ou substantif, désigne le tenant d'un fief, sans distinction: *Baron, conte e contor e riu chasat* (v. 9436) et au vers 5883: *Casat de Mont Rabei e estager*. Le rôle des chevaliers, des bacheliers et de la *maisnade* a été traité par Linda Paterson dans un article récent[12]. Pour désigner un enfant, ou jeune homme pris sous le commandement d'un seigneur et destiné à devenir plus tard chevalier, le poète emploie *comant*. Des enfants de Thierry il dit: *Girarz les pres a omes e a comanz* (v. 3359).

Feel (*fidel*, *fial*, etc.) ne paraît pas avoir de sens bien défini. Il s'applique à la suite (*maisnade*) du roi (*li reis e seu feeil* vv. 3545, 7052, 7579) et surtout aux grands vassaux les plus proches du roi et ses conseillers:

il semble être l'équivalent de *privat*. Girart, refusant de se réconcilier avec le roi à moins que Thierry ne soit banni, dit: *Ja nen er sos fials ne ses privaz* (v. 3084; cf. v. 3116). Le terme s'applique une fois à des ecclésiastiques:

> E mil persones d'autres de sos fiaus.
> A cui il done croces e bons aniaus.
> (vv. 158-59)

Girart appelle Boson, Fouque et Seguin *mi feel* (v. 891), mais dans le cas de Gui de Risnel le mot signifie plutôt 'homme de confiance':

> Aqui ac un baron, Gui de Risnel,
> Que Girarz molt avie a son fidel.
> Se sers fu e seschais de maint castel.
> (vv. 9137-39)

Feeltat cependant a un sens plus précis, comme nous verrons plus loin, ainsi que *fei* dans les expressions *portar fei* (vv. 2410, 3073) et probablement *tener fei* (v. 614), où l'article du glossaire de notre édition (*tener fei*) est à corriger: *Girarz non es mos om ne ne tient fei* (v. 614). Dans cette citation, les deux expressions sont sans doute équivalentes.

Passons maintenant aux termes qui désignent les fiefs et les obligations du vassal. Le territoire tenu en fief s'appelle le plus fréquemment *onor*, quelqu'en soit l'étendue. *Feu* désigne la même chose; tous deux sont interchangeables dans cet emploi. *Onor* cependant peut aussi signifier tout simplement 'terrain':

> Mon derie per ren demi joi trege
> Tros non lairai d'onor sol une lege.
> (vv. 5568-69)

Cf. *un maz donor* (v. 3599) et des expressions semblables au glossaire. *Feu* n'a pas ce sens, mais à la différence d'*onor*, il peut signifier autre chose qu'une terre, comme nous verrons plus loin.

C'est au sujet de l'*alleu*, ou fief franc, que le texte offre quelque contradiction. Au début du poème, Girart, comme condition de son consentiment à l'échange des fiancées, voit son fief transformé en alleu à titre héréditaire:

> E quel reis le m'otreit e mon lignage
> Lo mien fui en alue senz omenage.
> (vv. 473-74)

Cependant, un peu plus loin, Girart maintient que ses terres ont toujours constitué un alleu:

> Roissellons fu tos tens alues mon paire,
> E sil m'a otreiat nostre emperaire.
> (vv. 834-35)

Il parle plusieurs fois de ses *cuites alues qu'ai d'ancessor* (v. 9954). D'autres cependant parlent du *chasement* ('fief viager') de Girart; Fouque lui rappelle:

> Car tu es ses om liges de sa maison,
> E non as chasement nul fors le son.
> (vv. 4840-41)

Même confusion au sujet de l'hommage; un des conseillers de Charles dit à celui-ci:

> Non porperdes del conte vostre omenage,
> N'el ne perde de vos son sennorage.
> (vv. 3775-76)

Cette contradiction s'expliquerait par le fait qu'au début l'hommage vassalique était un engagement personnel, non pas liés au fief[13]. Ainsi, dans un autre passage, les deux n'étaient pas liés aux yeux de Landri de Nevers:

> Girarz fu sos om liges, qu'eu vi l'omage,
> Qu'en pres de lui en feu son eritage.
> (vv. 3052-53)

Il arrive deux fois à Girart d'affirmer solennellement son hommage: après la bataille de Vaubeton:

> E font li son omage ar afiar
> Gerpir malevoillance loc e baisar.
> (vv. 3178-79)

et, en compagnie de Fouque, dans la grande scène de la réconciliation finale:

> E fant li omenages e feeltat.
> El reis lor rent lor feus en iretat.
> (vv. 9449-50)

Il nous semble cependant que nous avons ici un exemple de l'hommage de paix et de concorde après une guerre privée, dont Ellul dit: "Il est possible que ces deux hommages aient souvent été confondus jusque vers le milieu du XIIe siècle"[14]. Il ne peut pas s'agir que de ce dernier type d'hommage lorsque le poète ajoute:

Apres se sunt premiers humiliat
Vers le Teuri de Scane parentat;
Senz mal engant lor funt lor voluntat
E homenages tant cum lor fu en grat.
(vv. 9451-54)

L'expression *senz mal engant* rappelle cependant celle des serments de fidélité (*ses engan*).

Pour revenir au problème de l'*alleu*, bien qu'après toute tentative d'explication la situation reste confuse, il ne faut pas oublier que Girart est toujours le sujet du roi, comme Fouque lui rappelle, et que même les alleutiers n'étaient pas exempts de certaines obligations. Girart lui-même, lorsque Andicas, vers la fin du poème, veut le persuader de laisser ses terres "à Dieu et à sa mère", lui répond:

Don, nol volrie faire nostre emperaire,
Qu'en perdrie servise ke l'en dei faire.
(vv. 9916-17)

En somme, il est difficile de voir en quoi l'*alleu* se distingue, d'après notre texte, des autres tenures, à part l'exemption du devoir de tenir son château à la disposition de son suzerain - et ce privilège n'était pas reconnu partout[15].

Chasement peut s'appliquer à un grand territoire comme celui de Girart (vv. 3164, 4841) ou à un château (vv. 4809, 5665), et *casat* à des grands vassaux (*riu chasat* v. 9436) ou à des vavasseurs (vv. 2292, 5883). *Tenement* (v. 2158), ici synonyme de *terre*, était selon K. J. Hollyman essentiellement un mot du Midi et n'apparaît dans le Nord que vers la fin du XIIe siècle[16]. Un terme très intéressant, et paraît-il, plus ancien que les autres, est *bienfait*. Girart offre à Fouque, qui vient de perdre mille chevaliers au service de Girart, une partie de son duché. Fouque refuse, expliquant, dans un passage malheureusement assez obscur, qu'un vassal ne doit pas réclamer un loyer (*logre*, v. 2301) comme de droit, mais il ajoute que si, après des services désintéressés, le vassal se voit offrir un *bienfait*, il peut l'accepter:

Mais ajut li par feit, el e li sei.
Quan n'aura faite fin, sens negun ei,
Se puis prent son bienfait, nel blasmerei.
(vv. 2302-04)

Ces paroles illustrent très bien ce que dit Jean François Lemarignier à ce sujet: "Il y a dans ce mot même l'idée que le *bienfait* n'est qu'accessoire, que l'essentiel est l'aspect personnel du lien, que le vassal échappe encore à un calcul intéressé"[17]. Par un contraste intéressant, Richer de Sordane, offrant de livrer Roussillon à Charles, lui demande:

> Queu[s] rendra Roussillon, fera ou gent?
> S'il en aura en France nul chasement?
> (vv. 959-60)

Demaines se rencontre une fois comme substantif au pluriel et s'applique au territoire du roi (v. 2045). Il n'est pas clair si *garance* signifie 'territoire' ou bien la protection que le propriétaire devait à ses vassaux. Boson ayant tué Tierri:

> De quen ot puis a Carle tan eschivance,
> E Girarz en eissi de sa garance.
> (vv. 3478-79)

Charles dit de Girart:

> Mos paires le noirit, pauc des naisence,
> Tros pot mil omes paistre de sa garence.
> (vv. 6712-13)

Un autre terme territorial est *aisin* (v. 8840), signifiant une demeure seigneuriale avec toutes ses dépendances. Il paraît l'équivalent de *castel* (vv. 2674 et 8840).

Plusieurs termes concernent les places fortes, les forteresses et ceux qui les tiennent. *Mandement* signifie tantôt 'commandement':

> Viscons es de Dijon: vai, se me rent.
> ....
> cui non ai lo mandement
> Fel sie e malvaiz si non te pent!
> (vv. 7167, 7170-01)

tantôt 'place forte': *O es? - a Rossillon, el mandement* (v. 8364)

Le terme *castel* signifie toujours une place forte, comprenant une forteresse (*caduel, tor* ou *donjon*) et des habitations: voir les descriptions de Roussillon (vv. 6159-69) et d'Aurevent, dont le dernier abrite mille *sirvent*, plus de sept cents *chevaler a coite* (troupes de réserve) et de nombreux *borces riches* (il faut sans doute tenir compte de l'exagération épique, même chez notre poète). Le poète distingue entre *castel* et *citaz*:

> Tres cens castels aveis en sa reion,
> Trente citaz demenes ob Avignun,
> (vv. 1097-98)

et entre *castel* e *caduel*: *Des castels sunt au rei tui li caduel* (v. 8711). Il parle de *l'aucor caduel* ('maîtresse tour', vv. 1784, 4577). Lorsque la reine a réussi a réconcilier Girart avec le roi, elle veut persuader celui-ci de lui restituer au moins une partie de ses terres, mais sachant sans doute que Charles se méfie toujours de son ancien vassal, elle lui dit: "Rendes li terre plane, borc senz caduel" (v. 7994), ce que le roi lui accorde; le poète ne nous dit pas de quelle terre il s'agit.

En dehors de leurs domaines, francs ou autres, il est évident que les grands vassaux pouvaient détenir du roi des *castels* en fief:

> Estave sei Girarz en Aurevent,
> Un castel c'au de Carle en casement.
> (vv. 4808-09)

Ceci s'explique peut-être par une observation de Thomas N. Bisson dans un article récent sur la monarchie féodale: "Olivier Guillot has shown that for some time in the eleventh century, the count of Anjou was the King's vassal not for the county but for a few petty lands; Professor Duby has remarked the same thing for the county of Mâcon well into the thirteenth century"[18]. On se rappelle d'ailleurs que pendant le trêve qui avait suivi la bataille de Vaubeton, Girart avait reçu du roi les terres de plusieurs vassaux forfaits (vv. 3330-31). Par contre, lorsque Girart avait perdu ses domaines et était banni, le roi avait simplement installé une garnison royale dans chacun de ses châteaux; le poète les appelle *garder* (vv. 8774, 8850). Il emploie le terme précis d'*estager* pour les vassaux qui devaient fournir pendant un temps déterminé la garde du château de leur seigneur (le glossaire de notre édition doit être corrigé dans ce sens).

> Par eiqui sunt passat set cent gerrer.
> Casat de Mont Rabei e estager.
> (vv. 5882-83)

Les possesseurs ou déteneurs de *castel* n'ont dans notre texte aucun titre particulier, sauf pour une allusion à un *castellan* inconnu abattu par Odin au cours d'une bataille (v. 8531). Cependant, le poète les met dans une catégorie privilégiée lorsque, après une bataille, Girart et les siens massacrent les prisonniers:

> Retengu n'unt des vis qui unt castel
> Duos cenz e catre vins en un tropel.
> (vv. 1380-81)

Ceux-ci, évidemment, avaient de quoi payer une rançon.

Il faut mentionner ici deux autres termes, dont le sens n'est pas très clair. Avant la première prise de Roussillon, Charles, qui déjà convoite le château, s'en approche avec une troupe de *donzel*, sous prétexte d'y jouir d'un droit de chasse (vv. 616-17). Arrivé là, il réclame à Girart le gîte, ou *albergue*, en disant:

> Rende me del castel la majourie,
> Qu'eu hui voldrai laissar ma donzelie.
> (vv. 702-03)

Majourie, dont nous n'avons pas trouvé d'autre exemple avec ce sens, signifie évidemment 'commandement', peut-être temporaire (le manuscrit *P* a *senhoria*). Le terme plus habituel est *mandement* (voir plus haut), que le poète emploie lorsque le roi exerce ses droits de saisie ou de reprise. Dans le cas de Dijon (v. 7167), il reprend le château d'un de ses vassaux, comme il en avait le droit; dans le cas de Mont Amele (vv. 4743-807), il saisit une des forteresses d'un vassal rebelle, car Girart l'a défié.

Quant au vers 703 (voir ci-dessus), Paul Meyer, et après lui Max Pfister, suivant la leçon du ms. *P* (*i laissar la donzalie*), expliquent que Charles voulait prendre le commandement du château, en laissant à Girart la jouissance[19] ou droit de séjourner. Nous trouvons plus vraisemblable que Charles ait voulu (ou prétendu) y loger sa troupe de *donzel*. Nous avons déjà fait allusion à l'obligation de tenir son château à la disposition de son seigneur lorsque celui-ci voulait y loger et qui portait dans le Midi le nom d'*albergue*. La forme correspondante qu'emploie notre texte est *arbeich* (v. 1967), modification en vue de la rime de *arberc*, *arbert*, etc. (voir glossaire) 'logement'. Dans un passage remarquablement détaillé, Folcon rappelle à Charles:

> Aleus est Rossillons, co vos autreich,
> Mais d'outre Saine l'aige, per le rabeich,
> En la forest del pui de Montargeich,
> O vos avez un meis chace e arbeich
> Catorce jors per caut, quince per freich -
> Li catorce Girart font le conreich,
> E l'aduiçent per Seine tote a naveich.
> (vv. 1964-70)

Ici, l'hébergement est distingué du *conrei* ou devoir de fournir des vivres lors du passage de son seigneur. Ailleurs, le terme *conrei* comprend les deux (vv. 616-17 et 1700-04).

Nous n'avons parlé jusqu'ici que des fiefs territoriaux, mais notre texte offre aussi quelques exemples assez intéressants de fiefs non-territoriaux, c'est-à-dire consistant de charges ou de redevances en nature. Le portier qui livra Roussillon à Charles (le deuxième): *E garder l'une porte e(n) l'at en feu* (v. 6240). Nous supposons qu'il percevait un droit d'entrée ou d'octroi. Il est vrai que la leçon du texte *en lat* pourrait se traduire 'en paiement d'une dette' (*lata*), mais la première interprétation est appuyée par le ms. *P* (*que ac*) et qui nous paraît plus vraisemblable.

L'autre exemple d'une charge inféodée est beaucoup plus curieux: il s'agit de l'enterrement des morts. Après la bataille de Civaux, Charles promet de donner cent sous à cette fin:

> Co dis uns abes bret de Cornuaille:
> "Ja Deus noi dunt relief d'autre touaille!"
> El reis li done en feu sen co qu'il faille.
>
> (vv. 5351-53)

Nous avouons ne pas comprendre l'expression, sans doute figurative, du vers 5352 ("on ne pourrait pas souhaiter de plus beau cadeau"): le sens habituel de 'droit de succession' ne convient pas à cet exemple de *relief*. Le poète ajoute:

> E pois lor sert tos tens de tal labor
> Tant com furent entr'ez gerreedor.
>
> (vv. 5361-62)

Ce qui rend ce passage encore plus curieux, c'est que la bataille de Civaux fut la seule à avoir lieu dans le Poitou; toutes les autres eurent lieu en Bourgogne. Il est possible que nous ayons là une allusion à quelque tradition locale: le poète, ou au moins le dernier rédacteur du poème, aurait-il eu des relations avec un couvent de la région?

Le texte fournit aussi un exemple de ce qui paraît être un fief-rente en nature. Lors de l'ambassade de Fouque à Orléans, où il avait, paraît-il, un nombre important de vassaux, y compris l'abbé de Sainte-Lei, le poète nous présente un certain juif, Baufadeu. Celui-ci était évidemment un homme de confiance, et ses services utiles étaient rétribués comme suit:

> Qui de Folcon lo conte cad'an au feu,
> Quinze muis de forment an car o leu,
> E autretant de vin, aico sai eu,
> E treis cers de sazon la saint Mateu,
> E quinze vaces grases la saint Andreu.
>
> (vv. 6461-65)

Ces deux derniers exemples sont peut-être fantaisistes et sans correspondance avec les coutumes féodales, mais la précision des détails leur prête une certaine vraisemblance.

A la fin du poème, nous avons une allusion à des "fiefs" qui paraissent plutôt des charges honorifiques. Girart, qui vient de léguer ses terres à Fouque, dit des fils de celui-ci:

Cum reis tendra sa cor, senz nul semon,
Portera l'un l'espade, l'altre baston,
E li tierz caucera so esperon,
E li quarz en bataille son gonfanon.
Enaisi sun li feu de Rossillon.
                    (vv. 9940-04 et 9947)

Il est intéressant de remarquer aussi que lorsque Girart se trouve "jeté de fidélité", il se plaint d'avoir perdu non seulement la protection que lui devait son seigneur (*amor*) mais aussi le droit de lui fournir *auxilium et consilium*, avec d'autres privilèges d'un grand vassal:

Qu'eu degra cadelar sa ost francor
E portar en bataille s'auriaflor
E donar en la cambra consel meillor,
Mais si lo m'ant tolgut sui traïtor.
                    (vv. 4260-63; cf. vv. 4662-66)

La remise d'un fief se faisait d'habitude par quelque don symbolique. Nous en avons deux exemples, tous deux ayant un caractère pour ainsi dire improvisé. S'étant réconcilié avec Girart, Charles se laisse persuader par Elissent de lui restituer une partie de ses terres, et sur-le-champ: *Lai li rent terre plane per un ran-fuel* (v. 7999). Dans l'autre exemple, Charles vient de tenir sur les fonts le fils de Fouque et petit-fils de Tierri d'Ascane. Alors la reine, par l'intermédiaire des *bibe e abat*, le persuade de rendre à l'enfant le fief de son aïeul:

Li reis rendet s'onor per un besant
Teuriet son fillol, quant saura tant
Qu'el la porra tenir d'aiqui enant.
                    (vv. 8984-86)

Il se peut qu'on ait affaire à un geste symbolique du même genre lorsque Begon dit à Girart:

Ja non ert ben a nos ne vos ob eil,
Si noil renz Roissillon per lo correil.
                    (vv. 5729-30)

mais nous n'avons rencontré d'expression analogue ailleurs.
   Dans un article récent, nous avons fait observer que quelques particularités de *Girart* (la *mostreson* ou revue des troupes et l'importance des *soudaders* ou mercenaires) ferait penser à la Normandie plutôt qu'à la France du milieu du XIIe siècle, conclusion assez déroutante étant donné la provenance du poème[20]. Or, les recherches qui ont précédé le présent article

nous ont menée dans la direction opposée. D'après un livre paru récemment[21], tandis que dans le Midi de la France les liens féodaux auraient été assez lâches et les principes mal formulés, le contraire serait vrai pour la Catalogne. Là, nous dit Pierre Bonassie, les institutions majeures de la féodalité classique ont été définies avec beaucoup de précision avant la fin du XIe siècle, et les textes se caractérisent par l'extrême précision du vocabulaire. Il serait tentant de voir dans la précision de notre texte une influence catalane, et ce serait apporter un argument de plus à l'appui des théories de René Louis et d'Ernst Gamillscheg sur l'origine catalane de la légende épique de Girart[22] et sur une source primitive du poème existant[23].

Pour le moment, cependant, il vaut mieux se borner à présenter les résultats de cette analyse du vocabulaire, avec l'espoir de pousser plus loin les recherches et de profiter éventuellement des travaux actuellement en cours sur les documents historiques du Midi.

Notes

[1]W. Mary Hackett, "Le climat moral de Girart de Roussillon", dans *Études de Philologie romane et d'Histoire littéraire offerts à Jules Horrent* (Liège, 1980), pp. 165-74.

[2]Idem, "La féodalité dans *La Chanson de Roland* et dans *Girart de Roussillon*", dans *Actes et Mémoires du IVe Congrès International de la Société Rencesvals*, Studia Romanica, 14 (Heidelberg, 1969), pp. 22-27.

[3]W. Mary Hackett, *Girart de Roussillon, chanson de geste* (Paris, 1955), et Max Pfister, *Untersuchungen zu Girart de Roussillon*, Beihefte zur Zeitschrift für romanische Philologie, 122 (Tübingen, 1970).

[4]Thomas N. Bisson, "The Problem of Feudal Monarchy: Aragon, Catalonia, France", *Speculum* 53 (1977), 466: "The older comital aristocracy [of Catalonia] known from the mid-eleventh century as *comitores*", et *Glossarium Mediae Latinitatis Cataluniae*, art. *comitor*.

[5]*La Chanson de Roland*, éd. Frederick Whitehead (Oxford, 1962), vv. 1010-12 et 1117-19.

[6]"Term used in the XIth century in Provence for most of the great landowners invested with rights of justice", voir Linda M. Paterson, "Knights and the Concept of Knighthood in the XIIth Century Occitan Epic", *Forum for Modern Language Studies* 17 (1981), 5.

[7]Marc Bloch, *La société féodale: Les classes et le gouvernement des hommes* (Paris, 1940), p. 118.

[8]Paul Meyer, "Études sur *Girart de Roussillon*, 1: Les Manuscrits", *Jahrbuch für romanische und englische Literatur* 11 (1870), 135.

[9]Eric Bournazel, *Le gouvernement capétien au XIIe siècle: Structures sociales et mutations institutionnelles* (Paris, 1979), p. 147.

[10]Cette forme se rencontre dans *Les plus anciennes chartes en langue provençale: Recueil des pièces originales antérieures au XIIIe siècle*, éd. Clovis Brunel (Paris 1926), n° 66, 1, 10, et n° 225, 4, 5.

[11]Hackett, "Le climat moral", p. 170.

[12]Paterson, "Knights", p. 5.

[13]Jacques Ellul, *Histoire des institutions*, 3, *Le moyen âge* (Paris, s.d. [1969]), p. 143.

[14]Ellul, *Histoire*, p. 160.

[15]K. J. Hollyman, *Le développement du vocabulaire féodal en France pendant le haut moyen âge: Étude semantique*, Société des Publications romanes et françaises, 58 (Genève et Paris, 1957), p. 59.

[16]Hollyman, *Le développement*, p. 59.

[17]Jean François Lemarignier, *La France médiévale: Institutions et société* (Paris, 1970), p. 132.

[18]Bisson, "Feudal Monarchy", p. 470.

[19]*Girart de Roussillon, chanson de geste traduite pour la première fois*, trad. Paul Meyer (Paris, 1884), p. 21 n. 3.

[20]"Some Feudal and Military Terms in *Girart de Roussillon: Quintane, mostreison* and *soudader*", dans *The Medieval Alexander Legend and Romance Epic: Essays in Honour of David J. A. Ross*, éd. Peter S. Noble, Lucie Polak, and Claire Isoz (Millwood, 1982), pp. 71-84.

[21]Pierre Bonnassie, *La Catalogne du milieu du Xe à la fin du XIe siècle*, 2 vol. (Toulouse, 1976).

[22]René Louis, *Girart, comte de Vienne, dans les chansons de geste*, 2 vol. (Auxerre, 1947), 2:264-72.

[23]Ernst Gamillscheg, "Sur une source catalane de la chanson de geste *Girart de Roussillon*", dans *Mélanges de linguistique française offerts à M. Charles Bruneau*, Société des Publications romanes et françaises, 45 (Paris, 1954), pp. 227-33.

Quelques survivances de types sémantiques occitans dans l'*ALO*

Brigitte Horiot

L'*Atlas linguistique et ethnographique de l'Ouest* (*ALO*)[1], confié dès 1939 à Jacques Pignon par Albert Dauzat, englobe entièrement les départements de la Vendée, des Deux-Sèvres, de la Vienne, de la Charente et de la Charente-Maritime, et il s'étend également, par quelques points seulement, sur la moitié sud des départements de la Loire-Atlantique, du Maine-et-Loire et de l'Indre-et-Loire, sur l'extrême nord de la Gironde, l'ouest de la Haute-Vienne et de la Dordogne. Dans chacun des trois départements traversés par la Loire, l'un des points d'enquête est situé au nord du fleuve.

Les quatre provinces qui constituent le domaine de l'atlas ont eu bien souvent une histoire commune. Dans l'ancienne Gaule, les Pictons régnaient sur un territoire qui correspondait à peu près à nos actuels départements de la Vienne, des Deux-Sèvres et de la Vendée, tandis que la "cité" des Santons englobait tous les pays charentais. Lors de la conquête de la Gaule, les Pictons comme les Santons n'opposèrent qu'une faible résistance aux Romains et furent perméables à la culture romaine. Auguste créa la grande province d'Aquitaine qui s'étendait de la Loire aux Pyrénées, et Poitiers fut peut-être la capitale de cette grande province. Pour remédier à une faiblesse de l'Empire, l'administration de l'Aquitaine fut divisée vers 312 en deux: les Santons comme les Pictons appartinrent à l'Aquitaine Seconde, dont la métropole fut Bordeaux. Vers la même époque, la "cité" des Santons fut amputée de la partie orientale de son territoire au bénéfice d'une nouvelle "cité", à la tête de laquelle fut Icolisma (Angoulême).

335

Le Ve siècle fut une période mouvementée pour l'Aquitaine Seconde: après avoir été pillée successivement par les Vandales et les Saxons, elle fut érigée en 475 en royaume indépendant par les Wisigoths et le resta jusqu'à la victoire de Clovis sur Alaric II en 507. Conquise par Clovis, l'Aquitaine Seconde va être soumise pendant deux siècles et demi aux rois mérovingiens puis, pendant un siècle, aux descendants de Charlemagne. A la faveur de l'anarchie du IXe siècle, sous l'impulsion des comtes du Poitou, ce modeste comté de l'État franc va prendre une forte personnalité en étendant son territoire par des alliances successives avec les maisons voisines. En 928, le roi Raoul reconnaît au comte du Poitou Ramnoul II le titre ducal, titre dont quelques soixante ans plus tard Guillaume IV Fièrebrace se parera avec fierté: "Dei gratia dux totius monarchiae Aquitanorum". Au XIe siècle, les descendants de Guillaume Fièrebrace traiteront d'égal à égal avec les rois capétiens et régneront sur un vaste territoire compris entre la Bretagne et les Pyrénées. C'est à cette époque que commencera à s'individualiser, au nord-ouest de la Saintonge, autour de la ville naissante de La Rochelle, une province nouvelle: l'Aunis.

Le mariage d'Aliénor d'Aquitaine avec Henri Plantegenet en 1152 sera à l'origine de la décadence du duché d'Aquitaine. Le roi de France Philippe Auguste profitera des discordes dans la famille des Plantegenet, et en 1204, quelques mois après la mort d'Aliénor d'Aquitaine, il prendra possession de Poitiers, la ville capitale des comtes-ducs, déclenchant ainsi le début de la désintégration du duché. La conquête française, ébauchée dès 1204, va aller en s'affermissant et, au début du XIVe siècle, le rattachement à la couronne de France pourra être tenu pour définitif.

La longue histoire commune vécue par les quatre provinces qui constituent le domaine de l'*ALO* n'est pas sans avoir laissé une empreinte dans le vocabulaire. Jacques Pignon a établi que jusque vers 1150 le Poitou a été assez étroitement associé à l'Aquitaine. "C'est là", écrit-il dans les conclusions tirées de sa thèse sur *L'évolution phonétique des parlers du Poitou (Vienne et Deux-Sèvres)*[2], "le facteur essentiel qui explique la survivance, jusqu'à la Loire, de plusieurs formes grammaticales et types sémantiques occitans, témoins d'une communauté linguistique entre le Poitou et les régions plus méridionales". Le célèbre duc d'Aquitaine Guillaume IX n'a-t-il pas écrit ses *chansons* dans la langue parlée par une grande partie de ses sujets et d'abord dans la capitale de ses États? Jacques Pignon a daté de la fin du XIIe siècle le début de l'influence désagrégeante du français en Poitou. Le seuil du Poitou, par sa fonction de pas de porte entre le Nord et le Sud, a favorisé la pénétration du français. Châtellerault, à l'entrée de ce seuil, a joué un rôle de premier plan dans cette pénétration, tandis que Poitiers fut le centre essentiel de la diffusion du français dans la province. De son côté, dans la province voisine de l'Aunis, La Rochelle, en devenant aux XIe et XIIe siècles une place maritime prospère, en relations commerciales avec l'Espagne et l'Angleterre, favorisa le développement d'une langue dont l'emploi était exigé par l'activité économique. A la suite de cette ouverture aux influences septentrionales, la limite oc/oïl a reculé, ne laissant aujourd'hui que treize points d'enquête de l'*ALO* en zone occitane (88, 90, 87, 92, 95, 97, 93, 96, 94, 121, 122, 119, 118), dix-neuf si nous y ajoutons les points d'enquête situés dans la zone du croissant (39, 91, 89, 86, 85, 84).

Jacques Pignon, sans faire d'étude systématique sur l'ensemble du vocabulaire poitevin - tel n'était pas son propos - a toutefois noté dans son domaine vingt-deux types sémantiques méridionaux inusités, lui semblait-il, au nord de la Loire, dans les parlers du Nord-Ouest[3]. En hommage à la mémoire de Paul Remy, nous présenterons, telle qu'elle apparaît dans l'*ALO*, la situation de trois termes d'origine occitane: *empeuter* 'greffer', *temple* 'lisière (de drap, de tissu)', *détrau* 'cognée'.

"Greffer": *ALO* 307

La carte "greffer" montre le domaine de l'*ALO* occupé en très grande partie, 100 localités sur 124, par le verbe *enter*. Dans 21 de ces localités les témoins ont également indiqué un second verbe: *greffer* dans 14 d'entre elles, *empeuter* dans 4 autres, *affier* dans les 3 autres. Le même verbe *greffer* se retrouve encore dans 5 localités, donné en même temps que *empeuter*. Dans une étude consacrée à ce qu'il appelle "les aires dépassantes", Georges Gougenheim a étudié, à l'aide de l'*ALF* 666, la carte "greffer", et il a montré que "le gallo-roman a dû avoir à l'origine un type unique **imputare*, . . . , qui est devenu le français *enter*. Mais cet **imputare* a été remplacé dans le sud de la Gaule par une création locale, **impeltare*. . ."[4]. D'autre part, depuis le XVIe siècle, le verbe parisien n'est plus *enter*, mais *greffer*, et ce dernier "a largement recouvert le nord et l'est de la France, il a suivi *enter* dans la vallée du Rhône et occupe une aire sur la côte languedocienne"[5].

Notre propos n'est pas de faire une étude complète de la carte fournie par l'*ALO* (voir carte n° 1); ce qui retiendra notre attention dans cette carte, c'est simplement l'aire dessinée par le verbe *empeuter*. Le *FEW* (*ĬMPELTARE, 4:582b) nous apprend que ce verbe est d'origine occitane, qu'il apparaît au XIVe siècle dans le Quercy et dans l'Ariège. L'*ALF* quant à lui permet de dessiner une aire qui englobe tout ou partie des départements de Haute-Vienne, Dordogne, Corrèze, Lot-et-Garonne, Lot, Landes, Gers, Tarn-et-Garonne, Tarn, Aveyron, Haute- Garonne, Aude, Pyrénées-Orientales, Ariège, Hautes-Pyrénées, Basses-Pyrénées ainsi qu'un point dans la Creuse, un dans le Puy-de-Dôme, un dans le Cantal, trois en Gironde. L'*ALMC* (carte 286) étend cette aire à la partie ouest de la Haute-Loire. Séparés de cette grande aire, on relève encore deux points en Charente-Maritime. Les atlas régionaux de Gascogne (carte 93) et de l'Ouest (carte 307) permettent de rattacher ces deux points situés en zone d'oïl à la grande

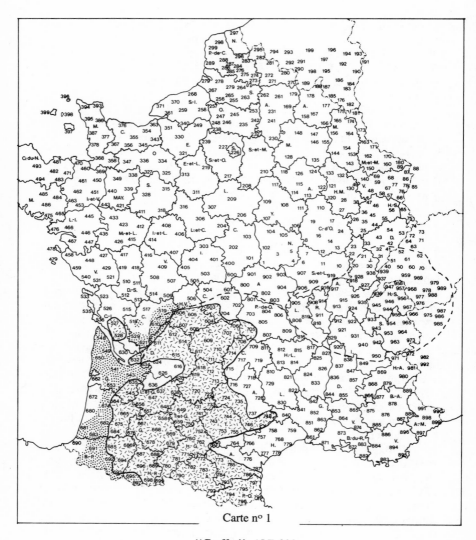

Carte n° 1

"Greffer": *ALF* 666.

-----: limites entre langue d'oïl, langue d'oc
et francoprovençal.

< ÎMPELTARE:

 données de l'*ALF*.

 données de l'*ALG* et de l'*ALO*.

aire occitane. Avec les mêmes points d'enquête que ceux de l'*ALF*, l'*ALG* étend l'aire *empeuter* à la totalité du département des Hautes-Pyrénées et presqu'à l'ensemble des départements des Basses-Pyrénées, des Landes et de la Gironde. L'*ALO*, de son côté, permet d'inclure les points 519 (*ALO* 84) et 610 (*ALO* 96) à cette même aire. Le *Lexique illustré du patois charentais* de Robert Hillairet[6] consigne *empeuter* 'greffer' et rapproche ainsi l'aire *empeuter* du point 518 (Chassors) de l'*ALF*. En effet, le patois contenu dans ce lexique est celui recueilli dans les lieux où son auteur a vécu: Bassac, Saint-Simon, Jarnac, localités situées au sud-est de Chassors et éloignées, principalement pour Jarnac, de quelques kilomètres seulement de Chassors. Georges Musset et Raymond Doussinet[7] consignent bien eux aussi le verbe *empeuter* mais sans donner de précision, ce qui rend toute localisation impossible. Pour son enquête dialectologique, Doussinet est parti du patois de Bréville (point 102 de l'*ALO*), mais rien ne permet de dire que c'est dans le patois de ce village qu'il a relevé le verbe qui nous intéresse. De Bréville, il a en effet étendu son enquête à toute la région de l'Angoumois occidental, de la Saintonge et de l'Aunis, et il l'a encore enrichie à l'aide de glossaires et de dictionnaires. En revanche, le verbe *empeuter* relevé par Jônain[8] peut être localisé autour des deux points 527 et 528 de l'*ALF*.

Si du verbe nous passons à l'étude du substantif, la liste 307* de l'*ALO* nous révèle une aire *empeu* légèrement modifiée par rapport à celle délimitée pour *empeuter*. Les points 115 et 116 entrent dans cette aire, mais sous la forme française *āpó*, tandis que les points 105, 111, 114, 119 et 97 n'y appartiennent plus, et il n'y a pas lieu de s'en étonner pour deux d'entre eux du moins: 114 et 97, car les témoins avaient signalé le verbe ' *empeuter* comme un terme vieilli. L'*ALF* ne comporte pas de carte ou de liste 'une greffe', mais la présence d'un dérivé de *ĬMPELTARE aux points 115 et 116 de l'*ALO* pourrait laisser supposer que les points 529 et 621 de l'*ALF*, localités situées justement entre les points 116, 114 et 115 de l'*ALO*, ont également connus, ou même connaissent encore, un dérivé de *ĬMPEL-TARE pour parler de la greffe. Reste à savoir si ce dérivé a été emprunté à l'ancien provençal ou bien au français. L'article *IMPELTARE du *FEW* établit qu'en 1564 Charles Estienne a introduit dans son ouvrage *L'agriculture et maison rustique* le terme d'origine occitane *empeau* en lui donnant le sens de 'greffe en écorce' et que ce terme a passé ensuite dans le dictionnaire de Cotgrave et a été copié par les dictionnaires jusqu'à l'édition 1930 du Larousse.

A signaler encore, qu'à la demande ''refaire un pied de bas'', on a répondu *rœ̄mō̄té*, *āpœté* à 114, *āpyœté* à 117 (*ALO* 3, carte 828).

Quoiqu'il en soit de l'étendue exacte de l'aire dessinée par un terme d'origine occitane, force est de constater que ce terme est bien vivant, non seulement dans toute la partie occitane de l'*ALO* mais encore qu'il franchit la limite oc/oïl pour se retrouver bien attesté dans plusieurs localités aujourd'hui en domaine d'oïl (105, 110, 111, 114, 115, 116, 117). Dans les six localités situées dans la zone du croissant, Geneviève Massignon a relevé le verbe ⌜enter⌝, mais les témoins des points 89 et 86 ont également indiqué le verbe ⌜greffer⌝. Seul le point 84 connaît ⌜empeuter⌝ et ⌜empeu⌝ comme il connaît ⌜enter⌝ et ⌜ente⌝.

"La lisière (de drap, de tissu)": ALO 759

Des formes masculines ou féminines *li*, *ḷi*, *lé*, . . ., et des formes féminines *léz*, *lèz*, occupent la plus grande partie du domaine de l'*ALO* (voir carte n° 2), tandis que le terme français lisière apparaît dans le sud-est des départements de la Vienne et de l'Indre-et-Loire et qu'un type ⌜temple⌝, masculin ou féminin, recouvre la zone occitane ainsi que quatre localités sur six dans la zone du croissant. Le *FEW* (TEMPLUM, 13/1:179a-179b) relève ⌜temple⌝ au sens de 'lisière d'une étoffe' en Ariège, en Gascogne, dans les Basses-Pyrénées et dans les Landes. L'*ALG* (carte 896) et les divers dictionnaires et glossaires relatifs aux régions du Sud-Ouest permettent de délimiter une vaste zone qui englobe le sud de la Gironde, les départements des Landes et du Gers, la plus grande partie des Basses-Pyrénées, des Hautes-Pyrénées et de la Haute-Garonne, le sud du Lot-et-Garonne et du Tarn-et-Garonne, l'ouest de l'Ariège. Les deux atlas régionaux du Languedoc occidental, de l'Auvergne et du Limousin permettront de préciser l'étendue exacte de cette aire et d'établir si la petite zone délimitée dans l'*ALO* s'y rattache ou si, au contraire, elle forme un îlot isolé. L'*ALF* n'a malheureusement pas de carte complète pour la notion 'lisière de drap, de tissu'.

A examiner la carte de l'*ALO*, il semble que l'aire des dérivés de TEMPLUM perde du terrain. Exception faite de la zone occitane, l'ensemble du domaine est occupé par des termes *li*, *lé*, *lèz*, . . ., mais nous voyons le terme français *lisière* s'introduire par le sud-est de l'Indre-et-Loire, gagner tout le sud-est de la Vienne, comme s'il essayait de s'infiltrer entre les deux aires qui se partagent le domaine de l'*ALO*. Dans la zone du croissant, les deux localités qui ne connaissent pas le terme *temple* emploient le terme français *lisière*.

Une troisième aire issue de TEMPLUM est localisée en Wallonie, mais d'une façon assez imprécise en l'absence de carte dans l'*Atlas linguistique de la Wallonie*. D'après les références données par le *FEW*, elle se limiterait au domaine liégeois.

"Une cognée": ALO 226**

Les réponses à la question "une cognée" n'ont pas été cartographiées mais simplement mises en liste, car Geneviève Massignon a enregistré dans 116 localités sur 124 de simples variantes phonétiques du français *cognée*.

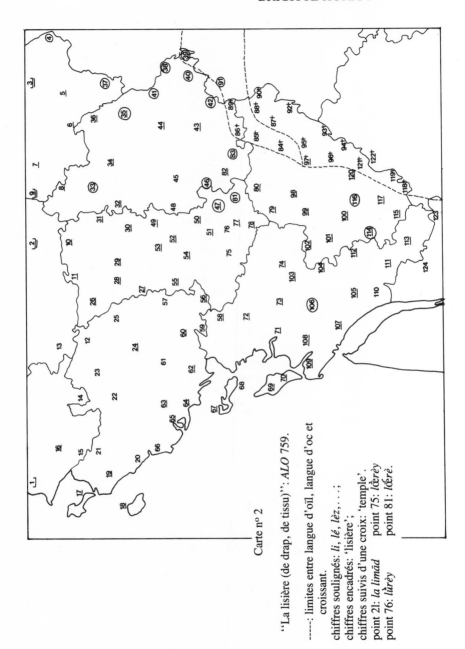

Carte n° 2

"La lisière (de drap, de tissu)": *ALO* 759.

------: limites entre langue d'oïl, langue d'oc et croissant.

chiffres soulignés: *li, lé, lèz,...* ;
chiffres encadrés: 'lisière' ;
chiffres suivis d'une croix: 'temple'.
point 21: *la limãd*   point 75: *lò̀rèy*
point 76: *lùrèy*   point 81: *lõ̀rè*.

Dans les 8 autres localités, 5 en zone occitane (88, 90, 87, 92, 93) et 3 en Vendée (24, 60, 62), les témoins ont donné un type *détrau* (*tétrau* aux points 60 et 62), issu du latin DEXTRALIS (*FEW* 3:62b-63a). Commentant la carte 226 "la grande hache" de l'*ALLy*, Mgr Gardette note au sujet de *détro*: "C'est un type d'apr. et d'afrpr.... Aujourd'hui ce type est conservé en domaine d'oc, en frpr. et, çà et là, en Poitou"[9].

La carte 680 "la hache" de l'*ALF* (voir carte n° 3) permet de délimiter quatre zones: une en francoprovençal et trois en domaine d'oc, ainsi que trois points isolés: l'un dans l'Isère, le second en Charente (point 519, le point 84 de l'*ALO* où Geneviève Massignon n'a obtenu qu'une simple variante phonétique de ⌐cognée⌐, le troisième en Vendée (point 429, à 2 kilomètres au nord du point 24 de l'*ALO*). La carte 1591 "la hachette", carte de la moitié sud du territoire seulement, n'apporte pas d'élément nouveau. L'*ALG* (carte 129 "la hache") permet d'étendre l'aire située en Gascogne aux points 636, 676, 686 et 664N, 645NO et NE, 647NO, 656SO. De leur côté, les différents lexiques et glossaires se rapportant à des localités ou à des régions situées dans le domaine de l'*ALO* complètent les relevés de Geneviève Massignon. En Vendée, à Vouvant, Pierre Rézeau a enregistré *lœ tétrau* 'la cognée'[10]. Vouvant est situé à 9 kilomètres au nord-ouest du point 57 et à une vingtaine de kilomètres au sud-ouest du point 27. Également en Vendée, à L'Ile-d'Elle, le point 59 de l'*ALO*, Augustin Simonneau a consigné, à la fin du XIXᵉ siècle, *détrau*, s.m. 'grande cognée'[11]. En Vendée toujours, aux environs de Fontenay, et dans les Deux-Sèvres, dans l'arrondissement de Parthenay, l'abbé Lalanne[12] a noté diverses formes masculines: *detrau*, *detreax*, *tétrau*, *tétrea* aux sens de 'cognée', 'hachereau'. Fontenay se trouve entre les points 55 et 60 de l'*ALO*, à 3 kilomètres à l'ouest du point 521 de l'*ALF*. Quant à l'arrondissement de Parthenay, il englobe les points 27, 30, 31, 49, 52, 53 de l'*ALO*. Dans les Deux-Sèvres encore, Casimir Puichaud[13] a relevé un substantif masculin *tétreau* 'cognée' dans le Bas-Gâtinais, c'est-à-dire dans la région de Parthenay, et Gaston Pougnard[14] a enregistré *détrá* 'hachette à long manche pour l'émondage' à Aiript, commune située au nord du point 51 de l'*ALO*, à hauteur du point 50. En Saintonge, Doussinet n'a pas rencontré le type *détrau* mais une simple variante phonétique de *cognée*: la *cougnée*. Georges Musset, en revanche, a relevé *détrau* aux sens de 'hache', de 'cognée' mais sans qu'il soit possible de localiser ce terme. Il a en outre trouvé, dans les archives de la Grâce-Dieu à la bibliothèque de La Rochelle, une attestation datée de 1722: "un détrau, deux landiers, une serpe...". Dans la zone occitane enfin, l'abbé Fourgeaud[15] a enregistré un substantif féminin *détràw* 'hache des charpentiers' à Puybarraud, commune de Ge-nouillac, à une douzaine de kilomètres à l'ouest du point 92 et à environ 7 kilomètres à l'est du point 84.

Ces différentes attestations, jointes aux données de l'*ALF* et de l'*ALO*, permettent de dessiner deux petites aires *détrau* dans le domaine de l'*ALO*: la

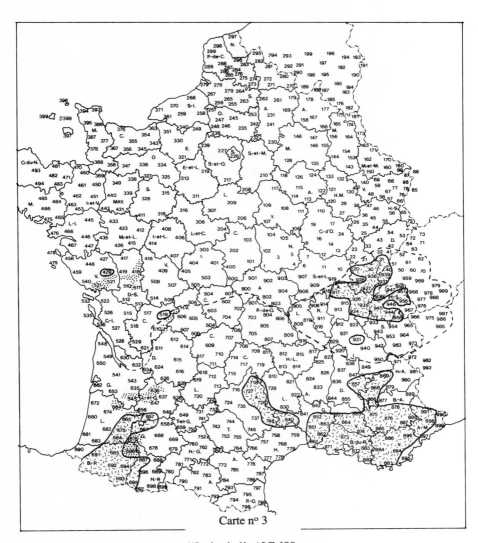

Carte n° 3

"La hache": *ALF* 680.

-----: limites entre langue d'oïl, langue d'oc et
francoprovençal.

< DEXTRALIS:

 ou numéro encadré, données
de l'*ALF*.

 données de l'*ALG* et de l'*ALO*.

ALF 531 = *ALO* 62.

première s'étend sur le sud, sud-est de la Vendée et le centre des Deux-Sèvres, la seconde recouvre l'est de la Charente. Il semblerait, à en croire Musset, que le type *détrau* se rencontre également dans les patois de l'Aunis et de la Saintonge, mais sans que ce terme puisse être localisé avec précision. Il est simplement prouvé que *détrau* a été connu autrefois dans ces régions - la citation de Musset l'atteste - et cela dès le XIIIᵉ siècle, époque où nous relevons une forme féminine *destrau* dans *Tote listoire de France*[16]. Ce texte, traduction de plusieurs chroniques latines, a été écrit en dialecte saintongeais, vers 1225, sans doute par quelque clerc de la ville de Saintes. En ancien provençal, les attestations remontent également au moins jusqu'au XIIIᵉ siècle, tandis qu'en ce qui concerne la langue d'oïl, les quatre citations données par Godefroy datent seulement des XIVᵉ et XVᵉ siècles.

Nous venons de décrire trois situations très différentes pour trois mots d'origine occitane. Le premier, *empeuter*, rayonne au-delà de la limite oc/oïl, le second, *temple*, au contraire, ne vit que dans la zone occitane et dans celle du croissant où il semble perdre du terrain, le troisième enfin ne se rencontre que dans cinq localités d'oc mais sa présence en Vendée et dans les Deux-Sèvres permet de reprendre ce que Jacques Pignon[17] écrivait dans la conclusion de sa thèse:

> On remarque que certains de ces types méridionaux sont employés . . . jusque dans la zone la plus septentrionale du Poitou, en des points où aucun trait *phonétique* occitan n'est attesté ni dans le passé ni dans les parlers modernes. Ces faits laissent supposer une communauté linguistique très ancienne, caractérisée par l'emploi de certains éléments morphologiques et lexicaux différents de ceux qui étaient usités au nord de la Loire.

Notes

[1]Abréviations:

ALO = *Atlas linguistique et ethnographique de l'Ouest (Poitou, Aunis, Saintonge, Angoumois)* par Geneviève Massignon et Brigitte Horiot, 3 vol. (Paris, 1971-1983).

ALF = *Atlas linguistique de la France* par Jules Gilliéron et Edmond Edmont, 12 vol. (Paris, 1902-1910). Une volume de *Suppléments* a été publié en 1920.

FEW = *Französisches etymologisches Wörterbuch* par Walther von Wartburg, depuis 1928, 25 vol.

ALMC = *Atlas linguistique et ethnographique du Massif Central* par Pierre Nauton, 4 vol. (Paris, 1957-1963).

ALG = *Atlas linguistique et ethnographique de la Gascogne* par Jean Séguy, 6 vol. (Paris, 1954-1974).

ALLy = *Atlas linguistique et ethnographique du Lyonnais* par Pierre Gardette, 5 vol. (Paris, 1950-1976).

[2]Jacques Pignon, *L'évolution phonétique des parlers du Poitou (Vienne et Deux-Sèvres)*, Bibliothèque du "Français Moderne" (Paris, 1960), p. 523.

[3]Pignon, *L'évolution phonétique*, pp. 518-19.

[4]Georges Gougenheim, "Un problème de configuration des aires: les aires dépassantes", *Orbis* 6 (1957), 182.

[5]Ibid., p. 183.

[6]Robert Hillairet, *Lexique illustré du patois charentais* (Bassac, 1973).

[7]Georges Musset, *Glossaire des patois et des parlers de l'Aunis et de la Saintonge*, 5 vol. (La Rochelle, 1929-1948); Raymond Doussinet, *Les travaux et les jeux en vieille Saintonge* (La Rochelle, 1967).

[8]Pierre-A. Jônain, *Dictionnaire du patois saintongeais* (Royan-Paris, 1869).

[9]*ALLy*, 5:167.

[10]Pierre Rézeau, *Un patois de Vendée: Le parler rural de Vouvant*, Bibliothèque française et romane, série A, 38 (Paris, 1976), p. 149, § 273.

[11]Augustin Simonneau, "Glossaire du patois de L'Ile-d'Elle (Vendée)", *Revue des patois* 2 (1888), 89-130; *Revue de philologie française et provençale* 3 (1889), 94-127.

[12]Augustin Simonneau, *Glossaire du patois poitevin, précédé d'observations grammaticales*, dans *Mémoires de la Société des antiquaires de l'Ouest*, 32/2 (1867), xl-265.

[13]Casimir Puichaud, "Dictionnaire du patois du Bas-Gâtinais", *Revue de philologie française et provençale* 7 (1893), 19-53, 101-37 et 171-90.

[14]Gaston Pougnard, *Le parler "franco-provençal" d'Aiript, commune de Romans, canton de Saint-Maixent, Deux-Sèvres* (La Rochelle, 1952).

[15]L'abbé Fourgeaud, "Patois de Puybarraud, commune de Genouillac, canton de Saint-Claud (Charente). Grammaire: Le Nom", *Revue des patois gallo-romans* 2 (1888), 193.

[16]*Tote listoire de France (Chronique Saintongeaise) now first edited from the only two MSS., with introduction, appendices and notes* by F. W. Bourdillon (Londres, 1897).

[17]Pignon, *L'évolution phonétique*, p. 519.

Deviations from the Troubadour Norm in the Language of Guillaume IX

Frede Jensen

Much has been made of certain conspicuous departures from the troubadour koine in the lyrics of Guillaume of Poitiers, yet it would be an error to infer from past examinations of the problem that these features are particularly numerous in the earliest troubadour or that they are typical of Guillaume alone.

Those who feel that Guillaume can be pigeonholed geographically and chronologically with the same ease as a *charte* have overlooked or minimized the importance of the koine, the refined literary language which he shared with numerous other poets whose names and works may not have reached us in their entirety. They have disregarded the vicissitudes of artistic creation by downplaying the strong linguistic and thematic interaction that pervades the troubadour era to such an extent and with such a cohesiveness that it becomes a very delicate operation to uncover individual strands interwoven in a complex whole. Dialectology has long been engaged in as a frustrating battle with the koine, which continues to offer fierce resistance to probings into regional or individual differences. The findings this discipline has produced heretofore, as far as Guillaume's language is concerned, do not and cannot rise above the realm of speculation as long as eleventh- and twelfth-century Poitevin remains an unknown entity. For lack of data, we could, with Jacques Pignon, let intuition or common sense be our guiding principle: "Il est certain que le bon sens commande de penser que le poète poitevin s'est servi de la langue employée à Poitiers.''[1] The same reasoning, however, could just as well be applied to countless other troubadours who write essentially the same language, but whose home is not Poitiers. This angle to the question brings us to Gamillscheg's[2] daring hypothesis: the koine is created by Guillaume and then adopted as a literary medium by his contemporaries in deference to the towering figure of the pioneer of troubadour art, and it is this language which continues to be cultivated by subsequent generations of poets. Gamillscheg's hypothesis, though presented with an impressive array of scholarship, is fraught with an obvious weakness: it cannot be verified.

Some scholars are of the opinion that Guillaume wrote his poems in Limousin, but little would be gained from going any further into the reasonings behind this belief, for regardless of the tag used in descriptions of Guillaume's language, the truth of the matter is that he expresses himself in a literary medium, and it is none other than Gamillscheg himself who states very appropriately that one of the chief characteristics of a literary language is that "sie läßt sich nirgends lokalisieren."[3]

From Jeanroy's succinct description of Guillaume's linguistic medium, we learn that "la langue de Guillaume IX est, à quelques traits près, celle des autres troubadours,"[4] but the French scholar resorts too readily to an alleged conformity with Poitevin phonetics in his attempt to account for these few exceptions to the norm. He affirms, for example, that the change of *e* to *ei* is characteristic of Poitou, but two objections may be raised to this assertion: how can we be certain that this statement also reflects conditions in eleventh- and twelfth-century Poitevin, for which no data are available? And what makes it a specific Poitevin development if, as Jeanroy himself admits, this evolution is commonly encountered in the works of the troubadours regardless of their country of origin? Similarly, for the vocalization of final *l*, Jeanroy affirms that it could be a Gasconism, but that since it also occurs in troubadours who have nothing to do with Gascony, it must be a Poitevinism: "Il reste donc qu'il soit, comme le premier, un poitevinisme."[5] The argumentation is typical of the role dialectology has played in most discussions of this issue: the Poitevin character of Guillaume's language is more or less taken for granted. With the 1973 Pasero edition, the Poitevin theory is so firmly entrenched that the editor on several occasions departs from the manuscript readings to propose forms, which he feels Guillaume must have used as a native of Poitou.[6] A case in point is the *-er* suffix, which he almost consistently substitutes for the *-ier* reading of the manuscripts. Convinced that Guillaume, in his native dialect, must have used palatalized forms issued from the Latin velars *c* and *g* before the vowel *a*, Pasero writes *chascus* in poem VII,5, although both manuscripts offer a [k] reading at this point: *cascus* in MS E and *quascus* in MS C. While he does list these variants, he provides no explanation for his decision to abandon forms that are perfectly problem-free. In poem V,7-8, he writes *mortau* and *leau*, although only *mortal* and *leal* are recorded in the manuscripts.

Guillaume's *Spontansprache* is irretrievably lost, and nothing proves that the departures from the koine encountered in his poetry are vestiges of his spoken dialect. We may even ask ourselves whether these forms are accurately defined as deviations from the norm, if they are used by several troubadours. Since the phonological features that are generally labeled Poitevinisms, such as the vocalization of final *l* and the diphthongization of close *e* to *ei*, are restricted to rhyme position, they are more convincingly accounted for as poetic licenses, but the details surrounding the creation of these deviant forms will probably forever remain shrouded in mystery.

It is time now to take a close look at some of the elements in Guillaume's language that are most widely rated as Poitevinisms or as borrowings from French. I have based my examination on a list of such items furnished by Max Pfister in a recent article,[7] but due attention is paid to other scholarship dealing with this issue: that of Jeanroy, Gamillscheg, Camproux,[8] Pignon, Görlich,[9] etc.

The vocalization of final *l* extends, according to Pignon, from southern Aquitaine to northern Poitou and is particularly common following the vowel *a*: NATURALE > *naturau* vs. *natural*. Several instances of the vocalization of final *l* after the vowel *a* are encountered in Guillaume's poetry where they constitute the earliest occurrences of this phonetic development. Pfister makes a point of mentioning that documentation for this phenomenon is assured through rhyme, and while it is commendable to infer medieval pronunciation from rhyme position, one should not overlook the danger of taking what is basically a poetic license to be a part of the poet's linguistic heritage. It is certainly deserving of mention that vocalization of final *l* takes place *only* in rhyme position, never inside the text. Furthermore, in the poems where these forms are found (poems IV and VII in the Jeanroy edition), they are tied to rhymes with an etymological *-au*, in poem IV with *contraclau* (v. 42) from CONTRACLAVE, in poem VII with *esgau* (v. 38) from *EX-GAUDIT and *lau* (v. 41) from LAUDO and the deverbal noun *lau* (v. 45, 49). Where such rhyme needs are absent, *-al* is left intact as in poem V,7-9: *mortal, leal, clergal*. Pasero's edition, which reads *mortau, leau, clergau*, seems to contradict this overall pattern, but MSS V and N both carry *mortal* and *leal*, and MS N has *clergal*. Pasero bases his *-au* reading solely on the mysterious *clersgau* of MS V. The use of *-au* for *-al* in rhyme position is a poetic license of which many troubadours have availed themselves: the Gascon poets Marcabru and Cercamon, the Limousins Bernart de Ventadorn and Jausbert de Puycibot, and to these we may add Jaufré Rudel of Blaye on the Gironde and perhaps Bernart Martí of unknown provenance. That vocalization of final *l* takes place in Gascon is confirmed by the *Leys d'Amors*,[10] but the wide spread it enjoys and the confinement to rhyme position make it difficult to assign this feature to specific dialects. In all the passages I have examined, *-au* from *-ALE* is found only in rhyme with an etymological *-au*, the same pattern as evidenced in Guillaume. For examples of this distribution, we may compare poems 17 and 24 with poems 11 and 13 in Moshé Lazar's edition of Bernart de Ventadorn,[11] and we may compare Jausbert de Puycibot's use of -al in poem XI vs. -au in poems V and IX.[12]

Easily the most important phonological item is the diphthongization of close e to ei. The occurrence of the diphthong ei for e is ascribed to the influence of Old French, where the diphthongization of stressed free e to ei represents the norm: MĒ > mei; HABĒRE > aveir; FĪDE > fei, while Provençal is basically a non-diphthongizing language.

Just like for -au above, it should be stressed that ei for e is a poetic license occurring exclusively in rhyme position. This point is made by Camproux who, without going into any detail on the topic, does make the fleeting observation that all the Poitevin features listed by Jeanroy can be better explained as forms dictated by rhyming needs.[13] Others, and I am thinking here mainly of Crescini and Pasero,[14] manage to combine metrical and regional explanations in their assessment of the problem: the deviations necessitated by the rhyme, far from being capricious, are available somewhere in the poet's native territory, and all he has to do is to choose among equivalent forms existing side by side in the literary polymorphism. Crescini talks specifically of French dialectalisms, while Pasero leaves the identification open: oc, oïl or the Southwest.

It is in poems II and III that we find instances of the ei diphthong. Poem II displays the monorhyme -ei throughout, and this "northern" diphthong is encountered in other troubadours as well. What I see in this feature is a poetic device which serves the purpose of alleviating the rigors of rhyming constraints, since it provides an extension in rhyming possibilities for the etymological -ei obtained through a process of coalescence of e and a yod: LĒGE > lei; RĒGE > rei; DĒBEO > VL *deio > dei; VĪDEO > vei, or through analogy: crei for cre from CRĒDO. That the primary function of the non-etymological -ei forms is to bring about a widening of the rhyming possibilities finds additional support in cases where -ei cannot be interpreted as a mere variant of e. In his poem "Anc no gardei sazo ni mes" (PC 70,5), Bernart de Ventadorn concludes each stanza with a rhyme word in -ei. The last line, es la melher qued el mon sei, contains the form sei instead of the proper Occitan third person singular present subjunctive sia. In Flamenca, the unusual form avrei occurs in rhyme with tornei; descending from APRĪLE, avrei contains a dipthong ei which replaces i, not e, and the final l is dropped.

The geographical spread of the ei diphthong in the South in the twelfth century is ascertained by Pfister in these terms: "Si pour le XIIe siècle, nous trouvons des formes diphtonguées en ei en Limousin et des graphies hypercorrectes dans le Périgord, on peut conclure que dans le Poitou également il faut supposer des formes en -ei."[15] This statement merits a close examination. The sporadic occurrence of the *ei* diphthong in twelfth-century Limousin is illustrated by a single example, drawn from an 1150 deed: *tui trei li fraire* (*Chartes*);[16] but Pfister omits any mention of some half a dozen instances of *trei* in twelfth-century *chartes* from Rouergue, a distinctly southern Occitan area: *nos tug trei juram* (*Chartes* 312:13), and additional examples may be seen in *chartes* 190, 197, 302, and 321. It is further to be noted that *trei* takes up a very special position among the so-called "northern" forms in -*ei*: it is the only word on Pfister's list which is not relegated to rhyme position. It does not, in other words, fit into the category of poetic licenses or "northernisms," but is a genuine Occitan creation. Classical Latin has an invariable TRĒS from which Old French draws a nominative *trei* simply by removing the -*s* of *treis*. In Occitan, this process is a little more complicated, but there is no justification whatsoever for resorting to French influence in order to explain *trei*. With *dui* (*doi*) - *dos* inherited directly from the Vulgar Latin as a model, Occitan created a *treis-tres* declension on its own and independently of French, an explanation already proposed by Oskar Schultz-Gora[17] and Joseph Anglade[18] and accepted by Pasero. *Trei* is not at all a rare form in the South; there are occurrences in Bertran de Born, Arnaut de Maruelh, Bernart Marti, Raimbaut de Vaqueiras, etc., as well as in the *chartes*.

The hypercorrect *ei* graph mentioned by Pfister appears in an obscure passage of a *charte* from the Périgord: "e es lor lo mas de las Chesas de Milac, . . . e sei una partida deu borc de Milac"[19] 'and belongs to them the farmhouse of las Chesas de Milac together with part of the village of Milac.' In Brunel's estimation,[20] the context seems to call for the meaning 'together with, along with,' and *esei* may perhaps be interpreted as a variant of *e(n)se(n)* from INSĬMUL or *INSĔMUL or *INSĔME. I am personally inclined to believe that the passage contains nothing more than a scribal lapsus: the scribe may inadvertently have used the possessive *sei* instead of *lor*. At any rate, I do not think that an obscure passage such as this one can serve as proof of anything, specifically where supportive evidence from other sources is unavailable.

Linking his discussion of *esei* to the treatment of adverbs compounded with *sem(per)*: *desse, jasse*, Pfister declares that "dans cette syllabe finale fermée par un -*n*, qui est tombé dans certaines régions occitanes, une diphtongaison septentrionale ne serait pas possible. Il s'agit de diphtongaisons transposées sur des lexèmes purement occitans, ou bien des graphies hypercorrectes seulement concevables dans des régions de transition, comme le Poitou ou le Périgord au XIIᵉ siècle, régions qui témoignent d'une forte influence septentrionale."[21] If this is the case, what are we then to make of the appearance of the form *jassey* for *jasse* from JAM SEM(PER) in the Gascon poet Marcabru? As rhyme words in the final stanza of "A la fontana del vergier," Marcabru further utilizes *crey, mercey, rey*, and *tey*. *Crey* can quickly be dispensed with as a perfectly native development of analogical origin. As for *mercey*, it is not as unproblematic as might seem at first glance, since the Old and Modern French is *merci* and not a form in *ei*, this because of the influence of the preceding palatal. Termed a "mot-clé" of the entire development of close *e* to *ei* by Pfister,[22] *mercei*, which does not follow from a smooth replacement of Pr. *merce* by an OFr *mercei*, turns into a "mot-clé" for those who do not consider the Occitan *ei* forms to be direct borrowings from Old French or regionalisms with a Poitou base. Finally *jassey*, *rey*, and *tey* reflect a Classical Latin short and hence a Vulgar Latin open E. In all three cases, however, the presence of an unstable final nasal results in the closure of E: RĔM > *ren*, *re* and TĔNET > *ten te*. The conclusion I draw from here differs from the one proposed by Pfister: the poetic device consisting in the replacement of closed E by the diphthong *ei* in rhyme position affects closed E very generally and regardless of its etymological source. As a phenomenon which is not directly tied to the French diphthongization process, it has evolved very freely in troubadour poetics whatever the original links—if any—to northern developments may have been. Finally, the passage in Guillaume in which *de sei* occurs (poem II, vv. 21-22) is open to a different interpretion: *sei* could be the equivalent of Occitan *set* and Old French *sei*, *soi*, French *soif* from SĬTE, a reading which is adopted by Jeanroy[23] and Riquer,[24] while Pasero differentiates between 'immediately' in v. 21 and 'of thirst' in v. 22 where the line is repeated.[25] As for the word *sei* 'thirst,' it seems preferable to consider it a direct borrowing from Old French rather than assuming the existence, to my knowledge otherwise undocumented, of a variant *se* in Occitan, from which *sei* could have evolved very smoothly.

By offering examples of *ei* in Marcabru, I have already addressed myself to the third observation that such graphs are conceivable only in transitional areas. My conclusion is that rhymes in an unetymological *ei* are used by so many troubadours (Guillaume IX, Marcabru, Bernart de Ventadorn, Arnaut de Maruelh, Guiraut de Calanson, Bernart de Rovenac) that we cannot pin a precise dialectal label on this feature, unless we join Jeanroy in making the unlikely assumption that all these troubadours are simply making a conscious effort to imitate Guillaume.

Before we leave this very important phonological problem, due attention must also be paid to poem III which displays an unusual rhyme scheme made up solely of rhymes in *-es* interspersed with *-eis*. No pattern seems to exist in the distribution of these two rhyme syllables. The *ei* diphthong is etymological throughout with the exception of *deveis* < DEFĔNSU, while *treis* is analogical from the already stated nominative form *trei*. The non-diphthongized forms all present a closed *e*; *es* (v. 4) from *est* acquires its vowel quality secondarily through weak stress, while *res* may be analogical from the accusative singular *ren*, *re*. While Pfister devotes his attention to instances of an unetymological *ei* in poem II,[26] Gamillscheg[27] explains, on the basis of the evidence contained in poem III, that in the Poitevin dialect both pronunciations *e* and *ei* coexisted, and that what we have here is thus Poitevin rhymes. It cannot, he adds, be determined how Guillaume pronounced these syllables. If, as Gamillscheg contends, *e* and *ei* are not rigorously kept apart in Poitevin, a general confusion would have resulted and specifically in Guillaume who writes "die Sprache seiner Heimat." It is only legitimate therefore to ask why, in poem III, *ei* is used in relatively strict adherence to etymological criteria, and it is equally legitimate to ask why the coexistence of these two pronunciations leads only to the occasional replacement of *e* by *ei* in rhyme position as in poem II, never the opposite and never outside of the rhyme.

The *ei* diphtong displays yet another interesting feature which should not be overlooked: it occurs only in absolute final position or before *s*, a distribution which is well known from the unstable *n* and whose chief purpose is to assure a leveling of the differences that would otherwise accrue from the declension. In other words, only *-ei* and *-eis* are found, while other consonants and the final vowel *a* are dropped after *ei* as in APRĪLE > *avrei* and SĬA > *sei*. SĬTE > *sei* could perhaps be similarly explained.

Characteristic of the koine is the fluctuating treatment which *c* and *g* undergo before the vowel *a*, namely a non-palatalized *ca-* and *ga-* alternating with a palatalized *cha-* and *ja-*. Palatalization takes place in the northern Occitan dialects as opposed to the Center and the South, where the occlusives are kept intact; but the fluctuation between these two sets of forms is so much part and parcel of the koine that it can hardly serve as proof of the existence of regionalisms in the work of any given troubadour. To be sure, it is somewhat disconcerting to find this variation displayed within the scope of one short lyrical poem, as is the case in Guillaume. Pignon rejects the idea that the non-palatalized forms, unknown in the northern dialects of Occitan, could have flowed directly from Guillaume's pen, and he sees in them the work of southern scribes;[28] yet it seems altogether an illogical or amateurish behavior on the part of these scribes to correct only some of the northern palatalizations while leaving others alone. Why didn't they proceed in a more systematic manner? And to what extent are we justified in considering the central and southern variants the work of scribes and the northern ones the patrimony of the poet himself? The stylistic distribution that Camproux proposes is not convincing. For example, he concludes from the context that *pechat* (poem V,7) is profane as opposed to *peccador* (poem XI,28), which he terms religious, and he is convinced that Guillaume employs *carta* (poem VIII,8) instead of *charta* because the latter could have been confused with an entirely hypothetical Poitevin **charte* 'prison' from CARCERE.[29] By using *carta*, so the argument goes, Guillaume wants to make it perfectly clear that he is prepared to become his lady's vassal ("inscrit en sa charte"), but definitely not her prisoner. Concerning this last example, I should think that contemporary readers were so familiar with the feudal term *escriure en sa carta* that there would be no risk whatsoever of a misunderstanding, but

furthermore, the attitude which Camproux attributes to Guillaume is un-
thinkable, since the poet's submission to his lady is as total as that of a vassal
to his lord. An implicit declaration to the effect that the poet is not prepared
to go to prison for his lady would clash with the traditional image of the poet-
lover ready to suffer imprisonment or even death at the hands of his lady.
With *carn* (poem IX,35), supposed to have been favored over *charn* in order
to avoid a clash with an unpoetic Poitevin *char* 'lard maigre du cochon,' the
risk of a misunderstanding becomes incredibly remote.

The loss of final *t* under certain conditions is considered by some to be a
specific feature of Poitevin. Pfister cites as an example in Guillaume of the
loss of final *t* after *r* the noun *esguar* 'look' (poem IX,22) derived from a
verb of Germanic origin, *EX-WARDÔN[30], but the fact that *esgardar* is
flanked by the very common variant *esgarar* greatly diminishes the importance of this word as proof of a dialectal pronunciation. In his discussion of
the WARDÔN word family, von Wartburg[31] makes no mention of *esgar* and
esgarar, and he mostly limits the loss of the dental to certain imperatives-
turned-interjections: *gar* and *agar*, although he does add the noun *regar* (=
Oc. *regart*, Fr. *regard*), documented for the valley of Aosta.[32] It suffices,
however, to peruse a few pages of troubadour poetry to discover that the
noun *esgar* is numerically far superior to *esgart*, and that the verb form
esgarar is quite common. Examples of *esgar* are plentiful (Cercamon,
Bernart de Ventadorn, Bertran de Born, Peire Vidal, Ussel, etc.), and this
form is frequently assured through rhyme position: *bel esgar/chantar*
(Cercamon, 2:17); *na Dous-Esgar/chantar* (Bernart de Ventadorn, 30:50);
ab dous esgar/jogar (Peire Vidal, 23:47); *un dous esgar/emblar* (Ussel,
4:28); *ab doutz esguar* (Bertran de Born, 35:25); but also *e·l doutz esguart
amoros* (ibid., 32:32). Continuations of the verb form *esgarar* are equally
plentiful: *quant eu l'esgar* (Peire Vidal, 18:11); *can eu vei midons ni
l'esgar/durar* (Bernart de Ventadorn, 20:19); *per huoill que m'en
esgar/doptar* ((Ussel, 6:32). The dental may also be lacking internally:
esgarava in *Flamenca* (v. 1373-74), and this development is found with
other members of the WARDÔN family as well: *garar* for *gardar* and
regarar for *regardar*. It hardly seems necessary to list further examples
here; suffice it to say that I have documentation for such verb forms in
Cercamon, Jausbert de Puycibot, Arnaut Daniel, Bernart de Ventadorn,
N'Aymar de Rocaficha and in *Flamenca*.

The only other instance Pfister has found in Guillaume of the dropping
of the final dental from pronunciation following the consonant *r* is provided
by a faulty rhyme: *belazor* rhyming with *fort-tort-deport* in poem IV, 31-35.
The rhyme is imperfect on yet another score: the closed *o* of *belazor* rhymes
with an open *o* in the other words, and it thus provides flimsy evidence for
the poet's pronunciation. I would venture no further than Martín de Riquer,
who infers from this passage that Guillaume here has settled for a "rima
falsa," if the fault is not simply attributable to the manuscript tradition.[33]

Appel,[34] who refers specifically to the loss of *t* after *r* as a late change, makes no mention of this passage.

Gamillscheg focuses his attention on the loss of final *t* in ALTU > *au* (poem IV,12), the norm being *alt*, *aut*, and he infers from this sole example a very general phonological rule: the loss of final *t* after the semi-vowel *u* is, he declares, possible only in Poitevin.[35] This rule is contradicted by the presence of the form *al* in *Sainte Enimie: el plus al vas* (v. 1602) 'in the highest tomb.' Although written by a Marseillais, the only manuscript from the Grévaudan (fourteenth century) shows a reduction of *alt* prior to, or independent of, any vocalization of *l*. Camproux[36] views *au* as a poetic license, and this explanation is on the whole far more satisfactory than any sweeping phonological generalization. Pfister[37] proceeds in the same manner as Gamillscheg when he infers the loss of the final dental after *ei* from the problematic *sei* from SĪTE, although he does add that *sei* could come from Old French. It has some significance that the examples listed by Appel and Gamillscheg of the loss of *t* after *i̧* are all cases of the *it/č* variation: *esplech* vs. *espleit* and *esplei*, and similarly *drei* and *destrei*, all encountered in Bertran de Born.

A problem of a combined phonological and morphological order is the use of the ending *-en* instead of *-em* in the first person plural present subjunctive. Gamillscheg considers the elimination of the opposition between final *m* and final *n* to be typical of Poitevin pronunciation: final *m* becomes *n*.[38] With this observation in mind, Pfister concludes that Guillaume must have made use of the dialectal *-en* ending instead of the regular *-em* of the koine.[39] The evidence on which he bases his conclusion is slim: a manuscript variant offers *albergen* for *alberguem* in poem V,33, but no such variant reading exists for *apareillem* in v. 75 nor for *aportem* in v. 51 of the same poem. Granted, Pfister's preference for the *-en* ending gains a certain momentum from the position in rhyme with *Ermessen* (vv. 31, 73), *queren* (v. 32), and *conoissen* (v. 74), but we have seen that Guillaume does not consider it above him to make use of an occasional imperfect rhyme, imperfections which Jeanroy refers to simply as "traces de négligence."[40] Most of all, we are not given any specific reason why Gamillscheg's broad, phonetic statement should be particularly or solely applicable to the present subjunctive of *-ar* verbs. There are other first person plural verb forms which consistently have *-em*, never *-en*: *vezem* (V,23; VII,1), *avem* (V,32), *aguem* (V,61), *partem* (XI,26), *fezem* (X,20), not to mention the *-am* ending: *anam* (V,32). All of this adds up to overwhelming evidence in favor of the contention that Guillaume uses the standard *-em* ending of the koine in first person plural verb forms.

There are a few other morphological items of interest to our discussion: the use in Guillaume of *celui*, *retenir*, and *om*.

Concerning the use in Occitan of *celui* as an oblique form of the demonstrative *cel*, Pfister[41] states that he has encountered it only in

Limousin and in the Valence region, and he accepts the opinion expressed by Kjellmann[42] that *celui* is a borrowing from French. This demonstrative appears in poems VI,44, VI,17, and XI,27, and Pfister[43] cites further examples from the *Boeci* and the *chartes*. No mention is made of the fact that *celui* is commonly found in the koine as its use by the following troubadours will testify: Bernart de Ventadorn, Jausbert de Puycibot, Peirol, Ussel, Bertran de Born, Giraut de Salanhac, and Giraut de Bornelh. We are in fact no more justified in declaring *celui* a borrowing than we would be if we were to make a similar statement about *lui* or *autrui*. Vulgar Latin *illui* is continued in the North as well as in the South, and analogical formations develop from here throughout Gallo-Romance. Can the fairly common *celui* be declared foreign and the rare *aysselhui*, used by Bernart Tortitz, be considered native, just because the latter of these forms has no counterpart in French? It seems even more illogical to term *celui* a borrowing when the corresponding feminine forms, *cel(i)eis* and *cel(i)ei*, have a distinctly Southern flavor. One would not very likely exist without the other. My conclusion is that by making use of the demonstrative *celui*, Guillaume does not resort to borrowing: he reveals conformity with the koine.

There is less to say about *retenir*, which occurs in poem IX, 33, except that *tenir* is also encountered in rhyme in Cercamon (II,48). This evolution, the analogical modeling of TENERE on VENIRE, is standard in French and rare in the South, but one cannot a priori rule out the occasional independent shift to *tenir* in the South. Jeanroy considers *tenir* a borrowing from a northern dialect,[44] but Camproux rightly rejects this explanation as needless: *tenir* for *tener* is part of the dialectal polymorphism in the South and is not uncommon in the modern dialects.[45]

Concerning *om*, there is no basis for assuming that the use in the South of this impersonal construction is an imported feature. *Om* is used by Guillaume in poem III,3, 6, 18, and the occurrences are thus all from the same poem. It is precisely this accumulation that provides Pfister with a first hint that *om* may be foreign: "Je crois pouvoir reconnaître une accumulation de la construction impersonnelle qui n'est usuelle ni en ancien occitan ni dans la langue des troubadours."[46] Not being of a statistical frame of mind, I have contented myself with examining a text chosen at random, the poetry of Peire Vidal, in which I have encountered over twenty occurrences of *om*. Some may have been overlooked, but as it stands, the number of cases is impressive enough to remove any lingering doubt about the native character of *om* which, incidentally, is present already in the earliest texts, the *Boeci* and the *Sainte Foi*. Cercamon uses *om* seven times within the same poem (V,5, 7, 13, 24, 36, 43, 52).

Fr. *on* is used with two different values as illustrated in the following sentences: 'on dit que' and 'quand on a soif' (*FEW* 4:458). In the first case, we have a statement involving people in a general or indefinite sense, the equivalent of English 'people say' or 'they say,' but excluding the speaker, while the speaker includes himself in the type of statement exemplified by the second sentence. Pfister declares that the first usage is not commonly found in Occitan: "Si l'interlocuteur s'exclut personnellement, il emploie normalement la troisième personne du pluriel (comme en italien *dicono*)."[47] This statement, however, does not reflect conditions in Occitan where such use of the third person plural is extremely rare and apparently limited to the locution *dizon*: *be·m dizon* (Perdigon 9:1), *dizon* (Peire d'Alvernhe, see Appel 80:65). The norm calls for the use of *om*: "e diz qe l'om laïntz la'n tir" (*Sainte Foi*, v. 220) 'and he asked people to drag her in there'; "om o tenia a gran meravila" (*Sermons* 5:29-30) 'they considered it a great wonder'; "aquella fazenda que om apella Massenal" (*Chartes* 377:7-8) 'that farm which people call Massenal'; "e luy apel' hom Cossezen" (Peire d'Alvernhe, see Appel 80:78) 'and people call him Cossezen'; "en loc no vau qu'om no crit" (Peire Vidal 9:48) 'I do not go anywhere without people shouting.' As far as the second construction is concerned, the speaker includes himself with the use of *om* in the following passages: "·l passions en que om lig estas leiczons" (*Sainte Foi*, v. 29-30) 'the passion where one reads those lessons'; "a re no degr'om melhs fugir com mal senhoriu" (Peire Vidal 25:17-18) 'there is nothing one ought to avoid more than an evil master.' Both functions thus seem to coexist in the *Sainte Foi* and in Peire Vidal, yet I suspect no French influence here because of that, as opposed to Pfister who believes that, if *om* is encountered indifferently in these two functions, a Northern influence has been sufficiently demonstrated as in the passage from Guillaume.[48]

Finally, I wish to return to phonology for the purpose of offering a brief survey of the development of the words *deslonja*, *monja*, and *ponja*, which all appear in rhyme position in poem VIII, "Farai chansoneta nueva." Since the authenticity of the poem is being questioned in some quarters, Pfister regretfully decides not to include material from it in his examination, but he does make the fleeting observation concerning the three words in question that these forms might very well be explained as Poitevinisms,[49] and in his article on the beginnings of literary Provençal, he does treat *deslonjar* and *ponjar* as dialectal forms.[50]

Deslonja (v. 20) is the third person singular present indicative of *deslonjar*, corresponding to OFr. *eslognier* and Fr. *éloigner* for which the etymology given is *EX-LONGEARE. The standard form of this verb is *lonha*, *luenha* (cf. 2:15), but, as Appel suggests,[51] the palatal *n* could be accounted for very easily through an alignment with the adverb *lonh*, *luenh* 'far' from LONGE with its palatal *ng* cluster. With the etymology *LONGEARE that is traditionally given for this verb, we have to do with a complex *ngi*-cluster, for which it is difficult to draw up any definite rules because of a lack of documentation, but it seems far from certain to me that *LONGARE can be ruled out as the etymon of *lonjar*, *lonhar*. If this is, indeed, the source, we have proof of the existence in Occitan of an alternate development in terms of which no fusion of *n* and *g* has taken place before the vowel *a*, and evidence supportive of this theory may be drawn from *monja* (v. 21) and *ponja* (v. 23). Instead, *g* is treated as initial following a consonant, an evolution which is quite common in French (cf. *étrange*, *grange*, *linge* vs. *ligne*, *montagne*), but which has gone relatively unheeded in the South. Pfister concludes that *deslonja* is a "poitevinische Mischform,"[52] but for one thing, the appearance of *lonja* in rhyme position in Amanieu de Sesca's rhymed letter[53] speaks against this assumption.

Monja (v. 21) is obtained from Greco-Latin MONACHA, presumably via *MONICHA as shown by the variant *monega*. A late syncope of the weak vowel accounts very easily for the voicing of *k* to *g*, and the syllable-initial *ga* is then regularly found alternating with a palatalized *ja*: *monga* and *monja*. Levy[54] lists an additional variant *moina*, identical with the form *moigna* encountered in a poem by Arnaut Daniel, where it rhymes with *desloigna*; it shows a merger of *n* and the palatal after the early loss of the intervening vowel. There is no reason to consider *monja* an importation from the Poitou region.

Ponja (v. 23) is the third person singular present subjunctive of *ponher* 'to sting, to attack' < PUNGERE. The Latin source of the form which we have here is PUNGAT, which evolves to *ponga* or a palatalized *ponja* (*ponga*, incidentally, may at times be a mere graph for *ponja*), while *ponha* could be either phonological or analogical from *ponher* or drawn from an alignment with such pairs as *tenha-tenga*, *venha-venga*, *remanja-remanga*. Other models are available, which display the *ga-/ja-* variation: *venga-venja*; *carga-charja*. A fluctuating phonological evolution coupled with a fair amount of analogical pressures may thus be held responsible for the varied outcomes of the *nga* combination. Jeanroy believes the forms under discussion to be void of any dialectal significance;[55] I would similarly consider *longa*, *lonja*, *lonha* 'long' as phonological outcomes of *longa*, and the same goes for *monga*, *monja*, *monha* (*moigna*). I admit that I am less inclined to follow Jeanroy when he declares that the two graphs, *nga* and *nha*, may represent roughly identical sounds.[56] For a somewhat similar case, we may look to the treatment of *nị* in French where both *ligne* and *linge* are rated native developments.

It goes without saying that it is not possible to give adequate treatment here to all alleged regionalisms in Guillaume's lyrics. At this point, I wish to comment very quickly on a few of the issues I have omitted from discussion. As for *guabier* (VI,43), I concur with Levy,[57] Roncaglia,[58] and von Wartburg[59] that it is an adjective, and as such the word is of no dialectal significance. It consists of the stem *gab-* to which a *-ier* suffix has been added; I see a parallel formation in *parlier* drawn from *parlar*, *destorbier* from *destorbar*, *alonguier* from *alongar*, and *podier* from *poder*. The infinitive is clearly *gabar*, assured through rhyme position in poem IX,7 and through the gerund *gaban* in poem X,29. For *enguers*, the example material adduced by Pfister[60] is of very scant proportions, and as a result, I do not consider the geographical limits for the unusual voicing of *k* firmly established. Furthermore, Pfister here breaks with the principle he advocates of drawing his conclusions strictly from rhyme position. In poem V, the fifth line of each stanza is a free-floating verse, the rhyme scheme being aaabcb; *enguers* occurs in c, and c does not rhyme from one stanza to the next. The manuscript reading is *enouers*. The locution *az estros* is not a borrowing from French, and its occurrence outside of Guillaume is not limited to the French-tainted language of the *Croisade Albigeoise* and of *Guillaume de la Barre*: "Les trois seules attestations en ancien occitan sont typiques."[61] This locution is found also in Cercamon (V,26), and several examples are listed by Levy,[62] who mentions that it is not a rare construction in the South. I am not entirely convinced that *casteiar* is borrowed from OFr. *chasteier*, and I prefer to ascribe this verb form simply to the power of expansion of the -IDIARE suffix, evidenced also in *autrejar* as a variant of *autorgar* and in *sonejar* (II,12) as an alternate development flanking the more common *sonelhar* (V,1). It is not clear to me how *estuy* (IV,41) from *STUDIU can be said to contain the reflex of a conditioned diphthongization;[63] the *i* comes from *dj*, and the diphthong results from a coalescence of this element with the preceding vowel. The *u*, if not simply learned, could be obtained through metaphony or umlaut, a development which remains optional only (cf. VL *dui* > *doi*, *dui* displaying a similar influence of final long *i*). The closed *o* is never subject to diptongization in Occitan, and the comparison with ancien rouerg. *muog*, *muetz*[64] < MŌDIU is inappropriate, since an open *o* is involved in this word. I remain rather skeptical of the claim made by Gamillscheg[65] and echoed by Pfister[66] that *Peiteus* and *Pietieus* (XI,10) are Poitevin forms from the time of Guillaume IX. Ancient toponyms often require laborious conjectures, and I would be wary of inferring phonological rules from them. The ink spilled on interpretations of the toponym *Madrid* should inspire caution here. I do not consider the suffixal variants -*er* and -*ier* to be of any dialectal importance, and I would respect the manuscript readings. Finally, there are a couple of items for which I do concur that French influence is in evidence: *enclostra* (VIII,25), derived from CLAUS-TRA, with its reduction of *au* to *o*, and *il* (I,21) for Oc. *el*, with its metaphony-caused change of *e* to *i*: ILLE > *illi* > *il*.

As I bring these observations to a close, I wish to emphasize that my purpose has been the modest and hopefully salutary one of voicing skepticism in regard to a trend which, in my opinion, indulges excessively in regional explanations, and whose ultimate goal seems to be to demonstrate that the earliest of the troubadours had at his command a linguistic medium that was basically different from the koine, or from which the koine ultimately evolved after a gestation process, the details of which are poorly known. It is my hope that the examination I have undertaken of a few previous findings will have revealed that a number of the supposed regionalisms are shared by other poets or are amenable to other explanations rather than simply traceable to the speech habits of the first troubadour, speech habits of which we know nothing.

As I see it, the language of Guillaume is that of the other troubadours— *peu de choses près*—; the exceptions are in essence poetically rather than linguistically determined, and they are shared by others. It is not Guillaume's mother tongue that surfaces in his poems, it is a *langue d'auteur*.

Notes

[1]Jacques Pignon, *L'évolution phonétique des parlers du Poitou (Vienne et Deux-Sèvres)*, Bibliothèque du "Français Moderne" (Paris, 1960), p. 44.

[2]Ernst Gamillscheg, "Zur sprachlichen Gliederung Frankreichs," in *Zentripetale Kräfte im Sprachleben; Hauptfragen der Romanistik: Festschrift für Philipp August Becker* (Heidelberg, 1922), pp. 50-74.

[3]Ibid., p. 74.

[4]*Les chansons de Guillaume IX*, ed. Alfred Jeanroy, Classiques Français du Moyen Age (Paris, 1926), p. x.

[5]Ibid., pp. xi-xii.

[6]*Guglielmo IX d'Aquitania: Poesie*, ed. Nicolò Pasero (Modena, 1973).

[7]Max Pfister, "La langue de Guilhem IX, comte de Poitiers," *Cahiers de Civilisation Médiévale* 19 (1976), 93-115.

[8]Charles Camproux, "Remarque sur la langue de Guilhem de Peitieus," in *Mélanges offerts à Rita Lejeune* (Gembloux, s.d. [1969]), pp. 67-84.

[9]Ewald Görlich, *Die südwestlichen Dialecte der Langue d'oïl (Poitou, Aunis, Saintonge und Angoumois)*, Französische Studien 3/2 (Heilbronn, 1882).

[10]Quoted by Vincenzo Crescini, *Manuale per l'avviamento agli studi provenzali* (Milan, 1926), p. 58.

[11]*Bernard de Ventadour, troubadour du XIIe siècle: Chansons d'amour*, ed. Moshé Lazar (Paris, 1966).

[12]*Les poésies de Jausbert de Puycibot, troubadour du XIIe siècle*, ed. William P. Shepard (Paris, 1924).

[13]Camproux, "Remarque," p. 69.

[14]Crescini, *Manuale*, p. 6; *Guglielmo IX*, ed. Pasero, pp. 338-40.

[15]Pfister, "La langue de Guilhem IX," p. 107.

[16]Ibid., p. 106.

[17]Oskar Schultz-Gora, *Altprovenzalisches Elementarbuch* (Heidelberg, 1906), p. 111.

[18]Joseph Anglade, *Grammaire de l'ancien provençal ou ancienne langue d'oc* (Paris, 1921), p. 53.

[19]Pfister, "La langue de Guilhem IX," p. 106.

[20]*Les plus anciennes chartes en langue provençale: Recueil des pièces originales antérieures au XIIIe siècle*, ed. Clovis Brunel (Paris, 1926), no. 225,16.

[21]Pfister, "La langue de Guilhem IX," p. 107.

[22]Ibid.

[23]*Guillaume IX*, ed. Jeanroy, 2:22, pp. 4-5.

[24]Martín de Riquer, *Los trovadores: Historia literaria y textos*, 3 vols. (Barcelona, 1975), 1:132.

[25]*Guglielmo IX d'Aquitania*, ed. Pasero, 2:22, pp. 57-58.

[26]Pfister, "La langue de Guilhem IX," p. 106.

[27]Gamillscheg, "Zur sprachlichen Gliederung," p. 70.

[28]Pignon, *L'évolution phonétique*, pp. 516-17.

[29]Camproux, "Remarque," pp. 77-81.

[30]Pfister, "La langue de Guilhem IX," p. 104.

[31]*FEW* 17:512-13.

[32]Ibid.

[33]Riquer, *Los trovadores*, 1:117.

[34]Carl Appel, *Provenzalische Lautlehre* (Leipzig, 1918), § 53.

[35]Gamillscheg, "Zur sprachlichen Gliederung," p. 71.

[36]Camproux, "Remarque," p. 75.

[37]Pfister, "La langue de Guilhem IX," p. 105.

[38]Gamillscheg, "Zur sprachlichen Gliederung," p. 70.

[39]Pfister, "La langue de Guilhem IX," p. 105.

[40]*Guillaume IX*, ed. Jeanroy, p. xvi.

[41]Pfister, "La langue de Guilhem IX," p. 108.

[42]Hilding Kjellmann, *Étude sur les termes démonstratifs en provençal* (Göteborg, 1928), p. 55.

[43]Pfister, "La langue de Guilhem IX," p. 108.

[44]*Guillaume IX*, ed. Jeanroy, p. xii.

[45]Camproux, "Remarque," p. 75.

[46]Pfister, "La langue de Guilhem IX," p. 109.

[47]Ibid.

[48]Ibid.

[49]Ibid., p. 108.

[50]Max Pfister, "Die Anfänge der altprovenzalischen Schriftsprache," *Zeitschrift für romanische Philologie* 86 (1970), 319-20 n. 44.

[51]Appel, *Provenzalische Lautlehre*, § 59b.

[52]Pfister, "Anfänge," pp. 319-20 n. 44.

[53]Carl Appel, *Provenzalische Chrestomathie*, 6th ed. (Leipzig, 1930), n° 100.

[54]Emil Levy, *Petit dictionnaire provençal-français* (1909; Heidelberg, 1966), p. 252.

[55]*Guillaume IX*, ed. Jeanroy, p. xiii.

[56]Ibid.

[57]Emil Levy, *Provenzalisches Supplement-Wörterbuch*, 8 vols. (Leipzig, 1894-1924), 4:8.

[58]Aurelio Roncaglia, "Marcabruno: *Aujatz de chan*," *Cultura Neolatina* 17 (1957), 22.

[59]*FEW* 16:3b.

[60]Pfister, "La langue de Guilhem IX," pp. 100-01.

[61]Ibid., p. 110.

[62]Levy, *Provenzalisches Supplement-Wörterbuch*, 3:351.

[63]Pfister, "La langue de Guilhem IX," pp. 110-11.

[64]Ibid.

[65]Gamillscheg, "Zur sprachlichen Gliederung," p. 57.

[66]Pfister, "La langue de Guilhem IX," p. 95.

Les noms de la *haie* dans la région d'Ussel (Corrèze)

André Lanly

La haie, ''cette clôture fait d'arbres, d'arbustes ou d'épines qui s'entrelacent, de branches sèches'', serrées par des liens, est une des caractéristiques des pays de bocage. Et la région d'Ussel, dans les espaces exploités - car il y a aussi de vastes zones de landes et de bois - est un pays de bocage. Les noms de la haie y sont assurément intéressants à observer et à étudier.

Sur le Plateau d'Ussel même, il y en a surtout deux: *bró* (et sa variante; *brwǎ*) et *àdzǎ*; un troisième est en sous-jacence, dans les lieux-dits, et il est même attesté en quelques endroits: c'est *gòrse* ou *gòršǎ*, que l'on retrouve ailleurs (voir plus loin).

Sur le pourtour de l'aire de Plateau d'Ussel, élargi même jusqu'au sud de la Creuse, à la région de Millevaches, la haie a d'autres noms (cf. la carte ci-après), à savoir:

1º au sud-est, au-delà de la Dordogne, dans le Cantal, c'est un mot d'origin latine: *tèrme* ou *tèrmi* (< lat. TERMINU 'limite, borne'); cf. l'*Atlas linguistique du Massif Central* (*ALMC*) de Pierre Nauton et l'*Atlas linguistique de la France* (*ALF*).

2º au sud-ouest, grosso modo dans le reste de la Corrèze, et débordant un peu sur le département de la Dordogne (région de Terrasson), c'est *rāndar* ou *rāndal/rāndaụ*; c'est évidemment un dérivé du substantif simple *rand*. Mais l'origine de ce *rand*, qui existe actuellement en allemand ('bord', 'limite') est différente selon les ouvrages savants. Pour le *Französisches Etymologisches Wörterbuch* (*FEW*) de Walther von Wartburg, c'est un mot d'origine gauloise: l'article du *FEW* (en allemand, comme on sait) est ainsi présenté: "RANDA (gall[isch]), rand"[1].

Il est de fait qu'on trouve *rand* dans des noms de lieux considérés comme venus de l'ancienne Gaule, en particulier dans notre région même: *Eygurande*, que l'on explique par 'limite d'eau' (*randa* 'limite', et *Eyg-* comme venant d'AQUA 'eau') ou 'juste limite' (lat. AEQUUS, -A, -UM 'égal, juste')[2].

Mais le mot *rant/rand* existe aussi en germanique ancien. Non seulement Matthias Lexer le note dans son dictionnaire du moyen haut-allemand (*Mittelhochdeutsches Handwörterbuch*, 1872) mais, dans une récente édition de l'*Etymologisches Wörterbuch der deutschen Sprache* de Friedrich Kluge (1957), il en a été fait implicitement un mot germanique qui a des rejetons dans le gothique de la Crimée (*rintsch* 'montagne'), en dialecte norvégien (*rinde* 'crête, ligne de partage des eaux') et jusque dans le finnois *ranteen*. Si le mot est signalé en vieil irlandais - langue celtique -, il y a un sens bien différent ('récipient de bois')[3].

Qu'en est-il du mot limousin - et sud-occitan aussi - *rãndar/rãndal*? Nous essaierons d'y voir plus clair à la fin.

3° à l'ouest (nord-ouest de la Corrèze, Haute-Vienne) c'est *plèi̯* dont le *FEW* 9:68a, fait un substantif verbal issu du verbe PLICARE[4]. Cet ouvrage cite, d'après Godefroy, l'ancien français *ploie* 'haie formée de branches entrelacées' et l'ancien poitevin *playe*: il cite (9:54a) aussi naturellement l'ancien provençal *plais* 'haie' et le limousin et périgourdin *plai* 'haie vive' et le béarnais *plèix* ou le landais *plèš*, ou encore (9:70b) *pleyis* 'branches ployées dans une haie' en Anjou et *playis* 'haie faite d'arbres pliés' en Nivernais. L'ouvrage récent de Claude Régnier[5] enregistre dans le Morvan la forme *plèši* ou *pyèši* qui correspond certainement à l'ancien français *pleissié* ou *plaissié* (*plessis* est encore dans les dictionnaires modernes et dans des noms de lieux), qui est une vieille parente de ces *plèi̯* (ou *ploi/ploie/playe*[6]).

4° à l'est, dans le Puy-de-Dôme, figure le mot *plã*, qui est largement répandu dans ce département (voir l'*Atlas linguistique et ethnologique de l'Auvergne et du Limousin*, dressé par Jean-Claude Potte - nous le noterons *ALAL* ici et sur la carte). Le *FEW* 9:22 s.v. plantare, donne de nombreuses attestations de ce type, au masculin ou au féminin, avec le sens de 'haie' ou un sens se rapportant à la haie. Nous relevons d'abord *plan* 'haie (entre route et champ)' à Lastic, c'est-à-dire dans notre région; puis encore
- l'ancien provençal *plan* 'haie';
- *plante* 'branche morte plantée pour réparer une haie', dans la région de Clerm[ont] et Th[iers];
- béarnais *plante-broc* 'haie d'aubépines';
- ancien normand et normand actuel *plante* 'haie vive, particulièrement d'aubépines'[7].

La Fontaine, dit le même *FEW*, emploie *plant vif* au sens de 'haie vive'.

Bref, ce *plā*, répandu ou connu ailleurs que dans le Puy- de-Dôme, est d'origine latine.

5° au nord, dans la Creuse, on retrouve abondamment (cf. *ALAL*, carte 211) le type *gòrse/gòrso* ou *gòršå* qui vient du gaulois **gortia* 'haie' (voir *FEW* 4:200b s.v. *gortia). Ce type est attesté encore sur le Plateau d'Ussel et sur le Plateau de Millevaches: Edmont l'a relevé à Meymac (*ALF*, carte 1592, point 707) et tout récemment encore M. Jean Mazaleyrat l'a noté sur le Plateau de Millevaches (*gòršé*, pluriel: 'haies hautes'), à côté de *rāndàu̯* et de *plèy*[8]. Près d'Ussel, à Chirac, un lieu-dit s'appelle *La Gòrša*. Des gens s'appellent *Gorse* en Haute-Corrèze.

On sait que le mot est répandu dans l'Est aussi, au moins dans le noms de lieux et de personnes (*Gorcy*, localité proche de Metz, et nom de personne!).

Sur ce substantif ont même été formés des verbes: le *FEW* cite *engoursar* ('s'embarrasser dans des buissons') dans le Cantal[9].

Avec *gòrse/gòršå* nous voici revenu dans la région d'Ussel, qui doit surtout nous occuper aujourd'hui. Ce terme y est cependant rare ou à l'état de vestige, mais bien vivant plus au nord. Les deux mots qui nous intéresseront d'abord, parce qu'ils y sont dominants actuellement, sont *bròo/brwå* et *àdzå*:

a) *bró/brwå* est un terme d'origine gauloise. Le *FEW* 1:555 pose un étymon *BROGA qu'il traduit, on l'a vu plus haut (voir n. 1), par '*grenze', 'rand', c'est-à-dire 'frontière, limite, lisière'.

Il semble que *brwå* s'explique par le pluriel: dans une localité que nous connaissons (Chirac), on dit *lå bró* (sing.), *là brwà* (pluriel).

L'aire de *bró* est large: Edmont a noté le mot jusqu'au Mont-Dore, dans le Puy-de-Dôme (*ALF* 705), et à St-Quentin, dans la Creuse (*ALF* 704). Nous-même l'avons noté aussi dans le Puy-de-Dôme à proximité du Mont-Dore (Cros, *ALAL*, carte 211, point 17).

Il n'est pas étonnant que, dans cette région centrale, éloignée des grands centres urbains (Clermont, Bordeaux, Limoges, Narbonne, Toulouse) - centres de latinisation aussi -, ce mot gaulois se soit maintenu, comme aussi l'autre mot gaulois *gòrse/gòršå*.

Plus étonnante est la présence de *àdzå*, un mot germanique.

b) *àdzå*. Ce terme a une aire limitée, certes, mais qui semble bien nette. M. Jean-Claude Potte l'a relevé récemment à Combressol (*ALAL*, point 26). Nous-même nous l'avons noté en 1957 à Meymac (point 707 de l'*ALF*, où Edmont a enregistré *gòrse* et M. Potte, récemment, *brwå*), à Palisse, à Saint-Angel (concurremment avec *bró*), à Egletons, à Lapleau[10]; aussi avons-nous dessiné son aire comme elle figure sur la carte.

adzå représente, comme le français *haie*, le francique *HAGJA, mais avec une évolution phonétique non française. Si parfois les patois d'Auvergne emploient le mot français *haie*, ils le font sous la forme *è* (que

M. Potte a relevée dans le sud du Puy-de-Dôme, *ALAL* point 10, Saint-Victor) et nous-même non loin de là, à Allanche (Cantal)[11].

Cette évolution phonétique - ancienne - ne peut avoir été que la suivante:
*HAGYA > *(h)adya > *adz(y)a > àdzå, tandis qu'en français elle a été
*HAGYA > *haya > haię > hè(į)e > [hè] écrit *haie.*

Des évolutions comparables à l'évolution limousine se retrouvent en d'autres régions de France, mais assez loin ou très loin de là:
- assez loin: dans le Berry ou le Poitou sous la forme *age* (cf. *FEW* 16:113b, qui cite le *Glossaire du Centre de la France* de Jaubert, etc.);
- très loin: dans le Jura et la région de Belfort d'une part, le sud de l'Isère d'autre part: nous trouvons de nombreuses attestations dans le *FEW* et dans l'*Atlas linguistique du Jura et des Alpes* (*ALJA*) de MM. Tuaillon et Martin.

Le *FEW* note *hadze* à Vaudioux (Jura), *èdze* à Sancey (Jura), *àdze* à Crans (Jura) et même dans la région de Neuchâtel en Suisse.

L'*ALJA* note *àdjè* (point 7), *òdz* (point 6) et *édz* (point 10) dans le Jura, et, d'autre part, *àjé* (78, Lans en Vercors), *ądzé* (75, Saint-Pierre-d'Allevard). Il n'est pas sans intérêt de remarquer qu'il note *bruą* dans le voisinage alpin (point 81, Pierre-Châtel): autrement dit, on y voit, comme à Ussel, le mot germanique grignotant - autrefois - l'aire du vieux mot gaulois! Mais là n'est pas encore notre propos.

La question qui se pose, en effet, est celle-ci: Comment se fait-il qu'il y ait, pour désigner la haie, un îlot germanique - et probablement deux, comme on verra - en Limousin, au milieu de mots d'origine gauloise, d'une part, et dans le voisinage de mots d'origine latine, d'autre part?

La réponse nous a été suggérée par M. Jean Lanher, directeur de l'*Atlas linguistique de la Lorraine romane*: il y sans doute eu là une famille seigneuriale germanique et sa suite; puis les indigènes auraient adopté pour désigner la haie - limite des propriétés, ne l'oublions pas - le mot des seigneurs, à savoir **hagja*, selon la graphie du *FEW*.

On pense tout naturellement à la seigneurie de Ventadour, dont le château, en ruines, est proche d'Egletons et de Meymac. Ce nom a été rendu célèbre par le troubadour Bernard de Ventadour, fils d'un humble serviteur de ce château et protégé du comte Eble II, puis chassé vers 1148 par le comte Eble III, jaloux.... *Eble*, nom germanique.... L'introduction du mot **hagja* nous paraît dater du temps de ces comtes ou de leurs ascendants, installés là plus anciennement; nous livrons la question aux historiens.

Mais dès lors, ce n'est pas tout. Pourquoi le type *rāndal/ rāndau* (dont *rāndar*, beaucoup moins attesté, doit être une altération) et qui couvre, grosso modo, l'aire de l'ancienne seigneurie voisine, voire dominante, de Comborn, ne serait-il pas un mot germanique lui aussi, issu de *rand* ('bord, limite')? Vers l'an 1000, les seigneurs ou dames de Comborn avaient des noms germaniques (Adhémar, Archambault, Humberge, pour nous en tenir à ceux que cite le *Larousse du XXᵉ siècle*).

L'objection majeure que l'on peut nous faire c'est que ce type, surtout sous la forme *rãndal*, *rãndalo*, *rãndaɥ*, *rãndo*, est abondamment représenté ailleurs, dans le Midi, avec le même sens de 'haie', clôture' ou 'bordure d'un champ', sporadiquement dans le Lot, le Lot-et-Garonne, le Gers (cf. le *FEW*, article randa, qui cite de nombreuses attestations) et avec une aire plus continue aux confins du Tarn et de l'Aveyron: l'*ALF*, carte 1592B, enregistre dans cette aire les variantes *ròndo* (point 735), *rãndàló* (point 746), *rãnde* (point 764), *rãndúro* (point 735). L'*Atlas linguistique de la Gascogne*, carte 234, relève *rãndal* dans le Tarn.

Mais ne peut-il pas s'agir partout, là aussi, d'un mot germanique? Car, enfin, il y a bien eu dans le Midi, un royaume wisigothique du début du Vᵉ siècle jusqu'en 531. Et les Wisigoths ont alors été battus par Childebert, roi franc...

Sans doute est-il est vrai que *randa* a été aussi un mot gaulois (et nous ne discuterons pas l'origine d'*Eygurande*, par exemple, qui est dans notre région). Mais avait-il, en gaulois, le sens de 'haie'? Il ne semble pas, puisque, à Eygurande même (au nord-est d'Ussel), et tout autour d'Eygurande, 'haie' se dit *bró* ou *brwå* - et non *rãndal/rãndar*[12]. Raison pour laquelle nous pensons, pour ce dernier mot, à une importation germanique, ou à une restauration, due à des Germains, d'un mot qui était sorti de l'usage en gaulois.

Conclusion

On peut essayer d'imaginer, sinon de voir, la formation des aires actuellement existantes des mots qui désignent *la haie* dans la région d'Ussel, et autour de cette région, dans l'ordre chronologique.

1º L'aire la plus ancienne est naturellement celtique ou préceltique: elle couvre le Plateau d'Ussel, une partie du Plateau de Millevaches, s'étend jusque dans la Creuse, et va de l'autre côté jusqu'au Mont-Dore et aux flancs du Pic de Sancy.

Elle comprend deux types: *bró/brwå* surtout, considéré comme issu d'un mot gaulois *BROGA, et *gòrse/gòršå*, issu d'un gaulois *GORTIA, qui a moins bien résisté mais qui est encore attesté çà et là et, en sous-jacence ailleurs, dans des lieux-dits.

2º Contre ce réduit semi-montagneux et partiellement montagneux, éloigné des grandes villes, nous voyons se dessiner, aux temps de l'Empire Romain, trois invasions de mots latins, différents parce que venus de centres différents:

a) au sud-est, venu de la Narbonnaise, semble-t-il, *tèrme* ou *tèrmi* (latin TERMINUS 'limite');

b) à l'est, venu de Clermont, le type *plã(n)* (déverbal de PLANTARE);

c) à l'ouest, venu de l'Aquitaine et de Limoges, le type *plèi̯* (déverbal de PLĬCARE, participe PLEXUS - ou *PLAXUS, comme disent le *FEW* et d'autres ouvrages).

3° Et puis, dès le haut moyen âge, les Germains auraient apporté d'autres mots:

a) L'un, le plus ancien, nous paraît être wisigothique: c'est *rāndal/rāndau̯* (par vocalisation du *l*), dont la variante principale est *rāndar*, abondamment attesté aussi, comme on l'a vu, dans des régions assez proches de Toulouse. Il aurait pu être introduit ou conforté en Corrèze par les seigneurs de Comborn et de Turenne et s'être étendu dans la région de Brive-Uzerche aux dépens du type *plèi̯*;

b) Un peu plus tard serait venu le mot francique *HAGJA (qui a donné *àdzǎ*) dans les domaines dépendant des seigneurs de Ventadour: le mot doit s'être étendu aux dépens de *gòrse* et de *bró* (à Meymac; les trois termes ont été enregistrés récemment encore) et, légèrement à l'ouest, aux dépens de *plèi̯*; mais M. Mazaleyrat ne l'a pas noté à Pérols (sud du Plateau du Millevaches), où *plèi̯* existe à côté de *gòršé* et de *rāndau̯*.

Bref, tout cela ferait que les différents mots se présentent actuellement sur le terrain comme nous avons essayé de le figurer sur notre carte.

Ainsi le cas de la haie (on ne distingue plus ''la haie vive'' et ''la haie sèche''[13], et on ne fait d'ailleurs plus de ''haies sèches'') illustre assez bien, dans une région pourtant réduite, la grande variété, jusque dans les origines, du vocabulaire employé pour désigner une ''chose''. Et ce cas n'est pas exceptionnel; comme les auteurs des atlas linguistiques, nous l'avons montré, en d'autres temps, pour d'autres ''choses''[14]. Et la phonétique, la morphologie, la syntaxe témoignent aussi de grandes variations sur la surface que nous présentons aujourd'hui. Aussi demeurons-nous béat d'étonnement quand nous entendons parler de ''*la* langue occitane'' aujourd'hui et quand nous voyons publier ''*un* dictionnaire occitan'' ou ''*une* grammaire de l'occitan'', ou annoncer ''*un* cours d'occitan'' sans précision de lieu. Il y a tant de dialectes ou, plutôt, de patois occitans! Les seules entreprises légitimes, à notre époque, sont, à nos yeux, les atlas linguistiques, les études de géographie linguistique utilisant ces atlas ou des enquêtes à mailles encore plus serrées, et enfin, les monographies ou études consacrées au patois d'un village ou, tout au plus, d'un groupe de villages[15].

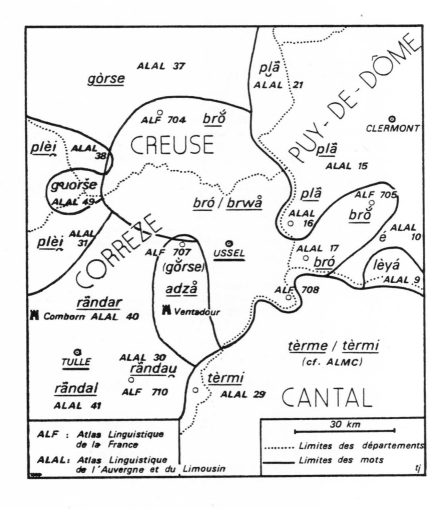

gòrse   ALAL 37   plã
                    ALAL 21

PUY - DE - DÔME

ALF 704   bró   CLERMONT
plèi ALAL   CREUSE   plã
      38   ALAL 15
guorše
ALAL 49   bró / brwå   plã   ALF 705
                           ALAL   bró
                           16
plèi ALAL   é   ALAL
      31   ALAL 17   10
CORRÈZE ALF 707 USSEL   bró
         (gŏrse)   lèyá
         adzå   ALAL 9
rãndar   ALF 708
Comborn ALAL 40   Ventadour

                           tèrme / tèrmi
                           (cf. ALMC)
TULLE ALAL 30
       rãndau
rãndal   tèrmi
ALF 710   ALAL 29   CANTAL
rãndal
ALAL 41

                           30 km
ALF : Atlas Linguistique
      de la France   Limites des départements
ALAL: Atlas Linguistique   Limites des mots
      de l'Auvergne et du Limousin   tj

Notes

[1]Le *FEW* 1:555, à l'article *BROGA (ancêtre gaulois de *bró*), traduit aussi ce mot par 'rand'.

[2]Voir Albert Dauzat et Charles Rostaing, *Dictionnaire des noms de lieux en France* (Paris, 1963): *Eygurande* porte peut-être ce nom parce que la petite localité était à la limite entre deux peuples: les Lémovices et les Arvernes. Mais il y a en France des variantes du nom (Aigurande, Ygrande, Ingrande . . .).

[3]Nous devons la traduction de cet article à M. Eugène Faucher.

[4]On peut aussi partir de *plexus*, p.p. de *plectere* 'tresser, entrelacer', - qui est conforme au latin -, pour expliquer certaines formes (*plèi̯*, *ploie* notamment).

[5]Claude Régnier, *Les parlers du Morvan*, Publication de l'Académie du Morvan, 2 (Château-Chinon, 1979), p. 74.

[6]*Plaissié/pleissié* s'expliquent non par *plaxus* mais par un dérivé *plaxatus*, ce que ne dit pas le *FEW* 9:54-55. L'infinitif *pleissier* est bien atteste en ancien et moyen français comme le note le *FEW* (au sens de 'plier, entrelacer des branches d'arbres pour former une haie').

[7]M. Claude Régnier, dans l'ouvrage cité plus haut, a relevé *plā* ou *pyā* (2:62) avec le sens d''aubépines': cette 'plante' est bien un élément constitutif - majeur parfois - des haies et a, ainsi, pris le sens de haie en maints endroits.

[8]Jean Mazaleyrat, *La vie rurale sur le plateau de Millevaches* (Paris, 1959), p. 86.

[9]Nous-même nous expliquons *angoursez*, mot obscur du *Roman de la Rose* (v. 15326) comme un participe du verbe *angourser*; d'abord: 'munir d'une haie, fortifier par une haie', ainsi: ''d'armes bien *angoursez*'' signifierait 'bardé d'armes' (cf. *Actes du Colloque de Metz de novembre 1976* [Paris, 1978], pp. 173-81).

[10]Voir André Lanly, *Enquête linguistique sur le Plateau d'Ussel* (Paris, 1962), pp. 28-29, 70-71 et 132-33.

[11]Ibid., p. 133 (la *hé*).

[12]De même, autour de *Randan* (Puy-de-Dôme) la haie n'a pas un nom en *rand*; dans toute cette zone c'est *plā*.

[13]Mazaleyrat, *La vie rurale*, p. 86, dit que les *gòršé* sont des 'haies hautes', les *rāndau* des 'haies basses', les *plèi̯* des 'entrelacs d'épines': dans un village où existaient ces trois mots on a pu faire ces distinctions.

[14]Voir Lanly, *Enquête linguistique*, pour les noms de la ''jument'', de la ''truie'', de la ''joue'', des ''lèvres'', de la ''neige'', de la ''glace'', du ''balai'', etc. . . . et pour les verbes ''traire'', ''neiger'', ''il fait des éclairs'', etc. . . .

[15]La thèse d'un de nos maîtres, Jean Lhermet (*Contribution à la lexicologie du dialecte aurillacois* [Paris, 1931]), portait sur une région d'un diamètre de 50 km environ: c'était certainement trop (à Saint-Cernin il n'y a pas toujours les mêmes mots qu'à Vic-sur-Cère).

Personnellement, nous avons étudié des variations linguistiques sur une région de grandeur à peu près semblable. Pierre Fouché aurait préféré nous voir faire une monographie locale . . . C'est du moins ce qu'il nous a dit après coup.

La parlure innomée

Albert Maquet

Une langue qui a tant de moyens, et dont Montaigne a loué l'énergie,
n'est point une langue méprisable; c'est un monument qui caractérise
un peuple comme son histoire. . . .
(Les Soirées provençales, ou Lettres de M. L. P. Béranger,
3ᵉ éd. [Paris, 1819], p. 418)

La parlure en question - "parlure" avec le sens que lui ont attribué
Damourette et Pichon - n'est autre que le provençal d'Italie, tel qu'on peut
l'entendre aujourd'hui encore tout le long de cette frange alpine (L. 110 km,
1. 20/30 km) s'étendant du Mont-Cenis au Col de Tende, plus précisément
dans les parties hautes de quatorze vallées distribuées en éventail autour des
deux chefs-lieux de province les plus occidentaux du Piémont: Torino
(Turin) et Cuneo (Coni). Il s'agit donc, d'une part, de la vallée de la Dora
Riparia (jusqu'à Chiomonte), des vallées Chisone, Germanasca et Pellice;
d'autre part, des vallées Pô, Varaita, Maira, Grana, Stura, Vermenagna,
Gesso, Pesio, de l'Ellero et Corsaglia (à quoi il faut ajouter, pour être
complet, une commune de la province de Coni, Briga Alta, dans la haute
vallée du Tanaro, et une commune de la province d'Imperia: Olivetta San
Michele, dans la Vallée Roia)[1].
    De souche celto-ligure, les occupants de ces vallées à l'époque histo-
rique partagèrent avec leurs homologues[2] gaulois la même langue, du moins
c'est ce qu'il semble raisonnable de déduire des criantes analogies observa-
bles de part et d'autre de la chaîne des Alpes entre certains toponymes
préromains parmi les plus anciens (notamment ceux relatifs à des sommets,

aux pâturages d'été, etc.)[3]. En répartissant ces peuplades, non point dans la *IX regio italica*, mais dans les deux provinces *Alpium Maritimarum* et *Alpium Cottiarum* dépendant du domaine gaulois, l'administration d'Auguste ne fit que renforcer leur cohésion ethnico-linguistique. La ligne de partage des eaux, par conséquent, loin de fonder le tracé de la frontière linguistique et de couper en deux la communauté alpine, se trouvait ainsi chevauchée par celle-ci, de sorte qu'au fil du temps, occupants du versant rhodanien et occupants du versant padan ne cessèrent de multiplier leurs rapports et de resserrer les liens créés tout naturellement par les affinités de leurs modes de vie, de leurs parlers et de leurs cultes.

Les Barbares ne firent rien pour modifier cette organisation territoriale, et l'Église, par après, s'en inspira pour constituer ses diocèses; le premier d'entre eux, par exemple, celui de Maurienne, avait des limites qui "correspondaient exactement avec celles de l'ancienne province romaine des Alpes Cottiennes"[4].

L'appartenance de la zone qui nous occupe à une entité linguistique bientôt définie par cette *lenga romana*, ancêtre de la langue d'oc, n'a sans doute rien à voir dans le succès que recueillera en Piémont, dès le XIIe siècle, l'art des troubadours (celui, concurrent, des trouvères du Nord n'aura d'ailleurs pas grand-chose à lui envier). On peut toutefois se demander si ce succès, par le fait d'abord d'instaurer à côté de la tradition populaire de nos vallées une tradition savante et poétique de *lingua d'oco* (on devra cette appellation à l'auteur de la *Vita Nuova*), par le fait ensuite de drainer au XIIIe siècle (surtout après 1242) le flux des poètes d'oc fuyant une patrie devenue inhospitalière, n'a pas ranimé, au sein de cette terre d'échanges que constitue la marche subalpine, le sentiment collectif de son unité en diptyque, la conscience de son ethnie en bipartition. Vers la même époque, à la faveur de l'installation d'un certain nombre d'adeptes de l'hérésiarque lyonnais Pierre de Vaux (ou Valdo) dans les vallées du Chisone, Germanasca et Pellice (y compris les petites vallées latérales comme celle d'Angrogna)[5], va se développer dans cette même conscience ce qu'on pourrait appeler un noyau dur, en ce sens que la communauté vaudoise ne cessera, au cours de sept siècles de pénibles vicissitudes, de considérer comme un des éléments de sauvegarde de son culte le maintien de sa langue d'origine: occitane, puis - simultanément - occitane et française[6]. Par leur passé tumultueux, lesdites vallées vaudoises, véritable ghetto de l'Église réformée, polarisent si bien l'attention que certains esprits, et non des moindres, n'hésitent pas à résumer en elles l'Occitanie piémontaise tout entière[7]. Celle-ci, à vrai dire, avec son potentiel humain disséminé dans les montagnes, n'a fait que subir l'Histoire en silence, sans grande conscience de son identité, sans grand souci d'initiative, sans conviction aucune d'un quelconque destin[8], tombant, morceau après morceau, aux mains des Savoie-Carignan, pour partager finalement le sort de l'Italie unifiée.

Quant à ses parlers, vivant d'une vie absolument dépourvue de toute
dimension culturelle, ce qui explique qu'ils n'aient pas ressenti le contre-
coup à la fin du XIIIe siècle de l'éviction progressive de la littérature des
troubadours, ils ont poursuivi leur existence obscure et vulnérable, exposés
qu'ils étaient à la glottophagie (pour reprendre le néologisme si suggestif de
Louis-Jean Calvet[9]) développée par les idiomes voisins dominateurs. Rava-
lé par le français, supplanté par l'italien, grignoté par le piémontais,
l'occitan alpin des provinces de Turin et de Coni s'est trouvé hiérarchique-
ment et géographiquement refoulé[10]. Pour ces montagnards trilingues, voir
quadrilingues, dont il constitue l'idiome de nature, les occasions d'y avoir
recours ne s'offrent guère en dehors du cercle rétréci des rapports affectifs ou
professionnels qu'ils entretiennent entre eux. Les mots de la tribu, refuge
ancestral d'une foi, d'une sensibilité, des traditions, des tabous de la
communauté, des fastes de la mémoire se voient réduits à soutenir un ordre
de valeurs si appauvri et de valeurs si peu appréciées, pour ne pas dire
méprisées, qu'ils en apparaissent eux-mêmes comme démonétisés. Tout a
contribué en ces temps modernes à provoquer pareil décri: la rupture des
rapports entre les deux versants alpins, incorporés chacun à un État différent;
vingt-cinq années d'un régime fasciste farouchement hostile à toute forme
d'expression étrangère à la langue de *sì*; la cessation, ensuite, des rapports
transversaux, de vallée à vallée, conséquence de la construction des grands-
routes descendant vers la plaine[11]; l'effondrement de l'économie montagnarde et son corollaire, le dépeuplement des bourgades des hautes vallées;
bref, le sentiment à peine avoué, chez tous ces *valligiani*, de n'être plus rien
au sein de la société italienne de l'après-guerre, plus rien ni personne,
l'aliénation totale, même linguistique.

Lorsque Corrado Grassi, il y a vingt-cinq ans, entreprit toute une série
d'enquêtes sur les idiomes en contact dans ces vallées cisalpines, force lui
fut de reconnaître que le montagnard n'avait pour son parler provençal
aucune estime, qu'il ne savait d'ailleurs quel nom lui donner et qu'il
recourait pour le désigner soit à la circonlocution, soit à la boutade[12]. Le
dialectologue devait relever aussi que le mot *patois*, si en usage parmi les
habitants de la haute vallée de Susa et des vallées valdôtaines, paraissait
complètement ignoré ici[13]. Parlure innomée, innommable génocide.

Les interférences françaises, piémontaises et italiennes relevées dans le
francoprovençal et provençal cisalpins ont longtemps fait considérer ces
derniers comme des idiomes corrompus issus de je ne sais quelle tératologie
langagière et n'ont sans doute pas peu contribué, en ayant rendu leur
approche décourageante, à retarder leur identification. En 1830, un
ecclésiastique anglais, le révérend Gilly, fort intéressé par les Vaudois,
jugeait ainsi leur dialecte: "The vernacular tongue of the Vaudois is a
barbarous dialect between Latin, French and Italian more like the Spanish
perhaps"[14]. Et l'un des rares historiens des vallées du Saluçais (Saluzzese),

Claudio Allais, curé de Pontechianale, analysait ainsi le "dialecte" - c'est son mot - de la Castellata (c'est-à-dire de l'ensemble formé par les communes de Pontechianale, Bellino et Casteldelfino, dans la haute vallée Varaita):

> Il dialetto, che si parla nella Castellata, inchiude molte parole celtiche e non poche latine corrotte od interpolate e si basa in parte e di preferenza sulla lingua francese. Il medesimo ha molta rassomiglianza con quello dei Comuni delle vicine frontiere di Francia e di Nizza Marittima, e s'accorda pure col linguaggio provenzale, salvo alcune locuzioni, che si trovano in questo modificate e più perfezionate e che per conseguenza lo rendono più colto e più gentile. È cosa singolare che tale dialetto, sebbene identico nei tre communi per l'espressione, varii tuttavia in ciascuno di loro per la desinenza finale di certe parole[15].

Comme on le voit, le flou le plus total imprègne cet essai de description linguistique. S'étonnera-t-on que l'opinion des usagers, même les plus avertis, n'ait pas présenté davantage de netteté et se soit arrêtée à la même image indéterminée d'un mélange de langues[16]? Pourtant le caractère provençal des parlers propres aux vallées qui nous intéressent devait se trouver confirmé par Graziadio Isaia Ascoli, indirectement avec ses *Schizzi franco-provenzali* (1875) et plus précisément avec son *Italia dialettale* (1882). Mais les conquêtes de la science, dans ce domaine comme dans les autres, mettent beaucoup de temps à venir à la connaissance des principaux intéressés. En l'occurrence, il faudra attendre la prise de conscience à laquelle a acheminé l'enquête de Corrado Grassi évoquée plus haut, puis l'action de quelques poètes piémontais, groupés en 1961 dans "l'Escolo dóu Po", sorte de société néo-félibréenne, pour voir l'ethnie occitane d'Italie se reconnaître comme telle, assister à la revalorisation de sa parlure enfin nommée, enfin douée d'existence puisque nommée, et voir fleurir dans l'éclairage de cette dignité recouvrée une production poétique d'une incontestable tenue[17].

Jusque là, comme il a été dit, chacun des parlers d'oc du Piémont ne pouvait être désigné que par la périphrase embarrassée ou malicieuse (sauf cas exceptionnels où, dans un sentiment compact de localisation, il tirait son nom de son berceau même). Sergio Arneodo, fondateur et animateur du mouvement et du périodique *Coumboscuro* devait nous confier que, jusqu'à l'âge de vingt ans, il ne s'était jamais rendu compte de ce que sa langue de nature, sa langue d'habitude, celle qui l'exprime le mieux et le plus complètement, n'avait pas de nom. Ce défaut de prise de conscience chez quelqu'un, justement, qui se révélera si sensible, si lucide et si passionné, ne peut être imputé à la distraction ou à l'indifférence; il est le signe d'une absence de stimulation de la part de l'objet lui-même, étranger, dirait-on, à la dynamique des actions et réactions se développant entre les constituants d'un état de polyglottisme. Tout semble s'être passé comme si cet idiome du quotidien, collé à la réalité des choses et des sentiments, n'eût jamais été aperçu dans son individualité organique, ni dans son aptitude à représenter vraiment un système au même titre que les langues concurrentes et dominatrices de la région, de la nation, du pays voisin. Véhicule unique de valeurs de civilisation propres à une communauté humiliée[18], il ne représentait plus rien en dehors de ladite communauté, mais pas davantage non plus à l'intérieur, étant donné que la tradition cautionnant les valeurs en question se trouvait fortement ébranlée et de plus en plus subie par les "mantenèires" eux-mêmes comme une fatalité. Parlure innomée: langage qui n'est assumé que pour ses signifiés, absorbé qu'il est, en ce qui concerne ses signifiants, dans cette marge brumeuse de la conscience où durcissent les empreintes des vieux réflexes de l'homme.

Parce qu'innomé, précisément, il fallait trouver le moyen de le désigner, ce langage, ne fût-ce que par rapport aux autres, dans sa concomitance avec les autres. L'exemple des Valdôtains, en l'occurrence, ne s'offrait-il pas avec une valeur d'enseignement? Ceux-ci, en effet, avaient résolu le problème depuis longtemps, grâce à la tradition de langue française installée dans leur vallée et qui appelait *patois* tout parler local pratiqué surtout par les couches de la population ayant le moins accès à la culture officielle. "Parler patois" signifiait donc pour eux parler le seul langage qui leur fût propre, d'origine gallo-romane, et que le français avait déclassé depuis des siècles (tout comme le piémontais d'aujourd'hui est en train de l'étouffer petit à petit, cependant que l'italien, à son tour, évince le français). Peu leur importait l'identité réelle de ce parler (vingt ans avant Ascoli, Biondelli n'y voyait encore que du provençal), ce qu'ils visaient en lui collant pareille étiquette, c'était de rendre compte à la fois de sa qualité socio-linguistique et de l'intimité exclusive qu'ils revendiquaient à son endroit.

Du français[19], le mot est passé en francoprovençal (*patoué*), puis en italien, où il est enregistré dès 1877 sous la forme *patu* par Fanfani et Arlía dans leur *Lessico della corrotta italianità*[20]. S'il s'introduit à un moment donné dans l'aire qui nous occupe, en bordure des provinces de Turin et de Coni, c'est sans doute par l'intermédiaire de ceux qui, lors de leurs séjours saisonniers en France - émigration de tradition ancienne[21] -, avaient pu se rendre compte de la parenté de leur idiome avec celui des Provençaux, désigné par ceux-ci entre eux à l'aide du mot *patois*[22]. Mais il faut attendre le mouvement de revalorisation culturelle des années 1961-1968[23] pour le voir, ce mot, s'implanter avec son dérivé *patoisant* (adjectif et substantif) et à l'instar de son usage en Val d'Aoste, dans toute cette lisière territoriale piémontaise où sont donc encore vivants des parlers dialectaux ayant leur aire d'extension principale en France. Dans le "discours ethnique" qui se développe et se multiplie aujourd'hui dans ces régions, *patois* désigne l'idiome local, "support des affects et de la mythologie intime"[24], bien plus particulier et bien mieux approprié à l'expression d'un mode de vie spécifique que le dialecte régional piémontais, rival de plus en plus victorieux cependant.

Quelques exemples, en provençal alpin d'abord:

> ...l'"Escolo dóu Po'', qu'ils na coupagnio di apaciounà ai *patouà* di noste valade;
>
> (*Coumboscuro*, outourn 1962)

en piémontais ensuite (on y voit clairement la référence à la situation linguistique du Val d'Aoste):

> Che ant la Valdosta as parla 'l *patois*, tuti a lo san; ma son pa vàire coi ch'a sàpio che ant le testà 'd tute le valade alpin-e, a-i sìo 'd dialèt pi ò men ocitànich; a son pòchi ch'a në sìo informà...;
>
> (*Ij Brandé*, 1962, p. 77)

en italien, enfin:

> E se noi difendiamo su queste pagine il dialetto locale - nel nostro caso il patois alpino di origine provenzale....
>
> (*Coumboscuro*, Primo 1964, n° 8)

> L'insegnamento dei dialetti, e soprattutto dei ''patois'' franco-provenzali e provenzali e dei dialetti gallo-italici (così differenti dall'italiano da poter ben essere considerate vere lingue: come il piemontese, il ligure, ecc.) facilita e prepara l'insegnamento delle lingue estere.
>
> (*Riforma della scuola*, n° 12, dicembre 1966)

> Gli occitani d'Italia sono trilingui e, in qualche caso, addirittura quadrilingui: usano infatti l'italiano nei rapporti pubblici e culturali, il piemontese nei rapporti economici con la pianura, e l'occitanico (che chiamano patois) fra di loro.
>
> (Sergio Salvi, *Le lingue tagliate* [Milan, 1975], p. 170)

Si l'on veut maintenant prendre la mesure de la dimension ethnique de ce mot par-delà sa valeur référentielle, que l'on s'attarde un instant à découvrir son dérivé *patoisant* dans le contexte du slogan que voici, diffusé dans toutes les hautes vallées intéressées:

> ''Patoisant parlén nosto lengo prouvençalo''.

C'est qu'on est patoisant dans la Provence italienne, non pas parce qu'on parle le *patois*, mais parce qu'on appartient à une communauté montagnarde bien particulière, identifiable entre autres par ce *patois* pour lequel on est invité à manifester mieux qu'une disponibilité du coeur: un élan de la fierté.

Dernière ironie du sort: cette parlure, d'innomée qu'elle était, risque sans doute aujourd'hui, après avoir retrouvé son identité, de se voir affublée d'une appellation absolument inconnue de ses usagers et ressentie par eux comme une abstraction exotique, *occitan*. Après un réveil difficile, accompli au son des fifres et des tambourins, sous bannière félibréenne, la minorité alpine piémontaise serait-elle entraînée - déjà! - à la suite d'un mot-étendard, dans une croisade dont les objectifs lui échappent?

Notes

[1]L'aire décrite par Corrado Grassi, *Correnti e contrasti di lingua e cultura nelle Valli cisalpine di parlata provenzale e franco-provenzale*, Parte I, *Le Valli del Cuneese e del Saluzzese* (Turin, 1958), pp. 13-14, comporte trois vallées de moins que celle dont il est fait état ici d'après Sergio Salvi, *Le lingue tagliate: Storia delle minoranze linguistiche in Italia* (Milan, 1975), p. 166, et Osvaldo Coïsson, "Le parlate provenzaleggianti del Piemonte", dans Ulderico Bernardi, *Le mille culture: Comunità locali e partecipazione politica* (Rome, 1976), p. 152.

[2]Voir Claudio Allais, *La Castellata: Storia dell'Alta Valle di Varaita (Circondario di Saluzzo)* (Saluzzo, 1981), pp. 35-36:
E fama che i Galli Salluvii nell'abbandonare il loro luogo nativo di Provenza per procacciarsi altrove stanza e pastura, abbiano valicate le Alpi marittime, che fanno capo al Monviso, e che introdottisi anche nella valle di Varaita si sieno aggregati alla colonia Ligure, ivi stanziata, e l'abbiano aumentata. L'affinità e la consonanza del dialetto, che ancora attualmente si parla nell'alta valle di Varaita, col linguaggio Provenzale pare che debba in qualche modo comprovarlo, sebbene già sieno trascorsi secoli e secoli.
De son côté, Édouard Philipon, *Les peuples primitifs de l'Europe méridionale* (Paris, 1925), p. 133, note ce qui suit:
Sans doute, sur plusieurs points, les Gaulois avaient fini par se mêler aux anciens habitants du pays, mais ce mélange n'avait pas été si intime qu'un observateur même superficiel ne pût reconnaître, au premier coup d'oeil, la dualité d'origine des populations de la Gaule du Sud-Est, et c'est là précisément ce qui explique ce nom de Celto-Ligures que l'on donnait parfois à ces populations.

[3]Voir Jean Prieur, *La province romaine des Alpes Cottiennes* (Villeurbanne, 1968), p. 62: "...si les mêmes toponymes persistent aujourd'hui sur les deux versants, c'est que des peuples de même langage s'y sont installés en même temps".

[4]Ibid., p. 227.

[5]Pour plus de détails sur les heurs et malheurs des communautés vaudoises venues s'installer dans ces vallées, voir Coïsson, "Le parlate", pp. 155-59.

[6]Cfr Salvi, *Le lingue tagliate*, p. 168.

[7]Nous avons eu l'occasion de présenter un exemple de pareille vision déformante dans le commentaire introductif de "Voix provençales d'Italie", *Marginales*, nᵒs 181-82 (avril-mai-juin 1978), pp. 6-16.

[8]Il faut tout de même faire une exception pour la Val Maira, république indépendante jusqu'en 1610, et pour les hautes vallées Susa, Chisone et Varaita constituées en république libre des "escartouns" avec les vallées françaises de

378   LA PARLURE INNOMÉE

Briançon et du Queyras, et ce jusqu'en 1713 (voir Coïsson, "Le parlate", p. 153).

⁹"La langue dominante s'impose selon un schéma qui passe par les classes dirigeantes, puis par la population des villes et enfin par la campagne, ce processus s'accompagnant de bilinguismes successifs, là où la langue dominée résiste. Mais la disparition d'une langue (la glottophagie réussie) ou son contraire dépendent de nombreux facteurs non linguistiques, en particulier des possibilités de résistance du peuple qui parle cette langue." (Louis-Jean Calvet, *Linguistique et colonialisme. Petit traité de glottophagie*, Petite Bibliothèque Payot, 352 [Paris, 1979], p. 81).

¹⁰On trouvera un bref historique de cette concurrence linguistique au niveau de la littérature dans Karl Gebhardt, "Interférences lexicales en Italie du Nord: la part de l'occitan, du français et du francoprovençal dans le lexique piémontais", dans *Lingue e dialetti nell'arco alpino occidentale, Atti del Convegno internazionale di Torino, 12-14 aprile 1976*, éd. Gianrenzo P. Clivio et Giuliano Gasca Queirazza (Turin, 1978), pp. 16-22.

¹¹Les effets de cette mutation dans le sens des rapports entre les vallées ont été constatés par le dialectologue:
La situazione attuale delle innovazioni diffondentisi anzitutto in senso longitudinale partendo dalla pianura è una novità per tutta l'area. Questo significa che il piemontese ha potuto cominciare l'invasione delle valli solo quando, iniziandosi la crisi economica e culturale della montagna, esse interruppero gli antichi rapporti comuni e si divisero tendendo verso la pianura indipendentemente l'una dall'altra.
(Corrado Grassi, "Correnti linguistiche in una valle provenza-leggiante del Piemonte (Val Varaita)", dans *VIII Congresso di studi romanzi [Firenze, 3-8 aprile 1956], Atti*, 2 [Florence, 1960], p. 520).

¹²Aux formes rapportées par Corrado Grassi, *Correnti e contrasti*, p. 33 n. 32 et 33, on ajoutera les suivantes, recueillies auprès de nos amis Sergio Arneodo (Val Grana) et Barba Toni Baudrier (Val Varaita), que nous remercions bien vivement: *parlén à nosto* (ou *nuostro*) *modo* 'nous parlons à notre façon', *parlén d'ici chapuei* 'nous parlons selon l'usage d'ici au-dessus', et dans les endroits où la conscience locale s'est épaissie au point de se faire exclusive, le nom du village fonde la dénomination du parler qui y est en usage: *parlén* (ou *parlan*) *lou berlingoine* = le patois Blins/Bellino (Val Varaita), *lou peiropurcàn* = le patois de Peiropùrc/Pietraporzio (Valle Stura).

¹³En réalité, s'il faut en croire nos propres témoins (voir note précédente), le mot *patois* n'était pas totalement inconnu; en usaient aussi ceux qui avaient eu l'occasion d'émigrer en France pour une période longue ou brève et qui disaient, par exemple, *parlén patois*, ou *un pau un patois coumo ilai daréire*, ou encore *un patois coumo en Provenço*, qui atteste chez eux le sentiment de la parenté de leur parler avec ceux du Midi de la France.

¹⁴Cité par Coïsson, "Le parlate", p. 161. Vers la même époque, Vassalli Eandi, dans sa *Statistica della Provincia di Saluzzo* (Saluzzo, 1824), faisait observer que dans la haute vallée Varaita (à Pontechianale, Bellino et Casteldelfino), le parler ressemblait à celui des villages français frontaliers, alors que, à Venasca (c.-à-d. dans le fond de la vallée), tout ce qui se disait était en pur piémontais (voir Grassi, *Correnti et contrasti*, p. 130 n. 5).

¹⁵Allais, *La Castellata*, p. 18.

[16]C'est sur ce concept de "mélange des langues" que repose en grande partie la présentation des parlers francoprovençaux du Val d'Aoste placée en tête d'un "Esempio di parlata nel dialetto di Aosta" par Attilio Zuccagni-Orlandini, *Raccolta di dialetti italiani con illustrazioni etnologiche* (Florence, 1864) et reproduite dans *Nuotro dzen patoué* 1 (Aoste, 1963), pp. 72-75. Concept qui a la vie dure, puisqu'on le retrouve, cinquante ans plus tard, sous la plume de Mgr Joseph-Auguste Duc, lequel voit dans le valdôtain "un composé de celtique, de latin, de bourguignon, de français et de provençal" dans *Histoire de l'Église d'Aoste*, 10 (Saint-Maurice, 1915), p. 214 (cité par René Willien dans *Noutro dzen patoué* 1, 50 n. 1).

[17]Pour la petite histoire de cette "renaissance" occitane en Piémont, voir Gustavo Buratti, "Alla difesa degli altri", dans Bernardi, *Le mille culture*, pp. 123-30; sur ses prolongements, voir Coïsson, "Le parlate", pp. 160-68; sur la poésie, fleuron de cette "renaissance", voir Albert Maquet, "La jeune poésie provençale d'Italie", dans *Mélanges d'histoire littéraire, de linguistique et de philologie romanes offerts à Charles Rostaing*, 2 (Liège, 1974), pp. 653-67, et idem, "Voix provençales d'Italie", dans *Marginales*, n°s 181-82, pp. 6-16; pour une présentation de "l'Escolo dóu Po" et un aperçu du domaine alpin concerné par son programme, voir Ernst Hirsch, "Die Escolo dóu Po, der jüngste Zweig des Felibrige", *Orbis* 14 (1965), 86-110; sur les droits réclamés, reconnus, mais non respectés, de l'ethnie provençale en Italie, en plus de l'ouvrage déjà cité de Salvi, qui demeure une somme en la matière, voir Gustavo Buratti, "La situazione giuridica delle minoranze linguistiche in Italia" et Osvaldo Coïsson, "Le comunità montane di parlate provenzali del Piemonte", respectivement pp. 31-63 et 90-92 de *I diritti delle minoranze etnico-linguistiche, Atti dell'VIII Convegno di studi della Sezione Italiana della Ligue internationale de l'Enseignement, de l'Éducation et la Culture populaire* (Milan, 1974).

[18]Sur ces valeurs et cette civilisation niées, voir Sergio Arneodo, "Nel mondo delle minoranze etniche alpine: Le valli provenzali libera terra dell'uomo d'Oc", dans *Montagne nostre* (Borgo San Salmazzo, s.d.), pp. 83-134.

[19]Étant donné son caractère savant et sa résonance abstraite, le mot *dialecte* (cf. Manlio Cortelazzo, *Avviamento allo studio della dialettologia italiana*, 1 [Pisa, 1969], pp. 9-29) n'apparaît jamais dans l'usage parlé pour désigner le valdôtain. Cependant, les premiers dialectologues français témoignent avoir une certaine prédilection pour *patois*: en 1887, l'abbé Rousselot et Jules Gilliéron fondent la *Revue des patois gallo-romans*, cependant que Léon Clédat inaugure la *Revue des patois*. Louis Kukenheim, *Esquisse historique de la linguistique française et de ses rapports avec la linguistique générale* (Leiden, 1962), p. 154, croit pouvoir expliquer la continuité de cette tendance chez les collaborateurs du nouvel *ALF* de la façon suivante: "Le fait même que le mot 'patois' figure dans les publications plutôt que le terme 'dialecte' prouve combien les études sont détaillées: il s'agit toujours d'un parler d'une petite communauté". Dans l'Italie italianisante, en revanche, les travaux relatifs aux divers parlers de la péninsule ne connaissent que le mot *dialetto*: Bernardino Biondelli, *Saggio sui dialetti gallo-italici* (1853); Pietro Monti, *Vocabolario dei dialetti della città e diocesi di Como* (1845); Graziadio Isaia Ascoli, *L'Italia dialettale* (1882), etc. Cf. la note 20.

Il arrive cependant au sein de la minorité de langue française en Italie que le mot *dialecte* soit préféré à *patois*, par des "patoisants" eux-mêmes, p. ex. l'abbé Cerlogne qui compose des *Poésies en dialecte valdôtain* (Aoste, 1889) et rédige un

Dictionnaire du patois valdôtain (Aoste, 1907). Aux yeux d'un groupe récent qui postule l'existence ancienne d'une langue arpitane, représentée aujourd'hui par les variétés du francoprovençal, les dénominations de *dialecte* ou de *patois* appliquées aux parlers de la prétendue Arpitanie n'ont aucun sens.

[20]Angelico Prati (*Vocabolario etimologico italiano* [Turin, 1951]) signale *patois* (*patoà*) à Rovereto en 1856; Alfredo Panzini (*Dizionario moderno* [Milan, 1950]), Prati (*Vocabolario*), Carlo Battisti et Giovanni Alessio (*Dizionario etimologico italiano* [Florence, 1954]) s'accordent pour limiter sa diffusion à l'Italie du Nord et spécialement au Piémont, à la Lombardie, à la Ligurie et à la région de Trento, tandis que Aldo Gabrielli (*Dizionario linguistico moderno* [Milan, 1956]), tout en signalant que le mot "ha fatto presa da noi", s'empresse d'ajouter que l'italien dispose, selon les cas, de *dialetto, vernàcolo, parlata,* de *gergo, lingua furbesca,* ou *furfantesca.*

[21]Faut-il rappeler que Madeleine, la jeune servante piémontaise au Mas du Juge (Mistral, *Memòri e Raconte*, ch. XI), était originaire de Sampeire (= San Peire) en Val Varaita, où elle naquit le 13 juin 1832 (son nom de famille a été retrouvé: Giovenal); elle mourut à l'hôpital des pauvres de Saint-Remy-de-Provence l'année même de *Mirèio* (voir *Ij Brandé* [1964], pp. 31-32).

[22]Cf. Mistral, *Mémoires et récits* (Paris, 1929) ch. VII, p. 87: "Mais qu'on n'aille pas croire que ces innovations, bien qu'elles n'eussent de rapport qu'avec un cercle restreint de poètes patois, comme on disait alors, se fussent introduites dans l'usage commun, sans combat ni résistance".

[23]C'est à partir de 1968, en effet, que se substitue à la quête d'identité entreprise par les poètes le mouvement de revendication politique inévitable, nécessaire.

[24]Périphrase explicative formulée à propos de la *lenga* de Jasmin par Pierre Bec, *La langue occitane*, 3e éd. (Paris, 1973), p. 95.

Morphologie du verbe en ancien provençal:
Quelques explications

Louis Mourin

Les travaux de morphologie historique provençale semblent rester muets sur l'origine de quelques formes, ou, plus fréquemment, déplacent le problème en en attribuant un certain nombre à des créations du latin vulgaire, ce que ne confirme pas une vue romane des faits. Quelques-unes de ces cas - un autre encore - feront ici l'objet d'explications. Celles-ci recourront aux argumentations par analogie que suggèrent les tendances générales de la restructuration en morphologie historique romane[1]. Et les démonstrations tiendront compte de formes ou faits similaires d'autres parlers romans. C'est dans cette perspective romane que seront replacés les faits provençaux.

Les présentes notes concerneront quelques formes de l'indicatif présent, du subjonctif présent, du parfait et du participe passé. Il sera question de la terminaison en -*m* de la première personne du pluriel (§ 1), de certains radicaux en -*z* de l'indicatif (§ 2), de l'absence, à la troisième personne du singulier, de consonne finale (§ 3) ou de la présence d'une terminaison en -*i* (§ 4), des premières personnes du singulier *fauc* (§ 5), *puesc* (§ 6) et *iesc* (§ 7), des troisièmes personnes du pluriel *faun* et *aun* (§ 8), des subjonctifs *vaga* (§ 9), *traissa* et *taissa* (§ 10), des parfaits *tais* et *tems* (§ 11), *parec*, *correc* (§ 12) et *venc* (§ 13), *tesquet* et *elesquet* (§ 14), *vim* et *vitz* (§ 15), enfin du participe *ve(g)ut* (§ 16).

[§ 1] A la première personne du pluriel la chute de l's finale de -MUS (*cantam*) est considérée comme ''normale'' (Anglade[2], pp. 157-58) ou ''régulière'' (Schultz-Gora, § 78), alors que l's devrait rester (cf. MINUS >

mens). Le catalan a aussi *cantam* (malgré PANES > *pans*). Et M. Badía
Margarit, reprenant l'explication de Meyer-Lübke et de Bourciez, estime (§
99, IV) que l'*s* aurait disparu parce que sentie comme caractéristique des
deuxièmes personnes du singulier et du pluriel. Une autre zone encore, celle
du rhéto-roman occidental et central qui conserve l'*s* finale, la perd pourtant
à la même première personne du pluriel: p. ex. bas-engadinois moderne et
haut-engadinois ancien *chantain*, sursilvain *cantein*, dolomitique *cianton*.

Or, tant dans les zones provençalo-catalane que rhéto-romane, le
pronom de la première personne du pluriel, respectivement, *nos*, *nus*, *nëus*,
peut perdre, en proclise ou en enclise, l'élément vocalique, et se réduire à *ns*,
voire à une simple *s*: provençal *no·s*, *que·ns* (Anglade, p. 246), *no s pot
cobrir* (Raynouard, p. 93), *que s fan irat* (p. 94); catalan *dona'ns-el* (Huber,
§ 234 g), *anem-s'en* (§ 237); engadinois ancien *ns' partivan nus* [= littér.:
nous en allions-nous]; dolomitique *s' on-se po metù 'n streda* [= littér.: nous
sommes-nous mis en route][3]. En outre l'état ancien de la zone provençalo-
catalane connaît l'inversion du sujet (cf. Schultz-Gora, §§ 213, 214, catalan
ancien: §§ 1269 sqq.), et celle- ci reste fréquente en rhéto-roman.

L'ancien engadinois fournit la clé du problème de la chute de l'*s*. En
effet, il présente à la fois les formes de type *chantains* et *chantain*. L'examen
d'un des plus anciens textes, la traduction du *Nouveau Testament* par Bifrun
(1560), montre que la terminaison *-ns* est employée lorsque le pronom sujet
est postposé au verbe et n'est pas exprimé autrement: *chantains* est senti
comme *chantain-s* [= *chantons-nous*]. Par contre, lorsque le pronom sujet
précède le verbe, ou lorsque, postposé, il est exprimé sous sa forme tonique,
Bifrun écrit *nus chantain* ou *chantain nus*.

Ceci autorise à présumer qu'en provençal aussi a dû exister, à une
époque prélittéraire, la succession d'une terminaison *-ms* et d'un pronom
-ns, comme par exemple **crezems-ns en Dieu tot poderos*? ou *Ara *sabems-
ns que ...*, *Ja l'*aiams-ns manteguda*, transformations de phrases citées
par Schultz-Gora (§§ 213, 214). D'où la simplification en **crezem-s*,
*sabem-s, **aiam-s* où l'*s* aura été sentie comme le sujet. Et de là la
naissance des terminaisons en simple *-m*.

[§ 2] Les verbes à radical en *-z-* aux personnes 4. et 5. de l'indicatif
présent remontent soit à un C latin (*dizem*, *tazem*...), soit à un D (*crezem*,
cazem...). S'y ajoutent quelques verbes qui étaient en latin en G (*trazem*,
destruzem, *construizem*...); ici le *z*, non phonétique, correspond au
trazemos portugais pour lequel on a postulé un assourdissement latin de G en
C (**TRACIMUS*: cf. Williams, § 200). En réalité, tant en portugais qu'en
provençal, le radical en *z* de ces verbes a été refait par opposition à la
différenciation en *-g-* (portugais) ou *-c* (provençal) de la première personne
du singulier: portugais 1. *digo* 4. *dizemos*... d'où 1. *trago* → 4. *trazemos*,
provençal 1. *dic* 4. *dizem*..., d'où 1. *trac* → 4. *trazem*.

[§ 3] Ce groupe de verbes en *z* peut se terminer à la troisième personne
du singulier par l'affriquée sourde [ts] (*tratz*, *ditz*...) ou éventuellement par

la continue source (*fos*); elle n'est phonétique que pour les verbes latins en C. Un deuxième aspect est l'absence de toute consonne: celle-ci est phonétique pour les verbes latins en D (*ca, ra, cre...*), mais analogique pour ceux en C latin (*di, le...*) et en G latin (*tra, destra*). A la deuxième personne du singulier en dehors de *ditz/dizes*, il ne semble y avoir, pour les verbes en *z*, que les formes en voyelle + *s* (*tras...*).

[§ 4] Un troisième aspect de la troisième personne du singulier de ces verbes en *z* est le recours à un yod: *trai, plai, c(h)ai....* On y a vu (Schultz-Gora, § 145) une extension du *i* de *faire*, 4. *faim*, 5. *faitz*, impér. 2. *fai*.

En réalité, l'indicatif 3. *fai* n'a guère dû agir que sur *estai* et *vai*, comme l'estiment Anglade (p. 278) et Cremonesi (p. 108). En effet, la chute de la syllabe latine finale -CIT dans le *fa* provençal, catalan, toscan et sursilvain et le *fo* engadinois s'est faite - tout comme celle du -PIT de SAPIT en toscan, romanche et dolomitique - par analogie avec d'autres verbes en *a* à formes dépourvues de consonnes: p. ex. provençal *da, esta, ha* (< *HAT) et *va* (< *VAT). Il est possible que le *-i* de *fai* se soit étendu aux autres verbes en *a* (*jai, plai, tai, c(h)ai, rai*). Toutefois, ce *i* et celui aussi de *ley, dui, lui, crei* est dû essentiellement à une influence de *trai, costrui, destrui*, c'est-à-dire à une action inverse de celle qui a provoqué l'absence de toute consonne à la troisième personne du singulier. Cet *i* et cette absence de consonne, à côté éventuellement de *-tz/-s*, témoignent d'une tendance à la restructuration interne des verbes en *z*.

[§ 5] L'indicatif 1. *fauc* est attribué par Cremonesi (p. 108) à un latin vulgaire FACO, et la forme *fau* remonterait, selon Anglade (p. 50), à *FA(C)O. FACIO s'est poursuivi pourtant dans quasi toutes les langues romanes, et aussi en provençal (*fatz, faz, fas*). *Fauc* est donc analogique, le *-au-* est dû à *dau, estau, vau*, par suite de l'identité du radical dépourvu de consonne finale à deuxième et troisième personne du singulier et à la troisième personne du pluriel (*da, esta, va, fa...*). Quant au *-c*, on y verra l'action du paradigme infinitif *traire*, ind. 3. *tra(i)*, 1. *trac*: d'où *faire, fa(i)* → *fauc*. Il est moins vraisemblable qu'il y ait eu aussi une action de 1. *dic* (cf. Schultz-Gora, § 154; Pellegrini, p. 251): en effet, les autres formes de l'indicatif présent ne sont pas semblables: 3. *diz*, 4. *dizem* 5. *dizetz*, mais 3. *fa(i)*, 4. *fa(i)m*, 5. *fa(i)tz*.

[§ 6] L'indicatif présent de la première personne du singulier en [*sk*] de *puosc, puesc* et *posc* est attribué par Anglade (p. 340 n. 1), à POSSUM → *potsum* → *possum* → *pocsum*. Hypothèse gratuite[4] puisque la personne irrégulière de ce verbe remonte, dans les autres parlers romans, soit à POSSUM (portugais, toscan, romanche, dolomitique), soit à la forme régularisée *POTEO (sarde *potho*), soit à un *POSSIO identique au subjonctif *POSSIAM pour POSSIM (catalan ancien *puix*, français *puis*).

La forme en [*sk*] existe aussi en catalan ancien: *pusc* (Moll, p. 258) ou *pusch* (Griera, p. 84). Non citée ni expliquée par M. Badía, elle coexistait, dans la langue ancienne, avec *puix* et *puc* (et subjonctif présent *puga*), refait

sur le parfait *poc* (< POTUIT) et le subjonctif imparfait *pogues* (< PO-
TUISSEM; cf. Badía, p. 302). Ces deux formes, en se croisant, auront
engendré *pusc*, dont la naissance a été favorisée par l'existence du type en
[*sk*]: *nasc, cresc, visc*...

Le provençal n'a, lui, que la seule forme en [*sk*]. On est autorisé à
présumer que celle-ci résulte aussi du croisement d'un **puois* (< *POSSIO) -
qui expliquerait d'ailleurs la diphtongue *uo/ue* due au *i* de *POSSIO - et d'un
*poc refait sur le parfait *poc* (< POTUIT) et le subjonctif imparfait *pogués* (<
POTUISSET); ce *poc* provient, comme en catalan, de la correspondance
entre parfaits en gutturale et indicatif de la première personne du singulier de
même type; p. ex. parfait 3. *tenc* et indicat. 1. *tenc / tinc*, parfait *venc* et
indicat. 1. *venc / vinc*, subj. impf. *plangues* et indicat. 1. *planc*, parf.
nasquet et ind. 1. *nasc*, etc.

[§ 7] Un autre indicatif de la première personne du singulier en [*sk*],
i(e)sc, est attribué à un *ESCEO (pour EXEO) (Anglade, p. 290). En
réalité, cette forme en [*sk*] existe, pour le même verbe, dans d'autres langues
romanes (catalan ancien *isc*, toscan *esco*) sans que l'on doive postuler une
forme latine avec métathèse de *cs* en *sc*. Il s'agit d'une action analogique
exercée par les verbes en -ESCERE, parce que, devant voyelle palatale, les
résultats de *sc* et de *cs* sont identiques. En toscan, l'identité *cresce esce*
détermine l'action de *cresco* pour créer *esco*; en catalan ancien *creix = ix*
d'où *cresc → isc*; et en provençal, l'identité *pareis = (i)eis* engendre celle
de *paresc → (i)esc*.

[§ 8] A côté des indicatifs 6. *an(t)* et *fan*, existent les formes *au(n)* -
celle-ci attribuée à *HABUNT (Anglade, p. 318; Pellegrini, p. 244) - et *faun*
(Anglade, p. 333; Pellegrini, p. 258) qui ne semblent pas expliquées.

Ces *aun* et *faun* sont à rapprocher des *ont* et *font* français, dont l'origine
nous paraît aussi mal établie. On les fait remonter respectivement aussi à
*HABUNT - qui aurait subi l'action de SUNT (Fouché, p. 432) - et à
*FACUNT (Fouché, p. 72) ou *FAUNT (Bourciez, § 85). Le français ferait
donc exception à la forme courte *HANT du latin vulgaire, postulée par
toute la Romania, y compris le provençal, et au *FANT suggéré par les
zones catalono-provençale et romanche et par le toscan. En réalité, les *ont* et
font français sont dus à l'action de *vont* (< VADUNT): le parallélisme entre
vas, *va* et *as a* se poursuit par *vont → ont*. Et entre VADERE et FACERE il y
eut même interaction: d'une part *fais fait* déterminent, en ancien français,
vais et *vait* (Fouché, p. 425), à côté de *vas va*; et inversement *vont* aura
engendré *font*. L'ancien *estont* (≠ STANT) (cité par Schwan-Behrens, §
348, 4 b et § 415) a subi l'action de *sont* en raison, entre autres, du lien
sémantique entre ces deux verbes.

Si, en français, à l'hypothèse de *HABUNT et *FA(C)UNT il convient
de substituer l'action de VADUNT, en provençal aussi les *aun* et *faun* sont
dus vraisemblablement à la subsistance d'un *VAUN - non attesté mais
résultat de VADUNT - resté donc en Gaule, puis remplacé par *VANT

postulé par toute la Romania, sauf le français et le portugais (le roumain n'a pas ce verbe). Les identités provençales *vas va(i)*, *as a*, *fas fa(i)* auront déterminé *VAUN → *aun* et *faun*. Et précisément en portugais le résultat de VADUNT, c'est-à-dire *vão*, a aussi modifié les anciens *ham* (< *HANT), *estam* (< STANT) et *som* (< SUNT) en *hão*, *estão* et *são*.

[§ 9] Le paradigme de *anar* a au subjonctif présent les formes *vaza* (< VADAM), *vaia* - analogique de *aia* - et aussi *vaga*, au sujet de la prononciation de laquelle Anglade hésite ("= *vaia?*", p. 279).

Il convient plutôt de voir dans ce *g* la continue palatale [ž], graphie inhabituelle certes: devant *a* le *g* indique aussi une palatale à la finale absolue (*dig*, *fag*), d'autre part cette forme *vaga* avec valeur palatale existe aussi en catalan: p. ex. la version ancienne des *Actes des Apôtres* (ms. Paris, B.N., fond espagnol, fol. 191) écrit subj. 1. *vaga* (*Actes* XIX, 21) comme 6. *vagen* (XXIII, 23), bien qu'en ancien catalan la graphie habituelle de ce [ž] soit *vaja*, continuée par la forme moderne *vagi*.

Le *vaga* provençal a été attribué à un *VADIAM (Pellegrini, p. 248). Il en est de même pour le *vaja/vaga* catalan (Badía, § 150 III). Pourtant aucune autre langue romane ne requiert une telle réfection latine de VADAM, qui a d'ailleurs abouti en provençal à *vaza*. Il faut voir, en réalité, dans le catalan *vaja* une formation analogique sur *haja*, en raison de l'identité *va* = *a*.

Quant au *vaga* provençal, il sera une variante refaite sur *vaia* et due à l'existence d'une telle dualité de formes pour les résultats de DJ latin (ind. 1. *vei* / *veg* (< VIDEO), *moi* / *mog* (< MODIUM), *bai* / *bag* (< BADIUM) et de BJ latin (*deia* / *deja* < DEBEAM), *roi* / *rog* (< RUBEUM).

[§ 10] Les verbes *traire* et *tazer* ont un subjonctif en -*aissa*: *traissa* (à côté de *traia* et *traga*: Anglade, p. 350 et n. 2) et *taissa* (Anglade, p. 347). *Traissa* est un croisement entre *traia* et un *trassa* refait, lui, sur le modèle de 4. *jazem*, 3. *jatz* / *jai*, subj. *jassa*, 4. *plazem*, 3. *platz* / *plai*, subj. *plassa*, et 3. *fai*, subj. *fassa*; d'où 4. *trazem*, 3. *tratz* / *trai*, subj. *trassa*, puis *traissa*. Quant à *taissa*, il se sera réglé sur le précédent: *trazem* / *trai* / *trassa* d'où *tazem* / *tai* → *taissa*.

[§ 11] Les parfaits *tais* et *tems* ont été attribués à *TAXI et *TIMSI (Pellegrini, p. 236). A tort, croyons-nous. TACERE n'a un parfait synchroniquement irrégulier qu'en toscan (*tacque*) et en français (ancien *tot*), formes qui attestent la conservation de TACUIT. Le *tais* provençal aura été refait sur des correspondances telles que 4. *trazem*, 3. *trai*, parf. *trais*, ou 4. *razem*, 3. *ra(i)*, parf. *ra(i)s*; d'où 4. *tazem*, 3. *tai* → parf. *tais*.

Le cas de TIMERE, resté en provençal, est à rapprocher du TREMERE conservé, lui, en français. Ces deux verbes n'ont un parfait irrégulier qu'en Gaule: *tems* provençal, *cr(i)enst* ancien français. Pour ce dernier, on a aussi postulé un *CREMSIT (pour TREMUIT: Fouché, p. 281): il s'agit plutôt d'une réfection (comme pour l'ancien *g(i)enst* ≠ GEMUIT) sur des rapports tels que *ra(i)embre*, parf. *raenst* (< REDEMPSIT); *pr(i)embre*, parf. *depr(i)enst* (← PRESSIT); d'où *cr(i)embre* → parf. *cr(i)enst* et *g(i)embre* →

parf. *g(i)enst*. En provençal, ce sera également sur REDIMERE que TEMERE se sera refait: ind. 4. *rezemem*, parf. *redems*, d'où ind. 4. *temem* → parf. *tems*.

[§ 12] Le *e* tonique des parfaits *parec* et *correc* ne correspond ni à PARUIT ni au *CURRUIT postulé par Schultz-Gora, § 150. Le catalan ancien présente les mêmes formes *(a)parec* et *correc*; et ici le *e* a été expliqué par Fouché (cf. Badía, § 168 II) par la difficulté de prononcer les troisièmes personnes du pluriel *pargren* et *corgren*. Mais il convient d'en rapprocher encore le français *parut* et *courut*, dont l'accentuation oxytone (≠ PARUIT et du *CURRUIT supposé) a été attribuée (Fouché, p. 311) à l'action de *fut*.

L'hypothèse d'un *CURRUIT non seulement n'explique pas les formes gallo-catalanes[5] mais est contredite par la création *CURSIT - refaite sur le participe - et prouvée, elle, par le toscan *(corse)*, le roumain *(curse)* et même par le provençal *(cors)*. *Correc* et *courut* auront été créés sur le modèle de *parec* et *parut*.

Ces derniers parfaits correspondent, eux, à deux radicaux au présent, attestés en Gaule ancienne: provençal ind. 3. *par* et *pareis*, ancien français 3. *pert* (4. *parons*) et *paroist*. Le parfait provençal attendu *parc* (< PARUIT) aura introduit un *e* pour éviter la disproportion de longueur entre les radicaux du présent et du parfait: *pareis* → *parec*. Et en ancien français le rapport *paroist* → *parut* est en outre favorisé par l'existence du participe *paru* et est conforme au type *conoist conut conu*[6].

Les parfaits de CURRERE se sont réglés sur ceux de PARERE: provençal ind. 3. *par*, 4. *parem*, parf. *parec*, d'où 3. *cor*, 4. *correm* → parf. *correc*; ancien français ind. 3. *pert*, 4. *parons*, parf. *parut*, d'où 3. *court*, 4. *courons* → parf. *courut*, qui est synchroniquement régulier et conforme aux rapports *valons valut*, *voulons voulut*. . . .

[§ 13] Le parfait *venc* est attribué à *VENUIT (Schultz-Gora, § 141; Anglade, p. 303). Cette réfection latine expliquerait aussi le catalan ancien *vench* (Badía, § 167 II; Moll, p. 262), le toscan *venne* (Tekavčić, t. II, p. 387; Grandgent, p. 157) et le sarde ancien *bennit*.

On s'en étonne lorsqu'on sait que VENIT a subsisté, même en français[7], et que ses résultats sont restés distincts de ceux de TENUIT en roumain (3. *vine* ≠ *ţinu*), en portugais (*veio* ≠ *teve*), en castillan (*vine* ≠ *tuvo*) et en engadinois ancien (*ven*).

En réalité, certaines langues ont éprouvé le besoin de mieux distinguer le parfait du présent: toscan 3. *viene* (< VĔNIT) et *vene* (< VĒNIT), catalan ancien *vén* (< VĔNIT) et *vèn* (< VĒNIT); voire d'éviter le danger d'une identité de formes, sarde ancien *bénit* (< VĔNIT) = *bénit* (< VĒNIT), provençal *vén* (< VĔNIT) = *vén* (< VĒNIT). On conçoit l'attraction exercée par les résultats de TENUIT, aux formes mieux marquées et en outre structurées dans les systèmes issus des parfaits en -UI. Ces réfections romanes sont dues à l'identité des indicatifs de la première personne du singulier (cf. provençal *venh* = *tenh*) et en outre, en provençal, à la fusion des conjugaisons, même aux indicatifs de la première et deuxième personne du pluriel (*venem venetz* = *tenem tenetz*).

[§ 14] L'explication des parfaits 3. *tesquet* (à côté de *teis* < TEXUIT) et 1. *elesquei* (aussi catalan ancien *elesc*) - plutôt que provençal **eles*, catalan **elex* (< *ELEXIT) - semble fournie par le catalan.

Dans cette langue, les participes correspondants sont *test* (< TEXTUS; cf. aussi provençal *testut* - qui ne remonte pas à un *TEXTUTUM, comme le propose Anglade: p. 348 n. 1) - et *lest*[8]. Ce sera sur ces participes - non attestés en provençal - qu'auront été refaits les parfaits en [*sk*], et ce sur le modèle de rapports tels que participe *molt* parfait *molc*, *tolt tolc*, *cubert cuberc*, *ubert uberc*.

Le parfait provençal *tesquet* correspond en outre à un présent 4. *teissem*, comme dans *naissem nasquet*, *paissem pasquet*, *iraissem irasquet*.

[§ 15] On a considéré (cf. Schultz-Gora, § 140) 4. *vim* comme le résultat phonétique de VÍDĬMUS - dont l'accentuation forte se serait donc soustraite au déplacement accentuel général des autres parfaits (cf. *TRA-XÍMUS) - et 2. *vist*, 5. *vitz*, comme dus à des formes latines *VÍDISTI et *VÍDISTIS.

Ce type de parfait provençal à radical tonique est partagé par le portugais (2. *viste*, 4. *vimos*, 5. *vistes*). On a vu aussi (Williams, § 202) dans 4. *vimos* le résultat de VÍDĬMUS (> *viemos* > *viimos* > *vimos*), tandis que 5. *vistes* serait analogique (pour *viestes < VIDÍSTIS).

On s'étonne que VÍDĬMUS se serait conservé en latin d'Occitanie et de Lusitanie lorsqu'on sait que les autres langues romanes postulent un *VIDÍMUS comme VIDÍSTI(S); p. ex. ancien catalan 2. *veist*, 4. *veem*, 5. *veets*, ancien français 2. *veïs*, 4. *veïmes*, 5. *veïstes* (avec *i* tonique analogique), ancien castillan 2. *viste* (pour *viiste), 4. *viemos*, 5. *viestes*. En catalan et en français, il y eut dissimilation du *i* du radical en *e* (cat. 2. *veïst*..., franç. 2. *veïs*...); en castillan moins ancien la personne 2. *viste* entraînera 4. *vimos* et 5. *visteis*.

Il en aura été de même en portugais et en provençal; portugais 2. *viste* (< *viiste) → 4. *vimos*, 5. *vistes* et provençal 2. *vist* (< *viist) → 4. *vim*, 5. *vitz* à radical tonique comme 4. *fem*, *dem*, *estem*.

[§ 16] Le participe *veut* / *vegut* ne semble pas expliqué (cf. Schultz-Gora, § 143). Sans doute y voit-on, comme pour le français *veü*, le résultat d'un *VIDUTUS (Fouché, p. 357).

On s'étonne d'une telle création en latin de Gaule, alors que, à côté du VISUS classique conservé, entre autres en provençal (*vis*) et ailleurs, a déjà été créé un *VISITUS (Ibérie, Italie, sarde) resté aussi en provençal (*vist*); que les participes en -UTUS attribuables au latin vulgaire correspondent à des parfaits en -UI, attestés ou postulés, à l'exception de VENUTUS attiré par *TENUTUS; et que l'ancien français *veü* est une forme synchroniquement régulière rattachée au présent 4. *veons* tout comme *creons creü*, *cheons cheü*.

En provençal également, *veut* / *vegut* (à côté du régulier *vezut*) correspond à un présent *vezem* à l'exemple de *crezem cre(g)ut, cazem cazut, sezem segut.*

Ouvrages cités

Anglade, Joseph, *Grammaire de l'ancien provençal ou ancienne langue d'oc* (Paris, 1921).

Badía Margarit, Antonio, *Gramática histórica catalana*, (Barcelone, 1951).

Bourciez, Édouard, *Précis historique de phonétique française* (Paris, 1937).

Cremonesi, Carla, *Nozioni di grammatica storica provenzale*, 3e éd. (Milan, 1967).

Fouché, Pierre, *Morphologie historique du français: Le verbe*, nouv. éd. (Paris, 1967).

Grandgent, Charles H., *From Latin to Italian* (Cambridge, 1927).

Griera, Antoni, *Gramàtica historica del català antic* (Barcelone, 1931).

Huber, Joseph, *Katalanische Grammatik* (Heidelberg, 1929).

Moll, Francisco de B., *Gramática histórica catalana* (Madrid, 1952).

Mourin, Louis, "L'origine des terminaisons en -*n*, -*ns* et -*nse* de la première personne du pluriel en ladin du Val Gardena", dans *Mélanges de linguistique et de philologie médiévale offerts à M. Maurice Delbouille*, 1 (Liège, 1964), pp. 451-61.

Idem, "La réélaboration structurelle des systèmes romans de conjugaison du parfait", *Studii şi cercetări lingvistice* 29 (1978), 19-43.

Pellegrini, Gian Battista, *Appunti di grammatica storica del provenzale* (Pisa, 1965).

Raynouard, François-Just-Marie, *Grammaire romane* (Paris, 1816).

Schultz-Gora, Oskar, *Altprovenzalisches Elementarbuch*, 5e éd. (Heidelberg, 1936).

Schwan-Behrens, *Grammaire de l'ancien français*, trad. Oscar Bloch, 4e éd. (Leipzig, 1932).

Tekavčić, Pavao, *Grammatica storica dell'italiano*, 2, *Morfosintassi* (Bologne, 1972).

Williams, Edwin B., *From Latin to Portuguese: Historical Phonology and Morphology of the Portuguese Language*, 2e éd. (Philadelphie, 1962).

Notes

[1]Pour contrôler le subjectivisme des explications isolées, un cadre général roman des actions analogiques a été établi pour différentes formes verbales, c'est-à-dire, pour nous limiter à ce dont il sera question ici, pour l'indicatif présent, dans la *Revue roumaine de linguistique* 21 (1976), 3-21 et 225-45; pour le subjonctif présent, *Studii şi cercetări lingvistice* 28 (1977), 143-55; pour le parfait, *Revue roumaine de linguistique* 19 (1974), 191-217, et *Studii şi cercetări lingvistice* 29 (1978), 19-43; pour le participe, *Revue roumaine de linguistique* 20 (1975), 115-38, à la fois pour le parfait et le participe dans *Revue roumaine de linguistique* 21 (1976), 461-67 et 555-70.

[2]Cf. *in fine* de l'article la liste des ouvrages cités.

[3]Pour une démonstration exhaustive du phénomène en rhéto-roman, voir Louis Mourin, "L'origine", infra *in fine*.

[4]Il ne serait pas question de justifier l'étape *POCSUM par l'influence des subjonctifs imparfaits abrégés 4. *pocsem*, 5. *pocsetz* (pour *poguessem*, *poguessetz*), comme *acsem* (pour *aguessem*), *saupsem* (pour *saupessem*) ou *tencsetz* (pour *tenguessetz*): cf. Anglade, *Grammaire*, pp. 311, 321 et 340 n. 4.

[5]D'ailleurs parf. 2. *CURRUISTI, tout comme 2. PARUISTI auraient dû aboutir en français à *curvis* et *parvis* (cf. *épervier*), de même que 2. TENUISTI aurait dû donner *tenvis* (cf. *janvier*).

[6]Au sujet des parfaits en *u*, cf. Louis Mourin, "La réélaboration", p. 36, § 69, et n. 75, 76.

[7]Fouché (pp. 275 et 307 n. 2) postule VĒNIT → *VENUIT → *venit* et TĒNUIT → *tenit*. Par contre, Schwan-Behrens (§ 382) et Bourciez (§ 55 rem. II) partent de VĒNIT, non de *VENUIT. Et c'est *tins* qui a été refait sur *vins*.

[8]Ce *lest* ne remonte pas à un latin *LESTUS comme le propose Badía (p. 323 n. 2): *lest* est lui-même refait sur le parfait sigmatique attendu: parf. *LEX → part. *lest* comme les rapports *pos post*, *ques quist*.

La disparition de l'occitan en Agenais au XVe siècle

Peter S. Noble

Au mois de février de l'an 1419 Nompar, Seigneur de Caumont, quitta le château familial et commença son pèlerinage à Jérusalem[1]. Son voyage dura quatorze mois[2] et après son retour à Caumont il écrivit ou dicta le récit de son voyage basé sur des notes qu'il avait faites pendant le voyage. C'était un des seigneurs importants de la région, et la famille de Caumont avait joué un rôle considérable dans l'histoire de l'Agenais au temps de son grand-père, qui était un partisan ardent des Anglais dans les guerres de l'époque. Guillaume-Raimond, le père du pèlerin, joua un rôle moins considérable mais il réussit à conserver plus ou moins intact son patrimoine, sans doute en changeant son serment de fidelité de temps en temps. Sa femme, Jeanne de Cardaillac, la mère du pèlerin, était la fille d'une maison dévouée aux Anglais, et ainsi il est probable que Nompar, qui avait dû connaître assez bien son grand-père, qui ne mourut qu'en 1400 ou 1401 quand le futur pèlerin avait peut-être neuf ou dix ans, ait grandi dans une atmosphère assez hostile au roi de France[3].

Il faut aussi se rappeler que l'Agenais se trouve dans une région où l'on s'attendrait à trouver même à cette époque des textes en occitan ou des textes fort influencés par l'occitan. Il est probable que nous avons le texte de Nompar lui-même, car le manuscrit et l'écriture semblent tous les deux appartenir à cette époque[4], et le style suggère que c'est le récit très personnel de l'auteur. Quelques-unes des fautes d'orthographe suggèrent que l'auteur dicta le commencement de sa narration au scribe qui nous a laissé son nom, Jean de Ferriol, à la fin du texte[5].

Nompar écrivit son livre dans un but très clair:

> Et est ainsi que le cas puet avenir que aucuns auront ceste mesme entencion que au present j'ay, et vourront enprendre de aler et fere le voyatge susdi comme le plus digne et le plus souverain que soit, mes pour ce que aucune foix l'en delaisse aler au dehors en maintes pars par deffaute que l'en ne scet quel chemin l'en doit tenir, a celle fin que nullz ne puissent avoir telle excusacion et ne perdent si honnorable ne si prouffitable voiatge, je leur ay mis en cest livre par escript et tout le chemin que je ay fait. . .[6].

Il ne vise pas à créer une oeuvre littéraire, genre où le français faisait déjà beaucoup de progrès, même dans le Midi.

Comme l'observe Peter Rickard: "In the south, although dialects of Occitan were universally spoken, the written language tended over-whelmingly to be, *for literary purposes*, either Latin or French"[7]. Il est possible que Monsieur Rickard pense plutôt à la deuxième moitié du XVe siècle, mais il est certain que dans les domaines moins littéraires l'occitan luttait contre le français envahissant avec plus de succès:

> By the end of the fourteenth century, French was the language normally used in the official documents of Marche, Auvergne, Forez, Lyonnais and Bas-Dauphiné. During the second half of the fifteenth century, it was making slow but steady progress southwards, to east and west of the Massif Central[8].

Il semble presque certain que l'Agenais en 1420 n'était pas tellement influencé par le français en ce qui concerne les documents locaux. Quoique le texte de Nompar de Caumont ne soit pas exactement officiel, il contient les *ordenances* que Nompar laissa pour le gouvernement de ses terres pendant son pèlerinage et aussi les *ordenances* qu'il négocia avec ses écuyers pour le voyage[9]. Ces *ordenances* sont, en effet, des documents légaux avec des témoins, tous de la région, et on peut voir qu'il n'y a pas de différence linguistique entre les *ordenances* et le reste du texte. Ainsi, tout nous invite à croire que Nompar s'exprimait en occitan et qu'il n'employait pas le français.

Cependant, quand on commence à examiner le texte de près, il devient manifeste que l'influence de l'occitan est assez légère. On la voit dans l'orthographe, dans quelques mots empruntés à l'occitan et dans plusieurs autres mots qui trahissent une connaissance de l'occitan de la part de l'auteur ou peut-être du scribe.

Orthographe

Il n'y a que trois traits importants qui suggèrent l'influence de l'occitan sur l'orthographe et quatre autres qui sont assez rares mais qui existent dans le texte: *-atge*

Il y a beaucoup d'exemples de ce suffixe qui est normal dans ce texte[10]:

> avantatge 24,12; 27,14; 50,30; 76,9.
> domatge 25,26.
> domatgier 65,34.
> fustatge 70,41
> heretatge 21,1.
> lengatge 34,22.
> linatge 22,9.
> ovratge 28,19; 69,21.
> passatge 10,26; 11,6; 22,16.
> pellegrinatge 30,25.
> sauvatge 27,6.
> vilatge 25,14.
> voyatge 10,1; 10,4; 10,18; 16,13; 16,32; etc.
> ymatge 68,40; 72,39.

Plusieurs de ces mots sont assez fréquents, mais parmi les rares qui sont dans ce texte on ne trouve pas de formes françaises. La forme occitane est celle que l'auteur a choisie. Il y a des exemples semblables après d'autres radicaux:

> allotgee 72,33.
> jutgement 18,18; 35,7.
> lotgie 27,17; 64,29.
> sietge 68,28; 68,33.

Il est clair que la combinaison *voyelle* + *-tge* reste importante dans ce texte.

-lh[11] et *-ilh*
La combinaison *-lh* semble avoir été particulièrement fréquente en limousin, où elle représente le *l* mouillé. On la trouve surtout, mais non pas exclusivement, à la fin de plusieurs mots dans ce texte:

> Cappoguailh 54,27.
> consseilh 62,6.
> davalhees 77,2.
> Esquelh 50,11; 50,13.
> Fournelhs 75,13.
> huilhs 80,24.
> nulh 18,4; 18,16; 59,18; 59,40; 60,27.
> ourgulh 20,16.
> perilh 12,28.
> pilher 18,28.
> sailh 77,7.
> selh 55,20.

>   Setvilh 30,11.
>   solleilh 58,7.
>   vermeilhs 81,5.

Cette orthographe est assez rare, sauf dans le cas de *nulh*, et même dans ce cas elle n'est pas la seule orthographe.

gu-[12]

On trouve l'emploi du *u* après le *g* pour indiquer le *g* dur. La plupart des exemples se trouvent au commencement du mot:

>   Aguoste 29,19.
>   Borguade 24,19.
>   figuier 34,25.
>   Guallin 24,29.
>   Guarone 77,31.
>   guascon 69,39.
>   Guascoigne 14,24; 22,39; 23,1.
>   guarde 72,36.
>   guayte 55,4.
>   gueredon 12,7; 15,18.
>   gueyne 36,3.
>   gueyt 74,2.
>   guieres 34,15.
>   guolf 26,3; 26,4; 26,6; 26,29.
>   Guolizano 65,26.
>   guovern 72,34.
>   guoverneurs 14,22.
>   guovernemant 14,17.
>   seguont 34,23.

-a[13]

Il n'y a que quatre exemples:

>   ella 66,29.
>   Sodoma 47,19.
>   Tarba 78,10.
>   tourmenta 74,37.

-mp[14]

Voici une autre combinaison très rare:

>   columpne 81,10[15].
>   estiomps 26,21; 59,20.

-nr[16]

On trouve deux exemples où il n'y a pas de *d* intercalaire:

>   venrre 35,6.
>   venrredi 13,21; 52,19.

-tz[17]

Il n'y a qu'un exemple de cette combinaison:

        pourrietz 73,38.

Aussi voit-on que dans l'orthographe les indices de l'influence de l'occitan sont rares et dans certains cas presque isolés. Le seul qui soit fréquent est *-tge*.

Vocabulaire

Presque tous les mots qui figurent dans la liste d'emprunts occitans sont rares; dans la plupart des cas il n'y a qu'un seul exemple. Il y en a quatre qui n'existent qu'en occitan.

Mots occitans:

        arrayzims 'raisins' 49,27[18].

        berge 39,20[19].

        consols 33,24.

        papa 40,3.

Les autres exemples se trouvent et en français et en occitan, mais, d'après leur orthographe, il semble que l'occitan soit leur source:

        Andrieu 25,15.

        azoraras 38,26.

        azouré 34,7.

        ben 14,21.

        devezint 30,6[20].

        dessen 28,20.

        lengatge 34,22.

        monges 53,23.

        mos 22,10.

        mot 23,30 (il y en a sept exemples).

        obrir 60,13.

        ont 22,16 (il y en a dix-huit exemples).

        pellegrinatge 30,25.

        peregrinacion 43,11.

        pestre 11,10.

        sabatier 55,36.

        selh (celh) 55,20. La confusion de *s* et de *c* est fréquente.

        son 76,18.

Voici aussi les mots où l'on remarque une forte influence des mots occitans correspondants:

        s'appellen 32,25[21].

        advocade 11,16. (*advocada*)[22].

        ambedeux 65,44. (*ambedui*).

        cipté 23,5. (*ciptat*).

        couchar 66,40. (terminaison occitane).

        davant 24,5. Très fréquent. Quarante-six exemples. (*davan*).

        disont 30,19. (*dizon*).

enseignemens 10,23. (*enseignamens*)[23].
florie 52,19. (*florisc*)[24].
guatz 33,13. (*gat*).
huellz, huilhs 19,41; 80,24. (*uelhs, huelh*).
oberture 55,19. (*obertura*).
ortolen 41,21. (*ortolan*).
pilher 18,28. (*pilhar*).
poblacion 75,7. (*poble*).
redempcion 43,9. (*redemption*).
seignal 12,3. (*seinal*).
segonde 40,29. (*segonda*).
seguont 34,23. (*seguen* et *segontz*).
senhorie 53,5. (*senhoria*).
solempniaumat 25,7. (*solempniaument*)[25].

Il nous semble peu utile de continuer la liste en répétant tous les exemples qu'on trouve sous la rubrique orthographe.

Noms propres:

Canilho 77,1.
Cappoguailh 54,27.
Chasteau Guallin 24,29.
Fonhane 27,26.
Fournelhs 75,13.
Guilhem, Guillem 67,45; 68,25.
Malhorque 75,17.
Marempne 27,23.
Sodoma et Guomorre 47,19.
Tarba 78,10.

On comprend bien que Nompar emploie les noms familiers.

D'après ces exemples on peut dire sans aucun doute que l'influence de l'occitan dans ce texte est si mince qu'elle n'existe guère. Il n'y a que quelques indices assez fréquents qui trahissent une connaissance de l'occitan. Ainsi donc un seigneur d'un milieu et d'une famille tout à fait hostiles aux Français employait quand même la langue française quand il écrivait un livre dont les lecteurs étaient probablement ses amis, sa famille et des gens de son pays. S'il avait voulu écrire en occitan, il aurait pu le faire sans doute. Les traces de cette langue dans ce texte suggèrent une certaine connaissance de la langue, mais il ne la choisit pas. Sans doute Nompar se trouvait-il dans la situation de beaucoup de gens d'aujourd'hui qui connaissent leur patois ou leur dialecte à un certain niveau, qui savent l'employer de temps en temps, mais qui le méprisent. Il y a un exemple possible de cet état d'esprit dans ce même manuscrit, car au folio 87[v] on trouve dans la marge quelques lignes d'un autre document écrit malheureusement de façon presque illisible. D'après ce que nous avons pu déchiffrer, il semble être question d'un traité entre un certain ''mosseigneur de la Crit'' et le seigneur de Caumont. Il est certain que le langage est l'occitan, peut-être parce que le texte de ce

document allait être communiqué au peuple (les premiers mots lisibles sont
"a la bone gent de mon polhan")[26]. Quoi qu'il en soit, ce document en
occitan avait si peu d'importance que le scribe en avait détruit la moitié au
moins avant d'en employer le reste pour le récit en français du pèlerinage.

Quand on examine d'autres textes plus ou moins contemporains, on
trouve que surtout dans les milieux bourgeois on continue à employer la
langue locale. Par exemple, on voit que dans le comté de Bigorre le censier
de 1429 fut rédigé en gascon. "Le censier a été dressé d'après l'ordre de
Jean, comte de Foix et de Bigorre, par Bertrand d'Armagnac, juge ordinaire,
Ramonet de Lavedan, trésorier, et Jean de Sacaze, procureur, commissaires
et réformateurs du domaine en Bigorre"[27]. Nous citerons un court extrait de
la présentation de la communauté de Tarbes dans ce censier:

> Item que en la dite ciutat de Tarba a accoustumat de aver VII jutges de la
> primera cort per exercir la dite juridiction en la dite ciutat, per nom deu
> comte et son carton. Et loz ditz VII jutges se an acoustumat de elegir et
> crear per la dite bila en la feste de nostra done de aost. Et an acostumat
> de elegir et crear los ditz jutges, IIII deu borc bielh, II deu borc nau et I
> deu Mau borguet[28].

On voit que l'influence française ne s'y trouve pas, quoique le comté
eût vu plusieurs armées françaises y établir la domination française et que le
comte fût un partisan ardent du roi de France. Donc, à une centaine de
kilomètres au sud du domaine de Nompar de Caumont et dans une région de
sympathies françaises, les documents locaux datant de la même époque que
le pèlerinage ne montrent pas de traces de la langue française.

Vers le nord-ouest, on trouve la même situation linguistique. La *Petite
Chronique de Guyenne*, écrite ou au moins transcrite par un habitant de
Libourne entre 1438 et 1442, est en gascon[29]. L'auteur appartenait à la
bourgeoisie, et encore une fois on constate peu d'influence du français. Le
bref extrait qui suit illustrera ce point:

> 87. Item l'an. M. .CCCC. XVII passet la mar lo rey Anric d'Anglatera
> filh qui fo deu filh de mossenhor de Lancastre en Normandia, e an lui
> son fray lo duc de Clarensa e mossenhor Dorset filh de mossenhor de
> Lancastre, e conquisteren Hayraflor, ciutat aperat Camp en Normandia
> e autres pays[30].

Notre dernier exemple est de *L'Histoire de Gaston IV, comte de Foix*
par Guillaume Leseur[31]. Leseur n'écrivit son livre qu'en 1477 et 1478, bien
après la mort du pèlerin, mais il est probable que Leseur entra dans la suite du
comte en 1445[32]. Sans doute était-il déjà adulte, né peut-être vers 1420, et
ainsi il appartient à la génération qui suit celle du pèlerin. La différence entre
les deux hommes n'est pas aussi large qu'il ne semble. Il écrivit son histoire
du comte après la mort de celui-ci et après avoir passé trente ans à son

service. Il était Français et choisit sa langue maternelle pour son récit, quoique son éditeur eût dit: "A la cour des comtes de Foix, on devait de préférence user du dialecte du pays de Foix ou du béarnais"[33]. On suppose que la famille choisit un écrivain français espérant ainsi un auditoire plus nombreux pour écouter l'histoire de leur célèbre ancêtre. Ce choix semble indiquer que, même près de la frontière espagnole et le plus loin possible de Paris, dans les cours de grandes familles, le français faisait du progrès et que le français employé en 1445 dans la suite du comte indique l'importance du français plusieurs années avant le commencement de l'histoire.

Il nous semble qu'on peut dire que dans la classe noble de l'Agenais dès le commencement du XVe siècle, l'occitan tombait déjà en désuétude, au moins quand il s'agissait de la langue écrite. Peut-être ces nobles étaient-ils bilingues, ou peut-être n'avaient-ils qu'une connaissance passive de l'occitan, parlant le français avec un accent régional comme beaucoup de méridionaux actuels. Il est certain que les écrivains bourgeois continuaient à employer l'occitan, mais avant 1430 un des grands nobles de l'Agenais ne l'employait plus, et quelques années plus tard la famille de Foix choisit un écrivain français pour une histoire importante. La classe noble était sans doute la première à sentir les attraits et l'influence de la cour royale, même quand elle était hostile à cette cour, comme Nompar de Caumont. Nous pensons que ces exemples montreront la rapidité de la pénétration du français dans cette classe, qui considérait sans doute l'occitan comme le patois des paysans ou des bourgeois qu'on évitait si possible[34].

Notes

[1]*Nompar, Seigneur de Caumont, Le Voyatge d'Oultremer en Jhérusalem*, éd. Peter S. Noble, Medium Aevum Monographs, New Series, 7 (Oxford, 1975), p. 22. (ci-après *Voyatge*).

[2]*Voyatge*, p. 79.

[3]Ibid., pp. 131-38, où se trouve une courte histoire de la famille.

[4]Ibid., p. 4.

[5]Ibid., p. 79.

[6]Ibid., pp. 22 et 18-25.

[7]Peter Rickard, *A History of the French Language* (London, 1974), p. 68. C'est nous qui soulignons.

[8]Ibid., pp. 68-69.

[9]*Voyatge*, pp. 11-17.

[10]La numérotation des pages et des lignes suit notre édition.

[11]Mildred K. Pope, *From Latin to Modern French* (1934; Manchester, 1952), p. 277, § 694.

[12]Charles H. Grandgent, *Provençal Philology and Morphology* (New York, 1905), p. 44: "... *u* was commonly kept in the spelling (especially before *e* and *i*)

after it had ceased to be pronounced, *gu* and *qu* being regarded merely as symbols for 'hard' *g* and *c*".

[13]Ibid., p. 90.

[14]Ewald Göhrlich, *Die südwestlichen Dialecte der Langue d'oïl (Poitou, Aunis, Saintonge und Angoumois)*, Französische Studien 3/2 (Heilbronn, 1882), p. 79.

[15]Ibid., p. 80.

[16]Joseph Anglade, *Grammaire de l'ancien provençal ou ancienne langue d'oc* (Paris, 1921), p. 188.

[17]Kristofer Nyrop, *Grammaire historique de la langue française*, 2 (Copenhague, 1903), p. 43.

[18]Emil Levy, *Provenzalisches Supplement-Wörterbuch*, 8 vol. (Leipzig, 1894-1924), 7:58.

[19]Ibid., 8:664-66.

[20]Ibid., 2:198.

[21]Grandgent, p. 123: "L'absence du -*t* est un trait occitan".

[22]Levy, 1:115.

[23]Ibid., 3:32.

[24]Grandgent, p. 124.

[25]Levy, 7:586.

[26]Voir Peter S. Noble, *Edition and Syntactic Study of "Le Voyatge d'Oultremer de Nompar, Seigneur de Caumont"* (diss., University of London, 1975), pp. 96-97, où une transcription de ce texte est donnée.

[27]Maurice Berthe, *Le Comté de Bigorre* (Paris, 1976), p. 10.

[28]Ibid., p. 174.

[29]Germain Lefèvre-Pontalis, *Petite Chronique de Guyenne jusqu'à l'an 1442*, Bibliothèque de l'École des Chartes, 47 (Paris, 1886), pp. 53-79, surtout 58-59.

[30]Ibid., p. 65.

[31]Guillaume Leseur, *Histoire de Gaston IV, comte de Foix*, éd. H. Courteault, Société de l'Histoire de France (Paris, 1893).

[32]Ibid., 1:xix.

[33]Ibid., 1:xviii.

[34]Nous voudrions remercier tous nos amis qui nous ont aidé: Dr. Mary Hackett, Dr. Lucie Polak, Dr. Malcolm Barber, Mlle Anne Curry. C'est à nous qu'incombe la responsabilité des erreurs qui restent.

The Normalization of Old Provençal Spelling: Criteria and Solutions

Nathaniel B. Smith

The problem of orthography has long plagued Old Provençal scholarship.[1] It takes much experience to interpret the manuscripts' many variations and inconsequences, and it is not rare to find medievalists, to say nothing of beginning students, pronouncing words in ways which the troubadours might not even understand. "To normalize or not to normalize" has been a tacit debate from the time of the scribes, many of whom had their own ideas about spelling, right down to the present.

Some early editors recast the texts in an idealized form. The first critical troubadour edition, Karl Bartsch's *Peire Vidal's Lieder* (Berlin, 1857), "excludes from the variants forms which vary merely by orthography—for which a spelling confirmed by contemporary documents and by rhyme usage has been generalized in the text—as well as different grammatical forms of one and the same word . . ." (*Vorwort*, second page; my translation). We will see later the particulars of Bartsch's system, which he uncharitably leaves to be deduced from the poems as he edits them.

Adolf Kolsen, in his partial edition, *Guiraut von Bornelh, der Meister der Trobadors* (Berlin, 1894), likewise proposed to "unify the spelling as much as possible" (p. 71; my translation). His most notable innovations compared to Bartsch are in representing intervocalic /s/ by a single *s* rather than *ss* and in keeping certain dialectal forms attested by Guiraut's rhymes, such as the diphthong in *luec* < LOCU, the affricative in *richa* < *RICA, and the vocalization of preconsonantal *l* as in *auzeus* < *AVICELLŌS. Kolsen's later complete *Sämtliche Lieder des Trobadors Giraut de Bornelh* in two volumes (Halle/Saale, 1910 and 1935) retains the same system except for "a few discrepancies such as the now undiphthongized tonic free /ɔ/ (I, ix; my translation).

However, most twentieth-century editors have generally come to respect not only dialectal traits, as does Kolsen, but also the idiosyncrasies of individual base manuscripts. The same is true of almost all anthologies: whether they go directly to the manuscripts or borrow poems unchanged from critical editions, they generally expose the reader to the whole range of Old Provençal graphies.

Yet the normalizing school has been recently revived by the "Occitanist" group centered in Toulouse, Montpellier, and Béziers. In line with their rejection of Frédéric Mistral's French-based orthography for the modern language, the Occitan group has begun extending to medieval texts their own largely Catalan-inspired system elaborated in the early twentieth century. Notably, Robert Lafont's troubadour anthology *Trobar* (Montpellier, 1972) adopts mostly modern solutions (pp. 10-13). On the other hand, Pierre Bec's anthology, now in its third edition as *Anthologie des troubadours*, series 10/18 (Paris, 1979), contents itself with borrowing previous editors' texts and adding accent marks in accord with modern Occitan practice.

Another influence in favor of normalization has been the *Corpus des Troubadours* project sponsored by the Union Académique Internationale. After consultation among its constituent scholars, the committee for the *Corpus*, under the presidency of Ramón Aramón i Serra, published a relatively thorough system of orthographic normalization in the Union Académique Internationale's *Compte rendu de la 48e session annuelle du Comité* (Brussels, 1974, pp. 98-105). These norms were recommended for editions but with an ulterior purpose, being "notably with a view to machine processing for the constitution of the lexicon" (p. 99; my translation). To what extent the *Corpus*'s system will be adopted by editors—even those of its own proposed complete series of troubadour texts—remains to be seen. So far, the only editions invoking the name of the *Corpus des Troubadours* have been five (or probably more as this article appears) sponsored by the Unione Accademica Nazionale of Rome, and described more precisely as preparatory "Subsidia" to the *Corpus*. And these editions do not normalize.

Contemporary editors may indeed well hesitate to normalize for several reasons. First, users of critical editions will usually be specialists rather than students who might need such help to understanding. Second, any normalization runs the risk of obscuring dialectal or personal linguistic traits that might be of importance to other researchers. Third, normalization creates a new non-medieval artifact. And finally, it is hard to justify normalizing spelling without proceeding similarly with morphology and syntax, with the consequent risk of elaborating a homogeneous idiom that lacks historical reality.

Yet there are certain other situations that clearly require orthographic regularization. Every dictionary or glossary gives for each word a single main entry, which should be established according to consistent principles that require a minimum of cross-reference. Similarly, any grammar book or extended linguistic discussion will need to establish a usual spelling for each word and form, if only to avoid confusion. One cannot rationally speak now of the *chanzo* and then of the *canson*. It would evidently be most helpful for scholars to agree on a single system that could become standard in lexical and grammatical works and that could, when appropriately justified, be applied to editing and other tasks.

The best-known system of normalization probably remains Emil Levy's in his eight-volume *Provenzalisches Supplement-Wörterbuch* (Leipzig, 1894-1924) and his *Petit dictionnaire provençal-français* (Heidelberg, 1909; hereafter *LPD*). The various reprintings of these dictionaries have had the effect that scholars often tend to cite his forms rather than those of the earlier and less consistent, but still essential, *Lexique roman* of François Raynouard, in six volumes (Paris, 1836-44). Levy's system was expressly adopted, for example, in the glossary of Thomas G. Bergin et al., *Anthology of the Provençal Troubadours*, 2d edition in 2 vols. (New Haven, 1973).

Unfortunately, Levy's system, like that of the *Corpus* and of the others mentioned above, has certain defects. The present article will re-evaluate the most important cases where Levy and the *Corpus* differ and will indicate the solutions used in the *Old Provençal Primer* by the present writer in collaboration with Thomas G. Bergin (New York, 1984).

Our basis for decisions will be that each graphy should satisfy as many as possible of the following criteria:

A. The pronunciation of any series of letters should be unambiguous. Ideally, each letter or digraph should represent only one phoneme, and each phoneme should have only one graphic representation. For example, Levy and the *Corpus* both choose *lh* for /ʎ/ and *nh* for /ɲ/; and both reject initial *gua-* for /ga/ and final *-b, -d* and *-g* for /p/, /t/, /k/, thus writing *gant* 'glove' not *guant*, *nut* 'naked' not *nud*, etc. In line with this principle, competing allophones should be reduced to one graphy, as in undiphthongized /ɔ/ and /ɛ/, chosen by Levy and the *Corpus* even though the manuscripts often give tonic free /u̯ɔ/, /u̯ɛ/ and /i̯ɛ/ in certain environments. If necessitated by other criteria, this criterion A can admit simple rules of position and distribution; for example, all Old Provençal graphic systems understand single *r* to represent a longer trill when initial than non-initial, thus *rosa* 'rose' with /rr/ and *cara* 'face' with /r/ (yet when this difference is phonemic, in intervocalic position, it should be reflected in the spelling, hence *marit* 'husband' and *marrit* 'anguished'). This "progressive" criterion tends to favor a one-toone fit between signs and phonemes to the disadvantage of etymological spellings.

B. A more "conservative" principle dictates that spelling should reflect etymology and historical development, at least to the point of distinguishing homonyms or two different words whose pronunciations coalesce during the literary period. Thus *vida* 'life' should be preferred to its variant *via*, which is also a homonym meaning 'way.' Similarly, the *t* should be retained in words like *metge* 'doctor' < MEDICU, or *jutjar* 'to judge' < IŪDICĀRE, where the dental occlusive apparently remained pronounced longer than in words like *gitar* 'to throw' < IACTĀRE, or *major* < MAIŌRE. In case of doubt which stage to select in the evolution of a particular sound or spelling, we should prefer the late twelfth century, high point of classical troubadour tradition.[2]

C. Our solutions should promote consistency within a given paradigm; for example, most authorities prefer *májer* 'greater' (nominative singular) < MĀIOR rather than *máger* because the oblique singular *major* cannot have *g*, and similarly, *camje*, not *camge*, from *camjar* 'to change' (however, the *Corpus* uses only *g* before *e* and *i*).

D. Where there is dialectal variation, we should tend to prefer southern Occitan and specifically central Languedocian forms. Even though the northern dialects, and Limousin in particular, certainly contributed much to the literary koine, their proximity to French make them less typically Occitan. Central Languedocian, farther from French influence, seems the *juste milieu* both between northern and southern Occitan dialects and between the eccentricities of Gascony and Provence. In line with this principle, for example, Levy and the *Corpus* prefer *ca-* and *ga-* to *cha-* and *ja-*.

E. We should, as in the modern Occitan and Catalan conventions, prefer where possible that graphic representation which permits the most variety of dialectal interpretation, without committing ourselves more than necessary to the pronunciation of a given region. This somewhat conservative principle will sometimes be in conflict with the preceding one, but not often, since central Languedocian lacks most of the peripheral innovations. For example, the normalized spelling *ga-*, corresponding both to southern Occitan and Latin pronunciation, allows one to apply a rule of position to derive the northern Occitan pronunciation of *gal* 'rooster' as /ǧal/, while the spelling of *ja* 'already' informs us that this is a pan-Occitan form with no corresponding southern form in *g*.

F. Finally, but not the least importantly, our chosen graphy should be the most frequent in the older manuscripts which contain works of the troubadours or in their tradition, such as verse narratives. To determine graphic frequencies with absolute precision would be an inordinately demanding task well beyond the scope of this article. Our present statements concerning this criterion are based on three sorts of evidence: personal impressions gained from dealing with troubadour texts, representative samples from several sources which list all forms occurring in certain texts edited according to the manuscripts,[3] and two articles devoted to the practices of particular scribes.[4]

Naturally, our judgments should not be entirely mechanistic, and some criteria will carry greater weight than others. For the purposes of allowing students to consult dictionaries, glossaries, and grammar books, principle A—clarity—seems primordial. Thus it is that both Levy and the *Corpus* write *fach* 'done; deed' < FACTU, even though *fag* and *fait* are no doubt more frequent in the manuscripts (criterion F). They presumably reasoned that *g* is already overburdened, since a manuscript spelling like *amig* 'friend' can represent not only feminine *amig'* with elision and masculine dialectal /amiğ/ but also masculine /amik/ for a more frequent *amic*.

We have already mentioned the most important conventions on which Levy and the *Corpus* agree, and shall now discuss only six representative points of discord.

1° *unstable final* -n < *intervocalic* -N-. Raynouard's *Lexique roman* favors retaining -*n* (without, however, being consistent); Bartsch's *Peire Vidal* also gives -*n* except in the rhyme and before -*s*; and Kolsen does likewise except before words beginning in a vowel. Levy writes the -*n* with diacritical indication of its instability (thus *boṇ* < BONU), while the *Corpus* advises editors to choose according to the dialect concerned[5] but apparently prefers dropping -*n*, since it gives, in other contexts, *razo* < RATIŌNE, *canço* < *CANTIŌNE, and *maizo* < MANSIŌNE along with semi-learned *condicion* < CONDICIŌNE.[6] Monfrin[7] and Tavera[8] see no pattern in the three mansucripts that they study. The -Ø and -*n* solutions spring from different dialects but coexist in the literary language. There is something of a phonetic gradation, since some dialects may have had an incomplete (i.e., non-dental) rendering that lay between /boṇ/ and /bō/.

Our criterion A favors retaining the -*n* because of its utility in indicating stress. We can posit that -*n* marks oxytons (thus, *vilan* < VĪLLĀNU, *seren* < SERĒNU, *reten* < *RETENET, *divin* < DĪVĪNU, *amon* < AD MONTE, *Marcabrun* < *MARCABRŪNU, and the present participle *aman, amant*) except that third-person plural verbs are paroxytons (*aman, amen, amon, amavon*, etc.) and except for a few other words like *omen* 'man.' If, on the other hand, we were to drop the unstable -*n*, tonic final -*a* and -*e* could not readily be distinguished from atonic -*a* and -*e*; for example, the reader could confuse *vilá* 'vulgar' with *vila* 'city' and might not know how to stress *seré* or *reté*, unless we were to admit a system requiring a large number of written accents in order to show stress. Final -*i*, -*o*, and -*u* pose less of a problem, since in polysyllables they occur chiefly before unstable -*n* except in some learned words like *edifici*, in dipthongs as in *verai* 'true,' and in some compound formations like *acó* 'that.'

With respect to criterion B, our preference for late twelfth-century forms does not help here, since in dialects where -*n* drops it does so very early. However, the contrast of unstable -*n* to both stable -*n* and -Ø does distinguish a number of minimal pairs, thus *sen* 'breast' ≠ *cen* 'hundred' (for *c* ≠ *s* see section 4, below) ≠ *se* 'himself'; *son* 'sound; his' ≠ *son, son* 'they are' ≠ *so* 'that'; *don* 'gift; lord' ≠ *don* 'from where'; etc. Criterion B thus would lead us to differentiate unstable -*n* from both stable -*n* and the zero solution.

Criterion C favors retaining the -*n*, in order to bring out paradigmatic relations such as that between masculine *seren* and feminine *serena* or third person singular *reten* and the infinitive *retener*. Criterion D, however, clearly suggests dropping the -*n*, which remains pronounced generally only in the Provençal and Gascon dialects and parts of the north. But criterion E again favors -*n*, since *seren*, for example, can represent both /serén/ and, by rule of position, the reduced form /seré/, while one cannot reconstruct /serén/ from /seré/ or avoid imagining *mercé* < MERCĒDE with -*n* unless one has a knowledge of the etymology. Finally, though Monfrin finds the distribution "fantaisiste"[9] and Tavera "tout à fait désordonnée,"[10] criterion F favors -Ø, which, our rough survey indicates, is almost twice as frequent when absolutely final[11] and overwhelmingly so before -*s*, except that -*n* is over three times more frequent in *ben* and *bon* without -*s*. Still, both -*n* and -Ø are extremely frequent in the manuscripts.

In sum, the balance remains in favor of showing the unstable -*n*, by three criteria against two. However, as suggested by criterion B, we must then find a way to distinguish it from the rarer cases of stable final -*n* derived from *nt*, *nd*, or *nn*. One should hence adopt (except perhaps in editions) Levy's typographic solution *bon* or else, with equivalent function, use italicized -*n* (as in the Bergin anthology) or write *bo(n)*.

2° *preconsonantal* 1 *or* u. Before, during, and after the literary period, but especially during the twelfth century, *l* in most dialects vocalized to *u* before *t*, *s*, *z*, soft *c*, *d*, and their sources.[12] However, Gascon vocalized *l* before all consonants, and the Provençal dialect proper began to do so at least by the thirteenth century, while one finds /l/ or /ɫ/ before all consonants in much of central and northeastern Languedoc but *u* only before non-dental consonants in parts of north central Languedoc.[13] This situation is further complicated by the difficulty of interpreting the manuscripts, which often conservatively retain the spelling *l* where it may already have been pronounced /u̯/.

Raynouard and Kolsen retain *l* everywhere: *alba* 'dawn,' *alt* 'high,' *altre* 'other,' etc. Bartsch seems to favor *u* before original *t*, *n*, *ce*, and *ci* but not *s*, printing *autre*, *feunia* 'villany,' *dous* 'sweet,' but *fals* 'false,' Levy, who makes no statement on this count, gives precedence to *u* in selected words before a dental consonant, thus *aut, autre, ausar* 'to raise,' *dous*, *baudor* 'gaiety,' but *molt* 'much,' *viltat* 'baseness,' *fals, felnia, foldat* 'folly.' The *Corpus*[14] proposes always to write *l*, no matter how it might have been pronounced.

Our criterion A seems neutral: it will be easy enough for the user to pronounce either preconsonantal *u* or *l* wherever we decide to write them, since both *u* as semivocalic /u̯/ and *l* as velar /ł/ exist elsewhere in the system (e.g., *deu* 'god' and *mal*, *mala* 'bad').

Criterion B makes us lean toward the conservative solution of retaining *l* everywhere. Though preconsonantal *u* usually derives from Latin, one can find a few minimal pairs involving *u* of other origins, for example, *deus* < DEŌS and *dels* < DĒ ILLŌS, or *mous* < MOVES and *mols* < MOLLIS. Our stated preference for the later twelfth century does not help here, since the evolution is still under way then.

Criterion C, paradigmatic regularity, favors *l* everywhere, since any complementary distribution of the two would give a potentially disconcerting alternation in many words of the same root, such as *fel* ≠ *feunia*, *fol* ≠ *foudat*, *tout* 'taken away' ≠ the infinitive *tolre*, and also (unless we exclude vocalization before *-s*) in the inflection of nouns, adjectives and verbs with stems in *l*.

With respect to criterion D, we have already seen that central Languedoc is precisely an area recalcitrant to vocalization of *l*. Criterion E again favors a generalized *l*, since we can establish rules to vocalize it in the appropriate contexts and dialects, whereas only etymological knowledge can bring us back where necessary from *u* to *l*, since preconsonantal *u* has other sources.

Finally, criterion F (frequency) seems to favor *u* at least before *t*, *z*, and soft *c*, where most of the authorities previously cited as well as our rough survey show *u* to be much more common than *l*, whereas vocalization is rarer before *s*, particularly in inflections (Ronjat 2:207, 318). However, if we examine individual words, the situation becomes less clear; for example, *l* does not vocalize before glide *d* (*voldra* 'he will want') or secondary *z* (*fidelz* ≠ *fidels* < FIDĒLIS).[15] Appel[16] points out that vocalization is more frequent after *a* and that some words for unknown reasons favor one or the other solution. Hence to write *u* in all instances of a given phonetic context would lead to errors. At any rate, however we evaluate criterion F, our solution must remain *l* everywhere by the preponderance of criteria B-E.

3° *intervocalic /z/: s-* or *-z-*? Raynouard appears to use *s* wherever CL has *s*, thus *rosa* < ROSA, *casa* < CASA, *maiso* < MĀNSIŌNE, *baisar* < BĀSIĀRE, compared to *lauzar* < LAUDĀRE, *plazer* < PLACĒRE, *prezar* < PRETIĀRE, etc. (but, quite oddly, f. *unctuoza* < ŪNCTUŌSA alongside m. *unctuos*). Bartsch, Kolsen and Levy, on the other hand, use only *z* for intervocalic /z/, thus *roza*, etc., while the *Corpus* returns to Raynouard's *s* for /z/ from CL -S-, as in *rosa*, *ase* < ASINU, etc. (but *-z-* from /sy/: *baizar*, etc.).

Our criterion A would justify using *z* throughout, since then *s* is left, as in Levy, with one pronunciation, /s/, and doubled *ss* becomes superfluous (for Levy, *baisar* is 'to lower' < *BASSIĀRE). But criterion B seems to favor distinguishing /z/ < CL intervocalic S from other /z/'s, which can be derived from 1) CL intervocalic *D*, which early gave /ð/ and, in the early and mid-twelfth century, /z/, as in *lauzar*; 2) CL CE, CI, and VL /ty/, which early became /dz/ and then, via /ð/, /z/ by the end of the twelfth century,[17] as in *plazer*, *prezar*, etc.; 3) VL /sy/ (including with *s* < NS), which early became /ž/ and then /iž/, thus *baizar*, *maizon̦*, etc. For these three groups, the *Corpus* uses *z*, presumably because then the user will at least be made aware that in pretroubadour texts and the earliest troubadour poems, the *z* of groups 1 and 2 would be pronounced not /z/ but /ð/ or /dz/ according to etymology and chronology, while the *iz* of groups 3 would already be /iz/.

The *Corpus*'s solution is not as unwieldy as it may seem, for we can get by with distinguishing, in early texts, /ð/ spelled -*z*- < -D-, CE, CI and /ty/ as against /z/ in -*s*- and -*iz*-; and all these spellings can be pronounced with /z/ by the time of the classical troubadours. However, the force of criterion B would be greater here if we could find more than a handful of minimal pairs that could be differentiated by the two spellings -*s*- and -*z*- both representing /z/.

Criterion C again favors distinguishing -*s*- and -*z*- because of the many words where final devoicing in the masculine would otherwise produce graphic alternations like *corteza* ≠ *cortes* 'courtly,' 1 sg. *bais* ≠ *baizar*, etc. Criterion D seems neutral, since central Languedoc follows the general development. However, with respect to criterion E, it is pertinent that /z/ has dialectal variations: 1) by the eleventh century,[18] CL intervocalic D is dropped, or less often replaced by -*v*-, in much of the north and scattered areas of the south,[19] while 2) CE, CI, and /ty/ dialectally > /i̦dz/ > / i̦ð / > /i̦z/, and 3) /sy/ dialectally remains at the stage of /ž/ or > /iž/, /ǧ/, /iǧ̦/, /j/, etc.[20] Criterion E hence supports a spelling distinction between -*s*- and -*z*-, since we will then know at least that a /z/ spelled -*s*- cannot have these dialectal variants. (However, it will still take etymological knowledge to predict whether a given word with -*z*- will have the variants given under 1° or 2°, above.)

With respect to frequency (criterion F), MS C uses only -*z*- for intervocalic /z/ or /dz/,[21] while on the contrary MSS IK use -*s*-.[22] In the five editions we have surveyed, a group of words with /z/ from CL intervocalic S (and not /sy/) show thirty-one occurrences with *s* and exactly the same number with *z*, thus supporting one's general impression that the two spellings are about equally frequent in the manuscripts.

In sum, we should, with the *Corpus*, distinguish -*s*- from CL S as against -*z*- from other sources, since only criterion A opposes this solution. We will need only a simple rule of position to differentiate -*s*- /z/ from other *s* /s/. It should be noted that this rule falls in line with two others that would be needed for *s* even if we were to abandon intervocalic *s*: final *-s* probably becomes /z/ when it is intervocalic by syntactical phonetics and also when it is assimilated to a following voiced consonant (*las islas* 'the islands,' probably /laz ízlas/). In these cases no one proposes to write *z*, so we may as well live with intervocalic *s* as /z/ also.

4º *initial and non-final postconsonantal /s/*. Here Raynouard, Bartsch, Kolsen, and Levy distinguish *s* < S or T or C plus yod, as against *c* < CE or CI; thus, *ser* < SERVU, *canson* < CANTIŌNE, *Proensa* < PRŌVINCIA, but *cerf* < CERVU, *merce* < MERCĒDE.[23] However, the *Corpus*, in addition to *c* < CE, CI, uses *ç* for /s/ < /ts/ < initial and postconsonantal /ky/ and /ty/, as in *ço* < (EC)CE HOC, *canço*, *força* < FORTIA, and *-ança* < -ANTIA.

With respect to criterion A, it is obviously preferable not to use *ç* at all, or *c* either for that matter. However, criterion B would justify not only *ce, ci* but also *ç* in order to distinguish /s/ < /ts/ from other /s/'s. The spellings *ce, ci, ç* would indicate the distinctive pronunciation /ts/ up to a certain point in the literary period.[24] Even thereafter, the *c* ≠ *s* distinction would serve to distinguish a certain number of homonyms such as *cen* 'hundred' ≠ *sen* 'he feels' or, stretching the point a bit for postconsonantal *ç*, *arçon* 'saddle bow' ≠ *ar son* 'now they are.'

Criterion C, paradigmatic regularity, favors either using *s* everywhere or else maintaining a separate series *ce, ci, ç*.[25] Thus, if we write *vencer* < VINCERE and *esforçar* < *EXFORTIĀRE, we should write 1 pl. *vencem* and *esforcem*, 1 sg. *venç* and *esforç*, and similarly *dolç* 'sweet' if we write the feminine *dolça*. This is perfectly feasible, except that as we shall see in section 5º below, final *-ç* is undesirable. It is perhaps precisely in part to avoid both *ç* and an alternation *c* ≠ *s* that Bartsch, Kolsen, and Levy write *venser* corresponding to 1 pl. *vensem* and 3 pl. *venson* (but Raynouard has *vencer*). In sum, criterion C does not oppose *c* and *ç* in general, but does encourage us to keep them separate from *s* in words of the same family. Nor do criteria D and E have any noteworthy impact, since dialectal differences are not significant here and even the chronology of this evolution is quite uncertain.

So far we basically have two opposing criteria, A and B, so that F (frequency) will be the deciding factor. MS C generally maintains CL CE and CI except in the demonstrative family of *selh*;[26] otherwise, C has single *s* except for an isolated example like *forssa*.[27] Though the etymological *c* is less well respected in MSS IK,[28] in general, Latin influence causes the retention of *c* even after /ts/ becomes /s/.[29] However, in Languedocian documents at least, *ç* is not common.[30] Examination of eight representative roots derived from CL CE, and CI in our five previously identified editions shows *c* in over seventy-seven cases but *s* in only eight (*vens-* six times, *venss-* once, *sent* < CENTU once) and *z* once in *piuzelatge* 'virginity.' But the same editions, in twelve roots with /s/ < /ts/ < /ky/ and /ty/, show *ç* only once in *ço* < (EC)CE HOC and once, superfluously, in *gençer* 'fairer,' alongside several occurrences of postconsonantal *ss*, a couple of *z*, and a large number with single postconsonantal *s*. Hence, with Levy and against the *Corpus*, we must write *canson̦*, *forsa*, *so*, *-ansa*, etc., and, with general agreement of our authorities, *cel*, *merce*, and *-cion̦*.[31]

5° *final /s/ or /ts/?* The -/s/ morpheme of verbs, nouns, pronouns and adjectives is normally spelled *-s*. But one often finds -/ts/ represented by *-z* and particularly by the group *-tz* derived from T'S, D'S, /ty/, /ky/, and CE, CI. Thus, Bartsch and Kolsen write *maritz* < MARĪTU, *nutz* < NŪDU, *pretz* < PRETIU, *bratz* < BRACCHIU, *ditz* < DICIT.[32] Levy similarly uses *-tz* from T'S, /ty/, /ky/, and CE, CI. The *Corpus*[33] endorses *-z* 1° after a dental consonant (*sotz* < SUBTUS, *anatz* 'you go'; also *inz/enz* < INTUS);[34] 2° from CE, CI (*patz* < PACE); and 3° in *ez*, *quez*, and *az* (i.e., prevocalic *e*, *que*, and *a*). The *Corpus* does not address the question of /ty/ and /ky/, but corresponding to its non-final *ç* one would expect to find final *-tz*, thus *pretz* and *bratz*. As the inflected form of *gauch* and of *fait ≠ fach*[35] one would expect *gauchs* and *faitz ≠ fachs*. Raynouard, finally, inconsistently gives *sotz*, *patz*, *pretz*, *bratz*, but *palai* < PALĀTIU, *ters* < TERTIU, *esfort* < *EXFORTIU, and *lac* < LAQUEU.

Our own criterion A would favor reserving *z* for /z/ (as it did for intervocalic /z/ under point 3°, above), and hence using final *ts* or *s* rather than *z*. However, a rule requiring final *z* to be pronounced /ts/ (as is the case in the manuscripts) would not be a major infringement of this criterion, which at any rate does not help us decide between the pronunciations -/ts/ and -/s/.

Criterion B, as usual, suggests a conservative solution, namely retention of final /ts/. The pronunciation /ts/ probably did not reduce to /s/ until after the twelfth century.[36] Furthermore, the troubadours generally distinguish -/ts/ and -/s/ in the rhyme. However, criterion B will not help us to choose between the spellings *-tz* and *-ts* for /ts/.

Criterion C likewise urges retention of -/ts/ where the paradigm has final *t*; thus *partz ≠ part* < PARTE, *vertz ≠ vert* < VIRIDE, *cantz* 2 sg. subjunctive of *cantar*, etc. Criterion D is not very helpful, since "final *ts* from any source, in Provence, Limousin, and a part of Languedoc and Gascony, was reduced, during the literary period, to *s*";[37] and the modern isogloss divides Languedoc, our favored region, about in half.[38] Criterion E favors graphic retention of the dental, since one can form a rule to derive /s/ from /ts/, but not the contrary.

Finally, with respect to frequency (criterion F), MS C[39] regularly prefers *-tz*.[40] According to Tavera,[41] however, 1° MSS IK prefer *terz* < TERTIU and *soz* < SUBTUS; 2° for *t* plus flectional *s*, MS I leans toward *-tz* and MS K toward *-z* (*pertraiz* 'equipment,' *drutz*, 'lover'); 3° MS K prefers *vez* and *voz* < VICE and VOCE, but MS I prefers *ves* and *vos*; and 4° MSS IK give *anz* < ANTIUS and *douz* < DULCE, while MS C prefers *ans* and *dous*. MSS CIK all agree on retaining the dental for cases 1° and 2°, and two of them do so for cases 3° and 4°. Further support for *z* or *tz* is furnished by Lafont, who states that final /ts/ from /ty/ and /ky/ generally remains in the works of the troubadours,[42] and by Grafström, who says that postvocalic -/ts/ generally is retained in Languedocian documents.[43] Analysis of a score of words in the five previously identified editions bears out that -*tz* (including the less frequent -*z* without *t*) occurs much more often than -*s* when the origin is T'S, D'S, CE, CI, /ty/, and /ky/, including when preceded by R. However, *s* predominates after *n*, even where Latin has *t* or *d*, and including present participles, thus most often *amans* < *AMANTE plus /s/, *ans* < ANTIUS, *cans* < CANTUS, CANTES, CANIS, *dolens* < *DO-LENTE plus /s/, *grans* < GRANDE plus /s/, *vens* < VENTUS, VENIS, VINCIT, etc.[44]

Hence, we should adopt this solution which, though it lacks the virtue of simplicity, respects all of our criteria, thus: -*tz* from T'S, D'S, CE, CI, /ty/, and /ky/, including after R but not after other consonants.[45]

6° *intervocalic* /s/. Raynouard and Bartsch use -*ss*-, but Kolsen and Levy adopt single -*s*-: *pasar* < PASSĀRE, *baisar* < *BASSIĀRE, etc. However, for semi-learnèd reflexes of -CI- and -TI-, Levy, like Raynouard, gives -*ci*-, thus *facia* < *FACIAM, *gracia* < GRĀTIA, *condicion* < CONDITIŌNE, and Levy says: "Je préfère maintenant écrire -*cion* au lieu de -*tion*" (*LPD*, p. vii).[46]

The *Corpus*, on the other hand, writes -*ss*- but *ç* "pour la résultante de *c* + yod," thus *faça* < FACIAT, and also "dans les cas où *t* était renforcé" before yod, thus *plaça* < *PLATTEA, and finally like *LPD* -*cion* for "les résultats semi-savants du suffixe -*tionem*."[47] In other words, the *Corpus* uses *ç* and *c* for /s/ < /ts/, when intervocalic as in other positions (see points 4-5, above).

Our criterion A, as usual, favors the simplest solution: either -*ss*- or -*s*- for all cases of intervocalic /s/. And as usual, B favors differentiation of sounds having separate evolutions, hence of /s/ < /ts/ and other /s/'s. To be more specific, the following sources give an early intervocalic /ts/ which evolves to /s/:[48]

VL	/ky/	(*fassa*, etc. < FACIAT, *FACIA);
VL	/kwy/	(*lassar*, etc. < LAQUEĀRE);
VL	/pty/	(*cassar*, etc. < *CAPTIĀRE);
VL	/tty/	(*plassa*, etc. < *PLATTEA);
CL CI	(learnèd *judici* < IŪDICIU;
CL	-TIŌNE (semi-learnèd *compozicion* < COMPOSITIŌNE.

Words of such derivation contributed to minimal pairs which in the earlier texts have different pronunciations with /ts/ and /s/ and which could still be usefully differentiated in spelling even after their pronunciations have coalesced; thus, *laça* 'he binds' ≠ *lassa* 'weary' (fem.).

Criterion C—consistency of paradigms—does not help since we have already decided on -*tz* as the normalized spelling derived from origins corresponding to intervocalic /s/ < /ts/. Since we will write *latz* 'snare' < LAQUEU and 'I snare' < LAQUEO, we will have paradigmatic alternation whether we write *lassar*, *lasar*, or *laçar* (to adopt intervocalic -*tz*- would be to go against the scribes and lock us into pronouncing /ts/). Criterion D does not help either, because with regard to the separation of /s/ < /ts/ from other /s/'s, Languedoc has no unusual characteristics. Nor is criterion E germane, since the noteworthy dialectal variants of /s/ all involve /ʝs/, which we will not in any case spell with *c* or *ç* because it does not pass through a /ts/ stage; for example, from SC before *e*, *i* or yod, NASCERE > *naísser*, *násser*, *náicher*, *nácher*.[49]

Therefore, the decision will come down to the criterion of manuscript frequency (F). In the five above-mentioned editions, ten representative words—the derivatives of LAQUEĀRE, *CAPTIĀRE, PLACEAT, etc.— show only one occurrence each of *ç*, *c* and *ts* as against thirty-eight of *ss* and one of *s*. There is really no question then that, despite the utility of separating /ts/ and /s/ in early texts, as regards the troubadours we must uniformly write -*ss*- for intervocalic /s/ of all origins. (The spelling -*s*- adopted by *LPD* is rare, whether from /ts/ or not,[50] and at any rate we have already accepted it for certain intervocalic /z/'s.) Finally, in learnèd and semi-learnèd words like *judici*, *condicioŋ*, and *comparacioŋ*, it seems clear that *c* must be preferred over *t* or *z* (and *ss*, which here seems virtually non-existent). Also, we might wish to retain *c* in a few words like *necessari*, *piucel*, *escient*, *nesci*, etc., where -*ss*- would clearly violate scribal practice, and in compounds like *aicel*, *aucire*, *recebre* where the *c* can be treated as initial.

For the recommendations of this article to be of greatest service to Occitan studies, one should bear in mind the cautionary remarks made earlier: the proposed system is intended for dictionaries, glossaries, grammar books, and other linguistic studies, and on occasion for anthologies directed at beginning students. However, normalization can probably be justified in critical editions only by very definite benefits such as concurrent and ongoing projects which require that words be pre-coded for machine-processing. Naturally more remains to be said regarding particular spellings, and the reader is referred to the recently published *Old Provençal Primer* (see p. 403).

Notes

[1]We use "Old Provençal" to designate the troubadours' literary koine, and "Occitan" to describe the various dialects of the same language as well as the areas that spoke (and speak) them.

[2]Unless otherwise indicated, our information about historical development will be taken from the following: C. H. Grandgent, *An Outline of the Phonology and*

Morphology of Old Provençal (Boston, 1905); Carl Appel, *Provenzalische Lautlehre* (Leipzig, 1918); Joseph Anglade, *Grammaire de l'ancien provençal ou ancienne langue d'oc* (Paris, 1921); and Åke Grafström, *Étude sur la graphie des plus anciennes chartes languedociennes* (Uppsala, 1958).

[3]*Guglielmo IX d'Aquitania: Poesie*, ed. Nicolò Pasero, "Subsidia" al "Corpus des troubadours," 1 (Modena, 1973); *The Poems of the Troubadour Peire Rogier*, ed. Derek E. T. Nicholson (Manchester, 1976); F. R. P. Akehurst, unpublished computer-aided concordance established from *Rigaut de Berbezilh, Liriche*, ed. Alberto Vàrvaro (Bari, 1960); *Guillem de Berguedà*, ed. Martín de Riquer, 2 vols. (Espluga de Francolí, 1971); *Leben und Lieder der provenzalischen Troubadours*, ed. Erhard Lommatzsch, 2d ed., 2 vols. (Munich and Salzburg, 1972). It is surprising how few editions and anthologies have glossaries giving all occurrences of all forms of all words; the five sources used here are virtually complete except that the last occasionally stops after a dozen or so examples. Evidently, one could secure more complete statistics on orthographical frequencies in the manuscripts, preferably with computer assistance. But such a project would require careful selection of data and words without much likelihood of modifying the findings of the present article; one would also risk duplicating the "dépouillement systématique des usages graphématiques des anciens chansonniers" which, in the above-mentioned *compte rendu* for the *Corpus des Troubadours* (1974, p. 103), was announced as being in progress by François Zuffery.

[4]Jacques Monfrin, "Notes sur le chansonnier provençal *C*," in *Recueil de travaux offert à M. Clovis Brunel*, 2 (Paris, 1955), pp. 292-311; and Antoine Tavera, "Graphies normatives et graphies casuelles de l'ancien provençal," in *Mélanges d'histoire littéraire, de linguistique et de philologie romanes offerts à Charles Rostaing*, 2 (Liège, 1974), pp. 1075-94. (Tavera proposes MS C as a suitable basis for normalization.)

[5]*Compte rendu de la 48ᵉ session annuelle du Comité* (Brussels, 1974), p. 101.

[6]All examples idem, p. 100.

[7]Monfrin, "Notes," p. 307

[8]Tavera, "Graphies," p. 1083.

[9]Monfrin, "Notes," p. 307.

[10]Tavera, "Graphies," p. 1089.

[11]According to *Trobar*, ed. Robert Lafont (Montpellier, 1972), p. 12, "Les troubadours, comme le prouvent les rimes et divers accidents de phonétique syntaxique, tantôt conservent l'articulation de *n*, tantôt (plus souvent) l'abandonnent."

[12]And also before *n* according to Appel, *Lautlehre*, p. 79; but not before original *s* in Languedoc according to Grafström, *Étude*, pp. 142-43, and Grandgent, *Outline*, p. 70.

[13]Jules Ronjat, *Grammaire istorique des parlers provençaux modernes*, 4 vols. (Montpellier, 1930-1941), 2:206-07.

[14]*Corpus*, p. 100.

[15]Grafström, *Étude*, p. 143.

[16]Appel, *Lautlehre*, p. 79.

[17]Grafström, *Étude*, pp. 113-14, 130.

[18]Grandgent, *Outline*, p. 49.

[19]Max Pfister, "Beiträge zur altprovenzalischen Grammatik," *Vox Romanica* 17 (1958), 281-362; map p. 333.

[20]Forms with *zi* instead of *iz* are semi-learnèd, as in *confuzioṇ*, *ocazioṇ* (or *ocaizoṇ*), etc.

[21]Monfrin, "Notes," p. 304.

[22]Tavera, "Graphies," pp. 1084-85.

[23]They make a few exceptions presumably due to scribal practice: *ancian* < Low Latin ANTEANU, learnèd *sciensa*, etc.

[24]The reduction to /s/ is variously dated. Grandgent, *Outline*, p. 43: "Just before and during the literary period," for initial CE, CI. Appel, *Lautlehre*, p. 56: "Etwa zur Zeit der ältesten Denkmäler" for initial CE, CI, and p. 88: "Schon vorhistorisch" in interior position. Grafström, *Étude*, pp. 116-17: in Languedoc the change generally seems completed, via an interdental stage, before the last quarter of the twelfth century, in all positions. Lafont, *Trobar*, p. 12: "Au cours du XIIe siècle," in all positions. Pierre Bec, *Anthologie des troubadours*, series 10/18 (Paris, 1979), p. 9: "Dans le courant du XIIIe siècle," in all positions.

[25]Should we rather consider that *c* and *ç* are different signs and hence that *esforcem* ≠ *esforç*, *esforçon* would represent a graphic alternation contrary to criterion C? Perhaps not, because the scribes, at least, seem to regard *c* and *ç* as the same sign since they often omit the cedilla where the pronunciation can only be /s/ or /ts/.

[26]Monfrin, "Notes," p. 301.

[27]Ibid., p. 304.

[28]Tavera, "Graphies," p. 1086.

[29]Appel, *Lautlehre*, p. 56; Grafström, *Étude*, p. 117.

[30]Grafström, *Étude*, pp. 121-22.

[31]We might as well allow a few exceptional deferences to scribal practices or other criteria such as *venser* or *sciensa*.

[32]In addition, Bartsch spells *gaugz* < GAUDIU, *fretz* < FRIGIDU, *fruitz* < FRUCTU, *peitz* < PEIUS. We will not further discuss whether to prefer -/ts/ or -/č/; Levy prefers *gaug, freg, fruch, pechs*, and Raynouard *gauch, freg, frug, piegz*. For editions, the *Corpus*'s proposal (p. 101) that editors generalize one or the other according to the individual troubadour's own "zone" and rhyme usage seems very acceptable.

[33]*Corpus*, p. 100.

[34]Ibid., p. 101.

[35]Ibid.

[36]Even for the spellings *ce* and *ci*, /ts/ may well survive to the end of that century (see note 24, above); and manuscript representation of the dental element in final position is so frequent (see below, criterion F) that one must assume that /ts/ was more resistant when final than non-final. In particular, the dental element had a glide function in /ṇts/, /nts/, and / ts/, and to a lesser degree /rts/ and /lts/ (Grafström, *Étude*, pp. 230-32); it also distinguished 2 pl. verb endings in /ts/ from 2 sg. endings in /s/; and it was supported by many paradigms (see Grafström, *Étude*, pp. 230-31,

and criterion C, below).

[37]Grandgent, *Outline*, p. 47.

[38]According to Ronjat, *Grammaire*, 2:281-84, -/ts/ CE, CI, /ty/, T'S remains roughly southwest of Albi and Narbonne.

[39]Monfrin "Notes," pp. 304-05.

[40]MS *C* also favors *-gz* as in *gaugz* and *-cx* as in *doncx*, whereas we consider *gauchs* and *doncs* preferable.

[41]Tavera, "Graphies," pp. 1084-89.

[42]Lafont, *Trobar*, p. 12.

[43]Grafström, *Étude*, p. 232.

[44]This conclusion corresponds to the usual dropping of final unstable *t* as in *aman(t)* and is further supported by the numerous examples of *-ns* (or *-s* with the *n* dropped) that are given in the rhyme by Ernst Erdmannsdörffer, *Reimwörterbuch der Trobadors* (Berlin, 1897), pp. 143-44, and by Albert Harnisch, *Die altprovenzalische Praesens- und Imperfect-Bildung mit Ausschluss der A-Conjugation* (Marburg, 1886), pp. 13-14, 81, 121 and 232.

[45]We should probably also use *-tz* from the rarer /kwy/ (*latz* 'snare' < LAQUEU) and RG, R'G plus *e, i* (*sortz* 'he raises' < SURGIT). After an *l*, Bartsch, Kolsen and Raynouard prefer *dolz* < DULCE. Levy gives *dous* as his base form, and the *Corpus* would presumably write *dols*; *-ls* would also be our preference in such words. The *Donatz Proensals of Uc Faidit*, ed. J. H. Marshall (London, 1969), carefully distinguishes *-lhz* with palatal /ʎ/ from *-lz* < -LT'S, -LL'S, etc., and from *-ls* < -L'S. However, as Marshall's notes to lines 1624-40, 2009-22 and 2688-2701 point out, these distinctions are not usual in the troubadours' rhymes; and furthermore, our five representative editions favor *-s* in all these cases.

[46]In fact, *LPD* appears to adopt *-cion* only in *-acion* < -ATIONE, *-icion* < -ITIONE, and *-ccion* < -CTIONE, thus *comparacion, compozicion, accion*; but even from these origins Levy sometimes gives learnèd *-tion* and often popular *-zon* or *-son*, thus *lection* 'choice', *chaplation, chaplazon* 'carnage', *coison* 'freezing' < COCTIONE. He also uses *-c-* sporadically in other words, such as *necesari*.

[47]For all these cases, see *Corpus*, p. 100. In fact, it painstakingly details the various sources of *-iss-* /is/ but neglects to discuss intervocalic /s/ except after /i/; clearly, though, it must generally intend *-ss-* < CL -SS-.

[48]For the chronology, see note 24 above.

[49]Grandgent, *Outline*, p. 73.

[50]Our count of sixteen representative roots with no /ts/ stage shows 173 uses of *-ss-* as against seventeen for *-s-* and two for *-c-*. MS C almost always uses *-ss-* (Monfrin, "Notes," p. 304), but MSS IK almost always use *-s-* (Tavera, "Graphies," p. 1086). The elimination of single intervocalic *s* from the normalized system has the further advantage that students encountering this ambiguous graphy in texts will know that they must choose between /z/ and the rarer /s/, whereas students accustomed to Levy's system might as a matter of course take the manuscript's *-s-* as /s/.

[51]I am grateful for the helpful advice of Suzanne Fleischman, Diana Teresa Mériz, M. Roy Harris, and Thomas G. Bergin, but wish to disculpate them for whatever shortcomings my solutions may have.

Observations sur la langue et le texte
du MS *F* des *Évangiles de l'Enfance* occitans

Cor van der Horst

Introduction

Le MS *F* des *Évangiles de l'Enfance* occitans se trouve à la Biblioteca Medicea Laurenziana de Florence (Ashburnham 103, fᵒs 2rᵒ - 31vᵒ). D'après Clovis Brunel[1], il s'agit d'un texte exécuté en Provence au XVᵉ siècle. Dans son édition de P_2, Giorgio Rossi a posé, pour la première fois, le problème des rapports entre P_2 et *F* en publiant un fragment de ce dernier[2]. Ensuite, Leandro Biadene a consacré à *F* un article plus approfondi, qu'il illustre de trois autres fragments du texte[3]. Plus récemment, Giovanni Caravaggi a fait le point des études des *Évangiles de l'Enfance* occitans dans un article d'une très grande richesse, qui a servi de point de départ à nos recherches[4].

Nous venons de faire un examen dialectologique de P_2, dans lequel nous avons localisé la langue de ce texte dans la région à l'ouest du Rhône (départements de l'Hérault et du Gard)[5]. Cela nous a amené logiquement à comparer le texte de *F* à celui de P_2, d'autant plus que Biadene (p. 176) supposait que les deux remontent à une même source écrite, éventuellement à travers d'autres copies.

Notre méthode consiste à rechercher dans un texte écrit en ancien occitan les éléments dialectaux en comparant ses traits caractéristiques à ce que nous savons des dialectes anciens et modernes. Ces éléments peuvent appartenir aux domaines de la phonétique, de la morphologie, de la syntaxe, du lexique. S'il y a des rimes, elles nous guident dans l'interprétation phonétique des graphies[6]. Pour la connaissance des dialectes anciens et modernes, nous nous baserons dans cet article surtout sur le *FEW*, Ronjat et les matériaux de Paul Meyer[7].

Lors de l'étude de *F*, dont nous avons constitué un glossaire complet, nous avons été frappé d'un côté par le grand nombre d'éléments provençaux de ce manuscrit et de l'autre par les caractéristiques languedociennes que *F* a en commun avec P_2. Partageant l'opinion de Biadene concernant une source écrite commune, nous croyons pouvoir poser que *F* est un remaniement provençal d'un original languedocien, auquel remonte également P_2. C'est cette hypothèse qui sera examinée en détail dans les pages qui vont suivre.

Lexique

La possibilité d'un remanieur provençal qui avait devant lui un texte languedocien nous a apparu d'abord dans le lexique.

1º Car *F* contient toute une série de mots provençaux que l'on ne retrouve pas dans P_2:

1. *ansint* (v. 739) dans *ansint con* 'comment'. *FEW* 11:575b: bdauph. prov. mars. Alès *ansin*; Ronjat § 746: prov. en général *ansin*. On trouve aussi *ensins* (v. 969) dans *ensins comma* 'comme'. *FEW* 11:575b: Tarascon 1466 *ensins*, bdauph. Barc. Alès *ensin*; Ronjat § 746: méd. *ensin*[8].
2. *aysire* (v. 713) 'ici'. *FEW* 4:424a: Pans [= Avignon] 1774 *eisire*[9].
3. *boujas*[10] (v. 1039) 'soufflet de forge'. *FEW* 1:605b: Barc. *bòouzias*, Var *booujho*; Ronjat § 364 β: prov. *boujo*[11].
4. *comborir* (v. 997) 'brûler'; *comborit* (v. 1005) 'brûlé'. *FEW* 2:940a: mars. niç. Alès *coumbouri(r)*[12].
5. *dengun* (v. 79) 'aucun'. *FEW* 7:81a: Provence XIVe au XVIe siècles.
6. *frema* (vv. 1058, 1060) 'femme'. *FEW* 3:449b: Barc. *fréma*, Pontech. Pietraporzio, pr. *fremo*, mars. Aix *fremo*, Nice *frema*; Ronjat § 337: méd. forc. alp. S. queir. Sant-Pèire, Elva, niç. hautes vallées du Niçard *fremo*, *frema*[13].
7. *ginols* (v. 324) 'genoux'. *FEW* 4:113a: prov. *dzinus*, mars. *ginous*, Gard *dźinᴜl*, Aude pl. *źinᴜls*.
8. *implir* (v. 846) 'remplir'. *FEW* 4:590b: prov. *empli, impli*.
9. *mies* (v. 589) 'mieux'; (vv. 816, 822) 'plutôt'. *FEW* 6/1: 669a et 671b: prov. rhod. mars.; Ronjat § 746: prov. *miéus* et *miés*.
10. *moihier* (v. 1090) 'femme'. *FEW* 6/2:200a: prov. *mouyè*, Nice *mᴜye*, Var, BAlpes *muyé*, Alès *mouïè*; Ronjat § 192 β: prov. *mouié*[14].
11. *nuech* (vv. 488, 503) 'nuit'. *FEW* 7:213a: prov. *nuèch*, *nwè*, Barc. *nuéch*, mars. *nuech*; Ronjat § 103 β 1 et 4: méd. niç. alp. en général *nwè*, prov. rhod. litt. *niue*[15].
12. *pals* (v. 902) 'empans'. *FEW* 7:511b: Arles *pal*; MeyerDoc 353 (+ gloss.), *pals* Forcalquier 1489. Cf. *BdeC* p. 291.

13. *scondudamens* (v. 828) 'secrètement'. *FEW* 24/1:49: *escondudament* Grasse 1495 MeyerDoc[16].

14. *sensa* (v. 917) 'sans'. *FEW* 11:643a: Barc. *sènsa*, prov. *senso* (+ cons.), mars. *senso*[17]; Ronjat § 749: prov. *sènso*.

15. *tion*[18] (vv. 1097, 1101) 'tison, branche de fagot'. *FEW* 13/1:356b: Nice.

Tous ces mots ont été attestés en provençal, c'est-à-dire dans l'aire qui embrasse le rhodanien, le méditerranéen, le niçard et le forcalquiérain (Ronjat § 849), même si l'emploi de certains en dépasse les limites, à l'ouest du Rhône (1, 4, 7, 10), ou au nord (1, 3, 6, 10, 11, 14). Remarquons dès maintenant que la langue d'un remanieur éventuel ne saurait être localisée dans les régions alpines à cause du traitement de *ca-*, qui ne devient jamais *cha-* (voir plus loin Phonétique, 3a), ni dans les pays languedociens à l'ouest du Rhône à cause de la restitution systématique de *-n* dans le manuscrit (voir plus loin Phonétique, 2a).

2° Pour donner une idée plus complète des éléments lexicaux provençaux de *F* qui ne se trouvent pas dans *P*$_2$, nous mentionnerons ici également deux séries de mots qui pourraient avoir leur place aussi bien dans la morphologie et la phonétique.

a. Il y a d'abord les mots au suffixe *-agi*:

1. *autragi* (v. 665) 'outrage'. *FEW* 14:9a: mars. *outragi*.

2. *dampnagi* (v. 666), *dapmagi* (v. 534) 'dommage'. MeyerDoc 379 *dampnagi* Manosque 1409, 396, id. Pertuis[19] 1397.

3. *linhagi* (vv. 65, 443) 'descendance'.

4. *obragi* (v. 474), *hobragi* (vv. 535, 595) 'ouvrage'. *FEW* 7:362b: pr. Barc. *ooubragi*, cf. 362a: mars. *oubragi*.

5. *paragi* (v. 218) 'haute naissance'.

6. *parentagi* (v. 444) 'famille'. *FEW* 8:643a: provençal, marseillais.

Ronjat (§ 128) nous apprend que *-e* peut passer à *-i* sous l'influence de *ch* ou *g* qui précèdent, "en méd. forc. (mais non niç.) gap. barc. aur."; les premières attestations datent du XVe siècle.

b. Puis on voit *-rt* au lieu de *-r* à la finale dans:

1. *cart* (vv. 998, 1018, 1043) 'chair'. *FEW* 2:383a: AlpesM, MeyerDoc, *chart* BAlpes, MeyerDoc.

2. *esqert* (v. 796) 'mauvaise plaisanterie'.

3. *jort* (vv. 223, 341, 450, 512, 547, 1076) 'jour'. *FEW* 3:102b et 106a, note 1: cette forme spécialement en provençal.

4. *ufert* (vv. 328, 332) 'enfer'.

Ronjat (§ 393) signale cette finale différenciée "en briançÔ. embr. gap. barc.", et il ajoute que l'on trouve *jort, fort, cart* de DIURNU, FURNU, CARNE fréquemment dans les documents alpins des XIVe et XVe siècles. En consultant les textes de MeyerDoc, nous avons constaté que ces mots sont employés jusque dans le XVIe siècle, non seulement en forcalquiérain, mais aussi dans la ville de Digne et dans les arrondissements de Castellane et de Grasse, dont les parlers font partie du méditerranéen selon Ronjat (§ 849 β 4)[20].

Malheureusement, Paul Meyer ne donne pas de textes provenant des départements des Bouches-du-Rhône ni de la Vaucluse, mais il n'est pas improbable que ce genre de mots était employé dans ces départements aussi bien qu'à leur périphérie, comme le *FEW* le dit à propos de *jort* et comme Ronjat (§ 393) le suppose en citant *jourt* et *guvert* trouvés dans *Chansons nouvelles en langaige prouensal* (Aix, 1520-1550) et chez Bellaud de la Bellaudière, *Obros et rimos prouvenssalos de Loys de la Bellaudiero* (Marseille, 1595).

3° Il nous reste à citer un dernier petit groupe de mots caractéristiques de *F* qui ont été en usage en provençal, d'après les données de MeyerDoc, mais qui doivent avoir été d'un emploi plutôt restreint, parce qu'ils ne sont pas mentionnés dans le *FEW*[21]:

1. *atresins* (vv. 209, 592) 'de même'. MeyerDoc 256 *atressins* Digne 1440; 377 *atresins* Manosque 1397, 518 id. Vence 1392.

2. *aysins come* (v. 344) 'comme'. MeyerDoc 247 (+ gloss.) *aysins coma* Digne 1427; 253 (+ gloss.) *ayssins coma* Digne 1436; 283 (+ gloss.) *ayssins con, aysins con* Digne 1418; 282 (+ gloss.) *aysins con* Digne 1418; 365 (+ gloss.) *ayssins com* Reillane 1415. Cf. *BdeC* p. 176 *ayssi cum*.

3. *enaysins* (vv. 960, 1065, 1104) 'ainsi'. MeyerDoc 395 Pertuis (voir note 19) 1397 (2x); 280 *en aysins* Digne 1451.

4. *oreas* (v. 798) 'sales, salis'. Part. passé d'un verbe formé de *ore* + suffixe *-ar*? Ou plutôt adjectif? MeyerDoc donne: 271 (+ gloss.) Digne 1477 *orrea*, fém. de *orre* et cité par *FEW* 4:486a; *FEW* 4:487b mentionne seulement le verbe *ourdejá, ourrejá*, où le suffixe provient de -IZĀRE; une variante en *-ear* serait possible en alpin, mais pas en provençal (cf. Ronjat, §§ 712δ, 296∝).

4° Cependant, à côté de ce grand nombre de mots qui se rattachent au provençal, il faut placer les éléments languedociens suivants:

1. *aytantost* (vv. 136, 186, 412) 'aussitôt'. A rapprocher de *altantost FEW* 13/2:118b: Puisserguier (pour *altant - aitant*, voir Ronjat § 745).

2. *baratayre* (v. 783) 'trompeur'. *FEW* 9:331a: castr. *barataire*, Gers, béarn. *baratayre*.

3. *enguanayre* (v. 786) 'trompeur'. *FEW* 4:683b: Alès *enganáire*, Agen *enganáyre*.

4. *gruec* (v. 1103) 'jaune'. *FEW* 2:1357b: Bonis = Montauban.

5. *lus* (v. 395) 'leur' pron. pers. *FEW* 4:551a: Alès; Ronjat § 505: gév. cév.

6. *lus* (v. 361) 'leurs' pron. poss. Ronjat § 518: Alès, Aniane, gév.[22].

Tous ces mots se trouvent aussi dans *P₂*.

Notre examen du lexique a révélé un grand nombre de mots provençaux que P_2 ne contient pas (1, 2a, 2b, 3) à côté de quelques éléments languedociens que *F* a en commun avec P_2. Il nous semble que les éléments provençaux ont été introduits par un remanieur et que les éléments languedociens remontent à l'original, car rien dans P_2 ne montre que l'original peut avoir été provençal, tandis que F contient des traces de languedocien qu'un remanieur peut avoir laissées dans le texte par mégarde ou insouciance. Nous en verrons d'autres exemples dans la suite de notre étude. Constatons encore que le remanieur possible aurait écrit, à en juger d'après les données lexicales, en rhodanien, méditerranéen, forcalquiérain, car le niçard serait exclu à cause de l'emploi de -*agi* (2a).

Rimes

Avant de procéder à l'étude de la phonétique, nous parlerons de la valeur que l'on peut attacher aux rimes de F. Dans notre article sur P_2, nous avons montré que les rimes étranges d'un texte du XIVe siècle peuvent nous révéler l'évolution de la langue. Nous avons établi, en analysant les rimes de cet *Évangile*, que l'on y découvre l'effort constant de l'auteur de bien rimer, quoiqu'il reste un certain nombre d'assonances ou de rimes difficiles à expliquer.

Dans l'ensemble, F présente le même genre de rimes que P_2 (pour les détails, voir plus loin IV), mais il y a quelques réserves à formuler. A partir du v. 940 (il s'agit là d'épisodes qui ne se retrouvent pas dans P_2), le texte est tellement corrompu que les rimes correctes deviennent plutôt rares. On remarque en outre que le copiste de F a la manie de mutiler des rimes qui doivent avoir été correctes dans l'original et qui semblent être intactes dans P_2. Tantôt l'ordre des mots a été changé:

F	109	L'enfant Jhesus non ha motz sonar[23].
		Et Arian fon irat fort.
P_2	274,1	E l'effan non a mot sonat.
		Et Arian fo fort irat.

F	615	E Dieu-lo-sal et Benvengut.
		Miromet y fon atrestal.
P_2	288,8	E Bevengut a Dieu-lo-sal,
		Mironet hi font atrestal...

F	621	Cant foron laysus tos ensens,
		Feriac, un garson malastruc...
P_2	288,14	E cant foron essems laissus,
		Ferrier, un garso malastrug...[24].

Tantôt le scribe a remplacé, sans se soucier de la rime, un mot qui ne lui convenait pas, par un autre:

F	132	Mantenent per la man lo pres,
		Ves l'escola tantost menet l'en.

P_2 274,25   Mantenent per la man lo pren,
                   Ves l'ostal e pueis menet l'en.

F   496   E Josep per la man lo pres,
              Per la man e pueys menet l'en.
P_2 283,35   E Jozep tantost l'effan pren,
                   Per la ma et pueis menet l'en.

F   930   Nalec tantost s'anet pensar:
              Aquo a fag Jhesus l'enfant.
P_2 305,17   Nalap adonx s'anet pessan
                   Aquo a fag Jhesus l'effan.

Les quelques exemples cités suffisent à montrer dans *F* le travail d'un remanieur peu scrupuleux. Pourtant le texte reste assez près de celui de P_2 pour pouvoir remonter à une source commune: les déformations sont évidentes quand on compare à *F* les leçons correspondantes de P_2. Parmi les motifs qui jouent un rôle dans le mécanisme de ces altérations, il y a certainement le souci du scribe d'éviter des mots qui ne lui étaient pas familiers. Bien que nous voyions à la rime peu de termes que l'on peut localiser avec probabilité, les rares exemples dont nous disposons montrent que le copiste a la tendance à éviter des mots languedociens. C'est ainsi qu'il évite *issamen* (cf. Max Pfister, *Die Entwicklung der inlautenden Konsonantengruppe -PS- in den romanischen Sprachen mit besonders Berücksichtigung des Altprovenzalischen* [diss., Berne, 1960], p. 78) au détriment de la rime:

F   81   D'aqui partiron e van s'en,
             E nostra donna atressis.
P_2 273,8   D'aqui se parton e van s'en
                  E nostra dona issamen.

F   592   E tos sos hobries atresins
              D'aqui partiron et van s'en.
P_2 287,20   E tug sos obriers issamen
                   D'aqui partiron e van s'en.

Le remanieur a peut-être aussi évité les mots languedociens *rescostament* (cf. *FEW* 24/1:49) et *cardairinas* (cf. *FEW* 2:367a) que présente P_2:

F   828   Tant con pogron scondudamens.
P_2 301,22   Tant com pogro rescostament.

F   753   Papagays, merles, calandrias.
P_2 299,20   Papargais, merles, cardairinas.

Dans deux des exemples cités, le scribe a introduit un mot provençal: 592 *atresins* (voir plus haut II, 3) et *scondudamens* (cf. *FEW* 24/1:51a). Selon *FEW* 2:56b, *calandrias* n'a pas encore été attesté en ancien occitan.

En étudiant les rimes, nous avons noté dans *F* l'activité d'un remanieur qui mutile des rimes et remplace des mots. Il est justifié d'admettre que P_2 reste plus près de l'original, comme l'affirmait déjà Biadene (p. 176). Si P_2 et *F* remontent à une même source écrite, il n'est pas improbable que le copiste remanieur de *F* a introduit des mots provençaux dans son texte, ce qui confirme notre supposition exprimée à la fin de nos remarques sur le Lexique.

Phonétique

1° Nous sommes convaincu que les textes du XIVe ou du XVe siècle présentent moins d'assonances qu'on ne l'a supposé jusqu'ici; dans bien des cas où l'on a cru voir des assonances, il est question de rimes qui révèlent les changements qui étaient en train de s'opérer dans la langue de l'époque. C'est ainsi qu'on découvre dans *F* à la rime les évolutions phonétiques suivantes, que nous avons aussi signalées dans P_2:

a. La réduction de *tz* final à *s* (qui peut s'amuïr ensuite); le résultat de *tz* est confondu à la rime avec *s* d'autre provenance: *dises - ades* (vv. 389-90), *disses - ades* (vv. 657-58), *menares - es* (vv. 677-78), *pres - fes* (vv. 103-04, 277-78, etc.), *segues - ades* (vv. 640-41), *seles - ges* (vv. 504-05), etc., cf. Ronjat § 382.

b. L'amuïssement de *r* final à l'infinitif: *parlar - fag* (vv. 315-16; pour *-g* voir plus loin 2b), *partir - aqui* (vv. 1068-69), *partis - venir* (vv. 390-91, 403-04; pour *-s* voir plus loin 2c), *petis - ubrir* (vv. 860-61), *regardar - tenchas* (vv. 1077-78), etc., cf. Ronjat § 390.

c. La perte de *t* final après *n*: *demantenen - en* (vv. 186-87), *mantenent - daren* (vv. 639-40; pour *-n* de *daren*, voir plus loin 1d), *sertanement - ensens* (vv. 335-36), *enfant - ans* (vv. 6-7) etc., cf. Ronjat § 386.

d. La confusion de *n* et *m* à la fin du mot: *disent - acabaren* (vv. 647-48; *acabaren* 1re p.pl.), *mantenanent - daren* (vv. 639-40; *daren* 1re p.pl.), cf. Ronjat § 384.

Les traits cités ne nous aident guère à localiser un texte: ils sont trop généralement répandus. Nous pouvons seulement remarquer que 1° a est impossible dans beaucoup de parlers à l'ouest du Rône et que 1° c ne se produit pas en niçard. Mais ces exemples prouvent bien que l'évolution de la langue est évidente dans la rime.

2° Plus significatives sont les tendances suivantes, que *F* et P_2 ont aussi en commun:

a. Malgré la restitution constante dans *F* de *n* mobile (*ben*, *bon*, *ren* jamais *be*, *bo*, *re* comme dans P_2) même dans les préfixes (*conselh*, *enfant* jamais *cosselh*, *effant* comme dans P_2), les rimes montrent que l'auteur de l'original faisait rimer: *bons - enveios* (vv. 28-29), *Jhesus - neguns* (vv. 651-52, 833-34), *Jhesus - cascun* (vv. 848-49), donc écrivait dans un parler qu'il faut situer à l'ouest du Rhône[25], cf. Ronjat § 385.

b. D'autre part, les occlusives finales et *ch* final semblent avoir été caducs: *ausit - dig* (vv. 212-13), *Jhesus - vengut* (vv. 224-25), *my - falhit* (vv. 296-97), *parlar - fag* (vv. 315-16), *respondet - Jausep* (vv. 242-43, 257-58, etc.), *sanc - enfant* (vv. 193-94), etc. A l'ouest du Rhône les occlusives finales et *ch* final sont tombés en Vivarais, Velay, auvergnat et limousin ("ors certains cas de liaison étroite"); dans la partie orientale du Gard et de l'Hérault, l'amuïssement s'étend jusqu'à Alès, Sommières, Lunel, Lansargues. Il y a maintien "dans l'Aigoual et les vallées qui en descendent, en mtp. en gév. sauf sur les confins du Velai en rrgt. querc. aur....", cf. Ronjat § 371.

c. En outre *s* final doit s'être amuï: *cap - bras* (vv. 356-57), *enfant - ans* (vv. 6-7), *regardar - tenchas* (vv. 1077-78), *ris - obragi* (vv. 473-74), *vas - soterar* (vv. 214-15), etc. De nos jours, *s* final est tombé en provençal, mais aussi en pays de Nîmes, Uzès, Alès, cf. Ronjat § 374.

Nous retrouvons ici trois types de rimes qui, avec d'autres arguments (notamment ceux basés sur le rhotacisme, voir plus loin), nous ont amené à localiser P_2 à l'ouest du Rhône, dans les départements de l'Hérault et du Gard, dans l'aire délimitée à l'ouest par Montpellier et l'Aigoual (où les consonnes finales se conservent) et à l'est par le Rhône et la région de Nîmes (à cause du traitement de *n* mobile). La limite nord nous avait été fournie par la constatation du fait que *cha-* ne se rencontre jamais dans le manuscrit (voir plus loin 3°).

L'essentiel du système de rimes de P_2 se retrouve dans *F* : il n'est donc pas invraisemblable que ces rimes remontent à l'original. Si nous pouvons admettre cette supposition, les rimes en *-n* sont un nouvel indice du caractère languedocien de cet original.

3° Hors de la rime, on décèle également quelques traits phonétiques: a. *ca-* ne devient jamais *cha-*, comme nous l'avons déjà remarqué. Selon Ronjat (§ 244) "La limite ... passe au N. de Fontan et de Roquebillière, au S. de Valdeblore, Roure et Ilonse, au N. de Villars, Puget-Téniers et Entrevaux, entre Guillaumes et Péone, entre Guillaumes et Entraunes ... au N. d'Annot, à travers Saint-André-de-Méouilles (m), entre Digne et La Javie (m), à travers Volonne (m) au N. de Saint-Etienne- les-Orgues et de Sault ... à travers Vaison (m), au S. de Valréas, à travers Bollène (m)...". Il faut ajouter encore que Forcalquier, Manosque, Digne ont eu *ch* autrefois.

b. *dieu, juzieu, mieu* ne présentent jamais la diphtongue *-iu-* qu'on voit souvent dans P_2. Dans l'aire qui nous intéresse, il y a aujourd'hui *-ieu-* en rhodanien et méditerranéen occidental, *-iu-* en languedocien et en alpin. Si P_2 et *F* remontent à un même original languedocien, le copiste de *F* doit avoir éliminé la diphtongue languedocienne *-iu-* (Ronjat § 209). Or, il l'a omis une fois, car il y a *caytius* (v. 364) à côté de trois formes du même mot ayant *-ieu-* (vv. 491, 532, 1046).

En étudiant la phonétique, nous avons pu constater que l'activité d'un remanieur provençal est manifeste dans la restitution de *n* mobile et de la triphtongue *ieu*. Les rimes où entre *n* mobile étayent la supposition d'un original languedocien. Le remanieur éventuel n'a pas écrit dans les parlers de Forcalquier, Manosque ni Digne à cause du traitement de *ca-*, ni en niçard à cause du traitement de *t* après *n*; voir aussi plus haut Lexique.

Rhotacisme

Ce qui caractérise avant tout P_2, c'est le phénomène qu'on a appelé rhotacisme, le passage de *s* intervocalique à *r* ou de *r* intervocalique à *s*[26]. Biadene prétend que *F* ne porte pas de traces de ce phénomène. Nous croyons qu'il s'est trompé.

1° Au v. 425 on lit *Ar m'antendes et auries*... là où il aurait fallu *auzires*, comme au v. 793. L'explication de cette erreur se trouve dans P_2, p. 281,36: *Ar m'entendes et aurires*.... Cette forme à rhotacisme doit s'être trouvée dans l'original; le copiste de *F*, qui ne la comprenait pas, a substitué à elle *auries* 'vous auriez', dont le sens ne convient aucunement dans le contexte.

2° On voit exactement le même procédé dans les paroles du maître tuilier qui regrette qu'on n'ait pas donné à manger à Jésus: v. 467 *De que faren gran malvestat*. L'emploi du futur *faren* 'nous ferons' s'explique par P_2, p. 283,4: *Ne* (lire: *De*) *que ferem gran malvestat*. Le scribe de *F* a remplacé le prétérit *ferem* 'nous fîmes', forme à rhotacisme pour *fezem*, par la forme du futur qui lui était familière, mais qui est un contresens dans ce passage.

3° Une fois, une forme à rhotacisme a passé inaperçue, parce que le copiste la connaissait dans une autre signification: v. 558 *Sapias que yeu non ho dicia / per nulha ren*... L'imparfait *dicia* (ou *disia*) est en effet une forme courante, mais cette fois encore le sens ne convient pas; dans le texte original, il y avait sans aucun doute *disia*, forme à rhotacisme pour *diria* 'je dirais'. Le copiste de P_2 n'a d'ailleurs pas adopté cette forme, il écrit *diria* (v. 286).

4° P_2 connaît même le rhotacisme quand *s* se trouve devant consonne, comme nous avons dit dans notre étude sur P_2 et comme Leandro Biadene l'avait déjà remarqué avant nous[27]. De là, des rimes telles que *resport - fort* (p. 273,6-7), *respost - fort* (pp. 277,29-30; 278,4-5), *mort - tost* (pp. 274,19-20; 275,23-24). Les deux premiers cas se retrouvent dans *F* sous forme incomplète: il y a *respondut* au lieu de *resport*, *respost* de P_2, après quoi le copiste saute tout simplement le vers suivant. Dans le troisième cas il fait rimer *respondut* avec *fort* (vv. 259-60). Mais il laisse intactes les rimes *mort - tost* (vv. 126-27; 168-69: dans *F* on lit *tantost*). Les hésitations que

montre le scribe de *F* devant les rimes de *resport*, *respost* (*respondut* fausse
la mesure du vers) et les deux rimes restées intactes semblent bien prouver
que les rimes à rhotacisme se trouvaient dans l'original.

Les traces de rhotacisme que nous avons signalées dans *F*, et notamment les rimes que l'on voit aussi dans P_2, fournissent un nouvel argument
en faveur de l'hypothèse d'une source languedocienne commune de ces
deux textes, parce que le passage de *r* à *s* et de *s* à *r* est surtout fréquent en
Languedoc au XIVe siècle (Pfister, p. 268).

Morphologie

C'est dans la morphologie que le travail de remaniement est le plus
manifeste.

1° Invariablement, le copiste de *F* évite ce que Ronjat appelle l'enclise
asyllabique, très souvent au détriment de la mesure des vers. En voici
quelques exemples:

F 405	E volgron lo a Jausep mostrar.
P_2 281,14	E volgro·l a Jozep mostrar.
F 436	E lo teulier va li demandar...
P_2 281,10	E·l teulier vai li demandar...
F 445	Prec vos, mon enfant, vos en tornes.
P_2 282,19	Prec vos, mon effant, vo·n tornes.

Aujourd'hui, les composés avec préposition dans lesquels l'article perd sa
voyelle sont particulièrement nombreux en Languedoc occidental, Guyenne
et Aquitaine (cf. Ronjat § 535). Sans aucun doute, le phénomène était
familier à l'auteur de la version originale; le copiste languedocien de P_2 a
adopté ces formes sans problème, mais le remanieur de *F* les a rejetées[28].

2° De façon conséquente, *F* se sert des pronoms conjoints *mi*, *ti* (*my*,
ty), jamais de *me*, *te*. Brunel (p. xxvii) a cru constater dans ses textes peu
nombreux du nîmois et de la Provence que les formes en *-e* et *-i* s'y mêlent.
Ronjat, par contre (§ 498), dit qu'en occitan moderne "*Mi* ... s'emploie en
méd. (Marseille, Toulon, Cannes, etc. ..., mais Salon et Aix *me*...) niç.
... gév. et autour de l'Aigoual". P_2 a un système mixte de pronoms
conjoints, où les formes en *-e* prédominent. Comme ni P_2 ni *F* ne présente
les caractéristiques des parlers gévaudanais[29] (cf. Ronjat § 850γ), il paraît
justifié de supposer que les formes en *-i* ont été introduites dans *F* par un
copiste provençal ou plutôt méditerranéen[30].

Il y a la même répartition géographique pour *se*, *si* (Ronjat § 509); le
scribe de *F* se sert presque exclusivement de *si*: parmi le très grand nombre
d'emplois de *si* on trouve trois fois *se* (vv. 36, 421 et 598, où il faut lire *s'*); il
s'agit là sans aucun doute d'inadvertances du copiste remanieur.

3º Les pronoms disjoints ont aussi des formes en -*i*: *mi, ti, si* (*my, ty, sy*, une fois *tu*). Or, Brunel (p. xxv) a trouvé en Provence des pronoms disjoints en -*i*, mais la comparaison avec la situation moderne est plus difficile maintenant, car en occitan moderne *mi* a été remplacé par les continuateurs de *ieu* dans tous les parlers qui nous intéressent (cf. Ronjat § 497), tandis que *ti* devient partout *tu*, sauf en dauphinois et en limousin (cf. Ronjat § 499). Nous pouvons donc seulement comparer l'emploi de *si* à la situation moderne. Aujourd'hui, *si* disjoint se trouve dans la même aire que *si* conjoint (cf. Ronjat § 509), ce qui confirme la constatation de Brunel quant aux pronoms en -*i* en provençal. Il est donc probable que les formes en -*i* ont été introduites dans *F* par le copiste provençal, car *P*$_2$ a un système mixte de pronoms en -*i* et -*e*, système qui doit avoir été celui d'un original languedocien, à en juger d'après Brunel.

4º Á la 3e p. pl., le datif conjoint a la forme *lur*, que l'on voit aussi dans *P*$_2$, où l'on découvre en outre la forme *lus* (v. 395). Selon Ronjat (§ 505), *lus* se rencontre aujourd'hui en gévaudanais et en cévénol, mais Zaun cite des exemples de *lus* pron. poss. et pron. pers. trouvés à Aniane (§§ 154 et 366b). Cette forme languedocienne et gévaudanaise plutôt rare, que *P*$_2$ et *F* ont en commun, remontera donc au texte original languedocien.

5º Le pronom possessif de la 3e p. pl. est *lur* au singulier, *lurs* au pluriel, mais on remarque cette fois encore une seule forme *lus* (v. 361), comme on en voit dans *P*$_2$. D'après Ronjat (§ 518), *lus* est employé aujourd'hui à Alès et en gévaudanais, et il y a des attestations anciennes dans les parlers du Gévaudan et d'Aniane (voir plus haut 4º). Il est vraisemblable que cette forme curieuse, qui se trouve dans les deux manuscrits, appartenait à la source commune.

6º Dans *P*$_2$, le suffixe -ARIU est représenté par -*ier* à côté du fém. -*ieira*. Il est curieux de noter que dans *F* il y a presque toujours la forme provençale -*iera* au lieu de la forme languedocienne -*ieira* (Ronjat § 114). Si le scribe a apporté ce changement, il a oublié de corriger *carieyra* (v. 745; ailleurs *cariera*: vv. 525, 942, 946, 991) et *manieyra* (v. 752).

7º Il est étonnant que le copiste de *F* se serve presque exclusivement d'adverbes en -*mens* (*P*$_2$ -*ment*). Quoique Ronjat (§ 403 β) affirme que l'on trouve ce type d'adverbe aujourd'hui à Vence, nous n'en avons nulle part constaté l'emploi constant dans MeyerDoc.

8º La 1re p. sg. du présent est le plus souvent en -*e*, mais aussi assez souvent en -*i*. Ronjat (§ 554) donne la répartition suivante: -*i* à Saint-Sauveur (Alpes-Maritimes), en niçard et en méditerranéen (et aux Vans), -*e* dans l'ouest de la Provence, donc en rhodanien. Le copiste de *F* doit avoir connu les deux usages.

9º Il n'y a pas non plus d'unité dans l'emploi de la 3e p. pl.; la désinence -*an* prédomine légèrement, mais on voit aussi assez souvent -*on*, comme en provençal moderne, à côté de quelques rares formes en -*en*. La désinence languedocienne -*o* (devenue -*ou*, Ronjat § 560), qui est fréquente dans *P*$_2$, ne se trouve que deux fois: *viro* (vv. 52, 368), probablement des cas que le copiste a oublié de corriger.

Dans la morphologie, il y a beaucoup de signes du travail d'un remanieur: l'élimination de l'enclise asyllabique, l'introduction systématique des pronoms conjoints et disjoints en *-i*, l'élimination possible du suffixe *-ieira* et de la désinence *-o*. Les deux formes *lus* constituent apparemment des traces du languedocien qui remontent à l'original.

Graphie

1° Biadene a fait observer que *F* ne porte pas de traces de l'influence française, que l'on découvre dans P_2. En effet, les erreurs dues dans P_2 à un copiste français ne se retrouvent pas dans F[31]. Mais on voit quand même au féminin *malenconie* (v. 879), *negune* (v. 43), *nostre* (v. 94), *puselle* (v. 1062), *temense* (v. 43), *teulegie* (v. 40), *aquelles* (v. 54), *donnes* (v. 34), *escolles* (v. 54), *toutes* (v. 11), et aussi *donno* (v. 56), *escolo* (v. 37), *responso* (v. 47). Loin d'être constantes, ces curiosités graphiques se trouvent surtout au début du texte. On les remarque aussi dans les textes de MeyerDoc depuis le XVᵉ siècle (par exemple 351 *letros, areno, arena*; 352 *chabres* Forcalquier 1495). Peut-être y a-t-il là aussi influence du français.

2° L'influence croissante du français dans le Midi explique sans aucun doute des graphies telles que *malvays* (vv. 635, 833, 835), *malvais* (v. 805), *par* (vv. 110, 118), *toutes* (v. 11), *vous* (vv. 5, 35, 87, 91, 98, 123, 124) et probablement *le* (v. 1029). On rencontre ce genre de graphies également dans les textes de MeyerDoc du XVᵉ siècle.

3° L'omission de *e* prosthétique qui est fréquente dans *F* (par exemple *star, stat, stet, stament*) est encore largement répandue dans les textes de MeyerDoc. Il faut l'attribuer au copiste, car le plus souvent, elle fausse la mesure du vers.

Le copiste de *F* n'a certainement pas exécuté son travail avant le XVᵉ siècle: L'apparition des mots en *-agi* (voir plus haut Lexique, 2°a), la confusion des désinences *-a, -o, -e* et les graphies francisantes le prouvent.

Relation entre P_2 et F

Notre examen de P_2 et de F nous permet aussi de faire quelques observations sur les rapports qui existent entre ces deux manuscrits.

1° C'est à tort que Biadene (p. 176) base son argumentation en faveur d'une source commune sur des erreurs curieuses que l'on découvre dans les deux textes:
a. Le mot *unatos* (p. 279,37), *inatos* (p. 288,18) ou *inatons* (vv. 351, 625) que ni Bartsch ni Biadene n'ont su expliquer repose sur une erreur de lecture: P_2 a *juatos, F juatons*. Quoique le *FEW* ne mentionne pas le mot, il est on ne peut plus occitan et signifie 'petits Juifs'[32].

b. Le mot *torar* (p. 304,29 et v. 903) n'a rien de curieux non plus, parce qu'il faut lire non pas *a torar*, mais *atorar* 'arranger', ce qui convient parfaitement[33].

c. La confusion à la rime de la 3e p. sg. de l'imparfait avec la 3e p. pl. du même temps s'explique par un changement de l'ordre de la phrase:

F 31	Que ren per creyre non volian
32	So que l'enfant Jhesus fasia (de même vv. 694-95 et 761-62).

Il suffit de lire:

32	So que fasia Jhesus l'enfant.

Il est vrai que cette erreur pouvait se trouver déjà dans l'original, car P_2 rime aussi:

290,11	Los falsses Jusieus mescresian
290,12	So que l'effan Jhesus faria[34].

2° Nous pensons que Biadene a parfaitement raison lorsqu'il dit que les contenus de P_2 et de *F* montrent clairement une source commune et que les deux versions se complètent[35]. Il n'y a qu'une observation à faire: Ceci est vrai pour ce que P_2 et *F* ont en commun. On ne peut pas vraiment prouver que les épisodes de P_2, qui ne se retrouvent pas dans *F*, ont fait partie de l'original, mais c'est assez probable, parce que P_2 paraît avoir été exécuté assez soigneusement. Par contre, rien ne justifie, à notre avis, la supposition que la dernière partie de *F* (à partir du v. 940) remonte à l'original commun: le texte est tellement corrompu qu'on peut même se demander si le copiste avait devant lui un texte écrit qu'il reproduisait.

3° Nous croyons qu'il faut ajouter aux arguments de Biadene en faveur d'une source commune les considérations suivantes:

a. les deux textes présentent de nombreuses rimes, parfois fort curieuses, qui sont identiques[36];

b. le caractère systématique des changements apportés par le copiste de *F* explique en grande partie les différences entre les deux manuscrits;

c. la présence de traces languedociennes dans *F*, malgré les altérations du texte dues au remanieur, trahit l'origine languedocienne du texte.

Dans notre conclusion, nous passerons en revue ces changements et ces traces de languedocien. Mais avant de terminer ce paragraphe, remarquons encore qu'il nous semble impossible de prouver ni d'exclure que d'autres scribes se soient interposés entre l'original et les deux versions de P_2 et de *F*, que nous avons sous les yeux.

Conclusion

Nous avons signalé dans *F* plusieurs éléments qu'on ne saurait guère trouver rassemblés que dans un texte provençal: 1° Un assez grand nombre de mots provençaux, dont certains en *-agi* et en *-rt* (Lexique); 2° L'emploi constant de *n* mobile (Phonétique); 3° Le maintien de la triphtongue *-ieu-* (Phonétique); 4° Les pronoms personnels conjoints et disjoints en *-i* (Morphologie); 5° Le suffixe *-iera* (Morphologie); 6° L'omission de *e* prosthétique (Graphie).

Pourtant, il y a aussi des traces languedociennes, que *F* a en commun avec *P*₂ et qui sont en contradiction avec les caractéristiques provençales citées: 1° Un petit nombre de mots languedociens (Lexique); 2° Les rimes où entre le *n* mobile (Phonétique); 3° Un exemple de *-iu-* au lieu de *-ieu-* (Phonétique); 4° Des traces de rhotacisme, notamment à la rime (Rhotacisme); 5° Deux exemples de *lus* (VI); 6° Deux cas de l'emploi de *-ieira* au lieu de *-iera* (Morphologie); 7° Deux fois une 3ᵉ p. pl. en *-o* (Morphologie); 8° Trois pronoms conjoints *se* (Morphologie).

D'autre part, nous avons pu constater dans *F* à plusieurs reprises les activités d'un remanieur qui apporte à son texte des changements systématiques, tels que 1° l'élimination des cas d'enclise asyllabique au détriment de la mesure des vers (Rimes); 2° le remplacement de certains mots, spécialement de mots languedociens par d'autres, même si la rime en souffre (Rimes); 3° le changement de l'ordre des mots dans les vers au préjudice de la rime (Rimes); 4° l'omission de *e* prosthétique, même si cela fausse le vers (Relation entre *P*₂ et *F*). Dans les exemples que nous avons donnés de ces phénomènes, on peut voir qu'il est possible de retrouver les leçons originales à l'aide de *P*₂.

S'il y a une source commune écrite de *P*₂ et *F*, comme nous l'admettons avec Biadene (Relation entre *P*₂ et *F*), les traits languedociens communs à *P*₂ et à *F* doivent remonter à un original languedocien, dont le copiste de *P*₂ est resté le plus près et dont *F* constitue un remaniement. Il faut imputer au remanieur de ce dernier manuscrit non seulement les déformations que nous avons énumérées ici au troisième paragraphe mais aussi les éléments provençaux que nous avons mentionnés au début de notre conclusion.

Notes

[1]Clovis Brunel, *Bibliographie des manuscrits littéraires en ancien provençal* (Paris, 1935), p. 86 n. 295: Ashburnham 38 (anc. 103, puis 42); cependant le microfilm que la Bibliothèque nous a fourni porte seulement la cote Ashburnham 103.

[2]Giorgio Rossi, *L'infanzia di Gesù: Poemetto provenzale del secolo XIV* (Bologne, 1899), pp. 62-72; à la suite de sa réédition du texte de Bartsch, l'auteur reproduit les vv. 425-76 de *F*. Nous avons numéroté les vers de *F*; pour retrouver un vers cité dans le manuscrit, on doit savoir qu'il y a dix-neuf vers par page et que le

feuillet 29 n'a pas de texte au verso (du feuillet 9ʳ, nous avons omis le vers intercalé et en surnombre, qui est évidemment d'une autre main). P_2 sera cité d'après Karl Bartsch, *Die Kindheit Jesu*, in *Denkmäler der provenzalischen Literatur* (Stuttgart, 1856), pp. 270-305; nous avons corrigé ce texte à l'aide du manuscrit.

[3]Leandro Biadene, "Tre miracoli del *Vangelo Provenzale dell'Infanzia*", *Studi di Filologia Romanza* 8 (1901), 173-96 [= Biadene]. L'auteur a publié les vv. 939-1069, 1070-110 et 305-38.

[4]Giovanni Caravaggi, "Remarques sur la tradition des *Évangiles de l'Enfance* en provençal et sur la version inédite du ms. Paris, B.N. fr. 25415", in *Mélanges de linguistique romane et de philologie médiévale offerts à M. Maurice Delbouille*, 2, *Philologie médiévale* (Gembloux, 1964), pp. 71-90.

[5]Cor van der Horst, "Examen dialectologique du manuscrit P_2 des *Évangiles de l'Enfance* en occitan", *Zeitschrift für romanische Philologie* 97 (1981), 329-51.

[6]Notre méthode dérive de celle exposée par Max Pfister dans "La localisation d'une scripta littéraire en ancien occitan (Brunel MS 13, British Museum 17920)", *Travaux de linguistique et de littérature* 10/1 (1972), 253-91 [= Pfister]. Voir aussi notre article cité dans note 5 et Cor van der Horst, *Blandin de Cornouaille, Introduction: Édition diplomatique, Glossaire* (La Haye et Paris, 1974), pp. 13-64 [= BdeC].

[7]FEW (Bonn, Leipzig et Bâle, 1928-); Jules Ronjat, *Grammaire istorique des parlers provençaux modernes*, 4 vol. (Montpellier, 1930-1941); Paul Meyer, *Documents linguistiques du Midi de la France*, 1 (Paris, 1909) [= MeyerDoc]. Nos abréviations sont empruntées au *FEW* et à Ronjat; si nous en employons d'autres, elles seront mentionnées dans les notes.

[8]t final de *ansint* est sans doute purement graphique, voir plus loin Phonétique, 1° c. Pour -s de *ensins*, voir plus loin Phonétique, 2° c.

[9]L'évolution de *ai*- en *ei*- est un fait récent en provençal (Ronjat § 173), que l'on ne trouve pas encore dans *F*.

[10]Biadene (pp. 182, 184, 185) mentionne déjà *bouias, comborir, comborit, frema, cart* (voir plus loin 2° b), *iort, ufert, enaysins* (voir plus loin 3) parmi les éléments lexicaux intéressants du texte, sans toutefois les localiser.

[11]s final de *boujas* n'était probablement pas prononcé, voir plus loin Phonétique, 2° c. Pour l'évolution de -a en -o, voir Ronjat § 119γ.

[12]r final de *comborir* doit avoir été caduc, voir plus loin IV, 1° b. Pour l'évolution de -o- en -ou-, voir Ronjat § 170.

[13]Et aussi *fruma, frumo*, variantes dialectales que nous laissons de côté parce que l'évolution de *fre*- en *fru*- est très récente (Ronjat § 82).

[14]r final peut avoir été caduc; *lh* intervocalique aboutit à -i- en provençal (Ronjat § 53).

[15]Probablement *ch* final de *nuech* n'était plus prononcé, voir plus loin Phonétique, 2° b. L'évolution de *ue* en *iue* est de date très récente (Ronjat § 103 β 4).

[16]Pour le non-emploi de *e* prosthétique, voir plus loin Graphie.

[17]Il y a aussi des continuateurs modernes en dauphinois et dans les vallées vaudoises que nous n'avons pas cités.

[18]Biadene a lu *tron*, mais le manuscrit ne laisse aucun doute; d'ailleurs *tron* n'a guère de sens dans le contexte.

[19]Il s'agit d'un texte dont l'auteur provenait du département de la Vaucluse, cité parmi les documents des Basses-Alpes.

[20]Voici une série d'exemples: *jort* 248 Digne 1427; 254 Digne 1436, etc.; 319 Riez 1511; 324 Riez 1512; 345 Forcalquier 1478; 347 Forcalquier 1495, etc.; 366 Reillane 1415; 367 Reillane 1420, etc.; 379 Manosque 1409; 387 Manosque 1467, etc.; 525 Vence 1533; 526 Vence 1533, etc. *fort* 301 Entrevaux 1570; 348 Forcalquier 1495 (3x), etc.; 365 Reillane 1415; 367 Reillane 1420; 527 Vence 1533. *chart* 248 Digne 1427 (3x); *cart* 342 Forcalquier 1478; 352 Forcalquier 1495; 387 Manosque 1462; 391 Manosque 1464, etc.; 495 Grasse 1507; 536 Vence 1533. De tous ces exemples seuls *cart* 495, 536, et *fort* 348 ss. et 527 sont mentionnés dans les glossaires.

[21]Nous ne les avons pas trouvés non plus chez Brunel.

[22]Voir aussi plus loin "Morphologie". Le texte contient encore quelques mots français: *priament* (v. 1113) 'prière' (*FEW* 9:337a), *puselle* (v. 1062) 'pucelle' (*FEW* 9:525a) et quelques mots non attestés en occitan *calandrias* (v. 753) 'calandres' (*FEW* 2:56b), *diabol* (vv. 816, 882, 1007) 'diable' (*FEW* 3:63b).

[23]*sonar* au lieu de *sonat*.

[24]Pour les consonnes finales des rimes de ces vers, voir plus loin "Phonétique".

[25]On voit dans P_2 des rimes en *-an* qui montrent la confusion entre *n* mobile et *n* d'autre provenance qui doit avoir été possible après *a* dans les pays à l'ouest du Rhône qui conservent *n* après *a*, mais pas après les autres voyelles; on en retrouve des exemples dans *F*: *cridant - Arian* (vv. 118-19), *enfant - Arian* (vv. 76-77).

[26]Au fond, le terme est impropre à désigner le passage de *r* à *s*, mais nous nous conformons ici à l'usage du terme dans le sens que lui ont donné Zaun et Pfister.

[27]Dans son compte rendu de *L'Infanzia di Gesù* de Giorgio Rossi dans *Studi di Filologia Romanza* 8 (1901), 396: "non pure tra vocali ma anche nel gruppo *-st*".

[28]Il y a quelques exceptions où l'enclise asyllabique subsiste: presque partout où le remanieur apporte un changement, il laisse des traces de l'ancien état de choses.

[29]Le centre et le sud du Gévaudan conservent les occlusives finales (voir plus haut "Phonétique", 2°b); *-p*, *-t*, *-c* sont souvent refaits en *-t* au singulier; au pluriel des noms il y a /*-č-*/, etc.

[30]Il faut tenir compte de flottements dans l'usage: Boysset (Arles 1374-1414) a encore *mi* (Ronjat § 498).

[31]Nous avons trouvé une fois *les* dans *F* (v. 357), qui se trouve aussi dans P_2 (p. 280,6).

[32]Suffixe *-aton* et le radical *ju-*, qu'on remarque également dans anc. occ. *juatar* ou anc. franc. *juerie* (*FEW* 5:53a et b).

[33]Voir *FEW* 13/2:71b *atourner* et *attourer*, *atouré* dans d'autres significations.

[34]Voir plus haut "Rimes", pour d'autres changements de l'ordre des mots. Dans *F*, il y encore *havia - aprenian* (vv. 54-55) dans un passage peu clair; peut-être faut-il lire *havian* 'il y avait', donc un verbe impersonnel employé au pluriel.

[35]Nous nous bornons à renvoyer à l'article de Biadene pour les détails sur les épisodes que P_2 et *F* ont en commun et sur les lacunes que l'on peut signaler dans les deux textes.

[36]Voir plus haut "Rhotacisme" et note 24. Voici encore quelques autres cas: *alef - bef* (vv. 107-08) et *aleph - beph* (p. 273,37-38), *dire - meravilhe* (vv. 461-62, etc.) et *dir - meravilh* (p. 282,35-36, etc.), *Jacob - Arlot* (vv. 708-09 et p. 290,27-28), *villania - guisa* (vv. 582-83) et *vilania - guisa* (p. 287,10-11).

Bibliographie des travaux de Paul Remy

Sabine Verhulst

1944

1. *La littérature provençale au moyen âge: synthèse historique et choix de textes*, Collection Lebègue, 5e série, no 55 (Bruxelles: Office de Publicité), 1 vol. in-16, 101 pp.

1945

2. C. R. de Cl. Brunel, *"Jaufré": roman arthurien du XIIIe siècle en vers provençaux*, dans *Revue belge de philologie et d'histoire* 24, 248-54.

1946

3. La lèpre, thème littéraire au moyen âge: commentaire d'un passge du roman provençal de *Jaufré"*, *Le Moyen Age* 52, 195-242.
4. C. R. de Ch. Cordier, *Symphonie déconcertante* et *Feux de paille*, comédies, dans *Marginales* 5, 303-04.

1947

5. C. R. de G. R. Coffman, éd., *Studies in Language and Literature*, dans *Revue belge de philologie et d'histoire* 25, 375-77.

6. C. R. de E. G. Léonard, *Mistral, ami de la science et des savants*, dans *Revue belge de philologie et d'histoire* 25, 982-84.
7. C. R. de H. Deblocq, *Art du théâtre*, dans *Marginales* 6, 58-61.
8. C. R. de P. L. Berthaud et J. Lesaffre, *Guide des études occitanes*, dans *Le Moyen Age* 53, 333-35.

1948

9. "La philologie romane en Belgique de 1939 à 1945", *Symposium* 2, 192-209.
10. "Bibliographie occitane", *Le Moyen Age* 54, 204-05.
11. C. R. de R. Briffault, *Les troubadours et le sentiment romanesque*, dans *Revue belge de philologie et d'histoire* 26, 163-69.
12. C. R. d'A. Jeanroy, *Histoire sommaire de la poésie occitane des origines à la fin du XVIIIe siècle*, dans *Revue belge de philologie et d'histoire* 26, 600-04.
13. C. R. de Cl. Brunel, éd., *Vida e Miracles de Sancta Flor*, dans *Revue belge de philologie et d'histoire* 26, 907-09.
14. C. R. de J. J. Chaytor, *The Provençal Chanson de Geste*, dans *Le Moyen Age* 54, 395-96.

1949

15. C. R. de S. Solmi, *Il pensiero di Alain*, dans *Revue belge de philologie et d'histoire* 27, 470-72.

1950

16. "A propos de la datation du *Roman de Jaufré*", *Revue belge de philologie et d'histoire* 28, 1349-77.
17. "A la table de Valère-Gille", *Le Flambeau* n° 4, 3-7.
18. C. R. de *A Critical Bibliography of French Literature*, D. C. Cabeen, directeur général, 1, *The Medieval Period*, éd. Urban T. Holmes, Jr., dans *Revue belge de philologie et d'histoire* 28, 1124-27.
19. C. R. de Alexander H. Schutz, éd., *The Romance of Daude de Pradas called Dels auzels cassadors*, dans *Revue belge de philologie et d'histoire* 28, 1145-48.

1951

20. "*L'Albatros* de Baudelaire est-il un poème de jeunesse?", *Revue des Langues Vivantes* 17, n° 5, 3-15.
21. "Les bons sauvages", *Le Flambeau*, n° 1, 1-7.

22. "Bibliographie pour l'année 1951 (Belgique)", *Bulletin bibliographique de la Société Internationale Arthurienne* 3, 32-37.
23. "Congrès de Winchester: Sources arthuriennes du roman provençal de Jaufre", *Bulletin Bibliographique de la Société internationale Arthurienne* 3, 104-05.
24. C. R. de A. R. Nykl, *Hispano-Arabic Poetry and its Relations with the Old Provençal Troubadours*, dans *Revue belge de philologie et d'histoire* 29, 178-81.
25. C. R. de P. Aebischer, *Chrestomathie franco-provençale: Recueil de textes franco-provençaux antérieurs à 1630*, dans *Revue belge de philologie et d'histoire* 29, 1371-72.
26. C. R. du *Bulletin bibliographique de la Société Internationale Arthurienne 1950*, dans *Revue belge de philologie et d'histoire* 29, 808-10.
27. C. R. de la communication de Paul Remy sur le nom de Guilalmer [Jaufré], "Tradition arthurienne et Jaufré: Communication à la Société pour le progrès des études philologiques et historiques, 11 novembre 1951", dans *Revue belge de philologie et d'histoire* 29, 1356-57.
28. C. R. de P. Demart, *A la lueur de mon quinquet*, dans *Bulletin de l'Union des Anciens Étudiants de l'U. L. B.*, octobre, p. 21.

1952

29. "Études arthuriennes", *Revue de l'Université de Bruxelles*, n° 2-3, 1-5.
30. "Bibliographie pour l'année 1951 (Belgique)", *Bulletin bibliographique de la Société Internationale Arthurienne* 4, 29-30.
31. C. R. de la séance du 11 mai 1952 de la Société pour le Progrès des Études philologiques et historiques (Bruxelles), dans *Revue belge de philologie et d'histoire* 30, 491.

1953

32. "Bibliographie pour l'année 1952 (Belgique)", *Bulletin bibliographique de la Société Internationale Arthurienne* 5, 29-31.
33. "Bibliographie pour l'année 1953 (Belgique)", *Bulletin bibliographique de la Société Internationale Arthurienne* 6, pp. 31-33.
34. C. R. de M. Roques, "Le roman d'Arles", dans *Histoire littéraire de la France*, 38, dans *Revue belge de philologie et d'histoire* 32, 902-03.

1955

35. "Les *cours d'amour*, légende et réalité", *Revue de l'Université de Bruxelles*, n° 2/3, 1-19.

36. "Le nom de la reine dans *Jaufré*", dans *Recueil de travaux offerts à M. Clovis Brunel*, Mémoires et Documents de l'École de Chartes, 2 (Paris), pp. 412-19.
37. "Ancien français *rimee*", *Romania* 76, 374-83.
38. "Bibliographie pour l'année 1954 (Belgique)", *Bulletin bibliographique de la Société Internationale Arthurienne* 7, pp. 32-34.
39. C. R. de M. de Paiva Boleo, *Os estudos de linguistica românica na Europa e na América desde 1939 a 1948, Suplemento bibliogràfio da "Revista Portuguesa de Filologia"*, 1, dans *Revue belge de philologie et d'histoire* 33, 215-16.
40. C. R. de A. Mary, *La fleur de la poésie française depuis les origines jusqu'à la fin du XVe siècle*, dans *Revue belge de philologie et d'histoire* 33, 216-17.
41. C. R. de Cl. Brunel, *Les plus anciennes chartes en langue provençale: Recueil des pièces originales antérieures au XIIIe siècle. Supplément*, dans *Revue belge de philologie et d'histoire* 33, 218-19.
42. C. R. de Cl. Brunel, *Les plus anciennes chartes en langue provençale: Recueil des pièces originales antérieures au XIIIe siècle. Supplément*, dans *Le Moyen Age* 61, 470-71. [compte rendu fort différent du n° 41].
43. C. R. de A. Henry, *Langage et poésie chez Paul Valéry*, dans *Revue belge de philologie et d'histoire* 33, 940-42.
44. C. R. de William P. Shepard et Frank M. Chambers, *The Poems of Aimeric de Peguilhan*, et de Walter T. Pattison, *The Life and Works of the Troubadour Raimbaut d'Orange*, dans *Revue belge de philologie et d'histoire* 33, 1046-48.

1956

45. "Bibliographie pour l'année 1955 (Belgique)", *Bulletin bibliographique de la Société Internationale Arthurienne* 8, 37-38.
46. C. R. de J. Anglade, *Anthologie des troubadours*, dans *Le Moyen Age* 62, 215-16.
47. C. R. de I. Frank, *Répertoire métrique de la poésie des troubadours*, 1, *Introduction et répertoire*, dans *Revue belge de philologie et d'histoire* 34, 751-53.

1957

48. "Le sentiment amoureux dans *Jaufré*", dans *Actes et mémoires du Ier Congrès international de langue et de littérature du Midi de la France*, Publications de l'Institut Méditerannéen du Palais du Roure, 3 (Avignon), pp. 28-33.

49. "Une version méconnue de *La Belle et la Bête*", *Revue belge de philologie et d'histoire* 35, 5-18.
50. "Bibliographie pour l'année 1956 (Belgique)", *Bulletin bibliographique de la Société Internationale Arthurienne* 9, 31-33.
51. C. R. de D. Zorzi, *Valori religiosi nella letteratura provenzale: La spiritualità trinitaria*, dans *Le Moyen Age* 63, 151-54.

1958

52. "Notre prose française au XIVe siècle", dans *Histoire illustrée des lettres françaises de Belgique* publiée sous la direction de G. Charlier et J. Hanse (Bruxelles), livre I, ch. 8, pp. 61-70.
53. "Le théâtre contemporain", dans *Histoire illustrée des lettres françaises de Belgique* publiée sous la direction de G. Charlier et J. Hanse (Bruxelles), livre X, ch. 3, pp. 601-10.

1959

54. "Jaufré", dans *Arthurian Literature in the Middle Ages: A Collaborative History*, éd. Roger S. Loomis (Oxford), pp. 400-05.

1964

55. "Jeu parti et roman breton", dans *Mélanges de linguistique romane et de philologie médiévale offerts à M. Maurice Delbouille*, 2, *Philologie médiévale* (Gembloux), pp. 545-61.

1965

56. "Le chromatisme dans *Bodas de Sangre* de Federico García Lorca", *Romanica Gandensia* 10, 43-79.

1968

57. "Réflexions sur les mots provençaux dans l'oeuvre d'Henri Bosco: Le substantif *ermas*", dans *Actas del XI Congreso internacional de lingüística y filología románicas (Madrid, 1965)* (Madrid), pp. 597-608.

1971

58. "Bibliographie pour l'année 1969-1970 (Belgique)", en collaboration avec Omer Jodogne, *Bulletin bibliographique de la Société Internationale Arthurienne* 23, 50-61.

1972

59. ''Bibliographie pour l'année 1971 (Belgique)'', *Bulletin bibliographique de la Société Internationale Arthurienne* 24, 60-65.

1973

60. ''Bibliographie pour l'année 1972 (Belgique)'', *Bulletin bibliographique de la Société Internationale Arthurienne* 25, 63-69.

1974

61. ''De l'expression 'partir un jeu' dans les textes épiques aux origines du jeu parti'', *Cahiers de Civilisation Médiévale* 17, 327-33.
62. ''Henri Bosco et le provençal *jassine*'', in *Mélanges d'histoire littéraire, de linguistique et de philologie romanes offerts à Charles Rostaing*, 2 (Liège, 1974), pp. 871-81.
63. ''Bibliographie pour l'année 1973 (Belgique)'', *Bulletin bibliographique de la Société Internationale Arthurienne* 26, 47-49.

1975

64. ''Bibliographie pour l'année 1974 (Belgique)'', en collaboration avec Marc Vuijlsteke, *Bulletin bibliographique de la Société Internationale Arthurienne* 27, 43-50.

1976

65. ''La strophe CXV de la *Vie de saint Alexis*'', dans *Actes du XIIIᵉ Congrès international de linguistique et de philologie romanes (1971)*, 2 (Québec), pp. 735-49.
66. ''Plaintes sur la déchéance des moeurs dans *Jaufré* et *Flamenca*'', *Romanica Gandensia* 16, 175-93.
67. ''Les origines de la langue des troubadours'', dans *Language and Literature in the Formation of National and Cultural Communities: Proceedings of the XIIIᵗʰ Congress of the Fédération Internationale des Langues et Littératures Modernes and XVIIᵗʰ Congress of the Australian Universities Language and Literature Association held at Sydney University, 25 to 29 August 1975*, éd. Robert D. Eagleson, Robert White et Christopher Bentley ([s.l.], pp. 84-85).

1978

68. ''Alexiuslied'', dans *Lexikon des Mittelalters*, 1 (Munich et Zurich), p. 388.